KB265743

루터: 초기 신학 저술들

유정우

경희대학교(B.A.), 장로회신학대학교(M.div.), 연세대학교 연합신학대학원(Th.M.), 아세아연합신학대학교(Th.D.)에서
공부했으며, 인도네시아 선교사, 평택대학교 교목, 신학과장, 대학원/신학전문대학원장, 교학부총장을 역임하였다. 선교사
안식년 기간 동안 독일 하이델베르그대학에서 수학. 저서로는 「그리스도의 학교에서 배우는 삶」, 역서로는 「모든 성경이
증거하는 그리스도」, 「그리스도의 부르심과 제자의 도리」, 「오류 없는 증거들(1)」, 「칼빈의 성화론」, 「삶의 능력」 등이 있다.

기독교고전총서 15

루터: 초기 신학 저술들

옮긴이	유정우
초판인쇄	2011. 1. 17.
초판발행	2011. 2. 1.
표지디자인	송원철
펴낸곳	두란노아카데미
등록번호	제 302-2007-00008호
주소	서울시 용산구 서빙고동 95번지
영업부	02-2078-3333　FAX 080-749-3705
편집부	02-2078-3478
홈페이지	http://www.duranno.com
이메일	academy@duranno.com

ISBN　978-89-6491-015-3　04230
　　　　978-89-6491-000-9　04230(세트)

두란노아카데미는 두란노의 '목회 전문' 브랜드입니다.

:::기독교
고전총서 **15**

루터:
초기 신학 저술들

유정우 옮김

Luther: Early Theological Works

두란노아카데미

먼저 두란노서원이 창립 30주년을 맞이하면서, '기독교고전총서' 20권을 발간할 수 있도록 허락하신 하나님께 감사드립니다.

실용 음악을 하기 위해서는 고전 음악부터 공부한다고 합니다. 운동선수들이 화려한 개인기를 발휘하기 위해서도 수천 혹은 수만 번 기본기를 먼저 연습해야 하지 않습니까? 목회나 신학도 마찬가지입니다. 현대를 풍미하는 최첨단의 신학은 기독교 고전에 대한 깊은 탐구로부터 시작되며, 21세기를 살아가는 성도의 마음을 이끄는 목회와 설교 역시 고전으로부터 중요한 통찰력을 얻을 수 있습니다. 바로 여기에 '기독교고전총서' 발간의 의미가 있습니다.

두란노서원은 지난 30년간, 크게 네 가지의 주제를 놓치지 않으며 기독교 출판에 앞장섰습니다. 첫째는 '성경적'입니다. 지난 30년 동안 두란노가 많은 책을 출판했지만, 성경의 정신에 입각한 출판을 목표로 했습니다. 둘째는 '복음적'입니다. 두란노는 지금까지 성경에 근거한 복음주의적 신학을 포기한 적이 없습니다. 셋째는 '초교파적'입니다. 한국 교회 안에 다양한 교단이 있지만, 두란노는 교단과 교파를 초월하여 교회가 하나님의 나라를 바라볼 수 있도록 돕기 위해 노력했습니다. 넷째는 '국제적'입니다. 두란노서원은 문화적이고 국제적인 측면에서 세상과의 접촉을 시도했습니다.

두란노서원이 창립 30주년을 맞이하면서 '기독교고전총서'를 발간하는 것은 위에서 언급한 네 가지 주제를 더욱 확고히 하는 기초 작업 가운데 하나입니다. 기독교 고

전에는 교파가 있을 수 없고, 가장 성경적이면서도 가장 복음적인 신학을 우리는 기독교 고전에서 배울 수 있습니다. 또한 각 시대마다 교회가 어떻게 세상과 소통하려 노력했는지를 알게 되어, 우리 시대의 목회를 위한 귀한 통찰력을 얻을 수 있습니다. '기독교고전총서'의 발간이라는 기념비적인 사업이 가져다주는 이러한 유익은 단지 두란노 안에만 머무는 것이 아니라, 한국 교회 전반에 넓게 확산되리라 확신합니다.

'기독교고전총서'를 번역하기 위해 한국교회사학회 교수님들이 수고하셨습니다. 문장 하나하나, 단어 하나하나를 가장 적절한 우리말로 옮기기 위해 노력해 준 번역자들에게 이 자리를 빌려 감사를 전합니다.

두란노서원 원장

중세 사상가인 베르나르 드 샤르트르는 "거인들의 어깨 위에 올라서서, 그들의 위대한 선조들보다 더 멀리까지 바라볼 수 있었다"고 말했다. 또한 피에르 드 블루아도 "우리는 거인들의 어깨 위에 올라앉은 난쟁이와 비슷한 처지에 있으며, 그들 덕분에 그들보다 더 멀리까지 바라볼 수 있다. 우리는 고대인들의 저작을 연구함으로써 그들의 세련된 사상을 되살리고, 그들을 시간에 의한 망각과 인간의 무관심으로부터 구출해 낼 수 있다"고 말했다. 우리는 고전들을 연구함으로써 거인들의 어깨 위에 있는 난쟁이처럼 더 멀리 바라볼 수 있을 것이다.

'기독교고전총서'는 오래 전부터 구상되었으나 이제야 결실을 보게 되었다. 처음에는 40권 정도의 기독교 고전 전집을 구상하였으며, 모두 그리스어나 라틴어 등 그 저작의 원문에서 번역하려고 구상하였다. 그러나 그것은 아직 힘에 겨운 일이어서 우선 'The Library of Christian Classics'을 대본으로 하여 번역하기로 결정하였다. 이는 초대 교회 시대로부터 종교 개혁 시대까지의 고전들을 모두 26권에 편집한 것이다.

우리는 이 중 여섯 권은 제외하기로 결정하였다. 우리가 제외시킨 것은 제4, 18, 20, 21, 23, 26권이다. 제4권의 제목은 *Cyril of Jerusalem and Nemesius of Emesa*로, 예루살렘의 키릴로스의 교리 문답과 에메사의 네메시오스의 '인간 본질론'을 담고 있다. 제18권의 제목은 *Luther: Letters of Spiritual Counsel*로, 루터의 영적 상담의 서신들을 담고 있다. 제26권의 제목은 *English Reformers*로, 영국 종교 개혁자들의 저작을 담고 있다. 이들 고전들은 그 저작들이 중요하지 않아서가 아니라 이미 단행본으로 널리 보급되어 있기 때문에 이번 전집에서는 제외시키기로 결정하였다. 제20권과 제21권은 칼뱅의 「기독교 강요」로, 매우 중요한 저작이긴 하지만 이미 우리말로 많이 번역 출판되어 있기 때문에 제외시키기로 결정하였다. 또한 제23권은 칼뱅의 「성경 주석」으로, 이 역시 소중한 저작이긴 하지만 이미 우리말로 번역 출판되어 있어서 제외시키기로 결정하였다. 영어 전집에서 아우구스티누스의 「신국론」이나 오리게네스의 「원리론」이나 루터의 「3대 논문」을 제외시킨 것도 마찬가지 이유다.

'기독교고전총서'의 제1권은 사도적 교부들의 저작들과 이레나이우스의 「이단 반박」을 담고 있다. 제2권은 알렉산드리아의 클레멘스와 오리게네스의 저서들을 담고 있다. 제3권은 아타나시오스와 나지안조스의 그레고리오스와 니사의 그레고리오스의 저작들과 함께, 아리우스와 네스토리오스의 서신들과 「칼케돈 신조」를 포함하여 초대 교회 총회들의 결정들을 담고 있다. 제4권은 테르툴리아누스, 키프리아누스, 암브로시우스, 히에로니무스 등 라틴 교부들의 저작들을 담고 있다. 제5권은 「독백」, 「자유 의지론」, 「선의 본성」 등 아우구스티누스의 초기 저서들을, 제6권은 아우구스티누스의 「고백록」과 「신앙 편람」을, 제7권은 「삼위일체론」과 「영과 문자」 등 아우구스티누스의 후기 저서들을 담고 있다. 제8권은 동방 교회의 금욕주의를 다루고 있는데, 사막 교부들의 말씀이 있다.

제9~13권까지는 중세 교회의 저작들을 담고 있다. 제9권은 초기 중세 신학들을 담고 있는데, 레렝스의 빈켄티우스의 저작, 라드베르와 라트랑의 성찬론 논쟁, 그레고리우스 대교황의 「욥기 주석」, 비드의 「영국 교회사」 등이 있다. 제10권은 스콜라 신학을 다루고 있으며, 캔터베리의 안셀름, 피에르 아벨라르, 피에트로 롬바르도, 보나벤투라, 던스 스코투스, 오컴의 윌리엄 등의 저작들을 담고 있다. 제11권은 중세 신학의 대표자라고 할 수 있는 아퀴나스의 「신학대전」을 담고 있다. 제12권은 중세 신비주의를 다루고 있는데, 클레르보의 베르나르, 생 빅토르의 위그, 아시시의 프란체스코, 에크하르트, 독일 신학, 쿠사의 니콜라우스 등등의 저작들이 있다. 제13권은 위클리프, 총회주의자들, 후스, 에라스무스 등 종교 개혁 선구자들의 저작들을 담고 있다.

　제14~20권까지는 종교 개혁자들의 저작들을 담고 있다. 제14권은 루터의 「로마서 강의」를 담고 있다. 제15권은 루터의 초기 저작들 중 「히브리서에 대한 강의」, 「스콜라 신학에 반대하는 논쟁」, 「하이델베르크 논제」, 「라토무스에 대한 대답」 등이 있다. 제16권은 자유 의지와 구원에 대한 루터와 에라스무스의 논쟁을 다루고 있는데, 에라스무스의 「자유 의지론」과 루터의 「의지의 속박론」이 있다. 제17권은 멜란히톤의 「신학총론」과 부처의 「그리스도 왕국론」을 담고 있다. 제18권은 칼뱅의 신학적 저작들을 담고 있는데, 「제네바 신앙 고백」, 「제네바 교회 교리 문답」, 「성만찬에 관한 신앙 고백」, 「예정에 관한 논제들」, 「사돌레토에 대한 대답」 등의 저작들이 있다. 제19권은 츠빙글리와 불링거의 저작들을 담고 있는데, 츠빙글리의 「하나님 말씀의 명료성과 확실성」, 「청소년 교육」, 「세례」, 「주의 만찬론」, 「신앙의 주해」와 불링거의 「거룩한 보편적 교회」가 게재되어 있다. 제20권은 급진적 종교 개혁자들의 저작들을 담고 있는데, 후터파의 연대기, 뮌처, 뎅크, 프랑크, 슈벵크펠트, 호프만, 메노 시몬스, 후안 데 발데의 저작들이 있다.

　이 전집은 기독교 고전들에서 가장 중요한 부분을 발췌하여 훌륭하게 번역한 것이다. 또한 세계적인 전문가들이 각 저작들에 대해 명료한 해설을 해 주고 있으며, 학문적 논의들도 심도 있게 다루고 있다. 독자들은 이 전집에서 기독교 사상의 진수들을 접하게 될 것이다. 이 전집이 신학도들과 뜻있는 평신도들의 신앙을 강화시키고 신학을 심화시키며 삶을 성숙시키는 데 크게 기여하리라 믿는다. 이 전집의 출판을 흔쾌히 허락해 준 하용조 목사님과 이 전집을 출판하기 위해 수고를 아끼지 않은 두란노서원의 관계자들과 번역에 참여해 준 모든 번역자들에게 심심한 감사를 드린다.

이양호
'기독교고전총서' 편집위원회 위원장

두란노아카데미가 두란노서원 창립 30주년을 맞아 총 20권의 '기독교고전총서'를 발간하는 실로 눈부신 일을 해냈다. 두란노가 주동이 되어 한국교회사학회 교수들이 전공에 따라 번역에 참여하여 이루어 놓은 결실인데, 한국교회사학회는 우리나라 신학대학교와 각 대학교 신학과 교수들이 대거 참여한 기관이기에 한국 교회 전체의 참여로 이루어졌다는 또 다른 하나의 의미가 있다.

'기독교고전총서'는 초대, 중세, 그리고 종교 개혁 시대까지의 저명한 신학 고전들을 망라한다. 각 시대의 신학적 특색들과, 그리스도의 교회가 시대마다 당면한 문제가 무엇이었으며, 어떻게 교회를 지키고 복음을 전파하며 정통을 수호하였는지에 대한 변증과 주장과 해석의 가장 기본적인 문제들이 무엇이었는지를 확인하는 기회가 될 것이다.

두란노아카데미의 이번 '기독교고전총서' 간행은 그런 보화(寶貨)가 반드시 한국 교회 도처 서가에 꽂혀 그 신학적 수준을 세계 최선의 것으로 치솟게 하고자 한 사명감에서 착수한 것으로, 우리들로서는 그 고전들을 회자(膾炙)할 수 있음이 천행이 아닐 수 없다. 이는 한국 교회 역사에 또 다른 기념비를 세운 일이라 여겨 충심으로 찬하하여 마지아니한다.

민경배 백석대학교 석좌 교수

1962년부터 한 권 한 권 사기 시작해서 나는 'The Library of Christian Classics' 전집 (26권)을 다 소장하게 되었고 가장 애지중지한다.

26권을 살 때마다 나는 책 뒷면에 나의 이름과 책을 산 곳과 날짜와 가격을 적곤 했는데, *Augustine: Earlier Writings*과 *Christology of the Later Fathers*는 1962년 6월 21일 총신에서 각각 485원에, *Early Christian Fathers*는 1965년 미국 웨스트민스터 신학교에서 5달러에 사서, 평생 교회사를 연구하면서 그 어느 책들보다 자주 이 전집을 읽으면서 참고하곤 했다. 특히 제일 처음 사서 읽게 된 *Augustine: Earlier Writings*는 나의 학문적인 삶에 큰 영향을 미쳤다. 한철하 교수님의 가르침을 따라 영문으로 읽으면서 아우구스티누스의 진솔하고 처절한 고백과 기도에 매료되었고, 믿는 것을 이해하려는 신학 활동에 공감하게 되었고, 세상과 교회와 하나님 나라를 바라보는 폭넓은 우주적인 안목에 깊은 감동을 받았다. 그리고 아우구스티누스를 전공하기에 이르렀는데 그것이 나의 삶과 사역에 얼마나 큰 축복이 되었는지 모른다.

이번에 두란노서원이 'The Library of Christian Classics'의 26권 중 20권을 선별해서 번역한 '기독교고전총서'를 출간하게 됨을 진심으로 축하하며 많은 사람들이 이 고전을 읽고, 삶과 사역이 보다 건강하고 아름답고 풍요롭게 되기를 바란다.

김명혁 강변교회 원로 목사, 한국복음주의협의회 회장

옛것을 버리고 새것만 추구하는 세대에서 온고지신(溫故知新) 즉, 옛것을 연구하여 새로운 지식이나 도리를 찾아내는 일이 얼마나 중요한 것인지를, 학문을 사랑하고 진리를 탐구하는 이들이라면 누구나 이해할 것이다.

세기를 넘어 두고두고 읽히고 사랑받는 고전은 시간뿐 아니라 국경을 뛰어넘어 공간을 초월하여 읽히고 인용되는 책들로 영원한 진리의 진수를 맛보게 한다. '기독교고전총서'의 번역자들은 그 시대의 신학자나 신학의 맥을 바르게 이해하는 학자들로 구성되어 있어 그 책들의 질에 걸맞은 높은 수준의 용어 선택과 표현을 했다. 이것

은 우리에게 또 한 번 감격을 주는 것이다. 영어로 번역된 고전들을 다시 우리말로 번역함으로 원저자의 의도가 왜곡될 수도 있겠으나 'The Library of Christian Classics'과 같은 기독교 고전의 권위 있는 영역본을 번역함으로 오히려 그 이해의 폭을 더 넓게 했다 할 수 있을 것이다.

지금은 얕은 물에서 물장난이나 하듯 쉽고 재미있고 편리한 것만 찾는 시대이지만, 날마다 생수의 강물을 마시고 그 깊은 샘에서 길어온 물을 마시려는 목회자, 신학생, 평신도 리더, 그리고 그 누구라도 꼭 한 번 이 고전들을 읽어보도록 추천한다.

이종윤 서울교회 담임 목사, 한국장로교총연합회 대표 회장

'기독교 고전'이라 불리는 책들은 기독교의 2000년 역사와 함께해 왔다. 한국의 기독교 역사의 연수(年數)가 유럽의 연수와 비교할 수 없이 짧지만, 이미 세계 기독교 역사의 한 획을 그을 정도로 영향력이 강한 한국 기독교가 '고전'이라 일컬어지는 책들을 출간한다는 것은 큰 의미가 있다.

기독교는 가난한 자를 부하게 하고 묶이고 포로 된 자를 자유롭게 하는 '생명'인데, 지금 우리는 세상에서 오명을 뒤집어쓰고 있다. 이것은 우리의 잘못으로 책임이 우리에게 있다. 이 오명을 벗어버리기 위해서는, 우리 안에서 철저한 자성과 회개와 갱신이 일어나야 한다. 이것은 오직 주의 성령으로, 주의 말씀으로만 가능하다. 시간이 흘러도 여전히 깊은 고전의 메시지를, 하나님 앞과 교회 안에서, 개인의 삶의 터에서 깊게 묵상하고, 묵상한 그것을 삶의 영역에서 진실하게 드러낸다면 분명히 우리는 변할 것이고, 우리 기독교는 새로워져서 세상을 변화시킬 능력을 가진 생명이 될 것이다. 나는 분명 이렇게 소망하고 기대한다.

오늘의 교회를 갱신시키고, 오늘의 교인들을 영적으로 신학적으로 성숙시키는 일에 크게 기여하는 고전시리즈가 될 것을 필자는 분명히 확신한다.

김홍기 감리교신학대학교 총장

역사상 존재했던 다양한 배경의 성도들이 하나님과 관계를 맺고, 그 영혼의 깨달음과 하나님을 향한 갈망과 예배를 뭉뚱그려 놓은 것이 기독교 고전이다. '고전'이라는 칭호를 얻은 이유는 그만큼 통찰력이 깊고, 영성이 준수하며, 시대를 초월하는 내구성이 있기 때문인데, 예수 그리스도의 충만한 분량에 이르기 위해 지속적으로 영성을 계발해야 하는 목회자나 신학생이나 성도는 끊임없이 영성을 살찌울 수 있는 영양분을 공급받아야 한다. 영성 훈련이라면 보통 기도회나 성령 은사를 체험할 만한 집회 참석을 상상하지만 그것이 영성 훈련의 핵심이 아니다. 구름떼같이 허다한 증인들이 하나님과 관계를 맺어온 고전 문헌들을 살펴보면서 자신들의 신학과 예배와 경건생활을 살펴보고 계발하는 것이다.

이에 '기독교고전총서' 우리말 번역을 진심으로 환영하는 바이다. 지금 시대에 최고의 실력을 갖춘 번역가들이 각고의 노력으로 번역한 이 글들이 한국 성도들의 영성개발에 큰 공헌이 될 줄로 확신한다. 바라건대 목회자들뿐 아니라 일반 성도들도 더욱 고전에 쉽게 친근해질 수 있게 되기를 소망한다.

피영민 강남중앙침례교회 담임 목사

기독교는 2천 년 역사를 이어오면서 풍성한 영적 광맥을 축적하고 있다. 그 가운데 하나가 기독교 고전 문헌이다. 이는 시대가 변하고 사람이 바뀐다 해도, 각 세대가 캐내어 활용해야 할 값진 보물이요 유업이다.

그럼에도 이런 문헌이 대부분 그리스어나 라틴어 같은 고전어로 쓰였거나 외국어로만 번역되어 있는 것이 오늘의 우리 현실이어서 신학 대학에서 훈련받은 사람조차도 기독교 고전에 손쉽게 접근하기 어려운 형편이었다.

그런데 이 '기독교고전총서'는 초기 기독교 교부로부터 시작하여 16세기 종교 개혁자에 이르기까지 대표적인 기독교 저작들을 대부분 포함하고 있다는 점과, 두란노 아카데미 편집부와 한국교회사학회가 협력하여 이루어 낸 결실이라는 점에서 누구도 그 권위를 의심치 않으리라 여겨진다. 번역은 창작 이상의 산통과 노고가 필요한 작업이기에, 교회사 교수들이 합심하여 기독교 고전들을 한국어로 살려 낸 이 시리즈는 한국 교회사에 길이 기억될 역작이라 생각한다.

위대한 신앙 선배들의 그리스도의 복음을 향한 뜨거운 가슴과 깊은 이해가 독자들에게 전달되어 풍요로운 영성을 체험하는 가운데 놀라운 영적 부흥이 일어나기를 소망하며, 많은 분들에게 추천하고 싶다.

목창균 전 서울신학대학교 총장

고전의 가치를 인정하는 기독교가 중요하게 여기는 '고전 중의 고전'은 단연 성경이다. 기독교는 성경을 하나님의 말씀으로 믿는데, 하나님께서 교회에 선물로 주신 보물은 성경 외에 다양한 고전들 속에도 담겨 있다. 기독교 역사 2천 년 동안, 하나님의 일꾼으로 세움 받은 분들이 기록해 놓은 고전은 기독교의 보화다. 기독교 고전은 우리의 믿음과 경건이 한층 성숙해지는 계기를 제공하고 신학적 수준을 한 단계 높이며 신앙을 성숙하게 하는 좋은 자양분이 될 것이다. 기록된 하나님의 말씀인 성경이 기독교 역사를 거쳐 오면서 각 시대마다 어떻게 해석되고 적용되었는지를 이 고전에서 살펴볼 수 있다.

이번에 출판되는 '기독교고전총서'를 보다 많은 성도들이 읽음으로써, 성경을 각자의 삶에 어떻게 적용시킬 수 있는지를 배우게 되기를 바란다. 아무쪼록 '기독교고전총서'의 출판으로 말미암아, 한국 교회가 기독교 고전의 귀중함을 새롭게 깨달아 기독교의 근원으로 돌아가려는 움직임이 강하게 일어나기를 바라며, 기쁜 마음으로 이 책을 추천한다.

장영일 장로회신학대학교 총장

일러두기

'기독교고전총서'(전20권)는 미국 Westminster John Knox Press(Louisville·LONDON)에서 출간된 'Library of the Christian Classics'에서 19권, 그리스어에서 1권을 '한국교회사학회'의 각 분야 전문 교수들이 번역하였다.

1. 맞춤법 및 부호 사용 원칙

맞춤법의 경우, 기본적으로 '국립국어원'의 원칙을 따랐다.

본문의 성경 인용의 경우, '개역개정'을 기본으로 하고 그 외에는 인용 출처를 밝혔으며 사역에는 작은따옴표(' ')로 표시하였다.

국내 단행본, 정기간행물의 경우에는 낫표(「 」)를, 외서의 경우에는 이탤릭체를, 논문에는 큰따옴표(" ")를 하였다.

라틴어의 경우, 이탤릭체로 표시하였다.

강조 문구는 작은따옴표(' ')로 표시하였다.

원서에서 사용한 부호를 가능하면 그대로 사용하였다.

2. 주

원저의 각주 외에 옮긴이의 각주가 추가되었다. 이것을 *, ** 등으로 표시했으며 각주 란에 추가하였다.

각주 번호는 원서 그대로 따랐다.

3. 용어 통일

인명과 지명의 경우, '한국교회사학회 용어(인명·지명) 통일 원칙'을 따랐으며(다음 쪽 참고), 영문은 처음 1회에 한하여 병기하였다.

1) 문교부가 1986년에 고시한 외래어 표기법을 따른다

현행 외래어 표기법은 다음과 같이 네 개의 장으로 구성되어 있다.

제1장 표기의 기본 원칙

제1항 외래어는 국어의 현용 24자모만으로 적는다.

제2항 외래어 1음운은 원칙적으로 1기호로 적는다.

제3항 받침에는 'ㄱ, ㄴ, ㄹ, ㅁ, ㅂ, ㅅ, ㅇ'만을 쓴다.

제4항 파열음 표기에는 된소리를 쓰지 않는 것을 원칙으로 한다.

제5항 이미 굳어진 외래어는 관용을 존중하되 그 범위와 용례는 따로 정한다.

제2장 표기 일람표(현재 19개 언어): 생략

제3장 표기 세칙(현재 21개 언어): 생략

제4장 인명, 지명 표기의 원칙: 생략

2) 〈외래어 표기법〉에 제시되어 있는 〈라틴어의 표기 원칙〉은 다음과 같다.

(1) y는 '이'로 적는다.

(2) ae, oe는 각각 '아이', '오이'로 적는다.

(3) j는 뒤의 모음과 함께 '야', '예' 등으로 적으며, 어두의 I+모음도 '야', '예' 등으로 적는다.

(4) s나 t 앞의 b와 어말의 b는 무성음이므로 [p]의 표기 방법에 따라 적는다.

(5) c와 ch는 [k]의 표기 방법에 따라 적는다.

(6) g나 c 앞의 n은 받침 'ㅇ'으로 적는다.

(7) v는 음가가 [w]인 경우에도 'ㅂ'으로 적는다.

3) 〈외래어 표기법〉에 제시되어 있는 〈고전 그리스어 표기 원칙〉은 다음과 같다.

(1) y는 '이'로 적는다.

(2) ae, oe는 각각 '아이', '오이'로 적는다.

(3) c와 ch는 [k]의 표기 방법에 따라 적는다.

(4) g, c, ch, h 앞의 n은 받침 'ㅇ'으로 적는다.

목차 Contents

제1부 히브리서에 대한 강의

제2부 1517년 스콜라 신학에 반대하는 논쟁

전체 서문 General Introduction

루터의 경력(1517–1521)이 형성되는 시기로부터 4개의 뛰어난 저술이 이 책에 선택되었다.

그 저술은 다음과 같다.

1. 1517년 3월부터 1518년 3월까지. 히브리서 주석

2. 1517년 9월 4일. 스콜라 신학에 반대하는 논쟁

3. 1518년 4월 21일. 하이델베르크 논쟁

4. 1521년 6월 20일. 라토무스에게 대답.

이 저술의 선택은 1517년에서 1521년 동안의 중요한 형성기의 젊은 루터가 작업한 것을 보여 주는 것이었고, 널리 알려진 1517년 논제와 1520년 종교개혁 논문들은 별개로 하고 몇 년 동안에 루터의 신학적 결과를 대표적으로 선택하여 처음으로 영어로 읽는 자에게 유익을 주는 것이다. 그 선택은 대학생에게 주어진 완벽한 신약의 한권에 대한 주석을 포함하며, 주석은 그의 학술 동료를 위해 그 시대의 스콜라주의에 반대하는 학구적인 논쟁이다. 그의 새로운 신학은 머지않아 로마와의 불화를 의미한 것으로 그의 친구들인 아우구스티누스 학파 사람들 앞에 제공된 오래 지속된 토론이다. 그리고 마침내, 반동적인 루뱅에 속한 재주 있는 라토무스와 논쟁 중에 있는 완전한 학자적인 그의 입장인 칭의, 하나의 논쟁이 웜스(Worms)에 루터가 나타나기 전에 약속 됐지만 바르트부르크(Wartburg)에 강제로 유배해 있는 동안 완성되었다. 마지막으로 이

름이 붙여진 저술은 신학적 중요성에서 루터의 *노예의지론*에 오직 두 번째 저술이다.

이들 네 가지의 책을 읽는 데서 사람들은 옛 중세 세계의 사망과 새로운 세계의 탄생을 이해할 수 있을 것이다. 짧은 몇 시간 안에 어느 누구보다도 중세 세계를 산산조각내고 새로운 세계를 세운 그 수줍어하는 수도사와 사귐을 갖게 될 것이다. 독자들은 이 책의 첫 저술인 히브리서 주석을 주의 깊게 주목해야 하는데, 그것은 그 주석에서 대학의 젊은 학자를 분명히 볼 수 있다는 것이다. 그리고 마지막으로 주석과 해석의 전통적이고 중세적인 기술을 사용하는 침체된 대학에서 신학을 가르치는 무명의 수도사를 알게 될 것이다. 이 책의 네 개의 저술을 발행을 보게 한 짧은 4년 동안 그는 당시 아리스토텔레스의 스콜라주의에 성공적으로 도전하였고 반역적인 면죄부(개신교는 물론이고 가톨릭을 위해서)거래를 파괴하였다. 그리고 하이델베르크에서 그의 친구들인 아우구스티누스 학파 사람들에게 자기의 새로운 신학을 방어했다. 그는 라이프치히에서 존 에크를 대면했고 그 문제가 학문적이며, 스콜라주의적인 신학 문제가 아니고 만인 제사장, 그리스도 안에서 자유, 성경의 권위와 사적(私的) 판단의 권리와 의무를 세계에 그리고 에크에게 보여주므로 키를 잡고 자신과 함께 높은 바다에서 종교개혁의 배를 진수시켰다. 그는 처음으로 지성적이고 책임 있는 평신도에게 호소하므로 1520년 그의 중요한 종교개혁 논문을 썼다. 신학자들을 위해 교회의 바빌론 포로를 썼고, 모든 영적인 사람들을 위해 그리스도인의 자유를 썼다. 그리고 그는 웜스에서 결합된 교회와 국가의 조직된 권위에 직면했다. 그 마지막 4년에 그는 보호받는 죄수로 서 있었다. 그는 강단도 강의실도 없이 혼자 오직 성서만을 가지고 서 있었다. 오직 하나의 펜과 하나님뿐이었다. 이 책에 선택된 4번째 작품인 「라토무스에게 반대하여(*Contra Latomum*)」를 썼던 때가 그때였다. 그 저술은 반동적인 루뱅 대학의 공격에 반대하여 자기의 신학을 방어하는 것이었다. (루뱅은 에라스무스를 반대하는 편이 되었고 루터가 성공할 수 있는 지적 풍토를 만드는 것에 대하여 에라스무스를 비난하였다. 그 결과 약 3년 후에 루터를 공격하도록 에라스무스를 자극했다. 그러나 루뱅이 루터에게 신학적 공격을 준비하고 있었다는 것이 알려진 것은 이 시기였다.)

강렬한 사회적, 이념적, 정치적, 문화적 변화의 배경에 반대 역할을 한 신학적 혼란과 발달 시기는 생각 깊은 그리스도인 한 사람을 매혹할 수밖에 없었고 이 책에 선택된 4개의 저술은 기념해야 할 수년의 결정체다.

편집자 서문

이 책에는 기술적이며 언어학적인 것과 문학적 형식이 매우 다른 4가지의 작업 유형이 있다. 전통적 중세 방식인 본문 해석(glosses)과 주석(scholia)과 주(notes)가 있는 주석서가 있다. 둘째, 스콜라 신학을 공격하는 것이 목적인 97개의 논제로 된 간결한 논쟁이 있다. 셋째, 새로운 복음적 신학의 의미를 명확하게 하기 위해 요구된 완전하게 옷을 차려 입은 논쟁이 있다. 마지막으로, 보수적인 루뱅 대학에서 발표된 유식하고 사정에 밝은 비평을 방어하는 입장에서 쓴 라틴어 산문 형식의 토론이 있다. 루터가 사용한 많은 술어들이 변화와 사건의 기념비적 배경에 상호작용하는 것에서 책임지게 하거나 다시 책임진 것이라는 사실과 짝이 되므로 이러한 저술의 다양성은 번역자의 일을 어렵게 했다. 그러므로 나는 첫째 루터의 신학적 의미를 명확하게 하는 것과 동시에 힘 있고 강력한 언어의 대가인 그의 감동을 잃지 않도록 하는 것은 물론, 인간 루터의 역사적 의미에 걸맞게 어떤 외형상의 위엄을 보존하도록 노력했다. 내가 최소한도로 유지한 주와 비평이 거기에 필요하므로 나는 각주를 서론이나 부록에 넣지 않고 독자가 논쟁되는 것을 쉽게 읽을 수 있도록 자기 앞에 펼쳐진 페이지에서 필요한 도움을 얻게 했다. 나는 언제나 본문에 충실하려 했지만, 그 본문들이 갈등을 일으키는 드문 경우에는 사상의 명료성을 앞세웠다. 루터는 라틴어에 대단한 능력을 가졌다. 그리고 그는 언어 사용에 결코 부주의하지 않았지만 경우에 따라 잘못된 동의 또는 다른 오서(誤書)를 쓸 수 있었다. 그러한 사소한 실수에 나는 관심을 기울이지 않았고, 루터로 하여금 쉬운 영어로 쓰고 말하게 하는 일에 천착했다. 학자는 이 번역을 읽지도 않을 것이고 필요하지도 않을 것이다. 그 이유는 학자는 언제나 원 자료를 참고하기 때문이다. 이 번역은 1517년에서 1521년까지의 중요한 기간 동안 루터가 생각하고 쓴 것을 진지하게 알기 원하는 선남선녀를 위해 이루어진 것이다. 그런 사람은 자료를 이용할 수 없다고 느끼는 사람이고 설령 그가 자료를 이용할 수 있다 해도 쉽게 그리고 확실하게 라틴어를 읽을 수 있다고는 느끼지 못할 수도 있다. (어떤 경우에 자료는 소수의 대학과 개인 도서관에서만 이용할 수 있고 쉽게 빌릴 수도 없을 것이다.) 나는 단순히 일반 독자가 이 저술을 아는 데 도움이 되기를 바랄 뿐이다. 그러한 지식이 유익하다는 것을 아는 것은 대단히 중요하다. 그리고 마찬가지로 학자는 이 번역이 루터의 사상을 아는 데 신뢰할 수 있는 길잡이라고 판단할 것이다. 그리고 원문의 문학적이고 신학적인 가치가 있다는 사실도 판단할 것이다.

　　루터가 인용한 성서 본문을 나는 그 본문이 모든 본문의 차이와 다양성을 가진 것으로 번역하였다. 나는 그 본문을 고치거나 수정하려고 하지 않았다. 왜냐하면 루터의 주석은 그가 사용하고 있는 성경본문의 판본에서 그 본문들의 요점을 취하고 있기 때문이다. 더욱이 그가 인용한 대부분의 본문은 그의 기억에서 이루어졌다. 이러한 본문들을 나는 다시 벌게이트 판에서 발견한 것이 아니고 인용한 것으로 번역하였다. 루터의 본문에서 특별히 히브리서 주석 같은 본문은 루터가 받아쓰게 한 것이었다. 그래서 '등등'이라고 표시되는 성서 인용의 시작하는 말들이 자주 발견된다. 이 경우 나는 그 상황에 필요하다고 여기는 범위로 인용을 완성시켰다. 그리고 그것은 벌게이트 본문에서 번역한 목적을 위해서 그렇게 하였다. 이렇게 하는 것은 '등등'이라는 표식이 포함된 본문을 해석하는 것에서 자주 그가 언급한 것으로 보아 필요한 것으로 드러났다. 시편의 경우 나는 영어판의 구절과 숫자를 채택한 것은 현명하다고 생각하였고 그 결과 영어 독자는 더 쉽게 그 문맥을 읽을 수 있다. 그러한 경우에 루터는 장들을 기억한다.(때때로 책들을 잘못 기억한다!) 바이마르(Weimar) 편집자들이 끊임없이 그리고 적합하게 루터가 그것들을 받아쓰게 하고 기록한 것을 제공하지만, 나는 그것들을 자유롭게 고쳤다. 그러나 원문의 잘못은 참고하지 않았다.

　　바이마르 편집자들의 엄청난 양과 기념비적인 학문적 성과에 모든 학자는 빚을 엄청나게 지고 있다. 적어도 나 자신도 그 빚을 지고 있다. 나는 그들의 유식한 모든 주와 주석과 참고에 대해 그들에게 감사한다. 이 학자들이 원했듯이 나는 완전히 그들에게 이끌려 갔다. 거기에다 나는 또한 히르쉬(Hirsch)와 뤼케르트(Rüeckert)가 1929년에 편집하고 출간한, 주해가 있는 히브리서 주석의 라틴어 본문의 완전하고 가치 있고 비판적인 장치에 빚을 지고 있다. 그리고 또한 1930년에 포겔상(Vogelsang)에 의한 본문 해석이 있는 독일어 번역에 빚지고 있다. 「라토무스에게 반대하여」(Contra Latomum)란 저술의 경우 나는 미국에서 반가운 도움을 받았다. 나의 작업 시초에 린드벡(George Lindbeck) 교수가 물렌베르그 출판사(Muhlenberg Press)를 위해 그가 하고 있는 번역 타자본을 나에게 보냈다. 그러나 그것은 여러 번에 걸쳐 그가 작업한 원고였고 그러므로 거의 수정되었고 매우 읽기 어려운 원고였다. 나의 마지막 작업에 나는 필라델피아 번역의 Vol. 32의 형태로 마지막 번역을 받았다. 나는 그의 작업이 유익한 만큼 재미있다는 사실을 알게 되었다. 그들의 친절한 도움에 대해 발행자와 그 모두에게 고맙게 생각한다. 마지막에 나는 나의 방식으로 하기로 결정했고 내 자신이 번역하기로 결정했다. 나는 미국 영어사용의 특징인 열정과 신선함에 은밀히 감탄하고 있다. 그러나 나는 내가 번역한 것과 나의 세 가지 다른 번역의 계통으로 언어를 유지할 것이다. 그러나 그것은 쉬운 결단이 아니었다. 그리고 나는 린드벡(Lindbeck) 교수의 이전 번역을 읽을 기회가 주어진 것을 고맙게 생각한다.

James Atkinson

역자 서문

루터의 성서 연구와 종교 개혁

루터의 생애에서 우리가 제일 먼저 기억하는 것은 1517년 가을 그의 면죄부에 대한 공격이다. 면죄부에 대한 루터의 견해는 당시의 인쇄술의 발달로 전 유럽에 전해졌다. 그 영향은 유럽의 역사를 바꾸게 되었다. 루터는 자기의 주장이 진리라고 확신하면 그 결말을 볼 때까지 하나님에게 복종하는 인물이었다. 루터가 면죄부에 대한 자기의 견해를 주장하고 공격할 수 있었던 것은 그의 인격 형성과 그의 과업에 영향을 준 그의 고해신부 요한스타우피츠가 있었기 때문이다. 역사에는 만남이 중요하다. 이 만남은 루터가 종교개혁을 가져 올 수 있는 진리를 발견하게 하였고 그 진리는 인류 역사의 변화를 가져 왔던 것이다.

신학교수와 설교자로 준비되는 시기

「루터: 초기 신학 저술들」의 가장 많은 분량을 차지하고 있는 "히브리서 강의"는 1512년부터 1517년에 이르기까지 루터 신학의 형성 과정을 보여 준다. 그는 1512년에서 1513년에 걸쳐 신학 교수직을 준비하고 동시에 설교자로서의 활동을 시작하였다. 이 시기는 루터의 신학적 입장이 당시의 신학과 경건과는 대조가 된다는 사실을 루터 자신이 점점 의식하는 시기였고, 1517년 가을에 중대한 갈등과 함께 그 생애의 이 시기는 끝나게 된다.

루터는 어떻게 신학박사가 되었고 비텐베르그 대학의 교수가 되었는가? 이것은 루터가 어떻게 역사적 인물이 되었고, 그가 이후 어떤 일을 수행하게 될 것인가에 대한 매우 중요한 단초였다. 왜냐하면 이 질문은 루터의 미래 활동에 발판이 되기 때문이다. 루터는 1511년과 1512년에 스타우피츠와 오래도록 함께 있었는데 그때 루터는 신비주의에 사로 잡혀 있었다. 그리고 그의 건강은 별로 좋지 않았다. 그때 수타우피츠는 루터의 미래 생애를 결정하는 대화를 나누었다. 스타우피츠는 수도원 안뜰 배나무 아래에서 루터가 신학박사 학위를 받아야 하고, 학문적 자격을 갖추어야 한다는 것을 루터에게 알려 준다. 그러나 루터는 이 요구를 그의 나쁜 건강을 핑계로 반대하였다. 루터는 박사 학위 공부에 뜻이 없었고 수도사로서 순종에 대한 서약을 위반하였으나 결국 스타우피츠의 요구를 받아들여 비텐베르그 수도원 부원장이 되었고 학위를 받게 되었다. 루터는 수도원의 교양과정(Generalstudium)의 학장이 되었고 그 수도원의 설교자가 되었다. 이 모든 것은 스타우피츠의 배려에 힘입은 것이다. 당시에 많은 수도사들이 신학박사 학위과정에서 공부하였으나 스타우피츠는 특별히 루터의 자질을 인정하여 비텐베르그 대학의 성서 교수직에 자기의 후계자로 루터를 세우기를 원했다.

루터는 1512년 10월 19일에 박사 학위를 수여받고 읽는 것, 가르치는 것, 신학을 해석하는 것, 토론을 하는 특권을 얻게 된다. 학위 수여는 칼 슈타트가 하였다. 그때 루터는 박사 학위 문장(紋章), 열고 닫는 성서, 사각모자, 황금반지를 받았는데 그 반지는 최고의 신학적 신비인 삼위일체를 상징하는 세 겹으로 꼬인 반지였다. 10월 21일에 루터는 신학부의 평의원이 되었다. 그리고 신학부의 명예와 이익을 증진할 것을 서약한다. 그에게 박사 학위와 교수직은 연결된 사명이고 맹세한 의무였다. 그는 1517년과 1521년 사이에 몇 번이고 자기는 "맹세한 성경 박사"인 사실을 호소한다. 그는 그 당시의 사제나 교황 세력들에게는 기쁘게 박사 학위 칭호를 사용하였고 설교자로서는 목사, 곧 섬기는(충성스러운) 자와 전도자로 불러주기를 바랐다. 루터가 1512년에 연구원장이 되었으나 학위를 받은 지 1년 후가 되는 1513/14년 겨울학기까지는 가르치는 일에 종사하지 않았다. 그 이유는 알 수 없으나 준비할 시간이 필요했던 것이 아닐까?

성서학자로서의 루터

1513/14년 겨울학기부터 루터의 성서 강의를 통해서 그 상황에서의 루터의 신학적 발달을 추적할 수 있다. 루터가 시편을 강의한 것이 1514/15년 겨울학기까지였는지, 혹은 1515년 여름학기까지였는지는 불확실하다. 연대기 학자 올데케오프(Oldeceop)에 의하면 루터는 이미 1515년 여름에 로마서를 강의하기 시작하였다. 그러나 올데케오프(Oldeceop)의 증언은 사실로 볼 수 없다. 그때에 여전히 루터가 시편을 강의하고 있었다는 증거가 있기 때문이다. 로마서 강의는 1516년 여름학기까지 계속되었다. 1516년 10월 27일부터 1517년 3월 13일까지 루터는 갈라디아서를 강의하였다. 갈라디아서 강의를 마치고 루터는 곧바로 1517년 여름학기와 1517/18년 겨울학기에 히브리서를 강의하였다는 것이 일반적으로 받아들여진다. 학자들의 연구는 루터가 1521년까지 강의를 하였다는 것이다. 그의 강의 시간은 여름에는 아침 6시에 하였고 겨울에는 7시였다. 그러나 1516년 후에는 오후 1시에 강의하였다.

히브리서 강의까지 루터는 해설하려고 한 성서를 여백과 줄 사이에 공간을 두어 인쇄하였다. 1513년 7월 8일 발표된 시편 본문에 주목할 서문을 덧붙였다. 거기에는 그리스도를 가리키는 시편을 소개하고 시편들의 제목들과 요약을 소개하면서 그리스도 자신을 소개한다. 그 당시 루터의 강의는 다음과 같은 방식으로 전달되었다. 먼저 본문을 두 가지 방식으로 간략하게 주석한다. 성서 단어의 단순한 설명을 줄 사이(interlinear glosses)에 썼고 조금 더 철저한 해설을 여백(marginal glosses)에 썼다. 그 다음에 해석(scholia)이라고 하는 계속적인 해설이 소개되었다. 루터는 이 과정을 히브리서를 강의할 때까지 계속하였다.

루터는 주석가로서 본문에 접근하는 방법이나 자신이 설명하는 내용이 어디까지나 그가 해석하려는 성경 본문에 의해 결정된다고 확신했다. 루터는 집중적으로 본문에서 들으려고 했다. 루터에게 들음은 신학적 작업을 위한 본질적 필요조건이었다. 믿음은 들음에서 오기 때문이다. 그리고 본문을 대하는 실제적인 방법이 있었는데 그것은 명상이다. 자기 스스로 본문을 이해하고 하나님을 향하여 움직이는 길이 명상에 있다. 명상은 루터가 그의 언어를 끌어내는 우물들 가운데 하나다. 루터에게 신앙적 교육과 훈련은 아침과 저녁에 하나님을 기억하는 것이었으며, 그리스도의 율법을 명상하는 것은 가장 빠르고 효과적인 훈련이었다. 명상이 그리스도를 이해하는 것과 관계된다면, 신앙적 교육과 훈련의 목표는 그리스도의 말씀에 따르는 그리스도인의 전 인격형성이다. 이 목적은 자신을 근본적으로 겸손하게 만드는 것이다. 루터는 성경에 집중하여 말씀을 듣는 것에서 경건을 배우고 신학을 배양해야 한다고 생각하였다. 내용에서뿐만 아니라, 루터가 신학을 하는 방식 역시 성경이 말하는 방법을 따른다. 이것은 루터가 그 시대에 자신의 신학을 형성하는 것이었으며 그 시대 가톨릭교회의 신학을 비판하는 규범이기도 하였다. 루터를 비난하는 사람들은 루터의 성서 연구가 주관적이라고 하지만 이것은 루터가 배격하려고 한 것이다. 그는 그의 해석에 대한 이유를 말할 수 있었고 그 해석을 다른 사람에게 확신시킬 수 있었다.

'무서운 시련'에 대한 신학적 해석

루터는 성서를 연구하고 해설하는 일에 집중하면서, 완전하고 거룩한 수도승의 삶에 대해 철저하게 의문을 제기한다. 그 자신이 중세적 경건의 무너짐을 경험하였으므로, '무서운 시련'(또는 유혹; Anfectungen)은 루터의 중세적 경건을 무너뜨리는 길을 열었던 것이다. 루터는 실망에 빠지지 않고 자기의 경험을 신학적으로 취급할 수 있었다. 루터의 강의를 읽으면서 우리는 루터의 이러한 경험이 어떻게 그의 강의로 이어졌고 그 강의의 중심 주제를 이루고 있는지 알게 된다. 해석자의 상황과 해석하고 있는 본문이 하나가 되는 것이다. 시편이 시련(Anfectungen)을 경험한 자들에 대하여 말하고 있다는 것을 루터는 인정한다. 그러한 경험을 한 사람들은 시편으로 기도하고 시편을 이해하게 된다. 시련이란 시편에서도 확인되고, 그 성서의 본문은 루터의 경험에서도 확인된다. 그 경험은 언제나 인간이 하나님의 요구에 부족하고 죄인으로 남아 있고 또는 더 악하다는 것이다. 인간은 하나님 앞에서 자기 상황을 인정하지 않는다. 오히려 인간은 하나님 앞에 자신의 경건한 행위를 내놓기 원한다. 그러나 이것은 모든 것을 더 나쁘게 만든다. 인간은 하나님을 향하여 자기의 판단으로 하나님을 거짓말쟁이로 만든다. 인간은 자기가 죄인이라는 것을 인정하지 않고 자기의 의를 세우고 자기의 능력을 신뢰한다. 루터는 당시 신학을 가르치는 자들이 인간의 상황을 분명하게 인식하도록 해주지 못하고 오히려 실재의 죄의 독을 퍼뜨린다고 비난하였다.

신학교수인 루터가 처음 몇 년간의 성서 강의에서 더욱 날카롭게 개발한 근본적 통찰은 인간이 언제나 죄인으로 하나님 앞에 서 있다는 것이었다. 인간은 하나님의 요구에 응하는 면에서 실패만을 자랑할 수밖에 없다는 것이다.

그런 점에서 루터의 초기 신학은 침울하고 심각하여 기독교 메시지가 밝은 음색으로 나타나지 못한다. 이것은 그의 시대의 전통적 신학과 그 신학과 함께 하는 경건에 반대되는 근거에서만 바르게 이해될 수 있다. 루터는 그 이전까지 구원의 과정에 인간의 협동을 전제하였다. 인간이 은혜로 도움을 받을 때 그러한 협동이 가능할 수 있다는 것이다. 그러나 오랜 후에 루터는 이 견해에 함께하지 않게 되었다. 그런데 루터는 아우구스티누스가 자기편임을 알게 되었다. 펠라기우스주의에 반대하여 아우구스티누스가 쓴 글들은 루터로 하여금 그 당시의·신학과 차츰 결별하는 데 확신을 주었다. 하나님과 인간 사이의 관계에서 하나님의 심판이 옳음을 인정하였다. 그러므로 참으로 의로운 사람은 자신에 대한 하나님의 심판을 정확히 받아들이고 그 자신이 죄인인 것을 고백하고 자신을 정죄하는 하나님의 심판의 명령에 접근하는 사람이다. 루터에게 있어서 성경은 겸손을 가르치는 것이고 그 겸손이란 정확히 죄를 인정한다는 것이다. 하나님을 기쁘게 하는 유일한 사람은 자신을 기뻐하지 않는 사람이다. 죄가 인정되고 고백되는 곳에는 어디나 하나님의 은혜가 확장된다. 우리가 우리 자신을 아무것도 아닌 것으로 여길 때 하나님은 영광을 받게 되고 그에게 모든 영광이 돌아간다.

하나님을 찬양하고 죄를 고백하는 것은 우리가 하나님에게 드려야 하는 이중(二重)의 제사(祭祀)이다. 뉘우침에서 드리는 제사는 하나님에게 드려지는 자기의 의(義)이다. 이러한 자기의 의를 심판하는 것은 복음이다. 인간은 고백에서 더 이상 자기의 선에 의존하지 않는다. 끊임없는 회개이다. 그리하여 의로운 사람은 언제나 하나님을 두려워하며 하나님 앞에서 있다. 자신을 겸손하게 하지 않는 사람은 누구나 견딜 수 없다. 인간은 자기의 악을 좀처럼 겸손하게 인정하지 못하기 때문에 오직 믿음만이 하나님의 구원하는 심판을 감당할 수 있다. 인간을 의롭다고 하시는 하나님의 의(義)가 아니고 인간의 경건한 태도가 의(義)라고 하는 생각은 거절된다.

루터의 히브리서 강의에 나타난 신학적 주제

루터의 히브리서 강의에는 복음주의 신학적 주제가 있다. "설교의 신학"과 "십자가 신학"이 그것이다. 교회의 사역을 통해 말씀이 전해지고, 교회의 사역은 성령의 역사이다. 성령은 우리를 그리스도와 연합하게 하는 띠이다. 교회는 성령을 통하여 말씀을 선포하고 이 말씀을 통하여 은혜가 매개된다. 로마 가톨릭의 기계적인 성례주의가 아니고 말씀 설교를 통한 성령의 역사로 은혜가 매개된다. 이것이 루터가 이야기하는 "설교의 신학"이다. 또 하나는 "십자가 신학"이다. 중세 신학과는 달리 "하나님의 보이지 않는 것들을 피조물을 통해서 인식할 수 있다고 생각하는 사람은 신학자라고 불리어서는 안 된다"("하이델베르그 논쟁"의 논제 19). "그러나 볼 수 있는 하나님의 뒷모습을 고난과 십자가에서 보여 진 것으로 인식하는 사람은 신학자라 불리어질만하다"(논제 20). "하이델베르그 논쟁"의 논제 20은 "십자가 신학"이다. 이 신학은 하나님 인식의 문제를 다루고 하나님 인식의 문제는 그리스도인의 구원과 윤리 문제이다. 이것은 루터의 신학에서 가장 중요한 문제이며 핵심이다. 하나님을 인식하는 것은 그리스도의 십자가와 고난을 통해서이다. 십자가의 도(道)가 구원하는 하나님의 지혜이다. 하나님을 바르게 인식하고 있는가의 문제는 윤리적 태도를 결정한다. 그런 점에서 루터에게 있어서 하나님을 인식하는 것과 그리스도인의 윤리는 둘이 아니고 하나이다.

선자는 그리스도 밖에서 어떤 의(義)를 가지지 못한다. 하나님은 모든 것을 주신다. 용서, 믿음, 행위 – 우리 안에 아무 것도 갖지 못한다. 우리의 모든 구원은 우리 밖으로부터 우리에게 온다. 루터는 1513년과 16년 사이에 더 이상 심판하시는 하나님과 대결 가운데서 자기를 보지 않는다. 그는 죄를 고백하는 신자에게 하나님은 죄를 죄로 여기지 않는다는 것을 알았다. 이 범위에서 그는 죄 용서를 경험하였다. 1516년의 루터의 신학은 종교개혁의 요소들을 명백히 보여준다. 곧 밖으로부터 오는 구원을 강조하고 있는 것이다. 루터가 로마서를 강의할 때부터 이미 종교 개혁가였는지 그렇지 않은지에 대해서는 아직 모호함이 있다. 그는 이미 종교개혁가였고, 또 한편으로는 아직 아니었다. 그러나 계속되는 성서 강의에서 루터는 종교개혁의 요소들을 보다 분명하게 발견하였고, 강조하였다.

위에서 살펴본 대로 루터의 종교개혁적 발견은 성서 연구와 강의에서 온 것이라고 볼 수 있다. 루터로 하여금 성서를 연구하게 하고 자기의 후계자로 삼으려고 루터를 신학 교수로 세웠던 훌륭한 루터의 멘토(mentor) 요한 스타우피츠와의 만남은 세계 역사를 바꾸어 놓은 만남이었다. 그 만남이야 말로 종교개혁자가 되기 이전에 루터로 하여금 성서학자가 되게 하였고, 중세의 한 성서학자의 성서 연구는 그의 신학을 형성하게 하였다. 그리고 그 결과는 종교개혁이었다.

루터의 신학은 오직 성서를 해석하는 것이었다. 그의 신학은 본질적으로 주석의 형태를 띤다. 루터는 조직 신학자, 곧 어떤 교의학자가 아니었다. 그는 어떤 교의학이나 윤리학도, 어떤 대전(大典)도 — 멜랑히톤이 「신학 해제」(loci theologici)를 쓴 것처럼, 칼뱅이 「기독교 강요」를 쓴 것처럼 — 저술하지 않았다. 루터는 성서주석 담당 교수로 비텐베르그 대학에서 가르쳤다. 그의 저술은 자신에 의해서나 타인에 의해서 출간된 신구약 주석 강의들이었다. 그리고 이 외에 그가 출간하였거나 그의 학생들이 받아쓰고 출간을 위해 편찬한 설교문들이 있다. 여기에서도 성경본문을 해석하는 그의 소리를 들을 수 있다. 루터의 저술은 주석적 성격에 속하는 것이다. 그는 주석가와 설교가로 성경과 끊임없는 사귐 속에서 생각하는 사람이었다.

루터는 그의 글을 읽는 우리로 하여금 끊임없이 성서로 눈을 돌리게 한다. 그는 성서를 듣는 청종자로 모범생이었다. 히브리서 강의를 비롯한 루터의 초기 신학 저술들을 통해 우리는 루터가 복음주의 신학을 확립하는 과정을 보게 된다. 먼저 기독교의 가장 중요한 진리인 복음을 바로 이해해야 한다. 구원은 행위의 의(works-righteousness)가 아니고 은혜이다. 은혜 없는 행위의 의(義)는 기독교의 구원하는 의(義)가 아니요, 행위는 은혜의 열매이다. 루터는 이러한 복음을 성서 연구를 통해 깨닫게 되었다.

유정우

제1부

히브리서에 대한 강의

마르틴 루터

PART I
LECTURES ON THE EPISTLE TO THE HEBREWS
MARTIN LUTHER

서문

전달 형식과 방법

루터의 전체 해설은 두 개의 분리된 부분으로 이루어진다. 즉 주해(Glosses)와 해석 (Scholia)이다. 주해는 본문의 단어나 절, 하나의 문장 전체를 두고 간단한 언어학적 설명을 하는 것이다. 그렇게 하므로 저자는 단어나 절, 또는 문장의 의미를 밝히는 것이다. 저자는 단순히 한 단어를 사용할 수 있고 본문 주위에 또는 본문 안에 그 단어를 써 넣을 것이다. 또한 저자는 전체 구절, 문장들, 병행 구절을 사용할 수 있고 여백에 주석과 각주를 사용할 수 있다. 여기 하나의 예를 무작위로 택한다. 이 예는 히브리서 2:10에 대한 루터의 주해다.

"DECEBAT dignum erat opus misericordia sua ENIM EUM, Deum patrem PROPTER QUEM OMNIA ad quem seu ad cuius gloriam sunt et fiunt ET PER QUEM[1] OMNIA[2], QUI per adoptionem gratiae I.e. adoptionis gratiam MULTOS FILIOS IN GLORIAM ADDUXERAT[3] praeparaverat adducere ab aeterno

AUCTOREM ducem, caput SALUTIS EORUM PER PASSIONEM CONSUMARE, i.d. ut consumaret et perfectum redderet Christum.[*]

주(註) [1], [2], [3]은 5개의 각주 형태로 추가적인 주석이다. 그리고 각각 한 줄의 길이다. 해석(Scholion)은 성서 본문의 한 단어 또는 절이나 문장에 대한 계속적인 산문의 주석이다. 그리고 한 문단이 될 만큼 길거나 심지어 몇 페이지가 될 수 있다. 이 두 번째가 보통 우리가 루터의 주석이라고 부르고 싶어 하는 것이다.

주해(gloss)는 반드시 주석(scholia)과 동시에 기록되지 않았고 또 주해와 주석이 하나의 경우에 주어지지도 않았다. 그러나 루터가 무엇을 말하였고 특별한 구절에 대해 루터가 무엇을 생각했는지 독자가 알기 원한다면 주해와 주석을 함께 연구해야 한다. 루터의 전달 방법은 그의 주해와 주석을 받아쓰게 하는 것이었다. 그는 무엇보다 먼저 전체적으로 본문을 주해하고 다시 본문으로 돌아가기 위해 언어 훈련 후에 검토하면서 그 구절의 의미와 중요성을 그가 필요하다고 여기는 만큼 완전하게 설명하였다.

루터는 자기 학생들의 유익을 위해 그가 필요하다고 느끼는 주해들을 책의 여백은 물론이고 본문 위와 본문 주위에 학생들이 써넣을 수 있게 넓은 공간이 있는 벌게이트 성경을 분명하고 크게 인쇄하도록 인쇄업자를 설득했다. 게다가 더 자주 현학적인 성격의 완전한 주를 달았다. 거기에 그의 주석의 가장 교훈적인 것은 물론이고 때로 가장 흥미 있는 것을 부연(orbiter) 설명하기도 했다.

이 모든 자료를 바이마르 편집자들은 단순하고 포괄적인 방법으로 대조하여 조사하였다. 그들은 벌게이트 성경 본문을 굵게 인쇄하고 루터의 주해를 정상적인 활자로 본문과 이어 짜도록 인쇄하였다. 그 이상의 그가 설명하는 주(註)는 같은 페이지에 숫자가 붙은 각주 형식으로 포함했다. 각주는 3가지 뚜렷한 활자로 보존된 3가지 형식으로 존재한다. 주해로서 정상적 활자로 인쇄한 것을 바로 언급한 일련의 숫자가 붙은 설명하는 주가 있다. 작은 활자로 두 번째 일련의 각주가 상이한 읽기를 위해 보존되고 이탤릭체로 인쇄된 세 번째는 박식한 바이마르 편집자 자신들의 각주다. 그것은 성서적이고, 교부들과 다른 참고를 포함시킨 아주 가치가 있는 것이다. 루터의 부

---

[*] 히브리서 2:10 벌게이트 라틴어 본문을 루터가 주해한 것, 그의 히브리서 주석을 참고하기를.

연(orbiter dicta)은 본문에 포함되고 시작과 마지막에 한 쌍의 평행선으로 괄호 모양으로 표시한다. 곧 ‖obiter dictum‖이다. 곧바로 따라오는 112페이지들의 주해가 210페이지들의 주석에 따라 온다. 그 주석은 편집자들이나 번역자들에게 어려움 이상의 어떤 것을 보여주지 않는다. 그 이유는 주석이 히브리서 11:8로 끝나는 것에서 다른 어떤 어려움이 있다고 해도 직접적인 라틴어 산문들로 되어 있기 때문이다.

독자는 정상적인 영어 형식으로 히브리서 본문에 대한 루터의 주석을 번역하는 복잡성을 깨닫기 시작했을 것이다. 라틴어로 주해한 라틴어 본문은 ‘완전한 라틴 사람’과 같이 읽을 수 있다. 그러나 한때 라틴어는 이 과정을 통과하여 결과가 수식하고 자격을 부여하고 설명하는 형용사, 명사, 부사, 그리고 생각할 수 있는 절의 모든 유형, 때로는 전체 한 문장 또는 문장들로 길어졌다. 그것들은 각주와 함께 더 이상 문장이 아닌 것으로 완전한 문법적 형태를 상실하였다. 정상적인 영어 문장으로는 이것이 불가능하다. 그것을 몇 개의 문장으로 만드는 것은 요점들을 다음에 오는 생각으로 연결시키기 위해 번역자에게 너무 많은 의역을 요구하였다.

나는 가능한 한 정상적 영어의 산문에 가까운 형태로 모든 자료를 독자에게 주기 위하여 다음의 기술을 채택했다. 나는 주석서의 기초를 주석(scholia)으로 만들었다. 왜냐하면 이것이 이미 훌륭한 라틴어 산문에 들어 있기 때문이다. 특별히 가치 있다고 판단한 어떤 각주와 함께 주해가 중요한 신학적 자료를 포함하고 있는 곳에 그 자료를 ad loc에 포함시키고 모든 주해와 모든 주를 여백에 삽입하였다. 이 주석만 전체 지면을 차지했다. 하나에서 다른 것으로 변화와 혼동이 있을 수 있는 경우에 나는 ‘Gl’이란 표식으로 주해를 지적하였다. 그 다음에는 페이지와 줄이 표시되어 있다. ‘Sch’란 표식은 주석(scholia)을 표시하는 것으로 페이지와 줄이 따라온다. 예를 들면 181, 198페이지를 보시오.

이 관행은 루터가 하이델베르크로 가는 것을 결단해야만 할 때 히브리서 11:8까지 확실하였다. 이 시점 후 나는 주석서를 완성하기 위해 모든 주해와 주를 포함시켰다. 이 시점 이후 주해가 초기의 주해보다 더 자세하고 더 가치 있게 보이는 것은 매우 흥미롭다. 실제로 우리가 이 책에서 갖는 것은 주석(scholia)의 완전한 번역이다. 그것은 주석에 포함되지 않은 주해의 어떤 점들로 히브리서 11:8이 보충하는 데까지다. 그리고 히브리서 11:8에서 마지막까지 모든 주해와 주에 의해서 완성되었다.

마지막 문제는 본문에 기초한 주석이 없는 곳에서 주가 있는 주해된 본문을 표현하는 방법이다. 나는 벌게이트 본문에 적어 넣는 단순한 형식을 채용하였다. 그 형식은 그 페이지의 왼편 절반 위쯤 칼럼 형태로 굵은 활자로 써 넣었다. 그리고 오른편 페이지 위에 칼럼 형태로 나란히 상대적인 루터의 주해가 된다. 이것은 독자에게 그 책에서 가장 실망스러운 부분이 될 것이다. 그러나 번역자는 이 자료가 번역 안에 포함되어 있다면 더 좋은 방법을 궁리해 낼 수 없었을 것이다. (히브리서 11:9에서 마지막 pp. 250-291까지 주해들을 참고하라.)

이 단계에 이르러 나는 이 가치 있는 본문이 왜 이전에 영어 본문으로 될 수 없었는지 그 이유를 깨달았다! 그러나 나는 번역이 되지 않았다고 해도 그 본문의 가치를 아는 선한 마음으로 본문을 내어 놓는다.

나는 어디서나 바이마르 본문과 참고를 따랐다. (놀랍게도 많은, 루터의 엄청난 성경의 이해로 생각되는). 나는 그것에 관심을 갖지 않고 수정하였다. 본문이 불완전한 한두 경우에는 너무 간단히 주해했거나 어려운 경우나 또는 여러 가지로 읽어야 할 경우에는 나는 문맥에 가장 적합하게 읽기로 나 스스로 자유롭게 결정하였다. 심지어는 느슨하게 의역하는 형식으로 의미를 제공하기도 했지만 이런 경우는 드물다. 그리고 그러한 것은 건전한 지식보다는 오히려 현학(衒學)에 도움이 될 것이다. 학자는 언제나 원문을 사용할 것이고 번역자는 진실하고 읽기 좋은 번역판을 내어놓을 수밖에 없으므로 학자의 찬성과 독자의 감사를 원한다.

내용

이 서신에 대한 루터의 주석이 교훈하는 바를 요약하는 것이 목적이 아니고 독자를 위해 몇 마디의 안내의 말들이 있은 다음에 루터의 저작이 스스로 말하게 하는 것이다.

이 강의는 일 년간 계속됐다. 그리고 강의가 진행되는 동안 일어난 역사적 사건을 생각하는 것이 흥미 있을 뿐만 아니라 (그것은 루터가 크게 형성되는 것이다), 그러한 지식은 강의 내용을 더 민감하게 평가하도록 하는 데 있어서 제일 중요한 것이다. 그가 강의들을 시작했을 때 모든 것은 조용했고 어려운 일이 없었다. 그는 알려지지 않은 대학의 교수로서 젊고, 재주 있고, 진실한 사람이지만 그의 선배들과 학생들에게만 알려졌을 뿐이다. 그는 강렬하고, 진지한 학자였고 일반적으로 그가 속한 사회와 교회 일과 삶에 깊이 있는 관심을 나타내고 전적으로 헌신하는 사람이었다. 그리고 특별히 대학에서 그랬다. 그러나 이 모든 것은 동시대의 많은 다른 사람도 동일하다. 그들에게는 루터에게 나타난 역사와 사건 개입이 없었고 그 개입은 운명적으로 주어진 것이다. 몇 달 이내에 그는 면죄부 논쟁에 개입하였고 오랜 후에 그와 함께 토론하기를 원하는 사람들의 희망 속에서 가장 어렵고도 중요한 목회적, 신학적, 교회적 관심의 문제를 다룬 95개 논제를, 못을 쳐 걸었다. 마인츠의 대 주교는 로마에서 그를 이단으로 내몰고 소송 절차를 밟았다. 도미니칸들은 그의 피를 보기 위해 시끄럽게 소리를 질렀다. 그당시 그는 11장에 이르렀고, 거기서 그의 강의를 끝냈다. 그리고 그는 비판적이고 관심 있는 친구들인 아우구스티누스 학파 사람들에게 새롭게 형성된 그의 신학을 설명하기 위해 하이델베르크로 소환되었다. 강의 내용은 이중의 부담을 안고 있었는데, 첫째, 그의 말은 분명히 이해할 수 있는 의미들이다. 그러나 둘째, 중요한 잠재적 요소가 있는데 그것은 모든 것이 의미가 있지만 그 결과를 알 수 있는 사람은 없는 사건과 관계되는 의미였다. 전자는 우리 모두가 이해할 수 있다. 바로 그것이 번역자가 제공하는 의미다. 후자는 독자 자신이 1517년 봄 비텐베르크의 젊은이들 안에 자신을 집어넣고 신부인 루터에게 들으려고 할 때 제공될 수 있는 것이다. 못을 박아 걸어 놓은 논제를 본 사람들은 젊은이들이었다. 그리고 그 논제를 토론한 첫 번째 사람들도 그들이었다. 그들은 마르틴을 이단으로 몰아 세운 공식적인 소송을 듣게 되었다. 그들은 스콜라주의에 반대하는 그의 논쟁을 들었다. 그들은 루터가 자신을 설명하기 위해 1518년 봄날 하이델베르크로 떠나는 것을 보았다. 그들은 그가 돌아오게 될지 의심하였다. 이 혼란한 배경을 잉태한 것에 대해 그의 삶 전체에서 그의 특징이 되는 고집스러운 보수주의의 중세적 어휘는 물론, 중세 외적인 주해와 주석 모두에 외적으로 집착하는 것을 바란다면 사려 깊은 독자는 하나님의 필연적 사건 아래서 그의 새로운 신학을 위해 루터가 애쓴 것을 알 수 있을 것이다. 낡은 옷은 모든 솔기에서 터지고 있다. 은유를 바꾼다면 이미 그의 낡은 피부가 벗겨지고 있다. 새로운 몸은 새롭게 맞는 옷을 입고 새로운 삶으로 작용하고 있다. 이미 이 주석에서 루터의 전체 신학이 완전히 성숙되지 않았다 해도 볼 수 있게 나타난 것은 아주 타당하다고 말할 수 있을 것이다. 그의 신학의 주요 주제들은 분명하다. 예를 들면, 그리스도 중심성, 속죄, 믿음과 행위, 율법과 복음, 하나님의 말씀, 십자가 신학이다.

이 주석의 신학적 내용의 문제에서 편집자는 다음을 강조하므로 독자의 관심을 끈다. 곧 요약이 아닌 그의 사상을 지적하는 것이다. 첫째, 그리스도의 인격과 사역을 신선하게 만든 형식이다. 그것은 그 시대의 신학과는 별개로 루터의 기독론이었고 결국 새로운 복음적 신학을 형성하였다. 1장에 대한 그의 해석에서 그 예들을 발견할 수 있다. 이를 테면 1:3(pp. 46-47)에 대한 그의 간결한 주석은 인간의 고해와 행위의 의에 대한 개념으로 인간이 하나님께 어떻게 접근할 수 있는지 인간의 생각에 반대하여 그리스도의 사역을 가져다 놓는다. 또다시 1:9(pp. 54-55)은 그리스도 안에 있는 우리의 의에 대한 가르침이다. 게다가 2:10(pp. 72-73)에 대한 그의 주석과 2:14(pp. 74-75)은 우리의 구원의 주로서 그리스도에 대한 것이고 육신 가운데 죽음에서 승리한 자로서 그리스도에 대한 교훈이다. 또다시 5:1(p. 124)은 대제사장으로서 그리스도에 대한 가르침이다. 그 대제사장은 인간의 죄를 용서하고 효력을 내시는 분이다. 게다가 7:1(p. 158)의 주제는 그리스도 안에 있는 의다(동등한 말로 믿음으로만 의롭게 됨). 그리고 모세의 구약과 그리스도의 신약의 차이다. 여기서 특별히 결론(p. 165)을 보라.

둘째, 이 서신 안에 있는 죄는 그리스도의 사랑에 대한 큰 적이 되는 자아를 사랑하는 것이고, 그러므로 그리스도 안에 있는 믿음을 방해하는 것으로 생각될 수 있다. 죄는 하나의 행위의 의를 위해 역사한다. 그리고 죄는 그리스도 안에 있는 참된 믿음과 싸우게 된다. 관심은 13:15(p. 257)에 대한 그의 주(註)에 끌린다. 그리고 12:1과 4(pp. 265, 268)에 대한 그의 주해들이다. 의에 대한 주제에 관하여 1:8과 9를 길게 다루고 있음을 더 참고하고 율법과 복음 사이의 긴장과 율법주의 종교의 결말(p. 52 이하)을 주목하라. 또한 이 구절들에서 율법으로 말미암는 의가 자기의 의로 해석되지만 그리스도 안에 있는 의는 사람 속에 새 창조라는 것을 주목하라. 하나님의 말씀의 능력 아래 자아의 파괴에 대해 3:7(p. 91 이하)의 훌륭한 구절이 있다.

셋째, 이 주석에 루터의 율법과 복음의 성숙한 구별이 나타난다. 그리고 모든 교리가 직물처럼 짜여 있다. 그리스도 안에 있는 구원에 관하여 2:3에 대한 주석(p. 59 이하)을 보라. 그리고 특별히 결론(p. 165)이 따라오는 7:12(p. 163)에 대한 주제를 길게 취급한 것을 보라. 서신 각장의 장 제목을 주목하여 보라. 그 장 제목에서 그는 서신의 논점을 요약하고 그 의미를 요약하고 있다. 그는 하나님의 낯선 일(opus alienum)로서 율법의 일과 하나님의 고유한 일(opus proprium)로서 복음의 일(2:14, p. 74 이하를 보라)을 확인한다. 의(義)는 그의 로마서 주석과 같은 역할을 하고 그 모든 것에 중심이 되는 것은 예수 그리스도와 관련하여 의와 은혜에 대한 표현이다. 하이델베르크 논쟁에서처럼 이 성육신 신학은 그가 새롭게 발전시킨 십자가 신학에 통합시켰다. 다른 말로 하면 우리가 하나님을 아는 것과 바르게 그를 섬기는 것을 배우게 되는 것이 우리의 능력에 의해 되는 것이 아님을 루터는 강조하고 있는 것이다. 그러한 생각은 단지 인간적 관념에 머무는 것이 아니므로 그러한 관념이 아무리 고상하다 해도 그 관념은 인간적이며 따라서 종교적 의미로 우상과도 같다. 그것은 하나님을 우리가 생각한 상(像)으로 만드는 것이다. 우상이 아닌 유일한 하나님의 상은 예수 그리스도의 인성 안에서 우리를 위하여 하나님 자신의 상이 되셨다. 예수 그리스도의 인성은 결국 십자가에 직면했던 것이고 그리고 하나님이 살리셨다. 우리가 경험적 사실로서 하나님을 알 뿐만 아니라 타락한 세상에서 교회가 하나님을 알 수 있는 유일한 길이다. 그리고 그 길은 그렇게 의도되었다. 2:1(pp. 58-59)에 율법의 권위를 또한 주목하라. 9장(pp. 184-219)에서 길게 율법과 복음에 대해 주의 깊게 토론하는 것을 주목하라.

넷째, 하나님의 말씀의 수위권(首位權)은 루터에게서 온 것이 아니다. 그는 이것을 복음이라는 말씀의 가장 분명한 형태로 표현된 신적인 행위로 이해한다. 그것은 그가 인간에게 말하기로 의도한 것이 되는 신적인 도구다. 특별히 3:1과 7에 대한 그의 주석(pp. 88-86, 91 이하)을 보라. 그는 인간의 연구나 이해의 빛이 아니라, 3:12과 10:5(pp. 100-102, 221)의 성령의 내적 증거의 빛으로 읽어야 하는 중요성을 강조한다. 4:12에 대하여 그는 하나님의 말씀을 토론하고 6개의 제목(pp. 116-117)아래 그 의미를 토론한다. 그리고 나서 그의 두 번째 해설(p. 116)에서 그것의 현재와 궁극적인 권위를 토론한다.

다섯째, 믿음은 또한 그것의 마땅한 강조의 조화를 받아들인다. 3:12, 4:2, 11:29와 32(pp. 100-102, 110-111, 258-259, 260)에서 믿음과 불신앙에 대한 주해를 특별히 주목하라. 독자는 하나님에 의해 임명된 대제사장으로서 그리스도에 대한 5:1의 긴 해설을 주목해야 한다. 3:12과 9:24(pp. 100-102, 213)에 대한 그의 주석에서 믿음과 행위에 대한 구절들과 믿음의 종교와 행위의 종교 사이의 차이로서, 11:4에 가인과 아벨 이야기의 의미를 토론하는 구절과 같이 서신 어디에서나 행위에 관계하여 믿음을 다루는 것은 특별히 흥미롭다. 루터는 이를테면 10:38에 대한 주해에서 인간의 일로서가 아니고 하나님의 일로서 믿음을 강조한다. 그 구절의 각주에서 그는 더욱 믿음으로 의롭게 되는 것을 토론한다. 그는 심리학적 주관주의의 영역에서 완전히 옮겨 신적인 활동과 주도권의 행복하고 건강한 영역 안에 그것을 넣는다. 그의 경력 초기와 비 논쟁적인 단계에 믿음에 대한 루터의 교훈은 귀중하고 독특한 가치를 가진다. 기억된다면 여기서 루터의 강조는 나중에 믿음에 대한 개신교의 많은 오해와, 특별히 믿음으로 의롭게 된다는 교리의 적대자들이 그 교리를 어떻게 생각하는 경향이 있는지에 대하여 보호가 될 것이다. 루터는 믿음을 하나님의 자비와 하나님의 은혜와 밀접하게 연결시킨다. 믿음의 장인 11장(pp. 235, 264)에 대한 주해와 주석은 말할 것도 없고 2:16(p. 83)에 대한 주석을 보라. 그것은 주석이 끝나는 믿음의 절정에 대한 것이다. 개신교는 때때로 믿음으로 의롭게 되는 교리를 신앙 조항으로, 혹은 어떤 환경에서는 당파의 외침으로 만든다. 그러나 루터에게 그것은 그리스도 안에서 인간의 전적 구원의 독특하고 유일하고도 완전한 근거였다. 그 말의 가치는 논쟁 가운데서 가장 분명하게 나타난다. 그것은 또한 자신의 정직한 도덕적 노력이나 인간의 근본적 품위를 힘입어 선하신 하나님에게 용납돼야 한다는 것(누구도 부인하거나 반대하지 않는 두 가지의 가치)을 믿는 자연인의 성질에 반대되는 보호 수단으로서 가장 분명하게 나타난다. 믿음으로만 의롭게 되는 교리의 근본적 의미, 그 교리는 루터가 이 서신에서 하나님의 은혜와 그의 자비에 관계시키므로 루터가 보호하는 교리다. 그리고 사람 안에서가 아니라 하나님 안에서 무게 중심을 유지하므로 그리스도 안에서만 구원이 있다. 그 이상도 이하도 아니다.

1517-1518년 히브리서에 대한 강의

(*WA*, 57, Pt 3. pp. 1-238)

(장과 절에 따라오는 주해(Gl)는 그 본문에 대한 주해를 의미한다. 때로는 각주가 있는 주해, 또는 각주 자체, 또는 주해에 소개되는 주다. 장과 절에 따라오는 주석(Sch)은 그 본문의 주석을 의미한다. 편집자.)

본문

제 1 장

Gl. 1:1 (5:10) 바울은 히브리서를 읽는 자에게 인간적이고 율법적인 의를 신뢰하지 말고 하나님의 은혜를 믿어야 한다는 사실을 상기시킨다. 바울은 그리스도를 떠나서 율법, 성직, 예언, 심지어 천사의 사역도 구원에 충분하지 않다는 것을 증거한다. 반대로 이 모든 것은 오신 그리스도에게서 성취되었다는 것을 알도록 하기 위해 그 모든 것들이 제정되었다는 것이다. 바울은 가르칠 필요가 있는 것은 그리스도뿐이라고 주장했다.

1:1. 옛적에 선지자들로 여러 부분과 여러 모양으로 우리 조상들에게 말씀하신 하나님이 이 모든 날 마지막에 아들로 우리에게 말씀하셨으니 이 아들을 만유의 후사로 세우시고 또 저로 말미암아 모든 세계를 지으셨느니라.

여러 부분(*multifariam*)[1]과 여러 모양(*multis modis*)[2]이란 두 표현은 차이가 있다. 여러 부분(*multifariam*)은 민수기 11:17의 "내가 네게 임한 신을 그들에게도 임하게 하리니"란 말씀에서처럼 예언의 은사들을 여러 사람에게 나누어 주는 것을 말한다. 사도행전 2:17의 "내가 내 영으로 모든 육체에게 부어 주리니"라는 말씀도 같은 의미다. 그런가 하면 여러 모양(*multimodus*)이란 표현은 예언자가 누구든 모든 예언자가 같은 은사를 여러 가지로 되풀이하여 사용하는 것을 의미한다. 결국, 모든 예언자는 같은 예언적 메시지를 여러 번 전하지 않는다. 예언자가 다양한 사람들에게 다양한 사고방식으로 전하는 같은 예언적 메시지다.

그것은 이와 같다. 옛적에 하나님이 예언의 영을 많은 사람에게 나누어 주셨고 그와 같이 나누어 주심으로 그리스도는 여러 부분으로 전파되었다. 그리스도를 전하는 한 사람의 설교자에게 관계된 문제가 아니고 여러 설교자에게 관계되는 문제다. 여러 설교자가 있을 뿐만 아니라 사실은 그들 모두는 여러 부분으로 예언하였다. 이것에 의해 바울은 자기주장을 하면서 여러 예언자를 증거로 든다. 그리고 여러 다른 방식으로 그것이 한 사람의 이사야든 한 사람의 다윗이든 같은 예언자로 취급한다. 희랍어 본문에서는 이 말의 차이를 인정하는 것 같다. 여러 부분(polymeros)과 여러 모양(polytropos)으로 이 말들은 서로 다르다. 'Poly'는 많은 것을 의미하고 'Meros'는 하나의 부분이다. 이 말은 부사가 된다. 그 단어는 말하자면 여러 부분(multipartite)인데, 이 말은 라틴어로 여러 부분(multifariam)[3]으로 번역된다. 그런가 하면 Tropos는 방식 또는 방법이다. 그러므로 여러 방식(Polytropos)은 실제로 여러 가지 방식 또는 여러 가지 형태를 의미한다.[4, 5]

이렇게 사도는 아주 강한 주장(일반적으로 더 작은 것에서 더 큰 것으로 묘사된)을 확립하였다. 이것은 실제로 이렇다. 예언자의 말씀을 수용한다면, 우리는 그리스도의 복음을 얼마나 더 붙잡아야만 하는가? 왜냐하면 그 복음은 어떤 예언자가 우리에게 말한 것이

---

1. Polymeros = 많은 부분으로 이루어지다.

2. Polytropos = 다양한 양식으로.

3. "at sundry times" in the Authorized Version(흠정역에서 '여러 번')

4. "in divers manners" in the Authorized Version. (흠정역에서 '다양한 모양으로')

5. 단순히 구약이 신약에서 성취되는 것만이 아니고 더 강하게 성서가 다만 거꾸로 이해될 수 있다는 것이 루터의 성서 주석의 중요한 원리였다. 인간 구원의 긴 이야기는 마지막 행위 곧 그리스도의 출생, 죽음과 부활이 이해될 때 이해될 수 있다.

아니고, 예언자들의 주님이 말씀하신 것이며, 종이나 아들, 천사가 아니고 하나님이 말씀하셨기 때문이다. 그리고 또 하나님은 우리 조상에게 말씀한 것이 아니고 우리에게 말씀하고 있기 때문이다. 사도가 아주 분명하게 이 사실을 주장하기 때문에 믿지 않는 모든 구실은 배척될 수밖에 없다. 우리 조상들은 이해할 수 있을 만큼의 구실을 가졌다. 왜냐하면 우리 조상들은 천사들에 의해, 모세에 의해, 그리고 예언자들에 의해 말씀을 들었기 때문이다. 그들 자신들이 이같은 주장을 하였다. 9:2 이하에서 "우리는 모세의 제자들이다. 그러나 우리는 이 사람을 모른다. 또 그가 어디서 왔는지도 모른다." 사도는 2장에서 이 주장을 가로막는 돌을 놓는다. 거기에서 그는 말씀하기를 "그러므로 모든 들은 것을 우리가 더욱 간절히 삼갈지니 혹 흘러 떠내려갈까 염려하노라"(히 2:1).

1:2. 또 저로 말미암아 모든 세계를 지으셨느니라

그는 하나님의 아들이며 사람의 아들인 그리스도를 설명한다. "만유의 후사로 세우시고"란 말씀으로 그가 그리스도를 말할 때, 그 말은 그리스도의 인성의 관점으로 말씀한 것이다. 그러나 그가 "또 저로 말미암아 모든 세계를 지으셨느니라"고 말할 때, 그 말씀은 그리스도의 신성의 관점으로 말씀한 것이다. 이 말씀과 이 장 끝까지 그는 풍부한 성서 인용을 통해 자기의 주장을 계속 증명한다. 그는 로마서 서언[1]에서 같은 주장을 가볍게 다루고 있다. 거기서 그는 말씀하기를 "능력으로 하나님의 아들로 인정되셨으니"[2](롬 1:4)라고 하였다. 사도는 로마서에 있는 이 구절에서 그리스도가 "하나님의 아들로 인정되셨으니"란 개념만 발전시킨 것이 아니라고 말한다. 우리가 논하는 히브리서 본문에서, 그는 바로 동일한 개념을 언급하고 그 자신의 말에서 뿐만 아니라 성경 인용[3]으로 완전하게 그 말씀을 쉽게 해준다. 이 말씀에 대하여 그는 가장 중요한 여섯 가지를 적절하게 소개한다.

---

1. 루터는 여기서 히브리서의 저자가 바울인지의 여부의 질문을 제기하지 않는다.

2. 루터 번역의 본문에는 'praedestinatus'란 말이 있다. 이 말은 나중에 루터에게 더 강한 의미를 갖는 것이었다. 그러나 여기서 그 말은 예정되거나(predestined) 또는 미리 정한(foreordained)것 이라기보다는 선언되었다(declared) 또는 명령되었다(decreed)는 의미에서 그 말을 취한 것이 분명하다. 이 견해를 지지하는 것은 로마서 1:4 본문을 그가 해설하는 데서 발견될 수 있다. WA, 57,7,10 이하를 보라.

3. 여기서 루터는 성서 해설의 중요한 원리의 다른 원리를 표현한다. 곧, 성경이 성경 자체의 해석자다. 사색이 아닌 성경의 다른 구절로 성경을 분명하게 밝히는 것이 그의 불변하는 관행이었다.

"또 저희로 말미암아 모든 세계를 지으셨느니라"는 모든 면에서 오직 하나의 세계(seculum)가 있을 뿐이지만 원문에서 그는 복수로(secula) '또 세계들'이라고 말한다. 그는 그리스도가 모든 세상의 주인이란 것을 보여주고 있다. 이 세상의 주인이며 오는 세상의 주인이란 것을 보여주기 위해 복수로 표현한다. 실제로 세상(seculum)은 문자적으로 한 세기를 의미하는 것이다. 그러나 세계는 이 문맥에서 두 세계 즉, 현세와 내세로 이해되었다. 그리스도는 마태복음의 말씀에서 이 두 세계를 언급하셨다. "누구든지 말로 인자를 거역하면 이 세상과 오는 세상에도 사하심을 얻지 못하리라"(마 12:32). 사도는 또한 "이 세상뿐 아니라 오는 세상에 일컫는 모든 이름 위에"(엡 1:21)라고 말씀한다. 그러나 창조되었던 천사들은 오는 세상에 있다. 그러므로 한 인간은 몸으로는 이 세상에 있지만, 그의 영혼으로는 오는 세상에 있다. 간단히 말해서, 인간은 두 세상을 알고 있고, 두 세상에 참여한다.

이제 사도가 매우 조심스럽게 진행시키고 있는 것을 주목해야 한다. 첫째, 그는 그리스도의 인성을 선언한 다음 신성으로 시작한다. 결과적으로, 그는 하나님을 알 수 있는 참 지식을 우리가 발견할 수 있도록 원리를 수립한다. 왜냐하면 그리스도의 인성은 우리를 위해 놓인 거룩한 사다리이기 때문이다. 그리스도의 인성은 우리가 하나님을 아는 지식으로 딛고 오르는 사다리의 가로 막대다. 창세기 28:12을 참고하라. 또한 요한복음 14:26을 보라. "어떠한 사람도 나로 말미암지 않고는 아버지에게로 오지 못한다." 그리고 다시 "나는 양의 문이라"(요 10:7)고 한다. 그러므로 하나님을 아는 지식과 하나님의 참된 사랑에 오르는 것을 원하는 사람은 누구든지 하나님을 아는 지식에 도달하는 길에 대한 인간적이며 형이상학적인 모든 상상을 버려야 한다. 오히려 그는 제일의 과제로서 그리스도의 인간성을 이해해야 한다. 결국, 하나님이 자신을 우리에게 알리기 위해 자신을 낮추실 때, 하나님이 인간의 지혜로 구원 얻도록 어떤 방법을 계획하셨다면 그것은 인간에게 가장 신앙적이지 않은 무모한 일이다.[1]

---

1. 이 부분에서 루터는 나중에 일생 동안 논쟁 속으로 그를 밀어 넣게 되는 견해에, 그리고 그 자신의 신학을 위해 결정적인 견해를 표현한다. 그 견해는 조심스럽게 주목되어야 한다. 루터는 그 노력이 도덕적이고, 신비적이고, 또는 이성적이라도 하나님을 아는 지식에 기어오르는 모든 노력의 타당성을 부인한다. 그가 가르친 참된 하나님을 아는 모든 지식은 성육신에서 시작하였고 그 마지막은 십자가다. 루터에게는 어떤 영광의 신학(theologia gloriae)도 있을 수 없고 다만 십자가 신학(theologia crucis)이 있을 뿐이다. 이것은 루터를 대체적으로 수용된 교회학의 기술에 반대에 서 있게 한다. 그리고 그는 구원을 얻기 위한 모든 인간 중심의 노력을 포기하였고 또는 사색의 길, 신비주의의 길, 행위의 길 등 하나님을 아는 지식을 추구하는 모든 인간 중심의 노력을 포기하였다. 이것은 그리스도 안에서만 의롭게 되는 것으로 루터의 구원에 대한 견해의 한 부분이다.

1:3. 이는 하나님의 영광의 광채시요 그 본체의 형상이시라

사도는 골로새서에서 동일한 말씀을 한다. "그(그리스도)는 보이지 아니하시는 하나님의 형상이다"(골 1:15). 즉, 이 하나님은 보이지 않는 하나님이시다. 그리고 이것은 지혜서에 기록되었다. "지혜는 영원한 빛에서 비취는 빛이고, 지혜는 하나님의 위엄의 흐려지지 않은 거울이고, 지혜는 하나님의 선하심과 같은 것이다"(7:26). 왜냐하면 하나님(그리스도)의 빛남과 비췸은 하나님의 영광으로 묘사되기 때문이다. 그 말씀은 그 직유가 인간이 아닌 '하나님의 영광'에 적용하는 하나님께 하는 것이기 때문에 그렇게 묘사된다. 이 묘사에서 하나님 아버지는 그 자신을 다시 비치는 분이다. 그러므로 "그 본체의 형상이시라"는 말씀이 따라 온다. 이 진술은 동의 반복어다. 그 표현은 동일한 것을 단순히 되풀이한다. '그의 영광의 빛남'이라는 표현은 어떤 해석자가 해석하려 한 것과 같이 삼위일체의 본체(persons)의 차이를 확인하지 않는다. "그 본체의 형상이시라"는 표현도 신적인 본질의 일치를 확인하지 않는다. 왜냐하면 두 가지 개념은 두 가지 표현의 의미이기 때문이다. 이 구절에서 희랍어 본문은 'typos' 즉 'schema' 곧 적절하게 'figura'란 뜻을 내포하는 말을 갖지 않는다. 또 'ousia' 곧 본질, 본체도 갖지 않는다. 본문이 갖는 것은 "charakter tes hypostaseos autou" 즉, 표징(sign) 표식(the mark), 그의 본질 또는 본체의 양식(pattern)을 갖고 있음을 주의해야 한다. 하나님의 본질은 우리에게 속한 것이 아니다. 아니다! 그것은 오직 하나님께만 속한다. 그러므로 오직 하나님만이 자신(그리스도) 안에서 그 자신의 형상(form)을 인식한다. 이 때문에 사도는 단순히 '그의 영광과 그의 형상'을 말하지 않았다. 왜냐하면 천사들이나 인간은 "하나님의 영광의 형상이고 그의 위엄의 표징들"이기 때문이다. 사도는 실제로 "하나님의 영광의 광채시요 그 본체의 형상이시라"고 말한다. 그 결과 이 형상의 수단에 의해 우리는 하나님의 독특하고, 가장 깊은 본성을 이해할 수 있다. 우리가 하나님의 형상으로 만들어졌다는 것은 하나님을 위해서라기보다 우리를 위해서다. 하나님이 우리 안에서 하나님 자신을 인식하는 것이 아니고 우리가 우리 안에서 하나님을 인식하는 것이다.

독자는 그의 *Agape and Eros*에서 논쟁한 것에 대하여 Anders Nygren이 강조한 것을 회상할 것이다. Regin Prenter는 루터의 성육신적 접근을 빈번히 참고한다. *Creator Spiritus*를 보라. 특별히 이 책에서 p. 322의 하이델베르크 논쟁을 보라.

1:3. 그의 능력의 말씀으로 만물을 붙드시며

'붙드시며'란 분사는 특별한 의미를 갖는다. 이 말은 히브리어 관용구다. 이 말에 적합한 라틴어도 없으며, 이 말에 해당되는 희랍어도 없다. 사도는 그 말을 히브리 식으로 사용했다. 그러므로 우리가 '보존하다'(keeping)로 표현하는 것을 히브리인은 '붙들다'(carrying)로 더 특별하게 표현한다. 이 말은 그가 창조한 만물을 소중히 하여 기쁨으로 관심을 갖는다는 개념이다. 이 말은 우리가 말할 수 있는 어머니의 사랑까지 내포하는 말이다. 이 개념은 신명기 32:11 "그는 날개를 펴서 새끼를 받으며 그 날개 위에 그 새끼를 업는 것 같다"란 말씀에서 이해할 수 있다. 또다시 이사야 46:3 이하의 "오! 야곱의 집이여 이스라엘 집의 남은 모든 자여 나를 들을지어다. 배에서 남으로부터 내게 안겼고 태에서 남으로부터 내게 품어진 너희여 너희가 노년에 이르기까지 내가 그리하겠고 백발이 되기까지 내가 너희를 품을 것이라 내가 지었은즉 안을 것이요 품을 것이요 구하여 내리라"고 한 말씀에 이 개념이 나타난다. 동일한 생각은 민수기 11:12 "이 모든 백성을 내가 잉태하였습니까 내가 어찌 그들을 생산하였기에 주께서 나더러 양육하는 어미가 젖 먹는 아이를 품듯 그들을 품에 품고 (주께서 그들의 열조에게 맹세하신 땅으로 가라 하시나이까?)란 말씀에 나타난다.

Gl. 6.2 이하: '만물을 붙드시며'는 목적의 관점에서 더 잘 표현될 수 있었을 것이다. "그가 만물을 떠받들 수 있기 위해 … 곧, 그의 능력의 말씀으로 만물을 부드럽게 다스리기 위하여"라고 표현하면 더 좋은 표현이 될 것이다. 그는 은혜로운 의지와 그의 권위와 능력의 질서로 이것을 행하신다. 율법이나 제사장도 효력을 내지 못한 우리의 죄 씻음을 그는 행하셨다.

그는 고난 받으심으로 이것을 하셨고 이제 하나님 우편에 앉으시고….

1:3. 죄를 정결케 하는 일을 하시고

그는 이 말씀으로 곧 의의 모든 개념과 또 자연인이 주장하는 참회에 대한 모든 개념을 간단히 처리한다. 그것은 그가 추천하는 하나님의 절대적 자비다. 이것은 우리의 죄를 정결케 하신 분이 그분이고 우리 자신이 아니라는 것이다. 그리고 그가 정결케 하신 죄는 우리의 죄이지 다른 어떤 사람의 죄가 아니라는 것을 의미한다. 그러므로 우리는 우리가 참회한다거나 우리가 죄를 정결케 한다는 것에 희망을 가져서는 안 된다. 왜냐하면 우리가 죄 고백을 시작하기도 전에 우리의 죄가 이미 용서되었기 때문이다. 나는 계속 말하고 싶다. 그렇게 용서받는 것은(즉, 우리가 우리의 참회나 깨끗게 함에 실망할 때) 우리 안에 그리스도의 정결케 하심이 역사하게 되고 참된 참회를 가져올 때만 가능하다. 그의 의가 우리의 의로 역사하는 것은 바로 이사야가 말한 대로다. "우리는 다 양 같아서 그릇 행하여 각기 제 길로 갔거늘 여호와께서는 우리 무리의 죄악을 그에게 담당시키셨도다"(사 53:6).

1:5. 하나님께서 어느 때에 천사 중 누구에게 네가 내 아들이라 오늘날 내가 너를 낳았다 하셨으며

"오늘날 내가 너를 낳았다"란 말씀은 그리스도의 인간적이며 신적인 출생 모두를 언급하는 것으로 이해될 수 있다. 아우구스티누스[1]는 신적인 출생을 언급하는 것으로 이 말씀을 받아들였다. 그러므로 그는 '오늘날'이란 말을 '영원히'란 의미로 해석하였다. 피터 롬바드(Peter Lombard)[2]도 그렇게 해석하였다. 그러나 다음의 세 가지 이유로 이 말이 그리스도의 인간적 태어남을 언급하는 것으로 부적합하게 이해돼서는 안 될 것이다. 첫째, 신적 태어남이 성경 어디에도 시간 속에 일어난 것으로 결코 표현되지 않기 때문이다. 또 그 말이 '오늘날'이란 단어와 같이 시간을 나타내는 구절과 관계되지 않기 때문이다. 반대로, 그것은 시편 72:17 "그의 이름은 해가 있기 전에 있었음이여"라고 말씀하는 것과 같이 시간이 시작되기 전에 일어난 것으로 이해된다. 이것을 버거스(Burgos)의 바울(Paul)은 "해가 창조되기 전에 그의 이름이 생겨났다"고 설명한다. 또 다른 히브리인은 이것을 하나님의 아들의 태어남이나 그 이름은 해가 있기 전에 알려졌다고 해석한다. 그리고 잠언 8:25에서는 "언덕이 생기기 전에 내가 이미 났으니"라고 말씀한다.

둘째, (인간적 태어남을 언급하는 것으로 본문을 받아들이게 되는 두 번째 이유) 히브리 관용구는 '오늘날'이란 말로 정확하고 분명한 시간을 나타낸다. 이 말은 희랍어에서 그 말의 관사가 필요한 말이다. 이것은 히브리어로 오늘날 또는 첫째 날에(즉, 어떤 정확하고 헤아릴 수 있는 날에), 내가 너를 낳았다는 뜻이다. 이날은 실제로 그리스도의 출생의 날이었다.

---

1. Aug., *Enarratio* in Ps. 2:6; Migne 36.71.
2. Peter Lombard, Sent. I. dist.2,6; Migne, 192.528.

셋째, 이것은 이사야 8:2 이하의 성경의 한절과 일치한다. "내가 진실한 증인 제사장 우리야와 여베레기야의 아들 스가랴를 불러 증거하게 하리라 하시더니 내가 내 아내와 동침하매 그가 잉태하여 아들을 낳은지라." 이 말씀이 이사야 개인에게 적용된 것이 아니고 하나님 자신에 대해 말씀한 것이란 점을 니콜라스 리라(Nicholas Lyra)란 사람이 학구적으로 충분히 증거한다. 그의 증거는 그가 이름을 말한 스가랴와 우리야가 증인으로서 이사야 이후 오랜 뒤에 살았던 사실에 근거하고 있다. 그러므로 그 여 선지자에게 들어간 자는 여호와였고 그 여 선지자는 동정녀 마리아였다. 왜냐하면 그녀는 어떤 남자에게도 그녀 자신을 복종시키지 않았고 오직 하나님께만 복종했기 때문이다. 그리고 하나님은 그가 갖지 않은 육신으로 동침하지 않고, 성령으로 하셨으니 성령을 통해서 "그는 그녀와 동침하였고" 성령을 통해서 "그녀는 잉태하였고 아들을 낳았으니" 곧 하나님의 아들이다. "오늘날 내가 너를 낳았다"고 말씀하실 때 하나님은 이제 그를 말씀하신다. "사람과 꼭같이 너는 나의 아들이다 – 그러나 한 아들이 동정녀에게서 태어났다"고 말하는 것과 같다.

1:5. 또다시 나는 그에게 아버지가 되고 그는 내게 아들이 되리라 하셨느뇨?

문자적으로 이 본문은 솔로몬과 그리스도 둘 다 언급하는 것으로 이해될 수 있다는 것을 우리는 부인하지 않는다. 그렇지만 그것이 오직 그리스도를 언급한다는 것을 확신있게 보여줄 수 있다. 그 말씀은 그리스도에 대해 말하였고 그렇게 이해될 수 있었다. 이것은 본문 자체에서 증거할 수 있다. 그리고 가장 열심히 그를 찬양하는 예언자들이 몇 번이고 다시 계속 동일한 것을 말하는 것을 보게 된다. 특별히 시편에서 그렇다. 그는 다윗에게 말한다. "네 수한이 차서 네 조상들과 함께 잘 때에 내가 네 몸에서 날 자식을 네 뒤에 세워 그 나라를 견고케 하리라"(삼하 7:12). 이것은 시편 132:11에서 "저희 후손도 영원히 네 위에 앉으리라 하셨도다"라고 하였다. 그러나 솔로몬은 다윗의 시대가 끝나기 전에 태어난 것이 분명하다. 그는 태에서 태어났을 뿐만 아니라 왕위에 올랐다. 그러므로 여기서 의미한 자는 다윗의 자손 그리스도다. 즉, 동정녀 마리아의 태에서, 다윗의 씨로 태어났다. 이 말의 방식은 성경에서 특별한 것이 아니다. 왜냐하면 인간의 '배'와 '허리'는 악마의 속성으로 돌리기 때문이다. 그 힘(Behemoth)은 허리에 있고 그 세력은 배의 힘줄(배꼽)에 있다(욥 40:16). 그러므로 다윗과 다른 예언자들에게서 우리가 그리스도를 언급하는 것으로 이 약속을 이해하는 것이 옳다. 우리는 동일한 것을 이사야 55:3에서 보게 된다. "내가 다윗에게 허락한 확실한 은혜를 주리라." 또는 누가는 그것을 사도행전 13:34에서 "내가 다윗의 거룩하고 미쁜 은사를 너희에게 주리라"고 옮긴다. 이 약속의 특권은 거룩하게 하는 은혜를 의미하고 하나님의 자비로부터 다윗에게 약속한 영원한 은혜를 의미한다. 동일한 생각을 시편 89:1 "내가 여호와의 인자하심을 영원히 노래하리라." 더 좋게는 "나는 여호와의 영원한 인자를 노래하리라"에서 발견할 수 있다.

1:6. 하나님의 모든 천사가 저에게 경배할지어다

천사들이 다른 천사를 경배했거나 천사들이 인간을 경배했다는 것은 어디에도 기록되지 않았다. 그러나 우리가 읽은 것은 천사들이 롯과 아브라함은 물론이고 모세에 의해, 그리고 여호수아와 또 다른 예언자들에 의해서 경배를 받았다는 것이다. 우리는 왕들이 경배 받았다는 것을 또 읽는다. 열왕기상 1:16과 23에서 다윗이 나단과 밧세바에게서 경배를 받았다는 것을 알게 된다. 이러한 근거로 인간 그리스도가 바로 하나님이시라는 것은 논쟁의 여지가 없다. 왜냐하면 그가 천사에게 경배를 받았다는 것이 기록됐기 때문이다. 그 이상이 되는 것은 천사들 중 어떤 천사들뿐만 아니라 모든 천사들에 의해서 경배를 받았기 때문이다. 사도의 권위는 이 구절에서 언급되고 있는 시편이(97편) 현재 교회에서 다스리는 우리의 왕이시며, 성육하신 하나님이신 그리스도를 언급하는 것으로 해석해야 한다고 하는 충분한 증거가 된다.

만약에 우리가 그 이상의 증거를 요구하면, 시편의 거의 모든 단어가 이 주장을 돕는다. 그때 시편 저자는 다음과 같이 쓰고 있다. "여호와는 왕으로 다스린다. 온 세상이 그것을 기뻐할지어다. 외딴 섬들도 기뻐할지어다." 그는 '온 세상'과 '외딴 섬들'이란 두 가지의 표현이 현재 이 세상에 사는 인간과 이 세상의 섬들을 의미한다는 것을 의심하지 않는다. 그가 하나님의 나라를 이 세상에 현재의 그리스도의 나라와 구별되는 것으로 의미했기 때문에 그는 말하고 싶었다. "하늘들이여 기뻐할지어다. 천사들이여 즐거워할지어다."

또 다른 이유가 있다. 하늘나라는 "주위에 구름과 어두움이 없다." 거기에는 가장 순수한 밝음이 있고 거기에서 우리는 실재의 그분을 볼 것이다. 다른 한편, 에스겔이 내가 구름으로 해를 가릴 것이라(겔 32:7)고 말한 것처럼 그것은 구름으로 덮인 믿음의 수수께끼 속에 있는 그리스도의 나라다. 그것은 내가 믿음으로 인간의 지혜를 사로잡을 것이라는 의미다. 더욱이 그리스도의 나라에서 그의 보좌는 의와 정의로 유지되지만, 하늘에서는 책망도, 심판도, 어떤 십자가도 없을 것이다. 그것은 평화와 완전한 구원의 자리가 될 것이다. 다른 시편의 말씀도 적용되지 않는다. "… 그 주위에 그의 원수들을 불사르기 위해 그 앞에 불이 갈 것이다." 왜냐하면 거기에는 그의 친구들만 있기 때문이다. "하늘들이 그의 의를 선포할 것이다"란 말씀도 없다. 왜냐하면 거기에는 "방언도 그칠 것이기 때문이다." "여호와를 사랑하는 너희는 악을 미워할 것"이라는 어떤 권고도 거기에는 필요 없을 것이다. 왜냐하면 하늘에는 오직 선(善)만 있기 때문이다.

1:7. 그는 그의 천사들을 바람으로 만드셨느니라

문장의 대가, 그리고 그와 함께 많은 다른 사람들이 이 구절을 대환법(hypallage; 代換法)[1]으로 해석하고 이해한다 해도, 우리는 동의하지 않는다. 이러한 기교로, 그들은 하나님이 영들을 천사들로 만들었고, 바람으로 천사들을 만든 것이 아니라는 의미로 이 본문을 해석한다. 그들은 이 구절에서 천사들의 성격이 아니고 천사들의 일을 묘사하기 원한다. 그들의 견해에 동의하지 않아도 된다. 그렇다 해도 중요한 변명 없이 동의하지 않는 것은 옳다.

첫째, 사도는 '만들다'를 천사들을 창조한 것에 적용하는 것으로 이해한 것이 분명하다. 그는 이 의미로 그 구절의 여러 곳에 그 말을 사용한다. 그는 하나님이 만들다, 곧 하나님이 영적 존재들로 천사들을 창조하신다고 말하려는 의도가 있는 것 같다.

둘째, 그들의 견해는 받아들일 만하지 못하다. 왜냐하면 '천사'란 이름은 성격이 아니고 직무[2]를 설명하는 것으로 이해하기 쉽기 때문이다. 물론, 그 말은 직무와 임무에서 기인한 것이지만 또한 존재의 성격을 의미하기도 한다. 동일한 방식으로 우리는 성경에서 아직 일어나지 않은 사건들의 이름으로 불리는 많은 것을 보게 된다. 예를

---

1. 그 구절은 희랍어에서 'per hipallagen'이다. 격 변화나 합당하지 않은 형용사를 끌어들임으로 역설적 의미를 끌어내기 위해 서술 부분이 상호 교환될 수 있는 것으로 보이는 말의 수사학적 특징을 의미한다.

2. 루터는 천사란 말의 어원을 분명히 언급하고 있다. 즉, angelos, messenger.

들면, 선악을 알게 하는 나무는 생명나무가 된다. 그리고 다른 예들이 있다.

세 번째 불일치의 근거는 이와 같은 대환법의 기교로 그 구절의 절반을 바꾸는 것이 어렵다는 것이다. "그분은 불꽃을 그의 사자로 만든다."

마지막으로, 그가 원하신다면 "그분은 바람을 그의 천사들로 삼고 불꽃을 그의 사자로 만든다"고 성령은 아주 분명하게 말씀한다.

그러므로 이 주장이 고집스럽고 생각 없는 견해가 아니라면 우리는 이 구절을 다음과 같은 의미로 이해한다. 즉, 천사들과 천사라고 일컫는 자들을 하나님은 바람들로 만든다. 그는 그를 섬기는 자들을 불꽃으로 만든다. 이러한 말씀으로 그는 비유안에서 그들의 성격을 영광스럽게 한다. 그는 그들이 육신이나 피의 형태가 아니고 가장 훌륭하고 빠른 성격의 '영'이라는 쉬운 의미를 갖는다.

이 때문에, 시편 104:3 "그분은 바람 날개로 다니시며" 즉, 영들이나 천사들의 날개라고 그것들을 말씀하고 있다. 더욱이 그들은 "그의 얼굴이 빛나는 빛과 같은" 그리스도의 무덤 곁에 앉아 있는 천사의 경우처럼 눈부시고 불꽃같은 가장 확실하게 밝은 성격을 가진 자들이다. 왜냐하면 우리가 여기서 '불꽃'이라는 말을 갖는다면, 히브리어로 그 말을 히에로니무스가 '타는 불'이라고 하기 때문이다. 요한네스 로힐린(Johannes Reuchlin)[1]은 태양에 번쩍이는 칼처럼 떨리고 번쩍이는 불, 또는 오목거울이 번득이고 번쩍이는 것처럼 그것을 묘사한다. 사실 천사는 비치는 별과 같이 빠르고 불빛을 내는 것으로 묘사된다. 왜냐하면 욥기 38:7에서 말씀하는 것처럼 천사들은 하나님을 찬양하고 경배하며 기뻐하고 즐거워하기 때문이다.

"그때에 새벽 별들이 함께 노래하며,
하나님의 아들들이 다 기쁘게 소리하였느니라."

1:8. 하나님이여 주의 보좌가 영영하며

보좌란 말의 희랍어 thronos는 라틴어 sedes와 같다는 것은 잘 아는 지식이다. 그러나 이 보좌는 하늘 자체를 의미하고, 영적인 사람들(spiritual populace)이고 "그 대화는 하늘에 있다." 이사야 66:1 "하늘은 나의 보좌이다"란 말씀에서 우리가 이해하는

---

1. Johannes Reuchlin(1455–1522)은 탁월한 히브리어 학자다. 여기와 다른 구약 인용에서 히브리어 본문을 루터가 얼마나 우러러 보는지 주목하라.

것과 같다. 그리고 그것이 히브리어[1]로 말한 것처럼 시편 19:4 "하나님이 해를 위하여 하늘에 장막을 베푸셨도다"라고 했고 또다시 시편 114:1 이하 "이스라엘이 애굽에서 나오며 야곱의 집이 방언 다른 민족에게서 나올 때에 유다는 여호와의 성소가 되고 이스라엘은 그의 영토가 되었도다"라고 말씀한다. 다른 말로 하면, 유다는 하나님을 위해 제사장으로 성별되었고, 이스라엘은 주인 됨과 왕 됨으로 성별되었다. 이 모든 것은 하나님 자신이 왕과 제사장이 될 수 있다는 것이고, 그 백성은 제사장 나라 또는 왕 같은 제사장이 될 수 있다는 것이다. 베드로전서 2:9의 "오직 너희는 택하신 족속이요 왕 같은 제사장들이요 거룩한 나라요…"란 말씀과 같다. 그리고 또 모세는 출애굽기 19:6에서 "열국 중에서 내 소유가 되겠고 너희가 내게 대하여 제사장 나라가 되며 거룩한 백성이 되리라"고 했다. 참으로 여기에 묘사된 모든 것들은 모든 인간 이성에 반한다. 이 문제에 대한 진리를 파악하려는 자들에게는 떡갈나무처럼 강한 믿음이 필요하다. 우리가 겉모습에 관심을 가진다면, 그리스도의 백성은 그 어떤 것도 보좌처럼, 특별히 더 이상 하나님의 보좌처럼 보이지 않기 때문이다. 왜냐하면 이 백성은 어떤 나라(왕국)처럼 보이지 않고, 오히려 유랑 가운데 있는 백성과 같기 때문이다. 사는 것이 아니고 항상 죽어가는 백성이다. 영광 가운데 있는 것이 아니고 부끄러움 가운데 있는 백성이다. 부요한 가운데 사는 백성이 아니고 극도의 가난 가운데 사는 백성이다. 정말로 똑같이, 이 나라에 참여자가 되기를 원하는 사람은 누구나 그 자신의 인격에서 동일한 치욕과 고난을 경험해야 한다. 그리스도인의 훈장은 가난, 환난, 슬픔이다. 이것은 하나님의 보좌가 어떻게 구별되어야 하는가의 문제다. 그리고 하나님의 보좌는 사람(man)[2]이다.

1:8. 주의 나라의 홀(笏)은 공평한 홀이니이다

창세기 47:31과 히브리서 11:21에서처럼 히브리어 관용어 홀(virga)은 왕의 홀을 의미하고, 이스라엘은 '지팡이(virga)끝에 기대어' 예배하였다. 이것을 히에로니무스는 '침상 머리에 자신을 굽혀서'라고 번역했다. 희랍어 홀(sceptron)은 라틴어로 virge(virga)라고

---

1. 히브리어 본문은 문자적으로 읽는다. "해를 위해 하나의 장막이 세워진다"는 문맥에서 그 구절은 아마도 해가 하루의 길을 달려간 후에 그의 장막 속으로 진다는 것을 의미한다. 그러나 루터의 번역이 받아들일 만하다.
2. 마지막 세 문장은 루터에 의해 그의 원래의 산상설교(MS)에 대한 ex tempore로서 주석되었다.

한다. 그리하여 에스더 5:2에서 "왕이 자기 손에 잡고 있는 금홀(virge)을 그에게 내어미니 에스더가 가까이 가서 금홀 끝을 만진지라"고 했다. 이것은 그리스도가 그것으로 우리를 다스리는 철장(鐵杖)을 의미한다. 그리고 그것으로 마침내 '질그릇'처럼 육적인 옛 사람을 부순다. "여호와께서 시온에서부터 주의 권능의 홀을 내어 보내시리니 주는 원수 중에서 다스리소서"(시 110:2). 이사야 2:3과 미가서 4:2은 똑같은 방법으로 해석된다. "율법이 시온에서부터 나올 것이요, 여호와의 말씀이 예루살렘에서부터 나올 것임이니라." 그리고 로마서 1:16에서 사도도 똑같다. "내가 복음을 부끄러워하지 아니하노니 이 복음은 모든 믿는 자에게 구원을 주시는 하나님의 능력이 됨이라." 다른 해석자들[1]이 사실 홀이 분명히 그런 것처럼 굴복하지 않는 자세를 의미하는 것으로서 이 홀을 해석하지만, 이 경우 실제의 본성에서 그것은 그리스도의 복음 또는 하나님의 말씀과 같은 행위일 뿐이다. 왜냐하면 시편에 "여호와의 말씀으로 하늘이 지음이 되었으며…"(시 33:6)라고 말씀한 것같이 그리스도는 말씀 외에는 다른 어떤 힘으로도 교회를 다스리지 않기 때문이다. 히브리어에 의하면 그것은 '공평의 홀'이라고 말한다. 그것은 의(義)를 의미하고 또 정직을 의미한다. 라틴어로 이것은 의로운 홀, 또는 참된 홀이라고 표현될 수 있다. 시편 21:3에서 '아름다운 복으로'로 읽는 것과 같이, 라틴어로 우리는 '즐거운 복으로' 표현할 수 있다. 그러므로 하나님의 법을 소유함으로 회당까지 포함하여 다른 왕국들과 달리 그것은 '당신의 나라의 홀'로 불린다. 그 왕국의 홀은 부정직하고 사악한 홀인 다른 나라의 홀과는 다르다. 그 홀은 당신에게서만 의의 홀이다. 왜냐하면 그것이 세속적이든 영적이든 철학적이든, 또는 참으로 인간이 고안한 어떤 것이든 인간을 바른 길로 인도할 수 있거나 인간을 의롭게 만들 수 있는 가르침은 없기 때문이다. 정말로 그것이 만약 인간에게 선한 습관을 만들어 준다 해도 그것은 여전히 옛 아담에게 예속된 인간으로 남아 있게 한다. 그러므로 오직 위선자와 속이는 자만이 그러한 가르침이 필요하다. 왜냐하면 찌끼와 고인 더러운 물이 여전히 구속(救贖)받지 못한 옛 사람 속에 남아 있기 때문이다. 물론 이것은 자아를 사랑하는 것이다. 그 때문에 그것은 악한 교리가 된다. 왜냐하면 그 교리는 사람을 의롭게 할 힘이 없기 때문이다. 그러나 다른 한편 복음은 "물과 성령으로 거듭나지

---

1. 히 1:8에 대한 일반적 주해, 아우구스티누스, Migne, 36,504와 시 44:17에서 니콜라스 리라. 히르쉬 니케르트에 의한 주를 보라.

아니하면, 그는 하나님 나라에 들어 갈 수 없다"(요 3:5)고 한다. 그리하여 복음은 옛 사람에게서 아무것도 남기지 않고 전체적으로 그 옛 사람을 파괴한다. 그리고 그가 자신을 너무나 미워한 나머지 그리스도를 믿는 믿음으로 그 사람의 존재 깊은 곳에서부터 자아 사랑을 뿌리 뽑는 단계에 이를 때까지 새사람으로 계속하여 만들어 간다. 그러므로 하나님의 은사는 훌륭하고 찬양받을 만하지만, 모든 지식을 자랑하는 지혜와 지식은 헛되다. 왜냐하면 그 누구도 그런 것으로는 어떤 사람도 더 훌륭하게 만들지 못하기 때문이다. 더욱이 이러한 것들이 사람을 선하게 만들지 못한다는 사실은 말할 것도 없고, 오히려 인간의 사악함을 돕는 하나의 방패가 되고 인간의 병든 본성을 감추는 것이 된다. 그 결과 그들 스스로 이런 것을 가진 것을 자랑하는 사람들이 된다. 의롭게 보이고 그들 자신의 눈에 구원받은 것처럼 그들은 구원을 초월하여 있는 사람들이 된다.

1:9. 네가 의를 사랑하고 불법을 미워하였으니

이 본문은 '의의 홀'이란 말 다음에 적절히 계속된다. 왜냐하면 그 홀은 실제로 의를 사랑하게 만들고 불법을 미워하게 하는 홀이기 때문이다. 그러므로 이 본문은 그리스도가 아닌 어떤 사람을 언급하는 것이 아니다. 왜냐하면 오직 그리스도를 제외하고는 아무도 의를 사랑한 자가 없기 때문이다. 다른 모든 사람은 돈, 쾌락, 또는 명예를 사랑한다. 또 그들이 이런 것들을 멸시한다 해도 모든 경우에 그들은 영광을 사랑한다. 심지어 그들이 최선의 사람들이라 해도, 그들은 의를 사랑하기보다는 그들 자신을 여전히 사랑한다. 같은 이유로 미가는 "선인이 세상에서 끊어졌고 정직한 자가 인간에게 없도다. 그들의 가장 선한 자라도 가시 같고 가장 정직한 자라도 질려 울타리보다 더하도다"(미 7:2, 4)라고 말한다. 그리고 "그들은 그들의 손의 악한 행위를 선한 행위로 묘사"한다. 그러므로 자기 사랑이 있는 한, 인간은 의를 사랑할 수 있는 단계에 이를 수 없고, 인간이 이 모든 것을 하는 것처럼 보인다 해도, 의나 행위의 의를 말할 수 없다. 모든 철학자들의 덕성, 실로 모든 사람이, 곧 교회 법학자든지 신학자든지 덕성이 있는 것처럼 보여도 실제로 그들이 악하다는 결론이 따라 온다.

그러므로 이 의(義)는 하나님의 의로 이해돼야 하고 인간의 의가 아니라는 것을 깨달아야 한다(즉, 인간이 받아들일 수 있는 의가 아니고 하나님에게 받아들여질 수 있는 의다). 왜냐하면 인간의 의는 언제나 산산 조각난 것이고 특수한 것(*particularis*)이기 때문이다. 인간의 의는 특별한 사람에게 그의 것을 준다. 돈, 소유, 명예 같은 것들이다. 그렇지만 그 의는 자신의 것을 다른 사람에게 주지 않는다. 더 나쁜 것은, 그 의(義) 자체로 다른 사람의 것을 열망한다. 마지막으로 가장 중요한 것으로 인간의 의는 하나님에게 영광을 결코 돌리지 않는다. 그런가 하면 하나님의 의는 그 의를 하나님께 돌리고 하나님께 드린다. 그리고 인간은 그 의를 자신에게 돌리고 그가 갖고 있는 모든 것에 돌린다. 그러므로 의를 사랑하고 불법을 미워한다는 것은 오직 그리스도의 본성에 속하는 것이다. 반면에 불법을 사랑하고 의를 미워하는 것은 인간의 본성에 속하는 것이다. 그러나 불법을 미워하고 의를 사랑하는 것은 그리스도인의 본성에 속하는 것이다. 또 그리스도인은 그리스도로 말미암아 나타나는 사랑만을 나타낸다. 그는 그 사랑이 아닌 다른 어떤 사랑을 나타내지 않는다. 그리스도를 통해서 사랑을 나타낸다는 이 표현은 의를 사랑하는 자인 그리스도가 우리 안에 형성하기 시작하는 것으로 그의 사랑으로 우리의 사랑을 채워주는 것을 의미한다. 다음의 본문은 이러한 견해에 도움이 되도록 인용될 수 있다. "악을 짓기를 물 마심 같이 하는 가증하고 부패한 사람이겠느냐?"(욥 15:16). "모든 사람은 거짓말쟁이라…"(시 116:11). 그러나 그리스도인에 대하여 야고보는 말한다. "그가 그 조물 중에 우리로 한 첫 열매가 되게 하시려고"(약 1:18).

1:10-12. 주여 태초에 주께서 땅의 기초를 두셨으며 하늘도 주의 손으로 지으신 바라 그것들은 멸망할 것이나 오직 주는 영존할 것이요 그것들은 다 옷과 같이 낡아지리니 의복처럼 갈아 입을 것이요 그것들이 옷과 같이 변할 것이다.

Gl. (8:18). 위에서 인용한 구절(시 102:25 이하)은 우리가 그리스도를 언급하는 것으로 해석한다. 즉, 13절 "주께서 일어나사 시온을 긍휼히 여기시리니…"라는 말씀에서부터 사도가 인용한 25절의 "주께서 옛적에 땅의 기초를 두셨사오며…"란 말씀이다. 이 시편에서 신의 위엄이 성육신 되는 것과 성육신한 아들의 다스림이 약속된다. 그리고 우리는 그 구절을 아들의 위격(the Person of the Son)을 언급하는 것으로 이해해야 한다.

그는 아주 정확하게 "그것들은 변할 것이다." 그리고 "그것들은 멸망할 것이다"라고 말씀하지 않는다. 그것들은 인간의 옷과 같이 낡아질 것이다. 같은 말씀이 다른 성경에서는 옷이 바뀌는 것[1]을 나타낸다. 이를테면, 나만은 엘리사의 종에게 옷 두 벌을 주었다(왕하 5:22). 또 스가랴 3:4에서 "보라 내가 네게 아름다운 옷을 입히리라" 고 말씀하고 같은 이유로 그리스도는 "하늘과 땅이 멸망할 것이라"고 말씀하지 않고, "천지는 없어지겠으나"(마 24:35)라고 말씀한다. 그것들은 낡은 형태에서 현재 새롭고 좋은 형태로 넘어 갈 것이다. 그것들은 변화할 것이고, 각기 자기의 방식으로 변화한 자신의 모습을 가질 것이다.

1:13. 어느 때에 천사 중 누구에게 내가 네 원수로 네 발등상 되게 하기까지 너는 내 우편에 앉으라 하셨느뇨?

많은 해석자들이 '하나님의 우편에'란 구절을 '더 바람직한 축복'(참되고 영적인 경험들)[2]을 경험하는 것을 의미한다고 해석하였다. 우리가 이 해석을 받아들이면, 이 구절은 우주적 통치를 의미하는 것으로 이해할 수 있다. 그리고 하나님의 것과 같은 종류의 어떤 것을 의미한다. 사도가 시편 8:6을 인용하여 고린도전서 15:27에서 말씀한 것처럼, 자연스럽게 "그 아래 모든 것을 놓은 분"을 제외하고 그는 그 발 아래 모든 것을 놓았다. 그러므로 그 의미는 다음과 같다. "내 우편에 앉으라." 즉, 많은 것들을 다스리고, 전적으로 넓게, 네가 오직 내게 복종하는 것을 제외하고 내가 하는 것만큼 다스리는 것이다. 이런 까닭에 그가 말씀하실 때 온유함에 대한 매력적인 권고가 명령된다. "내가 너의 원수를 너의 발 아래 발등상이 되게 하리라"고 말씀하셨지 "당신이 당신의 원수를 당신의 발 아래 발등상이 되게 할 것이다"라고 말씀하지 않는다. 이런 까닭에 우리는 복수(復讐)를 하나님께 맡기는 것을 배울 수 있다. 왜냐하면 만물의 주

---

1. 루터는 새사람의 출현에 대한 비유로서 축제의 옷이나 새로운 의복을 입는 것으로 해석하는 듯하다. 그는 마음에 "주 예수 그리스도로 옷 입으라"(롬 13:14)는 말씀을 갖고 있었을 것이다. 만약 그렇다면 스가랴에 대한 그의 두 번째 참고는 유효하다. 그러나 게하시(Gehazi)를 처음 참고로 언급하지 않는다.

2. 루터는 여기서 세계를 지배하는 교회의 주장을 배제하려 한다. 이 서신의 해설에서 루터는 지금의 그의 십자가 신학(theologia crucis)을 발견하였다. 그 신학을 그는 우세한 영광의 신학(theologia gloriae)의 반대에 놓는다. 이 구별을 그는 1518년 하이델베르크 논쟁(p. 322)에서 더 정확하게 정의한다. 그 신학으로 루터는 하나님에 대한 유일하고 참된 지식은 십자가에 못 박힌 그리스도 안에서 발견되는 것이라고 가르쳤다. 그리고 하나님에 대한 우세한 신학은 영광의 신학이라고 가르쳤는데, 그 신학은 하나님의 속성에 대한 사색에 기초한 것으로 거짓되고 인간적인 것이다. 그러므로 루터는 다스리거나 지배하는 권리를 스스로 갖고 있는 교회는 거짓된 위치에 있는 것으로 본다. Valla 같은 학자들이 교황 교서와 콘스탄티누스 증여가 오직 위조였다는 것을 폭로하였다. 교황의 신학 사실과 그리고 법으로부터(de facto et de jure)를 루터가 거절했다는 것을 폭로하였고, 교회의 역할은 주님의 봉사와 희생으로 된다는 것을 가르쳤다. Gibbon이 특징적으로 교서와 증여를 "… 교황의 영적이고 세속적인 군주정치의 신비적인 두 개의 기둥"이라고 묘사하였다.

이신 그리스도까지도 복수를 하나님에게 맡겼기 때문이다. 신명기 32:35에서 말씀한 것처럼, "복수는 나의 것이다." 그러므로 복수는 어느 누구에게도 속하지 않는다.

1:14. 모든 천사들은 부리는 영으로서 구원 얻을 후사들을 위하여 섬기라고 보내심이 아니뇨?

이것은 모든 천사들을 보냈는지 아닌지 광범위하게 토론하는 논쟁이다. 성도인 디오니시우스(Dionysius; the Areopagite)는 고위의 천사들은 결코 보냄을 받지 않았다고 말한다.(De Coelesti Hierarchia, 6.2.) 그러나 여기 본문은 "모든 천사가 섬기기 위해 보내졌다"고 말한다. 디오니시우스는 분명히 곁에 서 있는 천사들과 섬기는 천사들을 구별하는 다니엘에 의해 지지를 받고 있다. "그에게 수종하는 자는 천천이요 그 앞에 시위한 자는 만만이며"(단 7:10). 그러므로 오직 천사들의 가장 단순한 부분은 능동적으로 봉사하는 것이다(곧, 인류를 구원하기 위하여). 그러나 다른 한편, 누가는 사도에게 동의하는 것 같다. "그리고 이것이 허다한 천군이 그 천사와 함께 있을 때 이루어졌다"고 하는 그때에 모든 천사들이 천사의 대변인과 함께 있는 것 같다. 거기에 6절에서 언급한 그 이상의 참고 구절이 있다. "하나님의 모든 천사가 저에게 경배할지어다."

그러므로 제기된 질문에 대한 대답은 디오니시우스가 눈으로 볼 수 있는 사명을 언급하며, 그 범위를 언급한다. 그러므로 모든 천사가 보냄을 받은 것은 아니다. 그런가 하면 사도는 눈으로 볼 수 없는 사명을 언급하며, 그 범위를 언급한다. 그러므로 모든 천사가 보냄을 받은 것이다.[1]

보나벤투르가 Book 2, quest. 2, dis. 10.[2]에서 보다 길게 이 주제에 대하여 쓰고 있다.

---

1. 루터는 어떤 지위나 위엄의 차이가 있더라도 그들은 하나의 사역에 보냄 받은 섬기는 영들이라는 점에서 하나라는 것을 지적하려고 한다. 루터는 그러한 천사에 대한 논쟁에 어떤 관심도 보여주지 않는다. 그러나 그는 본문이 천사들에 대해 실제로 무엇을 말씀하는지 관심을 끌어내려고 한다.

2. Hirsch와 Rüeckert는 보나벤투르가 Sent. II, dist. 10, art. I. quest. 2에서 볼 수 있는, 그리고 볼 수 없는 보냄에 대해서 말하지 않고 (우리에게) 외적인 보냄과 (다른 천사에게, 그러나 우리를 위하여) 내적인 보냄에 대해서 말한다는 것을 각주(p. 23)에서 지적한다.

제 2 장

2:1. 그러므로 모든 들은 것을 우리가 더욱 간절히 삼갈지니 혹 흘러 떠내려갈까 염려하노라. 천사들로 하신 말씀이 견고하게 되어 모든 범죄함과 순종치 아니함이 공변된 보응을 받았거늘 우리가 이같이 큰 구원을 등한히 여기면 어찌 피하리요?

Gl. 9:10. 사도가 그리스도의 위엄과 존엄을 두드러지게 한 후에, 이제 그는 교훈을 시작한다. 그리고 그는 그 교훈을 이해하기 위해 필요한 경외를 독자에게 권유한다.

성경은 확립된 것 혹은 확립되지 않은 것으로 율법이나 교훈을 설명할 때, 모두 그 자체에 관용어를 갖는다. 율법이 확립되고 증거됐음을 성경이 말하고자 할 때, 성경은 그 율법이 성취되었다고 말한다. 그런가 하면, 율법이 작용하지 않거나 효력 없는 것으로 여겨진다고 말할 때, 성경은 그 율법이 성취되지 않았다고 말한다. 이에 대한 실례는 로마서 8:3에서 바울이 말씀하고 있다. "율법이 육신으로 말미암아 연약하여 할 수 없는 그것을 하나님은 하시나니 곧 죄를 인하여 자기 아들을 죄 있는 육신의 모양으로 보내어 육신에 죄를 정하였다." 다른 말로 하면, 율법은 성취되지 않았고, 실제로 명예롭지 못하게 되었다. 똑같은 방식으로 율법을 확인하고 비준한다고 하기도 하며 또는 반대로 무익하고 효력이 없다고 말한다. 다음의 성경 말씀대로 서신에서 계속 이와같은 의미로 율법은 사용된다. "모세의 법을 폐한 자도 … 불쌍히 여김을 받지 못하고 죽었거든"(히 10:28). 그 이상의 예를 로마서 3:31에서 말씀한다. "그런즉 우리가 믿음으로 말미암아 율법을 폐하느뇨 그럴 수 없느니라 도리어 율법을 굳게 세우느니라."

천사의 대변인과 같이 천사들을 가졌던 옛 율법이 더 효력이 없다는 표현에 어떤 진리가 있는지 이제 질문할 수 있다. 왜냐하면 바울은 율법이 효력이 없게 되었다고 (이미 로마서 8:3을 언급한 것처럼), 그리고 또한 같은 율법을 통해 그가 로마서(5:20)에서 길게 주장하듯이 죄가 더 풍성해졌다고 그의 서신에서 계속하여 가르친다. 그 대답은 다음과 같다. 그 자신이 '율법의 성취'라는 말로 이해할 수 있기를 원하는 것을 설명할 수 있는 단순한 이유 때문이다. "모든 범죄함과 순종치 아니함이 공변된 보응을 받았거늘"이라고 말하므로 옛 율법이 성취되었다는 표현을 그렇게 한다. 그 표현으로부터 그는 서신에서 나중에 말씀한 것같이 율법이 부과한 외적 형벌을 말하는 것이 분명하다. "모세의 법을 폐한 자도 … 불쌍히 여김을 받지 못하고 죽었거늘"(10:28). 그러므로 그가 외적인 형벌에 관해 말한다면, 또한 외적인 범죄를 언급하는 것이 분명하다. 그것은 그가 외적인 것을 확립하거나 성취하는 것을 언급하는 것을 의미한다. 그러므로 율법의 외적 범죄에 대해 외적 형벌을 받는 것이 당연한 것과 마찬가지로 율법의 외적 준수에 대해 그들은 외적 보상을 받았다. 그렇게 해서 율법은 두려움의 형벌이나 사랑의 보상으로 세워진다. 이렇게 율법을 세우는 것은 위선을 드러내고 오히려 율법을 효력 없게 하는 것이다. 이것은 마음이 율법에서 멀리 떠나 어떤 것에 있게 된다는 것을 의미한다. 그것은 형벌이나 보상에 관심을 갖는다. 이 때문에 엘리야는 두 가지 생각으로 흔들리는 이스라엘을 꾸짖는다(왕상 18:21). 그리고 내적으로 한 가지를 추구하고 외적으로는 다른 어떤 것을 구실 삼는 것을 꾸짖는다. 그 결과 모든 사람은 그리스도를 떠나 살게 된다. 그것은 시편 기자가 "모든 사람은 거짓말쟁이라(시 116:11)"고 말한 것이다. "사람마다 그 든든히 선 때도 진실로 허사뿐이니이다"(시 39:5). 인간이 특별한 영광이라고 하는 곳에 인간의 멸망이 있다.

2:3. 우리가 이같이 큰 구원을 등한히 여기면 어찌 피하리요?

율법과 복음은 그 이상의 다른 점이 있다. 율법에서는 여러 가지 행위가 명령되고 모두가 외적인 것이다. 그렇지만 복음에서는 오직 한 가지, 곧 내적인 역사인데 바로 믿음이다. 그 때문에 율법의 행위는 외적인 의를 만들어 내지만 믿음은 하나님과 함께 숨겨진 의를 만들어 낸다. 그것이 바로 유대인이 그리스도에게 "우리가 어떻게 하여야 하나님의 일을 하오리이까?"(요 6:28)라고 질문한 이유다. 그리스도는 유대인들의 여러 가지 행위에 대한 생각에서 오직 한 가지, 유일한 요구로 유대인들의 질문을 바로 잡아준다. "하나님의 보내신 자를 믿는 것이 하나님의 일이니라"고 하셨다. 그러므로 새 율법과 그 새 율법이 말하는 의(義)의 전체적 본질은 무엇보다도 그리스도를 믿는 믿음이다. 그러나 그러한 믿음은 인간의 생각과 같지 않고, 그 생각은 언제나 외롭고 비생산적으로 남아 있다. 왜냐하면 그리스도는 살아계시기 때문이고, 그리스도는 살아계실 뿐만 아니라 역사하시고, 역사하실 뿐만 아니라 다스리신다. 그러므로 그리스도를 믿는 믿음이 죽은 상태가 되는 것은 있을 수 없다. 왜냐하면 믿음은 살아 있고 저절로 일하고 승리하기 때문이다. 이렇게 행위는 자발적으로 믿음에서 나오게 된다. 그래서 우리의 인내는 그리스도의 인내에서 나오고, 우리의 겸손은 그리스도의 겸손에서 나온다. 그리고 그리스도가 우리를 위해 이 모든 것을 행하셨다고 확고히 우리가 믿는다면 그의 다른 선물도 같은 방식으로 나온다. 그렇다. 우리를 위하여(*pro nobis*)뿐만 아니라 우리의 본이 되는 분으로 우리 앞에(*coram nobis*)서 계신다. 아우구스티누스가 표현하기 좋아한 대로 "표적(*sacrammentum*)뿐만 아니라 또한 본(*exemplum*)[1]이시다." 그러므로 베드로는 "그리스도도 너희를 위하여 고난을 (표적의 관점으로 이것을)받으므로 너희에게 본을 남기셨다"(벧전 2:21). 그리스도의 고난의 표적(*secramentum*)은 그의 죽음과 죄 용서다. 그리고 본(*exemplum*)은 우리 안에 그리스도의 고난을 본받는 것이다. 그러므로 인간이 본으로써 그리스도를 따르려고 한다면 그는 그리스도가 자기를 위해 고난 받고 죽으셨다는 거룩한 표적(*secramentum*)을 먼저 확고히 믿어야 한다. 결과적으로, 착한 행실과 죄를 뉘우치는 훈련으로 자기의 죄를 지우려고 시도하는 사람은 엄청난 잘못을 저지르는 것이다. 왜냐하면 그리스도께서 이룩한 표적(그리스도의 고난)과 함께 그들이 시작해야 한다면 그들은 그리스도가 보여준 본을 따르기 시작해야 하기 때문이다. 그것은 이렇게 간단히 요약될 수 있다. 복음은 믿지 않는 것 때문에 소홀히 여겨지고 율법은 불순종 때문에 소홀히 여겨진다.

2:3하-4. 처음에 주로 말씀하신 바요 들은 자들이 우리에게 확증한 바니 하나님도 표적들과 기사들과 여러 가지 능력과 및 자기 뜻을 따라 성령의 나눠주신 것으로써 저희와 함께 증거하셨느니라.

Gl. 10:20. 구원이 들은 자에 의해서 우리에게 확증되었다는 이 말씀은 바울의 저자됨에 대한 매우 강력한 논쟁이다. 왜냐하면 바울은 갈라디아서(갈 1:1, 17)에서 그가 어떤 사도에게서 받은 것이 아니라고 말씀하고 증거도 했기 때문이다. 같은 방식으

---

1. *De Trin.*, IV, 3, 6. 루터에 의해 자주 인용되었다.

로 또 바울의 저자됨에 대한 논쟁이 있는데, 그의 권위(막 16:20하)로 마가복음을 인용하기 때문이다. 그러나 그는 구원의 말씀이 사람에 의해 전해졌다는 입장에서 비난받지 않도록 하나님이 표적과 기사들로 사도들의 설교를 증거하고 있다는 사실을 말씀한다. 이 말씀은 하나님 자신이 하신 말씀이다. 더욱이 하나님은 자기의 말씀을 가르치는 자들과 함께 일하신다. 그리고 그들이 전하는 말씀이 하나님의 말씀(막 16:20)이란 표적들로 확인하신다.

이러한 말들('표적들', '기사들', '여러 가지 능력', '성령이 나누어 주신 것')에 대한 의미를 정확히 구별하기는 어렵다. 그 이유는 성경이 그 모든 말들을 구별하지 않고 사용하기 때문이다. 왜냐하면 하나님이 옛적에 애굽에서 어떤 때는 표적들을, 다른 때에는 기사들을 그리고 어떤 때는 놀라운 사건이나 흉조를, 무서운 행위나 또는 자비로운 행위로 역사한 것을 성경이 일컫기 때문이다. 예를 들면, "그때에 하나님이 애굽에서 표적과 기사를 행하시니"(시 78:43), "하나님은 기이한 일을 저희 열조의 목전에서 행하셨다"(시 78:12), "사람들은 주의 두려운 일의 세력을 말할 것이요"(시 145:6).

이 예들로 보면 동일한 것이 다른 여러 이름으로 일컬어지지만 하나님의 말씀과 마찬가지로 율법, 선포, 대화, 교훈, 명령, 증거 같은 것(시편 119편에서처럼)이 심지어 동일한 것이지만 여러 가지 다른 이름으로 하나님의 일이 일컬어진다. 그것은 능력과 힘으로 일어나기 때문에 하나의 기적이다. 그것은 신적 능력, 지혜 등을 나타내기 때문에 하나의 표적으로 말할 수 있다. 그것은 효력으로 보면 흉조라고 일컬을 수 있다. 그것은 하나님의 두려운 행위 또는 하나님의 놀라운 일로써 묘사될 수 있다. 그리고 많은 다른 예들로 인용될 수 있다.

그러나 바울은 이런 관점에서 생각하지 않는다. 그는 은사의 다양성, 봉사의 다양성, 사역의 다양성을 구별한다. 치유하고 기적을 행하는 은사(고전 12:4 이하)를 구별하면서 "다 사도겠느냐? 다 선지자겠느냐? 다 교사겠느냐? 다 능력을 행하는 자겠느냐? 다 병 고치는 은사를 가진 자겠느냐?" 그러므로 우리가 바울을 따르면, 우리는 이러한 상황(히 2:4)에서 병 고치는 것과 온전하게 하는 기적을 행하는 것에 해당되지 않고 산과 나무를 옮기고, 물과 공기, 불과 비 같은 것에 대한 능력을 행하는 기적에 속하는 것으로서 '여러 가지 능력'을 해석해야 한다. 표적이란 말로 우리는 병 고치는 것과 온전케 하는 것을 마가가 그의 복음서 마지막 장 "믿는 자들에게는 이런 표적이 따르리니 곧 저희가 내 이름으로 귀신을 쫓아내며 … 병든 사람에게 손을 얹은즉” …
(막 16:17 이하)이란 말씀에서 언급한 것처럼 이해해야 한다. 그리고 비슷하게 우리는 ‘흉
조’를 해석해야 한다. 그것들은 같은 표적들이나 기적들로 바로 묘사될 수 있다. 또는
기사와 가장 놀라운 것을 감격하게 하는 것들로 죽은 자의 부활이나 하늘에 있는[1] 악
의 영들에 대한 승리로 묘사될 수 있다.

**2:4. 하나님도 표적들과 기사들과 여러 가지 능력과 및 자기 뜻을 따라 성령의 나눠
주신 것으로써 저희와 함께 증거하셨느니라.**

Gl. 11:10. 우리의 자유 의지가 자랑하지 못하도록 그는 ‘우리의 뜻을 따라서’가
아니라 ‘그의 뜻을 따라’ 말씀한다. 왜냐하면 인간은 위로부터 인간에게 주어지지 않
으면 아무것도 받을 수 없기 때문이다(요 3:27).

그리스도가 모순적인 교리를 가르치는 것 같을 수 있다. 우리가 은혜를 원하기 때
문에 은혜를 받는 것으로 의미할 수 있다. 왜냐하면 “구하라 그러면 너희에게 주실 것
이요 찾으라 그러면 찾을 것이요 문을 두드리라 그러면 너희에게 열릴 것이니 구하는
이마다 얻을 것이요 찾는 이가 찾을 것이요 두드리는 이에게 열릴 것이니라”(마 7:7-8)고
말씀하기 때문이다. 그러나 이 모순은 쉽게 설명할 수 있다. 왜냐하면 원하는 것과 찾
는 것, 추구하는 것, 두드리는 것은 미리 앞서 오는 은혜이기 때문이고, 그 은혜를 이
끌어 내려는[2] 우리의 의지를 따라오는 것이 아니기 때문이다. 따라서 하나님은 물론
‘자기의 뜻에 따라’ 간구하게 한다. 또는 이러한 방식으로 하나님은 그것을 하게 하는
데, 요한복음 3:27에서 “하늘에서 주신바 아니면 사람이 아무것도 받을 수 없느니라”
고 표현한 대로 하나님의 뜻에 따라 우리의 소원을 취급하신다.

**2:5. 하나님이 우리의 말한바 장차 오는 세상을 천사들에게는 복종케 하심이 아니
라 오직 누가 어디 증거하여 가로되 사람이 무엇이관대 주께서 저를 생각하시며 인
자가 무엇이관대 주께서 저를 권고하시나이까? 저를 잠간 동안 천사보다 못하게 하**

---

1. 엡 6:12은 하늘에 있는 악의 영들(terrores celestium corporum)을 유념하고 해석하며, 승리에 대한 암시된 개념을 제공한다.
2. Vogelsang(p. 36)은 actus elicitus는 스콜라의 기술적 용어라고 주를 단다. 그리고 여전히 로마 가톨릭 도덕 신학에 사용되고 있다.

시며 영광과 존귀로 관 씌우시며 만물을 그 발아래 복종케 하셨느니라.

이 구절의 뜻을 연구한 많은 해석자들이 있다.

1. 그 많은 해석자들은 교부들이다. 특별히 히에로니무스[1]와 아우구스티누스[2], 암브로시우스[3]와 크리소스토무스[4]는 이 구절이 인간을 언급하는 것으로 이해하는 것 같다. 그러나 간단히 나의 해석은 다음과 같다. 본문("당신이 저를 천사보다 조금 못하게 만드셨으며, 또는 당신이 저를 잠간 동안 천사보다 못하게 만드셨다.")은 인간을 언급하는 것으로 해석될 수 없다. 그것은 마치 어떤 사람이 "저가 바다에서부터 바다까지 다스리니(시 72:8)"라고 한 말씀이 그리스도를 언급하는 것으로 이해되어야 하는데 임금을 언급하는 것으로 해석하는 것과 같다. 또다시, 마치 어떤 사람이 "네 자식은 어린 감람나무 같을 것이다"(시 128:3)란 본문에서 실제로 그 말씀이 교회의 자녀들을 언급하는 때에 어떤 특별한 가족의 자식에 적용하는 것과 같다. 그 본문이 그리스도를 언급하는 것으로 받아들여지지 않는다면 적절하게 이해될 수 없다. 만약 이 해석이 받아들여지지 않는다면 그때는 문제의 구절 앞뒤에 오는 말씀들은 왜곡되고 변화로 말미암아 다른 해석을 끼워 맞추는 결과가 된다. 그러므로 본문의 경우 천사의 본성[5]과 아주 가까운 존재로 인간 본성의 존엄을 말한다고 생각하면 진정한 의미를 손상시키므로 잘못된 의미가 된다.

2. 다른 해석자들은 이 구절을 그리스도를 언급하는 것으로 이해한다. 그것은 그의 영혼에 관계된 것이 아니고 육신의 약함에 관계되는 것으로 천사[6]보다 조금 못한 분이다. 그러나 이 해석까지도 옳지 않다. 왜냐하면 그의 존재가 천사보다 조금 못하

---

1. *Brev. in Ps.* 8; Migne, 26,838.

2. *Enarr.*; Migne, 36.115.

3. *Opera*, Basle, 1555, V, 429.

4. *ad loc.*

5. 리라의 니콜라스(Nicholas of Lyra)는 설명한다. "주의 손으로 만드신 것을 다스리게 하시고 만물을 그의 발 아래 두셨으니"(시 8:6)란 말씀을 인간은 그의 몸은 약하지만 그의 영혼은 하나님의 형상으로 지어졌다. 인간은 천사의 성질에서 멀리 옮겨지지 않는다. 이것이 루터가 언급하고 있는 정확한 해석이다.

6. 행간에 써넣은 주해(Gl. interl.)는 '고난 받을 수 있는 성격 때문에'란 구절로 minuisti를 주해한다. 리라의 니콜라스는 천사들은 고난 받을 수 없다고 말한다. 에라스무스는 그의 주해(Annotations)에서 그 본문을 예수의 인성에 대해 언급한 것으로 해석한다. 예수님은 그의 영혼으로 인해서가 아니고 그가 입은 몸으로 인해 천사보다 조금 못하게 되신 분이었다. 그것을 통해서 그는 죽을 수밖에 없었고 고난 받기 더 쉽게 되었다. *WA,* 57,116의 주를 보라.

게 만들어졌다는 것이 아니라 오히려 그는 인간보다도 더 못하게 만들어졌기 때문이다. 왜냐하면 그분 자신이 "나는 벌레요 사람이 아니라"(시 22:6)고 말씀했기 때문이다.

3. 르페브르 데타플레(Lefèvre d'Étaples)는 히브리어로 "당신은 저를 엘로힘(Elohim)보다 조금 못하게 만드셨다"고 말하고 싶다고 한다. 엘로힘은 하나님을 의미한다. 그는 "당신은 저를 말라킴(malachim)보다 조금 못하게 만드셨다"고 하지 않는다. 말라킴은 천사들을 의미한다. 그러나 에라스무스는 르페브르와 의견을 달리 하는데, 첫째, 그리스도는 하나님보다 그렇게 많이 못하게 만들어지지 않았고, 위에서 말한 대로 심지어 인간의 가장 낮은 사람보다 더 낮게 만들어졌다. 그러므로 '조금 못하게'라고 말하지 않고 하나님과 가능한 구별로 가장 낮게 라고 말하는 것이 더 정확할 것이다. 예를 들면 영구적인 종의 문제에서, 출애굽기 21:6은 "그의 주인이 그(종)를 하나님(Elohim)앞에 데려오게 하라"고 말씀하신다. 이 맥락은 '재판장이나 제사장들 앞에'란 의미를 갖는다.

그 이상의 문제가 있다. 르페브르 데타플레는 가장 높은 이상으로 동기를 가졌지만 그가 목적했던 것을 이룩하는 데 실패했다. 그는 사도(바울)가 히브리서를 썼고 헬라어 번역자가 엘로힘(Elohim)이란 말을 충실하게 옮기지 못했다는 것을 증거하려고 했다. 계속되는 두 가지 점은 이것을 반증의 예로 들 수 있을 것이다. 첫째, 로마서 3:10 이하와 다른 여러 곳에서 보듯이 사도는 지금까지 성서의 히브리 본문을 드물게 인용한 것 같다. 둘째, 이 서신이 히브리어가 아니고 헬라어로 쓰였다는 것이 아주 분명하기 때문이다. 그 이유는 저자가 70인역(LXX)을 사용하는 이방인들 가운데 있는 그리스도인들에게 쓰고 있기 때문이다.

4. 마지막으로 에라스무스는 '조금 못하게'란 구절이 존엄을 줄이는 정도를 언급하는 것이 아니고 저가 더 못하게 만들어진 잠시 동안의 시간을 언급한다는 견해를 갖는다. 일반적 해석(The Glossa Ordinaria)은 그 구절을 이렇게 해석한다. 그리고 크리소스토무스도 그렇게 해석한다.

그러나 어려움은 남아 있다. 그리스도가 잠간 동안 못하게 만들어졌다고 해도 그가 천사보다 더 못하게 만들어졌다는 생각이 여전히 존재한다. 어쨌든 어떤 전제 없이 말한다면, 이 구절은 인간 본성에 대한 위엄에 대해서 아무것도 말하지 않는 것 같다. 그러나 이 구절은 앞의 구절을 설명하고 있으며 본문은 하나님의 놀라운 생각과 하나님의 돌봄에 대해 언급하고 있다. 그분은 그가 잊어질 때에 가장 깊게 생각하고 그가 버림받을 때 참으로 돌보는 분이다. 왜냐하면 하나님이 그리스도를 만물 위에 뛰어나게 높이시므로 그에게 만물을 복종시키셨기 때문이다. 왜냐하면 그의 고난은 그의 영광의 시간으로 넘어가는 유월절이기 때문이다.

오해의 근본 원인은 당신이 더 작게 만드셨다는 뜻의 'minuisti'란 말의 번역이다. 히브리어로 hasar란 말은 '결핍이 있는 것', '부족함이 있는 것' 등의 의미를 갖는다. 그러므로 그 의미는 당신이 그를 그렇게 만들었기 때문에 하나님이나 천사에 의해서 그는 버림받고 유기될 수 있을 것이다. 오랜 시간 동안이 아니고 잠간 동안, 아니 그보다 더 짧은 시간 동안, 가능한 가장 짧은 시간 곧 3일 동안에 당신이 그를 죄인들의 손에 넘기셨기 때문이다. 그러므로 Elohim이 이러한 맥락에서 하나님, 천사들, 재판장들, 또는 어떤 종류의 존귀해진 사람을 의미하는지는 이 구절과 전혀 관계가 없다. '하나님'으로 번역하는 것이 더 적합한데 왜냐하면 하나님이 그리스도를 신성에서뿐만 아니라 천사들의 보호나 모든 지상의 힘으로도 버림받게 했기 때문이다.

"저를 잠간 동안 천사보다 못하게 하시며 영광과 존귀로 관 씌우시며"란 구절이 이사야 54:7 이하와 같은 의미를 갖는다고 결론내릴 수 있다. "내가 잠시 너를 버렸으나 큰 긍휼로 너를 모을 것이요. 내가 넘치는 진노로 내 얼굴을 네게서 잠시 가리었으나 영원한 자비로 너를 긍휼히 여기리라."

그것은 결과적으로 이렇게 된다. 즉, "사람이 무엇이관대?"란 구절에서 '무엇'이란 말은 하나님이 관심 갖는 인간이 얼마나 무가치한 인간이란 것이다. 그런데 이 무가치한 인간이란 것을 우리가 아는 것은 참으로 감격스러운 일이다. 그 본문은 문자적으로 번역될 수 있다. "사람이 무엇이관대 주께서 저를 생각하시나이까?" 또는 경외감을 더한 더 좋은 번역이 있다. "사람이 얼마나 놀라운지 주께서 저를 돌보시나이까!" 버고스(Burgos)의 바울이 이사야 38장에 대하여 말씀하는데 히브리어로 mah는 시편 84:2 "주의 집에 거하는 것이 얼마나 놀라운가?"에서처럼 때로는 놀라움을 표현하는 감탄이나 때로는 질문으로써 이해될 수 있다. 그는 우리의 번역 "히스기야가 말하기를 표적이 무엇이관대 내가 주님의 집에 올라가야 하는가?"를 병행하여 주장한다. 그는 "그것은 얼마나 놀라운 표적인가, 내가 주님의 집으로 올라가야 하는가!"라고 옮겨져야 한다고 말한다. 그러므로 이러한 맥락에서 '사람이 무엇이관대' 대신에 '사람이 어찌하여'라고 말해야 한다는 것이다. 이것은 사람이 얼마나 놀라운가를 말하는 것이다. 그 때문에 주께서 저를 아주 잊을 만한 때에 저를 생각하시나이까?란 의미는 시편 118:22 "주께서 버리신 돌이 머릿돌이 되었나니 이는 여호와의 행하신 것이요 우리 눈에 기이한 바로다"와 비슷하다.

히브리어로 인간 본성에 대한 3가지 단어가 있다. 바로 그 말은 'ish, 'enosh 그리고 'adam이다. 그것은 지금 말하는 본문이다. "사람('enosh)이 무엇이관대 주께서 저를 생각하시나이까? 그리고 인자('adam)가 무엇이관대 저를 권고하시나이까?" 에우세비우스는 그의 Praeparatio Evangelica[1]에서 사람을 어간 의미인 'anash '잊음'(forgetting)으로부터 'enosh로 불린다고 말하지만 나의 견해로 더 좋은 해석은 '고뇌'(affliction)이다. 왜냐하면 로이클린(Reuchlin)에 의하면 'anash는 슬픔이나 약함 같은 것에 들어가는 것을 말한다. 그러므로 'enosh는 솔로몬이 전도서 1:13에서 "전 인생은 영의 괴로움일 뿐이다"라고 말한 것처럼 썩는 것과 약함을 물려받는 것이 사람이란 의미다.

'adam이란 말은 육체와 관계되는 사람을 말한다. 그 이유는 인간이 땅에서 만들어졌기 때문이다. 'adamah는 흙을 의미한다. 특별히 붉은 색의 흙을 의미한다. 왜냐하면 'adam은 붉은 머리칼을 가지거나 붉은 색의 몸을 가지므로 거기서 우리는 Edom이란 말과 에돔 사람이란 말을 갖게 된다. 그것은 아마도 "아담은 다마스커스의 들에서 창조되었다"와 같은 근원의 말이다. 다마스커스란 의미는 시리아의 가까운 도시 다마스커스 근처의 들이 아니고, 오히려 비유적으로 다마스커스의 'adam에게서 또는 피를 의미하는 dam에서 온 붉은 색이다. 요세프스는 또한 아담이 흙에서부터 만들어졌다고 쓰고 있다. 왜냐하면 그가 말한 대로, 처음의 흙은 실제 상태에서 그러한 흙이었기 때문이다. 그러므로 남성의 몸은 대체로 흰색의 경향을 가진 여자의 몸보다 붉은 경향이 있다. 그것은 마치 모든 신체가 그 색으로 그 자체의 성질을 나타내기 때문이다. 왜냐하면 여자는 남자의 갈비뼈로 만들어졌지만 남자는 붉은 흙으로 만들어졌기 때문이다.

---

1. Migne, 21,856 ft. (Greek series).

'ish란 말은(라틴어로 vir) 두 가지 방식으로 언급된다. 첫째, 성과 관련하여(창 2:23), 그녀는 'ishah(여자)라 불리우리라. 왜냐하면 그녀는 'ish(남자)로부터 취했기 때문이다. 만약에 우리가 라틴어 식으로 표현한다면, "그녀는 vira라고 일컫는데, 그 이유는 그녀가 vir로부터 취해졌기 때문이다." 둘째로, 그것은 사사기 7:14 "이는 다른 것이 아니라 이스라엘 사람 기드온의 칼날이라"란 말씀처럼 능력과 지배와 관련하여 남자에 대해서 말할 수 있을 것이다. 곧 이 말씀은 영웅 또는 이스라엘의 지도자의 의미로 남자를 의미한다.

2:8. (Gl. 12:4). 주께서는 만물을 그 발 아래 복종케 하셨느니라.

빌립보서 2:9 이하에서 "이러므로 하나님이 그를 지극히 높여 모든 이름 위에 뛰어난 이름을 주사 하늘에 있는 자들과 땅에 있는 자들과 땅 아래 있는 자들로 모든 무릎을 예수의 이름에 꿇게 하시고 모든 입으로 예수 그리스도를 주라 시인하여 하나님 아버지께 영광을 돌리게 하셨느니라." – 만물로 저에게 복종케 하셨은즉 복종치 않은 것이 하나도 없으나 지금 우리가 만물이 아직 저에게 복종한 것을 보지 못하고 그러나 그들은 미래를 볼 것이다. 신실한 자의 눈에는 이미 만물이 저에게 복종하게 되었다.

Gl. 12:19. 그는 성경을 해석하여 자신을 이런 의미에 적용한다(이 경우 시편 8편). 그는 만질 수 있는 물건을 말하지 않고, 믿음을 전하고 있다. 왜냐하면 만물은 아직은 그리스도에게 복종한 것으로 나타나지 않기 때문이다. 반대로 이분은 자기의 것인 만물을 복종케 하는 분이다. 이사야 10:6에서 말씀한 대로, "그는 그들을 가로(街路) 상의 진흙같이 짓밟게 하려 할 것이다." 그러므로 우리는 이 말씀의 의미를 이해할 수 있기 전에 믿음이 필요하다.

2:9. 오직 우리가 천사들보다 잠간 동안 못하게 하심을 입은 자 곧 죽음의 고난 받으심을 인하여 영광과 존귀로 관 쓰신 예수를 보니.

이 본문은 기록자와 해석자에 의해 와전되었다. 그리스도가 천사보다 조금 못하게 만들어졌다고 말하는 것은 별 의미가 없다. 게다가, 이와 같은 말의 형식 "주께서 천사보다 조금 못하게 만드셨다"는 희랍어 본문에서 발견된다. "주께서 그에게 관 씌우시고, 그분은 짧은 시간이라기보다 더 짧은 시간 동안(왜냐하면 이것은 조금 더 적게(*paulominus*) 가 의미하는 바기 때문이다.) 천사보다 조금 못하게 만들어진 자다"라는 방식으로 이 말씀을 이해하는 것은 가능하다. 어떤 진리로 말미암아 성령이 우리를 위로하신다. 고난의 시간에 우리는 인내와 소망을 가져야 한다. 그 이유는 "모든 은혜의 하나님 곧 그리스도 안에서 너희를 부르사 자기의 영원한 영광에 들어가게 하신 이가 잠간 고난을 받은 너희를 친히 온전케 하시며 굳게 하시며 강하게 하시며"라고 베드로전서 5:10에서 말씀한 것처럼 시련은 제한되고 위로는 영원하기 때문이다. 다시 시편 2:12에서 "그 진노가 급하심이라 여호와를 의지하는 자는 다 복이 있도다." 시편의 같은 히브리어 표현 '잠간'은 히브리서 2:9의 라틴어 번역으로 '조금 더 적게'(*paulominus*)로 옮겼다. 사실, 문자적으로 옮기면 그 구절은 "그가 조금 더 적게 노했기 때문에 그를 의지하는 자는 복이 있도다"가 된다. 이것이 의미하는 것은(시편 기자가 그것을 표현한 것처럼) "그가 진노 하심으로 너희가 길에서 망하지 않기 위해"(시 2:12) 하나님이 진노하시고 벌할 때 참는 자에게 복이 있다는 것은 반드시 따라오는 결과가 된다.

하나님의 진노는 '죄의 몸'(롬 6:2)과 '우리 지체 속에서 한 다른 법'(롬 7:23)이기 때문에 필요하다. 왜냐하면 '죄의 몸은 멸해야' 하기 때문이다. 그 이유는 "부정한 것으로는 천국에 들어가는 것이 불가능하기 때문이다". 그렇게 죄의 몸이 멸하는 것은 십자가와 고난, 죽음, 치욕을 통해서 가능하다. 하나님은 살리기 위해 죽이고, 높이기 위해 낮추신다. 사도가 예수 그리스도와 그가 십자가에서 못 박히신 것 외에는 아무것도 알지 아니하기로 작정했다(고전 2:2)고 하고, 내 몸에 예수의 흔적을 가지노라(갈 6:17)고 말할 때 사도는 하나님께 영광을 돌린 것이다. 왜냐하면 자기 자신 안에 십자가에 못 박힌 그리스도를 갖는 것은 시련과 고난이 가득한 삶을 사는 것이기 때문이다. 그때에 그리스도는 자연인에게 '비방을 받는 표적'(눅 2:34)이 된다.

그러므로 우리가 그리스도를 감사하는 마음으로 기쁘게 영접하는 것처럼, 열린 팔로 모든 시련을, 물론 죽음까지도 받아들이는 것이 현명하다. 왜냐하면 그리스도는 언제나 그가 하나님의 모양이 아닐 경우에 그가 취한 모양으로 오시기 때문이다. 이것은 야고보가 "내 형제들아 너희가 여러 가지 시험을 만나거든 온전히 기쁘게 여기라"(약 1:2)고 말씀할 때 의미하는 바다. 또다시, "너희가 망하지 않도록, 나는 너의 입을 나의 찬송으로 채우리라"(내 영예를 위하여 내가 참고 너를 멸절하지 아니하리라 – 사 48:9). 그리고 다시

"내가 주님을 찬양하고 주님을 부르리라, 그러면 나의 원수로부터 구원받을 것이다."

(시 17:4)

2:9. … 하나님의 은혜로 말미암아 모든 사람을 위하여 죽음을 맛보려 하심이라.

'그래서'(*ut*)란 말은 결과를 확인한다. 그것은 죽음을 맛보기 위해 그가 관을 씌우게 됐다는 의미를 피하기 위해 '관 쓴'이란 분사가 아니고 '더 못하게 만드셨다'는 분사에 관계돼야 한다. 관 씌워지기 위해 그가 죽음을 맛보았다고 하는 것은 훨씬 의미가 합리적이지 못하다. 전체 맥락은 물론이고 앞에 온 모든 것이 그것과 관계돼야 한다. 갈라디아서 2:2에서 바울이 말한 것처럼 그렇다. "내가 … 그들에게 복음을 제시하되 … 내가 달음질하는 것이나 달음질한 것이 헛되지 않게 하려 함이라." 히에로니무스는 이 구절을 같은 방식[1]으로 해석한다. 아브라함이 하나님을 믿었는데, "이는 그가 많은 민족의 조상이 되게 하기 위해서"라고 로마서 4:18을 적용한다. 믿으므로 조상이 되기 위해 애쓴 것이 아니고 조상이 된 것은 믿음의 결과다.[2]

"저가 천사보다 못하게 되셨지만 영광으로 관 씌우셨다"는 지금 토론되고 있는 본문과 동일한 방법으로 이해돼야 한다. 그 이유는 그리스도가 환경 때문에 어쩔 수 없이 죽음을 맛본 것이 아니고 하나님의 은혜로 죽음을 맛본 것이라는 것을 보여 주기 위해서다. 다른 주석가들은 자주 성경에서 그 격이 그런 것처럼 그래서(*ut*)란 말은 원인의 의미의 격이 아니고 결과의 의미의 격을 취했을 때 갖는 말로 본다.

맛보다(*gustare*)란 말은 특별한 힘을 가진다. 그는 '그가 죽으려고'라고 말하지 않고, '죽음을 맛보려고' 했다고 말한다. 사실, 크리소스토무스가 말한 것처럼, 오직 죽음을 맛본 사람만이 죽음의 짧은 막간을 보내고 즉시 다시 일어난다. 그것은 연약한 자를 위해 마련한 음식을 맛보는 것이 필요하지 않지만, 환자가 더 쉽게 음식을 받아들이도록 설득하기 위해 먼저 음식을 맛보는 의사의 경우와 같다. 같은 방식으로 모든

---

1. Jerome, *Comment. in ep. ad Gal.*, I, chap. 2, on Gal. 2:9, Migne, 26,333.
2. 롬 4:18에 대한 루터의 주해를 비교하는 것은 재미있다. 그는 이렇게 쓰고 있다. 그가 믿었던 것이 그가 많은 민족의 조상이었기 때문이 아니고 오히려 하나님을 위해서였다. 그가 많은 민족의 조상이 아니었다 해도 그는 여전히 장래를 믿었을 것이다. 그러므로 바울이 '그가 되게 하려고'라고 말할 때 그는 원인보다 결과를 가리키고 있다. 그것이 부정적으로 표현되면 더욱 분명하다. 곧, 그가 믿지 않았다면 그가 많은 민족의 조상이 될 리 없었을 것이다. 그러므로 그가 조상이 돼야만 하는 결과를 위해서는 그는 믿어야만 했다. *WA*, 57, 47.26ff.

사람이 죽음을 두려워하기 때문에, 주님은 하는 수 없이 죽음을 맛본 것이 아니고 모든 사람이 신뢰하면서 죽음에 직면하도록 설득하기 위해 죽음을 맛본 것이다. "이 세상 임금이 오겠음이니"라고 말하고 "저는 내게 관계할 것이 없으니"라고 그는 말씀하셨다(요 14:30).

2:10. 만물이 인하고 만물이 말미암은 자에게는 많은 아들을 이끌어 영광에 들어가게 하는 일에 저희 구원의 주를 고난으로 말미암아 온전케 하심이 합당하도다.

Gl. (12:17) **합당하도다.**	하나님의 자비가 되는 일
그가	하나님 아버지
그를 위해 그로 말미암아 만물이 있다.	그를 위해, 그의 영광을 위해 만물이 있고 만들어졌다.

그로 말미암아: '그로 말미암아'란 말은 바울의 특징이 아닌 것 같다. 그가 그의 다른 서신에서 아버지에 대해 말할 때, 바울은 '그로 말미암아'란 말을 하지 않고 오히려 '그에게서부터' 또는 '그로부터'란 말을 한다. 그러나 그리스도에 대해서 말할 때 그는 요한복음의 예처럼 '그로 말미암아'란 말을 항상 한다(요 1:3). 그가 쓴 히브리서 1:3 "저로 말미암아 모든 세계를 시으셨느니라 … 그의 능력의 말씀으로 만물을 붙드시며"라는 말씀에 비슷한 예가 있다. 바울의 언어에서 이 구절 '그로 말미암아'는 아들보다 아버지에게 더 적합하게 사용된다.

만물: 유일하신 하나님, 그리고 그만을 위해 그는 만물을 지으셨다.

입은 자들	은혜의 양자됨으로 인해, 다른 말로 하면 양자의 은혜.
이끌어	희랍어 분사 '인도함으로'는 라틴어 '이끌어'보다 더 좋다.
많은 아들을 영광에 들어가게	
저희 구원의 주를	지도자, 머리

고난으로 말미암아 온전케 하심이

하나님은 하늘로부터 세상에 저희 구원의 주를 보내시기로 미리 작정하셨다. 다른 말로 하면 그가 그리스도를 온전케 하시고 그를 온전하게 회복하시기 위해

암브로시우스는 '저희 구원의 주(author)를' '저희 구원의 인도자'로 해석했다. 그것은 저희 구원의 주(author)보다 더 좋은 말이다. 그리고 다른 사람들은 '저희 구원의 머리, 우두머리'라고도 했다. 그들은 아버지의 권위로 그 아들들의 구속(救贖)의 인도자로 정하신 그리스도를 말하는 것으로 분명하게 해석하기 위해 이렇게 그 말을 해석했다. 왜냐하면 권위는 하나님께 더 합당하고 순종은 인간 그리스도께 더 합당하기 때문이다.

그러나 크리소스토무스는 히브리서 5:9 "자기를 순종하는 모든 자에게 영원한 구원의 근원이 되시고"란 말씀에서 '우리 구원의 근원'과 같은 의미를 갖는 '우리 구원의 머리'로 이해한다. 그렇게 해서 전형적이고 본이 되는 그리스도로 말미암아 우리가 구원받는 방법이 아름답게 나타나고 구원받은 모든 자에게 그리스도의 형상이 확인된다. 왜냐하면 하나님 아버지는 그가 전형과 형상이 되도록 만드셨기 때문이다. 믿음으로 말미암아 그에게 붙어 있는 자들은 그와 같은 형상으로 변할 것이고 그 결과 이 세상 형상에서 분리될 것이다. 이것은 이사야 11:12 말씀이다. "여호와께 여러 민족 가운데 기호로 세울 것이요 이스라엘의 버림받은 자들이 모여 올 것이다." 그리고 다시 같은 곳에서 "이새의 뿌리는 만민들 가운데 기호로 서고 열방이 그를 찾을 것이다"(사 11:10).

하나님의 자녀들이 모여 오는 것은 다스리는 자와 관계가 있다. 사람들이 그 역할을 보기 위해 몰려온다. 그들은 그들의 일과 가정을 떠나 이 한 가지 일에 그들의 관심을 모은다. 같은 방법으로 그리스도는 복음으로 온 세상에서 굉장한 연극을 연출하는 것처럼 모든 사람을 자기에게 이끌었다. 그는 그들을 알기 때문에 모든 사람을 붙잡고, 그들을 보호하고, 그들이 세상에 집착하고 있는 것에서 그들을 구원의 근원으로 이끌어냈다. 구원의 머리는 그리스도다. 왜냐하면 저로 말미암아 하나님은 그의 아들들을 이끌어내고, 영광으로 인도했기 때문이다. 그 영광은 그리스도가 도구

란 것을 의미할 만큼 넓게 해석된다. 그리고 그것으로 하나님이 그의 아들들을 자기 자신에게 이끌어낸 것을 의미한다. 그러므로 그가 그리스도로 말미암아 자기 아들들을 자기 자신에게 이끌도록 계획했을 때, 그는 정확히 말했다. "그가 그의 고난으로 말미암아 그리스도를 온전하게 한 것"은 합당하였다. 그것으로 말미암아 그의 아들들을 감화시키고 그에게로 그들을 이끌어내려고 가장 완성되고 완전한 본을 보이는 것을 의미한다. 왜냐하면 하나님은 힘이나 두려움으로 사람들이 구원받도록 강요하지 않기 때문이다. 이와 같은 복음의 역할이 있는 위대한 연극에서 그는 구원 얻도록 미리 정하신 모든 자들을 감동하고, 사랑으로 그들을 이끈다.

2:10. … 저희 구원의 주를 고난으로 말미암아 온전케 하심이.

"고난으로 말미암아 온전케 하심이"란 구절의 본문은 바로 잡아야 한다. 대부분의 경우 희랍어 본문들은 복수로 '고난들'이고 능동태로 '온전케 하시다'로 되어 있다. 그러므로 '고난으로 말미암아'란 구절은, 또는 히브리어가 그것을 '고난들 가운데서'로 표현하는 것처럼, 전치사가 필요 없는 도구 탈격의 라틴 구성을 사용하므로 "고난을 수단으로 온전케 되다"라는 구절로 대체돼야 한다. 시편 32:6에 이러한 경우가 있다. "여호와의 말씀으로(도구 탈격) 하늘들이 만들어졌다." 이것을 히브리어 본문에서는 '여호와의 말씀 안에서'라고 말한다. 이 구절의 의미는 이렇다. "그것은 고난으로 말미암아 (그리스도를)온전케 하신 하나님에게 좋다." 즉, 고난을 수단으로, 도구 탈격으로 '고난'을 받는 것이다. 그리하여 그리스도를 온전한 구원의 주로 만드는 것은 하나님을 기쁘게 하는 것이라는 의미가 될 수 있다. 그리고 그는 이 일을 성취하는 수단으로 고난을 이용하였다. 왜냐하면 어떤 고난이 없었다면 우리를 감화하고 죽음과 고난을 사랑하는 데까지 우리를 이끌 수 있는 온전한 본을 결코 갖지 못했을 것이다.

2:11 이하. 거룩하게 하시는 자와 거룩하게 함을 입은 자들이 다 하나에서 난지라 그러므로 형제라 부르시기를 부끄러워 아니하시고 이르시되 "내가 주의 이름을 내 형제들에게 선포하고 내가 주를 교회 중에서 찬송하리라 하셨으며"(시 22:23). 또 다시 "내가 그를 의지하리라"(사 8:17) 하시고 또다시 "볼지어다 나와 및 하나님께서 내게 주신 자녀라"(사 8:18) 하셨으니.

앞의 구절에서 의미를 이해하지 못하면, 이 두 인용에서 사도가 어떤 의미를 부가하는지는 확실치 않다. 그 앞 구절은 그가 "거룩하게 하시는 자와 거룩하게 함을 입은 자들이 모두 다 한 분(하나님)에게서 난지라"는 말씀이 될 것이다. 이 때문에 크리소스토무스는 역시 사도가 아버지를 언급한 마지막 말씀과 함께, 그러나 "내가 주의 이름을 내 형제들에게 선포하고"란 말씀으로 형제들을 가리키는 것으로 말한다. 그래서 두 본문은 거룩하게 하시는 자가 하나님에게서 왔음을 증거한다. "내가 주의 이름을 내 형제들에게 선포하고" 라는 본문과 더욱 분명하게 "나와 및 하나님께서 내게 주신 자녀라"란 말씀은 거룩하게 함을 입은 자들이 하나님에게서 난 자들이란 것이다.

두 본문을 이사야 8:17 이하에서 취한 것이 드러날 것이다. "이제 야곱의 집에 대하여 낯을 가리우시는 여호와를 나는 기다리며(하나님을 의뢰하는 것을 의미) 그를 바라보리라. 보라 나와 및 여호와께서 내게 주신 자녀들이 이스라엘 중에 징조와 예표가 되었나니 만군의 여호와께로 말미암은 것이라"는 말씀을 읽을 수 있다.

이 구절에 대한 사도의 해석의 권위에 더하여 그 말씀은 그리스도의 인격에 대해 말씀한 앞의 말씀이 분명하다. "너는 증거의 말씀을 싸매며 율법을 나의 제자 중에 봉함하라. 이제 야곱의 집에 대하여 낯을 가리우시는 여호와를 나는 기다리며 그를 바라보리라. 보라 나와 및 여호와께서 내게 주신 자녀들이 이스라엘 중에 징조와 예표가 되었나니 … 만군의 여호와께로 말미암은 것이니라"(사 8:16).

Gl. 14:17. 거룩하게 하시는 자 그리스도가 같은 하나님에게서 오고, 하나님을 신뢰하는 많은 사람이 하나님에게서 오지 않는다면, 곧, 그는 참으로 인간이시고 우리와 같이 혈과 육에 참여자이시라는 것을 강조하지 않는다면 사도가 이 말씀을 인용해 증거하는 것과 영향을 미치는 것은 불충분하다. 사실 그는 직접적으로 다음 구절 "자녀들은 혈육에 속하였으매 그도 또한 한 모양으로 혈육에 함께 속하심은"이란 말씀에서 계속 이것을 말한다.

2:14. 자녀들은 혈육에 함께 속하였으매 그도 또한 한 모양으로 혈육에 함께 속하심은….

여기서 사도는 한편으로 천사와 우리 사이, 다른 한편으로 그리스도와 우리 사이의 형제 되는 것을 구별한다. 그리스도가 성령 안에서 우리의 형제일 뿐만 아니라 육신적으로도 우리의 형제가 되도록 하나님의 자비로 그리스도가 되게 한 놀라운 하나님의 사랑을 그는 찬양한다. 결국 그리스도는 갑자기 천사들보다 뛰어나고 또 우리와 동등하다. 사실, 그는 천사들보다 우리와 더 밀접한 관계를 갖는다. 이 때문에 그만이 선한 사마리아인의 비유에서 우리의 이웃(눅 10)[1]이라고 일컫는 것이다.

그런데 혈과 육이란 말은 인간을 말하는 성경적 관용구다. 특별히 타락 후에 창세기에서 "나의 신이 영원히 사람과 함께 하지 아니하리라"(창 6:3)고 말씀한 것과 같다. 사실 사도 자신이 사도들을 '혈과 육'이라고 부르면서 "내가 곧 혈육과 의논하지 아니하고"(갈 1:16), 곧 그는 다른 사도들과 함께 복음에 대한 그의 해석을 토의하지 않았다고 한다.

그러나 "혈과 육은 하나님 나라를 유업으로 받을 수 없고 또한 썩은 것은 썩지 아니한 것을 유업으로 받지 못하느니라"(고전 15:50)는 말씀처럼 그 구절은 때때로 타락한 인간 본성 또는 인간 본성의 박탈에 대한 나쁜 의미로 이해된다. "우리의 씨름은 혈과 육에 대한 것이 아니요"(엡 6:12)라고 말씀한 대로다.

이와 같은 이중적 의미에 대한 이유는 인간은 실제로 그러한 존재이고 또 인간이 그것을 사랑하는 것을 모두 일컫기 때문이다. 같은 방식으로 의, 지혜 그리고 선을 사랑하는 사람은 의롭고, 지혜롭고 그리고 선하다고 일컬어진다. 그러므로 이 구절은 사도는 "자녀들은 혈육에 속했다"라고 중립적으로 단순히 말하기를 원할 뿐 아니라 강조하여 "자녀들은 한 모양으로 혈육에 함께 속하셨다"라고 말한다. 저들과 함께 그리스도도 혈육에 속하므로 그들은 더 이상 단순히 혈육이 아니었고 그리스도처럼 혈육에 함께 속한 자들이었다.

2:14. 사망으로 말미암아 사망의 세력을 잡은 자 곧 마귀를 없이 하시며.

사망을 멸시하는 것에 대하여

성경은 죽음을 마귀의 탓으로 돌린다. 그것은 "마귀의 질투로 말미암아 죽음이 세상에 들어왔다"(지혜서 2:24)고 기록되어 있다. 그리고 또한 "하나님은 죽음을 만들지

---

1. 롬 4:8에 대한 그의 주석에서 루터는 "… 우리의 사마리아인 그리스도가 그를 구원하기 위해 거반 죽은 그 사람을 태우고 갔다…"라고 언급하고 있다. *WA*, 57,165,10f.

않았고 그는 산 자의 멸망을 기뻐하지도 않았다. 왜냐하면 그는 만물이 존재하도록 만물을 창조했기 때문이다"(지혜서 1:13 이하). 죽음이 하나님의 일 가운데 하나라는 것이 창세기 첫 장에 기록되어 있지 않다. 비슷하게 에스겔은 "나 주 여호와가 말하노라 죽는 자의 죽는 것은 내가 기뻐하지 아니하노니"(겔 18:32)라고 말한다. 또다시, "주 여호와의 말씀에 나의 삶을 두고 맹세하노니 나는 악인의 죽음을 기뻐하지 아니하고"(겔 33:11)라고 말씀하며 "그 노염은 잠간이요 그 은총은 평생이로다"(시 30:5)라고 말씀한다. 즉, 죽음과 진노는 그를 기쁘게 하지 못하지만 생명은 그에게 기쁨을 준다. 또다시 "내가 사망에서 구속하리니 사망아"(호 13:14)라고 말씀한다. 사망이 하나님의 일이라면, 그는 사망을 멸하지 않았을 것이다.

이제 요한 서신 첫 장에서 말씀하기를, "하나님의 아들이 나타나신 것은 이는 마귀의 일을 멸하려 하심이니라"(요일 3:8). 그리고 복음서에서, "내가 온 것은 그들이 생명을 얻고 그 생명을 풍성하게 얻게 하기 위해서다"(요 10:10). 그러므로 죽음과 죄는 틀림없이 마귀의 일이다. 같은 이유로 계시록에서 마귀는 '무저갱의 천사'로 불렸다. 히브리 방언으로 그 이름이 아바돈(*Abaddon*)이고 희랍어 방언으로 아폴룐(*Appolyon*) 또는 라틴어로 '파괴자'다.

그런데 하나님의 적당한 일은 "생명, 기쁨, 평화 그리고 성령의 다른 열매들이 갈라디아서 5:22에서 열거된다. 하나님이 자신의 일이 아니고 마귀의 일로 마귀를 멸했다는 사실은 "여호와가 그의 거룩한 자들을 높이셨다"(시 4:3)와 "여호와는 그의 성도들 가운데 놀라우시다"(시 68:5)라는 본문의 진리를 보여 준다. 왜냐하면 이것은 가장 영광스러운 승리이고 그 자신의 무기로 적을 파하는 것이고, 찬송가에서 노래하는 것처럼 자기의 칼로 마귀를 죽이는 것이기 때문이다.

"그의 창으로 쳐 넘어뜨리다."

이렇게 하나님이 낯선 일로 그의 일을 증진시키고 완전하게 한다. 그리고 하나님은 놀라운 지혜로 마귀를 생명이 아닌 죽음을 통해 일하게 하셨다. 결과적으로 마귀가 하나님의 일을 정죄하는 것같이 그는 그의 일을 힘입어 일하는 것이며 자기 자신을 거스려 일하고 하나님의 일을 전진시키는 것이다. 이렇게 마귀는 그리스도 안에서 죽음으로 역사(役事)하고, 그 죽음을 그리스도는 그 자신 안에 삼키고 영광 가운데 부활하셨다. 이것이 '하나님의 능력 있는 팔'로 언급하는 것이다. 이 행복한 승리를 하나님은 욥기에서 "그것이 정신 차리고 있을 때에 누가 능히 잡을 수 있겠으며 갈고리로 그 코를 꿸 수 있겠느냐?"(욥 40:24)라며 욥에게 묻고 있다.

> "네가 능히 낚시로 악어를 낚을 수 있겠느냐
>
> 노끈으로 그 혀를 맬 수 있겠느냐
>
> 줄로 그 코를 꿸 수 있겠느냐
>
> 갈고리로 그 아가미를 꿸 수 있겠느냐
>
> 네가 어찌 새를 놀리는 것같이 그것을 놀리겠으며
>
> 네 소녀들을 위하여 그것을 매어 두겠느냐
>
> 어찌 어부의 떼가 그것으로 상품을 삼아 상고들 가운데
>
> 나눌 수 있겠느냐
>
> 네가 능히 창으로 그 가죽을 찌르거나 작살로 그 머리를
>
> 찌를 수 있겠느냐"(욥 41:1-7)

욥의 이 구절에 대하여 그레고리우스 대제의 글(Moralium Bk. XXXIII, 7:14-8:34; Migne, 76, 680-696)[1]을 보라.

그러므로 사망이 멸망되고 그 사망과 함께 '우리 구원의 주'(또는 지성소에서, 표현된 대로 우리의 머리이신 그리스도 안에서)로 마귀의 모든 일을 멸한 것처럼, 사망은 마찬가지로 모든, 또 각 지체 안에서 일어나야만 했다. 왜냐하면 그리스도가 인간으로서 복종했지만, 그리스도는 여전히 사람으로서 죽을 수 있는 존재인 동시에 불멸의 존재였기 때문이다. 바로 그의 전 인격이 전혀 죽을 수 없고 죽음으로 망할 수 없는 것과 마찬가지다. 마귀는 그의 죽음으로 죽임을 당했다. 그렇게 죽음은 생명 속으로 먹힌 바 되고 삼킨 바 됐다. 저주는 축복으로 변했고 슬픔은 기쁨으로 바뀌었다. 모든 악했던 것은 모든 선한 것에 의해 극복되었고 완전히 사라졌다. 그리고 이제 그리스도를 통해서 우리

---

1. 욥기 주석은 3중의 문자적, 신비적, 도덕적 개념으로 후자에 대해서 강조한다.

안에 사망을 멸하고 마귀의 일을 멸하시는 것이 하나님의 뜻이다. 우리 그리스도인들은 죽음에 기쁘게 직면하는 것을 배워야 한다. 왜냐하면 죽음의 승리자인 그리스도가 망하는 것이 더 이상 불가능한 것과 같이 마찬가지로 그를 믿는 사람도 망하는 것이 불가능하기 때문이다. "나를 믿는 자는 영원히 죽지 아니하리니"라고 그리스도가 말씀한 대로다. '죽어도 살겠고'(요 11:26, 25). 하나님 안에서 살아 있도록 지음 받은 것은 무엇이나 불멸이다. 그리고 다시 시편 23편에 "내가 골짜기를 거닐지라도 즉, 사망의 그늘 한가운데를 거닐지라도 나는 해(악)를 두려워하지 않을 것이다. 왜냐하면 당신이 나와 함께 하기 때문이다"라고 말씀한다. 왜냐하면 그의 영원한 신성과 육체가 연합으로 그리스도가 죽음으로 사망을 정복한 것처럼, 그를 믿음으로 말미암아 그리스도와의 연합을 통해서 그리스도인도 역시 죽음으로 사망을 이긴다. 그리하여 하나님은 마귀 자신으로 마귀를 멸하시고 '이상한 사역'으로 그의 '합당한 사역'을 성취하신다.

이것은 세상이 이해하지 못하는 바로 그 신학이다. 이것은 "보라 그것이 그들에게 고해질 때, 아무도 믿으려고 하지 않는 너희의 시대에 한 일을 내가 행할 것이다"(합 1:5)에서 의미한 바다. 이 때문에 크리소스토무스는 이 점에 대하여 말하기를, "이 기자는 우리에게 어떤 놀라운 것을 보여주는데, 마귀가 한때 휘둘렀던 바로 그 권세와 똑같은 권세로 그는 승리하셨다. 마귀가 세상을 위협했던 사망이라는 무기를 그리스도께서 똑같은 무기로 마귀를 패배시켰다. 그러므로 당신은 죽음이 얼마나 선하게 역사했는지 이해하는가? 왜 죽음을 두려워하고 왜 죽음을 무서워하는가? 사망은 더 이상 무섭게 하지 못한다. 사망은 발로 짓밟혔고, 사망은 멸시되었다"(Migne, loc. cit., 63. 266). 계속하여 그는 말한다. "왜냐하면 사망은 이제 더 이상 아픈 것이 아니고, 잠자는 것과 같은 것이기 때문이다."

이 때문에 사도 바울도 어디서나 큰 기쁨으로 그리스도의 부활을 전파하였다. 왜냐하면 그리스도의 부활을 통해 율법과 죄, 죽음과 지옥, 마귀, 세상과 육은 그를 믿고 그를 부르는 모든 사람들에 의해 완전히 정복당할 수 있기 때문이다. 고린도전서 15:57에서 "우리주 예수 그리스도로 말미암아 우리에게 이김을 주시는 하나님께 감사하노니"라고 말씀하셨다. 그분은 그분 자신을 위해서 위대한 승리를 '이루었다'고 말씀하시지 않고 '우리에게 주신 것'이라고 말씀하신다. 데살로니가전서 4:13에서 "형제들아 자는 자들에게 관하여는 너희가 알지 못함을 우리가 원치 아니하노니 이는 소망이 없는 다른 이와 같이 슬퍼하지 않게 하려 함이라 우리가 예수의 죽었다가 다시 사심을 믿을진대 이와 같이 예수 안에서 자는 자들도 하나님이 저와 함께 데리고 오시리라"고 말씀하신다. 또한 호세아 13:14에서 "내가 저희를 음부의 권세에서 속량하시며 사망에서 구속하리니 사망아 네 재앙이 어디 있느냐 음부야 네 멸망이 어디 있느냐!"라고 말씀하신다. 그리고 거기에 그가 어떻게 할 것인지를 설명하는 것이 따라온다. "여호와께서 광야에 말리는 바람을 일으키시니 샘 근원이 마르며 광야 샘이 마를 것이다"라고 말씀하신다. 왜냐하면 호세아는 출애굽기 14:21 "여호와께서 강하고 말리는 바람을 밤새도록 일으키셨고 홍해가 말랐다"고 넌지시 비추어 말한다. 그 사건에서 죄가 사망을 다스리기 때문에 사망, 곧 죄의 고통을 말리는 것을 은유하였다. 광야에서 생겨나고 광야로 말미암은 이 바람은 성령의 바람이다. 그리고 광야, 십자가에 못 박힌 그리스도의 바람이다.

직접적인 추론

죽음을 무서워하거나 죽기를 싫어하는 사람은 진정한 그리스도인이라고 하기 어렵다. 지금까지 그러한 사람들은 부활을 믿는 믿음이 부족하고 내세보다 현세를 더 사랑한다. 이러한 사람들에 대해 시편 기자가 쓰고 있다. "저희가 낙토를 멸시하며"(시 106:24). 기꺼이 죽지 않는 사람은 누구나 그리스도인이라고 불러서는 안 된다.[1] 같은 이유로 크리소스토무스가 이 본문을 주석할 때 그는 죽은 사람을 슬퍼하는 자들을 꾸짖는다. "죽음을 여전히 무서워하고 죽음을 맞아 겁내는 자들, 여전히 부활을 믿지 않는 자들은 당연히 꾸중을 들어야 한다." 그러므로 그러한 사람들은 "당신의 나라가 임하소서"라고 기도할 때, 그들은 전혀 기도도 하지 않고 그들 자신과 반대되는 기도를 하고 있다. 그것은 하나님과 자신들을 조롱하고 있는 것이다. 왜냐하면 그들은 헛되이 세례를 받았는데, 사도에 의하면(롬 6:3 이하) "우리 중에 많은 사람들이 그리스도의 죽음과 합하여 세례 받은 것은 기꺼이 우리 자신을 위해 우리가 죽음을 용납하도록 하기 위함이다. 그리고 더 즐겁게 그리스도의 본을 따르도록 하기 위해서다."

그러나 이것에 대해 당신은 다음과 같이 말할 것이다. 내가 두려워하는 것은 단

---

1. 이 문장은 하나의 즉석의(*ex tempore*) 주석이다.

순한 죽음이 아니고 악한 죽음이다. 왜냐하면 "죄인들의 죽음은 죽음 가운데 가장 나쁜 죽음이기 때문이다"(시 33:22, 불가타역). 그리고 "악한 일들이 불의한 사람을 죽음으로 가져갈 것이다"(시 140:11). 그런데 이런 투로 말하는 사람은 그가 그리스도를 믿는 믿음이 없다는 것을 분명히 증거하고 있다. 왜냐하면 그는 그리스도가 "그의 죄를 짊어지고 가는 하나님의 어린양"이라는 사실을 믿지 않기 때문이다. 왜냐하면 더욱 이것을 믿을수록 더 확실하게 죽음이 멸시될 것이기 때문이다. 바울이 "사망의 쏘는 것은 죄요"(고전 15:56)라고 말한 대로 죽음을 무섭게 만드는 것은 죄에 대한 느낌이라는 것은 진리다. 그러나 믿음 외에는 아무것도 죄에 대한 느낌을 없애지 못한다. "이기는 것은 예수 그리스도를 통해 우리에게 주셨기"때문이다(고전 15:57, 위에서 본대로).

그것이 하나님이 죽음, 심판과 지옥을 분명하게 한 이유다. 그리스도를 믿는 믿음의 힘을 알도록 하기 위해, 또 믿음을 통해 그리스도인이 이 폭군들을 이길 수 있도록 하기 위해 하나님이 그것을 분명히 하셨다. 왜냐하면 우리가 무서워해야 하는 이들 폭군들은 "죽음같이 강하고 음부같이 잔혹하며"(아 8:6)란 말씀과 같이 믿음이 그것을 통해 강력하게 행사하는 것 이상 아무것도 아니기 때문이다. 그들은 우리를 난타하고 공격하고 그리스도를 믿는 믿음을 마음에서 분리시키려고 한다. 그러므로 예수가 인간들이 무서워하도록 징조들을 선포할 때(눅 21:28) 그는 즉시 믿음을 굳세게 하기 위해 다음의 말을 덧붙인다. "이런 일이 되기를 시작하거든 일어나 머리를 들라." 그리하여 이러한 일들을 믿음으로 이기게 될 것이다. 그러므로 만약 죽음이 죄로 인해 무서운 것이라면, 죄들로 인해 정말로 더 많이 죽음이 요구돼야 한다. 왜냐하면 결국 오직 죄를 짓게 하고 죽이는 것은 죽음뿐이기 때문이다. 그러므로 죄를 멸하는 자에게 죽음은 두려운 만큼 사랑할 만한 것이 된다.

그러므로 씨프리안은 '그의 죽음에 대하여'(*De Mortalitate*)[1]에서 쓰고 있다. 우리를 위한 싸움은 탐욕, 음란, 진노와 야망과 싸우는 것이다. 그것은 육신의 죄와 세상 유혹에 대항하여 면제될 수 없는 힘든 투쟁이다. 인간의 정신은 최선이다. 그것은 마귀의 공격으로 모든 면에서 괴롭힘을 받게 된다. 인간은 혼자

---

1. *De Mortalitate*, Migne, 4.606f.

서 이들 공격들을 좀처럼 대응할 수 없다. 그가 완전히 저항하는 것은 어려운 일이다."[1] 그 후에 그는 이렇게 썼다. "매일 영혼은 너무나 많은 박해를 견딘다. 그리고 마음은 너무나 많은 위험으로 억눌린다. 그런데 마귀가 던지는 창들 가운데 오랫동안 머뭇거리는 것이 즐겁다. 오히려 그것이 기대되고 심지어는 죽음의 빠른 손에 대한 희망이 그리스도에게로 가는 여행을 재촉할 때 그렇다." 그것이 씨프리안이 말한 것이다. 죽음의 위로![1]

그러나 우리는 죽음을 무서워하는 자들에게 실망해서는 안 된다. 우리는 사도가 우리에게 받아들이기를 명령한 대로 믿음이 약한 자들을 권하고 소중히 여겨야 한다 (롬 14:1). 왜냐하면 사실 완전에 도달하는 사람이 적다 해도 죽음을 멸시하는 것과 사도와 성도들에 의해 전해진 죽음에 대한 멸시로부터 온 은혜는 그리스도인들이 일생 동안 애써야 할 목표이고 완전이기 때문이다. 왜냐하면 같은 방식으로 바울은 로마서에서 그리스도인이 의롭고 거룩하고 죄에서 자유하다고 했다. 그것은 그들이 이미 그렇다는 것이 아니고 그렇게 되기 시작했기 때문이고, 계속 진보해 그렇게 돼야 하기 때문이다. 왜냐하면 거룩한 사람도 죽음과 하나님의 심판을 무서워하기 때문이다. 시편 본문은 그것을 "사망의 위험이 내게 미쳤도다"고 말하고 다시 "두려움과 떨림이 내게 이르고"(시 55:5)라고 말씀한다. 그리고 다른 곳에서 "주의 손이 치심으로 내가 쇠망하였나이다"(시 39:11), "사망의 줄이 나를 두르고 음부의 고통이 내게 미쳤다"(시 116:3), "나의 영혼에 곤난이 가득하며 나의 생명은 음부에 가까웠사오니"(시 88:4)라고 하였다.

그러므로 이러한 사람들은 위로받고 격려 받아야 한다. 첫째, 우리를 위해 죽음을 패배시키고 업신여길 수 있는 원수로 만들기 위해 우리 때문에 죽음을 경험했을 뿐만 아니라, 믿음이 약한 우리를 위해 죽음의 공포를 자신이 취하셨던 그리스도로 인해 위로받고 격려 받아야 한다. 그는 이 공포를 정복했고 그 공포를 거룩하게 하였다. 그래서 우리를 정죄하는 것 같은 그 죽음을 거부한 결과 우리를 쉽게 정리하는 것 같이 공포가 거짓될 필요가 없다. 다르게 말하면 그 공포는 죽지 않기를 원하고, 죽음을 두려워하지 않는 순수한 죄가 되는 것이다. 그는 성취하지 않은 채 남겨놓은 것

---

1. 이 두 문장은 obiter dicta이다.

하나 없이 가장 훌륭한 제사장이 소원했던 가치가 되도록 이 모든 것을 행하셨다. 우리의 가장 자비로운 구주가 아직 하지 않은 것을 더 해야만 하는 것을 그때 보라! 그는 죄를 완전히 짊어지셨다. 그는 죽음을 정복한 것으로 남겨 놓았다고 해도, 그는 우리에게 죽음을 남겨 놓았다. 그러나 죽음은 더욱 정복되었고 더 이상 두려워할 것이 아니었다. 그는 죽음의 공포가 우리 영혼을 해칠 수 없을 정도로 바꾸어 놓았다.

죽음의 공포를 가진 사람이 위로받고 격려 받을 수 있는 두 번째 길은 그리스도께서 "몸을 죽이는 자들을 두려워하지 말라"(마 10:28)고 한 본문 때문이다. 또다시 이사야의 본문은 "오 나의 백성들아 앗수르 사람을 두려워 말라"(사 10:24)고 하신다. 왜냐하면 여호와는 성도의 고난과 죽음에 마귀와 귀신을 사용한다 해도, 죽음을 원치 않기 때문이다. "그것을 지은 자가 칼을 주었고"(욥 40:19), "화 있을진저 앗수르 사람이여 그는 나의 진노의 막대기요 그 손의 몽둥이는 나의 분한이라"(사 10:5)고 하였다. 그러나 그는 그 일을 부드럽고 온유한 마음으로 행하신다. 욥기 41:1(불가타)에서 말씀한 것처럼, "무자비하게 그를 잡아 올릴 수 있겠는가?" 결국 그는 실제로 명령한 것보다 더한 것을 행한 자를 꾸짖고 책망하신다. 그가 스가랴 1:14에서 "나는 시온을 위하여 크게 질투하며 안일한 열국을 심히 진노하나니 나는 조금만 노(유대인에게)하였거늘 그들(하나님이 자기 백성을 벌하는 도구로 사용한 이방인)은 힘을 내어 고난을 더하였다.

하나님이 하나님의 자비와 관계없는 사람들이 되도록 때리시고 치시는 것은 분명 놀랄 일이다. 그래서 이방인이 성도들을 위해 하나님께 사용된다. 이를 테면, 에스겔 13:5에서 "너희는 성벽을 향해 올라가지 아니하였고(그 성벽이 파괴된 것을 수축하기 위해)이스라엘 족속을 위하여 여호와의 날에 전쟁을 막으려고 성벽을 수축하지도 아니하였느니라"고 하셨다. 에스겔은 계속 말씀한다. "이 땅을 위하여 성을 쌓으며 성 무너진 데를 막아서서 나로 멸하지 못하게 할 사람을 내가 그 가운데서 찾다가 얻지 못한 때문이다"(겔 22:30). 바로 그 때문에 우리는 욥의 부르짖음을 알고 있다. "나의 친구야 너희는 나를 불쌍히 여기라 나를 불쌍히 여기라 하나님의 손이 나를 치셨구나"(욥 19:21). 그리고 같은 이유로 시편 106:23에서 모세의 찬양은 "모세가 그 결렬된 중에서 하나님 앞에 서서 그 노를 돌이켜 이스라엘을 멸하시지 않게 하였다"고 했다. 그러나 (마지막 문단에서 언급한 대로) 그는 심각하게 그 상처에 고통을 더하는 자들을 꾸짖으시며 "저희가 주의 치신 자를 핍박하며"(시 69:26)라고 말씀하신다.

2:15. 또 죽기를 무서워하므로 일생에 매여 종노릇하는 모든 자들을 놓아 주려 하심이니.

크리소스토무스는 이것을 세 가지 방식으로 해석한다. "첫째, 죽음을 두려워하는 자는 종이다. 그리고 종은 죽을 것에 복종한다. 둘째, 모든 사람은 죽음의 종이다. 그들이 구원을 받지 못하는 한 죽음에 매여 있다. 셋째, 인간은 언제나 죽는 것을 기다리며 영구적인 두려움 가운데 산다. 그래서 이 두려움이 그들 가운데 남아 있는 한 삶에 기쁨이 없다"(Migne, loc. cit., 63,266). 이 세 가지 개념은 바울의 말씀을 해석하는 데 서로 관계되는 것 같다. 왜냐하면 그 자신이 대조를 이끌어내기 때문이다. 그는 마귀가 죽음의 지배자라고 말한다. 그러므로 사람들은 마귀의 지배에 복종했어야 했다. 그 다음 두 번째 개념은 모든 사람이 죽음의 종이고 죽음이란 왕에게 복종한다. 그래서 두 번째 세 번째 개념은 그 복종 때문에 따라 오는 비참함을 나타낸다. 첫 번째 의미는 사람들이 그러한 복종으로 노예가 될 때 두려움과 불확실성에 빠지게 된다. 이사야가 "여호와께서 말씀하시되 악인에게는 평강이 없다"(사 48:22)라고 말씀하신 것처럼 악인은 마음의 참된 평화를 결코 가질 수 없다. 또다시 신명기에서 "여호와는 너에게 떨리는 마음을 줄 것이고 너의 생명은 너희 앞에 의심나는 곳에 달린 것 같으며 아침에는 네가 이르기를 누가 저녁을 나에게 줄 것인가? 저녁에는 네가 이르기를 누가 아침을 나에게 줄 것인가?"라고 한다(신 28:65 이하). 세 번째 의미는 죽음을 두려워하는 것은 인간을 죄의 종으로 만든다는 것이다. 이것은 인간을 언제나 더 악하게 만들고 또 인간으로 하여금 율법과 의를 더 미워하게 만드는 노예의 영이다. 그러므로 그리스도가 죽음의 공포를 없게 하였다면, 우리는 죄의 종노릇에서 해방되고 죄로 말미암는 것(우리가 죽음을 두려워하므로 죄에 종노릇하고 있기 때문)에서 자유하게 되었다. 그것은 그리스도가 죽음의 공포를 멸했기 때문이다. 그러나 그는 공포가 더 이상 없다는 방식으로 멸한 것은 아니다. 그는 성령으로 말미암아 율법에서 우리가 자유하는 방식으로 그 공포를 멸하였다. 율법이 더 이상 있지 않다는 것이 아니라, 율법을 두려워할 필요가 없도록 우리가 율법에서 자유하게 되었다. 같은 방식으로 우리는 마귀의 지배에서 자유하게 되었다. 마귀가 더 이상 존재하지 않는다는 것이 아니고 마귀는 더 이상 두려워할 필요가 없는 존재라는 것이다. 우리는 말할 것도 없이 죽음에서 자유하게 되었다. 죽음이 더 이상 존재하지 않는 것이 아니고 더 이상 두려움의 대상이 아니라는 점이다. 그 이상의 예를 들 수 있다.

그러므로 나는 결론을 내린다. 그리스도인에게는 이 세상에서나 오는 세상에서 두려워할 것이 아무것도 없다. 그 이유는 이제 죽음과 모든 귀신이 구원과 축복으로 바뀌게 되었다는 것을 알기 때문이다.

2:16. 이는 실로 천사들을 붙들어 주려 하심이 아니요 오직 아브라함의 자손을 붙들어 주려 하심이라.

크리소스토무스(Migne, loc. cit., 63.271)는 '붙잡다'(to seize)라는 의미를 가진 apprehendere 라는 말에 주목한다. 그는 저자가 suscipere '들어 올리다'(to take up)를 쓰지 않고 '붙잡다'(to seize)인 apprehendere를 사용했다고 지적한다. 이 말은 도망가는 자들을 어떻게 해서든지 붙잡으려고 애써 그들을 붙잡은 추적자에게 적용되는 말이다. 마치 그 말은 그리스도가 인성을 입으려고 했던 것처럼, 그리고 인성이 그에게서 멀리 도망치고 싶을 때 그 인성을 입은 것과 같은 의미다. 그는 이 말을 선택함으로써 그 의미에 영향을 미친 능력이 오직 그의 자비, 은혜 그리고 우리를 향한 그의 사랑뿐이라는 것을 보여준다. 크리소스토무스에게 더욱 그렇다.

이와 같은 점이 잃은 양과 잃은 동전에 대한 비유로 복음서에 분명히 나타난다. 이것들은 그들 자신의 노력이 아니라 찾는 자[1]의 자비에 의해 찾게 되었고 발견되었다.

2:17. 그러므로 저가 범사에 형제들과 같이 되심이 마땅하도다 이는 하나님의 일에 자비하고 충성된 대제사장이 되어 백성의 죄를 구속하려 하심이라 자기가 시험을

---

1. 독자들은 루터의 복음적 신학이 초기 단계에 형성되었다는 것이 얼마나 분명한지를 주목해야 한다. 루터는 여기서 어떤 그리고 모든 행위나 공로에 대한 생각에 반대하고 있고, 인간의 구원이 받을 자격이 없어도 하나님의 은혜로 값없이 받는다는 것을 보여주려고 애쓰고 있다. 하나님은 인간에게서 멀리 계신 분이 아니므로 인간은 더 가까이 가기 위해 노력해야 한다. 그 반대도 진리다. 인간은 하나님에게서 멀리 있지 않다. 그래서 하나님은 스스로 가까이 오기 위해 노력하셨다. 이것이 루터의 복음이었다. 다른 복음은 없다.

루터가 어떻게 고대의, 그리고 수용할 수 있는 교부들에게서 이 진리를 이끌어냈는지 주목해야 한다. 그것은 교부의 전통에서 이끌어낸 단순히 똑똑한 행동이 아니었다. 그것은 그 이상이었다. 루터는 언제나 자신이 보편적 교리와 전통의 진정한 계통에 서 있었다고 믿었다. 그리고 보편적 전통보다 혁신을 위해 정말로 싸우고 있었던 사람들이 나중에 그의 적대자로 변할 것이라는 것을 루터는 믿고 있었다. 루터는 개혁자였지 결코 혁신자가 아니었다.

받아 고난을 당하셨은즉 시험 받는 자들을 능히 도우시느니라.

그는 그리스도 안에 있는 두 가지 덕목을 칭찬한다. 그것은 그리스도의 본으로 모든 제사장들을 깨우친다. 어떤 한 제사장이 백성에게 자비롭기 위해서는 하나님께 자기를 바쳐야 하고, 또한 그 백성을 위해 하나님께 충성스러워야 한다. 거기서 그는 자비롭고 자신을 비워야 하고 그들의 모든 악을 자기의 것으로 삼고 마치 그 자신이 실제로 그 악과 관련이 있는 것처럼 느껴야 한다. 거기서 그는 충성스럽고 그들 가운데서 자신의 좋은 것을 함께 해야 한다. 왜냐하면 이렇게 그리스도가 "스스로 하나님의 모양을 비우고 종의 모양을 취했기 때문이다"(빌 2:6 이하). 즉, 그는 자신에게 관계된 것을 생각하지 않고 우리에게 관계된 것을 생각하였다. 왜냐하면 그의 것은 의, 지혜, 구원, 영광, 평화, 기쁨이며 우리의 것은 죄, 어리석음, 파멸, 수치, 십자가, 슬픔 같은 것이기 때문이다. 이러한 환경에서 그는 우리에게 속한 것을 자기에게 취하고 자기에게 속한 것을 전혀 모르는 것처럼 자기의 길을 가셨다. 이 때문에 율법과 관계하여 성경은 말한다. "아론이 이스라엘 자손이 드린 죄를 담당할 것이다"(출 28:38). 그리고 또한 "여호와께서 아론에게 이르시되 너와 네 아들들과 네 종족은 성소에 대한 죄를 함께 담당할 것이요"(민 18:1).

3:1. 그러므로 함께 하늘의 부르심을 입은 거룩한 형제들아 우리의 믿는 도리의 사도시며 대제사장이신 예수를 깊이 생각하라.

사도는 그들을 온유하고 기분 좋게 인도하면서 초청하기를 '거룩한 형제'라고 부른다. 사도는 온유하고 기분 좋게 우리를 가르치는데, 우리가 그리스도를 전하는 말이 폭풍같이 혹은 열정으로 하지 않기를 바란다. 그리스도는 화평하고 고요하게 전파될 수밖에 없다. 천둥 같은 설교는 율법에 속하기 때문이다. 그것은 출애굽기 19:16, 20:18에서 묘사된 것과 같다. 거기서 하늘은 나팔 소리로 무섭고 산 위에 두꺼운 구름이 있고 번쩍이는 번개가 있다. 또다시 바람 후에 그리고 지진 후에 그리고 불이 있은 후에 '세미한 소리'가 있고 그 소리 가운데 여호와가 계셨다(왕상 19:11). 그러므로 율법은 비난과 함께 마음이 완악하고 목이 곧은 사람들에게 계시돼야 했다. 그러나 그들이 놀라고 겸손하게 된다면 복음은 부드럽게 소개돼야 한다. 이 때문에 이사야 42장은 그리스도에 대해서 다음과 같이 말한다. "내 종을 보라 그는 상한 갈대를 꺾지 아니하며 꺼져가는 등불을 끄지 아니할 것이다"(사 42:1 이하). 그는 오히려 낙심하고 괴로워하는 자들을 위로할 것이다.

3:1. 우리 믿는 도리의 대제사장.

새로운 구절이 나타난다! 그러나 그 구절은 히브리 관용구다. 그리고 놀랍게도 적합한 방식으로 중요한 문제를 드러내고 있다. 왜냐하면 우리의 전 생애의 일이 다만 고백이기 때문이다. 시편에서 표현한 대로 "존귀와 위엄이 그 앞(그의 교회에)에 있음이여"(시 96:6), "능력과 아름다움이 그 성소에 있도다." 시편 111:3도 같은 생각을 표현하고 있다. "그 행사가 존귀하고 엄위하며…." 시편 145:5에서도 똑같은 의미를 갖는다. "주의 존귀하고 영광스러운 위엄과 주의 기사를 나는 묵상하리이다." 그가 말하려고 한 바는 그들이 말하고 행하는 전부가 찬양, 신앙고백, 영광, 거룩함이다. 그것으로 그들은 당신을 찬양하고, 고백하고, 높이고, 거룩하게 한다. 그러나 이 모든 일은 당신이 그들 가운데 행하신 일이다. 이같은 생각은 시편 8:2에서도 발견된다. "어린아이와 젖먹이의 입으로 말미암아 주의 권능을 세우심이여(찬양을 완전하게 하였다)." 이사야 43:21에서도 "이 백성은 내가 나를 위하여 지었나니 나의 찬송을 부르게 하려 함이라"고 말씀한다.

같은 이유로 십자가 위에 새긴 글에서 그리스도는 '유대인의 왕', 다른 말로 하면 '믿는 도리(신앙고백)의 왕'[1]이라고 일컬어졌다. 여기서 고백은 찬양의 고백과 죄의 고백이 같지는 않다. 사실 죄의 고백과 찬양의 고백은 같은 것이며 하나다. 예외적으로 가룻 유다의 이름을 좇아 부르는 믿음 없는 유대인의 고백이 있을 것이다. 가룻 또는 스카리옷이란 말은 sachar란 말에서 유래했는데 라틴어로 삯(merces)[2]이다. 그래서 진정한 고백은 인간이 하나님의 의, 지혜, 권능과 하나님의 모든 선한 행위로 말미암아 하나님께 영광을 돌리는 것이다. 그러나 인간은 자기의 죄, 어리석음, 그리고 자기의 연약함밖에 아무것도 자기 자신에게 돌릴 것이 없다. 그러한 고백은 마음으로부터 말과 행위로 표현되어야 한다.

더욱이 사도는 고백과 소유를 이 본문에서 구별한다. 왜냐하면 세상에서 아주 정당하게 어떤 사람이 주인이고, 나라의 왕이고, 강, 도시들, 가축 같은 것의 소유자라고 말하기 때문이다. 그러한 소유는 말씀이나 고백의 문제가 아니다. 그런 것들은 물질적인 물건이고 그 물건의 실제적 존재를 소유하는 것이다. 이제 회당은 그 회당의 고백, 모세의 고백을 갖고 있다. 그 고백은 물리적 기사(奇事)에 근거하고 있고, 그 물리적 기사로 회당은 회당의 약점과 빈곤, 그리고 애굽의 종노릇에서 구속(救贖)받았다. 이것이 사도가 '우리의' 믿는 도리(고백)를 말한 이유다. 곧 우리는 새로운 믿는 도리(고백)를 말하고 있다. 왜냐하면 우리는 다른 종류의 기사를 믿고 고백하기 때문이다. 즉, 우리는 영의 연약함에서, 영의 속박(束縛)에서, 영의 빈곤에서 구속(救贖)받았다. 그 때문에 모세가 그들의 사도라면 다른 한편 그리스도는 우리의 믿는 도리(고백)의 사도

---

1. 이 구절은 레아가 "이번에 내가 주를 찬양['odeh(로이클린은 hōd)] 할 것이라고 말할 때 유다의 출생에 관계된 것이다. 그러므로 유다라고 부를 것이다"(창 29:35). 중세에 Judah 또는 Jude란 말은 어원학적으로 '찬양하다' 또는 '고백하다'에 뿌리를 갖고 있는 것으로 널리 받아들여졌다. 그래서 루터는 유대인을 위해 '고백자'란 말로 대체하였다.

2. 이스카리옷(Iscariot)이란 이름의 의미에 대한 뜻을 해석하고 설명하는 것이 많았다. 그러나 루터는 로이클린의 사전을 사용해 히브리어 어근 sachar에까지 거슬러 올라간다. 그 말의 의미는 고용, 임금 또는 보상이란 의미를 갖고 있고 라틴어로 번역해 merces란 말로 의미는 재산(goods) 또는 상품(merchandize)이다. Lewis와 Short는 사람들에게 적용될 경우에 '나쁜 운명'이란 의미로 그 말의 예를 든다.

다. 그러므로 크리소스토무스는 '우리의 고백'을 '우리의 믿음'이란 의미로 해석한다. 그런데 크리소스토무스는 용어를 사용할 때 빗대는 말, 또는 전이(轉移)로 표현한다. 즉, 믿음을 고백으로, 믿음 자체의 일로 대체한다. 그것은 마치 문법학자들이 Mars(로마의 군신)를 전쟁이란 말로, 그리고 Minerva(로마의 지혜의 신)를 예술이란 말로 대신하는 것과 같다.

그러므로…(3:1)

Gl.(15:13 이하) 저자는 그리스도는 천사보다 뛰어나다는 것에서 그리스도의 놀라움을 찬양한다. 그렇게 찬양한 후에 저자는 유대인들이 천사 다음으로 가장 높게 여기는 모세보다 그리스도를 더 낮게 생각해야 한다고 가르치는 다음의 구절로 바뀐다. 그는 모세를 믿는 유대인의 믿음에서 그리스도만 믿는 믿음으로 그들을 회심시키기 위해 이것을 말한다.

(3:1).

그러므로	그 때문에
거룩한 형제	그리스도 안에서 거룩해진
하늘의 부르심을 입은	즉, 시편 18:13에 "여호와께서
사람들(partakers)	하늘에서 뇌성을 발하시고 지존하신 자가 음성을 내셨다"라고 기록된 대로 하나님의 말씀으로 하늘로부터 온 복음의 부르심이다.
생각하라	따르는 자들에게 은혜 전하는 것을 주의하라.
사도	그분이 아버지에게서 세상으로 보내졌기 때문에
대제사장	우리를 위해 아버지에게 그가 중재하기 때문에
우리의 믿는 도리의	즉, 믿음과 새로운 약속의
예수를	

(3:2).

자기를 세우신 이에게 충성하시기를	하나님 아버지

(자기)   사도와 제사장
모세가 한 것같이   즉, 모세보다 못하지 않고 오히려 더
                                            나은
그의 온 집에서   하나님의 전 교회에서.

이 구절에서 그는 민수기 12:7을 언급한다. "내 종 모세는 그렇지 아니하니 그는 나의 온 집에 충성됨이라 그와는 내가 대면하여 명백히 말하고 은밀한 말로 아니하며 그는 또 여호와의 형상을 보겠거늘 너희가 어찌하여 내 종 모세 비방하기를 두려워 아니하느냐?" 이 말씀 때문에 모세는 하나님께 인정받고 백성에게 최고의 권위를 얻은 것으로 간주되었다. 바로 이와 같은 이유로 유대인들은 그리스도를 반대하여 이 사람을 세우고 "우리가 알거니와 하나님 자신이 모세에게 말씀하셨다"고 말했다. 그러나 반대로 사도는 그 백성들에게 대답하면서 하나님께 정말로 충성스러운 그리스도를 내세운다. 그래서 모세와 그리스도가 "하나님의 집에서 누가 충성스러운가" 서로 경쟁한다. 여전히 모세는 머리로서 다만 온 집의 일부다. 그러나 그리스도는 하나님으로서 머리일 뿐만 아니라 그 집의 주인이고 세운자이기도 하다. 그러므로 그리스도는 그 집의 부분(모세)보다 더 큰 분(그리스도)으로 모세보다 더 큰 영광을 가졌다.

(3:3)
저는 모세보다 더욱   그는 더 큰 은혜로 더 받을 만하고
영광을 받을 만한 것이   더 받을 만하다.
마치 집 지은 자가 그
집보다 더욱 존귀함 같으니라.   집은 이스라엘의 집이다.

(3:4)
집마다 지은 이가 있으니   지은 자의 영광은 건물(집)보다 더 크다.

이것은 이 집을 지은 자가 우리가 아니라는 것이다. 왜냐하면 우리가 그 집이기 때문이고, 그 집을 지은 이의 영광이 우리의 영광, 집의 영광보다 더 크기 때문이다.

다른 말로 하면, 그리스도는 우리와 같지만 우리보다 더 위대하다. 곧, 그는 우리와 함께 있지만 우리를 만들고 있는 분이다.

(3:5) 또한 모세는 장래에 말할 것을 증거하기 위하여 하나님의 온 집에서 사환으로 충성하였고

여기에 히브리어 어법같이 보이는 것이 있다. 왜냐하면 시편 81:8에서와 같이 그의 말씀과 선포자 모두를 그의 증거로 부르기 때문이다. "내 백성이여 들으라 내가 네게 증거하리라." '증거하다'란 이 말을 라틴어는 하나의 단어로 적당하게 표현할 수 없다. 그 의미는 다음과 같다. 장래에 내가 너희 가운데(in the midst of you) 또는 너희 중에서 (among you) 말할 것이다. (히브리어는 "내가 너희 가운데 증거할 것이다"란 말이 된다.) 이 말은 이미 사물이 가까이 나타나는 것이 아니고 아직 보이지 않은 것의 증거다. 그 때문에 너희가 볼 수도 들을 수도 없는 것을 듣게 해야만 한다. 그리스도는 요한복음 3:11에서 똑 같은 것을 나타낸다. "진실로 진실로 네게 이르노니 우리 아는 것을 말하고 본 것을 증거하노라 그러나 너희가 우리 증거를 받지 아니하는도다." '듣다'와 "내가 증거하리라"는 두 말이 여기에 조심스럽게 놓여 있다. 그것은 마치 "당신은 듣는 자가 되라 그리하면 나는 전하는 자가 될 것이다"라고 그가 말하기 원했던 것이다. 왜냐하면 그리스도가 하늘에 대해, 그리고 미래 삶에 대해 말씀한 것을 듣는 것이 아닌 다른 방식으로는 이해될 수 없기 때문이다. 왜냐하면 그리스도의 말씀은 인간의 생각이 동경하는 데까지 높이 올라갈 뿐만 아니라 인간의 마음이 바랄 수 있는 모든 것에까지 올라가기 때문이다. 그러므로 여호와의 증거는 믿음의 말씀이다. 그 말씀은 숨겨진 지혜이고, 그것은 오직 겸손한 자만 알 수 있도록 열려 있다. 그것은 들려야 하는 어떤 것[1]으로 이사야 53장에 묘사된다. "우리의 전한 것을 누가 믿었느뇨?" '우리의 전한 것'은 우리의 음성을 의미한다. 그것은 사람들이 복음을 전파하므로 들을 수 있는 음성이다.

더욱이 하나님의 말씀을 '증거'라고 하는 것은 매우 옳다. 왜냐하면 마치 법적 논쟁에서 증인의 증거에 따라 판결이 나는 것은 무엇이나 오직 듣는 것에 의해 평가되고 믿음으로 믿게 되는 것과 같기 때문이다. 그리고 다른 방식으로, 지성이나 이성의

---

1. etiam audibile. P는 auditus를 갖는다. (사 53장 본문이 계속되는 대로) 그리고 H–R에 의해 계속된다. Auditus는 독일어 성서에서 설교(Predict)로 번역된다.

힘으로도 전혀 확립되지 않으므로, 복음도 듣는 것 외에는 다른 어떤 방식으로도 받아들여지지 않는다. 이사야 43:10에서처럼 그러므로 사도들은 그리스도의 증인들이라고 일컫게 된다. "너희는 나의 증인, 나의 종으로 택함을 입었나니 이는 너희로 나를 알고 믿으며 내가 그인 줄 깨닫게 하려 함이라." 또한 시편 122:4에서 "지파들 곧 여호와의 지파들이 여호와의 이름에 감사하려고 이스라엘의 전례(傳例)대로 그리로 올라가는도다." 내 판단으로 이것은 이렇게 번역돼야 한다. 곧, 족속들 곧 여호와의 족속들이 이스라엘에게 증거1를 위해 그리로 올라갔다. 왜냐하면 히브리어는 여격에서 '이스라엘에게', '이스라엘을 위하여'를 갖고 탈격에서 '증거'를 갖는다. 우리 본문에 의하면, 그리스도가 마태복음 10:18에서 말씀한 것과 같은 방식으로 "하나의 증거가 되게 하려 하심"으로 이해되어야 한다. "또 너희가 나를 인하여 총독들과 임금들 앞에 끌려가리니 이는 저희와 이방인들에게 증거가 되게 하려 하심이라." 모세는 "아직도 말씀하지 않은 것들의 증거가 되기 위하여" 사환이었다고 저자가 말씀한 경우에 지금 토론하고 있는 본문과 똑같은 의미를 갖는다. 그것은 천사가 말한 것에서 모세가 하나님의 증인이었음을 의미한다.

3:6. 그리스도는 그의 집 맡은 아들로 충성하였으니 우리가 소망의 담대함과 자랑을 끝까지 견고히 잡으면 그의 집이라.

크리소스토무스는 다음과 같이 쓰고 있다. "환란과 실패 가운데 슬퍼하는 사람은 영광을 돌리지 못한다. 마찬가지로 부끄러워하고 자신을 숨기는 사람은 어떤 믿음을 갖지 못한다.2" 그러므로 이 본문에서 '영광'이란 말은 기뻐하는 것이나 자랑하는 것으로 번역된다. 희랍어 본문에서 그것은 곧 kauchema란 말을 갖는다. 희랍어로 '영광'은 doxa이고 그것은 우리에게 존중, 명성, 영광을 의미한다. (cenodoxia는 '헛된 명성'을 의미하기 때문이다). 그와 같이 히브리어에서 'cabod'는 영광을 의미한다. 시편 24:8 이하처럼, 자랑이란 말은 'pe'er'다. "영광의 왕이 누구냐?"(cabod). 그리고 시편 89:17에서 "주는 저희 힘의 영광(pe'er, 또는 gloratio)이심이라. 즉, 당신은 저희들의 힘이고 그들은 그 힘으로 영광스럽게 되었다.

---

1. 독일어 성서는 '이스라엘의 전례대로'를 '이스라엘 자손들에게 설교하려고'로 번역한다.
2. Chrys., *Homil.*, 5.f. 30. Migne, loc.cit., 63.273.

90

그러나 이 두 말은 놀랍게 연관되어 있다. 왜냐하면 토론 중에 있는 논제에 문제가 될 만한 조그만 차이도 없기 때문이다. 왜냐하면 자랑(gloratio)은 오히려 능동적 의미로 받아들여지고, 다른 한편 영광(glory)은 수동적 의미로 받아들이게 된다. 왜냐하면 '영광(gloria)'은 우리에 대한 견해, 곧, 다른 사람이 우리에 대해 갖는 견해이고, 자랑(gloratio)은 우리 자신에 대한 우리 자신의 견해다. 이제 이 자랑이 우리 자신을 자랑하는 것이라면 그 자랑은 공허한 것이고, 그 자랑이 그리스도 안에서 하는 자랑이라면 그 자랑은 정말로 확실한 자랑이다. 고린도후서 10:17에서 "자랑하는 자는 주 안에서 자랑할지니라"고 말씀한 대로다.

그러므로 우리는 크리소스토무스의 '신뢰'와 '우리 희망에 대한 자랑'은 다음과 같이 차이가 있을 수 있다는 해석을 받아들인다. 신뢰는 그리스도의 십자가를 받아들이는 자의 특징이며, 그 십자가를 자신에게 받아들이는 것에서 시작한다. 반대로 믿음의 부족은 그리스도의 십자가를 피하는 것이고 그 십자가를 부끄러워하는 것과 같은 것이다. 다른 한편 영광은 분명히 진보하고 승리하는 자의 특징이 되지만, 반대로 불평과 슬픔은 실패하고 넘어지는 자의 특징이 된다. 로마서 5:3에 "우리가 환난 중에 즐거워하느니라"는 말씀과 같은 것이다. 그리스도가 '지은' 집이 우리라고 그가 말하였기 때문에 사도는 이곳에서 이 말씀을 하신다. 그러나 집을 짓는 데는 긴장과 압력이 수반된다. 다른 말로 하면, 우리는 그리스도 안에서 겪는 십자가와 고난의 경험으로 지어진다. 그러므로 그는 우리가 실패하지 않고 짓는 과정에서 무너지지 않도록 확고한 믿음과 영광스러운 소망으로 들려 올리고 형성되는 것이 필요하다는 사실을 알게 되기를 원한다.

Gl. 17:14. 이것은 필요한 과정이다. 왜냐하면 건물은 많은 고난을 통해서 지어져 가기 때문이다.

3:7. 그러므로 성령이 이르신 바와 같이 오늘날 너희가 그의 음성을 듣거든

그러므로. Gl. 17:15. 그는 사도로서 그리스도의 영광이 그리스도의 것이라는 점을 기린 후, 이제 그를 믿는 믿음을 촉구하기 시작한다. 이 점에 이르러 그는 사도로서 그리스도를 찬양하는 것 외에 다른 어떤 것도 하지 않는다. 이는 마치 그가 어떤 서론을 쓰고 있는 것처럼 정상적으로 자신의 사도됨을 다른 서신에서 추천하는 것과 같다. 그리고 이것이 아마도 이 서신만이 제목이 없는 이유가 될 것이다. 왜냐하면 그는 그리스도의 사도였고 할례의 수종자이기 때문이다. 그는 여기서처럼 로마서 15:8에서 그가 이방인에게 사도와 종이라는 것을 말씀하고 있다(롬 15:16 참고). 그 때문에 그는 이 서신에서 자신의 이름을 천거하지 않고 그리스도의 이름을 천거했다.

히브리어 본문의 문자적 번역은 다음과 같다. "왜냐하면 하나님은 우리 하나님이고 우리는 그의 풀밭의 백성이며 그의 손의 양이다. 너희가 그 음성을 듣기를 원하는 그날에 너희는 광야에서 미혹 받아 하나님이 진노하실 때처럼, 너희 마음을 강퍅하게 하지 말라. 그때에 너희 열조가 나를 시험하며 나를 탐지하고 사십 년 동안 나의 일들을 보았다. 나는 이 세대를 쫓아내고 말하기를 이들은 그들의 마음에서 미혹된 백성이며 내 도를 알지 못하는 자들이다. 그러므로 그들에게 노하여 맹세하였다. 그들이 내 안식에 들어올는지"("들어오지 못하리라")(시 95:7 이하) [if라는 말에 대하여 3:11을 보라].

이제 첫째, 예언자가 이스라엘의 미래 모습을 알았다는 것이 이 본문에 분명히 나타난다. 저자가 비교 방식[이전 역사를 미래 사건들과 비교하는 것]으로 소개한 것에 대해 그는 말한다. 과거 그날에 너희 조상들이 그의 음성을 듣기를 원할 때 그들의 마음을 너희들의 조상처럼, 너희가 미래의 그날에 그의 음성을 듣기를 원할 때 너희 마음을 강퍅하게 하지 말라. 그는 다른 종류의 소유를 의미하는 것처럼 '약속의 땅'이란 구절을 이해했다. 그리고 그는 그 자신의 해석으로 이것을 가리키며 "그들은 나의 안식에 들어올는지?"라고 말했다. 민수기에서 말씀하는 것처럼 "그들이 그 땅에 들어올는지" 라고 말한다. "내가 맹세하여 너희로 거하게 하리라 한 땅에 결단코 들어가지 못하리라"(민 14:30). 동시에 인간이 수고로부터 쉬는 것을 하나님이 말씀한 그 평화에 대해 그는 우리에게 상기시킨다.

둘째, 그는 '오늘날' 또는 '그날에'란 구절로 4:8에서 계속 언급한 다른 날을 분간한다. 만일 예수(여호수아)가 저희에게 안식을 주었다면 그 후에 다른 날을 말씀하지 아니하셨을 것이다. 그러므로 이 다른 날은 '그날에…'라고 그들이 말할 때 예언자들이 말하지 않은 그날이다. 그 말은 분명히 성취의 시간을 의미한다. 이것은 일부가 전체를 나타내는 말의 표현인 제유법(提喩法)이다. '미혹의 날에'란 구절은 비슷한 표현이다.

"너희가 그의 음성을 듣기를 원할 때"는 문자적으로 셈족어다. "너희가 듣기를 원하다"의 동사는 중성으로 이해된다. 그것은 명사가 동사의 자리에서 이해되는 것이다. 또 다른 말로 하면 동사가 명사로 대체되는 것이다. "너희가 그의 음성 듣기를 원할 때"란 구절을 "너희가 듣는 자들이 될 때" 또는 "말씀한 말을 너희가 들었을 때"라고 의미하는 구절로 우리는 이해해야 한다. 그리고 그것이 말하는 것을 주의하라. 그의 음성 안에서 듣는 자는 그의 음성으로 인해 듣는 자를 의미한다. 로마서 10:17에서 "들음은 그리스도의 말씀으로 말미암았느니라"고 말씀한 것과 같다. 또 그것은 우리의 번역(불가타) 보다 히브리어에서 더 의미 있게 표현된다. 왜냐하면 히브리어 본문에서 그것은 그리스도의 음성으로 말미암아 장차 듣는 것을 약속하는 것으로 들린다. 그것은 마치 "그 자신이 말하고 너희가 듣게 될 때, 너희는 너희 마음을 강퍅하게 하지 않을 것이다"[그들이 내 음성을 들었지만 그들의 마음을 강퍅하게 했던 때, 너희 조상들이 했던 것처럼]. 우리 번역에서 결과는 확실하지 않다. [약속이 아닌] 것으로 읽혀진다.

하나님이 유대인(물론 모든 사람)에게 요구한 가장 큰 요구는 하나님 음성을 듣는 것에 집중하는 것이다. 그러므로 모세는 계속하여 신명기에서 유대인에게 들어야 할 필요성을 강조한다. "이스라엘아 들으라." "너희가 너의 하나님 여호와의 음성을 들으면…" 이와 같은 맥락에서 예레미야는 쓴다. "너희 희생에 번제물을 아울러 그 고기를 먹으라 대저 내가 너희 열조를 애굽 땅에서 인도하여 낸 날에 번제나 희생에 대하여 말하지 아니하며 명하지 아니하고 오직 내가 이것으로 그들에게 명하여 이르기를 너희는 내 목소리를 들으라 그리하면 나는 너희 하나님이 되겠고 너희는 내 백성이 되리라"(렘 7:21 이하). 사실 예언서 어디서나 여러 번 언급되는 것은 "너는 들으라", "너희는 들으라", "그들은 듣지 않았다", "그들은 듣기를 원하지 않았다"라는 구절이다. 정확히 그렇다. 믿음이 없이는 하나님이 우리와 함께 있거나 또 어떤 일에 영향을 미치는 것이 불가능하기 때문이다. 왜냐하면 하나님 자신이 말씀으로만 모든 일을 하시기 때문이다. 마찬가지로 누구나 믿음으로 말씀을 꼭 붙잡지 않으면 하나님은 그와 함께 일할 수 없다. 그것은 마치 노동자가 그의 손에 도구를 잡을 때 비로소 그 도구가 영향을 미칠 수 있는 것과 같다. 그 때문에 하나님이 우리 안에서 일하시기 전에, 다시 말해 우리가 믿기 전에 선행을 행하려고 서두르는 것은 가장 악한 것이다.

물론 자연인은 이렇게 이해하려 하지 않는다. 왜냐하면 그는 아무것에도 항복하지 않기 때문이다. 그리고 또 그가 이 말씀을 들을 수 있기 전에는 전적으로 어둠 가운데 있기 때문이다. 시편 27편에 "나는 아무것에 항복하지 않고 알기를 원하지 않았다." 다시 말해, 나는 아무것도 알지 못했다. [실제로 시편 73:22. H-R 시편 38:10 "내 눈의 빛도 나를 떠났나이다."] 다시 "내가 경겁 중에 이르기를 모든 사람은 거짓말쟁이다"(시 116:11). 마치 토기장이가 흙으로 토기를 만들고 있을 때 흙의 이전 모양을 보존하는 것이 불가능한 것과 같다. 왜냐하면 이전의 모양은 새것과 반대가 되고 일이 끝나지 않은 흙덩어리는 완성된 토기와 반대의 모양이다. 철학자들이 그것을 말하고 있다. 하나를 만들기 위해서는 다른 것이 파괴되어야 한다. 발전은 변증법적인 것이 필요하다.[1] 그러므로 내적인 빛을 가진 자연인도 은혜의 빛을 향해 마음이 내킨다. 그것은 마치 어두움이 빛으로 향하고, 형태가 없는 것이 형태를 갖는 것으로 향하는 것과 같다. 그러므로 예레미야는 토기장이와 토기에 대해 매우 아름다운 비유를 하고 있다. "보라 흙이 토기장의 손에 있는 것처럼, 마찬가지로 너희 이스라엘의 집은 내 손에 있다"(18:16). 그러므로 하나님이 그에게서 일하고 그 안에서 일하는 사람은 자연인으로 그의 내적 회심, 결심, 또는 지혜, 목적이나 선한 목적을 위하여 그 자신이 그랬던 것처럼 아무 변화없이 그대로 남아 있든지 또는 더 이상 개발하는 것은 전혀 불가능하다. 왜냐하면 이 모든 것은 원료이고, 모양이 없는 흙이고, 그것은 하나님이 일하기 시작하자마자 원형이 사라지고 그 반대의 위치를 허락해 주기 때문이다.

그러므로 여호와의 권고를 기다리지 않고 자기 지혜의 빛으로 밝게 빛나는 사람은 말할 수 없는 해악으로 자신의 마음을 강퍅하게 하고, 그들 자신이 하나님의 일을 방해하는 것이다. 왜냐하면 하나님은 무엇보다 인간의 모든 가능성이나 인간의 모든 계획과 사상을 훨씬 넘어 서서 일하시기 때문이다. 이사야가 그것을 말씀한다. 여호와는 하늘이 땅보다 더 높은 것과 마찬가지로 나의 방법은 너희의 방법보다 더 높다고 말씀하신다(사 55:9). 왜냐하면 그는 가장 높고, 그의 일은 가장 높은 일이기 때문이다. 이스라엘의 자손이 애굽에서 나온 것을 보더라도 그것은 너무도 분명하다.

이 논쟁에서 성경이 자주 언급하는 것과 같이 우리는 누가 성나게 하는 사람이고, 누가 선동하는 사람, 불평하는 사람, 그리고 논쟁하는 사람인지를 분명히 이해한

---

1. 이 개념들은 스콜라주의의 아리스토텔리안 세계에서는 일반적 어법이다. 라틴어로는 generatio unius est corruptio alterius, 그리고 motus est a contrario in contrarium이다.

다. 분명히 이들은 하나님의 말씀을 믿지 않는 사람들이며 하나님의 일을 참지 못하는 사람들이다. 그들은 먹을 것이 있는 것을 보고 즐기고 있는 동안만 주인을 따르는 말이나 노새와 같다. 이 동물은 짐을 지게 되면 가야 하고 주인에게 굴복해야 한다. 그 때문에 그리스도를 믿는 믿음은 생각하기 가장 어려운 일이다. 왜냐하면 성령으로 말미암아 내적으로 또는 몸으로 인해 외적으로 경험할 수 있는 것에서 믿음은 분리되고 제거되고 내적으로나 외적으로 알 수 없는 것에서 믿음이 발견되기 때문이다. 믿음은 가장 높은 하나님께 근거하며, 보이지 않고 불가해하다.

3:9. 너희 열조가 나를 시험하여

이것은 조잡한 종류의 불신을 책망하는 것이다. 모든 것 중에 하나님을 믿는 믿음이 가장 어려운 것임을 참으로 인정하지만 여전히 과거에 일어난 하나님의 말씀과 행위로 말미암아 믿음은 크게 강화되며 더 쉽게 다가온다. 그 때문에 그들은 이미 여러 번 하나님의 손에서 큰일까지 이미 경험했음에도 하나님이 그들에게 가나안 땅을 주시려는데 하나님의 약속을 믿지 않는 죄를 지은 것이 분명하다. 가나안 사람들을 정복하는 것만큼 홍해를 통해 애굽 사람을 피하는 것 역시 불가능했다. 그러나 여기서 실제로 "그들은 하나님의 일을 보았다"고 말하는 것처럼 그들이 도망하는 것이 유효하다고 그는 보았다. 그것은 오직 내 말의 힘을 그들이 믿었다면 나는 화를 덜 냈을 것이라고 말씀한 것을 뜻하는 것과 같다. 그것은 그들이 전에 그와 같은 것을 결코 보지 못한 것과 같다. 그때 그들이 하나님의 말씀을 의심했을지라도 그들이 바다를 건넜을 때 하나님이 화를 내지 않은 것과 같다.

이 모든 것에서 예언자들과 성도들을 위로하고 믿음을 강화시키는 건전한 교훈이 나왔다. 시편 143:4 이하에서 "내 심령이 속에서 상하며 내 마음이 속에서 참담하니이다." 내가 무엇을 해야 하는가? 믿는 것을 그만 두어야 하는가? 그렇게 말하고 난 후에 이 말씀이 계속된다. "내가 옛날을 기억하고 주의 모든 행하신 것을 묵상하며 주의 손의 행사를 생각하고 주를 향하여 손을 펴고 내 영혼이 마른 땅 같이 주를 사모하나이다." 비슷하게 시편 77:12에서 자신의 슬픔을 토로하면서 시편 기자는 말한다. "또 주의 행사를 깊이 생각하리이다. 처음부터 주의 기사를 생각할 것이고 당신의 모든 일을 묵상하고 당신이 하는 것에 나 자신을 몰두하리라." 또다시 마카비서 상 4:9의 말씀이다. "우리의 조상이 어떻게 구원받았는지 생각해 보라." 즉 민음으로 구원받았다. 시편 44편은 다른 어떤 곳보다 더 아름답게 보여 준다. "하나님이여 주께서 우리 열조의 날 곧 옛날에 행하신 일을 저희가 우리에게 이르매 우리 귀로 들었나이다." ["저희가 자기 칼로 땅을 얻어 차지함이 아니요 저희 팔이 저희를 구원함도 아니라 오직 주의 오른 손과 팔과 얼굴의 빛으로 하셨으니 주께서 저희를 기뻐하신 연고니이다 … 나는 내 활을 의지하지 않을 것이라 내 칼도 나를 구원치 못하리이다. 오직 주께서 우리 대적에게서 구원하시고 우리를 미워하는 자로 수치를 당케 하셨나이다. 우리가 종일 하나님으로 자랑하였나이다. 우리가 하나님의 이름을 영영히 감사하리이다. 그러나 이제는 주께서 우리를 버려 욕을 당케 하시고 … 주여 깨소서 어찌하여 주무시나이까 일어나시고 우리를 영영히 버리지 마소서 어찌하여 주의 얼굴을 가리우시고 우리 고난과 압제를 잊으셨나이까 우리 영혼은 진토에 구푸리고 우리 몸은 땅에 붙었나이다. 일어나 우리를 도우소서 주의 인자하심을 인하여 우리를 구속하소서."]

우리 이전에 산 조상들의 믿음은 나중에 따라 오는 자들의 믿음에 힘과 진보의 근원이 된다는 사실을 기억해야 한다. 사실 우리 조상의 믿음은 우리보다 더 적은 본보기의 도움으로 그 믿음이 자라났다는 점에서 더 칭송받을 만하다. 그리고 그 후손들의 믿음 없는 것은 무엇보다 그들이 그렇게 많은 본보기를 가졌는데도 믿음이 강하게 성장하지 못했다는 점에서 비난받을 만하다. 그렇게 많은 순교자와 성도들의 전통에 서 있는 그리스도인의 불신은 믿음의 길에서 그들이 놀라고 슬퍼하며 분노하여 그 믿음을 거절하는 때에 정말로 비참하다.

Gl. 18:8 이하.

거기서 너희 열조가 나를 시험하여

그들에게 하나님을 믿는 믿음이 없었기 때문에 그렇게 했다. "여호와께서 우리 중에 계신가 하여"(출 17:7). [모세가 그곳의 이름을 맛사라(시험하고 또는 입증했다) 그리고 므리바(꾸짖고 또는 다투었다)라

---

1. 루터는 시편의 첫 절을 인용한 후에 전체 운명('per totum')을 기록한다. 틀림없이 루터가 이곳에서 전체의 시편을 읽었을지라도 다만 몇 개의 선택된 구절들은 논쟁을 분명히 하기 위해 인용된다.

불렀다. 그 까닭은 이스라엘 자손의
다툼 때문이고 여호와께서 우리 중에
계신가? 하고 그들이 여호와를 시험
하였기 때문이다.] 이 질문이 의미하
는 것은 "하나님이 이런 것들을 원하
시는지 또는 모세가 정확하게 이런
것들을 표현했는지 누가 아는가?"

증험하고

그들은 나의 행사를 경험했고 확실하
게 그것들을 안다.

그리고 나의 행사를 보았느니라

그들은 결코 일어난 일이 없는 행사
를 믿지 않고 그들의 눈으로 그 행사
를 보았다.

사십 년 동안에.
그러므로 나는 기뻐하지 않았다

나는 그들의 불신 때문에 적대적이
고, 정떨어졌다.

이 세대를 노하여 가로되
저희가 항상 마음이 미혹되어

분명히 그들은 외적 행사의 본보기를
보여 준다.

알지 못하는도다 하였고

그들은 자신들의 힘을 자처하였고
그렇게 여러 번 도움을 경험했지만
하나님의 도움에 대한 믿음이 없었기
때문에.

내 길을

하나님이 우리와 함께, 그리고 우리
안에, 우리를 그 길로 걷게 하는
의롭고 선한 길.

3:9. 사십 년 동안에 이 세대를 가까이 하였는데 저희가 항상 마음이 미혹되어
교회의 찬송가에 쓰인 "사십 년 동안에 내가 가까이 있었다"는 이 표현은 로마 교

회의 시편에서 가져 왔다. 그 시편만이 이렇게 표현한다. 다른 모든 번역 헬라어, 히브리어, 라틴어는 다르다. '가까이'란 말 대신에 '슬픈' '적의를 갖게 된'이란 말로 표현된다. 누가 그 모순을 조화시키기 원한다면 하나님이 꾸짖으면서 그들과 가까이 계셨다고 말하면 된다. 왜냐하면 하나님은 인간을 두 가지 방법— 노하시면서 그리고 자비하심— 으로 가까이 하시기 때문이다. 그것은 전도서 5:7에서 말씀한 대로다. "그의 자비하심과 진노는 갑자기 우리 가까이 온다."* 이렇게 '적의를 갖게 된'이란 말은 '가까이 있다'를 의미할 수 있다.

그런데 '항상'이란 부사가 어디서 왔는지를 묻는 것은 흥미로운 일이다. 왜냐하면 모든 학생들이 알고 있듯이 히브리어로 'am'은 '항상(always)'을 의미하지 않고 '사람들(people)'을 의미하기 때문이다. tamid란 말은 '항상(always)'이란 말을 나타낸다. 그 오류는 희랍어에서 온 것 같다. 즉, laoi는 복수로 사람들(people)을 의미한다. 'aei'는 '항상(always)'을 의미한다. 그러므로 아마도 'l'자가 빠져서 남아 있는 글자들 'aoi'를 'aei'로 읽기 시작한 것 같다. 그래서 "백성이 미혹되었다"는 그 말이 "그들이 항상 미혹되다"로 기록되었을 것이다.

분명히 희랍 사람들과 라틴 사람들은 과거 시간을 언급할 수 있다 해도 '세대를 노하여'(displeasure towards a generation)란 셈족어 표현으로 히브리인은 미래 시간을 언급하고 있다. 그러므로 구약에서 자주 일어나는 과거를 미래로 표현한다든지, 아니면 오히려 예언자가 미래에 올 사람들과 동일한 사람이 될 것이고, 옛 세대가 하나님을 노하게 했던 것처럼 하나님을 노하게 하는 것을 의미한 것 같다. 왜냐하면 '이'나 '저'란 지시 형용사 없이 '세대를 노하여'란 구절은 화자(話者)의 노를 표현하는 말의 모습이기 때문이다. 그것은 마치 그가 그 백성을 공개적으로 가리키기 위해 꾸짖는 것과 같다. 일반적으로 백성은 대단히 싫은 어떤 것에 대해 말해야만 할 때 이와 같이 한다.

3:11. 내가 노하여 맹세한 바와 같이 저희는 내 안식에 들어오지 못하리라.

'그들이 들어오지'(if they will enter; 문자적으로)란 이 구절은 히브리어 관용어다. 왜냐하면 하나님은 이러한 수사적 단락(희랍어로 aposiopesis)을 사용해 맹세하기를 원하지 않으셨

---

* 성경 인용이 맞지 않다.

을 것이기 때문이다. 그 단락에서 생각이 완성돼야만 했다. 이를테면 "나는 거짓말쟁이다…." 또는 "그들이 들어온다면, 나는 살지 않을 것이다"(문자적으로). 하나님이 거짓말쟁이가 될 수 있거나 죽으실 수 있다, 그 이상 말로 표현하는 것은 상상할 수 없기 때문에 그 표현은 매우 억제 된다. 그리고 나면 if절의 의미가 부정적인 것이 되어 완성된다. 즉, "그들은 들어오지 못할 것이다." 똑같은 것이 시편 89:35에 나타난다. "내가 나의 거룩함으로 한번 맹세하였은즉 다윗에게 거짓을 아니할 것이라." 물론 이 의미는 나는 다윗에게 거짓말을 하지 않으신다는 것이다. 그러나 인간은 보통 이러한 수사적 계략을 쓰지 않고 서로 맹세하였다. 사울과 다윗이 사무엘 상하에서 서로 맹세할 때에 "사울이 이르되 요나단아 네가 반드시 죽으리라 그렇지 않으면 하나님이 내게 벌을 내리시고 또 내리시기를 원하노라 하니"(삼상 14:44). "그에게 속한 모든 것 중에 한 남자라도 아침까지 남겨두면 하나님이 다윗의 적들에게 그렇게 하고 또한 더 그렇게 할 것이다"(삼상 25:22). "여호와께서 다윗에게 맹세하신 대로 내가 이루게 아니하면 하나님이 아브넬에게 벌 위에 벌을 내리심이 마땅하니라"(삼하 3:9).

Gl. 18:17.

내가 노하여 맹세한 자에게

민수기 14:28. "여호와의 말씀에 나의 삶을 가리켜 맹세하노라 너희 말이 내 귀에 들린 대로 내가 너희에게 행하리니." 왜냐하면 그들은 같은 장에서 말했기 때문이다. "우리가 애굽 땅에 죽었거나 이 광야에서 죽었더면 좋았을 것을"(같은 장 2절).

저희는 내 안식에 들어오지 못하리라.

같은 이유로 신명기 9:7에서 "너는 광야에서 네 하나님 여호와를 격노케 하던 일을 잊지 말고 기억하라 네가 애굽 땅에서 나오던 날부터 이곳에 이르기까지 늘 여호와를 거역하였으되." 그리고 시편

78:37에서 "이는 하나님께 향하는
저희 마음이 정함이 없으며 그의
언약에 성실치 아니하였음이로다."
나머지는 이 모든 구절과 예언을
인용한 민수기 14장을 읽으면 될
것이다.

3:12. 형제들아 너희가 삼가 혹 너희 중에 누가 믿지 아니하는 악심을 품고 살아 계신 하나님에게서 떨어질까 염려할 것이요.[1]

이 구절 전체의 힘은 한 단어 '마음'에 있다. 왜냐하면 기록하는 사람이 "너희 가운데 어떤 사람에게 붙잡는 손, 빠른 눈, 잘 듣는 귀가 있어야 한다고 말하지 않고, 모든 다른 것에 앞서 마음이 착하고 순수하고 거룩한지를 보아야 하기 때문이라고 한다. 시편 51:10에서 "하나님이여 내 속에 정한 마음을 창조하시고 내 안에 정직한 영을 새롭게 하소서"라고 말씀하신 것처럼 먼저 영의 순결이 없다면 육체의 일에 순결이 있을 수 없다. 마음에 있는 불결은 너무나 깊고, 아무도 그 마음의 불결을 완전히 이해할 수 없기 때문이다. 그리고 아무도 그 불결을 자기의 힘으로 깨끗하게 할 수 없기 때문이다. 예레미야는 "만물보다 거짓되고 심히 부패한 것은 마음이라 누가 능히 이를 알리요마는 나 여호와는 심장을 살피며"(렘 17:9–10)라고 말씀하셨다.

사실 마음은 그리스도를 믿는 믿음으로 말미암지 않고는 깨끗하게 되거나 착하게 되지 않는다. 사도행전 15:9에서 "믿음으로 그들의 마음을 깨끗게 하셨기 때문에 하나님은 우리와 그들을 구별하지 않으셨다"고 말씀한다. 왜냐하면 말씀을 믿는 믿음은 순결하게 하기 때문이다. 그 이유는 하나님의 말씀은 순결하고 최선이기 때문이며, 그 말씀은 말씀을 붙잡는 사람을 모두 똑같게 순결하고 선하게 만든다. 그 말씀이 어떤 덕을 가졌든지, 또 그 말씀이 어떤 힘을 가졌든지 그 말씀에 매달리고 믿는 사람과 그 말씀은 완전히 함께 한다. 시편 19:7이 말씀한다. "여호와의 율법은 완

---

1. 다음의 구절을 완전히 이해하기 위해 독자는 다음과 같은 사실을 생각해야 한다. 그것은 루터가 하나님의 말씀을 말할 때마다 그는 언제나 동시에 그리스도를 생각한다는 사실이다. 이중의 암시가 있는데 바로 말씀을 포함한 것으로 성서와 말씀이신 그리스도 모두를 암시하는 것이다.

전하여 영혼을 소성케 한다." 그리스도께서도 또한 "너희는 내가 일러준 말로 이미 깨끗해졌느니라"(요 15:3)고 말씀하신다. 따라서 시편 51:4에서는 히브리어로 "내가 주께만 범죄하여 주의 목전에 악을 행하였사오니 주께서 말씀하실 때에 의로우시다 하고 판단하실 때에 순전하시다 하리이다." (의롭고, 슬기롭고, 진실하고, 착한 사람은 하나님의 말씀을 믿는 자들이다.) 그리고 반대로 하나님의 말씀에서 떨어져 있는 사람, 또는 그 말씀에서 떠난 사람은 반드시 악, 부정, 그리고 하나님의 말씀에 반대되는 모든 것들 가운데 머물 것이다. ("자신의 마음을 믿는 사람은 어리석은 자다"란 말씀은 자신을 믿지 못한다는 의미다.) 사도는 디도에게 말씀하셨다. "깨끗한 자들에게는 모든 것이 깨끗하나 더럽고 믿지 아니하는 자들에게는 아무것도 깨끗한 것이 없고 오직 저희 마음과 양심이 더러운지라"(딛 1:15). 이것이 사도가 "살아 있는 하나님에게서 떨어질까"란 말을 여기서 사용할 때 정확히 의미하는 것이다. 누군가 하나님의 말씀에서 떠났을 때, 그 사람은 살아 있는 하나님을 떠났다고 말할 수 있을 것이다. 그 이유는 하나님의 말씀이 모든 것을 살아 있게 하고 살리기 때문이다. 사실 하나님의 말씀은 하나님 자신이다. 그러므로 인간이 하나님의 말씀을 떠날 때 그들은 죽는다. (믿지 않는 자는 죽은 자다.) 하나님을 떠나는 것은 불신에서 생겨난다. 따라서 왜 마음이 악한지가 분명하게 된다. 곧, 불신 때문이다. 간단히 말해서 불신에는 선한 것이 전혀 없다. 불신은 철저히 악하다. 그 이유는 불신은 선한 모든 것을 뒤바꾸기 때문이다.

Gl. 19:2. 형제들아 너희 중에 누가
… 품고 … 염려할 것이요

믿지 아니하는 악심을

곧, 그가 그런 것을 많이 갖지 않도록 각자는 마음 깊이 있는 것을 이해한다. 믿지 않는 완고한 마음이 하나님을 떠나게 한다면, 믿음만이 하나님과 결합하게 한다. 왜냐하면 불신은 하나님을 두려워하지 않고, 다른 한편 믿음은 하나님을 두려워하게 하기 때문이다. 그것은 욥기에서 말씀하고 있다. "그(마귀)가 자신을 들어 올릴 때 그 천사들(선택된 자)

은 두려워 할 것이며 그들 자신들을 무

떨어질까

서워 깨끗하게 할 것이다."(욥 41:16)*

불신자는 아주 확실하게 자기의 죽음에 이를 것이고 죽음의 신(神)에 이를 것이다.

살아계신 하나님에게서

이것이 사도가 로마서에서 말한 것이다. "의인은 믿음으로 살리라." 그 반대도 진리다. 악인은 믿지 않으므로 죽을 것이다.

3:13. 오직 오늘이라 일컫는 동안에 매일 피차 권면하여

우리가 원수 가운데 살고 끊임없이 유혹을 받으며, 고생을 당하고 수고로 힘들기 때문에, 또 그 모든 것으로 말미암아 마음의 순결에서 떠나기 때문에 결과적으로 우리에게는 오직 하나의 열린 길만 있을 뿐이다. 사도가 여기서 우리에게 충고하는 것처럼 우리가 분발할 수 있는 모든 열정으로 하나님의 말씀에 의해 게으른 우리의 영을 고무시키고 우리 자신들을 격려해야만 한다. 우리는 그 말씀을 묵상하고, 읽고, 부지런히 들어야 한다. 우리는 세실리아(Cecilia)를 닮아야 한다. 그녀는 끊임없이 그리스도의 복음을 그녀의 마음으로 소중히 여기고 밤낮으로 기도와 하나님과의 교제를 그치지 않고 애썼다.[1] 만약 우리가 이렇게 하지 않는다면, 우리는 많은 일들로 완전히 망하게 될 것이다. 그리고 또 영의 게으름과 미지근함으로 망하고 말 것이다. 이 마지막은 모든 가능한 위험 중 가장 나쁜 위험일 것이다. 왜냐하면 그들이 만나에 싫증을 느꼈을 때 유대인들이 광야에서 이것으로 고통을 당했기 때문이다. 시편 107:18에 말씀한 대로 "저희 혼이 각종 식물을 싫어하여 사망의 문에 가깝도다." 정말로 시편 기자는 "나의 영혼이 눌림을 인하여 녹사오니 주의 말씀대로 나를 세우소서"(시 119:28)라고 자기의 경험에서 말씀하고 있다. 그리고 또다시 "내가 음식 먹기도 잊었으므로 내

---

1. Petrus de Natalibus, *Catalogus Sanctorum*, *l. x. c.* 96; *WA*, 57, 148.

---

* 성경 인용이 맞지 않다.

마음이 풀같이 쇠잔하였사오며"(시 102:4)라고 한다. 왜냐하면 마치 몸이 매일 양식 없이는 존재할 수 없고, 또 약해질 수밖에 없는 것처럼 인간의 마음은 하나님의 말씀인 그 양식 없이는 강해질 수 없기 때문이다. 왜냐하면 우리가 하나님의 말씀을 잊어버리는 만큼 우리는 물질주의자들이 하는 생각의 틀에 다시 빠지게 되고 그 결과 부패하고 만다. 우리가 말씀으로 다시 돌아가지 않으면 이 부패로 우리는 깨끗하지 못하다. 성경은 자주 귀고리 비유를 사용하여 이 개념을 이해하게 한다. 이 때문에 귀고리가 언제나 귀에 걸려 있는 것과 꼭같이 하나님의 말씀이 계속하여 우리의 귀에 들려와야 한다.[1] 출애굽기 35:22[2]에서처럼 '귀고리'란 물건이 의미하는 것과 같이 하나님의 말씀은 이해돼야 한다. 마지막으로, 이것이 그리스도가 아주 부지런하게 그의 말씀을 설교할 것을 우리에게 명령한 까닭이다.

3:13. 너희 중에 누구든지 죄의 유혹으로 강퍅케 됨을 면하라.

'죄의 유혹(deceitfulness)'이란 말씀은 얼마나 정확하고 적절히 표현한 말씀인가? 이제 여기 믿지 않는 것이 어떻게 생겨나는지 설명하고 있다. 첫째, 인간은 피조물에서 기쁨을 찾는다. 그 다음, 창조자를 기억하지 않는다. 그 다음에 인간은 삶에서 선을 이루고 있는 것으로 물질적인 물건들에 집착하게 된다. 모든 인간은 창조된 존재의 세계를 경험하는 것을 원하지만 인간은 잘못된 방법으로 그 경험을 시작한다. 여기서부터 그것을 사랑하는 마음의 습관이 오게 된다. 그리고 결과적으로 인간의 마음은 피조물의 자연적 경향에서 피조물인 인간을 다시 부르는 창조주의 말씀을 거역하여 강퍅하게 된다. 그 결과 불신앙이 온다. 정말로 그것은 죄의 유혹이라고 옳게 일컬어진다. 왜냐하면 그것은 좋은 모습으로 속이기 때문이다.

'죄의 유혹'이란 말은 자기의 의나 지혜까지도 포함하는 보다 더 넓은 개념으로 이해돼야 한다. 왜냐하면 더욱이 어떤 사람의 의나 지혜를 자기의 것으로 속여야만 하기 때문이고 그리스도를 믿는 믿음을 거역하여 역사하기 때문이다. 그 까닭은 우리가

---

1. 아마도 루터는 귀고리를 찬 사람이 그 귀고리를 차고 다니는 때 금속의 울리는 소리로 계속적으로 그 귀고리를 의식하는 것과 마찬가지로 신자는 언제나 귀에 들리는 하나님의 말씀을 가져야만 한다는 것을 의미한다.

2. 이 문장은 obiter dictum으로 언급되었다. 이 구절의 주해의 행간에서 귀고리는 잘 듣는 것으로, 신하의 순종을 의미하는 것으로서 해석된다.

육을 사랑하고 육의 감각을 사랑하며, 또 재물이나 소유를 사랑하기 때문이다. 특별히 그들이 선하게 보일 때에도 우리는 우리 자신의 감정, 판단, 목적, 의지밖에는 열심히 사랑하는 것이 아무것도 없기 때문이다. 같은 이유로 그리스도는 벳세다 연못에서 중풍병자를 고칠 때 그러한 사람이 믿는 것은 불가능하다고 말씀하셨다. "서로 영광을 취하는 너희가 어찌 나를 믿을 수 있느냐?"(요 5:44) 저희들이 어찌 믿을 수 있느냐? '죄의 유혹' 곧, 그들 자신에 대한 사랑은 그들을 눈멀게 하고 그들의 마음을 강퍅하게 한다. 그것이야말로 모든 악 중에 가장 나쁜 악으로 믿음의 극단적 반대명제인데도 그들은 그들 자신의 의에 영광을 돌리는 것을 선한 것으로 생각한다. 믿음은 하나님의 의만 기뻐하고 영광을 돌린다. 곧 믿음은 그리스도 자신만을 기뻐하고 영광을 돌린다.

마음의 완고함(obduratio: 마음을 딱딱하게 함)이란 이 말이 단순히 믿기 어려움으로 이해됐다는 점을 주목해야 한다. 히브리어는 아주 아름다운 은유를 갖고 있다. 그래서 obduratio는 딱딱하고 인상을 만들 수 없는 어떤 것을 의미한다. 밀랍 사용에서 취한 비유다. 밀랍이 딱딱한 동안에는 인(印)을 찍지 못할 것이다. 그러나 밀랍이 부드러울 때에는 어떤 모양이 쉽게 형성된다. 그렇게 인간은 갈림길에 서 있다. 마음이 하나님께 붙어 있을 때는 그 마음의 성격이 그의 말씀으로 인해 녹는다. 그것은 하나님을 향해서는 부드러워지고 사물에 대해서는 딱딱해진다. 그것이 사물에 붙어 있을 때에는 그 마음은 하나님을 향하여 딱딱해지고 사물에 대해서는 부드러워진다. 그러므로 언제나 인간의 마음은 이 두 가지 다른 관계에 의해 부드럽기도 하고 딱딱해지기도 한다. 하나님께 붙어 있는 것은 오직 말씀을 믿는 믿음뿐이다. 그것은 약혼한 호세아가 표현한 그대로다. "진실(믿음)함으로 네게 장가들리니 네가 여호와를 알리라"(호 2:20). 바울도 그것을 "주와 합한 자는 한 영이다"(고전 6:17)라고 묘사하고 있다.(붙잡힌 자는 그를 사랑하는 자를 따른다.)

이것에 대한 직접적 추론(corollary)은 다음과 같다. 이미 충분히 말한 대로 그리스도를 믿는 믿음은 덕(德)가운데 덕(德)이고 믿지 않는 것은 죄(罪) 가운데 죄(罪)다. 왜냐하면 인간은 믿음을 통해서 하나님의 말씀처럼 되기 때문이다. 그런데 말씀은 하나님의 아들이다. 그래서 다음과 같은 결과가 온다. 하나님의 모든 아들은 그를 믿는 자들(요 1:12)이고, 이 때문에 신자는 죄 없이 모든 덕으로 충만하다. 반대로 불신자는 모든 죄와 악으로 충만하다. 그는 실제로 마귀의 자녀이고 부정의 자녀다.

3:14. 우리가 시작할 때에 확실한 것을 끝까지 견고히 붙잡으면 그리스도와 함께 참여한 자가 되리라.

여기서 철학의 신발은 믿음의 사람의 발에서 벗어져야 하는 것이 확실하다. 왜냐하면 본체(substantia)[문자적으로 본체(substance), 그러나 여기서의 의미는 다른 많은 희랍 저자들이 말하는 것처럼 '확고한 신뢰'다]는 이전의 구절(히 1:3)과 똑같은 의미를 갖는 것으로 이해될 수 없다. 특별히 희랍어로서 hypostasis를 갖고 ousia를 갖지 않는다. 그러나 성경의 일반적 사용에 의하면 잠언 3:9에서 말씀한 대로 사물의 소유나 잠재력을 의미한다. "네 재물과 네 소산물의 처음 익은 열매로 여호와를 공경하라." 누가복음 8:43에서 "의사에게서 그녀의 모든 제물을 사용한 … 여인"이라고 하였다. 요한1서 3:17에서 "누가 이 세상 재물을 가지고 형제의 궁핍함을 보고도 도와줄 마음을 막으면 하나님의 사랑이 어찌 그 속에 거할까 보냐?"라고 말씀한다. 이 구절에서 사도 요한은 두 종류의 본체(재물)를 보여주는데, 그 하나는 이 세상의 것이고 다른 하나는 내세의 것이다. 그리고 같은 것이 이 서신의 뒤에 다시 나타난다. "너희가 갇힌 자를 동정하고 너희 산업을 빼앗기는 것도 기쁘게 당한 것은 더 낫고 영구한 산업이 있는 줄 앎이라"(히 10:34). 그리고 이것이 믿음의 시작이다. 왜냐하면 믿음으로 말미암아 우리는 영원에서 완전히 소유할 수 있는 것을 소유하기 시작한다. 우리는 같은 것을 11장에서도 계속 발견한다. "믿음은 바라는 것들의 실상이요." 곧, 미래에 완전히 소유하게 될 것들을 지금 소유하는 것이다. 히에로니무스는 '믿음'이란 말을 갈라디아서 5:23에서 동일한 방법으로 해석했다. 그러나 크리소스토무스는 '본체'를 히에로니무스와 다르게 해석했다. 그는 그것을 '본질(essentia)' 또는 '실재(subsistentia)'로 이해했다. 왜냐하면 그는 이곳에서 기록하기 때문이다. 만약 내가 그러한 말을 사용하는 것을 허락받을 수 있다면 '본체의 시작'[1][실제의 그리고 참이 되는 존재의 의미로 여기서 본체로 읽는다.]은 믿음을 불러일으킨다. 그 믿음을 통해서 우리가 태어나고, 그 믿음을

---

1. 이것은 이 문맥에서 substantia를 취하는 유일한 길이어야 한다. 크리소스토무스는 여기서 현대 실존주의자의 입장에 접근하는 것을 보이려 한 것 같다!

통해서 우리가 존재하고, 그 믿음을 통해서 참으로 우리가 살아(essentiales)있게 된다.[1] 이것은 그리스도 안에서 자연적 존재가 아닌 영적 존재를 언급하는 것으로 이해되는 것이다. 그것은 에베소서에서 말씀한 것과 같다. "우리는 그의 만드신 바라 그리스도 예수 안에서 선한 일을 위하여 지으심을 받은 자니"(엡 2:10). 그리고 요한복음 3:5에서 "사람이 물과 성령으로 나지 아니하면 하나님 나라에 들어갈 수 없느니라." 그리고 갈라디아서에서 "그리스도 예수 안에서는 할례나 무할례가 아무것도 아니로되 오직 새로운 지으심을 받은 자뿐이니라"(갈 5:6; 6:15). 그리고 야고보 1:18에서 "그가 그 조물 중에 우리로 한 첫 열매가 되게 하시려고 자기의 뜻을 좇아 진리의 말씀으로 우리를 낳으셨느니라"고 하셨다. 우리가 일용할 양식을 주소서… 라고 기도할 때, 희랍어로 그 말은 'epiousion'이다. 그리고 라틴어로는 'supersubstantialem'로 번역되고 '삶을 위해 필요한 것'을 의미한다. 그것은 우리를 영의 새로운 피조물로 변화시키는 양식을 의미한다. (기도하는 것은 훌륭하게 아름답게, 잘 말하는 것이다.) '존재하는 것'의 두 번째 의미로 본체(substantia)를 이해하는 것이 11장에서 계속되는 믿음의 찬양에 적당하게 보이지 않을지라도(그 문맥에서는 첫 번째 의미, 곧 물건들을 소유하는 것과) 같은 의미로 "바라는 것들의 실상이니"란 말이 첨가되었기 때문이다. 그러나 이 문맥에서 두 번째 의미인 '존재하는 것'으로 그 말을 이해하는 것은 가능하고 적합하다. 그때에 같은 의미로 참여하면 다른 한편으로는 그리스도는 믿음으로 말미암아 우리의 본체(우리의 소유)가 된다. 곧, 그는 우리의 부요라고 한다. 다른 한편 우리는 그 같은 믿음으로 말미암아 그의 '본체'(그의 본질)또는 존재가 된다. 즉, 우리는 새로운 피조물이 된다.

Gl. 20:16. 특별히 이 서신에서 '믿음'이라는 개념으로 '본체'란 말을 취하는 것이 사도의 특징이다.

3:15. 성경에 일렀으되 오늘날 너희가 그의 음성을 듣거든 노하심을 격동할 때와 같이 너희 마음을 강퍅케 하지 말라.

Gl. 20:4.

노하심을 격동할 때와 같이

---

1. Chrys., *Hom.*, 6, f. 31; Migne, *loc. cit.*, 63.279.4 Cf. Migne, 26.448.

너희 마음을 강퍅케 하지 말라. 그들은 그들 자신의 욕망을 따르고 하나님의 말씀을 거역하였다.

크리소스토무스는 여기서 전치법(hyperbaton)을 원한다. 곧, 본문을 전치(轉置)한 것이나 재배열한 것이다. 그는 말씀에서 그것을 암시한다. "듣고 격노케 하던 자가 누구뇨?"(3:16)란 말씀 다음에 "이미 믿는 우리들은 저 안식에 들어가는도다 그 말씀하신 바와 같이"(4:3)라는 말씀은 하나의 어구를 써넣은 것이고 순서를 방해한다. 그리고 다음과 같이 말씀의 순서가 되어야 한다. "그러므로 우리는 두려워할지니…"(4:1), "이미 믿는 우리들은 저 안식에 들어가는도다"(4:3), "듣고 … 하던 자가 누구뇨?"(3:16), "그러므로 두려워할지니"(4:1), "… 성경에 일렀으되 오늘날 너희가 그의 음성을 듣거든…"(3:15)의 순서다. 그리고 이것은 변화의 마지막이며 그 다음에 계속된다. "이미 믿는 우리들은 저 안식에 들어가는도다…"(4:3) 등. 그리고 그와 같이 학식 있는 희랍어 박사를 신뢰하는 것은 옳은 일이다.

3:16. 듣고 격노케 하던 자가 누구뇨 모세를 좇아 애굽에서 나온 모든 이가 아니냐 또 하나님이 40년 동안에 누구에게 노하셨느뇨 범죄하여 그 시체가 광야에 엎드러진 자에게가 아니냐?

애굽에서 이스라엘 자손의 탈출은 역사적 사건 못지않게 영적 사건으로 생각돼야 한다. 사도는 분명히 말씀한다. "형제들아 너희가 알지 못하기를 내가 원치 아니하노니 우리 조상들이 다 구름 아래 있고 바다 가운데로 지나며 모세에게 속하여 다 구름과 바다에서 세례를 받고 다 같은 신령한 식물을 먹으며 다 같은 신령한 음료를 마셨으니" 등이다(고전 10:1 이하). 그러므로 한곳에서(고전 10장)는 '다'라고 말씀하고 다른 곳에서는 '어떤'(히 3:16)*이라고 말씀한 이 말씀들이 어떻게 조화를 이룰 수 있는가? 사실, 처음 경우 그는 직접적으로 덧붙인다. "그러나 하나님이 그들 중에 많은 사람을 기뻐하시지 않았다. 그 이유는 그들이 광야에서 엎드러졌기 때문이다." 그 답은 사도는 그리스도를 믿는 본체[믿음]를 따른 자들에게 여기서(히브리서) 말한 것처럼 거기(고전 10장)를

---

* 성경 인용이 맞지 않다.

말한다." [substantia의 해석인 3:14의 주해를 참고하시오]. 그들이 인내하도록 설득하기 위해 그는 모두가 시작은 잘했지만 결코 인내하지 못했고, 하나님의 안식을 얻지 못한 이스라엘 사람들의 무서운 예를 그들 앞에 내놓았다. 그러므로 바로 그곳에서 사도는 모든 사람이 세례를 받았고 결국 그들 중 어떤 사람들은 엎드려졌다는 것을 말한 후에 "그런즉 선 줄로 생각하는 자는 넘어질까 조심하라"고 말하며 그 문제를 결론짓는다. 너희가 이 백성에게 일어난 것을 볼 때 너희가 같은 방식으로 실패하지 않도록 들어간 것을 두려움으로 보존하라고 그가 말하기를 원하는 것 같다. 그는 어디서나 같은 권면을 한다. 우리가 그리스도에게 참여한 사람이 되었고 그의 본체의 시작을 했기 때문에 그들이 그것을 잃고 없었던 것같이 본체의 시작[3:14에서 '본체의 시작'의 해석을 보라.](우리가 그들이 했던 것처럼 우리도 기쁘게 시작했기 때문에)을 우리가 부족함으로 잃지 않도록 주의하자. 본문은 "듣고 격노케 하던 자가 누구뇨 … 모든 이가 아니냐?"(히 3:16)라고 계속하고, 나는 그렇게 이해되었는지 의아스럽다. 그들이 애굽에서 떠날 때는 모든 사람이 격노하지는 않았지만, 그들 중에 모두는 믿음을 가졌었다. 그것은 출애굽 12:50에서 말씀하였고 위의 고린도전서 10:2에서 "다 세례를 받았다…"라고 말씀하고 그렇게 시작한다. 그러므로 그들 중에 모든 사람이 모세의 지도 아래 출애굽할 때는 좋게 시작했다. 그러나 나중에 사건이 진행되는 과정에서 부족하게 되었다. 그러므로 하나님은 "40년 동안 나는 이 세대를 슬퍼하였다"고 말씀하셨다. 그러나 더 분명한 개념으로 말하면, 그들은 얻지 못했다. 그것이 그들이 부족한 자로서 결코 그의 안식에 들어갈 수 없다고 그들에게 하나님이 맹세하여 말씀한 이유다.

제 4 장

4:1. 그러므로 우리는 두려워할지니 그의 안식에 들어갈 약속이 남아 있을지라도 너희 중에 혹 미치지 못할 자가 있을까 함이라.

Gl. 21:13. 사도는 독자들에게 인내를 권고하고 있다. 그 이유는 시작하는 것은 쉽지만 진보하고 완전하게 성장하는 것은 훨씬 더 어렵기 때문이다. 더 많은 사람들이 출발할 때보다 여행하는 길에서 넘어진다. 시작할 때는 이스라엘 자손 가운데 한 사람도 애굽에 남아 있지 않았지만 여행하는 과정에서 그들은 결국 뒤에 처졌고 광야에서 넘어졌다. 두 사람 갈렙과 여호수아를 제외하고.

크리소스토무스는 "너희 중에 아무도 하지 않도록"이라고 읽었다. 르페브르 데타플레(Lefèvre d'Étaples)는 그것을 '우리 중에 아무도'라고 읽어야 한다고 생각한다. 그 이유는 문장 처음에 2인칭인 "너희는 두려워하라(fear ye)"가 아니고 1인칭으로 "우리가 두려워하자(let us fear)"라는 말을 하고 있기 때문이다. 똑같은 것이 다음 구절에도 나타나고 거기서 "우리도 복음 전함을 받은 자이나"라고 말한다. 곧, 2인칭 '너희에게(unto you)'가 아니고 1인칭으로 말씀한다. 그러나 그 이유는 충분히 주장되지 않는다. 왜냐하면 그것은 여러 가지로 태, 수, 시제, 인칭이 바뀌는 것이 성경에서 용납될 수 있는 조치이기 때문이다. 간단한 마지막 예는 "그리스도도 너희를 위하여 고난을 받으사 [너희에게 본을 끼쳐] 그 자취를 따라오게 하려 하셨느니라"(벧전 2:21). 그는 "… 우리가 따라오게…"라고 쓰지 않았다.

크리소스토무스는 '미치지 못할'(deesse)이란 말을 '소외된'(alienatus esse)이란 뜻으로 해석하고 있다. 르페브르 데타플레(Lefèvre d'Étaples)는 '무시된 또는 경시된'(postponi) 이라고 해석한다. 에라스무스는 '아무 효과 없는'(frustratus esse), '달성하지 못한'(non assecutus esse)으로 해석한다. 그 의미는 어떤 사람들은 앞으로 나아가고 들어가는데 그들은 뒤에 남는다는 의미다. 왜냐하면 그 결과 그것은 사막에서 넘어진 자들에게 일어났기 때문이다. 그는 또한 아름다운 반명제를 말한다. 그것은 '남겨진'(relicta)을 의미하고 '미치지 못한'이란 의미를 갖는다. 우리 자신들이 불신으로 말미암아 약속을 상실하지 않고 하나님의 평화가 하나님의 진노로 말미암아 우리를 떠나지 않도록 하자. (이것은 모순의 전치사에서 온 주장이다. 만약에 하나의 전치사가 옳다면 그 반대는 틀리다. 그리고 그 역으로도 같다.)

4:2. 저희와 같이 우리도 복음 전함을 받은 자이나

희랍어 본문은 문자적으로, 우리는 또한 저희와 같이 복음을 듣게 되었다. 똑같이 라틴어로는 "우리는 배우게 되었다." 또는 "우리는 가르침을 받았다"이다. 그러므로 해석자가 이곳에서 (곧, 라틴어 구조로) 아주 합법적으로 격과 동사를 변화시켰다. 곧, 주격을 여격으로, 그리고 수동태 동사를 비인칭 동사(곧, 그것이 우리에게 전해졌다; nobis nunciatum est)로 변화시켰다. 그래서 그는 마태복음 11:5처럼 해야만 했다. "가난한 자에게 복음이 전파된다"가 "복음이 가난한 자에게 전해(졌)진다"가 되는 것이다.

그러나 그 들은바 말씀이 저희에게 유익되지 못한 것은…

크리소스토무스는 "들은 자의 믿음으로 긴장하지 않았던 자에게 설교 말씀은 유익이 되지 못했다"라고 하였다(loc. cit.). 르페브르 데타플레(Lefèvre d'Étaples)는 그를 이어 그렇게 번역하였다. 그러나 들은 자들이 믿음으로 하나가 되지 않았을 때 들은 말씀은 그들에게 유익이 되지 못했다. 크리소스토무스와 함께 그는 단수(admixtus)로 '연합했다'로 읽지 않고 '설교(sermo)'를 말씀으로 일치시키지만 복수(admixtis)로 하면 대명사 '저희들'(illis)과 일치시킨다. 저희들은 믿음으로 말씀과 연합하려고 하는 저희 듣는 자들이 된다. 그러나 에라스무스는 단수로 '연합된'이란 말로 이와 같이 번역하였다. 설교를 들은 것이 그들에게 유익이 되지 않았다. 왜냐하면 그것을 들은 자들 속에 믿음으로 그것이 연합되지 않았기 때문이다. 그러나 그것은 같은 것이 된다. 왜냐하면 마음에 말씀이 연합되는 것, 말씀을 이루는 것, 그리고 마음이 하나가 되는 것은 서로 바꿀 수 있는 말들이다. 이 세 가지, 믿음, 말씀 그리고 마음은 하나가 된다. 믿음은 아교이고 연결이다. 말씀과 마음은 떨어져 있지만, 믿음으로 말미암아 이 둘은 한 영이 되는데, 남자가 아내와 한 육체가 되는 것과 같은 것이다. 그러므로 마음은 믿음으로 말씀과 접합하게 되고 말씀은 믿음으로 마음에 접합하게 된다.

4:2.

정말로 우리는 우리에게 전해진

복음을 들었다.   우리는 사도들에게 복음 전도를 받았다.

저희와 같이   모세의 전함으로

그 말씀을   모세를 통해 전해진 말씀

들은   '들은'이란 말은 소유격이다. 그것은 귀로 들은 전파다. 이것은 들은 말씀이었고 믿음과 신념으로 받아들여진 말씀이 아니었다.

유익이 되지 않았다.   사실, 그들이 그것을 어겼기 때문에 그것은 그들을 해롭게 했다.

듣는 자가 믿음을 화합지

아니함이라.   그들은 화합하지 못했다. 곧, 그들은 말씀에 믿음을 합하지 않았다. 그러나 긴장과 매력을 말한다. 이 경우에 말씀은 믿음에 화합지 못했다.

자들   이스라엘의 자손

들은   그들은 들었지만 믿지 않았다. 그 때문에 그들이 믿지 못하면, 들은 것이 그들에게 아무 유익이 되지 못했다.

4:3. 이미 믿는 우리들은 저 안식에 들어가는도다 그 말씀한 바와 같으니 내가 노하여 맹세한 바와 같이 저희가 내 안식에 들어오지 못하리라 하셨다 하였으나 세상을 창조할 때부터 그 일이 이루었느니라.

라틴 번역은 여기서 불명료하다. 이 구절은 첫째, '나의 안식'이라고 그가 말할 때 의미한 바와, 둘째, 다른 안식과 하나님의 안식을 구별하는 도움을 설명하기 위해 사도에 의해 기록된 것 같다. 우리가 들어가 얻을 하나님의 안식은 어떤 것인가? 라고 결과적으로 어떤 사람이 묻는다면, 그는 말할 수 있을 것이다. 그러므로 르페브르 데

타플레(Lefèvre d'Étaples)는 이렇게 번역하였다. "내가 노하여 맹세한 바와 같이 저희가 내 안식에, 곧 하나님의 일이 세상을 창조할 때부터 이루어졌을 때 이루어진 안식에 들어오지 못하리라"이다. 본문은 다음의 해석에 따르면 순서가 가장 잘 이해되었다. "우리는 그의 안식에 들어갈 것이다. 곧, 그의 안식은 그가 자기의 일을 마쳤을 때 세상을 창조한 때부터 이루어졌다." '나의 안식에'라는 구절 또한 똑같은 방식으로 이해된다. 세상을 창조할 때부터 나의 것인 안식이다.

Gl. 22:15. 나의 안식(my rest). 그는 그의 안식을 기록하고 있다. 왜냐하면 그를 소유하는 것은 안식을 갖는 것이 확실하기 때문이다.

우리는 '그러나'(Et quidem)…란 말로 문장이 시작될 때 문장 사이를 읽어야 한다. 곧, 오직 확실한 정도로 나는 세상을 창조할 때부터 나의 것인 안식을 나의 안식이라고 부른다. 그러므로 크리소스토무스는 '비록 ~이지만'(quamquam)이란 말을 쓰는데, 그것은 이렇게 이해돼야 한다. 세상을 창조할 때부터 그 안식이 이미 정해졌고 우리는 그의 안식에 들어갈 것이다. 간단히 말해 하나님의 안식이 세상 창조 때부터 있었고 우리는 그 안식에 들어 갈 것이다. 이것은 노동한 후에 준비된 인간의 안식과 확실히 반대다. 그러나 그 안식은 이미 우리의 어떤 일 이전에 준비되었다.

4:4. … 그리고 하나님은 안식하였다.

아우구스티누스[1]는 세 가지 방식으로 안식하는 하나님의 개념을 설명하였다. 첫째, 우리 안에 역사하는 하나님의 능력으로 우리가 그것을 하고 있을 때 하나님이 어떤 것을 하고 있다고 말하는 것과 같이 우리가 하나님의 안식의 선물을 누리고 있을 때 하나님이 안식한다고 말하는 것은 옳다. 물론 이것은 비유적인 의미다. 왜냐하면 그것은 우리 안에서 일하시는 하나님의 안식을 의미하기 때문이다. 이사야는 11:61에서 이것을 말한다. "여호와의 영이 그에게 머물 것이다"(11:2). 그리고 "그에게 나의 영이 머물 것이다"(사 61:1).

둘째, 아우구스티누스는 계속하여 다른 해석을 제시하면서 말한다. "내 아버지께서 이제까지 일하시니 나도 일한다"(요 5:17)고 요한은 선언하지만 하나님은 피조물들

---

1. Augustine, *de Genesi ad litt.*, IV, 9, 16. Migne, 34.302–306.

의 새로운 종류들을 만드신 때부터 안식하셨다. 이것은 피조물을 다스린다는 점에서 이해되고 그것들을 창조한 것과 아무 관계없는 것으로 이해되는 것이다.

셋째, 그는 말한다. 옳게 이해하는 자들에게 하나님의 안식은 인간이 어느 누구의 재물이 필요하지 않아도 그 자신에게 복이 있는 상태라는 것이다. 첫째 둘째 의미는 토론 가운데 있는 이 본문의 경우 수용될 수 있다. "그들은 내 안식에 들어오지 못할 것이다." 둘째 의미는 오히려 불명료하다. 그러므로 우리는 말할 수 있는데, 우리는 그의 안식(첫 번 의미)에 들어 갈 것이다. 그때 우리는 재물(셋째 의미)이 더 이상 필요하지 않게 된다. 그러나 이것은 사도에 의하면 "하나님이 만유의 주로서 만유 안에 계시려 하심이라"(고전 15:28).

그 안식의 양식(樣式)을 더 분명하게 이해하도록 돕기 위해 노아의 방주가 세 가지 차원으로 건조된 것처럼 인간의 성격도 세 가지 양상(樣相)을 갖는다. 곧, 감각적이고, 이성적이고, 영적인 양상이다. (인간은 소우주다. 그들은 말한다. 곧 조그마한 세계다.) 이 세 가지 상태(감각적이고, 이성적이고, 영적인)의 각 상태는 안식의 상태, 고요함의 상태나 분주한 상태에서 노동하고 있는 것이다. 이것은 두 가지 방식, 내부에서[그것의 성격]와 외부에서[외적인 사물과 관계하여]다.

첫째, 인간의 감각적 양상을 생각해 보자. 인간의 감각적 성격은 감각으로 인식할 수 있는 대상물을 감각이 즐길 때 '밖에서' 오는 안식을 갖는다. 이것은 적극적으로 안식을 누리는 것이다. 다른 한편, 그는 지각할 수 있는 대상이 어떤 혼동으로 없어지거나 철회될 때 어려움이나 고통을 당하게 된다. 그러나 그는 소극적인 방법으로 고요한 때에 '내부에서' 오는 안식을 즐긴다. 사람의 생각과 철학자의 생각만큼 이성적인 자기의 일 때문에 공적인 일에 짜증 내지 않고 그때 그는 손으로 하는 노동이나 감각적 경험을 포기한다. 다른 한편, 우울과 시무룩한 것처럼 분명하게 "내부에서 오는 그 안식"은 생각의 어떤 무질서로 혼동되면 방해를 받는다.

둘째, 인간의 이성적 측면을 생각해 보자. 인간의 이성적 본성은 인간이 생각하거나 사색하는 문제가 행복하다면 '외부에서 오는 안식'을 즐긴다. 다른 한편, 그것이 슬프다면 그는 '밖에서부터' 불안하다. 애쓰고 생각하는 것을 멈추자마자 그리고 그의 영적 본성이 믿음을 깊이 생각하고 하나님의 말씀을 묵상하는 것을 허락하자마자 그것이 부정적 안식일지라도 '내부에서' 안식을 갖는다. 그의 영적 성격(nature)이 그의 믿음이나 말씀을 의지하는 것에 시험을 받기 때문에 불안해지면 '내부에서' 불안을 갖게 된다. 그것은 정말 괴로운 상태다. 이 고민이 무엇보다도 가장 무서운 것이다. 왜냐하면 그것은 가장 깊고도 가장 지옥[1]에 가까운 것이기 때문이다.

셋째, 인간의 영적 측면을 생각해 보자. 인간의 영적 삶은 인간이 하나님의 말씀과 믿음에 확신하여 안식한다면 "밖에서 오는 안식"을 즐긴다. 이것은 적극적 안식을 경험하는 것이다. 그것은 믿음의 대상 곧, 하나님의 말씀이 인간에게 새겨지는 한 계속된다. 그러나 이 '밖에서 오는 안식'은 이미 말한 대로, 그의 믿음이 위험에 처하고 하나님의 말씀이 거기에 더 이상 없을 때 깨진다. 믿음, 소망, 그리고 사랑이 공격 받을 때 그렇다. 이 유형은 '하나님의 말씀에 의해 사는' 사람이다.(마 4:4; 눅 4:4에서 "사람은 떡으로만 사는 것이 아니고 하나님의 입으로 나오는 모든 말씀으로 사는 자다.") 다른 한편 그는 그것이 소극적인 종류의 안식인 경우 '내부에서 오는 안식'을 즐긴다. 그때 그는 말씀과 믿음으로 지탱하는데, 이 말씀과 믿음은 하나님의 진정한 사역 안에 있고 그것은 참되고 피조되지 않은 말씀에서 생겨난다. "영생은 유일하신 참 하나님과 그의 보내신 자 예수 그리스도를 아는 것이다."(요 17:3; 이것은 아버지에게서 아들이 왔음을 참으로 의미한다.) 그 안식은 내부에서 방해받지 않는다. 그 안식은 그날을 마감하는 저녁도 없고 다른 날로 들어가게 하는 저녁도 없는 제7일에 있다. 이들 관찰에서부터 긍정적이고 부정적인[2] 두 종류 신학의 설

---

1. 루터의 모든 저술에 나타나는 것이 여기서 나타나는데, 그것은 적당하게 유혹(Temptation)이라고 번역한 시련(Anfechtung)에 대한 그의 가르침이다. 루터에게 Anfechtung은 인간을 시험하기 위해 하나님이 허락하시는 시련, 공격, 또는 유혹이다. 또는 인간을 파괴하기 위해 악마에게서 오는 것이다. 그리고 그것은 의심이라는 복잡한 감정의 경험, 실망, 서글픔, 불안, 두려움을 의미한다. 그것은 영적인 가치로 인간에게 오는 주관적 경험과 관계시켜 생각해서는 안 된다. 루터에게 그것은 인간을 정죄하고 위협하는 전 우주적인 일이었다. 인간이 자신을 신뢰할 때의 위험과 인간에게 하나님이 필요하다는 것을 깨닫도록 하는 일이었다. 삶은 마지막 시련(Anfechtung)인 죽음까지 끝이 나지 않는, 구원받지 못하는 정신적 갈등을 제공한다. Rupp(*The Righteousness of God*, pp. 105, 235 이하 등 특별히 p. 106에 각주로서 인용된 주제에 대한 문헌을 참고하라)은 우리에게 그 말의 어원을 상기시킨다. 그리고 루터가 어떻게 유혹(Versuchung; 유혹 또는 꾀는 것으로 기본적 의미)이란 말보다는 이 말(Anfechtung; 공격과 투쟁의 기본적 의미)을 선택하는지를 우리에게 상기시킨다. Rupp은 공격(assault)은 언제나 믿음에 대한 공격(attack)을 말한다. Vogelsang(*op. cit.*, p. 48)은 루터의 유혹에 대한 의미를 토론하는 다음의 예를 제공한다: *WA*, 3,167. 18–170.11. 1513–1516년의 시편 강의(*Lectures on the Psalms*); *WA*, I. 160.34 ff.; 216.25ff. 1517년의 고백적 시편(*The Confessional Psalms*); *WA*, I. 557–558. 1518년의 결단(*Resolutions*); 5,622. 1521년의 두 번째 시편 강의(*Second Lectures on the Psalms*).

2. 잘 알려진 대로, 아퀴나스는 하나님을 지각할 수 없는 실재로서 가르치곤 하였다. 곧, 하나님은 우리에게 직접 알려질 수 없고 그가 한 일로 간접적으로만 알려질 수 있다. 그는 우리가 그의 존재에 대해 긍정적인 지식을 가질 수 있지만 그의 본성을 아는 지식은 부정적인 지식일 뿐이다. "우리는 하나님이 계신다는 것은 알 수 있고 그가 어떤 분인가는 알 수 없다." (John Baillie, *Our Knowledge of God.*, p. 109. 또한 pp. 109–110, 168–169, 252–253을 보시오) 그러면 우리는 그가 어떤 분인가를 알기 위해 부정적인 방법에 의해 진행해야 한다. 예를 들면, 하나님은 악하지 않은 분이다. 그것이 우리가 하나님을 묘사하기 위해 사용하는 말들이 부정적인 이유다. 예를 들면, 변화할 수 없는(*unchangeable*), 무한한(*infinite*) 같은 말이다. 이 방법은 유추 방법에 의해서 보충된다. John

명이 나타난다.

4:11. 그러므로 우리가 저 안식에 들어가기를 힘쓸지니.

이 힘씀은 영적 힘씀이고 영적인 발로 행해지는 것이며, 사도의 가슴에 불타는 열렬한 욕망의 표현이다. 그는 "나는 떠나서 그리스도와 함께 있을 욕망을 가진 이것이 더욱 좋으나"(빌 1:23)라고 말씀한다. 시편 120:5에서도 "내 거함이 오래된 것이 내게 화로다"라고 한다. 이들은 아우구스티누스가 그의 고백록 9권에서 그의 어머니의 죽음에 대해 쓰면서 묘사했듯이 이 세상의 삶으로 괴롭고 아픈 자들이다. "그날에 우리가 그렇게 말하고 있을 때에 이 세상의 모든 기쁨과 함께 우리가 말하는 동안에도 점점 모욕적으로 되었다는 것을 여호와 당신은 아십니다. 그때 나의 어머니는 '아들아 나 자신을 위해서는 나는 더 이상 이 세상에서 어떤 기쁨도 필요 없다'고 말씀하셨다. 내가 더 원하는 것을, 그리고 왜 내가 여기 있는지를 나는 모른다. 이제 이 세상에서 나의 소망은 이루어졌다. 이 세상에 조금 더 머물고 싶은 것은 한 가지밖에 없다. 내가 죽기 전에 네가 그리스도인이 되는 것을 볼 수 있는 그것이다. 나는 네가 이 세상의 모든 행복을 업신여기는 모습을 보도록 나의 하나님은 넉넉하게 이것을 초월하게 하셨다. 그리고 하나님은 너를 그의 종으로 만드셨다. 내가 여기서 무엇 하겠는가?'[1]" [루터는 틀림없이 교실에서 그것을 읽고 기억할 수 있는 것으로 참고나 했지 인용은 하지 않았다. 그리고 그것은 루터의 주장에 필요한 요점이었다. 번역.] 그는 편지에서 자신에 대해 한 번 말했다. "나는 마지막 날 내게 올 것을 원한다."[2] 이것은 아브라함, 다윗, 그리고 많은 교부들이 '좋은 나이에', '수한이 다하여', '시간이 넉넉하게', '이 세

Baillie에 의하면 아퀴나스는 이것을 강요하였다. 그 이유는 그의 아리스토텔레스의 인식론 때문이고 신플라톤주의의 영향 때문이다. 후자는 강하게 불가지론적이다. 그리고 하나님을 아는 지식이 진행적인 감법보다 진행적인 많아짐에 의해서 덜 성취된다는 것을 가르친다. 그 결과 우리는 점진적으로 그가 어떤 분인지에 대해 아무것도 아닌 분이 아니라는 것을 더 많이 발견한다. Erigena를 통해 이 신학을 전달한 자는 Dionysius였다. 그리고 이 신학이 중세를 지배했다. 루터는 이 영광의 신학(theologia gloriae)을 그의 십자가 신학(theologia crucis)으로 꿰뚫고 나갔다. 그리고 하나님의 본성에 대한 모든 사색은 궁극적으로 행위를 믿는 것이기 때문에 복음을 거부하는 것이라고 루터는 믿었다. 인간의 이러한 지적 훈련으로 알고 있는 것은 하나님이 아니고 인간 자신이었다. 그러한 신학은 루터에게 마음속에서 크게 꾸며낸 이야기였다. 하나님을 참으로 아는 것은 다른 것에서 발견된다. 바로 성육신에서, 낮아짐에서, 십자가에서 알게 된다. 그것이 하나님이 인간을 취급하기로 결정한 것이기 때문에 거기에서 우리는 하나님을 발견한다. 십자가는 하나님에 대한 인간의 상(image)이 아니고 인간을 위해 인간에게서 하나님이 만든 상(image)이다.

1. IX.26 (Pilkington's translation).
2. *To Boniface* ; Migne, 33:1098.

상의 것으로 지쳐서' 죽었다고 기록된 이유다. 반대로 그것은 이 세상의 재미를 여전히 느끼는 불신자들에 대해서 말하고 있는데, "피를 흘리게 하며 속이는 자들은 저희 날의 반도 살지 못할 것이다." 왜냐하면 그들은 이 세상의 삶에 지치지 않았기 때문이다. 그러므로 그리스도인의 유일한 관심은 매일 같이 이 세상의 삶에 대해 죽어야만 하고 이 세상의 삶에 식상하여 내세를 향해 힘써야 한다. 그렇지 않으면, 그들은 시편 106:24에서 "그들은 낙도를 멸시하였다"고 말하는 사람들의 수에 들어 갈 것이다.

4:12. 하나님의 말씀은 살았고 운동력이 있어.

이 말씀은 두 가지로 해석된다. 첫째, 하나의 권고로서 니콜라스(Nicholas of Lyra), 르페브르 데타플레(Lefèvre d'Étaples)와 다른 사람들이 그렇게 해석한다. 그러나 그들은 또한 상징적인 방식으로 해석했다. 너무나 상징적이어서 저자들이 그들 자신의 말을 이해했는지조차 믿기 어렵다. 그러나 우리는 할 수 있는 대로 그들을 도울 것이다. 첫째, 하나님의 말씀은 살아 있다. 그것은 그 말씀을 믿는 자들을 하나님의 말씀이 살린다는 것을 의미한다. 그러므로 우리는 우리가 멸망하거나 죽기 전에 그것을 위해 옳게 힘써야 한다. 둘째, 하나님의 말씀은 운동력이 있다. 왜냐하면 그 말씀은 믿는 자에게 모든 것을 가능하게 하기 때문이다. 셋째, 하나님의 말씀은 좌우에 날선 어떤 검보다도 예리하다. 왜냐하면 하나님의 말씀은 실제 진리 자체보다 더욱 침투하고 더욱 실제가 되기 때문이다. 예레미야가 "나는 가까운 데 하나님이요 먼 데 하나님은 아니냐? 나는 천지에 충만하지 아니하냐?"(렘 23:23-24)고 말씀한 대로다. 또다시 "음부와 유명도 여호와의 앞에 드러나거든 하물며 인생의 마음이리요"(잠 15:11). 모든 것 중에 가장 아름다운 것은 그 전체로 시편 139편에서 말씀하는데, "여호와여 주께서 나를 감찰하시고 아셨나이다." 그러므로 여호와께서 모든 곳에 계시므로 우리는 온전한 믿음으로 그를 믿어야 한다. 왜냐하면 우리가 완전히 버림받아도 그는 언제나 우리를 도울 수 있기 때문이다. 넷째, 하나님의 말씀은 혼과 영을 찔러 쪼개기까지 한다. 그것은 말씀이 영혼의 상태에서 생각을 분리시킨다는 것을 의미한다. 왜냐하면 믿음은 언제나 사도행전 15:9에서 말씀한 대로 마음을 언제나 순결하게 하기 때문이다. "믿음으로 저희 마음을 깨끗이 하사 저희나 우리나 분간치 아니하셨느니라." 또다시 "여호와의 율법은 의롭고 마음을 기쁘게 한다." 다섯째, 여호와의 말씀은 관절과 골수를 찔러 쪼갠다. 왜냐하면 그것은 악한 감정에서부터 골수와 사지를 쪼개 마음 뿐만 아니라 몸도 깨끗이 하기 때문이다. 여섯째, 하나님의 말씀은 마음의 생각과 의도를 분간하는 데 신속하다. 하나님의 말씀은 악한 생각과 욕망을 정죄한다. 곧, 자기중심적 생각이나 고집 같은 것이다. 이러한 것은 성도에게서도 때에 따라 지배적일 때가 있다.

Gl. 25:16. (12절을 주목하라) 하나님의 말씀이 믿는 자를 살리고, 능력 있게 하고, 하나 되게 하고 그러므로 화평하게 만들 때 또한 하나님의 말씀은 반대로 불신자를 죽게 하고, 무능하게 하고, 나뉘게 하므로 엄청 힘들게 만든다.

둘째, 그리고 여전히 더 훌륭한 이 말씀들은 불신자에게 잔인한 형벌의 위협으로 이해되는 것이다. 그러므로 크리소스토무스는 말한다. "말씀은 어떤 칼보다 더 잔인하다. 왜냐하면 말씀은 그들의 혼을 자르고 무섭게 하는 상해와 두려운 상처를 만들기 때문이다."[1] 이런 것들이 어떤 것인지 크리소스토무스는 설명하지 않지만, 그가 이미 분명하게 설명해준 것같이 것들의 확실한 목록을 제공할 필요나 경우가 있다"고 생각하지 않는다고 말한다. 다윗이나 히스기야와 또 다른 많은 사람들같이 이러한 무서운 재앙을 어느 정도 경험한 자들이 아니고는 누구도 그 재앙들을 이해하지 못한다. 왜냐하면 어떠한 형벌도 경건하지 못한 사람들이 하나님의 화난 얼굴을 대면하는 것을 경험한 그 벌과 비교할 수 없기 때문이다. 시편 21:9에서 "네가 노할 때 저희로 풀무 같게 할 것이라." 지혜서 6:6에서 "그들은 갑작스러운 무서움으로 너희 앞에 나타날 것이다." 데살로니가후서 1:8과 9에서 "하나님을 모르는 자들과 우리 주 예수의 복음을 복종치 않는 자들에게 형벌을 주시리니 이런 자들은 주의 얼굴과 그의 힘의 영광을 떠나 영원한 멸망의 형벌을 받으리라"고 한다.

그러므로 하나님의 말씀은 만물에 뛰어나고, 만물을 초월하고, 만물 안에 있고, 만물 앞과 만물 배후, 어디에나 존재하기 때문에 그 말씀에서부터 어딘가로 피하는 것은 불가능하다. 말씀이 살아 있기 때문에, 그리고 그 영원한 말씀의 자르고 상하게 하는 능력 때문에 결코 끝까지 이를 수 없다. 강하고 능력 많은 말씀을 거부하는 것

---

1. Migne, *loc. cit.*, 285.

은 불가능하다. 마지막으로, 좌우에 날선 어떤 검보다 더 예리하기 때문에 그 말씀에 서부터 숨거나 숨기는 것은 불가능하다. 무한하고, 영원하고, 정복할 수 없는 하나님의 말씀인 칼의 찌름으로 불신자가 죽게 되는 것이다. 버나드(Bernard)는 그의 책(Book V) 생각에 대하여(De Consideratione)[1]에서 이 주제에 대해 길고 아름답게 쓰고 있다. 그러한 형벌 때문에 히브리서 4:12에서 말씀한 대로 혼과 영이 갈라지고 관절과 골수가 쪼개지고 내적이고 외적인 능력의 혼동과 방해가 따라 온다. 이와 동등하게 전도서 9:10은 "네가 장차 들어 갈 음부에는 일도 없고 계획도 없고 지식도 없고 지혜도 없음이라." 여기에는 성경이 그렇게 자주 기록하는 혼동과 두려움이 있다는 것이다. 같은 이유로 이사야는 권고한다. "너희는 바위틈에 들어가며 진토에 숨어(곧 십자가에 못 박힌 그리스도를 믿어) 여호와의 위엄과 그 광대하심의 영광을 피하라"(사 2:10). "여호와께서 일어나사 땅을 진동시키는 그의 위엄과 그 광대하심의 영광을 피하라"(사 2:21). 사도는 해석하면서 이 구절에서 같은 것을 말씀한다. 형벌을 널리 알린 후에 그는 독자들이 대제사장에게 올라가기를 권고한다.

'더 예리하다'란 말(penetrabilior)은 '더 침투하는'(penetrantior) 또는 '더 자르는'(incidentior)으로 옮길 수 있을 것이다. 왜냐하면 좌우에 날 선 검은, 양쪽으로 자르는 칼이기 때문이다. 희랍어로 그 말에 해당하는 것은 distomos다.

4:12. 혼과 영을 찔러 쪼개기까지 하며.

철학은 '형태'를 가르친다. 형태는 사물의 본질이며 나눌 수 있는 것이 아니다. 그리고 이것은 특별히 인간에게 진리다. 실재 영혼의 능력들이 본질과 형태에서 다른지 이러한 구별에서 고통스러운 문제가 기인한다. (하나의 습관은 자주 반복되는 행위들로부터 형성된다.) 우리가 관심을 갖는 한 우리는 사도의 교훈을 따르는 단순한 믿음으로 살아간다. 사도는 인간을 세 부분으로 묘사하고 있다. "⋯ 너희 온 영과 혼과 몸이 우리 주 예수 그리스도 강림하실 때에 흠 없게 보전되기를 원하노라"(살전 5:23). 다시 고린도전서 14:15에서 그는 인간을 마음과 영으로 나누면서 말한다. "내가 영으로 찬미하고 또 마음으로 찬미하리라." 그러나 복된 처녀 마리아는 "마음의 생각이 교만한 자들

---

1. Migne, 182,802 ff.

을 흩으셨고"(눅 1:51)라고 또한 말한다. 사실 그리스도 자신은 "네 마음을 다하며 목숨을 다하며 힘을 다하며 뜻을 다하여 주 너의 하나님을 사랑하고"(눅 10:27과 병행구)라며 말씀하실 때 다른 방법으로 차이를 나타낸다. 오리게네스(Origen)가 어느 누구보다 이 문제를 더 잘 이해하도록 연구했고 그 다음은 히에로니무스였다. 히에로니무스는 갈라디아서 5:17을 주해하면서 말하고 있다. "… 모든 사람이 아는 대로 몸과 육은 우리의 가장 천한 부분이지만 그러나 영은 우리의 최고 부분이다. 그 영으로 하나님의 진리[1]에 우리는 민감할 수 있다. 그러나 혼은 이 둘 사이에 있다." 이러한 말들이 아우구스티누스가 인간을 높은 부분과 열등한 부분으로, 거기다가 혼으로[2] 나누었다는 것을 의미하는 것으로 받아들이면, 그 의미는 충분히 분명하게 언급되었다.

4:12. … 관절과 골수를.

어떤 희랍어 본문은 '관절과 지체'[3]라고 쓰였다. 내가 이해하기로는 그렇게 읽는 것이 아주 적당하다. 지체들이 몸에서 관절과 관계된 것처럼 혼과 영도 마음속에 각각 다른 것들과 관계한다. 그리고 우리의 마음에 '생각들과 의도들'에 관계됐다.

4:12. … 우리의 말은 그에게… (또는 대화)

어떤 해석자들은 '그에게'(ad quem)란 말을 '우리가 그에 대해서 말하는 그'라고 의미하기를 원한다. 그것은 마치 1장에서 '천사에게'(ad angelos)가 천사들에 관하여를 의미하는 것과 같은 것이다. 그것은 다음과 같은 의미라고 할 수 있다. 우리가 당신에게 전하는 설교가 이 목적을 갖고 있다. 우리의 설교에 복종하는 자에게 우리는 도달

---

1. Migne, 26.411.
2. H. R.은 사람의 더 높은 부분과 더 낮은 부분을 구별하는 것이 아우구스티누스의 것이 아니라는 것을 각주에서 지적한다. 그들은 루터의 저술은 물론 교부의 자료에 모두 어떤 평가할 만한 참고를 마련한다.
   "위에서 토론한 것이 충분히 분명하다"는 마지막 구절로 읽히기 위해 강조한 *ac sensu*를 그들의 본문으로 읽기 때문에 격은 약간 더 어려워졌다. 그러므로 인간 마음의 세 번째 범주로 해석하지 않았고 부사적으로 또는 형용사적으로 해석했다. 다른 한편, 바이마르 본문은 인간의 본성을 더 높고 더 낮은 *ac sensum*으로 나눈 것을 아우구스티누스가 말한 이전 절로 가는 것을 강조한 *ac sensum*으로 읽는다. 이것은 분명히 영혼의 세 번째 범주를 추가하는 것으로 보일 것이다. 번역자는 바이마르 본문을 따랐다. 그러나 그는 (H.R과 함께) 용어가 이 문맥에서 전혀 중요하지 않다고 느낀다.
   독자는 루터가 어떻게 스콜라학자의 철학적 구별에서 입장을 바꾸어 성경의 술어로 바꾸었는지 관찰해야 한다. (특별히 위대한 교부 아우구스티누스의 통찰과 함께).
3. 루터는 여기서 에라스무스의 *Annotations*를 따른다.

한다는 것이다. 동일한 상징을 사용하는 시편 122:6에서 "예루살렘의 평화를 위해서 기도하라"는 말씀은 "평화를 위하고, 평화에 속하는 그런 일들을 위해 기도하라"는 의미다.

Gl. 25:5.

우리의 말은 그에게　　곧, 하나의 이성이 우리의
　　　　　　　　　　　　행위를 위해 주어져야만 한다.

크리소스토무스는 "우리 자신들은 우리의 행위를 위해 하나의 이성이 주어지는 것이다"라고 말한다. "이 단어 해설은 logos란 단어의 다른 의미에서 파생한다. 왜냐하면 희랍어로 logos는 '말씀', '이성', '생각하는 것' 등의 말이기 때문이다(히에로니무스가 그의 ad Paulinum, Migne 22.543에서 쓰고 있는 것처럼).

제 5 장

[루터가 9월 성서(September Bible)에서 했던 것처럼, 그리고 독일어 성서(German Bible)처럼 히브리서 4:14로 시작한다.]

4:14. 그러므로 우리에게 큰 대제사장이 있으니.

Gl. 27:20. 우리의 믿음을 확실히 하기 위해 사도는 그가 시작한 주장을 계속한다. 그는 대제사장으로서 그리스도가 우리에게 있다는 것을 주장한다. 그 대제사장은 변하지 않는 분이고, 의심스러운 기원을 가진 분도 아니며, 하나님 자신이 정하신 분이다. 그 이후에 사도는 그가 우리에게 하나님의 확실한 자비를 알려주는 참 대제사장(모든 제사장들 가운데 합당한 직책)이란 것을 보여 준다.

있으니	다음 장에서 보여주는 대로 우리 아버지 하나님의 가장 확실한 뜻으로

'있으니'라는 분사에 주의하라. 우리를 무섭게 한 후에 사도는 이제 우리를 위로한다. 우리의 상처에 포도주를 부은 후, 그는 이제 기름을 붓는다.

그러므로 우리에게 큰 대제사장이 있으니.	가장 분명히 모든 제사장 가운데 가장 위대한 대제사장이다. 왜냐하면 그는 위대하며 우리를 구원할 수 있기 때문이다.
승천하신 자.	옛 질서의 제사장들로서 그는 단순히 성전 휘장을 관통하지 않았다. 왜냐하면 그는 참된 제사장이었기 때문이다.
곧 하나님 아들 예수시라.	곧, 모든 것을 지배하는 능력을 가지신다.

굳게 잡을지어다.

우리 믿는 도리를.

곧, 그를 아는 것에 인내하고 현재 당하는 고난 때문에, 또는 그 제사장이 우리와 함께 있지 않다는 이유로 결코 실망하지 말자. 이 구절은 희랍어가 아니다.

그러나 그의 영원한 심판을 두려워하면서 사는 자들과 하나님 말씀의 날카로운 칼로 해체되고 잘리는 것을 두려워하는 자들에게 오직 하나의 피난처가 있다. 그 피난처는 우리의 대제사장 그리스도다. 오로지 그의 인성으로 우리는 보호받고 정죄에서 구원받는다. 시편 91:4에서 "저가 너를 그 깃으로 덮으시리니 네가 그 날개 아래 피하리로다"라고 말씀하셨고, 말라기 4:2에서 "내 이름을 경외하는 너희에게는 의로운 해가 떠오르고 구원은 그의 날개 가운데 있다"고 한다. 그리고 그 자신은 말씀했다. "암탉이 그 새끼를 날개 아래 모음 같이 내가 네 자녀를 모으려 한 일이 몇 번이냐?"(마 23:37). 같은 이유로 시편에서 자주 외친다. "나는 그의 날개 아래 그늘에서 즐거워 할 것이다"(시 63:7과 그 외). 또 "당신은 그 장막 은밀한 곳에 나를 숨기셨다"(시 27:5). 잠언 30:25 이하의 구절도 이것에 해당된다. 땅에 매우 작지만 대단히 지혜로운 것 넷이 있는데, 곧 힘이 없는 종류로되 먹을 것을 여름에 예비하는 개미와 약한 종류로되 집을 바위 사이에 짓는 사반(토끼)과 임군이 없으되 다 때를 지어 나아가는 메뚜기와 손에 잡힐 만하여도 왕궁에 있는 도마뱀이니라. (토끼는 약하지만 바위틈에 집을 짓는다. 곧. 우리는 역시 약하지만 우리의 양심을 그리스도에게 향하게 한다.) 그래서 아가서 2:14에서 신랑은 신부에 대해 말하고 있다. "오 나의 비둘기야 너는 바위틈 낭떠러지 은밀한 곳에 있구나!" 이러한 이유로 사도는 그리스도를 주님이나 심판자이기보다 무서워하는 자들을 위로하는 대제사장으로 소개한다.

4:15.

Gl. 25:14.

우리에게 있는 대제사장은

… 체휼하지 아니

하는 자가 아니요.

크리소스토무스는 고난을 경험하지 않

은 자가 고난당한 자의 고난을 안다는
것은 불가능하다고 말한다.

우리 연약함을.

하나님에 의해 정해진 이 세상의 박해
와 고난.

**모든 일에 시험을 받은 대제사장을
우리는 가졌으니.**

우리와 같이.

이것은 악한 일들(모든 일)을 의미한다.
고난과 동정에서. 곧, 우리가 시험받은
것처럼 시험받았다.

죄는 없으시니.

우리가 당한 모든 것을 똑같이 당하셨
으나, 그의 경우는 죄가 없으시다는 것
이 예외다.

Gl. 26:10 이하. 이 구절에서 같음(likeness)은 마니교도들이 생각하는 것처럼 공상
이 아니고 육신의 실체와 그리스도의 수난의 실체를 의미한다. 그러나 그리스도가 같
은 육체를 갖지 않았다고 이해해야 한다. 곧, 내가 가진 같은 육체 또는 당신이 가진
같은 육체를 갖지 않고 같은 종류의 육체를 가지셨다. 마치 우리 자신들이 똑같이 같
은 육체를 소유하지 않고 같은 종류의 육체를 갖는 것과 같은 것이다. 마찬가지로 그
리스도는 우리가 경험하는 것과 똑같은 고난들을 경험하지 않았다. 그 경험들은 참
으로 실제의 고난들이다. 그러나 '죄 없는' 경험들이다. 우리는 같은 방식으로 빌립보
서 2:7 말씀을 이해해야 한다. 사람들과 같이 되었고 사람의 모양으로 나타나셨다.
그러므로 '같이'란 말이 이교도들이 말하려는 것처럼 그리스도의 육체의 실체를 부인
하는 것이라기보다 실체를 표현하는 것이 분명하다.

4:16.

Gl. 26:7.

담대히 나아갈 것이니라.

양심의 주저나 죄의 두려움으로 방해받지 않도
록 하자.

우리가 긍휼하심을 받고

은혜를 얻기 위하여 (his 그의)　　　희랍어에는 'his'가 없다.

은혜의 보좌 앞에.　　　그 은혜로 우리는 구원과 선한 삶을 빨리 얻게 된다.

때를 따라 돕는.　　　적절한 도움 또는 어려움이 생길 때.

시편 34:5에서 말씀하는 대로, "저희가 주를 앙망하고 광채를 입었으니 그 얼굴이 영영히 부끄럽지 아니하리로다." 그리고 마태복음 11:28 이하에서 "수고하고 무거운 짐진 자들아 다 내게로 오라 내가 너희를 쉬게 하리라 나는 마음이 온유하고 겸손하니 나의 멍에를 메고 내게 배우라 그러면 너희 마음이 쉼을 얻으리니 이는 내 멍에는 쉽고 내 짐은 가벼움이라."

5:1. 대제사장마다 사람 가운데서 취한 자이므로 하나님께 속한 일에 사람을 위하여 행하도록 정해졌다.

이 본문에서 중요한 구절은 '사람을 위하여'다. "보라, 대제사장 예수 그리스도가 우리에게 있으니 두려워하지 말고 믿음으로 은혜의 보좌에 나아가자." 만약 우리가 대제사장을 가진다면 그때 우리는 우리를 위해, 그리고 우리를 거부하지 않는 어떤 사람을 갖게 된다. 왜냐하면 사람들에게서 선택되고 임명된 '모든 대제사장'은 사람을 위해 성별됐기 때문이다. 출애굽기 28:38에 기록된 대로 이스라엘 자손들이 그들의 희생을 드리면서 고백하고 거룩하게 하는 그들의 죄를 아론은 짊어질 것이다. 이 사건은 희생 제사를 드린 곧, 믿는 모든 자들의 죄를 짊어진 대제사장인 그리스도를 분명히 예시한다. 왜냐하면 그는 다만 죄를 보여준 모세와 같지 않고 오히려 죄를 짊어진 아론 같기 때문이다. 사실 아론은 백성들의 죄를 짊어지지 않았다. 시편 77:20은 그것을 묘사한다. "당신은 모세와 아론의 손으로 이스라엘 자손을 인도하였다." 모세의 손이라기보다 오히려 아론의 손으로 인도하였다. 왜냐하면 모세를 통해서, 곧 율법을 통해서 죄를 알게 되기 때문이다. 아론을 통해서 죄의 용서와 면죄가 없다면, 곧 그가 은혜를 발견하지 못한다면, 아무도 영생으로 인도하지 못하기 때문이다. 그리고 민수기 18:1에서는 "여호와께서 아론에게 이르시되 너와 네 아들들과 네 종족은 성소에 대한 죄를 함께 담당할 것이요 너와 네 아들들은 너희가 그 제사장 직분에 대한 죄를 함께 담당할 것이니라"고 말씀한다. 그는 '성소에 대한 죄'를 언급한다. 그리고 '그 제사장 직분에 대한 죄'를 언급한다. 그것은 성소나 제사장 직분이 이런 것들을 했기 때문이 아니고, 죄를 짊어지고 담당하는 자가 되는 제사장의 성격과 직분 때문이다. 그러므로 이러한 죄들은 그 자신의 것이 된다. 그 이유는 그가 다른 사람들을 위해 죄들을 짊어지고 다른 사람들에게서 그 죄들을 가져갔기 때문이다. 여기서 다시 그리스도는 참으로 아론으로서 "세상 죄를 지고 간 하나님의 어린 양"으로서 예시되었다.

그러므로 이 구절에서 그리스도가 십자가에서 우리를 위해 외칠 때가 모든 인간적 가치가 뒤집어지는 기름 부음의 일과 그의 제사장 직분이 최고로 완전에 이르는 순간이었다는 것을 사도는 말씀하고 있다. 그는 7절에서 계속 이것을 설명한다. "… 예수는 큰소리와 눈물로 기도와 간구를 드렸다"[마 26:36-46; 막 14:32-42; 눅 22:40-6]. 동일한 사상이 이사야 53:4의 "그는 실로 우리의 질고를 지고 우리의 슬픔을 당하였거늘"에서 나타난다. 그가 우리를 위하고 우리를 거부하지 않는 대제사장이 아니었다면 결코 그것을 할 수 없었을 것이다. 히브리서 12:24에서 계속하여 "당신은 … 새 언약의 중보이신 예수에게 나왔다. 그리고 아벨의 피보다 더 은혜롭다고 말하는 뿌린 피에 나왔다"고 말씀한다. 이것이 아벨의 피가 진노와 복수를 부르짖지만 그리스도의 피는 용서와 자비를 외치기 때문이다. 이것이 이사야가 말씀한 바다. "그날에 너희는 아름다운 포도원을 두고 노래를 부를지어다 나 여호와는 포도원지기가 됨이여 때때로 물을 주며 밤낮으로 간수하여 아무든지 상해하지 못하게 하리로다 나는 포도원에 대하여 노함이 없나니 질려와 형극이 나를 대적하여 싸운다 하자 내가 그것을 밟고 모아 불사르리라"(사 27:2 이하). 보라, 그 자신은 어느 누구도 교회를 해치지 않도록 그의 교회를 지킨다. 왜냐하면 누군가 교회를 해치고 있다면 그가 교회를 보호한다고 말하는 것이 진실이 아니기 때문이다. 그러나 만약 교회가 어떤 진노(하나님의)를 경험한다면, 또는 그 자신이 포도원의 가시로 어떤 방식으로 행동한다면 교회는 해를 입을 것이다. 하나님이 우리를 보호하는 이 문제는 그의 나타남으로 우리의 괴로운 양심을 강화하는 것일 뿐이다.

그러므로 모든 제사장은 대제사장의 본을 따라야 하고 그가 자기의 유익을 위해서가 아니고 다른 사람을 섬기기 위한 제사장이란 것을 알아야만 한다. 그들이 다른 사람의 멸망은 물론이고, 그들의 멸망에서 주 행위자가 되지 않도록 이 섬김은 다른 사람의 죄와 부정을 짊어지는 것이다. 그것은 에스겔 34:2 이하에서 말씀하는 그대로다. "인자야 너는 이스라엘 목자들을 쳐서 예언하라 그들 곧 목자들에게 예언하여 이르기를 주 여호와의 말씀에 자기만 먹이는 이스라엘 목자들은 화 있을진저 목자들이 양의 무리를 먹이는 것이 마땅치 아니하냐 너희가 살진 양을 잡아 그 기름을 먹으며 그 털을 입되 양의 무리는 먹이지 아니하는도다 너희가 그 연약한 자를 강하게 아니하며 병든 자를 고치지 아니하며 상한 자를 싸매어 주지 아니하며 쫓긴 자를 돌아오게 아니하며 잃어버린 자를 찾지 아니하고 다만 강포로 그것들을 다스렸도다 목자가 없으므로 그것들이 흩어지도다." 다시 스가랴 11:16 이하를 보자. "보라 내가 한 목자를 이 땅에 일으키리니 그가 없어진 자를 마음에 두지 아니하며 흩어진 자를 찾지 아니하며 상한 자를 고치지 아니하며 강건한 자를 먹이지 아니하고 오히려 살진 자의 고기를 먹으며 또 굽을 찢으리라. 화있을진저 양떼를 버린 못된 목자여!" 디모데전서 3:2과 디도서 1:7 이하를 읽어 보라. "감독은 책망할 것이 없어야 한다."

모든 제사장은 자기의 목표를 더 이상 추구하지 않고 다른 사람을 섬기는 사람이란 것을 알아야 하고 다른 사람의 죄와 무지를 어떻게 감당해야 할지 알 수 있도록 가장 자비스러운 마음이 필요하다는 것을 무엇보다 먼저 공부해야 한다. 그것은 사사기 전체에 몇 번이고 기록되어 있다. "여호와께서 그들을 위해 구세주를 일으키셨다." 그러므로 구세주들은 제사장으로 묘사된다. 그들이 제사장이 되는 것이 언급되었다. 그리고 제사장으로 행동하도록 명령되었다. 그들의 원수들까지도 그들의 자비를 믿을 때 한때 이스라엘의 왕들의 명성이 그들의 명성은 같은 명성이어야만 했다. 그 때문에 열왕기상 20:31에서 이스라엘이 그들을 이기고 전에 두 번 그들을 잘랐는데도 시리아 왕 벤하닷의 신복들이 그들의 왕에게 말하였다. "보시오, 우리는 이스라엘 왕이 인자하다는 것을 들었으니 우리가 굵은 베로 허리를 묶고 이스라엘 왕에게 나갑시다. 그러면 아마도 그가 우리 생명을 구해줄 것입니다." 바로 이 사건에서 제사장들은 그들의 손이 기름부음 받아야 할 것을 경고받았다. 그 이유는 그리스도의 몸을 다루는 성례에 제사장들이 합당하게 해야 한다는 것 때문이기 보다는 그들이 성례의 문제, 곧 그리스도의 사람들[1]을 온유하게 그리고 친절하게 다루어야 하기 때문이다. 그러나 반대로 이러한 성별된 손들과 기름부음 받은 손가락들은 어떤 독보다 더 잔악하고 난폭한 열정으로 더러워졌다. 이 손들은 무기를 들고 대포를 운반한다. 그러나 더 나쁜 것은 그들이 성례 그 자체에 대해 정말로 앙심을 가지고, 곧, 그리스도 안에 우리의 가장 은혜로운 아버지의 사랑스러운 자녀들을 향하여 거역하는 것이다. 그들은 분노로 화를 내고 복수를 열망하는 신앙으로 몇몇 유대인을 불사르려고 했고 성례를 집례하는 자를 작은 창으로 찌르고 칼[2]로 자르려고 했다. 그러나 그들은 단순히 집례자를 파괴할 뿐만 아니라 그 실체 [즉, 그리스도의 사람들]를 파괴한다. 그런데 작은 창이 아니고 포격으로, 또 상상할 수 있는 무기로 살육하고 모든 격돌로 파괴한다. 하나님이 유대인에게 하신 것을 그들은 상징으로나 성례의 일[res sacrament 곧, 하나님의 사람들을 의미하는]을 파괴하는 자들에게 보여주는 경고를 취하지 않는다. 그들은 성례의 일을 맹렬하고 무도한 불로, 또 집례자를 단순히 파괴하는 자들의 파괴보다 더 무서운 모든 종류의 죽음과 칠 배나 더한 불로 파괴한다. 그러한 제사장들은 마귀의 반열에서 선택된 것과 같다. 그들이 그리스도와 그리스도인들을 반대하고 마귀를 위해 일하도록 임명되었다고 사람들이 말할 수 있다. 그리고 율리우스가 그 최고다![3]

　이제 이사야가 예언한 대로 그들의 제사장들이 사랑하는 자녀들처럼 그들을 취급할 수 있는 때가 이를 것을 하나님이 자기 백성들에게 약속하셨다. "너희가 옆에 안기며 그 무릎에서 놀 것이라 어미가 자식을 위로함 같이 내가 너희를 위로할 것인즉

---

1. 아우구스티누스는 성례의 질료 'res sacrament'(matter and stuff)를 그리스도인들의 교제로 묘사한다. Migne, 35.1614. 피터 롬바드는 성찬의 성례의 질료(res sacramenti eucharistiae)를 신자의 일치(unitas fidelium)로 묘사한다. Sent. IV, dist, 8c.3. 루터는 5:9의 해설에서 '그리스도의 사람들'(populus Christi)이란 표현을 사용한다. 그리고 1519년 WA, 2, 742ff에서 "그리스도의 몸의 가치 있는 성례에 대한 설교"에서 그 개념을 개발한다. 거기서 그는 성례의 목적이 그리스도 안에서 한몸인 성도들의 교제라고 가르친다. WA, 57,168 각주를 보라.

2. 박해를 위한 근거로 유대인이 증거 없이 성례를 모독한 것에 대한 참고가 여기에 있다. 그 본문의 각주에서 Ficker는 이 폭동에 대해 자세히 설명을 한다. 그리고 Reuchlin과 그의 박해에 대한 논쟁에 그 설명을 연결시킨다. 그는 또한 그 문제에 대한 문헌에 참고할 것을 제공한다. WA, 57,168, 각주를 보라.

3. 이 비평은 obiter dictum이다. 그리고 루터가 기록한 것이 아니다! 이것은 싸움과 운동으로 악명 높은 교황 율리우스(Pope Julius II, 1503-1513)에 대한 것이다. 그는 자기의 퇴위를 잘 처리하기 위해 루이 12세(Louis XII)편에 서 있던 그의 추기경들과 공개적인 갈등에서 그의 시대를 마감했다. 그는 Moriae Encomium에서 에라스무스에 의해 호된 공격을 받았다. 그는 또한 성 베드로 성당의 재건에 대한 책임이 있었다. 그리고 1506년에 초석을 놓았다. 그것이 그의 면죄부(이 비용을 위해 교황의 재원에 돈을 끌어들이기 위해 고안된)였고, 이것이 후에 루터의 95개조 논제의 원인이 되었다.

너희가 예루살렘에서 위로를 받으리라"(사 66:12 이하). 그러나 우리가 이 거룩한 하나님의 성경을 경시하고 인간의 기록들을 더 좋아하는 한, 우리는 당연히 이러한 광기와 지옥의 괴물에게 길을 잃게 된다. 모든 방향으로 휘두르는 화염검이 던져 있고 녹슨 채 있는 곳에서 그가 먼저 그 일의 형편을 생겨나게 하지 않았다면 악마 자신은 교회에 이와 같은 맹렬함을 알게 할 수 없었기 때문이다. 이 칼은 하나님의 말씀이고 모든 지옥보다 그를 더 무섭게 하는 것이다. 한때 하나님의 말씀이 제외되었을 때에 마귀는 인간적 생각과 인간적 이성이란 깃털이나 지푸라기나 삼베실로 짓고 있는 우리를 바라보았을 것이다. 그것은 인간의 무가치한 견해라는 비실제적 마법이다.

5:1. [모든 제사장] ⋯ 사람을 위하여 행하도록 임명되었다.

그리스도가 사람들을 위해 대제사장으로 임명된 그 사람들 중 한 사람이 자신이라는 것을 그가 또한 믿지 않는다면 사람을 위해 행하는 대제사장으로 그리스도가 임명되었다는 사실을 그리스도인이 믿는 것으로는 충분치 못하다는 것이 인정되어야 한다. 왜냐하면 마귀들과 경건치 않은 사람도 그리스도가 인간을 위한 대제사장이란 것을 잘 알고 있고 있지만 그들은 그것이 진리라는 것을 믿지 않기 때문이다. 그래서 버나드(Bernard)는 포고(Annunciation)[1](시편 85편에서 "그 영광이 우리 땅에 머물지어다"라는 주제)에 대한 그의 설교에서 다음의 진리를 전한다. "하나님이 너의 죄를 용서하고, 은혜를 베풀고, 영원한 영광을 주실 수 있다는 사실을 믿는 것이 필요하다. 그러나 그것이 용서된 것과 은혜가 주어진 것과 영원한 영광이 주어졌다는 것을 확실히 믿지 않는다면 그것은 충분하지 않다." 이제 이것은 하나님의 영이 우리 영에 준 우리 양심의 증거다. 그리고 사도가 그것을 기록한 것이다. 우리의 기쁨은 이것이니 우리 양심[고후 1:12(참고 롬 8:16)]의 증거다. 버나드(Bernard)가 말하는 우리 양심의 증거는 우리 자신으로부터 그 증거를 끌어내는 것처럼 스스로 끌어낼 수 있는 증거로 이해돼서는 안 된다. 왜냐하면 그것은 펠라기우스주의이고 부끄러운 영광이기 때문이다(빌 3:19을 참고하라). 그것은 우리의 양심이 이 증거를 받아들였다[양심이 증거를 만들었다는 것이 아니고]는 의미로 이해되어야 한다. 그것은 마치 양심이 진리와 의를 모두 받아들였다는 것이며 다

---

1. 문자적 인용이 아니다. *Sermo in festo annuntiationis B. V. M* 1.3, *Opera*, Paris, 1719, I,978, B. Migne, 183,384.

른 모든 은사가 이 양심[1]에 주어지는 것처럼 말이다. 그러므로 아무도 사면, 세례, 성찬, 또는 기름부음의 행위로 말미암아 은혜 받지 못한다는 사실은 자명한 이치다. 인간은 이러한 사면, 세례, 성찬, 또는 기름부음의 행위에서 은혜 받는다는 사실을 그가 믿기 때문에 은혜를 받게 된다. 그것이 널리 알려지고 잘 증명된 말씀이란 점은 얼마나 진실인가! 의롭게 하는 것은 성례가 아니고 성례를 믿는 믿음인 것이다. 아우구스티누스가 말한 것처럼, 성례는 그 성례가 행해지기 때문에 의롭게 되는 것이 아니고 그 성례를 믿기 때문에 의롭게 된다.[2]

새로운 율법의 성례가 실제로 죽을 수밖에 없는 죄가 되는 '거절'로 정리한 어떤 '거절'을 제외하고, 그 성례들이 성례를 받는 사람에게서 특별한 성질을 얻지 못하는 그런 은혜의 효력있는 표징이란 것을 유지하는 것이라면 그것은 치명적 오류인 것이다.

진리는 성례가 완전히 순수한 마음을 요구한다는 것이다. 그렇지 않으면 사람이 성례를 비난받으며 받게 될 것이고, 그 자신에게 정죄를 가져 올 것이다. 마음은 믿음을 통하지 않고는 순수해지지 않는다. 사도행전 8장을 읽으면, 빌립은 그가 믿는다는 것을 알 때까지 내시에게 세례주지 않았다. 그 때문에 어떤 유아도 어떤 사람이 그 유아를 위해 "내가 믿나이다"라고 고백하지 않으면 세례를 베풀어서는 안 된다. 그러므로 은혜를 가져 오는 것은 세례가 아니고 믿음이다. 동일한 증거로 그들이 고백한 것을 신뢰하면서 또는 그들이 죽을 죄를 알지 못하고, 미리 그들이 기도한 것 또는 그들이 준비한 것을 신뢰하면서 성찬 성례에 나아간다면 그것은 큰 잘못이다. 그들은 그들 자신의 정죄를 마시고 먹는다. 그들은 이 행위로 말미암아 합당치 않고 순수해지지 않는다. 반대로 그들 자신의 순수성을 신뢰하므로 그들은 전보다 더 불순하게 된다. 그러나 그들이 믿고 성례에서 은혜를 받을 것을 신뢰하게 되면 그때 이 믿음만이 그들을 순수하고 합당하게 만든다. 그러한 믿음은 바로 언급한 이 일들을 신뢰하지

---

1. 이 구별은 루터에게 살고 죽는 문제다. 곧, 그리스도, 복음, 그리고 전체 복음적 성향은 자비로운 하나님의 손에서 주어진다. 그리고 그것이 인간이 도달할 수 있는 어떤 것으로 생각된다면 복음이 되는 것에서 완전히 끝이 난다. 칭의, 의, 믿음, 은혜 … 그리고 그리스도인이 되기 위해 진행되는 모든 것은 하나님의 선물이다. 그리고 선물은 인간이 추구하거나 얻고, 획득하고, 마땅히 자격이 있는 것으로 생각되는 것이 아니다. 사람의 모든 것은 자기 자신의 죄를 아는 지식이 된다. 한때 자연적인 자신의 자아를 신뢰하는 것과 영적 일에 도전했다고 해도 그는 믿음의 선물을 받기 위해 열려 있다. 그때 그리고 그때까지가 아니라도 그는 신자이며 믿음으로 의롭게 된 자다.

2. Aug., in *Joann*, 80,3; Migne, 35,1840. 루터의 저술과 스콜라 학자들의 저술 모두에 이 말씀에 대한 어떤 재미있는 참고 자료가 있다. 그것은 긴 각주에서 발견된다. *WA, ad loc., viz., WA,* 57,170에서 발견되고 Hirsch-Rueckert, p. 173에서도 발견된다.

못하지만, 가장 순수하고 가장 거룩하고 가장 믿을 만한 그리스도의 말씀을 신뢰한다. 그리스도가 "수고하고 무거운 짐 진 자들아 내게 오라 내가 너희를 쉬게 하리라" 말씀하셨다(마 11:28). 그러므로 이 말씀을 신뢰하므로 그들은 성찬에 나아가야 한다. 그리고 그들이 이 믿음으로 나아가면 그들은 좌절하지 않을 것이다.

5:2.

그가 능히 용납할 수 있는.

죄인을 박해하지 않고 그들을 오해로 던져버리지 않는 것이다.

무식하고 미혹한 자를.

그러한 박해와 오해로 인해 그들이 선을 버리고 악[1]을 따르므로 실제로 죄를 지은 그들보다 못지않게.

자기도
연약에 싸여 있음이니라.

죄짓기 쉬움은 물론이고, 그것은 죄와 선한 것에 영향을 미치는 무능함을 의미한다.

5:3.

이러므로

이 약함 때문에 제사장을 겸손하게 만드는 것이 충분하다. 또는 누구보다 제사장보다 더 위대하다.

백성을 위하여 속죄제를 드림과 같이 또한 자기를 위하여 드리는 것이 마땅하니라.

그 자신의 죄를 위한 제사 문제에서 사람 가운데서 선택된 제사장은 하늘로부터 보내진 그와 다르다. 이 대제사장은 자기의 죄를 위해 희생을 드릴 필요가 없다.

---

1. 루터의 계속적인 교황 정치에 대한 비판을 주목하라. 그리고 제사장들의 무서운 실패에 대하여 단순하고 목회적인 그들의 직무를 행하고 또 시도하기를 비판한다.

5:4. 이 존귀는 아무나 스스로 취하지 못하고 오직 아론과 같이 하나님의 부르심을 입은 자라야 할 것이니라.

하나님은 두 가지 방법으로 제사장 직분을 부른다. 첫째, 인간은 그 직책을 추구하지도 않고 바라지 않는데도 하나님이 그를 부르신다. 아론이 부름 받은 것처럼, 하나님이 모든 사람들 가운데서 그를 불렀는지 알지 못하고, 또 사도 바울의 경우처럼 하나님의 기적적인 개입으로 한 인간이 제사장이 된다. 또 하나님은 교회의 명령을 통해 인간을 제사장으로 부른다. 둘째, 사람이 그 직책을 원하고 추구하는 경우에 그를 그 직책으로 부르는 것같이 한 인간은 영감에 의해 부름받게 된다. 디모데전서 3:1에서 사도가 이것을 증명한다. "감독의 직무를 원하는 사람은 선한 일을 원한다." '감독의 직분'이라는 표현이 존경과 위엄보다는 봉사에 관심을 갖는 것처럼 이 본문에서 그 말의 의미를 조심스럽게 주목해야 한다. 이것은 그 말의 어원학적 강조로 볼 때 분명하다. 왜냐하면 헬라어 episkopein은 마을의 파수꾼이나 안내자가 감독자인 것처럼 바라보는 사람이란 의미로 감독하거나 살펴보는 것을 의미하기 때문이다. 그러므로 다윗의 피난처인 시온과 예루살렘의 높은 곳은 라틴어로 '파수꾼 탑'(specula)이라고 일컬어지고 그들의 과제는 예루살렘, 곧 교회를 감독하고 살피는 것인 제사장 직분을 의미한다. 같은 진리는 본문의 두 번째 후반부를 연구함으로 분명해진다. "… 그는 선한 일을 사모한다." 그러나 "… 그는 선한 일을 원한다."고 바울은 말하지 않는다. 바울은 감독의 직분이 하나의 일, 그리고 더욱이 게으른 사치의 삶이 아니고 선한 일이 되지 않으면 아무것도 아니라는 것을 분명히 입증한다. 꼭대기에 기어오르는 사람들, 게으름, 쾌락, 그리고 높은 직분의 삶을 바라는 데서 정직해시노록 하자. 아니 이런 것들을 즐기는 자, 이러한 사람들은 그들 자신에게서 영광을 "취하는 그러한 사람들이다."

5:6. 또한 이와 같이 다른 데 말씀하시되 네가 영원히 멜기세덱의 반차를 좇는 제사장이라.

'반차를 따라'라는 이 말씀은 임명을 의미한다. 그것은 멜기세덱이 행사한 형태의 제사장 직분이다. 다른 말로 하면, 그러한 제사장 직분은 멜기세덱의 역사적 이야기로부터 지적되었다. 그의 신적인 이야기는 창세기 14:18 이하에 기록된다. 그러므로 이 사건은 멜기세덱이 했던 것처럼, 그리스도는 빵과 포도주를 줄 뿐만 아니라 그 이야기에서 언급되었던 모든 자세한 것이 7장에서 구별한 것과 함께 사도가 해석한 방법으로 해석되어야 한다. 그래서 그는 아브라함보다 더 위대하지만, 아브라함이 레위 제사장들의 조상이었고 하나님의 약속을 가졌지만 그를 축복하였다. 비슷하게 그는 후손도 없고 시작도 없고 끝도 없는 자로 아브라함에게서 십일조를 받았다.

그러나 말씀, 히브리어로 dabhar는 매우 적절한 하나의 사건을 의미한다. 또 하나의 사건을 설명하는 일의 문제다. 시편 64:4에서 "그들이 독한 말로 겨누고 쏘려다가"를 문자적으로 번역하면, 그 구절의 의미는 "그들은 그들의 활, 독한 말로 겨눈다"이다. 여기서 'dibrathi'란 말이 따라온다. 다시 문자적으로 번역하면 'dibrathi'란 말은 '반차를 따라'란 의미다. 그 말의 어간은 'dabar' '말'(word)이다.[1] 그러나 바울은 나중에 이것에 대해 더 말할 것이다.

5:7. 그는

여기서 그는 그리스도에게 비슷한 것을 적용한다. 그는 실제로 그리스도 자신이 사람을 위해 희생을 드렸다고 말하고 있다. 그리고 그리스도는 변덕스럽고 무지한 자들을 온유하게 다룰 수 있는 제사장이라는 것을 말하고 있다. 왜냐하면 그는 계속 그들이 가졌던 동일한 경험을 했기 때문이다.

육체에 계실 때	그것은 그가 아버지에게 버림받고 육체로 고난당할 때[2] 그의 고난의 시간을 의미한다.

---

1. 마소라 본문은 dabhar mar이고 위의 Reuchlin의 본문은 'dibrathi '이다. 그리고 루터는 그것을 사용하였다. (그 번역은 *WA* 본문에 계속된다) 루터의 언어는 사실상 주(註)의 형식이다. 그리고 단순하고 분명한 번역을 위해 너무 축약되었으므로 그것은 상당히 확대할 필요가 있다. 그러나 의미는 상실하지 않는다. 그는 기록된 사건에 의해 포함되고 깨달을 수 있는 구체적인 하나님의 말씀과 성서의 사건을 밀접하게 일치시키려는 것처럼 보인다. 루터는 말씀을 역사적 사건과 결합시키고 말씀의 의미를 역사와 사건에 포함시키고 있으므로 옳다.

2. 루터는 성육신을 생각할 때마다 언제나 유혹에 빠지기 쉽고 가장 연약한 점에서 인간성을 생각한다. 그는 가슴에 있는 아기와 구유에 있는 아이, 곧 인간에게서 버려지고 십자가 위에서 죽은 것을 말한다. 그는 무능의 시간과 절대적인 겸손의 시간에 인간성을 생각한다. 자연인은 인간성의 꽃으로, 그리고 완전으로서 그리스도를 생각하지만 루터는 이것이 성육신에서 보여준 하나님의 구속사역을 인간이 잘못 이해하는 출발점이라는 것을 안다. 성육신은 하나님을 드러내지만 또한 하나님을 감추기도 한다. 루터는 하나님의 현존의 증거나 증명으로서 성육신을 보지 않는다. 하나님은 증거될 수 없고 지적될 수 없다. 그는 다만 믿어질 뿐이다.

인간인 그리스도, 약한 그리스도, 고난 받는 그리스도, 무능한 그리스도에 대한 성육신 신학을 계속하여 루터가 강조하는 것은 두 가지의 중요한 결과를 갖게 된다. 그것은 영광의 신학(theologia gloriae)의 방법에 대한 잘못된 확신을 추구하는 것에서 인간

간구와 소원을 올렸고　송아지나 염소로 하지 않고 기도로 그 자신을 드렸다.

죽음에서 능히 구원하실 이에게　복음을 살펴본 결과 잘 알고 있는 죽음이라는 필연성에서 그를 구원하는 것이 아니고 그를 다시 살림으로.

심한 통곡과 눈물로　그가 말씀한 대로 "아버지는 그들이 하는 것을 모르기 때문에 그들을 용서한다." 그리하여 그는 그의 제사장 직분을 완전하게 했다. 이것은 그리스도에게만 일어났고 다른 제사장에게는 일어나지 않았다.

복음 전도자는 이 기도에 다하여 심한 통곡과 눈물을 언급하지 않지만, 그러나 우리는 그렇다는 것을 믿어야 할 뿐만 아니라, 또한 모든 기도 가운데 가장 완전한 기도에 대한 말에서 그는 가장 확실하게 모든 사람을 위해 자신을 드렸다는 것을 믿어야 한다.

그의 경외하심을 인하여 들으심을 얻었느니라.　이것은 하나님이 이로 인하여 그를 사랑했음을 의미하고 이렇게 그리스도는 그의 순종하는 사랑하는 아들로 증거되었다.

5:7. 그는 육체에 계실 때

사도가 '계실 때에'라고 말할 때 복수의 '때'(in the days)라는 말을 하였다. 이것은 놀

의 영혼을 보호하고 동시에 십자가 신학(theologia crucis)의 참된 확신을 준다. 인간의 방법은 증명이나 증거의 방법이지만 하나님의 방법은 믿음의 방법이다. 인간의 방법을 깨뜨리고 하나님의 방법을 만드는 것은 십자가다. 성육신의 의미에 대한 이 신학적 통찰은 루터의 신학에서 가장 중요하다. 그것은 중요한 생각을 수용한다. 곧, Regin Prenter, *Creator Spiritus*, trans, J. M. Jensen, Philadelphia, 1953; Walther von Loewenich, *Luther's Theologia Crucis*, Munich, 1933.

라운 것일 수 있다. 그는 그때에 그리스도가 사실 그 자신을 십자가 위에서 드렸던 그 유일한 날을 언급하고 있는 것이다. 왜냐하면 그는 단번에, 그리고 특별한 날에 희생되었기 때문이다. 그것은 다음과 같은 방식으로 설명할 수 있다. 그는 그 자신을 표현하는 데 히브리의 사고 형식으로 표현한다. 전체에 대해 부분을 취하며 '날들'(days)은 그의 생애 전체에 대해 집합적으로 이해한 것이다. 또 그는 자신의 생애에서 일정 부분의 시간 동안만 희생하였다는 것이다. 이같은 방식은 성경에 자주 있다. 특히 열왕기서에서 그렇다.

시리아 왕 시대(in his days)에 시리아 왕(?바빌론)이 올라오다(왕하 24:1). 어떤 일이 어떤 특수한 달이나 날, 그해 또는 하루 종일 일어나지 않아도 동일한 방식으로 우리는 어떤 일이 어느 해 또는 다른 해에 일어났거나 또는 특별한 달이나 확실한 날에 일어났다고 말한다. 사실 우리 자신은 '나의 날에' 그러한 일이 일어났다는 관용구를 사용한다. 그것은 나의 생애 동안 일어난 것을 의미한다. 그러나 나의 생애 모든 날에 일어났다는 것은 아니다.

'그의 때에'(in his days)란 구절로 충분해 보이는데 왜 그는 특별히 '그가 육체에 계실 때'(the days of his flesh)라고 말하는가? 그 이유는 그가 성경에 숙달하고 있기 때문이다. 그리스도의 인격에 두 본성, 시간적 본성과 영원한 본성을 갖고 있는 것처럼 성경은 두 종류의 날, 곧 시간적이고 영원한 날을 그리스도에게 돌린다. 왜냐하면 미가서 5:2에서 말씀하는 것과 같기 때문이다. "… 그의 근본은 상고에, 태초에니라."(그의 오심은 처음부터, 영원한 때로부터다.) 다시 '때에'(days)란 말은 집합적인 말로 이해되고 영원 자체를 의미한다. 그것은 "그가 이스라엘에 다스리는 자로서 베들레헴에 나타나기 시작할 때에" 그의 지상 존재에서 그것을 구별하기 위한 것이다. 이사야는 물론 두 시대를 분명히 구별하고 있다. 그는 "영원히 여호와를 의지하라"고 기록하는데, 문자적으로는 '영원한 시대에'(in the ages of eternity)이다. 그것은 그가 여호와인 그를 영원히 의지한다는 것을 의미한다. 이러한 의미로 우리는 시편에서 '영원히'(forever), '영원까지'(to all eternity), '세상 끝날까지'(world without end)란 표현을 갖고 있다. 우리는 디도서 1:2에서 같은 개념을 본다. "하나님이 영원한 때 전부터 약속한 것이다." 같은 이유로 우리가 주석하고 있는 구절에서 바울은 여기 이생의 시간인 '그리스도가 육체의 때에'를 이제 그리스도의 신성의 시간으로부터 구별하기 위해 말하고 있다.

5:7. 간구와 소원을 올렸고

그가 이 말을 빌립보서에서 사용하지 않았다면 간구와 소원(기도)이라는 이 두 말을 사도가 무슨 의미로 사용하는지 전혀 알 수 없다. "오직 모든 일에 기도와 간구로 너희 구할 것을 감사함으로 하나님께 아뢰라"(빌 4:6). 이 구절에서 '소원'(기도)이란 말을 그가 사용할 때 그는 우리가 원하는 것을 보여주는 요구를 의미한다. 그리고 '간구'라는 말은 간구와 탄원하는 것을 의미한다. 우리가 간구하고 탄원할 때 우리는 판단에 영향을 미치게 된다. 그리고 일반적 수사학적 방법에 의해 환경, 우리의 권리, 우리의 유기(遺棄), 우리의 적대심과 비슷한 탄원의 힘으로 간구할 때 우리는 승리한다. "아버지여, 그들을 용서하소서. 왜냐하면 그들은 저들이 하는 것을 알지 못하기 때문이니이다"라는 본문은 이 해석을 지지하는 것 같다. 왜냐하면 '아버지'란 말로, 그는 가장 간단한 방법이지만 그가 기도하는 자를 감동시킬 수 있는 가장 효과 있는 방법으로 스스로 승리했기 때문이다. 왜냐하면 아버지와 아들 사이의 사랑만큼 진실한 사랑이 없기 때문이다. "저들을 용서하소서"란 말로 그는 간구와 탄원을 의미했는데, 이 말에서 그가 추구하는 것은 죄 용서이다. "저들이 하는 것을 저들이 알지 못하나이다"란 말씀으로 그는 그의 간구의 진지함을 보여 준다. 왜냐하면 그는 동시에 죄를 경감시키고 변명하는 동안 그들의 죄를 겸손히 시인하고 인정해야 하기 때문이다. 그리고 분명히 이것은 간구를 가장 잘하는 방법이다.

이 본문을 구약의 제사의 의미의 관점으로 주목해 보아야 한다. 그리스도는 신비적으로 '사람들 가운데 선택된 제사장들'로 미리 예시되었다. 이들 옛 제사장들에 의해 드려지곤 했던 희생제사와 선물의 자리에 바울은 그리스도가 드린 '소원과 간구'를 두고 있다. 그러므로 송아지, 염소 그리고 다른 희생제사(롬 12:1과 골 3:5에서 가르친 대로 비유적인 비유로[1] 지상의 지체와 육신을 죽이는 것을 의미하는 사실을 별개로 하고)는 기도와 찬양을 드리는 것을 의

---

1. 중세 해석학의 실천에 따르면 본문의 의미를 해석할 수 있는 4가지 의미가 있다. 첫째, 문자적(literal) 의미가 있었다. 이것은 문자적으로 받아들일 때 역사적 의미로 구약의 제사장들이 바친 동물의 희생을 의미한다. 예언적 구절의 경우, 이것은 시편을 자주 포함할 것이며, 기독론적 의미였다. 다음에는, 은유적(allegorical) 의미였다. 이 해석에 의한 한 구절의 의미는 교회, 그리스도의 몸에 관해서다. 이 구절에서 루터는 옛날 동물의 희생 대신에 그리스도인은 이제 그들의 입술의 제사 곧, 찬양과 감사를 드린다는 의미를 이끌어냈다. 그 다음에 비유적인(tropological) 의미로 한 구절은 현재의 사물과 관계하여 해석되었다. 이 본문에서 루터는 제사에서 죽이는 것을 해석하는 데 육체와 그 지체를 죽이는 것으로서 해석한다. 마지막으로 상징적(anagogical)인 의미가 있다. 이것은 말세를 언급한다. 루터는 이 구절에서 형벌의 장소가 아니고, 반대로 하나님을 찬양하지 않는 곳으로 지옥을, 그리고 우리가 언제나 찬양의 제사를 드릴 수 있는 장소로서 하늘을 계속 설명한다.

미한다. 옛 제사장들이 심지어 지상의 소유물로도, 모든 상상할 수 있는 것으로도 좀처럼 도움이 될 수 없는 것을 우리의 입술로 효과를 내도록 결국 그리스도는 새 율법으로 칭의를 이룩하신다. 이것은 호세아가 말씀한 구절의 의미다. "너는 말씀을 가지고 여호와께로 돌아와서 아뢰기를 모든 불의를 제하시고 선한 바를 받으소서 우리가 숫송아지를 대신하여 주께 드리리이다(호 14:2)." 사도 자신은 그가 나중에 서신에서 말씀할 때 이 의미에 접근한다. "이러므로 우리가 예수로 말미암아 항상 찬미의 제사를 하나님께 드리자 이는 그 이름을 증거하는 입술의 열매니라"(히 13:15). 시편 50편 전체는 같은 느낌으로 쓰였다. "내 백성아 들을지어다 내가 말하리라 이스라엘아 내가 네게 증거하리라 나는 하나님 곧 네 하나님이로다. (그것은 내가 우상이 아니고 너희가 송아지를 드려야 하는 너희에 의해 만들어진 피조물도 아닌 것을 의미한다.) 내가 너희 제물을 인하여는 너를 책망치 아니하리니(내가 너희를 비난한다면 그것은 내게 제사를 너희가 드리기를 원하는 것 때문이 아니다)이다. 네 번제가 항상 내 앞에 있음이로다.(너희가 드리는 제사는 내 앞에 이미 있다.) 그 까닭은 '만물이 나의 것'이기 때문이다. 그 때문에 나중에 그는 결론을 내린다. "감사로 제사를 드리는 자가 나를 영화롭게 한다"(23절). 다시 "감사로 하나님께 제사를 드려라."(14절) (네가 네 자신을 드린다면 내게 찬양하는 것 말고 무엇을 너는 드리겠느냐?)

이사야는 첫 장에서 같은 느낌으로 말한다. "여호와께서 말씀하시되, 너희의 무수한 제물이 내게 무엇이 유익하뇨 나는 숫양의 번제와 살찐 짐승의 기름에 배불렀고 나는 숫송아지나 어린 양이나 숫염소의 피를 기뻐하지 아니하리라"(사 1:11). 그는 마지막 장에서 같은 것을 말한다. "너희가 나를 위하여 무슨 집을 지을꼬?"(사 66:1) (이것에 대해 유대인들은 한 집이 나무와 돌로 지어질 것이라고 대답하려고 할 것이다.) 그러나 여호와는 즉시 "나의 손이 이 모든 것을 지어서 다 이루었느니라"(사 66:2)고 대답하실 것이다.

그 자체의 본질적 가치와 흥미는 제쳐놓고 그 구절은 루터가 중세의 구속복(拘束服)을 입고서도 자유롭게 성경을 해석할 수 있음을 보여준다. 이 방향에서 그의 나중의 힘으로 볼 때 그는 여기서 전통적 기술을 돌파하는 것으로 보인다.
라틴어 문구는 다음과 같다.
Littera gesta docet : quid credas, allegoria.
Moralis, quid agas : quo tendas anagogia.
루터는 이것을 그의 1516-1517년의 갈라디아서 4:24의 주석에서 인용한다. *WA*, 57. (Section 2), 95,22-23. 그러나 … 결론을 내린다. sed quid speres, anagogia. Vogelsang은 p. 87 *op. cit.*, 흥미 있는 각주를 갖고 있다. 거기서 그는 그 이상의 정보를 위하여 그의 *Die Anfänge von Luthers Christologie*, pp. 16-17을 언급한다. 그 주제를 가장 포괄적으로 다루기 위해 Ebeling, *Evangelische Evangelienauslegung*, pp. 48-49를 또한 보라.

그러나 '감사의 제사'라는 표현이 경건치 못한 자가 하나님께 감사하는 것까지 믿음의 표식(brand)을 의미하는 것으로 이해돼서는 안 된다. 그것은 시편 48:18에서 언급하고 있다. "당신이 그를 복 주시는 때 그는 당신에게 감사하리라." 반대로 그의 고난 가운데서 하나님께 감사하는 자를 말한다. "내 이름을 위하여 내가 노하기를 더디 할 것이며"(사 48:9)(나는 너를 저주하지 않을 것이다.) "네가 망하지 않도록 너의 입을 나의 찬양으로 재갈 먹일 것이다."(고난과 연단 가운데서) 이런 복은 사람이 비록 심한 슬픔과 죽음의 고뇌에 있더라도 말로 하나님을 여전히 노래할 때 일어난다. "여호와여 주는 의로우시고 주의 판단은 정직하시나이다"(시 119:137). 강도가 십자가에서 말한 것처럼 "우리는 마땅히 심판 받아야 한다. 왜냐하면 우리는 우리의 행위의 보응을 받고 있는 것이기 때문이다"(눅 23:41). 그리고 다윗이 시편 119:54에서 말씀한 대로다. "나의 나그네 된 집에서 주의 율례가 나의 노래가 되었나이다."(나의 환난은 하나님의 심판 또는 명령이다.) 같은 생각이 시편 42:8에서 표현된다. "낮에는 여호와께서 그 인자하심을 베푸시고 밤에는 그 찬송이 내게 있도다." 이것은 어두움의 시간에 (환난 때에) 하나님은 인간이 감사로 노래하고 기뻐하기를 명령한다는 것을 의미한다. 그러므로 형벌이 거기 있기 때문에 지옥이 되는 것이 아니고 하나님께 감사하는 것이 없기 때문에 지옥이 되는 것이다. 그것을 시편 6:5은 말씀한다. "사망 중에서는 주를 기억함이 없사오니 음부에서 주께 감사할 자 누구리이까?" 하나님은 그의 의(義)로 그러한 사람들을 기뻐하시지 않는다. 똑같은 방식으로 천국은 거기에 기쁨이 있기 때문이 아니고 하나님께 감사하는 것이 거기에 있기 때문이다. 시편 84:4은 그것을 말씀하고 있다. "주의 집에 거하는 자가 복이 있나이다 저희가 항상 주를 찬송하리이다." 하나님은 그러한 자들을 기뻐하고 하나님이 그들을 기뻐하기 때문에 그들은 기뻐한다. 그러므로 하나님의 아들로서 그리스도인은 언제나 기뻐해야만 하고 노래해야만 하고 결코 두려워해서는 안 된다. 그는 언제나 불안과 걱정에서 자유해야 한다. 그리고 계속해서 하나님을 자랑해야 한다.

5:7. 그의 경외하심을 인하여 들으심을 얻었느니라.

이 경외(reverentia)란 말은 명확하지 않은 말이다. 그리고 이 말은 몇 가지 의미[경외, 두려움, 무서움, 존경, 관심]를 가지고 있다.

어떤 사람들[1]은 그리스도에게서 나타난 경외를 수동적인 의미로 이해한다. 그가 하나님의 아들이기 때문에, 그리고 하나님에 의해 제사장으로 소명을 받았기 때문에 다른 누구보다도 더 경외함이 있었다.

다른 사람들[2]은 희랍어 율라베이아(*eulabeia*)에 일치하는 말로 되돌아간다. 이 말은 경건(*pietas*)[신들, 자신의 부모, 자녀들, 친척들, 은인들을 향해, 자기 조국을 향해, 때로는 정의 또는 사랑, 연민과 동정 때문에 충성스러운 행위]은 물론이고 경외(*reverentia*)를 의미한다. 이러한 사람들은 아버지의 아들에 대한 사랑의 맥락에서 이 말을 받아들인다. 이 의미가 내게는 가장 훌륭한 의미다. 그 의미는 오히려 이와 같을 것이다. 우리의 죄 때문에 우리는 철저히 하나님의 진노를 받아야 하지만 우리의 죄에도 불구하고 그는 우리를 위해 그의 아들[그리스도]의 간구를 들을 수 있는 아버지의 사랑을 갖고 있고 그것은 자연스럽다. 결과적으로, 우리의 죄가 드러나게 해라. 그렇지 않으면 그 죄는 하나님이 모든 것을 우리에게 부인하는 것이 되며, 그가 그의 아들을 부인할 수 없는 것은 사랑 때문이다. 이 주장으로 사도는 이 본문에 의해 하나님을 믿는 우리의 믿음을 이끌어 낸다. 왜냐하면 하나님이 우리를 바라보는 것은 죄로부터 바라보는 것이 아니고 그의 사랑으로부터 바라보기 때문이다.

셋째,[3] 경외(*reverentia*)는 능동적인 개념으로 이해될 수 있다. 그래서 그리스도는 아버지를 경외한다. 하나님을 멸시하지 않는 인간이 없기 때문에 모든 사람 가운데 그만이 하나님을 경외했다고 말할 수 있기 때문이다. 그것은 이사야가 말한 대로다. "여호와의 영이 그를 충만하게 할 것이다." 사실 시편 13편은 우리 모두에 대해 말씀한다고 할 수 있다. "그 목전에는 하나님을 두려워함이 없다"(시 36:1). 실제로 시편 54:3에서 "그들은 하나님을 자기 앞에 두지 아니하였기 때문이다"란 말씀이 인간을 언급하는 것처럼, 다시 시편 16:8에서는 "내 목전에 여호와가 있으니"란 말씀은 그리스도를 언급한다. 왜냐하면 하나님을 경외하는 것은 하나님을 최고로 예배하는 것이기 때문이다. 어떤 사람은 경외가 사랑보다 더 좋은 것이라고 말한다. 왜냐하면 야곱이 '경외하는'이라고 말하면서 하나님을 부르기 때문이다. "나의 아버지 아브라함의 하나님,

---

1. Paul of Burgos.

2. Erasmus, and Lefevre d'Etaples.

3. So Gl. *ord.*, *Gl. interl* and *Lyra*.

곧 이삭의 경외하는 이가 나와 함께 계시지 아니하셨더면, 분명히 당신은 나를 공수로 돌려보냈을 것이다"(창 31:42). 이 때문에 히브리인들은 신성에 대한 명칭 가운데 '경외'를 숫자에 넣는다. 이사야 8:13은 이것에 대해 분명한 암시를 한다. "그들의[불신자의] 두려워하는 것을 너희는 두려워하지 말며 놀라지 말고 만군의 여호와 그를 너희가 거룩하다 하고 그로 너희의 두려워하며 놀랄 자를 삼으라 그가 거룩한 피할 곳이 되시리라." 이 때문에 구약의 위대한 조상들은 그들이 하나님을 경외할 것을 명령받는다. 다윗은 그의 마지막 말씀과 그의 위대한 마지막 찬양에서 경외를 찬양하였다. 그리스도의 나라를 예언하는 것은 하나님을 경외하는 데서 유지될 수 있을 것이다(삼하 23:3). 거기서 "사람을 공의로 다스리는 자, 하나님을 경외함으로 다스리는 자여"라고 말씀한다. 그러므로 이것은 그 의미가 된다. 그리스도가 들으시는 것은 우리 자신이 합당하다고 증거되었기 때문이 아니다. 반대로 우리는 경외(reverentia)라는 이름의 덕성을 아무것도 갖지 못하기 때문에 우리는 가장 합당치 않다. 그리스도는 그의 경외가 합당하기 때문에 들으시고 매우 합당하지 못하고 불경하다 해도 들을 수 있는 그러한 경외다.

5:8.

Gl. 29:5. 그가 아들이시라도　　그는 정말로 이러한 의무를 해야 하는 종 [주인으로]이 아니었다.

받으신 고난으로 순종함을 배워서

온전하게 되었은즉　　완전하게 되고 회복되게 된

그는 … 이 … 되시고

"그리스도가 고난을 통해서 완전하게 되었다"라고 가르친 위의 묘사된 방식으로, 그리스도는 모든 면에서 대제사장이 될 적당한 사람이 되셨다. 그는 우리 약함을 공감할 수 있는 그 자신의 고난으로 순종함을 배웠다.

자기를 순종하는 모든 자에게 … 근원(주)이 되시고　　위에서 "고난으로 말미암아 온전케 된 그들의 구

원의 주”로 그를 믿는 모

든 자_(히 2:10)

영원한 구원의

5:9. 자기를 순종하는 모든 자에게 영원한 구원의 근원

인간 그리스도는 말씀하는 대로 구원의 주(author)와 중보자(mediator)이시다(*causa media*). 그는 이 증거(token)로 이해하는 것과 사랑하는 것의 우리의 능력의 주(*causa*)이고 표징(*signum*)이다. 이사야 11:10에서 말씀한 대로 “… 이새의 뿌리에서 한 싹이 나서 만민의 기호(*signum*)로 설 것이요.” “여호와께서 열방을 향하여 기호를 세우시고 이스라엘의 쫓긴 자를 모으시며”(사 11:12). “그날에는 방언이 다른 열국 백성 열 명이 유다 사람 하나의 옷자락을 잡을 것이라”고 말하면서 “우리가 너희와 함께 가려 하노라”(슥 8:23)고 하신다. 다시 예레미야는 띠가 사람의 허리에 속하는 것으로 그리스도의 백성을 비교한다(렘 13:11). 다시 그리스도는 모든 종류의 용기가 걸려 있는 못에 비교된다(사 22:23). 이 모든 비유와 예언은 아버지가 자기에게 사람을 이끄는 힘을 의미한다. 그리스도의 계시로 말미암아 이 힘에 의해 인도되고, 믿음으로 그리스도께 붙어 있는 사람은 누구나 구원을 받는다. 왜냐하면 그리스도께 붙어 있는 것은 “그에게 순종하는 모든 사람”을 말할 때 언급되는 것이다.

5:11. 너희의 듣는 것이 둔하므로

희랍어로 “너희가 느리고 게을렀으니”란 말이 더 좋다. 왜냐하면 계속되는 말과 더 잘 어울리기 때문이다. 왜냐하면 그들은 성경을 이해하기 위해 부지런히, 그리고 열심히 성경을 공부해 성경을 잘 이해하는 사람이 되어야만 했다는 주장이기 때문이다. 이제 그들은 잠들었고 젖과 꿀이 흐르는 약속의 땅인 성경에 대해 공부하지 않았다. 잠언 말씀은 정확히 그 경우에 맞는다. “내가 게으른 사람의 밭과 지혜 없는 자의 포도원을 지나며 본즉 가시덤불이 퍼졌으며 거친 풀이 지면에 덮였고 돌담이 무너졌도다”(잠 24:30). 이 유비(analogy)는 성경이 무시되고 오직 가시 많은 견해가 되었고, 당황하게 하는 질문과 맹렬한 다툼이 되었다. 그리고 성경은 전적으로 싫고 경시되는 모습을 가졌다.

5:12. 때가 오래므로 너희가 마땅히 선생이 될 터인데 너희가 다시 하나님의 말씀의 초보가 무엇인지 누구에게 가르침을 받아야 할 것이니

하나님의 말씀[1]의 문제에서 사도는 진보한 학생들과 단지 초보자 사이를 분명히 구별한다. 이것을 근거로 우리는 학습 과정에서 발전하는 자의 제3의 범위를 허락해야 한다. 이 구별은 다음의 제 4:4에서 언급한 신학적 접근의 3중 구별보다 더 쉽다. 곧, 상징적이고, 전체적이며, 신비적이며 자주 감각적이고, 이성적이며, 영적이다. 아레오바고 디오니소스는 alogos란 말 곧, 비이성적인 것에 의해 마지막 접근을 묘사한다. 그것은 그 말이 말이나 이성에 의해 파악되거나 이해될 수 없고 다만 경험에 의해서만 된다는 것을 의미한다. 상징 신학은 하나님을 아는 지식은 비유, 감정, 표상의 수단으로 주어질 수 있다고 가르치는 신학이다. 마치 그것은 하나님을 아는 지식이 성전, 장막, 방주, 희생 제사같은 것에서 찾을 수 있다고 유대인 가운데 전에 한때 가르쳤던 대로다. 이런 것들은 그들의 노래, 오르간 같은 것에서는 물론이고 교회의 표상들과 장식에서 오늘날도 그리스도인들 가운데 용납된다.

5:13.

대저 젖을 먹는 자마다	표상이나 그림에 근거한 저급한 가르침
의의 말씀을 경험하지 못한 자요	곧, 믿음과 성령에 대한 관심인 칭의 교리를 이해하지 못한.
어린아이니	그의 신학은 상징적이고 감각으로 경험을 인지하게 된다.
단단한 식물은 장성한 자의 것이니	영적인 자
저희는 지각을 사용하므로 연단을 받아	오랜 습관으로 그들의 생각과 지성은 뻗어 나아갔다.

---

1. 참고. 루터의 4:1의 주해. p. 109.

곧, 영으로부터 문자를 분별하는 것이다. 왜냐하면 비유적이고 상징적이며 오직 문자일 뿐 그것은 사망이다.

제 6 장

Gl. 30:23. 사도가 이 처음 장들에서 히브리인이 둔하다고까지 부르는 무지를 꾸짖기 때문에, 이 장에서 그는 이제 다시 그들을 살리고 민감하게 하고 그들을 완전한 이해로 인도한다.

Gl. 30:18.

6:1. 그러므로	그래서 그들은 믿음에서 으뜸이 될 수 있다. [히브리인들은 젖이나 먹는 아기가 아니고 단단한 음식을 먹는 어른이 되기를 원해야 한다. 유대교는 젖이다. 기독교는 단단한 음식이다. 젖은 단단한 음식을 먹기 위한 준비의 단계라고 루터는 앞장의 비유를 계속한다.]
버리고	초보의 교훈을 버리고 새로운 시작을 하라.
그리스도 도의 초보	그리스도를 아는 지식이 처음으로 시작하는 믿음의 초보
나아갈지니라	빼앗거나 붙잡거나 겪어내다.[1]
완전한 데	곧, 그리스도를 아는 완전한 지식.

다시 살펴보는 부분에서 그는 '그리스도에 대한(초보의) 말씀'이란 말을 설명한다. 베드로 역시 우리가 주 예수 그리스도를 아는 지식에서 자라기를 가르친다. 우리 주, 곧 구주 예수 그리스도의 은혜와 저를 아는 지식에서 자라가라(벧후 3:18).

---

1. 이 주해에 특별한 관심이 있다. 거기서 번연(정확한 루터 해석자)은 같은 동사를 사용한다. 율법 종교를 추구하므로 잃어버린 자가 된 순례자는 믿음으로 의롭게 되는 것을 번연이 상상하는 문지방으로 표현하는 좁은 문으로 들어가기를 복음주의자에 의해서 다시 설득을 받는다. 이 점에서 그리스도인은 "곤란을 겪는다." 그 구절은 "… 그리스도인이 들어갈 때 다른 사람은 그를 끌어당기었다."라고 읽는다.

회개의 터를 계속하여 다시 닦지 말고	자기의 죄를 고백해야 하는 세례 의식.
죽은 행실을	그러나 선한 행실. 이 선한 행실로 우리는 그리스도를 아는 지식에서 자라는 것을 시작해야 한다.
그리고	터를 다시 닦지 않음
하나님께 대한 신앙	
6:2. 세례들과 안수와 죽은 자의 부활과 영원한 심판에 관한 교훈	왜냐하면 이러한 것들은 그리스도인을 세우기 위해 더 이상 설교되지 않는 교훈이기 때문이다. [루터는 이 교훈이 중요하지 않고 그 위에 세우는 기초라고 그 의미를 말한다.]
6:3. 하나님께서 허락하시면 우리가 이것을 하리라	당장, 즉시

6:1. 그러므로 우리가 그리스도 도의 초보를 버리고 죽은 행실을 회개함과 하나님께 대한 신앙의 터를 다시 닦지 말고 완전한 데 나아갈지니라.

6:2. 세례들과 안수와 죽은 자의 부활과 영원한 심판에 관한 교훈의

어떤 해석자들[1]은 이 말씀이 세례가 자주 주어져야 하고 신앙고백이 계속 다시 행해져야 한다고 생각한 자들에게 사도가 언급했다고 늘 주장하였다. 그들은 사도가 언급한 말 때문에 이 견해를 택했다. 곧, 하나님을 믿음, 그리스도를 믿음, 성령을 믿

---

1. 크리소스토무스, 르페브르 데타플레.

음, 하나의 세례를 믿음, 죄 용서를 믿음, 영생을 믿음은 세례를 받기 위해 교리문답 훈련을 받으려고 하는 지원자에게 전해진 신앙고백이다. 그리고 그런 것들이 신앙의 초보라고 말하는 까닭이다. 왜냐하면 초보적인 것들 가운데 가르침이 있기 때문이다. 이것은 사도신경에서도 분명하다. 사실 단번에 세례를 받게 될 때에 성인(adults)들이 유아보다 오히려 세례 예식에서 엄숙하게 되곤 하였다. 왜냐하면 오늘날 대부분의 세례 받는 사람들은 성인들보다 오히려 유아들이다. 이 신앙고백들은 단순히 세례를 위한 지원자에게 읽혀진다. "하나님의 말씀에 근거한 첫 원리들(위의 5:12을 보라)의 초보가 되는 것, 곧 그리스도인 삶의 초보적인 것들에 대한 교훈에 근거한 첫 원리들의 초보가 되는 것은 이러한 조항들이다. 이런 것들은 단번에 행해졌고 다시 행하는 것이 불가능하다.

그러므로 모든 신학자들은 세례의 성례와 견신례는 반복되지 않는다고 주장한다. 크리소스토무스는 같은 견해를 갖고 다음과 같이 쓰고 있다. "신자들이 유혹받을 수 있고, 아마도 잘못 인도받을 수 있고 사악하게, 그리고 생각 없이 살 수도 있기 때문에 그는 '주의하라'고 명령한다. 그것은 말씀한 대로가 아니다. 우리가 생각 없이 살고 있기 때문에 우리는 세례문답을 다시 할 것이고 다시 세례를 받을 것이다. 그리고 우리는 성령을 다시 받을 것이다. 그래서 우리가 아주 작은 정도에서 믿음으로부터 떨어지면 우리는 다시 세례를 받게 될 수 있다. 우리의 죄를 씻고 같은 유익을 얻을 수 있다면 우리가 처음 세례 받았을 때 우리는 이미 같은 유익을 받았다고 생각한다. 저자는 '그것은 불가능하다'(히 6:4)고 분명하게 말씀한다. 불가능한 것을 바라지 말라. 그는 그것이 유리하다거나, 유익하지 않고, 허용되지 않는다고 말하지 않았다. 그는 '그것은 불가능하다'고 말했다. 그러므로 그는 그들을 실망시켰다."

저자는 복수로 세례를 말할 때(히 6:2) 그는 단수 형태를 위한 의무를 복수 형태가 하게 하거나 어떤 사람들이 그것을 가지려고 할 때[1] 그는 그들이 몇 번이고 다시 세례 받을 수 있다고 생각하는 자들 때문에 그렇게 말한다.

---

1. 르페브르 데타플레.

6:1. 완전한 데 나아갈지니라. (문자 그대로 말하면 더 완전한 것에 나아가자.)

크리소스토무스가 말한 대로 '더 완전한 것들'이란 '좋은 삶'을 의미한다. 그것이 어떤 종류의 삶인지 야고보는 말한다. "인내를 온전히 이루라"(약 1:4). 그리스도가 또한 말씀한 대로 "좋은 땅은 인내로 열매를 맺느니라"(눅 8:15). 우리는 서신에서 곧바로 다음에 표현된 동일한 개념을 갖는다. "우리가 간절히 원하는 것은 너희 각 사람이 동일한 부지런함을 나타내어 끝까지 소망의 풍성함에 이르는 것이다"(히 6:11). 왜냐하면 환난을 통해 유지된 인내는 형식과 사물들, 그리고 모든 보이는 것들로부터 영혼을 자유하게 하고 보이지 않는 것들에 대한 소망을 갖게 하기 때문이다. 바울은 그것을 로마서에서 표현한다. "… 환난은 인내를 인내는 연단을 연단은 소망을 이루는 줄 앎이로다 그리고 이 소망은 부끄럽게 되지 않는다"(롬 5:4).

6:6. [한번 비침을 얻은 자들의 경우에 그것은 불가능하다.] 그리고 타락한 자들은 다시 새롭게 하여 회개케 할 수 없나니 [이는 자기가 하나님의 아들을 다시 십자가에 못 박아 현저히 욕을 보임이라].

Gl. 32:12. 하나님의 아들을 다시 십자가에 못 박아

이 말씀은 우리 옛사람이 그리스도와 함께 십자가에 못 박혔고 또한 우리 가운데 세례 받은 사람은 그의 이름[1]으로 세례 받았다고 말씀하는 로마서 6:6과 일치한다. 그러므로 만약 세례를 다시 받는 것이 필요하면 그때는 마찬가지로 다시 십자가에 못 박는 것이 필요할 것이다. 이러한 결과는 처음 십자가에 못 박힘에서 그 못 박힘의 진정한 가치를 빼앗는 것이 되고 말 것이다.

어떤 주석가들은 이 말씀을 어떤 방법으로 또는 다른 방법으로 죄로 타락한 사람들과 관계하여 사도가 말한 것으로 받아들인다. 그리고 노바티안(Novatians)[2]의 오류

---

1. 그의 죽음으로(롬 6:3).

2. 노바티아니즘(Novatianism)은 3세기 로마 교회에 분열을 일으켰다. 그것은 교회에서 첫 번째 분열이었다. 지도자, 노바티안(Novatian)은 지상에서 순수하고 영적인 교회를 만드는 일에 자신을 바쳤다. 노바티안들은 우리가 나중에 청교도로서 묘사한 바 있다. 그리고 실제로 자신들을 그렇게 불렀다. 곧, 카다리(Cathari)라고 불렀다. 그들은 신앙에서 정통이었고 그들의 분열은 훈련에서 완전히 그 근거를 발견하였다. 그들은 세례 받은 후에 중대한 죄를 회개하는 효력을 부인하였다. 그것은 그들의 특별한 역사적 상황에서 박해 때에 머뭇거리고 타락한 신자들을 다시 받아들이는 것을 의미하였다. 분열은 로마와 세계의 다른 곳에서 상당 기간 계속되었다. 그러나 결국 혈족 관계의 프리기아(Phrygia)에서 그 교회의 성도들, 은둔자들과 수도사들과 함께 자신들의 영속적인 고향을 발견하였다.

를 피하기 위해 이런 주석가들은 '불가능한'이란 말의 의미를 억지로 바꾸고 그 자리에 '어렵다'란 말을 집어넣었다. 그러나 그것은 성경의 분명한 말씀을 다른 의미로 왜곡시키는 위험을 가져오기 때문에 우리는 문맥이 그것을 요구하는 곳들을 제외하고는 이런 일이 일어나도록 허락하지 않는다. 그 이유는 결국 성경의 전체 권위가 약화되지 않도록 하기 위해서다.

히에로니무스에게 보내는 편지에서 아우구스티누스는 어떤 해로운 거짓말을 언급하는 것으로 사도의 말 "나는 거짓말을 하지 않는다"(갈 1:20)를 이해해서는 안되고, 히에로니무스가 그것을 선한 청지기직 문제(dispensatorio)로 표현한 것처럼 오히려 상징적 표현(offitioso et simulatorio)으로 이해하기를 원한다.[1] 더욱이 이러한 해석으로, 주석가들은 노바티안의 오류도 피하지 못하고 그것을 분쇄하지도 못할 것이다. 왜냐하면 하나님이 어떤 죄인을 다시 의롭다하는 것이 아주 어려운 것처럼 인간이 어떤 죄 위에 그 자신을 세우는 것은 불가능하기 때문이다. 그러므로 진리는 확인되는 것이고 이단은 가능한 다른 본문으로부터 논박 받게 되는 것이다.

그러나 회개는 항상 죄인에게 가능성을 남겨 놓는다. 바울은 이렇게 말씀한다. "또 내가 다시 갈 때에 내 하나님이 나를 너희 앞에서 낮추실까 두려워하고 또 내가 전에 죄를 지은 여러 사람의 그 행한 바 더러움과 음란함과 호색함을 회개치 아니함을 인하여 근심할까 두려워하노라"(고후 12:21). 그리고 다시 고린도전서 5:5에서 그가 그의 영혼이 구원받고(곧, 회개로) 그의 육신의 멸망을 위해 자기 아버지의 아내에게 부정을 저지른 사람을 사탄에게 넘겨주었다고 말씀한다. 같은 방식으로 그는 디모데와 디도에게 하나님의 말씀이 경건하지 않은 사람들과 이단들이 어느 정도 변화되었는지 온유함으로 인도해야 한다고 충고하였다.(참고: 딤전 3:5, 5:1; 딤후 2:25; 딛 1:7 이하; 딛 3:10.) 사실, 회개가 없다면 갈라디아서 전체는 아무것도 아니다. 왜냐하면 서신에서 토론한 것은 실제의 죄가 아니고 모든 죄 중에 가장 큰 죄, 불신의 죄로 그들은 그리스도로부터 율법 종교로 결함을 갖게 되었기 때문이다. 더욱이 사람들은 구약 성경에서 가장 거룩한 다윗이 세 번 죄 짓고 여러 번 다시 일어났다는 것을 읽는다. 비슷하게 요셉의 형제들 역시 살해자였으나 회개로 회복되었다. 그리고 이단(노바티안)이 그들 자신을 신약에

---

1. Hirsch-Rueckert와 Vogelsang 의미를 주기 위해 이 문장을 교정하는 것이 적합하다고 생각한다. 번역자는 *WA* 본문을 따른다. 그러나 그 본문을 자유롭게 번역한다.

근거하고 있다고 흠 잡지 않도록, 베드로가 모든 제자들과 함께 믿음에서 떨어졌고 그들 각자는 도망갔으나 마지막에 회복되었다는 것을 그들에게 상기시키도록 하라.

또한 이 구절을 주석하면서 사도는 이 구절에서 믿음으로부터 불신으로 타락하는 것을 말하는 것으로 이해했다. 또 이 구절은 인간이 그리스도를 떠나 자신의 의로운 행위로 구원받을 수 있다고 생각하는 견해를 말하는 것이다. 그런데 그것은 절대 불가능하다. 그는 이 장 처음(6:1)에 이것을 말하고 있다. 왜냐하면 사람이 믿음과 그리스도인의 삶의 시작에 대한 그리스도의 교훈을 빠뜨릴 수 있기 때문이다. 이것은 그리스도로 시작한 사람이 나중에 타락하고 구원의 다른 방법을 추구하는 사람들을 위해 말하는 다른 방법이다. 곧, 행위의 의로 자기가 정한 방법을 의미하고, 이것으로 새롭게 되는 것은 불가능하다. 이것은 그 의미가 10:26에서 나중에 충분히 지적된 것으로 보이는 것이다. 거기서 "만약 우리가 짐짓 죄를 범한즉 … 다시 속죄하는 제사가 없고"라며 그는 말씀한다. 타락한 자에게 그렇게 엄격하게 사도가 말씀한 것은 초대교회에 아주 절실한 필요였다. 왜냐하면 그때에 믿음이 뿌리를 내린 후에 도덕을 변화시키는 위험이 있을 뿐만 아니라 더 나쁜 것이 있는데, 믿음이 심겨진 후에 바로 그 믿음 자체를 변화시킬 위험이 있기 때문이다. 사도는 다른 서신에서 이것을 걱정하고 있다.

6:7-8. 땅이 그 위에 자주 내리는 비를 흡수하여 밭 가는 자들의 쓰기에 합당한 채소를 내면 하나님께 복을 받고 만일 가시와 엉겅퀴를 내면 버림을 당하고 저주함에 가까워 그 마지막은 불사름이 되리라.

Gl. 32:15. 그는 그 의미를 설명하고 위대한 교사와 설교자와 같이 아름다운 비유로 더 단순하게 사람의 유익을 구하고 있다. 이것은 수사학자들의 가장 훌륭한 비유와 문학 스타일의 특징으로 볼 수 있다.

크리소스토무스와 아우구스티누스는 성경의 교훈을 위해 비를 내세우는 이사야 5:6을 말씀한다. "내가 또 구름을 명하여 그 위에 비를 내리지 말라 하리라." 그러나 이 문맥에서 그는 회당에 대해 말하고 있음이 분명하다. 왜냐하면 그는 "만군의 여호와의 포도원은 이스라엘 족속이요 그의 기뻐하시는 나무는 유다 사람이라 그들에게 공평을 바라셨더니 도리어 포악이요 그들에게 의로움을 바라셨더니 도리어 부르 짖음이었도다"라는 다음 구절을 계속해서 말하기 때문이다. 그것은 "가시와 엉겅퀴가 거기서 자랄 것이다"(앞의 구절에서)란 구절로 그 상태를 설명하고 있다. 그는 45:8에서 "너 하늘이여 위에서부터 의로움을 비같이 듣게 할지어다 궁창이여 의를 부어내릴지어다"라고 같은 것을 말씀한다. 다시 또 시편 68:9에서 "하나님이여 흡족한 비를 보내사 주의 산업이 곤핍할 때에 견고케 하셨다"라고 하였다. 미가서 2:11에서도 "내가 포도주에 대하여 네게 예언하리라 할 것 같으면 그 사람이 이 백성의 선지자가 되리로다"라고 말씀한다. 이러한 문제들은 성경의 신비를 우리가 배울 수 있도록 기록하고 있다. 시편 78:23이 본보기가 된다. "그가 하늘의 문을 여시고 비같이(만나를) 그들에게 내리셨다." 그 비유의 말씀은 믿음[1]에 대한 교훈이 하늘로부터 주어진 것이란 것을 의미한다. 그래서 신명기 11:10에서 "네가 들어가 얻으려 하는 땅은 네가 나온 애굽 땅과 같지 아니하니 거기서는 너희가 파종한 후에 발로 물 대기를 채소밭에 댐과 같이 하였거니와 너희가 건너가서 얻을 땅은 산과 골짜기가 있어서 하늘에서 내리는 비를 흡수하는 땅이요"라고 말씀한다. 그것은 교회가 자신에게 교회 자신의 교리를 가르치지 않고 하나님이 가르치신다는 것을 의미한다.[2] 이사야가 "네 모든 자녀는 여호와의 교훈을 받을 것이니"(사 54:13)라고 같은 말씀을 한다.

6:9. 사랑하는 자들아 … 우리는 너희에게서 나온 것을 확신하노라.

GI. 33:15. 그는 위협의 엄격성을 대단히 친절하게 완화시킨다. 그는 두려움과 실망[3]으로 그가 초대한 자들을 몰아가기보다 믿음의 교리의 매력을 통해 그들의 의욕

---

1. 신앙의 교리(Doctrina fidei); 루터는 여기서 믿음으로만 의롭게 되는 교리를 언급한 것이 분명하다. 그가 행위로 의롭게 되는 교리와 그 교리를 비교한 것 또한 분명하다. 믿음으로 의롭게 되는 교리는 하늘로부터 오고 하늘의 권위를 갖는다. 다른 교리(행위로 의롭게 되는 교리)는 인간으로부터 오고 오직 인간적 권위를 갖는다. 믿음의 종교와 행위의 종교 사이에 이같은 비교는 루터의 초기 신학적 입장의 중심이었고 후기 논쟁의 결과가 아니다.

2. 루터가 자기의 새로운 복음적 신학을 어떻게 표현하는지 보라. 그러나 스콜라 신학의 해석학 방법에서 해방되지 않았다는 것을 주목하는 것이 이 구절에서 특별히 재미있다(모든 인용은 벌게이트로부터 인용하지 않는다).

3. 루터는 여기서 믿음으로만 의롭게 되는 그의 교리를 언급하고 있다. 인간이 값없이 공로 없는 믿음으로 말미암는 하나님의 은혜를 도용(盜用)한다면 그는 외적 율법에 대한 강요 아래 더 이상 있지 않다. 그러나 오히려 하나님의 창조에 효력을 내는 것이고 율법을 넘어 역사한다. 이것은 언제나 행위의 의와 대조된다. 그 의로 인간은 율법 아래 산다. 그리고 그의 불순종의 결과를 두려워하므로 더 좋은 순종으로 율법이 이끄는 데 실패할 때, 그리고 실제로 인간이 율법을 지킬 수 없는 계속적인 실망의 상태에 있을 때 인간은 율법 아래 산다.

을 가진 사람들을 얻을 수 있도록 완화시킨다.

그는 크리소스토무스가 기록한 것처럼 "느린 사람을 때리는 사람은 그를 더 느리게 만든다"라고 말한다. 그 때문에 크리소스토무스는 덧붙인다. "… 그가 그들을 무서워하게 하고 위협한 후에, 그가 더욱 더 그들을 버리지 않도록, 그리고 땅바닥에 그들을 던지지 않도록 다시 그들에게 관심을 가졌다. 왜냐하면 죄인들이 상처만 받고 실망으로 몰리는 방법으로 꾸중을 받아서는 안 되고, 그들이 소중히 여겨져야 하고 민감하게 순종하여야 하기 때문이다. 그들이 어느 정도 칭찬 없이 책망만 받지 않고 어떤 꾸중 없이 칭찬만 받지 않는다면 그것이 가능할 것이다. 사도는 여기서 모든 점에서 그들을 박해하지 않고 또 모든 점에서 그들을 기쁘게 하지도 않는다. 요한은 계시록 2:3에서 교회의 일곱 천사들을 칭찬도 하고 저주도 한다. 비슷하게 사도는 갈라디아서에서 먼저 갈라디아인을 책망하고 그 다음에 칭찬한다. 사실 모든 편지에서 그는 이 두 가지를 실천하고 있다. 동일한 경향이 예언서에서도 발견된다. 예언자들은 한 번은 백성들에 대해 좋은 점을 말하고 다른 경우에는 가장 나쁜 것을 말한다. 궤양은 열어 절개돼서는 안 되고 남겨놓아서도 안 되고 렌싯으로 절개한 후에 석고로 치료돼야 한다.

6:10. 하나님이 불의치 아니하사 너희 행위와 그의 이름을 위하여 나타낸 사랑으로 이미 성도를 섬긴 것과 이제도 섬기는 것을 잊어버리지 아니하시느니라.

(GI. 33:7: 하나님의 말씀의 사도들과 설교자들.)

사도의 경우에(롬 15:25) 성도들을 언급하는 사역은 사도들과 다른 성도들이 수집이나 헌금하는 것으로 이해된다고 해도 우리는 성경에서 발견한 정상적인 방법에 우리 자신을 적응시켜야 한다. 성경에서 그리스도의 이름을 믿는 많은 사람들을 '성도'라고 부른다. 크리소스토무스는 이 맥락에서 동일한 것을 말한다. 그리스도의 이름으로 세례 받고 고백한 자를 '성도'라고 부르지 않는다면 그리스도에게도 이웃에게도 그것은 모두 해가 된다. 같은 이유로 어려움에 처해 있는 이웃에게 보여준 모든 봉사는 이 개념에서 사역으로 이해된 것이다.

6:11. 우리가 간절히 원하는 것은 너희 각 사람이 동일한 부지런을 나타내어 끝까지

소망의 풍성함에 이르러

다시 그가 배우려고 하는 자들을 가르치는 것이 그의 실제 예다. (크리소스토무스가 말한 대로) 그는 "우리는 원한다"고 말하지 않는다. "나는 권위의 맛을 원한다." 그러나 "우리는 아버지의 사랑의 맛을, 아니 더 좋게 형제 사랑의 맛을 바란다." 행위를 바로잡는 데 열정을 가진 그들은 곧, 사랑을 배척하고 폭력과 조급함으로 지배한다. 그들의 설교의 한 구절도 관심없이 지나치기를 원하지 않는 자들이 그들의 역할을 위해 그 설교에 대해 전혀 관심을 갖지 않는 것이 일반적인 경우다.

6:12. 게으르지 아니하고 믿음과 오래 참음으로 말미암아 약속들을 기업으로 받는 자들을 본받는 자 되게 하려는 것이니라.

그는 믿음과 오래 참음을 참으로 훌륭하게 연합한다. 왜냐하면 믿음은 우리 마음이 하늘의 것을 꼭 붙잡게 하며, 믿음 자체를 보이지 않는 세계로 도취시키고 그리로 방향을 잡게 하기 때문이다. 바로 그 사실 때문에 인내가 필요하다. 인내는 유혹의 시간뿐만 아니라 외부 세계가 유혹에 크게 대항하는 때에도 도움이 된다. 그리하여 시편이 '잿더미 한가운데에'(*inter medios cleros*)(시 68:13)라고 말씀한 대로 믿음의 사람을 하늘과 땅 사이에 있게 한다. "그는 잠 들지어다!" 그것은 그리스도 안에서 그를 들어 올리고 못 박게 하라는 뜻이다. [본문은 여기서 문장의 간결함과 그 문장의 많은 암시 때문에, 또 히르쉬 루에카(Hirsch-Ruecker)와 포겔상(Vogelsang)이 그것을 약간 다르게 해석하기 때문이다.] *WA* 본문이 여기에 계속된다. 그 구절의 의미는 믿음이 모든 사람에게 십자가를 가져오고 인내는 그가 시험 받을 때, 그의 믿음을 지탱시키는 데 도움이 되는 것으로 보인다. 들어 올리고 십자가에 못 박히는 이러한 경험에서 그는 두 세계 사이에 있고 하늘과 땅 사이에 매달려 있다. 포겔상(Vogelsang)은 우리 모두가 직면하고 다음 세계를 기다리는 자연적이고 궁극적인 죽음으로 자신이 계속해 죽어가는 것을 루터가 연결시키는 곳을(*ad loc*) 가리킨다. 그리고 여기서 두 세계에 연결되는 믿음의 사람에 대한 루터의 해석에 관계된다. 번역.]

6:13. 하나님이 아브라함에게 약속하실 때

크리소스토무스는 다음과 같이 쓰고 있다. "사도가 앞의 말씀에서 형벌의 위협으로 그의 독자들을 놀라게 한 것과 꼭같이 지금은 이 말씀으로 그는 상을 받을 희망으로 그들을 위로하고 있다. 이렇게 하여 그는 그들에게 하나님이 일하시는 방법을 보여 준다. 하나님의 방법은 하나님이 그 약속을 즉시 이루는 것이 아니고 다만 시간이 경과한 후[1]에 이루신다는 것이다." 그러므로 하나님을 섬기려는 자는 하나님의 뜻이 무엇인지, 그리고 하나님이 일하시는 방법이 무엇인지 알아야 한다. 만약 누가 주인을 모른다면 누가 그 주인을 섬길 수 있는가? 더욱이 개가 주인을 아는 정도로 하나님을 아는 것과, 철학자들이 하나님의 능력을 알고 하나님의 본성(롬 1:20)에 대해 쓰는 것은 충분하지 않다. 이것은 그것을 이해하지 못한 자에게 해로운 지식인 자연적 지식이다. 아니, 우리가 알아야만 하는 것은 하나님이 원하는 것, 더 정확히 하나님의 뜻을 아는 것이다. 이것을 그는 그의 명령에서 보여준다. "그 행위를 모세에게, 그 행사를 이스라엘 자손에게 알리셨도다"(시 103:7). 그러나 그가 먼저 위로부터 비추임을 받지 못한다면 아무도 그의 명령을 정확히 이해하지 못한다. 그것은 지혜서 9:13에서 "누가 하나님의 의도를 알 수 있으며 누가 주님의 의사를 헤아릴 수 있겠는가?"라고 말씀하는 바다. "누가 주의 마음을 알아서 주를 가르치겠느냐?"(고전 2:16). 그리고 다시 "하나님의 사정을 하나님의 영 외에는 아무도 알지 못하느니라. 오직 하나님이 성령으로 이것을 우리에게 보이셨다"(고전 2:10, 11). 그리고 그것은 요한복음 14:26에서 요한이 말씀할 때 그가 의미하는 바다. "성령 그가 너희에게 모든 것을 가르치시고 내가 너희에게 말한 모든 것을 생각나게 하시리라." 말하자면, 그 말씀이 명령이고 아버지의 뜻이지만 너희는 아직 나의 말을 감당할 수 없고 깨닫지 못할 것이다. 너희는 마지막에 그 말씀들을 성령의 가르침의 도움으로 깨닫게 될 것이다. 이것은 출애굽기 20:19과 신명기 18:15에 아름답게 나타난다. 거기서 유대인들이 하나님이 그들에게 말씀한 것을 감당하지 못할 때는 그들은 한 해석자를 요구하고, 실제로 오실 그리스도였던 한 분을 하나님이 그들에게 약속하셨다. 그리고 같은 이유로 시편 143:8에서 우리가 어떻게 기도해야만 하는지를 우리에게 가르친다. "나의 다닐 길을 알게 하소서." 그 문제에 대하여 시편 119편 전체는 같은 것을 가르치는데 "나에게 가르치소서", "나를 교훈하소서", "나를 깨닫게 하소서" 등의 말씀이 나타난다. 12절, 26절, 68절을 보라.

---

1. Migne, *loc.cit.*, 63.310.

그리고 27절, 34절, 73절, 125절 등과 많은 비슷한 경우에 대부분이 하나님의 본성을 기리는 대신 하나님의 뜻을 기린다. 따라서 성경을 이해했다는 사람들과 그들의 자연적 능력으로 하나님의 율법을 이해했다고 하는 사람들, 그리고 그들 자신의 노력으로 그것들을 이해했다고 하는 사람들은 가장 슬픈 오류를 저지르고 있다. 이단들과 경건치 않은 교리가 생겨나는 것은 이러한 태도에서 나오며 성경을 받아들이는 학생들이 아니고 대가들과 전문가들이 성경에 접근하는 순간에 오는 것이다.[1] 시편 92:13-14에 그것이 기록되어 있으므로 인간들은 이런 태도를 가져서는 안 된다. "여호와의 집에 심겼음이여 우리 하나님의 궁정에서 흥왕하리로다 그들은 진액이 풍족하고 푸를 것이다. 그래서 그들은 전파할 수 있을 것이다." 즉, 그들은 배웠으므로 가르칠 수 있게 될 것이다.

그러므로 인간 스스로 하나님의 뜻이나 하나님의 율법을 이해할 수 없어도 경험하지 못한 자들에겐 어렵지만 어려운 것들을 이해하려는 어떤 노력을 해야만 한다. 그때 무엇보다도 모든 명령에서 하나님의 의지는 오직 인간이 사랑받는다는 사실과 다른 어떤 것보다 더 선호되고 있다는 사실이다. 왜냐하면 하나님이 그의 뜻을 나타내며 성취시키는 것을 시작하는 때에 하나님은 안과 밖 모두로부터 인간의 일을 적나라하게 드러낸다. "여호와께서 열방의 도모를 폐하시며 민족들의 사상을 무효케 하시는도다"(시 33:10)라고 말씀하시는 경우가 바로 이것이다. 여기서 그렇게 깊이 있게 "주의 인자하심이 어찌 그리 보배로우신지요"(시 36:7)라고 인간은 말한다. 바로 이 순간에 사람은 "그 넓이와 길이와 높이와 깊이가 어떠함을 깨달아 그리스도의 사랑을 알게 된다(엡 3:18). "성령이 인간의 연약함을 돕지 않으면"(롬 8:26), 인간은 정말로 혼동되고 어려워져서 인간이 하나님의 뜻을 굴하지 않고 계속 행한다는 것은 불가능하다. 이사야는 또한 "그는 그의 찬송으로 너의 입을 억제할 것이다"(사 48:4)라고 말한다. 여기서 인간에 대해 욥이 언급한 것이 나타난다. "하나님에게 둘러싸여 길이 아득한 사람에게 어찌하여 빛을 주셨는고"(욥 3:23). 그의 모든 판단과 생각이 인정받지 못한다면, 곧 하

---

1. 이점은 루터가 에라스무스를 반대한 중요한 문제 중 하나가 되었다. 그리고 인문주의자들은 일반적으로, 그리고 오늘날 자유주의자를 보수주의자들이 반대하는 문제이기도 하다. 루터는 에라스무스가 성경보다 더 우위에 앉아 있다고 생각하였다. 그리고 성경 위 심판의 자리에 앉아 있다. 그러나 심판에서 적당한 관계는 성경 아래에 있는 것이며 그 관계에 의해 심판 받는 것이다. 1525년 루터의 노예 의지(Johnson과 Packer, James Clark 1957 번역)를 보라.

나님이 그를 사랑하지 않는다고 말한다면, 그때 그가 어떻게 하나님을 깨달을 수 있겠는가? 그러므로 그러한 어두움에서 보이지 않는 하나님의 뜻을 이해한다는 것은 오직 성령의 역사일 뿐이다. 그리고 확실히 하나님의 뜻은 지금까지 어떤 길 또는 다른 길에서 관대하다. 모든 사건에서 그것은 우리에게 위로의 말씀을 남겨 준다. 이사야 54:7은 "내가 잠시 너를 버렸으나 큰 긍휼로 너를 모을 것이요"라고 말씀한다. 그리고 다른 비슷한 구절들이 있다. 정말로 위로와 약속의 이 말씀을 가져오는 하나님의 마지막 뜻은 그리스도의 말씀을 이해하게 해준다. "그날들을 감하지 아니할 것이면 모든 육체가 구원을 얻지 못할 것이다"(마 24:22).

6:13. 하나님이 아브라함에게 약속하실 때에

Gl. 33:14. 그의 믿음과 물론 우리의 믿음을 격려하기 위해 하나님이 아브라함에게 약속하실 때에

33:19. 그의 독자들을 더 크게 격려하기 위해 저자는 그들에게 말씀의 단순한 진술을 남기기보다 하나의 예를 제공하고 있다. 그는 그들의 족장 아브라함의 친숙한 이야기를 선택하고 "그들이 따라서 이생의 시련을 통과할 수 있도록, 하나님이 같은 방법으로 위대한 인간들을 사용하신다는 사실을 알 수 있도록 그들의 마음을 위로한다."[크리소스토무스: – 번역] 그러한 종류의 격려가 시편에 있다. "내가 옛날을 기억하고 주의 모든 행하신 것을 묵상한다"(시 143:5). 그것은 옛날 우리 조상들에게 하나님이 역사한 동일한 방법으로 여호와는 지금 내 안에서 일하고 계신다는 것을 묵상하므로 시련 가운데 있는 나 자신을 위로한다는 것을 의미한다.

하나님	그의 약속에 만족하시지 않고 맹세를 하는 데까지 나갔다.
가리켜 맹세할 자가 자기보다 더 큰 이가 없으므로 자기를 가리켜 맹세하여	하나님을 믿는 아브라함의 믿음을 더 크게 하기 위하여
그의 이름으로 맹세하여 내가 반드시	

너를 복주고 복주며 너를 번성케 하고
번성케 하리라

34:17. 사도가 하나님의 사랑의 관심을 우리에게 얼마나 놀랍게 말씀하는가를 주
의하라. 그는 자신이 믿음을 감동시키기 위해 걱정하는 것처럼 자기를 표현한다. 만
약 그가 사람들이 하는 것처럼 자신보다 더 위대한 자로 맹세할 수 있었다면 그렇게
했을 것이다. 그 때문에 그는 불신 가운데 우리를 남겨 놓는 것보다 자신으로 맹세할
수밖에 없었다.

6:15.

저가 이같이 오래 참아 약속을 받았느니라   아브라함은 믿음과 인내로 견디
                                              었다.

약속을 받았느니라   하나님의 약속은 연기된 약속이
                                              다. 말하자면 증대는 그의 후손
                                              에게 일어날 것이다.

34:21. 아브라함이 약속을 받았다고 말하는 것은 히브리서 11:39과 모순되는 것
같다. "이 사람들이 다 믿음으로 말미암아 증거를 받았으나 약속을 받지 못하였으
니." 크리소스토무스는 다음의 방법에서 이 두 가지 점을 조화시킨다. 가나안 땅과 같
은 예로 그는 시간이 지남에 따라 어떤 것을 받는다. 그는 아직 다른 것들은 받지 못
했는데 부활의 영광이 그와 같은 것이다. 그는 여기서 전자를 언급한다. 그리고 11장
에서는 다른 것들을 언급한다.

6:16.

사람들은 자기보다 더 큰 자를 가리켜 맹세하나니   그렇게 하나님은 그들이
                                                  결정을 결론내릴 수 있는
                                                  한 사람같이

그들에게 맹세   우리를 위해 맹세로 간결

하게 말씀했다.
모순 또는 논쟁

다투는 일에 최후 확정이니라

34:26. 그리하여 불신은 인간이 하나님과 하는 논쟁의 종류다. 그 논쟁은 그의 맹세에 의해 최후로 단축한다.

6:17.

이렇게

곧, 그는 약속했을 뿐만 아니라 그 약속으로 또한 맹세하였다.

그 뜻이 변치 아니함을 충분히 나타내시려고

(완전하게) 필요가 아니고 그의 선한 뜻으로.

약속을 기업으로 받는 자들

그의 아들들에게 한 약속, 곧, 너희 히브리인.

그 뜻이 변치 아니함을

그를 믿는 어떤 사람이 완전히 안전한 것처럼 그는 실패할 수 없기 때문에

그 일에 맹세로 보증하셨나니

그것은 약속의 형식이다.

6:18.

이 두 가지 변치 못할 사실을 인하여
곧 약속과 맹세

이는 하나님이 거짓말을 하실 수 없는
곧, 맹세나 약속

약속이나 맹세에서, 왜냐하면 그는 진리 자체이기 때문에

우리로 큰 안위를 받게 하려 하심이라
앞에 있는 약속의 문제는 변할 수 없고, 아주 믿을 만하다

35:17. 하나님이 자신의 존엄에 관심 갖지 않는다는 것은 그가 말한 대로다. 그러

나 그는 그의 의지로 우리의 약한 믿음을 위해 양보한다. 한 사람이 다른 사람에게 맹세할 수 있는 것과 같은 것이다. 사실 그는 이 괴롭고 덧없는 삶의 모든 기복에서 우리 믿음을 강화시킬 만한 것을 전혀 하지 않았다.

피하여 가는 우리로

우리는 세상을 뒤에 두고 떠났다. 그렇다. 우리 자신까지도

앞에 있는 소망을 얻으려고

바로 소망 자체, 곧, 영생, 그것을 잡으려고 지금 보이지 않는 것까지

6:19.
우리가 이 소망이 있는 것은 영혼의 닻 같아서 튼튼하고 견고하여

들어가거나 뚫고 들어가는 참음과 거함 곧, 하나님의 영광에 대한 비전 안에서

휘장 안에 들어가나니

그는 상징적으로 이것을 해석한다. 그는 장막의 휘장을 언급하는 것이 아니라 믿음과 소망의 휘장을 언급한다.

6:20.
그리로 앞서 가신 예수께서 우리를 위하여 들어 가셨느니라

이 세상 순례의 지도자 그래서 우리가 따라 가는 것이 아주 확실해야 한다.

멜기세덱의 반차를 좇아 영원히 대제사장이 되어

제 7 장

Gl. 36:8. 서신에서 이점에 이르러 사도는 옛 언약과 새 언약의 차이를 설명하려고 모든 것을 바쳐 노력하였다. 서신의 처음 절반에서 사도의 주된 관심은 믿음이 없는 사람들이 사도의 주장을 듣도록 권하였다. 이제 사도는 그들의 관심을 일으켜 옛 언약과 새 언약의 차이에 대해 신학적인 설명을 한다.

7:1. 이 멜기세덱은 살렘 왕이요 지극히 높으신 하나님의 제사장이라 여러 임금을 쳐서 죽이고 돌아오는 아브라함을 만나 복을 빈 자라 아브라함이 일체 십분의 일을 그에게 나눠 주니라 그 이름을 번역한즉 첫째 의의 왕이요 또 살렘 왕이니 곧 평강의 왕이요 아비도 없고 어미도 없고 족보도 없고 시작한 날도 없고 생명의 끝도 없어 하나님 아들과 방불하여 항상 제사장으로 있느니라.

히브리어로 멜렉(Melech)은 왕을 의미하고, 살렘(salem)은 평화를 의미하고, 세덱(sedech)은 의(義)를 의미한다. 그러나 성경에서 이러한 말 '의'와 '평화'는 항상 신적인 의와 평화로서 이해돼야 한다. 그리하여 의는 인간이 칭의를 얻는 은혜이며, 그 의는 믿음, 소망, 사랑과 같은 것이다. 시편 31:1에 그것이 나타난다. "당신의 의로서 나를 건지소서." 그리고 "하나님이여 주의 판단력을 왕에게 주시고 주의 의를 왕의 아들에게 주소서."(시 72:1) 다시 "저는 여호와께 복을 받고 구원의 하나님께 자비(히브리어로 의)를 얻으리니"(시 24:5)라고 말씀한다. 그러므로 대체로 우리는 은혜라는 말을 조심스럽게 해야 한다. 스콜라주의 박사들이 '의롭게 하는 은혜' 또는 형성하는 믿음(fides formata), 곧, 성경에서 '하나님의 의', '하나님의 자비', '하나님의 구원', '하나님의 능력' 그리고 비슷한 이름들로 부른다는 것을 조심스럽게 환기시키고 있다. 그러나 이 의는 로마서 1:17에 언급한 믿음으로부터 오는 의다. 거기에서 "복음에는 하나님의 의가 나타나서 믿음으로 믿음에 이르게 하나니"라고 말씀한다. 그 의가 이렇게 이해되지 않으면 인간은 자기 자신이 의롭다고 하는 하나님의 의로서 잘못 해석되고 만다. 다른 말로 하면, 믿음이 인간의 마음을 살려내고 인간 자신에게서 하나님에게 인간을 옳게 넘겨주므로 인간의 마음과 하나님은 하나의 영[1]이 된다. 이렇게 신적인 의 자체는 인간의 의다. 스콜라 신학자들은 이것을 '형성되는'(formative; informans) 믿음이라고 부른다. 하나님의 의와 인간의 마음의 의는 하나이고 동일한 것이 된다. 그것은 마치 그리스도 안에 인성이 신성과 연합하므로 하나가 되고 동일한 인격이 되는 것과 같다. 그러므로 이 멜기세덱은 이름은 물론이고 다른 의미로 모형에서도 그리스도를 예표하는 '의의 왕'일 수밖에 없다는 결과가 온다. 왜냐하면 '의의 태양'이며 '의의 왕'은 오직 그리스도뿐이기 때문이다. 그리고 그는 모든 사람을 의롭게 하는 분이기 때문이다. 이것은 출애굽기 3장에서 말씀한 대로 인간이 인간의 신을 벗어야 한다고 말씀한 것을 어떻게 설명해야 하는지를 말한다. 모든 인간적 의는 이끌어 낸 의(actus elicitus)에 의해 획득된 것을 의미한다. 그러므로 우리의 생각이 날조된 것이 있다면 반드시 제거돼야 한다. 우리가 '의'란 말을 해석한 동일한 방법으로 우리는 '평화'란 말을 이해해야만 한다. '평화'란 인간이 생각하거나 기록하거나 선언할 수 있는 것으로 이해되는 것이 아니다. 평화는 어떤 만들어진 것으로 얻을 수 없다. 평화는 '모든 이해를 뛰어 넘는' 것이며, 평화는 모든 이상보다 뛰어난 것이다. 평화는 십자가 아래 숨겨지고, 태양이 구름 뒤에 있는 것처럼 죽음의 형태 배후에 있다. 그러므로 경건하지 않은 사람에 대해 "평화의 길을 그들은 알지 못했다"라고 기록한다(시 13:3. 불가타와 로마서 3장).* 믿음 없이 평화를 아는 것은 불가능하다. 곧 시편 85:10 "의와 화평이 서로 입 맞추었다"는 말씀에서처럼 믿음 없이 평화를 아는 것은 불가능하다. 그러므로 많은 환란을 통해서 하나님은 우리의 모든 재산, 심지어는 생명까지도 빼앗아 갔기 때문에 영혼이 더 좋은 것에 집착하지 않으면, 다시 말해 믿음으로 하나님께 영혼이 연합되지 않으면 영혼이 평화롭게 되는 것이나 평화를 갖는 것은 불가능하다. 사도가 서신에서 버릇처럼 "하나님 우리 아버지와 주 예수 그리스도로 좇아 은혜와 평강이 있기를…"(롬 1:7; 갈 1:3 등)이라고 하는 것이 이 때문이다. 그리스도께서도 똑같이 말씀한다. "나의 평안을 너희에게 주노라. 내가 너희에게 주는 것은 세상이 주는 것과 같지 아니하다"(요 14:27).

저자(히브리서)는 그리스도의 뛰어남을 요약한다. 그리고 네 가지 범주 아래 그의 제

---

1. 고전 6:17 : "주와 합한 자는 한 영이다."

* 우리말 성경과는 일치하지 않음

사장 직분에 대해 요약한다. 첫째, 영원함의 문제다. "그는 아비도 없고 어미도 조상도 없으니 그는 생명의 시작도 끝도 없다"(히 7:3). 둘째, 그의 축복의 문제다. "그는 아브라함을 축복하였다"(히 7:1, 3). 그리고 폐일언하고 낮은 자가 높은 자에게 복을 받는다(히 7:7). 셋째, 그의 제사장 됨이 영원함에 대한 문제다. 이 사람 멜기세덱은 영원히 제사장으로 있다"(히 7:3). 그리고 "여기는(곧, 일들의 체제에서는) 죽을 자들이 십일조들을 받으나 저기는(곧 멜기세덱이 행한 범위에서는) 그가 산다고 증거를 얻은 자가 받았다"(히 7:8). 넷째로, 십일조 문제다. "아브라함이 일체 십분의 일을 그에게 나눠 주었다"(히 7:2). "조상 아브라함이 노략물 중 좋은 것으로 십분의 일을 저에게 주었다. 레위의 아들들 가운데 제사장의 직분을 받는 자들이 율법을 좇아 아브라함의 허리에서 난 자라도 자기 형제인 백성에게서 십분의 일을 취하라는 명령을 가졌으나 레위 족보에 들어가지 아니한 멜기세덱은 아브라함에게 십분의 일을 취하고 그 약속 얻은 자를 위하여 복을 빌었다"(히 7:4 이하).

이 네 가지 범주를 설명해 보자. 첫째, 영원함이 있다. 그리스도는 그의 시작이 설명되지 않은 멜기세덱에 의해 예표되었다. 둘째, 축복의 문제가 있다. 아브라함은 멜기세덱에 의해 복을 받았다. 그래서 그리스도를 제외하고 아브라함의 아들들도 복을 받았다. 셋째, 십일조다. 여기서 그리스도는 하지 않았으나 아브라함과 레위인은 그들이 한 것보다 더 합당한 것으로 멜기세덱에게 십일조를 바쳤다. 그리고 넷째, 제사장직의 영원함이다. 아브라함과 레위는 죽었지만 그리스도는 영원히 살아 있다. 이러한 설명으로 그는 율법과 제사장직을 자랑하는 유대인의 거짓 믿음을 배제한다. 왜냐하면 그들은 물론, 그들의 조상은 그들을 축복한 다른 사람들보다 열등하기 때문이다.

문장(Sentences)[1]의 대가는 비슷하게 표현하고 있다. 그는 그리스도가 레위와 같은 방법으로 십일조를 드리지 않았다고 말한다. 말할 것도 없이 그리스도는 레위처럼 아브라함의 허리에 있었지만 그리스도는 동일한 율법으로 아브라함의 허리에 있지 않았기 때문이다. 왜냐하면 레위는 육의 정욕에 속하는 율법으로 말미암았으나 그리스도는 영의 사랑의 법으로 말미암았기 때문이다. 그러므로 아우구스티누스가 창세기[2]

---

1. Peter Lombard, *Sent.* III, dist., 3,3, Migne, 192.761–762.

2. Aug., *de Gen. ad litt.*, X 19, 34; Migne, 34.423. *WA*는 아우구스티누스의 해석의 의미로 하지 않고 롬바드의 해석의 의미로 이

에서 말한 것처럼, "아담이 죄 지은 것과 마찬가지로 그의 허리에 있었던 사람들은 모두 죄를 지었다. 그러므로 아브라함이 십일조를 드린 것처럼, 그의 허리에 있었던 사람들은 모두 십일조를 바쳤다." 그들은 그들 자신들을 열등한 자로 보여주었고, 축복받을 필요가 있음을 보여주었다. 왜냐하면 그리스도는 아브라함과 다윗의 자연적 자손이 되어야 했기 때문이다. 그리스도가 실제 육을 가지고 있어야 하는 것은 당연하다. 왜냐하면 성경은 축복과 왕국을 아브라함에게 약속한 것을 성취해야만 하기 때문이다.

다시 그가 육의 일과 율법, 곧 정욕과 죄를 통해서 아브라함과 다윗의 자손이 되는 것은 불가능하였다. 왜냐하면 그렇다면 그는 죄 가운데 태어났어야 했고 축복받은 자가 아니고 복이 필요한 자가 되었을 것이기 때문이다. 그리고 그렇다면 당연한 것[그는 아브라함의 씨에서 태어났다는 것]과 불가능한 것[그는 죄 없이 태어났다는 것]은 서로 모순(하나님이 하신 모든 일에서처럼) 가운데 놓여 있다. 그리고 하나님의 지혜로만 해결에 도달되었다. 즉, 남자의 협력 없이 여자에게서 태어나야만 했고 모든 남자나 여자보다 뛰어나야만 했다. 이렇게 그는 아브라함의 자연적 자손이며 또 아브라함과 다른 모든 사람보다 더 합당한 자가 되어야 했다. 왜냐하면 그는 죄가 없었고 '은혜와 진리가 충만한'(요 1:14) 자였기 때문이다.

그러므로 복 받은 동정녀는 반드시 흠 없는 처녀성의 어머니였다는 것이 분명하다. 그렇지 않으면, '태의 열매'는 '복을 받을'(눅 1:42)수 없었을 것이다. 그러므로 시간이 지남에 따라 진리가 더 완전히 계시될 때, 이같은 것이 더 분명히 표현되었다. "네 몸의 소생을 네 위에 둘 것이다"(시 132:11). "자식은 여호와의 주신 기업이요 태의 열매는 그의 상급이다"(시 127:3). 히브리어 본문에 따라 시편 110:3에 "주의 권능의 날에 주의 백성이 거룩한 옷을 입고 즐거이 헌신하니 새벽이슬 같은 주의 청년들이 주께 나오는도다"라고 했다. 다니엘의 예언적 환상은 바로 이것을 뜻한다. 거기 '사람의 손으로 하지 않고 뜨인 돌'(단 2:34)은 남자의 작용 없이 처녀에게서 그리스도가 태어났다는 것을 의미한다. 시편 22:9은 또한 "주께서 나를 모태에서 나오게 하시고"라고 한다. 그것은 욥처럼 말하지는 않는다. "주께서 나를 젖과 같이 쏟으셨으며 엉긴 젖처럼 엉기게 하

인용을 루터가 사용한다고 지적한다.

지 아니 하였나이까 가죽과 살로 내게 입히시며 뼈와 힘줄로 나를 뭉치시다"(욥 10:10 이하). 그리고 벌이 꽃으로부터 꿀을 모은 것처럼 성령은 처녀 마리아의 순결한 피로부터 그리스도의 육체를 끌어내었다. 그리고 그것은 오늘까지도 유대인이 주와 싸우는 것이 되는 '싸움의 물'(민 20:13)을 언급하는 것이다. 그리스도가 율법이나 율법의 일(육체의 일)없이 아브라함의 진정한 자손으로 태어날 것을 유대인이 믿으려 하지 않았던 것이 출애굽기(출 17장)에서 예표되었다. 그러나 더욱이 육의 도구됨이 없이 성령의 일로 기적적으로 태어난 이 육의 태어남은 우리가 영적으로 태어남을 의미한다. 그것을 요한은 "이는 혈통으로나 육정으로나 나지 않고 … 오직 하나님에게서 난 자들이니라"(요 1:13)고 말한다.

7:11.

G1. 38:13. **이제**

이 말은 이 주장의 결론을 소개한다. 레위의 제사장직은 물론이고 멜기세덱의 제사장직까지도 구원을 위해서는 충분하지 않았을 것이다. - 만약에 우리가 가장 거룩하지 않은 것이 될 수 있는 것이 무엇인지 말하지 않는다면 - 이 새로운 제사장직이 헛되게 임직되었다는 것이다.

온전함을 얻을 수 있었으면	곧, 온전함으로부터 율법의 성취와 의의 충만
레위 계통의 제사 직분으로 말미암아	이스라엘을 생겨나게 한 율법을 가르치는 것이 그의 과제다.
백성이 그 아래서	레위 제사장직 또는 그의 봉사로 그들이 배울 수 있도록
율법을 받았으니	이것은 분명히 그들이 율법을 받았을뿐이라는 것을 의미한다. 왜냐하면 그들은 은혜를 받지 못했기 때문이다.
필요가 있느뇨	이것은 그때 그리스도의 전 생애가

헛되이 살았을 것이라는 사실을 의미한다. 왜냐하면 바로 이 때문에 그는 갈라디아서에서 주장한다. "만일 의롭게 되는 것이 율법으로 말미암으면 그리스도께서 헛되이 죽으셨느니라"(갈 2:21).

멜기세덱의 반차(班次)를 좇는 별다른 한 제사장을 세울 것

그 주장이 그렇게 표현됐을지라도, 다른 제사장이 필요한 곳에서는 이전 제사장이 충분치 않았다는 것이 분명하다. 그러나 이것은 그가 어떻게 묘사되었는가 하는 것이다. 첫 제사장직이 다만 율법의 직분이었고 그 직분은 사도가 그 직분을 담대히 묘사한 대로 "죄와 죽음의 직분이었다"(고후 3:7, 9). 그러나 나중의 직분은 은혜, 생명, 진리의 직분이다.

어찌하여 아론의 반차를 좇지 않고

왜냐하면 만약 그것이 충분할 수 있었다면 이것은 마땅한 것이었기 때문이다.

이것은 그리스도의 제사장직과 레위의 제사장직 사이에 첫 번 차이다.(그리스도의 제사장직은 아론의 지파와 다른 근원을 가진다는 것이다.)

7:12.

제사 직분이 변역(變易)한즉

율법도 반드시 변역하리니

예언자들이 분명하게 예언한 것처럼 임직에 관계될 뿐만 아니라 지파의 관계에서 그렇다. 그러므로 율법과 그 교훈이 충분치 않았다.

이것은 다른 제사장직이 오실 자의 것이라는 것을 의미한다. 왜냐하면 그래서 이것이 예언되었기 때문이다. 그러므로 다른 제사장직에는 다른 율법이 있게 마련이다. 잠언에서처럼 '새 왕, 새 율법.' 그러나 이 율법은 그리스도의 율법이다. 책에 쓰이지 않고 "성령으로 말미암아 우리 마음에 부은바 된 것이다"(롬 5:5).

7:12. 제사 직분이 변역한즉 율법도 반드시 변역하리니

다섯 가지 방법으로 그는 레위 제사장직보다 그리스도의 제사장직을 격찬한다. 첫째, 그는 아론의 지파와 다른 근원에 속한다(히 7:12-14). 둘째, 그는 영원하다(히 7:15-19). 셋째, 그는 맹세로 된 것이다(히 7:20-22). 넷째, 그는 유일한 분이다(히 7:23-25). 다섯째, 그는 완전하시다(히 7:26-28). 그러므로 그것은 사도가 채택한 율법이란 말이 두 가지 방법으로 받아들여야 한다는 맥락에서 관찰돼야만 한다.

첫째[1] 더 낮은 견해를 취하면, 그는 단순히 제사장들의 외적 장식과 의복 같은 의식의 문제를 의미한다. 이를 테면, 제사의 희생과 동물의 희생, 문둥병의 판단과 교훈, 시체나 시체 같은 것을 만짐으로 오는 부정이다. 이 견해에 의하면, 그가 율법이 변역되었어야 한다(히 7:12)고 말할 때 저자가 의미하는 바다. 한때 율법으로 명령된 이러한 의식은 폐지되었다는 것을 그는 의미한다. 그리고 이러한 의식들이 의미를 가졌던 것들이 이제 제사장의 영적 옷과 내적 구별로 제정되었다. 시편 132:9은 이것을 언급한다. 율법에 속한 제사장들의 자색과 청색 옷이 아니고(출 25:4)라고 그가 말한 대로 "주의 제사장들은 의로 옷 입게 하라." 왜냐하면 새로운 율법에서 제사장은 의복이나 관습의 차이 때문이 아니라 거룩함과 의의 차이로 다른 사람들이기 때문이다. 왜냐하면 우리가 보는 의복이나 의식은 교회에 의해 정해졌고, 시간의 흐름에 따라 그런 것이 그들에게 더해졌기 때문이다. 그리하여 새 율법의 제물과 희생은 염소나 송아지가 아니고 신자와 죄인의 마음과 정신이다. 사도행전 10:13에 기록된 대로 부정한 동물을 베드로에게 보여주었을 때 성경은 그에게 "일어나라 베드로야 잡아먹으라"고 말씀했다. 계속되는 말씀에서 이것은 백부장에 대해서 말씀하는 것이고 죽게 될 처지에 있는 이방인들이 복음의 말씀으로 그들 자신을 주님께 드린 자들이다. 이것은 이사야 마지막 장에서 말씀한 대로 "나 여호와가 말하노라 이스라엘 자손이 예물을 깨끗한 그릇에 담아 여호와 집에 드림 같이 그들이 너희 모든 형제를 열방에서 데려와 여호와께 드릴 것이다"(사 66:20). 같은 것이 시편 45:14에서 발견된다. "처녀들이 왕께로 인도함을 받으며 시종하는 동무 처녀들도 왕께로 이끌려 갈 것이라." 그러한 방법으로 율법은 육의 정결에 대한 교훈의 판단에서 확실히 바뀌게 된다. 왜냐하면 은혜의

---

1. 두 번째를 위해 p. 166을 참고하라.

제사장이 판단하는 순결이나 불결은 그 불결에 대해 가르치는 것이 문둥병, 육체, 머리카락, 옷들, 가정 등의 문제가 아니고 영과 양심의 불결이란 죄의 문제이기 때문이다. 왜냐하면 새로운 율법에서 문둥병의 그리스도인과 문둥병이 아닌 그리스도인의 구별은 없기 때문이다. 또 월경 중이나 출산 중에 있는 여자라는 구별이 없고, 더러워진 옷이나 깨끗한 옷을 입었다는 구별이 없기 때문이다. 간단히 말해 그리스도인들을 구별하는 유일한 것은 죄뿐이다. 죄가 양심을 더럽힌다. 한때 그들이 유대인과 다른 유대인을 구별했던 것으로서 외적이고 육체적인 모든 것은 이제 그리스도인과 그리스도인 사이에는 아무것도 아니다.

결론

이 주장의 결론은 주석가들이 그를 어떻게 해석하는가 하는 것은 물론이고 문장(Sentences)[1] 대가의 유명한 말을 우리가 어떻게 이해하는가다. "율법에 속한 성례는 의롭게 하지 못하였고 새 율법은 우리의 길에 어떤 장애(obicem)도 없이 우리 모두에게 은혜를 베풀어 준다." 이 말이 바르게 이해되지 않거나 큰 잘못이 되어서는 안 된다. 왜냐하면 "그들이 믿음의 완전한 확신을 갖고 성례에 접근하지 않는다면" 은혜의 성례도 아무에게 유익이 되지 않고, 모든 사람을 해롭게 하기 때문이다. 사실 믿음은 이미 의롭게 하는 은혜(gratia justificans)다. 그러므로 율법에 속한 성례는 오직 육(영은 아니고)을 의롭게 한다는 것으로 이해된다. 그 성례는 인간을 문둥병이 걸린 육의 문제를 선언하거나 깨끗한 육, 피부와 피부 사이, 의복과 의복 사이, 머리카락과 머리카락 사이를 선언한다. 그리고 그것이 비록 깨끗하다 해도 이 모든 것은 외적인 것이고 육에 속한 것이기 때문에 마음을 깨끗하게 하는 데는 아무 도움이 되지 않는다. 다른 한편, 은혜의 성례는 마음과 마음, 양심과 양심, 믿음과 믿음, 소망과 소망, 사랑과 사랑을 분별하므로 마음을 의롭게 한다. 만약에 이러한 것이 깨끗하다면, 비록 다른 것이 깨끗하지 못하더라도 그러한 사람을 하나님이 받으시기에 합당하게 한다. 그래서 사도는 담대히 선언한다. "모든 것이 깨끗한 자에게는 깨끗하고 깨끗하지 않은 자에게는 아무것도 깨끗하지 않다. 저희 마음과 양심이 더러운지라"("깨끗한 자에게는 모든 것이 깨끗하나 더

---

1. Peter Lombard, IV dist, I.c. 3. *WA*와 Hirsch-Rueckert는 추가적 스콜라 참고 ad loc.을 제공한다.

럽고 믿지 아니하는 자에게는 아무것도 깨끗한 것이 없고 오직 저희 마음과 양심이 더러운지라" 딛 1:15). 그 이유는 은혜의 성례에서 우리가 그리스도의 약속을 갖기 때문이다. "무엇이든지 땅에서 풀면 하늘에서도 풀리리라"(마 18:18). 옛 율법은 그러한 약속을 갖지 못했다. 왜냐하면 인간이 하늘의, 또 영적인 의미에서 깨끗하지 못하기 때문이다. 그는 제사장 직분으로 인간적이고 지상의 의미로 깨끗하다고 한다. 이 때문에 그는 그리스도를 '더 좋은 언약의 보증'(히 7:22)이라고 한다. 그는 그러한 분으로 그의 제사장직의 말씀으로 마음의 순결과 죄 용서를 약속하였다. 그를 믿는 자는 누구나 하나님 보시기에 순결하고 똑같이 의롭다. 율법이 이해될 수 있는 두 번째 방법[1]은 더 높은 기준에 있다. 사도는 로마서와 갈라디아서에서 율법을 이해하는 높은 기준을 발전시킨다. 거기서 그는 그 율법이 의식에 관계된 것이든 사법상의 법이든 도덕적 문제이든 신적이든 또는 인간적인 입장에서 명령된 것은 무엇이든 율법이란 말로 이해한다. 그때 "율법은 변역(變易)(변화)된다"는 말의 의미가 된다. 율법은 그리스도 안에서 성취된다. 왜냐하면 그리스도는 '율법의 끝'이기 때문이다. 이것은 마태가 같은 의미로 "내가 율법이나 선지자나 폐하러 온 줄로 생각지 말라 폐하러 온 것이 아니요 완전케 하려 함이다"(마 5:17)고 말씀한 것과 같다. 디모데전서 1:9 "법은 옳은 사람을 위하여 세운 것이 아니요"라는 말씀도 같은 취지다. 그가 의롭다고 하는 경우에 그는 율법이 요구하는 모든 덕을 가진 자다. 그는 아무것도 율법에 빚지고 있지 않기 때문에 이미 율법 위에 있다. 그는 율법을 지키고 있으며 그의 삶은 비로 율법 자체로 살아있고 성취된 자다. 그러므로 신약에서 보는 제사장들의 직무는 정확히 말해 율법을 가르치는 것이 아니고 예수 그리스도의 은혜를 선포하는 것이다. 예수 그리스도의 은혜는 율법의 성취다. 그것은 시편 92:2 "아침에 주의 인자하심을 나타내며 밤마다 주의 성실하심을 베풂이 좋으니이다"라고 선언한 것처럼 예수 그리스도의 은혜가 율법의 성취다. 그리고 이사야 역시 그렇게 말씀한다. "당신은 그들의 무겁게 멘 멍에와 그 어깨의 채찍과 압제자의 막대기를 꺾으셨으니 - 곧, 율법 - 미디안의 날에"(사 9:4). 그러므로 "광야에서 외치는 소리"(곧, 죄인들 가운데 설교자의 말씀)인 세례요한은 그의 손가락으로 그리스도를 가리키면서 "보라 세상 죄를 지고 가는 어린 양을 보라"라고 말했다. 그러나 진리에서 이 변화(율법의)는 처음

---

1. 첫 번째를 위해 p. 164를 참고하라.

법이었던 것과 같이 아직 완전하지는 않지만 매일 완전을 향해 가고 있는 것이다. 그러므로 세례요한 같은 신약의 제사장은 부분적으로 율법을 가르치고 부분적으로 예수 그리스도의 은혜를 가르친다. 왜냐하면 어떤 율법도 필요가 없는 의로운 사람은 존재하지 않기 때문이고, 이생에서 인간은 다만 자기의 의를 향하여 시작하기 때문이다.

7:13. Gl. 39:5. **이것은 … 가리켜 말한 것이라**　예언자 다윗에 의해서 멜기세덱을 레위 지파가 아니고 유다 지파

다른 지파에 속한 자를
한 사람도 제단 일을 받들지 않는

7:13. 이것은 다른 지파에 속한 자(*in quo*)를 말한 것이라

'이 사람에 대하여'(of whom: in quo)란 이 구절은 '그 안에'(in whom: in quem)라고 번역할 수 있다. 이것은 사도에게도 비슷한 어법이다. 이것은 제1장에 '천사에게'('to angels however': ad angelos)란 어구에서 나타나는데 천사 안에서(in angelos)다. 그리고 다시 제4장에 "만물이(우리가) 우리를(우리에게) 상관하시는(우리의 말을 하는) 자의 눈앞에(ad quem) 벌거벗은 것같이 드러나느니라"는 말씀에서 우리가 우리를(우리의 말을 하는) 상관하시는 자 안에서(in quem)란 말과 같다. 이것은 유사한 변화에 의해 어떻게 한 단어가 생겨나는가를 실례로 증거한다. 이것은 갈라디아서 3:24에서도 발견된다. "율법은 우리를 그리스도에게로(in Christum) 인도하는 몽학 선생이다." 이런 경우는 나른 경에서 많이 볼 수 있다.

7:14.

Gl. 39:7. **그것은 분명하다**　창세기 49:10에서 홀이 유다를 떠나지 아니하며. 그리스도

우리 주께서
유다로 좇아 나신 것이

루우벤의 장자 상속권에 의해서 왕국과 제사장이 그가 잘못했을 때(침상을 범했다) 유다 지파와 레위 지파로 나누어졌기 때문에

이 지파에는 모세가 제사장들에
관하여 말한 것이 하나도 없고

그는 이제 자신을 예기(豫期)하고 있
다. 7장에서 제사장 직분과 율법의
폐기가 진정으로 의미하는 바가 무
엇인지 분명하게 나타난다.

7:15.

그리고

이제 그는 그리스도의 제사장직과 레위의
제사장직 사이의 두 번째 차이를 내린다.
그 차이는 그리스도는 영원한 제사장이라는
것이다.

더욱 분명하도다

그 제사장직과 율법은 제거되었다는 것이다.

멜기세덱과 같은

'같은'(after the likeness of)이란 말은 '반차를 따라'(according to the order of)란 말과 같다는 것이 이 본문에서 분명히 드러난다. 사도가 여기서 설명한 것처럼 이것은 두 가지 말들을 서로 교체하여 사용하는 것이 허용될 수(히브리어로 최소한도로 말솜씨가 좋은)있다는 것이다. 이것은 다바르(dabhar)란 말로부터 유래한 것처럼 보이는 반차(order)를 따라 디브라티(dibhrati)란 말이 될 수 있다. 그 말은 일어났기 때문이기보다 일어난 것을 의미한다.[이 점을 완전하게 다룬 것을 131-132페이지에 히브리서 5:6에 대한 주석을 보라].

7:16.

별다른 한 제사장이 일어난 것을

그것은 하나님이 약속한 대로 일어
나야만 했다.

그는
된 것이니

그가 그러한 제사장이었기 때문에
된 것이었다(was instituted).

육체에 상관된 계명의 법을 좇지 아니하고

그 법에서 육체의 외적 의를 가르쳤
고, 그러므로 그 법은 일시적이다.

오직 무궁한 생명의 능력을 좇아

능력(힘) 곧, 영원하고 죽지 않는 자

가 된다(is instituted).

그가 말씀하는 것은 다음과 같은 의미다. 율법은 일시적인 것이기 때문에 율법이 세운 것은 일시적이었다. 그러나 그리스도가 세운 능력은 영원하다. 그러므로 그 자신도 역시 영원하다.

7:17.

증거하기를	다윗의 시편 110:4에서 성령에 의하여
너는 영원한 제사장이라	시간의 과정의 산물도 아니고 시간에 종속되지도 않는
멜기세덱의 반차를 좇는	

7:18.

폐하고	폐하다는 말의 사용은 성령이 역사했다는 것을 의미한다. [루터는 오직 하나님만이 그에 의해 명령된 것을 폐하게 할 수 있다는 것을 의미한다.]
전엣 계명이	곧, 옛 계명, 그 옛 계명으로 레위 제사장직이 수립되었다.
연약하여	위에서 말한 것처럼 그것은 성령이 하는 것 같이 사람을 의롭게 하지 못하기 때문에
무익하므로	그것으로 인도하는 것, 곧, 육체의 의는 아무것도 유익하게 하지 못했기 때문에

7:19.

율법은 아무것도 … 못할지라	이것이 내가 율법과 연관하여 '약함'이란 말을 사용한 이유다.
온전케	율법은 성령의 의롭게 함으로 인도하지 못했다.

생기니

더 좋은 소망이

이것으로 우리가 하나님께

가까이 가느니라

우리는 새 제사장으로 인해 하나님께 가까이 나아간다. 그가 영원한 분으로 묘사되므로 그는 우리 앞에 좋은 것을 놓았고 우리에게 약속한 것이 영원한 것으로 이해돼야 할 뿐만 아니라 옛 제사장직의 일시적인 약속이 즉시 제거돼야 한다. 왜냐하면 영원한 것과 일시적인 것을 한꺼번에 붙잡는 것은 불가능하기 때문이다.

7:20. 또

그리스도의 제사장직과 레위 제사장직 사이의 세 번째 차이가 여기서 나타난다. 그 차이는 그리스도가 맹세로 약속한 것이다.

때문에

곧, 그리스도를 주신 것은 훨씬 더 위대한 것이었다. 그리고 훨씬 더 숙고돼야 한다.

맹세 없이 … 아니니

그는 그의 탁월하심을 위해서 뿐만 아니라 맹세로 되었다.

된 것이었다 (그러나 저희는)

율법에 속한 제사장: 영원한 제사장이라기보다 일시적 제사장들이다.

맹세 없이 제사장이 되었으되

7:21.

그러나 이 제사장(오직 예수)**은 맹세로**

그리스도

그래서 그의 임명은 확고하고 지속될 만하다는 것을 보여 주어야 한다.

그로 말미암아

곧, 인간에 의해서가 아니고 하나님 자신에 의해서다.

자기에게 말씀하신 자, 주께서

맹세하시고 뉘우치지 아니하시리니

네가 영원히 제사장이라(시 110:4)

하셨도다.

7:22.

이와 같이 예수는 더 좋은
언약의 보증이 되셨느니라

그는 약속을 하고
유언자가 되었다.

Sch. 193:18. 성경에서 하나님이 언약을 주셨다고 말하는 것을 연구해야 한다. 거기에는 하나님이 죽게 되고 기업을 준다는 어떤 불가해하며 모호한 방식의 의미가 있다. 더욱이 서신에서 계속 말씀한다. "유언은 유언한 자가 죽어야 된다"(히 9:16). 곧 모든 것은 그리스도 안에서 성취된다. '언약', '기업', '부분', '몫', '잔'이라는 말이 성경에서 너무나 자주 발견되는 것은 이 때문이다. 이 모든 것들에서 그리스도의 죽음과 부활을 믿는 믿음이 나타난다.

7:23.

(Gl 41:15). **그리고**

여기서 그리스도의 제사장직과 레위의 제사장직 사이에 네 번째 차이가 따라온다. 그 차이는 그리스도가 오직 한 분이라는 것이다.

저희 제사장 된 자의 수효가 많은 것은

율법에 속한 제사장들
출애굽기와 레위기에서처럼 아론
만 임명된 것이 아니라 그와 함께
아들들과 그들의 후계자들을
말한다.

죽음을 인하여 항상 있지 못함이로되

7:24.

그러나 예수는

오직 한 분인 그리스만이 이름이
언급되고 임명되었다.

영원히 계신고로 그 제사 직분도
갈리지 아니하나니

그는 영원히 그의 제사장직을
성취한다.

7:25.

그러므로 자기를 힘입어 하나님께 나아가는
자들을
온전히 구원하실 수 있으니 이는
그가 항상 살아서 저희를
위하여 간구하심이니라

영원한 구원을 주기 위해

송아지의 피가 아니고
그것은 이 한 목적을 위해
항상 살아서, 항상 우리를 위해 간
구하시는 것이다. 그것이 제사장의
직무다.

7:26.

이러한 대제사장은 우리에게 합당하니

그것은 가장 합당하였다.
이것은 그리스도의 제사장직과 레
위 제사장직의 다섯 번째 차이다.
곧, 그리스도는 거룩하고 완전하
다. 그러나 다른 사람들은 죄인들
이고 불완전하다.

대제사장은
거룩하고

죄 없이 태어나시고 죄 없이
사셨다.

악이 없고
더러움이 없고

일어날 수 있는 모든 것에서
흠 없이

죄인에게서 떠나 계시고
하늘보다 높이 되신 자라

이상한 불결로 때 묻지 않고
우리와 같이 혼동되지 않는다.

성경에서 '거룩'이란 말은 '세속적인'이란 말과 구별하여 그것이 하나님께 순수하고 거룩한 것을 의미한다. '세속적인'이란 말은 모든 사용에서 신적이지 않다. 그러므로 율법에서 사람들과 제사장들이 거룩하게 되고 성전과 성막과 의복들과 그릇들이 거룩해진다고 자주 기록된다. 이렇게 하여 성령의 성화는 신비적인 의미를 갖는다. 성령의 성화로 새로운 피조물이 생겨난다.

그리스도인이 자기가 받은 세례나 영이 새로워진 것을 어떤 것에 이용할 수 없는 것처럼, 엄밀히 말해 거룩한 사람은 자기의 거룩함을 이용할 수 없기 때문에 '악이 없고'라는 말의 뜻은 '흠이 없는'이란 뜻이 된다. 그러므로 악이 없음(innocentia)은 거룩한 사람 자신의 악이 없는 행위(usus et opus)를 의미한다. 결국 '거룩한'이란 말(sanctus)은 제사장의 근본적 본성을 언급하는 것이다. 그리고 '악이 없다'(innocens)는 말은 제사장이 하는 일을 언급하는 것이다. 시편 24:4에서 "깨끗한 손을 가진 자"(그가 하는 모든 일에 악이 없는 사람) "그리고 깨끗한 마음을" 가진 자(거룩한 사람)이다. 그리고 다시 시편 18:26에 "깨끗한 자에게는 주의 깨끗하심을 보이며"란 말씀과 같다. 그러므로 그리스도는 '흠 없는 양'이다.(그것은 흠 잡거나 비난받을 것이 없다는 것이다.) 이것은 이사야와 베드로가 표현한 대로다. "저는 죄를 범치 아니하시고 그 입에 궤사도 없으시다"(벧전 2:22; 사 53:9).

'더러움이 없고'란 말은 다른 사람에 의해서 결코 더러워질 수 없는 자를 언급한다. 왜냐하면 율법에 속한 제사장은 비록 그가 최대한 순수하고 흠이 없을지라도, 예를 들면 그가 시체나 문둥병자와 접촉하였다면, 다른 사람들에 의해 여전히 더러워질 수 있다. 그러나 그리스도가 자기 내부에서 어떤 죄로 인해 더러워지지 않은 것처럼, 그리스도는 어떤 외부로부터도 더러워질 수 없다.

'죄인에게서 떠나 계시고'(하늘보다 더 높은 분이 되시고)라는 말은 죄인들이 없는 하늘에 그리스도가 앉아 계신다는 의미다. 그러나 자신들이 죄인인 지상의 제사장들은 죄인들과 함께 섞여 있고 죄인들과 함께 산다. 이사야가 그것을 표현한 대로 "화로다 나여 망하게 되었도다."(히브리어 관용어에 따르면 나는 좋은 일에 침묵한다) "나는 입술이 부정한 사람이요 입술이 부정한 백성 중에 거한다." "이러한 제사장은 우리에게 합당하다"(문자적으로 "이러한 제사장은 '우리에게 합당하게 되었다'(became us)"인데…)(히 7:26)라고 왜 사도는 말하는가? 이 합당함이란 어떤 종류의 합당함인가를 우리는 물을 수 있다. 그것이 '우리에게 되었다'(that becomes us)는 이것은 어떤 제사장인가? 첫째, 우리는 하나님을 위하여 이러한 대제사장, 우리를 용납할 수 있고 들을 수 있는 대제사장으로서 합당한 사람이 필요했다. 왜냐하면 "하나님은 죄인들을 들을 수 없기 때문이다"(요 9:31). 또다시 "주는 죄악을 기뻐하는 신이 아니시니 악이 주와 함께 유하지 못한다"(시 5:4). 인용될 수 있는 다른 본문들도 있다. 둘째, 우리는 우리 자신을 위해 이러한 대제사장이 필요하다. 그것은 모든 점에서 우리가 죄인들을 떠나 그에게 우리를 거룩하고 악이 없고 흠이 없도록 하기 위함이다. 이것은 우리가 믿음으로 그에게 붙어 있는 한 일어난다. "땅에 있는 것들을 섬기지 말고 그리스도가 하나님 우편에 앉아계시는 위엣 것을 기억하라"(골 3:1, 2). 이것은 거룩하게 되었다는 것을 의미한다.

7:27.

저가 저 제사장들이 먼저 자기 죄를 위하고 다음에 백성의 죄를 위하여 날마다 제사 드리는 것과 같이 할 필요가 없으니 이는	저들은 죄로부터 자유하지 못하다. 그것은 백성의 죄를 위한 것이다. 그것은 백성의 죄를 위해 희생 제사를 드린 것이다
저가 단번에 자기를 드려 이루셨음이니라	짐승의 제사와 비교된 제사와 같을 수 없는 저가

7:28.

율법은	모세에 의해서 주어진 것이고 인간을 통해서 중보되었다.
사람들을 세웠다	저들은 죄를 지은 죄인들이고 종들이다

성경에서 남자 또는 남자들이란 말이 사용되는 경우는 언제나 잠재적으로 비하의 요소를 갖고 있다. 왜냐하면 우리가 남자들이라면 그때 우리는 진노의 자녀이고 죄인들이기 때문이다. 그래서 남자는 본질[1]의 범주에 속하지 않고 지옥과 악마에 속

---

1. 이것은 아리스토텔레스 학파의 범주들의 첫 번째를 언급한다. 그 범주들은 스콜라 학파 가운데 토론을 위한 빈번한 주제였다.

한다. 왜냐하면 그것은 '지존자의 아들'이 되도록 하기 때문이다. 그러나 은혜가 하나
님의 아들을 만든다.

　　사도는 중용과 유보를 말한다. 율법이 인간을 부정하고 악하고 흠이 있고 죄인과
어울리게 하고 땅보다 더 낮게 만든다고 말할지라도 그는 그 자신을 억제했고 단순히
그들을 '인간들', '약점을 가진 인간들'이라고 부른다. 이러한 말로('사람들'과 '약점을 가진 사람
들') 사람 안에 모든 악이 있다는 것을 이해할 수 있다. 시편 기자가 말한 대로 "모든 사
람은 거짓말쟁이다"(시 116:11). "사람마다 그 든든히 선 때도 진실로 허사뿐이니이다"(시
39:5). 그리고 다시 "다 치우쳤으며 함께 더러운 자가 되고…"(시 14:3)라고 하였다.

약점을 가진 제사장들　　　　　　곧 그들은 모든 좋은 것에 미치는 힘
　　　　　　　　　　　　　　　　이 없는 영향 아래 죄인들이다

맹세의 말씀　　　　　　　　　　예언자 다윗에게서

모세와 다윗을 관계시키는 곳 열왕기상 6:1에서 모세 이후 이스라엘 백성은 400
년을 살았다. "이스라엘 자손이 애굽 땅에서 나온 지 사백팔십 년이요 솔로몬이 여호
와를 위해 전을 건축하기 시작하였는데 솔로몬의 통치가 시작된 지 그리고 다윗이 죽
은 지 사 년이었다.

그것(맹세)　　　　　　　　　　한 단어였는데 당신이 그것을 더 좋
　　　　　　　　　　　　　　　　아하면 맹세다.

율법 후에 하신 맹세의 말씀은 영원히
온전케 되신 아들을 세우셨느니라　　언제나 효력이 있고 충분하다

제 8 장

Gl. 43:18. 제 8장의 요약: 사도는 6장과 7장에서 그가 말한 것을 요약하고 있다. 거기서 그는 구약의 제사장과 신약의 제사장의 차이를 보여준다. 그것은 제사장의 인격과 관계된다. 그리고 지금 이 장에서 그는 제사와 회막, 직무에 관해 두 제사장 사이에서 일어나는 차이를 첨가해 보여 줄 것이다.

8:1.

Gl. 43:6. **이제 한 말에 중요한 것은**	8장은 히브리서 6장과 7장에서 한 말씀의 요약이다.
이러한 대제사장이 우리에게 있는 것이라	예수 그리스도
그가 오른편에 앉으셨으니	그는 만물에 대한 권능을 가지신다.
하늘에서 위험의 보좌의	만물을 그의 손에 붙잡으시다.

Sch. 195.7. 희랍어 cephalaion은 '중요한 것'(capitulum)이란 말로 이 맥락에서 요약과 결론(summa)을 의미한다. 이것은 일반적으로 요약의 요약(summa summarum)을 말한다. 그는 로마서 13:9에서 이렇게 말씀하는 데 거기서 그는 같은 어법을 사용한다. "모든 계명은 이 말씀 안에 요약되었다"("그 말씀 가운데 다 들었다"). 희랍어로 '요약하다'(recapitulated)는 요약하거나 집대성하는 것을 의미한다. 예를 들면, 네 이웃을 네 자신과 같이 사랑하라. 곧, 전체 율법의 요약과 축약은 이웃을 사랑하는 것이다. 그것은 마치 "사랑은 율법의 완성이라"(롬 13:10)는 말씀과 같다. 그가 "온 율법은 네 이웃 사랑하기를 네 몸같이 하라 하신 말씀에 이루었다"(갈 5:14)와 같은 표현을 사용한 경우가 이것을 의미한다. 이 본보기와 우열을 다투는 것으로 히에로니무스는 마태복음 17:4에서 "율법과 예언자들은 복음이라고 하는 하나의 초막 안에 들어와야만 한다."[1]고 말한다. 그들

---

1. Migne, 26,126.

은 함께 모여야 하고 단순한 요약 또는 대요가 되어야 했다. 그리스도는 그러한 요약 (anacephalaiosin), 대요(cephalaion)를 만드셨다. "그러므로 무엇이든지 남에게 대접을 받고자 하는 대로 너희도 남을 대접하라 이것이 율법이요 선지자니라"(마 7:12).

8:2.

성소(거룩한 것들)의 부리는 자라	제사장은 거룩하고 영적인 것들에 속한 자이기 때문이다.
참 장막에	하늘에 있는 장막은 구약에서 예표되었다.
이 장막은 주께서 베푸신 것이요	고린도전서 12:1 이하에서 설명한 대로 성령의 은혜와 은사로
사람이 한 것이 아니니라	지상의 장막을 베푸신 모세가 아니라

8:3.

제사장마다

그는 이제 두 언약의 제사를 비교하고 구별하는 것으로 시작한다.

세운 자니(is ordained)

마치 그는 제사장의 기능으로 인해 제사장직이 있다는 것을 말하는 것처럼

예물을 위하여	유익에 대한 찬양을 받는 것
제사 드림을 위하여	죄에 대한 속죄
이러므로 저도 무슨 드릴 것이 있어야 할지니라	대제사장 그리스도

8:4.

예수께서 만일 땅에 계셨더면	그런데 이것은 땅에서 일어날 수 없고 하늘에 제물이 될 것이다
제사장이 되지 아니하셨을 것이니	왜냐하면 그가 예표가 되는 것과 동시에 실현된 사건 모두가 되는 것은 불가능하기 때문이다.
제사장이 있음이라	비유적으로 말해서 제사장인데 율법에

이는 율법을 좇아 예물을 드리는

속한 제사장들
그러한 다른 제사장직은 가치가 없고 불필요하게 제공될 것이다.

8:5.

저희가 섬기는 것은 모형과 그림자라

모습과 상징
이것은 이것에서 다른 어떤 것이 일어나는 모형이다. 그들의 사역이 모형이며 그림자였음을 말하는 것이다. 그 사역이 모세에게 위임된 때 그러한 말로 묘사되었음을 보여 준다. 이 그림자로 진리는 가리어졌다.

하늘에 있는 것의

영적이고 하늘의 것들

모세가 장막(출 25장)을 지으려 할 때에

지시하심을 얻음과 같으니

완전하게

가라사대 (보라) 삼가 모든 것을 지으라고

그것을 들여다 보라.
장막의 모든 것들

산에서 네게 보이던 본을 좇아

이상(理想) 또는 환상, 시내산

8:6.

그러나 이제 그가 더 아름다운 직분을 얻었으니

그 직분이 땅의 것이 아니기 때문이다. 곧 그 직분은 훨씬 더 제사장의 직분이나 제사장들의 사역보다 좋다.

그는 중보자이다

곧 그는 하나님으로부터 더 좋은 언약을 받아 그 언약을 우리에게 주었다.

더 좋은 언약의

그는 하늘의, 그리고 죽지

이는 더 좋은 약속으로 세우신

않는 분이기 때문에
영생과 가장 순수한 부요로
세웠다.

8:7.

저 첫 언약이 무흠하였더면

구약
구약이 무흠했다면. 곧, 구약이 사람
들을 죄 없도록 할 수 있을 만큼 가치
가 있었다면.

이제 그는 언약에서 잘못을 찾지 않고 옛 언약과 관련하여 생각하는 자들에게서 잘못을 찾는다. 다음에 계속하는 대로, "그의 말씀은 그들에게서 잘못을 찾으니"이다. 그는 "… 그것에서 잘못을 찾으니"라고 말하지 않는다. 그 때문에 그가 혹평하는 것은 그들의 믿음이다. 왜냐하면 율법은 율법이 의롭게 하도록 주어지지 않고 사람으로 하여금 칭의를 위하여 시작을 준비하도록 주어졌기 때문이다.

그때는(then)

넘치는 것이 있을 수 있었기 때문에

둘째 것을 요구할 일이 없었으려니와

신약

8:8.

저희를 허물하여 일렀으되

예레미야 시대에 이스라엘은 나라 밖으로 흩어졌고 앗수르의 포로가 되었다. 그리고 유다만 남았다. 그러므로 그가 둘 중 하나를 말하는 경우 통일하여 전체 회중이란 일반적인 관점으로 말하는 것이 분명하다.

"볼지어다 날이 이르리니"

은혜의 날

주께서 가라사대 "내가 이스라엘 집과 유다 집으로

새 언약을 세우리니"

성취하리라

'새 언약'이란 말은 사도가 구약에 의하여 새 언약을 소개하는 것이다.

8:9.

저희와 (열조들과) 세운 언약과 같지 아니하도다　　그때 나는 나의 율법을 그들의 마음에 쓰지 않고 돌 판에 써서 그들에게 주었다. 그 때문에 그들은 율법을 이해하지도 못하고 사랑하지도 못했다. 또 그 율법을 알지도 못했고 그 율법을 미워했다.

하나님이 아브라함에게 하신 언약, 그 안에서 그리스도, 영원한 약속들이 되는 언약에 잘못이 있다는 것이 나타나지 않도록 그는 자신의 입장을 설명하기 위해 이것을 첨가한다. 그는 이러한 맥락에서 언약을 의미하는데, 그리스도는 그 언약으로 이스라엘 자손들에게 가나안 땅을 약속했다는 것이다.

날에　　　　　　　　　　　　　　　　그때에

내가 저희 열조들의 손을 잡고

애굽 땅에서 인도하여 내던

저희는 머물러 있지 아니하므로　　위에서 말한 대로 저희들은 언약을 이해하지도 못했고 사랑하지도 못했다.

내 언약 안에

내가 저희를 돌아보지 아니하였노라

　　　　　　　　　　　　　　　　　　앗수르와 바빌론 또는 더 최근에 로마에 의해 포로가 되었던 것처럼[1]

주께서 가라사대

8:10.

그날 후에 내가 이스라엘 집으로　　옛 율법의 날 후에

---

1. 루터는 이스라엘 회중을 앗수르와 바빌론으로 포로로 데려가는 것과 로마에 의해 교회가 인도되는 것 사이에 반어적 병행을 만들고 있는 것 같다. 이것은 나중에 1520년 그의 3개의 종교개혁 저술의 주제가 되었다. 그것이 "바벨론 포로에 관하여"(Concerning the Babylonian Captivity)이다.

세울 언약이 이것이니

즉 신약이 마련될 것이다.

또 주께서 가라사대 내 법을

저희 생각에 두고

나는 줄 것이다, 이것은 성령으로 말미암는다는 것을 의미한다.
돌판에 기록하지 않고 책에도 기록하지 않는다. 그 결과 그들은 율법을 이해할 수 있게 될 것이다.

저희 마음에

왜냐하면 이전 구약에서 약속들이 분명히 사랑을 받았으나 언약은 싫어했다는 것이 그 경우이기 때문이다. 그러나 반면 현재 신약에서 언약이 약속들보다 훨씬 더 사랑받는다.

이것을 기록하리라

법전에 기록하지 않고 확실하게 그들이 율법을 순수하고 단순하게 사랑할 수 있도록 만약에 이것이 이렇게 이루어진다면.

나는 저희에게 하나님이 되고

왜냐하면 그때에 그들은 내가 원하는 대로 나를 사랑하게 될 것이고 나만을 사랑할 것이다.

저희는 내게 백성이 되리라

다른 모든 사람들 앞에서 그들만 내가 사랑할 것이기 때문에

8:10. Sch. 195.22. 신약의 은혜는 거기서 말씀하고 기록된 것이 성령에 대한 것을 가르친다. 시편 45:2에서 "은혜가 당신의 입술에서 쏟아진다"고 말씀한 것처럼 그 말씀은 은혜의 말씀이다. 그러나 모세는 그렇지 않다. 그는 말에 능치 못하고 말을 더듬는 자였다. 출애굽기 4:10에서 그가 말한 것처럼, "나는 입이 뻣뻣하고 혀가 둔한 자니이다." 그 때문에 사도는 대담하게 말했다. "율법은 진노를 이룬다"(롬 4:15). 그리고 율법은 '죄의 법'(롬 7:25; 8:2)이며, 또 모세는 '죄의 종'이다. 그러므로 진노가 당신의 입술에서 쏟아진다고 말할 수 있다. 한편 신약에서 일어나는 것은 외적으로 생명과 은

혜의 말씀이며, 구원의 말씀이 선포되는 것이고 내적이며 동시에 성령이 가르치고 있다. 그 점은 두 예언서 본문이 설명하는 바다. "네 모든 자녀는 여호와의 교훈을 받을 것이다"(사 54:13; 참고. 히 8:10 이하; 렘 31:33). "내가 나의 법을 그들의 속에 두며 … 그들은 다 나를 앎이라"(렘 31:33). 같은 이유로 그리스도가 "선지자의 글에 저희가 다 하나님의 가르치심을 받으리라"(요 6:45)고 말씀할 때 그리스도는 이 두 예언자에게 호소한다. 같은 것이 고린도후서에 나타난다. "너희는 우리로 말미암아 나타난 그리스도의 편지니 이는 먹으로 쓴 것이 아니요 오직 살아계신 하나님의 영으로 한 것이며 또 돌비에 쓴 것이 아니요 오직 육의 심비에 한 것이라"(고후 3:3). 그리고 요한일서에도 나타난다. "그의 기름 부음이 모든 것을 너희에게 가르치리라"(요일 2:27). 그리고 복음서에서도 "보혜사 곧 성령 그가 너희에게 모든 것을 가르치시리라"(요 14:26)고 말씀한다.

그러므로 율법이 생각과 마음에 기록돼야만 한다고 성경이 말씀하는 뜻은 성경이 이러한 방식으로 이해돼야 하는 것이다. 왜냐하면 성경이 생각과 마음이란 말을 사용하는 경우에 지성의 자리와 감성의 자리를 의미하기 때문이다. 그것은 오늘날[1] 우리가 말하는 지성과 감성(intellectum and affectum)이다. 왜냐하면 생각에 있다는 것은 이해하는 것이고 마음에 있다는 것은 사랑하는 것이기 때문이다. 그래서 율법이 입에 있다고 말한다면 그 의미는 율법을 가르친다는 의미다. 또 율법이 귀에 있다고 말한다면 그 의미는 듣는다는 의미다. 율법이 눈에 있다고 말한다면 그 의미는 율법을 본다는 의미다. 그러므로 율법이 외적 생각(idea; obiective)으로서 단순히 영혼에 있다는 것만으로는 충분치 않고 가장 깊은 본질(formaliter)에 있어야 충분하다. 율법은 율법을 사랑하는 마음에 기록되어야 한다.

8:11. 또 각각 자기 나라 사람과 각각 자기 형제를 가르쳐 … 아니할 것은

하나님에 대해 기록한다는 것은 하나님의 가르치심을 받는 것이다. 요한복음 6:45에서 "저희가 다 하나님의 가르치심을 받으리라"고 말씀한 것과 같다. 그리고 마태복음 16:17은 "이를 네게 알게 한 이는 혈육이 아니고 나의 아버지이다"라고 했다.

---

1. Vogelsang은 루터가 우세한 유명론자의 교훈에 의하여 *intellectum*과 *affectum*의 둘의 구별만 할 때 그는 *affectum*이란 말 가운데 느낌과 의지를 포함시키는 *ad loc*을 지적하였다.

이르기를 주를 알라 하지 아니할 것은 저희가 다 나를 앎이라

왜냐하면 내가 저희를 가르칠 것이기 때문이다. 보라, 그는 저희가 나를 알 것이라고 말씀하는데 그것은 저희가 그 지식을 위해 노력하고 추구한다고 되는 것이 아니고 내가 자비를 가지고 있기 때문이다. 왜냐하면 그것은 우리의 공로나 우리의 노력으로 하나님을 아는 것이 아니고 다만 하나님의 자비로만 되는 것이기 때문이다.

저희가 작은 자로부터 큰 자까지

8:12.

내가 저희 불의를 긍휼히 여기고
저희 죄를 다시 기억하지 아니하리라   만약에 그가 죄를 기억하고 관심을 갖고 있었다면 아무도 전혀 어떤 것을 배우게 되지 못했을 것이다.

8:13.

말씀하셨으매   그가 말씀한 대로
이 주장의 목적을 위해 그는 이제 그가 소개한 권위를 인용한다.

'새 언약' …   **그가 옛 언약을 낡아지게 하신 것이다.**
쓸모없이 되었다.

8:14.

낡아지고   동시에 그것은 낡아지는 것같이 헛되고 아무 효과가 없어지고 있다.

쇠하는 것은 없어져 가는 것이니라   왜냐하면 그것은 낡고 구식이기 때문에 그것은 없어져 가는 것이다.

제 9 장

Gl. 47:11. 제 9장의 요약: 앞장에서 그리스도의 제사장직과 레위인의 제사장 됨의 차이를 다룬 것처럼 그는 제사장 직책의 차이를 이 장에서 추구한다.

9:1.

Gl. 47:5. **첫 언약에도 섬기는**

예법(거룩한 예배)**을 가졌으니**	곧 구약이다.
	이런 것을 준수하므로 유대인은 하나님께 드리는 예배에서 의롭게 되었다.
	섬기는 예법(거룩한 예배)이란 말은 *cultura*(희랍어로는 *latreia*)이다. 그것은 그것으로 하나님이 예배를 받는 예배다.
세상에 속한 성소가 있더라	거룩한 장소

그가 말씀하고 있는 것처럼: 성소는 양심의 거룩한 곳이 아니고 옷들과 물건들이 거룩한 곳으로 성소다.

9:2.

예비한 첫 장막이 있고	분명히 모세의 장막이다(출 25장 이하).
그 안에 등대와	한 등대에 7개의 불빛이 있고
상과 진설병이 있으니	진설병(the shew bread)
이는 성소라 일컫고	장막 안에 단 하나의 실체로 이해된다.

9:3.

또 둘째 장막 뒤에 있는	등대와 상 뒤에 쳐 있는 다른 휘장.

장막을 지성소라 일컫나니   제정되었다.(was constituted)

9:4.

금향로와 사면을 금으로 싼 언약궤가 있고   안쪽과 바깥쪽(사면)

그 안에 만나를 담은 금 항아리와   그 안에(법궤)

우리가 아는 대로 그것은 저
희가 사막에서 여행할 때부
터 유지된 것이다.

아론의 싹 난 지팡이와 언약의 비석들이 있고   그(비석) 위에 10계명이 새겨져
있다.

9:5.

그 위에   우리가 말하고 있는 법궤

영광의 그룹들이 있으니   천사들 또는 날개 달린 피조물

속죄소를   속죄소는 법궤 위에 있다.

덮는,   그들의 날개로

이것들에 관하여는

이제 낱낱이 말할 수 없노라   이 자세한 것들이 의미할 수 있는 것이 무엇이
든 간에 구약과 신약의 비교의 전체적 목적만
큼이나 율법의 제사장직 율법 의식과 예식을
그리스도의 제사장직과 비교하는 것이다.

Sch. 196:22. 모세의 장막을 다른 해석자들이 다른 방식으로 설명했다. 어떤 사람들[1]은 모세의 장막을 우주(전체 대우주)라고 해석했다. 이와 같이 어떤 사람들은 그 자세한 것을 여러 가지로 해석한다. '지성소'는 하늘과 보이지 않는 모든 것을 표현한다. 그리고 '그룹'은 천사의 찬양. (성경이 그룹을 자주 하나님과 관계하여 표현하기 때문에) "그룹 사이에 좌

---

1. 히에로니무스, 그리고 부분적으로 Lefevre d'Etaples와 Nicholas of Lyra. *WA*, 57,196,22, 각주와 Hirsch-Rueckert 208, 15, 각
주를 보라.

정하신 자여”(시 80:1; 사 37:16); 그러나 ‘성소’는 보이는 세계를 말한다. 그리고 ‘두 번째 휘장’은 별이 빛나는 하늘들; ‘일곱 등대’는 일곱 유성들; ‘진설병’의 네 가지 요소들을 말한다. 그러나 이 해석은 그 속에 어떤 진리가 있든 간에 본문을 억지로 해석하고 있다.

다른 사람들[1]은 비유적인 방법으로 해석하여 ‘장막’을 더 작은 세계, 소우주로 이해한다. 곧 부분으로 이해하면서 장막은 인간 자신이고 정신의 더 높은 단계로 보이지 않는 것과 하나님의 것에 관심을 가진다. 그러므로 아우구스티누스가 시간을 말한 것과 같이 인간의 더 높은 능력으로 거하시는 분은 오직 하나님뿐이다. 그리고 그 높은 능력을 만족시키는 분도 오직 하나님뿐이다. 이렇게 이해할 때 인간은 여호와의 언약궤의 속죄소와 그룹, 만나와 아론의 지팡이를 갖게 된다. 그러나 ‘성소’를 등대로 비유한 것은 자연적 이성이라는 빛으로 밝게 되는 낮은 이성을 의미한다. 마지막으로 뜰은 육의 생각으로 이해할 수 있다. 이러한 상징으로 뜰은 높이가 5규빗이 되는데, 그 이유는 거기에 오감이 있기 때문이다. 간단히 말해, 이러한 방법으로 해석하면 뜰은 생각(*sensus*), 성소는 이성(*ratio*), 지성소는 지성(*intellectum*)[2]을 나타낸다. 이러한 구분은 바울이 인간을 잘 알려진 3중 구별로 혼, 몸 그리고 영으로 구분한 것과 일치한다(살전 5:23과 그 외). 이러한 구분은 각기 종교적 의식, 신학, 하나님을 예배하는 방법을 갖고 있다. 이러한 구분은 잘 알려진 3중 구분 신학과 일치하는데, 상징적인 것은 생각에 속하고, 옳은 것은 이성에 속하는 것이고, 신비적인 것은 지성이나 영에 속하는 것이다.

셋째, 사도들과 함께 다른 사람들[3]은 영적 세계로 이 장소인 장막을 이해한다. 그 영적 세계는 거룩한 하나님의 교회다. 따라서 지성소는 승리하는 교회다. 성소는 투쟁하는 교회이고 뜰은 회당이다. 거기에 5규빗으로 뜰의 높이는 이것에 맞는다. 회당은 모세의 다섯 책의 글 안에 포함되어 있다.

첫째, 일곱 개의 등불과 줄기대가 있는 등대는 하나님의 말씀을 의미한다. 하나님의 말씀은 그 말씀으로 교회가 이 세상에서 깨우치는 선포된 말씀(*verbum vocale*)이다.

---

1. Gerson. 1520–1521, *Magnificat*, WA 7,551의 그의 해설에서 루터 자신도. 또한 *WA*, 57,197.6과 각주와 그리고 Hirsch-Rueckert 209, 8과 각주를 참고하라.

2. 5:12, 117페이지 위 p. 141의 3가지 구분에 대한 루터의 주석을 참고하라.

3. Hirsch-Rueckert, *op. cit.*, 210, 4의 자세한 각주에서 그것은 이 해설이 주로 Glossa Ordinaria에서 오고 또한 부분적으로 아우구스티누스에게서 온 것을 보여준다.

베드로후서 1:19의 말씀처럼 "우리에게 더 확실한 예언이 있어 어두운데 비취는 등불과 같으니 … 너희가 이것을 주의하는 것이 가하니라." 일곱이라는 수는 적합하게 일곱 영인데 온전함을 의미한다.(모든 교회에서 하는 모든 설교는 오직 하나의 생각을 보여주고 오직 하나의 빛을 비춘다). 둘째, 이것은 모든 교회들이 하나의 교회[1]로 이해되는 것을 의미한다. 일곱 교회들이 일곱 금 촛대와 관계되는 것으로 이해한다면 하나로 이해된다. 셋째, 이것은 스가랴 4:10과 관계시켜 이해할 수 있다. 거기서 말씀하는 대로 금 등대와 일곱 등불은 "온 세상에 두루 행하는 여호와의 눈이라"고 하였다. 그러나 우리가 아는 대로 여호와의 눈은 교회의 제사장이다. 왜냐하면 눈이 몸을 이끄는 것과 마찬가지로 제사장이 교회를 이끈다. 욥기 29:15의 말씀처럼 "나는 소경의 눈도 되고 절뚝발이의 발도 된다." 또다시 예레미야 15:19에서 "… 네가 만일 천한 것에서 귀한 것을 취할 것 같으면 너는 내 입같이 될 것이라"고 말씀한다. 넷째, 그것을 이렇게 이해할 수 있다. 등불은 개인 영혼의 양심으로, 누가복음 11:34의 말씀 "네 몸의 등불은 눈이다"와 같다.

상과 진설병은 또한 두 가지로 이해할 수 있다. 그것은 성경을 의미할 수 있다. 신자들이 설교자의 입에서 성경을 받아들이는 것처럼 그들은 상에서 떡을 받아들인다. 이에 대한 경우가 말라기 2:7에 나타난다. "대저 제사장의 입술은 지식을 지켜야 하겠고 사람들이 그 입에서 율법을 구하게 되어야 할 것이다." 또는 상(床)은 그리스도 자신을 의미할 수 있다. 그리스도는 우리를 위한 제단이고, 우리를 위한 희생이며, 요한이 "나는 생명의 떡이다"(요 6:35, 41, 48, 51)라고 말씀한 것같이 우리의 떡이다. 그는 우리가 성례에서 받은 분으로 떡이다. 그리고 그 떡은 이 생명을 길러 준다. 이것은 시편 23편 "주께서 나를 괴롭히는 나의 원수 앞에서 내게 상을 베푸시고"(시 23:5)의 의미다. 이 구절은 아마도 왜 상이 북쪽에, 등대는 남쪽에 위치하게 되는지 이유를 말해줄 수 있다. 왜냐하면 성경에서 '북쪽'은 원수들과 압제자들을 의미하는데, 예레미야는 "재앙이 북방에서 일어나 이 땅의 모든 거민에게 임하리라"(렘 1:14)고 말씀하기 때문이다. 왜냐하면 정말로 그가 없이는 우리는 어떤 시련에서 어떠한 위로도 찾지 못하고 어떠한 승리도 얻을 수 없기 때문이다. 그 시련이 무엇이든 간에 우리가 성례에 가까이 나아가고 "우리를 괴롭히는 자들 앞에서 우리를 위해 베푸신 상"에 참

---

1. 루터는 여기서 교회란 말을 사용하고 더 나아가서 두 가지 의미로 사용한다. 첫째, 보편적 교회인 가톨릭교회와 둘째, 전 우주적 교회의 개별 회원교회의 의미로 사용한다.

여하지 않는다면 어떤 위로도 어떤 승리도 얻을 수 없을 것이다.

그리고 이것은 물론 주목되어야 한다. 곧 히브리서에서 말하는 '얼굴의 빵'(*panis facierum*)이다. 거기서 우리는 '진설병'(*panis propositionis*)[1]을 갖게 된다. 이 말들은 사실 같은 것이다. 왜냐하면 이 빵이 그렇게 일컬어지기 때문에 그리스도는 언제나 우리가 보는 앞에 계셔야 하고 우리의 얼굴 앞에 그리고 우리의 기억 속에 계셔야 하기 때문이다. 이것은 그 구절이 이미 인용(시 23:5)한 대로 '당신이 내 앞에 베푸시고'라고 말씀할 때를 말하는 것이다. '나를 괴롭히는 자 앞에 상'이란 말씀은 나의 얼굴 앞에 라는 뜻이다. "이것은 나를 기념하여 하는 것이다"라고 그리스도가 말씀하실 때도 역시 동일하다. 같은 이유로 그것은 역시 다른 이름으로 일컬어졌다. 시편 111:4에서 우리 주님의 수난을 '기억'하는 것으로 "그 기이한 일을 사람으로 기억케 하셨으니"라고 말씀하고 있다. 다른 해석자들에게 '얼굴의 빵'으로 묘사된 것처럼 나타난다. 왜냐하면 성례는 모든 사람을 위해 그리고 모든 사람에게 보이도록 준비되기 때문이고 우리를 위해 제정되었고 우리의 필요를 위해 의도되었기 때문이다. 왜냐하면 그리스도는 우리에게 등을 돌리거나 우리를 버리지 않고 반대로 그의 얼굴을 우리에게 향하고 성례 가운데 매일 우리에게 다가오기 때문이다. 그리고 얼굴이란 말이 복수로 기록된 것은 그리스도는 한 번에 여러 장소에 오기 때문이다.

언약궤(출 25:10 이하)는 썩지 않는 조각목(皂角木)으로 만들어졌으며, 동시에 그리스도 자신이신 정금으로 입혔다. 그리스도는 가장 순수하게 썩지 않는 육으로 동정녀에게서 나셨다. 그리고 그분은 또한 '안팎으로'(출 25:11) 하늘의 지혜와 은혜가 되는 정금으로 장식되었다. '안'이란 그의 내적인 마음과 관계되고 '밖'이란 그의 외적 행위와 관계되는 것으로 특별히 그가 십자가에 매달리셨을 때 그의 행위다. 그 순간에 무엇보다

---

1. 우리 말 '진설병'(shewbread)은 분명 직접적인 번역이다. 루터는 거의 음역으로 Schaubrot이고 틴들(Tyndale)에 의해서 처음으로 채택되었고 그의 신약(1526)에서 발견되었다. 히브리어로 그 말은 lehem panim이다. 틴들은 복음서에서 이 말을 다른 번역을 하였다. (거룩해진 빵: halowed loaves: 마 12:4; 막 2:26) '거룩해진 빵: halowed bread' 눅 6:4, 그리고 1534년 그의 개정판에서 비슷한 불일치를 보인다. shewbreed란 말에 대한 그의 가장자리 주석은 출 25:34에서 그 말이 처음 나타날 때 'Shewbreed'로 읽는다. 그 이유는 그 떡이 항상 주님 보는 앞에 있었기 때문이다.
위클리프(Wycliffe)는 'breed of proposicioun'으로 벌게이트를 따랐다. 개신교 번역자들은 구약에서 'shewbred'로 신약에서는 'sheweloaves', 'shewbreads'와 'shewbread'로 번역한다. 출 25:30에 대한 리라의 니콜라스(Nicholas of Lyra)는 문자적 번역을 하고 떡들이 panes facierum라고 주석한다. 그 이유는 그 빵들이 둥근 모양이기 때문에 어느 각도에서 보아도 같은 모습이기 때문이다.

그는 언약궤다. 언약궤는 우리의 화해다.

그는 또한 우리의 속죄소(propitiatorium)[1]다. 그 위에 하나님이 좌정하신다. 사도가 말씀한 대로 그는 "신성의 모든 충만이 육체로 거하시는"(골 2:9) 분이다. 이것은 로마서 3:25에서 말씀한 바다. 거기서 "그를 하나님이 그의 피로 인하여 믿음으로 말미암는 화목제물로 세우셨다"고 말씀하고 있다.

언약의 비석들은 그리스도 안에서 그 비석들의 의미가 있음을 또한 의미한다. 왜냐하면 골로새서 2:3에서 사도가 말씀한 것같이 "그 안에는 지혜와 지식의 모든 보화가 감추어 있기" 때문이다. 왜냐하면 그리스도 안에서가 아니면 우리는 율법도, 하나님의 지혜도 이해할 수 없기 때문이다. 그것은 고린도전서 1:30에서 기록하고 있는 대로다. "… 그는 우리에게 지혜와 의로움이 되셨으니…." 마지막 분석에서 이것은 율법도 그리스도 안에서가 아니고는 성취될 수 없다는 것을 의미한다. 바로 외적 말씀과 성례(등대와 상으로 의미하는)는 가치 있기도하고 또 무가치하기도 한 점이 같기 때문에, 우리가 이 속에 숨겨진 그리스도를 분별하지 못하면 이러한 것들은 우리에게 합당하지 않다. 골로새서 3:1은 "… 위엣 것을 찾으라 거기는 그리스도께서 계시느니라"고 말씀하고 있다.

만나와 금 항아리가 법궤 안에 있다. 이것은 그분 안에서만 그리스도는 우리의 영혼의 위로와 재창조가 됨을 의미한다. 왜냐하면 만나를 취해서 맛보므로 만나는 인간이 함께하는 영생의 선물이라고 말하게 되기 때문이다. 이 영생의 선물은 "그 선물을 받은 사람밖에는 아무도 모른다." 요한계시록 2:17은, "이기는 그에게는 내가 감추었던 만나를 주고 또 흰 돌을 줄 터인데 그 돌 위에 새 이름을 기록한 것이 있나니 받는 자밖에는 그 이름을 알 사람이 없느니라"고 하셨다.

아론의 지팡이(virga) 역시 그리스도를 의미한다. 그분은 아론의 지팡이가 싹 난 것처럼 정숙하고 순결한 처녀(virgo)에게서 꽃피었다. 이것은 역시 이사야 11:1에서 '이새의 줄기에서 한 싹(virga)이 나며'라고 말씀하고 있다. 그리고 또한 민수기 24:17에서 "한 별이 야곱에게서 나오며 한 홀이 이스라엘에게서 일어나서 모압의 왕들을 치실 것이다"라고 말씀하신다. 그러나 이 모든 비유는 여러 해석자들에 의해 복된 마리아

---

1. 참고 레 16:13-14.

에게 적용시켰다. 그리고 의심 없이 그들이 전적으로 그리스도를 믿는 믿음으로 말미암아 어떤 그리스도인을 언급할 수 있다면 그것을 통해서 그는 그리스도의 것[1]인 모든 것을 소유하게 된다.

많은 해석자들은 그룹을 하늘의 천사들로 이해한다. 그러나 다만 성경에서 그들이 날개를 가진 것(사 10:8)으로 묘사되고 있는 것 외에는 그들이 어떤 모습이었는지는 오늘날 어떤 일반적 일치도 없다. 그러므로 어떤 사람들은 새의 모양으로 천사들을 생각하고, 다른 사람들은 날개가 있는 천사의 형태로 생각한다. 그리 썩 훌륭하지는 않지만 그룹은 그리스도에 대한 지혜를 명상하는 것으로 이해될 수 있을 것이다. 왜냐하면 그레고리가 말한 것처럼[2] 명상(contemplation)이란 말은 '날개'란 말로 이해된다. 그래서 시편 12:11에서 "그는 일어나 바람의 날개 위로 날아갔다." 곧, 영적인 명상 속으로.* 그러나 이 해석은 세상에서 좀처럼 정당하게 취급되지 않는다. 왜냐하면 '그룹'은 '지식의 충만함'[3]을 의미하는 것으로 해석되기 때문이다. 그러므로 그는 또한 여기서 '영광의 그룹'을 말하고 있다. 그 영광이 하나는 영광 받은 그리스도의 지혜이고 다른 하나는 십자가에 못 박힌 그리스도의 지혜다. 하나로 육이 정복되고 다른 하나로 영이 고양되었기 때문이다. 더욱이 그리스도의 영광을 명상할 때 영적 지혜는 한편 진리의 외적 나타남을 우리가 추구하는 경우에 다른 어떤 경우보다 더 필요하다. 그리고 다른 영광의 진리를 상실하고 그 결과 오류와 혼동에 빠지게 된다. 그것은 일반적으로 성경에서 모순이 되는 것을 그리스도 안에서 일치시키는 것을 반대하는 자들에게서 일어난다. 그들은 사물들에 대한 한쪽으로 기울어진 견해를 갖게 되었다. 이것에 대한 한 예를 들어 그가 모든 왕들 가운데 가장 영광스러운 왕이라고 하는 것은 그리스도에 대해서 말하는 것이다. 이제 유대인들은 그리스도에 대한 이 생각으로 하나가 되었고 그 결과 십자가에 못 박힌 그리스도는 제쳐놓고 말았다. 그들

---

1. 이 구절에서 사람들은 루터의 해설에서 볼 수 있는 공통적 원칙을 살펴본다. 그는 처음 자리에서 모든 표현을 그리스도의 교훈과 관계시키려고 한다. 그가 에라스무스에 대해서 말할 때 (그리고 다른 곳에서 자주) "성서의 모든 것은 그리스도와 관계를 갖는다." 그러고 난 후에 그 위치에서 그는 그 구절을 그리스도 안에 있는 신자에게 관계시킨다. 이것은 루터의 기독론을 위하여 중요하다. 마리아(Virgin)에 대한 그의 존경을 주목하라. 그러나 그녀에게서 그리스도 중심으로 확고히 이동한 것을 주목하라.

2. *Moralia*, 35, 2; Migne, 76, 1144.

3. Peter Lombard, *Sent.* II, dist. cap.2. Migne, 192.670.

---

* 시편의 구절이 맞지 않음

은 이사야 53:2의 진리에는 관심이 없었다. "그는 고운 모양도 풍채도 없다." 똑같은 것이 그의 인성과 신성을 일치시키는 어려움에서 생겨나는 다른 모순되고 반대되는 생각을 그리스도 안에서 일치시키는 데 있어 마찬가지로 사실이다. 그리고 그룹의 얼굴들이 서로를 향해 있고 속죄소[1]를 향해 있다는 것이 성경(출 25:20)에 기록된 이유다. 계속하여 성경이 말하는 대로 "한 증인으로만 정할 것이 아니요 두 증인의 입으로나 세 증인의 입으로 모든 말은 확정할 것이라"(신 19:15).

첫 휘장, 휘장은 감추는 것을 의미한 것으로 성소 앞에 걸리게 되었다. 곧, 다가올 교회에서, 다가올 복음에서, 다가올 성례에서 믿음을 가리는 휘장을 의미한다. 왜냐하면 회당은 현재로서는 이런 것들을 보지 못하게 했기 때문이다. 그 때문에 바로 이 휘장은 그리스도가 십자가에 못 박힐 때 "위에서부터 아래로 찢어졌다." 이것은 회당이 끝나고 교회가 시작하는 순간이었기 때문이다. 지성소 앞에 걸린 두 번째 휘장은 그리스도가 사람으로서 그 휘장 안에서 다스리는 것을 믿는 우리의 믿음의 휘장을 의미한다. 이 휘장은 그가 영광 가운데 나타나실 때 같은 방법으로 제거될 것이다. 이것은 어떻게 우리가 그의 인성과 신성으로 그리스도를 안다고 말할 수 있는가 하는 것이다. 바로 믿음을 통해서만 우리는 그를 안다. 바울이 고린도후서 3:18에서 쓴 것처럼 "우리가 다 수건을 벗은 얼굴로 거울을 보는 것같이 주의 영광을 보매 저와 같은 형상으로 화하여 영광으로 영광에 이르니 곧 주의 영으로 말미암음이니라."

9:4. 금향로가 있으니

사도가 여기서 지성소에 금향로가 있다는 것을 말하는 것에 주목해야 한다. 이것은 많은 성경 해석자들로 하여금 이 서신이 바울의 것이 아니라는 견해에 이르게 하였다. 왜냐하면 모세는 그러한 향로에 대해 아무것도 말하지 않은 것처럼 보이기 때문이다. 사실 구약 자체의 본문은 분명하지 않다. 그래서 장막이 두세 개의 단을 가졌는지 의심나게 한다. 뜰에 서 있는 번제를 드리는 놋으로 만든 단은 출애굽기 27장에서 충분히 묘사되었다. 그러나 다른 단, 금으로 덮인 향로단은 등대와 상 사이에 성

---

1. 루터의 그림의 효력은 스랍(cherubim)의 얼굴이 다른 방식으로 향하지만 속죄소로 초점이 모아지는데, 그렇게 그리스도의 두 성품은 다르지만 그 두 본성은 복음의 속죄소로 향하게 된다. 이것을 그는 신명기로부터 두 증거의 지지로 계속하여 효과를 올린다. 곧, 그리스도의 두 본성의 증거다.

소에 있다는 것은 모든 사람이 미루어 짐작하는 것이다. 그래서 출애굽기 30:6은 말씀한다. "너는 그 단을 그 증거궤위 속죄소 맞은편 곧 증거궤 앞에 있는 장 밖에 두라 아론이 그 위에 향기로운 향을 사를 것이다." 향이 밤낮 계속하여 그 위에 살라져야 한다는 것을 성경은 말씀하고 있다. 그러므로 금향로의 위치가 지성소로 이해될 수는 없다. 왜냐하면 대제사장은 일 년에 한 번 거기에 들어가곤 했기 때문이다. 그러나 지성소에 제3의 제단이 있었다는 것은 첫 번째 경우에서 레위기 16:12 이하로부터 의심해볼 수 있다. 거기서 엄숙한 속죄제 의식이 묘사되고 있다. "대제사장은 향로를 취하여 여호와 앞 단 위에서 피운 불을 그것에 채우고 또 두 손에 곱게 간 향기로운 향을 채워가지고 성소의 장 안(지성소에)에 들어가서 여호와 앞에서 분향하여 향연으로 증거궤 위 속죄소를 가리게 할지니 그리하면 그가 죽음을 면할 것이다." 이 구절로부터 사도가 장막이 금향로를 가졌었다는 것을 말할 때 인용했다는 것은 의심의 여지가 없다.

지성소에 제3의 제단이 있었다는 가정을 증거할 수 있는 두 번째 이유가 있다. 출애굽기 30장 마지막 절에 이 향의 구성이 묘사되고 있다. 그것은 다음과 같다. "너는 내가 너와 만날 회막 안 증거궤 앞(곧, 속죄소 앞에)에 두라." "이 향은 너희에게 지극히 거룩(sanctum sanctorum)하니라."[거룩한 것들 가운데 거룩한 것, 오직 거룩한 데 사용하기 위해 구분한 것]. 이것으로부터 지성소에 한 단이 있었다는 것을 볼 수 있다.

지성소에 하나의 단이 있었다는 가정을 증거할 수 있는 세 번째 이유로 향로에 대한 희랍어 티미아테리온(thymiaterion)은 이 문맥에서 하나의 향로뿐만 아니라 거기서 향을 태우는 장소 또는 단[1]을 의미하기 때문이다. 사도가 말한 것처럼, "그 안에 금으로 만든 단이 서 있다."

지성소에 세 번째 단이 있었다는 가정을 증거할 수 있는 네 번째 이유는 많은 사람의 견해로 세례요한의 아버지 사가랴가 대제사장[2]이었기 때문이다. 왜냐하면 가브리엘 천사가 향 제단 오른 편에 서있는 그에게 나타났다고 기록되어 있는 그 구절의

---

1. 에라스무스는 본문에 대한 그의 주석(Annotations)에서 이점을 지적한다. 루터와 에라스무스 모두 thymiasterion이란 말을 한다.

2. *WA*, 57,203본문의 각주에서 편집자들은 암브로스와 비드로부터 온 이 견해가 Glossa Ordinaria에 나타난다는 것을 우리에게 상기시킨다. 같은 본문(*op. cit.*, 217)에 대한 Hirsch-Rueckert 주는 약간 자세하게 누가복음 1장을 주석한 리라의 니콜라스의 결론을 보여준다. 루터에게는 그가 대제사장일 뿐만 아니라 문제의 제단은 지성소가 되어야만 했다. 니콜라스는 그것이 지성소와 관계가 없다는 견해를 갖는다. 그리고 스가랴는 제사장이 아니었다.

문맥은 이 결론에 이르도록 강요하는 것으로 나타날 수 있다.

그러나 나는 이와 같은 모든 주장이 쉽게 논쟁할 수 있는 여지가 있는지 전혀 모른다. 왜냐하면 인용된 구절이 지성소에 향로나 단이 있었다는 것을 실제로 말하지 않고 오히려 하나의 단이 밖에 있었고 타고 있는 숯불을 담은 향로는 지성소에 그가 들어가 안에서 불을 붙일 때 대제사장이 가져가야 하는 것이다. 위에서 설명한 대로 증거궤 위에 있는 속죄소 위를 '향연과 수증기'로 덮을 수 있게 하는 지성소에 향을 피운다고 말하는 것은 결정적인 주장이 될 수 없다. 제사장이 밖에서 불을 담아 향로에 가지고 들어간 불을 언급하고, 그리고 지성소에 들어갔다는 불을 언급하기 때문에 그것은 결정적이지 못하다. 교회가 오늘날 사용하는 것 같은 향로가 아니고 향이 들어 있는 대야 또는 컵 모양의 사발 같은, 바닥 위에 놓여 있는 작은 모양의 향로로 생각된다. 그러므로 지성소에 금향로가 있었다는 증거 없이 단순하게 말한 사도에게 우리가 무엇을 말할 수 있는가? 속죄 제사를 드리는 동안에 제사장이 가지고 갔기 때문에 지성소에 그러한 향로가 있었다는 것으로 말할 수 있다. 그리고 그것이 내가 다르게 알고 있는 나의 견해다.

일반적으로 바울이 저자라는 것을 반대하는 주장으로 두 개의 증거판을 제외하고 법궤 안에 아무것도 없었다는 열왕기상 8:9에서 특별히 말한 것이 유지되었다. 그러나 사도는 법궤 안에 만나를 담은 금 항아리와 또 아론의 지팡이가 있었다고 말한다. 르페브르 데타플레(Lefèvre d'Étaples)는 그 상위(相違)를 피하기 위해 희랍어의 전치사를 바꾼다. '그 안에'(in which)란 말을 그는 '그것과 함께'(with which)를 취하므로 항아리와 지팡이가 실제로 '법궤 안에' 없었고 '법궤와 함께' 있었다고 주장할 수 있었다. 더욱이 출애굽기 16:33 이하에서 단순하게 말하고 있는 것이 아주 솔직한 이유다. "아론에게 이르되 항아리를 가져다가 그 속에 만나 한 오멜을 담아 여호와 앞에 두어 너희 대대로 간수하라." 아론이 그것을 장막 안 증거판 앞에 두었다. 분명히, 이 구절은 금 항아리에 대한 어떤 언급도 없다. 만나를 담는 그릇에 대한 언급이 있어도 내가 기억하는 대로는 성경의 어떤 다른 구절에서도 그런 언급이 없다. 만나 외에 법궤 안에 아무것도 없었다고 분명히 말했다는 것을 인정한다 해도 만나를 그릇 밖에 두었다는 설명으로부터 추론하는 것은 오류가 될 수 있을 것이다. 그 구절을 취급하면서 사도는 그릇을 언급하고 실제로 그 그릇을 '금 항아리'라고 부른다. 그것은 열왕기상 8:9과 일치하고 있다.

그러나 아론의 지팡이 경우 민수기 17:10은 말씀한다. "여호와께서 모세에게 이르시되 아론의 지팡이는 증거궤 앞으로 도로 가져다가 거기 간직하여 패역한 자에 대한 표징이 될 것이다." 출애굽기 16:34에서 만나를 말하는데, 이 구절에서 법궤를 의미하는 것인 '증거의 장막'이란 말을 우리가 취하지 않으면 법궤 안에 실제로 지팡이가 있었다는 것을 이 본문에서 짐작할 수 없다. 우리가 일찍이 말한 대로 "아론이 그것을 장막[곧, 법궤] 증거판 앞에 두어 간수하게 하였다." 그러나 다른 사람들은 다르게 생각한다. 그들은 그것이 밖, 법궤 곁[문자적으로는 법궤 곁에]에 놓여 있다고 주장한다. 그리고 이것은 법궤 안에 있는 것으로 표현될 수 있다. 왜냐하면 '법궤 곁에'라는 같은 표현이 신명기 31:26 "이 율법 책을 가져다가 너희 하나님 여호와의 언약궤 곁에 두어"라고 사용되기 때문이다. 선택적인 제시가 열왕기상 8:9에서 이 구절에 대한 설명으로 사용될 수 있을 것이다. 솔로몬이 성전을 건축할 때에 그는 아론의 지팡이를 언약궤에서 다른 곳으로 가져갔다. 이것이 성경의 어떤 본문에서 입증될 수 있다는 것이 아니고 비슷한 것이 요시야 왕 통치 때에 '언약궤 곁에'서가 아니고 '제단 뒤[1]에'서 발견된 것을 보여 준다.

9:6 이하. 이 모든 것을 이같이 예비하였으니 제사장들이 항상 첫 장막에 들어가 섬기는 예를 행하고 오직 둘째 장막은 대제사장이 홀로 일 년 일차씩 들어가되 … 자기와 백성의 허물을 위하여 드리는 것이라.

우리는 허물이란 말을 율법을 어긴 육체적인 죄로 이해해야 한다. 곧 옷, 마시는 것, 음식과 몸에 관계되는 문제에서 부정(不淨)으로 이해해야 한다. 왜냐하면 사도가 10:4에서 계속하여 말하고 있기 때문이다. "이는 황소와 염소의 피가 능히 죄를 없이하지 못함이라." 이것은 양심에 어긋나는 죄를 의미한다. 그러므로 율법은 아주 슬픈 부담이다. 육적(carnal)이고 의식적(儀式的)인 부정의 문제를 제외하고 결국은 의롭게도 못하고 거룩하게도 못하였다.

---

1. 왕하 22:8에서 그것이 '여호와의 전에서' 발견되었다고 말한다. 그리고 어떤 자세한 설명은 없다. 리라(Lyra)는 그것이 성전 벽에서 발견되었다고 말하므로 Rabbi Solomon을 인용한다. (Hirsch-Rueckert 220 n.)

9:8 이하. 성령이 이로써 보이신 것은 첫 장막이 서 있을 동안에 성소에 들어가는 길이 아직 나타나지 아니한 것이라 이 장막은 현재까지의 비유니 이에 의지하여 드리는 예물과 제사가 섬기는 자로 그 양심상으로 온전케 할 수 없나니 이런 것은 먹고 마시는 것과 여러 가지 씻는 것과 함께 육체의 예법만 되어 개혁할 때까지 맡겨 둔 것이니라.

일찍이 이미 말한 대로 이 본문에서 옛 율법과 새 율법 사이의 작용하는 문제는 확실히 구별이 된다. 죄, 의, 제사, 거룩한 물건들, 약속들, 교리들과 옛 율법에 속한 제사장들은 육에 속하는 것이었다. 그런 것들은 양심에 관한 한 거룩하게 되지 못했고 다만 육체에 관하여 거룩하게 되었다. 그러나 이제 복음이 주어지므로 우리의 죄, 의, 제사, 거룩한 물건들, 약속, 교리들 그리고 우리의 제사장은 성령의 영역에서 모두 작용한다. 그리고 양심의 문제에서 거룩하게 한다. 그러나 두 가지 모두 하나님이 주셨다. 그러나 옛 것(여기서 말하는 대로)은 "개혁할 때까지 맡겨 둔 것이라." 그러므로 피터 롬바드(Peter Lombard)가 비록 그가 모든 사람에게서 늘 비난을 받았지만 어느 정도 옳게 쓰고 있다. 그는 "비록 그것들이 믿음과 사랑으로 행해졌다고 해도 옛 율법에 속한 성례는 의롭게 하지 못하였다. 이것은 절대적으로 진리다. 왜냐하면 인간은 그가 행한 성례나 제사로 인해 의롭게 되지 못하기 때문이다. 그런 것들이 사랑 가운데 행해졌어도 그런 것들은 의롭게 하지 못한다. 사람을 의롭게 하는 것은 오직 사랑과 믿음뿐이다. 말할 것도 없이 의롭게 하는 것[1]이 성례가 아니고 성례를 믿는 믿음은 신약에서 말하는 것이다.

9:11.

그리스도께서　　　　　　　　　이번에 오신 분이다. 그의 오심이 여전히 미래에 있다고 유대인이 잘못 믿는 경우가 전혀 아니었다.

사도는 이제 메시아의 상징과 모형을 그리스도 안에 계시된 진리에 연관시킨다. 그리고 더하고 더 사용되지 않는 제한된 유대인의 견해를 이제 완성시킨다. 전자는

---

1. Hirsch-Rueckert(*op. cit.*, 220-221)는 이 점에 대해 매우 완전한 주해를 가지고 있다. 그리고 구약의 성례의 효력에 대한 주요한 스콜라적 견해를 설명한다. 그 주해들은 또한 이 경우로 루터가 결정적으로 전향한 것에 관심을 둔다. 그 경우는 일반적인 스콜라적 견해로부터 이 서신이 명백히 유지하는 견해 즉, 구원의 수단으로서 율법을 무조건 배제하는 것이다.

이전의 생각[메시아는 여전히 미래에 오실 것이라는 유대인의 견해]은 오직 한 민족, 유대인만 관심을 가지기 때문이다. 그러나 후자[그리스도가 이미 오셨다는 것]는 온 세계 모든 사람에게 관심을 갖는다.

대제사장(pontiff)**으로 오사**	이미 오셨다. 곧, 이생의 복을 알려주기 위해 율법의 대제사장을 하나님이 사용했던 것처럼 그를 통해 하나님이 영원한 복을 공표하고 약속한 우리의 대제사장으로 오셨다.
장래 좋은 일의	
더 큰 장막	땅의 장막보다 더 큰
온전한 장막으로 말미암아	그가 그 장막을 완전하게 했기 때문이다. 그것은 버려지게 된 모형보다 훨씬 컸다.
손으로 짓지 아니한, 곧 이	사람에 의해 고안되지 않은
창조에 속하지 아니한	나무로도 아니고, 또는 놋이나 금으로 아닌 그는 이 장막이 물론 사람의 손으로 만들어졌다고 누가 말해서는 안 된다는 이 점을 첨가한다. 장막은 하나님의 손으로 만들어졌고 그리고 그 범위에서 그는 그 자신에 대해 말했다.

9:12.

피로 아니하고	곧, 속죄(레 16)제사에서 하는 대로 피로 아니하고
염소와 송아지의 … 아니하고	
자기의 피로 … 들어 가셨느니라	자기의 피로 이 세상을 넘어 아버지에게로 옮겨 갔다.
단번에 성소에	참된 지성소 그것은 하늘에 계신 하나님께

영원한 속죄를 이루사	그는 수난으로 말미암아 구속을 성취하였기 때문에

율법에서 구속은 일시적이었고 이 세상에 관계된 것이었다.

9:13.

하거든

그는 그리스도 안에서 구속이 영원하다는 것을 증거하면서, 더 적은 것에서 더 큰 것으로 주장한다. 왜냐하면 그 구속은 옛 언약 아래 구속으로부터 다른 종류이기 때문이다.

염소의 피	속죄일에 대하여 레위기 16장에 묘사된 대로
또는 황소	자기의 주장을 강조하기 위해, 또는 염소와 암송아지가 해마다 희생되었기 때문에. 그리고 그런 의미에서 많은 황소들이 드려졌으므로 그는 '황소'라고 하지 않고 '황소들'이라고 말한다.
암송아지의 재로	민수기 19장에 묘사된 대로
부정한 자에게 뿌려	그들이 죽은 자를 접촉해서 부정하게 되었거나 음식이나 의복의 문제로 더럽혀진 자들
육체를 순결케 하여	그들이 육체에 관계되는 한 그리고
거룩게	하나님 보시기에는 아니지만 사람이 보기에 더럽혀지지 않을 수 있기 위하여

9:14.

하물며(영원하신) **성령으로**

말미암아 ⋯ 그리스도의 피가	이것은 그리스도가 자기 자신을 드리는 것을 추구한 열렬한 사랑이기 때문에
자기를	그는 십자가에서 그리고 수난에서 제사장이

며 희생자였다.

흠없는(자기를) **하나님께 드린**

어찌 너희 양심으로(죽은 행실에서)

깨끗하게 하고　　　　　　　그것으로 인해 우리는 하나님 보시기에 깨끗
　　　　　　　　　　　　　하다.

그는 옛 언약의 제사장이 했던 것을 하지 않았다. 왜냐하면 옛 언약의 제사장은 죄로 물들었고 그 자신의 피가 아닌 피를 드렸기 때문이다. 옛 언약의 제사장은 성령으로 행하지 못했고 속박의 영으로 행하였다. 정확히 말해 그때는 복을 잃는 것을 두려워하므로 또는 그 복을 얻으려고 그렇게 행하였다.

죽은 행실에서　　　　　　　죄들

사도는 유대인이 입으로 육체적 순결을 자랑하지 못하도록 '죄들로부터'가 아니고 '죽은 행실에서'라는 말을 조심스럽게 한다. 그는 그러한 죽은 행실이 죄일 뿐만 아니라 여전히 더 그 행위로 하나님을 섬기는 것이 아닌 모든 행위는 죄라는 것을 보여주기 위해 '죽은 행실'이란 이 표현을 사용한다. [루터는 순례, 금식들, 고해 성사등 하나님의 일이라고 그 당시에 생각했던 행위 종교에 대한 자기의 견해를 여기서 아주 분명하게 보여주고 있다.]

살아계신 하나님을　　　　　우리 자신이나 우리의 우상이 아니고

섬기게 못하겠느뇨

[이 '우상'이란 말을 루터는 인간이 자신을 위해 행하는 하나님에 대한 생각과 자신을 위해서 고안한 것을 예배하는 여러 가지 방법을 의미한다. 그리고 이런 것은 그리스도 안에서 자신을 선포한 계시된 하나님과는 전적으로 모순되는 것이다. 그것은 그 당시의 종교 사상으로 인간 중심적인 것을 반박하는 것이었다. 이 반박은 그리스도 중심의 편에서 루터의 신학에 매우 중요한 역할을 하였다.]

Sch. 206:8. 민수기 19:2 이하에서 "이제 이르노니 이스라엘 자손에게 일러서 온전하여 흠이 없고 아직 멍에 메지 아니한 붉은 암송아지를 네게로 끌어 오게 하라"고 기록하고 있다. (사도는 아마도 송아지의 나이 때문에 이 구절에서 그것을 송아지라고 부르는 것을 택한다.) "너는 송

아지를 제사장 엘르아살에게 줄 것이요 그는 그것을 진 밖으로 끌어내어서 자기 목전에서 잡게 할 것이며 제사장 엘르아살은 손가락에 그 피를 찍고 그 피를 회막 앞을 향하여 일곱 번 뿌리고 그 암소를 자기 목전에서 불사르게 하되 그 가죽과 고기와 피와 똥을 불사르게 하고 동시에 제사장은 백향목과 우슬초와 홍색실을 취하여 암송아지를 사르는 불 가운데 던질 것이라." 계속하여 "그 부정한 자를 위하여 죄를 깨끗하게 하려고 불사른 재를 가져다가 흐르는 물과 함께 그릇에 담고 정결한 자가 우슬초를 가져다가 그 물을 찍어 장막과 그 모든 기구와 거기 있는 사람들에게 뿌리고 그 정결한 자가 셋째 날과 일곱째 날에 그 부정한 자에게 뿌려서 일곱째 날에 그를 정결하게 할 것이며"(민 19:17 이하). 같은 것을 11절에서도 볼 수 있다. "사람의 시체를 만진 자는 칠일을 부정하리니 그는 제 삼일과 제 칠일에 이 잿물로 스스로 정결케 할 것이라 그리하면 정하리니와 제 삼일과 제 칠일에 스스로 정결케 아니하면 그냥 부정하리니." 이것은 다윗이 시편에서 말씀한 대로 이제 이해할 수 있다. "우슬초로 나를 정결하게 하소서 내가 정하리이다"(시 51:7). 왜냐하면 모든 교부들[1]은 이 붉은 암송아지를 주님의 인성을 의미하는 것으로 나타냈기 때문이다. 그 이유는 그리스도의 인성이 우리를 위해 제 칠일에 희생되었기 때문이다. 버거스(Burgos)의 바울[2]에 의해 제 칠일에, 율법의 전체 기간에서 그리스도의 때까지 이렇게 오직 여섯 암송아지가 희생되었다. 이 구절에서 우리가 본대로 사막에서 모세에 의해 처음 암송아지의 재는 바빌론 포로기까지 계속되었다. 두 번째 성전을 위해 에스라에 의해 두 번째 암송아지와 그리스도의 때까지 다른 대제사장에 의해 드려진 나머지 네 마리가 있다.

9:14. 그리스도의 피가 어찌 우리 양심을 깨끗하게 하지 못하겠느냐

그는 신약과 구약에 나타난 순결에 대한 두 가지 다른 개념을 아름답게 묘사하고 변증법적인 주장을 하기에 이른다. 그는 구약의 순결은 육체, 의복, 기구들의 순결함의 문제였음을 주장하고 신약의 순결은 양심, 마음, 정신의 순결이라고 주장한다. 구약에서 부정은 시체 또는 부정한 것을 만진 것 때문이고, 신약에서 부정은 죽은 행

---

1. 아우구스티누스의 근거에 대하여, *Queaest. in Hept.*, IV, qu.33. Migne, 34.732–37. 아우구스티누스의 해설은 *Glossa Ordinaria* 에게로 넘어가게 되었다.

2. *WA* 본문의 편집자는 버거스의 바울(Paul of Burgos)이 자기의 비평을 랍비 전승(*op. cit.*, 207)에 근거하고 있다고 주를 달고 있다.

실 또는 죄들 때문이다. 구약에서 순결은 인간적인 생각이나 바라는 것들을 섬기는 것으로 돌리고, 신약에서 순결은 살아계신 하나님을 섬기는 것으로 생각된다.

이러한 항목을 하나하나 살펴보자. 첫째, 양심의 순결이 있다. 그것은 그가 범한 죄를 회상하므로 가슴을 태우지 않는 것을 의미하고, 또 다가올 형벌로 말미암는 두려움으로 불안해하지도 않는다. 시편 112:7에서 "의로운 사람은 흉한 소식을 두려워하지 않는다"고 하였다. 왜냐하면 과거의 죄에 대하여 괴로워하는 나쁜 양심과 닥쳐올 보응을 두려워하고 있는 나쁜 양심에는 무서운 괴롬이 있기 때문이다. 예언자가 말씀한 대로 양심은 "붙잡히고 괴롭힘을 당했다"(사 8:22, 또는 30:6?). 사도는 로마서 2:9에서 "악을 행하는 각 사람의 영에게 환난과 곤고가 있을 것이다"라고 같은 말씀을 한다. 왜냐하면 과거의 죄를 변화시키는 것이 불가능하고 닥쳐올 보응을 피할 가능성이 없는 한, 인간은 어쩔 수 없이 어떤 방법을 취해도 불안과 환난을 경험해야 한다. 인간은 그리스도의 피가 아니면 이러한 괴로움으로부터 자유로울 수 없다. 인간이 믿음에 관심을 갖고 그가 그 보혈로 깨끗하게 되고 용서되었다는 것을 믿고 이해하면 자유롭게 되는 것이다. 인간이 순결해지고 동시에 마음의 평화가 오는 것은 믿음을 통해서다. 그 결과 상태에서는 형벌도 죄의 용서로 인한 기쁨 때문에 그를 무섭게 하지 못한다. 어떠한 율법도 이러한 순결에 도움이 되지 못하고 어떠한 행위도 도움이 되지 않는다. 그리스도의 피 외에는 아무것도 유익이 없다. 그리스도의 피가 죄 용서를 위해 흘려졌다는 것을 사람이 믿지 않는다면 그 피 자체도 유익이 없다. 왜냐하면 우리는 그리스도가 말씀한 대로 유언자를 믿어야 하기 때문이다. "이것은 죄 사함을 얻게 하려고 많은 사람을 위하여 흘리는바 나의 피 곧 언약의 피니라"(마 26:28; 눅 22:20).

둘째, 그는 '죽은 행실'을 죄라고 부른다. 그 이유는 정확하게 그가 양심을 더럽히는 활동을 '죽은 행실'로 부르기 때문이다. 인간은 그리스도의 피로 '죽은 행실'에서 깨끗해지기 때문이다. 왜냐하면 양심을 더럽히는 것은 죄 외에 아무것도 아니기 때문이다. 은혜의 상태를 떠나서 행한 선행도 죄인 것이 너무나 분명하다. 그러므로 그러한 행위는 역시 '죽은 행실'이라고 할 수 있다. 왜냐하면 그리스도의 피로 순결하게 되지 않은 양심은 불결하기 때문이다. 양심 자체가 불결하다는 것이다. 사도는 디도서 1장에서 같은 것을 가르치고 있다. "깨끗한 자들에게는 모든 것이 깨끗하다." 그러나 그가 용서할 수 있는 불결을 말하는 것이 아니고 죽어야 할 불결에 대해 말하고 있는 것이 확실하다. 왜냐하면 순수하고 거룩한 것은 아무것도 없기 때문이다. 그 이유는 인간의 의까지도 부정하기 때문이다. 이사야가 그것을 말씀한 대로 "대저 우리는 다 부정한 자 같아서 우리의 의는 월경 중에 있는 여자가 버린 더러운 옷과 같다"(사 64:6). 그래서 은혜를 떠나서 행한 선행은 죽은(mortua) 것이다. 그러나 죽을 수 있는(mortalia)[1] 것이 아니라고 하는 자들의 견해는 완전히 잘못되었다. 그 이유는 분명히 사도가 '죽은', '죽을 수 있는'이란 말을 '죽은 행실'이라고 말하므로 이 구절에서 동일한 것을 의미하기 때문이다. 어떤 사람이 말하는 것처럼 '죽은 행실'이 공로를 세우지 못하였다는 것을 의미한다면 그리스도의 피는 죄인을 깨끗하게 할 수 없다. 그러나 '그들의 방식으로' 선행을 하는 자를 깨끗하게 할 수 있다는 결과가 될 것이다. 따라서 '부정한 것', '죄', '해를 끼친 것' 같은 것은 공로를 세우지 못한 것이 될 수밖에 없을 것이다. 이것은 말씀의 새로운 의미로 성경 전체를 완전히 뒤집어 엎는 것과 같은 것이다. 훌륭하고, 순수하고, 안정되고 즐거운 양심은 죄 용서의 믿음과 다른 것이 아니라 같다는 생각에서 나온 것이다. 그 생각은 그리스도가 죄 용서를 위해 피 흘리심의 말씀을 선포하는 말씀으로 아무도 구원받을 수 없다는 것이다. 왜냐하면 우리는 그리스도가 피를 흘림에 대해 자주 읽고 들을 수 있다 그러나 단순히 양심은 그 피로 말미암아 결코 깨끗해지지 않는다. '죄 용서를 위해' 그리스도가 피 흘렸다는 것을 완전히 깨닫지 못하면 그 사실을 듣고 이해하는 것으로는 부족하다. 왜냐하면 유대인은 그 사실을 보았고 모든 이방인도 그 사실에 대해서 들었지만 그들은 깨끗해지지 못했기 때문이다. 여전히 더욱더, 그 피가 그들 자신의 죄를 위해 흘려졌음을 그들이 믿지 않는다면, 그 피가 죄 용서를 위해 흘려졌다는 것을 믿는 것으로는 충분하지 않다. 그리스도의 말씀에서 이것을 보여주므로 믿음으로 말미암아 양심을 깨끗하게 하는[죄 용서를 위해] 것은 오직 그리스도의 피 흘림으로 말미암는다는 것이다.

같은 이유 때문에 이 구절에서 "영원하신 성령으로 말미암아 … 자기를 하나님께 드린 그리스도의 피"란 말씀을 하고 있다. 로마서 3:25에서 또한 "죄 용서를 위한 자기의 의를 선포하기 위해 그의 피를 믿는 믿음으로 말미암는 화목제물로 세우셨으니"라고 말씀한다. 그가 단순히 '피를 통해서'(분명히 그것이 더 막연하지만 같은 것이 되는)라고 말하

---

1. 이 구절에 '죽은'은 행위와 죄에 관한 도덕적인 것을 의미한다. 루터는 여기서 Biel과 Peter Lombard를 언급하고 있다. 그리고 이것을 1518년 하이델베르크 논쟁에서 토론한다. *WA*, I, 353.27이하.; 357.19-20. (p. 322 이하를 참고하라)

지 않고 "그의 피로 인하여 믿음으로 말미암는다"라고 말하는 것을 조심스럽게 주의해야 한다. 그것은 그의 피로 인해 믿음으로 말미암는다는 것을 의미한다. 더 정확히 말해, 우리를 위해 흘리신 피로 인해 믿음으로 말미암는다는 뜻이다. 이 점은 그리스도 자신이 요한복음 6장에서 분명히 말씀하고 있다. "내 살은 참된 양식이요 내 피는 참된 음료로다. 내 살을 먹고 내 피를 마시는 자는 내 안에 거하고 나도 그 안에 거할 것이다." 그리스도를 '먹는 것'과 '마시는 것'은 영적 의미를 갖는 것이다. 그것은 바로 아우구스티누스가 "어떤 목적으로 너는 너의 배와 너의 이빨을 준비하지 않는가? 믿어라 그리하면 너는 이미 먹었다[1]"란 구절을 정확히 설명한 것처럼 '믿는 것'을 의미한다. 그러므로 '그의', '그 자신의', '나의'란 말에 주의를 기울어야 한다. 모든 살과 모든 피가 깨끗하게 하고 먹는 것이 아니기 때문이다. 오직 그리스도의 피만 죄를 깨끗이 하고 그 피만이 죄 용서를 위해 흘렸다. 그러므로 오직 그리스도의 수난을 명상하고 그와 함께 고난당한 사람들이 믿을 때와 믿음 없는 이교도들과 열매 없는 사람들 모두에게 같은 결과가 된다. 왜냐하면 이방인들 가운데 누가 그리스도의 수난에서 그리스도를 동정하려고 하겠는가? 그러나 그리스도의 수난은 믿음이 증대되는 헌신을 깊이 생각하게 한다. 더 쉽게 설명하면, 그리스도의 피가 인간의 죄를 위해 흘렸다는 것을 더 자주 명상하면 더 완전히 믿게 된다. 왜냐하면 '영적으로 먹는 것과 마시는 것'이란 표현이 의미하는 바가 이것이기 때문이다. 쉬운 말로 표현하면 그것은 이러한 믿음으로 말미암아 그리스도와 연합하여 한몸이 되는 것을 의미한다.

이것은 정말로 진리다. 율법의 순결까지도 어느 정도 믿음의 문제였다.[2] 왜냐하면 순결 의식은 부정한 시체와 접촉하므로 더러워진 기구나 옷, 신체로부터 실제로 부정해지지 않기 때문이다. 그것은 다만 이러한 것과 접촉한 흔적이 남아 있다고 하는 하나의 개념이다. 왜냐하면 실제, 율법이 그것을 그렇게 규정한 것을 제외하고 이것에 대해 부정한 것은 아무것도 없기 때문이다. 죄로부터 정말로 부정이 있는 경우에 그리스도를 믿는 믿음으로 말미암아 양심은 참으로 깨끗게 된다.

---

1. Augustine, in Joan. Ev. Tract., XXV, 12; Migne, 35,1602.
2. 루터가 율법의 순수성이 어떤 범위에서 신앙의 문제라는 것을 말할 때, 그는 율법에 의하여 규정된 순결 의식(純潔儀式)이 그러한 실제의 부정(不淨)을 제거하지 못했다는 것을 의미한다. 그 이유는 그러한 부정(不淨)은 의식적(儀式的)인 부정(不淨)이었고 실제의 부정이 아니었기 때문이다. 율법은 율법이 정의를 내린 부정(不淨)을 규정하는 능력을 갖고 있었다. 그러므로 이 의식적(儀式的)인 깨끗게 함의 효력을 믿는 것은 그 범위에서 신앙의 문제였다.

세 번째 점[사도는 구약의 외적 의식의 순결과 신약의 내적이며 영적인 순결을 비교하므로]은 그리스도의 피가 "살아계신 하나님을 섬기도록" 인간을 자유하게 해준다. 하나님을 떠나서 인간은 살아계신 하나님을 섬길 수 없고 오히려 우상이나 피조물을 섬기는 것은 인간의 양심이 그리스도의 피로 순결해지지 않았기 때문이다. 그들이 비록 좋은 일을 하는 것같이 보여도 우상이나 피조물을 섬기는 것은 결국 "우상은 세상에 아무것도 아니다"(참고. 고전 8:4)란 말씀과 같다. 그러므로 은혜를 떠나서도[1] 죄를 짓지 않고 하나님을 섬기는 것이 가능하다는 주장은 파기되었다. 왜냐하면 죄를 짓지 않는 상태와 살아계신 하나님을 섬기지 못하는 것이 같은 것이면 여전히 하나님보다 다른 어떤 것을 더 섬기게 된다. 그렇다면 곧 "너는 주 너의 하나님을 사랑하고 오직 너는 그를 섬겨라"(마 4:10; 신 6:13)는 명령은 무효가 될 것이다. 마지막으로, 사도가 빌립보 교인들에게 그가 흠 없이 율법의 의로 살았다고 썼지만(빌 3:6), 다른 한편 디도서에서 그는 일찍이 그 자신의 욕망을 섬겼다고 고백하고 있다. "우리도 전에는 어리석은 자요 순종치 아니한 자요 속은 자요 각색 정욕과 행락에 종노릇한 자요 피차 미워한 자이었으나 우리 구주 하나님의 자비와 사람 사랑하심을 나타내실 때에 우리를 구원하시되 우리의 행한바 의로운 행위로 말미암지 아니하고 오직 그의 긍휼하심을 좇아 하셨다"(딛 3:3).

9:15.

이를 인하여	그가 드린 것은 어떤 짐승이 아니고 그 자신을 드렸다.
그는 새 언약의 중보니	인간과 하나님 사이 더 좋은 은혜의 언약 한 언약의 중보자는 언약이 중보자를 갖는다는 의미로 받아들여서는 안 된다(당신이 '언약'이란 말을 '사람들'이란 말과 같은 말로 받아들이지 않으면). 반대로 중보자는 언약의 창시자다. 그 언약으로

---

1. 인간의 의지가 그 의지의 자연적 능력으로 만물보다 하나님을 사랑할 수 있다고 하는 Biel의 후기 스콜라 견해를 루터는 언급하고 있다. 비엘(Biel), *Sent.* IIId. 27 qun. dub. 2 (lit. Q)에서 이 견해에 대해 자세한 해설을 한다. 스코투스와 오캄은 비슷한 견해를 주장하였다. 앞의 p. 168 9:14에 대한 루터의 주석을 참고하라.

그 자신은 중보자나 또는 중개자의 직무에 해당되는 것을 중재한다. 그는 신약에서 이러한 의미로 중보자다. 사도는 그리스도가 동시에 유언자이며 중보자라는 사실을 표현하려고 한다.

그의 죽음으로 중재한

(that by his death intervening) — 구약의 시대와 실제로 우리의 구속(救贖)을 받아들인 사이에

범한 죄를 속하려고 — 이것은 그의 죽음이 중재했기 때문에 우리는 죄로부터 구속(救贖)되었다는 것이다. 왜냐하면 이렇게 구속이 선포되었기 때문이다.

첫 언약 때에 — 죄가 율법 아래 넘치곤 하였다.

부르심을 입은 자 — 복음으로 말미암아, 오히려 복음의 영으로 말미암아

약속을 얻게 하려 하심이니라 — 언약에 약속된 내세의

영원한 기업의 — 그들의 영원한 기업을 얻는 것을 향하여

사도가 '그들의 죄를 속하려고'란 표현을 할 때 "음식, 마시는 것과 여러 가지 세례(씻는 것들)와 육체의 의"를 설명한 모든 다른 부정이나, 죽은 사람을 접촉하는 것으로부터 오는 죄를 말하는 것으로 이해하지 않는다. 그러한 위반은 마음과 양심을 더럽히는, 곧 십계명을 어기는 것의 상징과 모형이었다. 비록 사실 일찍이 그러한 초기의 의식은 진행 가운데 그가 폐지하였고 신약에 의해 완전히 끝나게 되었지만 이러한 죄를 그리스도는 그가 시작한 신약으로 말미암아 제거하였다. 양심의 죄 또는 십계명을 어기는 것을 그는 진리로 이미 폐지하기 시작했다. 그러나 그것은 아직 최종적으로 끝나지 않았다. 왜냐하면 그 자신이 죄의 마지막이고 의의 시작이기 때문이다. 그것은 가브리엘이 다니엘 9:24에서 표현한 대로다. "허물이 마치며 죄가 끝나며 … 영원한 의가 드러나며"란 말씀과 같다.

비슷하게 그는 '첫 언약 때에'(히 9:15) 범한 것으로 죄를 언급할 때 약간 어둡게, 오

히려 우연히 율법을 준 것으로 다룬다. 이 설명으로 그는 로마서 5:20의 "율법이 가입한 것은 범죄를 더하게 하려 함이라"는 말씀이 더 분명히 표현한 것으로 본다. 갈라디아서 3:19 "율법은 범법함을 인하여 더한 것이라." 또다시 로마서 4:15에서는 "율법은 진노를 이룬다." 이것은 물론 구약의 의식적인 율법에서 예시된 것이었다. 왜냐하면 죽은 자와 접촉하는 것, 월경 중에 있는 여자, 출산 중에 있는 여자를 접촉하는 것, 정액의 사정, 기구, 옷, 부정한 집을 금지한 법이 없었다면 이런 것과 접촉하는 것이 죄가 되지 않았을 것이기 때문이다. 율법이 깨끗한 동물과 더러운 동물을 구별하지 않았다면 그러한 적용이 없었을 것이다. 그때 살았던 이교도들이 그러한 것을 접촉하거나 다른 것을 먹었기 때문에 죄를 짓지 않았던 것처럼 지금 살고 있는 그리스도인도 그러한 것을 접촉하거나 다른 것을 먹었기 때문에 죄를 짓지 않는다. 그때처럼 "죄의 권능은 율법이라"(고전 15:56)고 하는 말씀은 이와 같은 의식적인 율법의 문제에서 참 진리였다. 그리고 "율법이 없는 곳에는 범함도 없다"(롬 4:15)란 말씀은 십계명에서 구체화되고 실제적이고, 영적인 율법들이 '죄의 권능'이라고 말하는 것은 얼마나 더 진리인가! 그러나 하나의 심원한 차이가 있다. 십계명의 율법은 그 율법이 자기 자신에 대한 지식을 만들어 내기 때문에 죄의 권능이다. 왜냐하면 십계명이 알려지지 않든 알려졌든 간에 인류에게는 죄가 있다. 왜냐하면 인류에게는 율법이 필요하기 때문이고 율법은 출생 때부터 존재하는 것으로 인식되기 때문이다. 그러나 사실 의식법은 그 법을 떠나서 결코 존재하지 않았고 그러한 죄에 대한 지식을 의식법은 시인했을 뿐이다.

9:16.

유언은
일반적 관습인 것처럼
일반적 사용에서 수사적인 주장으로 그는 유언의 유비를 사용한 이유를 되풀이한다.

유언한 자가 죽어야 되나니
유언의 시간과 유언의 내용을 받아들인 것 사이 [앞절에서 루터는 구약의 섭리로서 유언이나 의지를, 신약의 섭리로서 인간의 구속(救贖)인 유언 아래의 문제를 생각한다. 그는 여기서 생각의

동일 선상을 추구한다.]

9:17.

유언은	그는 다시 확고해진 관습에 근거하는 주장들을 제시한다. 그는 권위로부터 말한다.
그 사람이 죽은 후에야 견고한즉	유언자의 죽음은 유언을 견고하게 한다.
유언한 자가 살았을 때에는 언제든지	유언자
효력이 없느니라	그것은 효력이 없다.

그러한 사도의 주장은 모세법의 은유적 해석을 분명히 열어놓는다. 이로부터 이 율법에서 모든 것은 그리스도의 관점에서 약속되었고 예시되었고 그리스도 안에서 성취되었다는 것으로 이해한다. 그러므로 위에서 본대로 약속과 언약의 이름 아래 죽음은 참 하나님이며 참 인간인 그분에 대해 전부터 결정되어 있었다. 왜냐하면 그가 하나님으로서 죽을 수는 없지만 그가 죽을 것(그는 의지를 나타냈고 유언하였다)이 약속되었다. 그가 인간이 되었으므로 그가 약속한 것을 성취하는 것이 필요하다.

그러므로 크리소스토무스의 주장[1]을 따르자. 크리소스토무스는 두 언약의 상징적 해석을 추구한다. 첫째, 그는 말하기를 유언은 한 사람의 삶의 마지막에 완전해진다. 둘째, 그러한 증언은 어떤 사람은 상속자가 되고 다른 사람은 배제된다. 셋째, 유언은 유언자와 은혜를 입는 자에게 구속(拘束)하는 자세한 조건들이 있다. 그들은 어떤 것을 받고 어떤 것을 마땅히 해야 한다. 넷째, 유언은 반드시 증인이 있어야 한다.

마지막 세 가지 점을 우리는 그들 편에서 볼 것이다. 크리소스토무스는 첫째 점은 모든 사람에게 알려졌는데, 즉 그리스도가 죽기 전에 바로 유언을 했다는 것이다. 모든 복음서 기록자들이 최후의 만찬에서 "이 잔은 내 피로 세운 새 언약이다"(고전 11:25; 눅 22:20; 마 26:28; 막 14:24)라고 그리스도가 축사하고 그 잔을 제자들에게 주면서 말씀한 것은 그들의 전승에서 모두 일치했다. 그러나 간단하지만 사실 크리소스토무스는 그

---

1. 크리소스토무스, 미네, 63.123.

리스도의 유언에서 우리를 받는 것을 의미하는 것으로 취급하였다. 그리고 또 처리돼야 하는 모든 것 가운데 가장 중요한 것을 다루었다. 그러므로 그가 약속하고 가장 믿을 수 있는 유언에서 측량할 수 없는 것을 후세에 남겼다. 그것은 죄 용서와 영생이었다. 왜냐하면 그는 누가복음 22:20에서 "이것은 너희를 위해 흘리는 나의 피다"라고 말씀하였다. 마가는 '… 많은 사람을 위하여'를 더했고, 더 분명한 것은 마태다. "이것은 죄 사함을 얻게 하려고 많은 사람을 위하여 흘리는바 나의 피 곧 언약의 피니라 그러나 너희에게 이르노니 내가 포도나무에서 난 것을 이제부터 내 아버지의 나라에서 새것으로 너희와 함께 마시는 날까지 마시지 아니하리라 하셨다"(마 26:28 이하). 이러한 귀한 말씀으로 그는 우리에게 세상의 부유함이나 영광을 남기지 않고 단번에 기쁜 소식을 남겨주었다. 내가 말한 대로 그것은 죄 용서와 미래 왕국을 소유하는 것이다. 그는 또 누가복음 22:29에서 "내 아버지께서 나라를 내게 맡기신 것같이 나도 너희에게 나라를 '맡겨'(그는 '맡길 것이다'로 말하지 않고 '맡기다'라고 말하는데 그 이유는 의지나 유언에서 현재 시제를 사용하는 것이 습관이기 때문이다) 너희로 내 나라에 있어 내 상에서 먹고 마시며 또는 보좌에 앉아 이스라엘 열두 지파를 다스리도록 하려 하노라." 이 말씀은 베드로가 한 말대로 귀하고 형용할 수 없는 좋은 것이다. "그의 신기한 능력으로 생명과 경건에 속한 모든 것을 우리에게 주셨으니 이는 자기의 영광과 덕으로 우리를 부르신 자를 앎으로 말미암음이라 이로써 그 보배롭고 지극히 큰 약속을 우리에게 주사 이 약속으로 말미암아 너희로 정욕을 인하여 세상에서 썩어질 것을 피하여 신의 성품에 참예하는 자가 되게 하려 하셨다"(벧후 1:3 이하). 크리소스토무스가 다른 곳에서 지적한 것을 보면 첫째, 그는 "그가 어떤 사람에게는 물려주지 않았기" 때문에 그는 모든 사람에게 남겨주지 않았다. 요한복음 17:9에서 "내가 저희를 위하여 비옵나니 내가 비옵는 것은 세상을 위함이 아니고"라고 말씀한 대로다. 또 다른 것으로 "내가 비옵는 것은 이 사람들만 위함이 아니요 또 저희 말을 인하여 나를 믿는 사람들도 위함이다"(요 17:20). 또 같은 말씀으로 그는 그의 피가 모든 사람을 위해 흘린 것이라 말하지 않고 많은 사람을 위해 흘린 것이라 말씀하였다(막 14:24; 마 26:28). 지금 주석하고 있는 이 구절에서 "… 부르심을 입은 자로 하여금 영원한 기업의 약속을 얻게 하려 하심이니라"(히 9:15). 그러나 이것은 예정의 주제를 취급할 때 너무 어렵다. 그리고 연약한 지성이 이해하기에 너무나 힘든 주제다. 그 이유를 조심스럽게 말하면 그는 오직 그의 이름을 경외하고 그를 믿는 사람에게만 유업을 주신다고 말할 수 있기 때문이다. 그것은 요한복음이 "그의 이름을 믿는 자들에게 하나님의 자녀가 되는 권세를 주셨다"고 말씀했기 때문이다. 그리고 시편 25:14에서 "여호와의 친밀함이 경외하는 자에게 있음이요 그 언약을 저희에게 보이시리라"고 말씀하셨다. 히브리어로는 "여호와의 비밀이 그를 경외하는 자들에게 함께 한다"고 하였다.

둘째, 증인의 문제다. 이 유언(언약)의 증인은 성령 자체며 그리고 사도들이다. 요한복음 15:26 이하에서 "아버지께로서 나오시는 진리의 성령이 오실 때에 그가 나를 증거할 것이요 너희도 처음부터 나와 함께 있었으므로 증거하느니라"고 하셨다. 그 때문에 제자들도 사도행전 3:15에서 "… 우리가 이 일에 증인이라"고 말했다. 그리고 그 자신이 사도행전 1:8에서 "너희는 예루살렘과 유다와 사마리아와 땅 끝까지 이르러 내 증인이 되리라"고 하셨다.

셋째, 그는 또한 유언의 은혜를 입는 자가 해야 하는 것에 대해 표현하였다. 그는 "너희가 이를 행하여 나를 기념하라"(눅 22:19; 고전 11:24)고 말씀하셨다. 곧, 사도가 말씀한 대로 그것은 그의 죽으심을 전하는 것(고전 11:26)이고, 회개와 죄 용서와 영생을 전하는 것이다. 그래서 그들은 유언으로 전해준 은혜를 쓸데없이 받는 것이 아니고 죄와 싸우는 데 그 은혜를 사용할 것이다. 왜냐하면 그가 그렇게 말씀했기 때문이다. "이것이 내 계명이니 너희는 서로 사랑하라." 그리고 그는 가장 엄숙한 말씀인 요한복음 12-18장에서 그들에게 교훈한 대로 박해를 참는 것, 사랑과 평화에 대해 말씀하셨다. 이제 이런 것은 구약의 상징이나 모형이 의미하는 실체다. 구약에서는 사람들이 종교 의식적인 죄를 용서받기 위해 송아지의 피로 정결케 되고 깨끗해졌다. 그리고 계속하여 약속의 땅에서 좋은 것을 소유하는 데 합당한 사람이 되었다.

9:18.

이러므로 첫 언약도 … 이 아니니　　　모세를 통해 하나님이 주셨다.

왜냐하면 구약도 역시 하나님의 언약이기 때문이다. 그러나 그 언약은 그 자신의 죽으심으로 세워진 것이 아니었다. 그는 그 자신을 대신하여 짐승을 드리도록 명령하셨다. 그리고 한편 사도가 로마서 3:25에서 말씀한 대로 '길이 참으시는 중에' 그는 자신의 죽음을 대신해 짐승을 죽여 제사 지내는 것을 용납하셨기 때문이다.

피 없이 세운 것 　　　　　　　　　세우고 확증되었다.

9:19.

모세가 … 말한 후에 　　　　　　　출애굽기 24장에 기록된 대로
율법대로 모든 계명을 온 백성에게 　온 백성에게 향했다.
　　　　　　　　　　　　　　　　그는 송아지와 염소의 피와 및 물과 붉
　　　　　　　　　　　　　　　　은 양털과 우슬초를 취하여 그 책과 (온
　　　　　　　　　　　　　　　　백성에게) **뿌려** 모세가 취(取)했다.
　　　　　　　　　　　　　　　　그것은 모세 율법을 믿는 믿음의 피 뿌
　　　　　　　　　　　　　　　　림으로 모형이었다.

왜냐하면 그의 언약으로 그는 의식을 준수하고 일시적인 축복을 약속하는 것을
명령하였고 그런 것은 장차 올 것의 모든 모형이었기 때문이다.

온 백성에게

9:20. 이르되 이는 하나님이 너희에게 명하신 언약의 피라 하고

여기서 사도는 모세의 책들에서 읽을 수 없는 어떤 것을 다시 기록한다. 이 근거
에서 이 서신이 바울의 것이 아니라고 하는 자들의 주장이 있었다. 이런 것은 실제로
출애굽기 24장에서 모세가 기록하지 않았지만 이것이 발견된다. "언약서를 가져 백
성에게 낭독하여 들리매 그들이 가로되 여호와의 모든 말씀을 우리가 준행하리이다.
모세가 그 피를 취하여 백성에게 뿌려 가로되 이는 여호와께서 이 모든 말씀에 대하
여 너희와 세우신 언약의 피니라"(출 24:7 이하). 그는 양털, 우슬초, 물, 염소의 피, 책, 장
막과 항아리에 대해서는 아무것도 말하지 않았다.

9:21.

또한 장막과 섬기는 일에 쓰는 모든 그릇에 　　제사와 예배에 쓰는 것들
(그는) **이와 같이 피로써 … 뿌렸느니라.**

9:22.

거의 모든 물건이

그는 '거의'라는 말로 그의 설명을 제한하고 있다. 왜냐하면 어떤 것들은 불로 깨끗해지고 어떤 것들은 물로 깨끗해지기 때문이다.

율법을 좇아 … 피로써 정결케 되나니

역시 다른 죄가 있었다고 말한 것처럼 그 죄를 위해 피가 반드시 흘려지지 않았다.

피 흘림이 없은즉 사함이 없느니라

9:23.

그러므로 … (정결케) 할 필요가
있었으나

그 필요는 율법의 요구를 이루어야만 하는 것에서 생겨났다. 그것은 깨끗해져야 하는 필요에서 생겨난 것이 아니다. 왜냐하면 이 필요는 실제로는 있지 않았기 때문이다.

있는 것들의 모형은

그림자들과 상징들: 우리가 토론하고 있는 그릇들과 옷들, 정확히 바로 그 몸들이 되는 것이다.

하늘에

영적 세계, 양심과 영혼의 세계

이런 것들로써 정결케

이런 것들, 또는 이러한 의식(儀式)의 행위

하늘에 있는 그런 것들은 이런 것들보다
더 좋은 제물로 할지니라

영혼은 성령으로 말미암아 드려진 그리스도의 피로 정결케 돼야 한다.

크리소스토무스는 묻는다.[1] 그가 "하늘에 있는 것들이라고 부르는 것이 어떤 것들인가? 천사들? 그런 것이 아니다. 하늘은 우리 주위 모든 것에 계속되는 것이다. 그러므로 우리의 것은 하늘에 있다. 그리고 지금 우리가 경험하고 있는 것이 비록 땅에서 일어날지라도 하늘의 것이다." 거기에서 이런 것이 따라온다면 가능하다. "땅 위에 있고 아직 땅에 있지 않은 것[곧, 땅에 있는 동안에 하늘에 있는 것]이 어떤 식으로 또 자신의 의지로 일어난다." "우리가 하나님께 가까이 가면 우리는 사실 하늘에 있다. 그 이유는 내가 지금 하늘의 하나님을 보고 내가 지금 하늘에 있기 때문에 하늘에 대해 왜 걱정해야 하는가? 그리스도가 말씀한 대로 "우리가 저에게 와서 거처를 저와 함께 하리라"(요 14:23). 크리소스토무스는 더욱 그렇다.

그러므로 골로새서에 기록한 대로 하늘에 있는 것은 하늘의 것에 대한 애정을 갖는 것이고 하늘의 것을 아는 것이다. "위엣 것을 생각하고 땅엣 것을 생각지 말라 이는 너희가 죽었고 너희 생명이 그리스도와 함께 하나님 안에 감추었음이다"(골 3:2). 같은 말씀으로 빌립보서 3:20에 "우리의 시민권은 하늘에 있다"고 하였다. 고린도전서 15:47 이하에서 또 "첫 사람은 땅에서 났으니 흙에 속한 자이거니와 둘째 사람은 하늘에서 나셨다 무릇 흙에 속한 자는 저 흙에 속한 자들과 같고 무릇 하늘에 속한 자는 저 하늘에 속한 자들과 같으니 우리가 흙에 속한 자의 형상을 입은 것 같이 또한 하늘에 속한 자의 형상을 입으리라." 같은 것이 다시 고린도후서 3:18에서 발견된다. "우리가 다 수건을 벗은 얼굴로 거울을 보는 것같이 주의 영광을 보매 저와 같은 형상으로 화하여 영광으로 영광에 이르니 곧 주의 영으로 말미암음이니라." 구약 곳곳에서 하늘이 이렇게 묘사되었다. "하늘이 하나님의 영광을 선포하며"(시 19:1), "너 하늘이여 위에서부터 의로움을 비같이 듣게 할지어다"(사 45:8).

간단히 말해, 하늘에 속한 것은 보이는 것을 무시하는 것이다. 심지어는 보이는 것으로부터 생겨나는 상상도 다만 하나님께 집착하고 하늘의 선한 것까지도 멸시한다. 이것은 일생 내내 또 죽음에 이르기까지 번영과 역경에서 하나님의 뜻을 붙잡는 것을 의미한다. 땅에 속한 것은 보이지 않는 것을 무시하는 것이다. 곧, 세상이 줄 수 있는 번영을 맛보는 것에 매달리는 것이다. 그러므로 그리스도는 어디서나 그가 아버

---

1. 미네, 63.343.

지의 뜻을 행한다고 증거하고 있다. "나의 양식은 나의 아버지의 뜻을 행하는 것이다" (요 4:34). 하나님께 집착하는 것은 세상을 잃어버리는 것이고 모든 피조물의 복을 잃어버리는 것이다. 그것은 마치 그리스도의 형상을 갖는 것은 그리스도의 본과 애정으로 말미암아 살아가는 것과 같다. "하나님을 사랑하다고 말하면서 그의 계명을 지키지 않는 자는 거짓말하는 자요"(요일 2:4). 그러나 이 모든 신령한 복, 그런 복이 보이지 않고, 불가해하고, 완전히 숨겨져 있기 때문에, 자연인은 그것으로 하나님의 은혜에 의해 들어 올리지 않으면 사랑하는 것에 도달할 수 없고 사랑할 수도 없다. 같은 이유로 영적인 사람은 누구에 의해서도(자기 자신까지도) 판단 받을 수 없고 알려질 수 없다는 결과가 온다. 왜냐하면 그는 하나님의 깊은 것으로 살기 때문이다. 다윗은 이것을 철저히 가르쳤다. 그리고 시편 31:20은 증거한다. "주께서 저희를 주의 은밀한 곳에 숨기사"(당신의 현존에서, 숨겨짐에서). 물론 이것은 현세에서 시작하지만 내세에 완전하게 된다.

오! 그리스도인이 된다는 것은 얼마나 놀라운 일인가! 은밀한 삶을 산다는 것! 은둔자처럼 어떤 작은 방에서가 아니라, 또 불가해한 심연인 자신의 마음에서가 아니라, 보이지 않는 하나님 자신 속에서 사는 은밀한 삶이다. 그리하여 이 세상에서 사는 동안 무시된 말씀에 대한 표징으로만 나타나는 그를 먹이라. 그것은 들은 대로다. 그리스도가 말씀한 대로 "사람이 떡으로만 살 것이 아니고 하나님의 입으로 나오는 모든 말씀으로…"(마 4:4). 아가서에서 신부는 동일한 것을 말한다. "내가 잘지라도(왜냐하면 그녀는 보이는 것에 관심을 갖지 않기 때문에) 나의 마음은 깨었는데"(아 5:2).

다른 한편, 세상적인 것에 마음을 쏟는 자들은 그것에 대해서는 매우 잘 깨어 있지만 그들의 마음은 잠들어 있다. 이러한 의미로 그리스도 안에서 신실한 자들은 아주 적절히 천상적인 것으로 불린다. 왜냐하면 영혼은 사는 곳보다는 사랑하는 곳에서 발견되는 것이기 때문이다.[1] 그리고 그가 사랑하는 자[2]를 사랑하는 사람으로 바꾸어 놓는 사랑의 성격 때문이다. 마찬가지로 하늘과 하나님을 사랑하는 자들이 그런 사람인 것이다. 그들이 성질로나 형이상학적 개념으로 천상적이기 때문이 아니더

---

1. 클레르보의 베르나르(Bernard of Clairvaux), *de praecepto et dispensatione*, XX, 60. Hirsch-Rueckert, *ad loc*, 비평과 참고를 보라.

2. Augustine, *De Trin.*, VIII, 10, 14; Migne, 42.960, 그리고 또한 *Sermo* 121, 1; Migne, 38.678. 유사하게 Gerson, Hirsch-Rueckert, *ad. loc*을 보라.

라도, 천상적이고 신성한 것으로 일컬어지는 것은 옳다. 달리, 천제(heavenly bodies)가 없이는 천상적인 것은 아무것도 없을 것이다. 왜냐하면 마귀도 천상적일 수 있기 때문이고 확실히 모든 인간의 영혼도 그럴 수 있기 때문이다. 그것은 그들이 어떤 천상적인 성격 때문이고 어쨌든 그들은 신체를 갖고 있지 않다.

9:24.

그리스도께서는 참 것의 그림자인   표징(sign)
손으로 만든 성소에 들어가지 아니하시고
오직 참 하늘에 들어가사   하늘의 진리
바로 신성(divinity), 그것은 성소와 다른 어두움에 거한다. 곧, 접근할 수 없는 빛에

(그가) 이제 (우리를 위하여)   완전하고 충성스러운 제사장
하나님 앞에 나타나시고   그것은 휘장을 치지 않고 제한되지 않는 그의 현존을 의미한다.

우리를 위하여   우리 죄인을 위해, 그러나 그들은 그럼에도 믿음의 사람들이다.

그가 그 자신을 위해 승천했다면 그리스도가 승천한 것은 우리에게 아무 유익이 되지 않는다. 그러나 이제 우리의 영광과 기쁨은 우리를 불리하게 하기 위해서가 아니고 우리를 유익하게 하시려 그가 거기로 가셨다는 것이다. 이것은 전도서 9:1의 본문을 이해하게 한다. "사람은 그가 하나님의 미움을 받을는지 또는 사랑받을는지 알지 못한다. 왜냐하면 미래는 불확실성 가운데 있기 때문이다."

어떤 사람은 보통 사색적으로 그리스도를 안다고 말한다. 그리고 다른 사람은 실천적으로 그리스도를 안다고 말한다. 전자는 다른 사람을 위해서 그리스도가 하나님 얼굴 앞에 나타난다고 믿는다. 후자는 우리를 위해서 그리스도가 하나님의 얼굴 앞에 나타난다고 말한다. 이것이 그리스도인이 확실해야 하는 이유다. 곧 그리스도인을 위해 그리스도가 나타났고 하나님 앞의 제사장이다. 왜냐하면 그가 믿는 대로 그

것이 자기에게 일어나기 때문이다. 이 때문에 마가복음 11:23에서 "그 말하는 것이 이룰 줄 믿고 마음에 의심치 아니하면 그대로 되리라 그러므로 내가 너희에게 말하노니 무엇이든지 기도하고 구하는 것은 받은 줄로 믿으라 그리하면 너희에게 그대로 되리라"고 말씀한다. 마태복음 8:13에서 예수는 "가라 네 믿은 대로 될지어다"라고 백부장에게 말씀한다. 야고보서 1:6에서도 같은 것을 말씀한다. "오직 믿음으로 구하고 조금도 의심하지 말라 의심하는 자는 마치 바람에 밀려 요동하는 바다 물결 같으니 이런 사람은 무엇이든지 주께 얻기를 생각하지 말라." 이것이 전도서 9:1 이하를 인용한 사람의 견해가 가장 큰 관심과 주의로 관심을 가져야 할 이유다. 그들은 "아무도 그가 사랑받을는지 또는 미움을 받을는지 모른다"고 인용하였고 그것을 현재 순간의 상태에 적용한다. 그리고 이렇게 사람은 하나님의 자비와 구원의 신뢰를 확신하지 못한다. 이것이 그리스도와 그를 절대적으로 믿는 우리의 믿음을 뒤집어엎는 것이다. 왜냐하면 전도서는 현재의 시간을 말하고 있지 않고 아무도 확신하지 못하는 미래의 상태와 인내에 대해서 말하기 때문이다. 사도가 말씀한 대로 "선 줄로 생각하는 자는 넘어질까 조심하라"(고전 10:12). 그리고 로마서 11:20에서 "너는 믿음으로 섰느니라 높은 마음을 품지 말고(자랑하지 말라) 도리어 두려워하라"고 하였다. 이것은 전도서 본문에서 더욱 분명하다. "의인과 그들의 행하는 일이 다 하나님의 손에 있으니 사랑을 받을는지 미움을 받을는지 사람이 알지 못하는 것은 모두 미래임이니라"(전 9:1 이하). 따라서 그들 자신의 기도와 노력을 정죄하고 의심스러운 가치로 그런 것을 떨쳐 버리는 사람은 슬프게도 잘못을 저지른다. 왜냐하면 그것은 사도가 "내가 달음질하기를 향방 없는 것같이 아니하고 싸우기를 허공을 치는 것같이 아니한다"고 말할 때 사도와 어긋나기 때문이다. 그러므로 버나드(Bernard)는 그의 아가서 설교에서 결코 그들 자신의 기도를 업신여기지 말고 그 기도가 이루어지기 전에 믿을 것을 그의 형제들에게 충고한다.[1] 그 기도가 기록된 것은 이미 하늘에서 기록되었다. 그리고 그들의 기도는 응답되고 적당한 시간에 성취된다. 또는 그 기도가 성취되지 않아도 더 좋은 것이 될 수 있다는 것을 그들은 확실하게 기대해야 한다.

---

1. 모든 편집자들은 아가서에 대한 그의 설교에서가 아니고 그가 기도의 3가지 형식에 대한 설교를 하고 있을 때 Quadragesima에 대한 그의 다섯 번째 설교에서 그것이 있음을 우리에게 상기시킨다. Migne, 183.823.
Hirsch-Rueckert는 하나의 긴 발췌, *ad loc.*을 제공한다.

여기에 두 가지 문제가 있다. 첫째, 어떻게 성도들이 구약의 율법 아래 의롭게 되었는가? 여기서 사도는 이 사람들이 율법으로 말미암아 거룩하고, 의롭고, 완전하다는 것을 부인한다. 그러나 그는 동시에 율법에 순종하여 행한 그들의 행위가 공로라는 것을 확신한다. 사실 스가랴와 엘리사벳과 다른 많은 사람들(눅 1:6)이 율법의 행위들로 흠이 없었다. 바로 지금 말씀한 것에 대한 대답은 단순하다. 믿음으로 산 자들에게 그들의 행위는 선하고 공로가 되었다. 곧 그들은 외부적으로는 율법을 문자적으로 지키고 있는 동시에 영적으로는 율법의 내적 의미를 지키고 있다. 로마서 2:25에서 "네가 율법을 행한즉 할례가 유익하지만" 네가 율법을 지키지 아니하면 아무 유익이 없느니라.

그러면 네가 율법을 지키지 않으면 율법을 지키는 것이 아무 유익이 없고, 네가 율법을 지키면 율법을 지키는 것이 유익이 있다는 이 말씀은 무슨 의미인가? 외적 의식들이 명령된 것은 그 안에 구원이 있기 때문이 아니라 다만 그 의식들이 믿음과 사랑을 실천하도록 하기 때문이고, 또 죄인들에게 압력을 가져오는 실제적 방법이기 때문이다. 그러나 그들이 위선자들의 경우처럼 다른 목적을 개발하고 다른 의도를 이용하기 시작할 때 율법은 곧 마땅히 폐지되어야 하고 명확해져야 한다.

오늘날 교회 의식의 문제에서도 동일한 것이 적용된다고 말할 수 있다. 삭발, 화려한 옷과 여러 가지 의식의 과정은 내 생각에 "만약 네가 율법을 지킨다면" 유익이 된다. 곧 그런 교회법을 행하므로 만약 네가 하나님의 율법을 지킨다면, 교회의 율법을 지키는 것이 유익하다. 다른 말로 하면, 너는 더 훌륭하게 그리고 죄 없이 하나님의 법을 성취한다는 것인가? 그러나 네가 이런 것만 의존한다면 이미 "당신의 할례는 무할례가 된다"(롬 2:25). 곧, 율법을 준수한다는 것은 율법을 범하는 것이 된다. 같은 이유로 바울은 "율법을 자랑하는 네가 율법을 범하므로 하나님을 욕되게 하느냐?"(롬 2:23)라고 말한다.

비록 그 행위들이 믿음과 사랑으로 행해졌더라도 제4권(Book Four)[1]에서 그가 옛 율법의 행위들이 유익이 없다는 것을 가르쳤을 때, 이러한 빛에서 우리는 모든 사람에 의해 비난받은 문장의 대가(Master of the Sentences)의 비평을 판단할 수 있을 것이다. 그가

---

1. 피터 롬바드(Peter Lombard), *Sent.*, IV, dist 1,cap. 4. p. 185의 9:4에 대한 해석을 참고하라.

그 행위들이 은혜나 공로에 아무것도 기여하지 못했다는 것을 의미하는 것이란 점을 이해한다면 그는 그것을 잘 이해했다. 왜냐하면 외적인 것은 아무것도 영혼에 도움이 전혀 되지 않기 때문이다. 그러나 만약에 믿음 안에 있는 자들에게 그들의 행위가 공로가 되어 하나님을 기쁘게 하는 것이 된다는 것을 의미한다면 그것은 있을 수 없고 그는 완전히 실패했다. 왜냐하면 의로운 사람들의 모든 길은 자비와 진리[1]이기 때문이며, 모든 것이 성도들에게 합력하여 선을 이루기 때문이다(롬 8:28). 하나님의 은혜 가운데 서 있는 사람이 선한 행위가 아닌 어떤 것을 행하는 것은 불가능하기 때문이다. 요한일서 5:18에서 "하나님께로서 난 자마다 범죄치 아니하는 줄을 우리가 아노라"고 말씀한 것은 정확한 것이다.

두 번째 질문은 이것이다. 우리가 회개와 세례의 은혜로 완전하게 되었고 의롭게 되었는데 지금도 우리의 제사가 끝나지 않는 것은 어떻게 된 것인가? 왜냐하면 매일 그리스도가 우리를 위해 드려지기 때문이다. 그것에 대해 크리소스토무스는 대답한다.[2] "우리는 실로 희생을 드린다. 그러나 그의 죽음을 기념하기 위해 드리는 것이고 이것은 하나의 제사이며 성례다." 나는 그것을 이렇게 이해한다. 그리스도는 앞의 장[3]에서 유지된 것처럼 오직 한 번 드려졌다. 그러나 우리가 매일 드리는 것은 "이것은 나를 기념하여 하는 것이다"(눅 22:19; 고전 11:24 이하)라고 그가 말씀한 대로 그 희생을 기념하는 것조차 못되는 희생이다. 왜냐하면 그리스도가 고난당한 것을 기념하는 것 만큼 그리스도는 자주 고난당하지 않기 때문이다. 주님의 유월절 기념과 애굽에서 탈출한 것이 되풀이되어 기념 되어야만 한다는 것이 명령되었을 때 처음의 기념보다 이 기념이 훨씬 더 되풀이될 필요가 있다.

그렇다면 교회의 머리가 그리스도라면 신약의 희생은 완전하게 되었고 완전히 끝났다. 그러나 그의 몸인 교회의 영적 희생은 교회에서 매일 계속 그리스도와 함께 죽으므로 드려지고 신비하게 유월절을 축하한다.

이것은 교회가 육의 정욕을 죽이고 교회의 장래의 영광에 대하여 이 세상으로부

---

1. 시편 25:10의 실제 본문은 '여호와'란 말을 갖는다. 그리고 '의로운 사람'이 아니고 WA, 3, 144.8에서 그 구절에 대한 그의 해설에서 루터는 여호와의 모든 길은 그 자신이 걷는 걸음에 있는 길이다. 또한 WA, 3,529.33을 보라.

2. Migne, 63.349.

3. 실제로 같은 장, 9:26에 대하여, 그러나 어떤 편집에서 그 절 216.20-218.15는 10장에 해석을 시작한다.

터 십자가에 못 박은 것을 의미한다. 그는 두 종류의 제사[구약의 제사와 신약의 제사]를 아름답게 구별한다. 그는 구별하면서 율법의 제사에서는 죄를 기억하는 것 때문에 드려졌었고 우리가 드리는 제사에서는 "아버지여 저들을 용서하소서!"(눅 23:34)라고 하신 말씀을 통해 죄 용서를 기억하여 드려졌다. 그리고 "다 이루었다"(요 19:30). 또한 "이것은 죄 용서를 위해 너희를 위해 흘리는 것이다"(마 26:28; 눅 22:20). 구약에서는 죄에 대해 아는 것이 있고 그 아는 지식이 늘어나지만 신약에서는 죄가 사라지고 없어졌다.

9:25.

아니하실지니

그리스도는 대제사장이 매년 성소에 들어가는 같은 방식으로 하늘에 들어가지 않았다는 것을 의미한다.

그는 대제사장과 같이 자기를
드리는 것을 되풀이하지
그가 성소에 들어갈 때
해마다 다른 것의 피로써

율법의 대제사장은 참 제사장의 비유
손으로 만든 성소

그러나 그리스도는 그 자신의 피를 드렸다. 왜냐하면 크리소스토무스가 말한 대로 그 자신이 제사장이고 제사이고 희생이기 때문이다.

9:26.

그리하면

매년 그가 그 자신을 제사드렸다면

그가 세상을 창조할 때부터
자주 고난을 받아야 할 것이로되

왜냐하면 같은 사람이 세상 창조 때부터 세상 마지막까지 구원받아야 할 사람들의 제사장이기 때문이다. 그러므로 만약에 율법을 사용하는 근거로 율법이 지켜졌다면 그는 매년 그 자신을 희생해야 했고 그렇다면 그는 세상 창조 첫 해도 그렇게 해야 했고 그 후 매년 그렇게 해야만 했을 것이다. 마찬가지로 그리스도도 '자주 고난 받아야 하는' 것이 필요했을 것이다(Nicholas of Lyra).

이제 자기를 단번에 (그가) **나타나셨느니라**	제사장이 하나님께 갔다.
세상 끝에	곧 세상의 끝을 향하여 세상이 쇠하기 시작하는 순간에
죄를 없게 하시려고	자연인도 율법도 이 일을 이룰 수 없고 다만 그리스도의 죽으심을 믿음으로

제사로 드려

그리스도는 이 모든 말씀을 가장 이기는 방식으로 우리에게 명령했다. 그는 죄를 갚는 자로 또 우리의 재판자로서 전파돼야 하는 것이 아니고 제일 먼저 우리의 제사장으로서, 죄가 없는 자로서, 의와 구원의 창시자로 전파돼야 했다. 그리고 또 한 가지, 즉 그것은 괴로운 양심을 여전히 계속 위로하는 것이다. 그는 우리 곁에 있는 자로 묘사되지 않고 하나님 앞에 서 있는 자로 묘사되었다. 그곳은 우리의 큰 필요가 있는 곳이다. 왜냐하면 그것은 우리가 아주 중대하게 고소당하고 죄를 느끼며 서 있는 곳이기 때문이다.

9:27.

사람에게 정하신 것이요	다른 어떤 사람이 한 번 죽는 것처럼 그리스도도 한 번 죽어야 한다.
한 번 죽는 것은	그들이 많은 죄로 인해 여러 죽음을 죽어 마땅하지만
그 후에는 심판이 있으리니	영원한 심판

9:28.

이와 같이 그리스도도	그가 무한한 죄를 담당했음에도

담당하시려고 단번에 드리신바 되셨고   끝을 내어서 그것들은 더 이상 존재
하지 않는다.

많은 사람의 죄를

'많은 사람의'란 말은 두 가지 방식으로 이해될 수 있다. 크리소스토무스가 말한
대로 "모든 사람이 믿지 않으므로" 그는 모든 사람의 죄를 담당하지 않았거나 로마서
5:18이 의미하는 대로 '많은 사람'은 '모두'를 의미하는데 "의의 한 행동으로 말미암아
많은 사람이 의롭다 하심을 받아 생명에 이르렀느니라"고 하였다. 다른 말로 하면 '모
든 사람에게'는 '많은 사람에게'란 말과 같다.

구원에 이르게 하기 위하여 (죄와 상관없이)

자기를 바라는 자들에게   우리에게도

두 번째 나타나시리라   그의 나타나심을 사모하는 모든 자에게 (딤후 4:8).

죄와 상관없이

제 10 장

Gl. 54:11.

10장의 내용:

몇 번이고 같은 문제를 다시 되풀이하여 요점을 주입시키므로 사도는 옛 율법의 연약함을 다시 보여준다. 고집스럽게 율법의 의에 집착한 자들은 물론이고 단순하고 교육받지 않은 자들을 가르치는 일을 자신의 것으로 한다.

10:1.

율법은 다만 그림자를 포함한다.　　참고. 8:5. "그것(율법)은 그림자와 모형을 섬
　　　　　　　　　　　　　　　　　긴다."

장차 오는 좋은 일의　　　　　은혜와 죄 용서

참 형상이 아니므로　　　　　완전한 진리

할 수 없느니라　　　　　　　율법의 제사로 할 수 없다

제사로는　　　　　　　　　　되풀이되지만 여전히 불충분하다

해마다 늘 드리는 같은　　　　한 해에 결코 빠지지 않는

나아오는 자들을 언제든지　　섬기는 자들과 희생하는 것들

온전케 할 수 없느니라　　　　깨끗해진 결과로서 장래에 선행을 할 수
　　　　　　　　　　　　　　　있다.

10:2.

그렇지 아니하면　　　　　　그것들을 희생으로 드리는 이유가 죄를
　　　　　　　　　　　　　　없게 하는 것이기 때문에 그 희생제사가
　　　　　　　　　　　　　　그들을 완전케 하였다면

어찌 드리는 일을 그치지 아니하였으리요

섬기는 자들이   이러한 희생을 드리는 자

죄를 깨닫는 일이 없으리니   그것은 사실 개념으로 모순이 될 것이다

드리는 자들이 단번에 정결케 되어   한번 드리는 일로

10:3

그러나 이 제사들은 생각하게   희생제사

하는 것이 있나니   그러나 죄에 대한 해결도 아니고 그 죄를 깨

                          끗게 하는 것도 아니다.

해마다 짓는 죄를   속죄 제사 절기 때에

여기에 율법의 힘이 있다. 율법은 우리가 죄인인 것을 생각나게 하고 우리에게 죄의 본질을 보여준다. 반대로 은혜의 힘은 기억하지 못하게 죄를 넘겨 버리는 것이다. 다른 말로 하면 죄를 정말로 깨끗하게 하는 것이다.

10:4.

이는 능히 (죄를) 없이하지 못하느니라   첫째, 하나님이 이렇게 그것을 정했기

                          때문에. 둘째, 죄의 본성이 그것을 필요

                          로 하기 때문에.

황소와 염소의 피가   앞의 장 9:12 이하에서 주장된 대로 더

                          좋은 희생제사가 요구되기 때문에.

죄를 능히 없이하지

10:5.

그러므로 세상에 임하실

때에 가라사대   성육신의 그리스도

제사와 예물을   그것은 항상 드리는 제사였다. 예물이 맹세에 응

                          답하여 드려졌고 자의 적으로 드려진 것으로

원치 아니하시고

'원치 아니하시고'란 이 말씀은 의지 이상의 무엇을 의미한다. 그것은 선택과 사랑을 내포한다. 이사야 1:11은 "너희의 무수한 제물이 내게 무엇이 유익하뇨?"라고 했다. 그리고 미가서 6:6에서는 "내가 무엇을 가지고 나의 죄를 위해 여호와 앞에 나아갈까? 여호와께서 수천의 숫양을 기뻐하실까?"

같은 말씀이 시편 50:8에서 "나가 너의 제물을 인하여는 너를 책망치 아니하리니 네 번제가 항상 내 앞에 있음이로다."

한 몸을	그 의미는 이 모든 제사 대신에 한 몸이 어떤 독특한 방식으로 드려진다는 것이다.
오직 나를 위하여 (한 몸을) **예비하셨도다.**	완전해진

10:6.

전체로 번제함과 속죄제는	곧, 수천의 수양으로 그것은 죄 때문에 드려졌던 보상의 제사다.
기뻐하지 아니하시나니	당신은 요구하지 아니하셨다.

10:7.

이에 내가 말하기를 … 하나님이여 보시옵소서 … 내가 왔나이다.	육체로. 그 희생은 처음부터 의도된 것이다.
두루마리 책에 (책의 중요한 점에)	모세 율법책의 주제와 목표와 같은 의미로 받아들인 [루터는 이 개념을 아래 p. 223에서 설명한다.]

나를 가리켜 기록한 것같이

요한복음 5:46을 보라. "모세를 믿었더면 또 나를 믿었으리니 이는 그가 내게 대하여 기록하였음이라" 같은 말씀으로 "너희가 성경에서 영생을 얻는줄 생각하고 성경을 상고하거니와 이 성경이 곧 내게 대하여 증거하는 것이로다"(요 5:39).

| **행하러** | 하나님에게만 복종하기 위하여 |
| **하나님의 뜻을** | 내가 죄를 용서하기 위해 희생제물이 되어야 하는 당신이 원하시는 순종을 행하므로 |

우리가 자세한 것으로 들어가기 전에 우리는 히브리어 본문에 적합한 순서에서 그 말들을 보아야 할 것이다. '제사'(*sacrificium*. 70인역은 *hostia* 그리고 Jerome은 *victima*를 갖는다.) "당신은 예물을 원치 아니하시고" "그러나 당신은 오직 나를 위해 귀를 완전하게 했다." (70인역은 "오직 나를 위하여 한 몸을 예비하셨도다." 그리고 Jerome은 "오직 당신은 나를 위하여 귀를 여셨다.") 번제함과 속죄제는 기뻐하지 아니 하시나니 이에 내가 말하기를 하나님이여 보시옵소서 두루마리 책에 나를 가리켜 기록한 것과 같이 하나님의 뜻을 행하러 왔나이다. 오 하나님이여 당신의 법은 내 마음에 깊이 있나이다." 강조와 음성을 올리는 것은 "나를 가리켜 기록한 것"이란 구절에서 잘 살펴봐야 한다. 그리고 또한 '내가 원했다' 또는 '바랐다'는 말에서도 마찬가지로 잘 살펴봐야 한다. 사실 마지막 두 절 전체에서는 강조로 읽어야 한다. 그래서 그 의미는 짐승을 치워라!는 뜻이다. 그것은 나다. 기록되고 바랐던 자는 나다! 두루마리 책에 기록된 것은 나에 대해 기록한 것이다. 그것이 "보시옵소서 내가 왔나이다"란 말씀의 의미다. 그리고 한편 다른 사람은 복종하지 않으려 하고 듣기를 짜증내고 말하기를 싫어했다. 내가 당신의 율법을 내 마음속 깊은 곳에 가졌나이다. 곧, 마음의 가장 깊은 소원에 있다는 뜻이다. 간단히 말해서, 다른 사람이 율법을 미워해도 나는 당신의 율법을 온전히 사랑하나이다.

이것을 더 잘 이해하기 위해 히브리어에서 어떤 말들은 중성이고 명사란 것을 기억할 필요가 있다. (그런 말들은 명사에서 그들의 어원을 갖는다.) 그리고 그 말들을 이해할 수 있는 가장 좋은 방법은 그 말들의 어간으로 돌아가는 것이다. 이 말 *volui*를 예를 들자. 내가 원했나이다. 또는 내가 바랐나이다. 그것은 어떤 것을 원하거나 원하고 있는 것을 의미할 수 있다. 또다시 시편 118:25에 "이제 구원하소서! 여호와여"란 말씀이다. 히브리어에 이것은 '호산나!'다. 곧, 구원하소서! 다른 말로 하면 "구주가 되소서!" 또는 구원하소서! 다. 이것은 "호산나 다윗의 자손이여"라고 말씀한 마태복음에서 아름답게 인정된다. 곧 다윗의 자손 그리스도 안에서 구원하소서!다(마 21:9). 시편 22:31에서도 같은 말씀을 읽는다. "와서 그 공의를 장차 날 백성에게 전함이여 주께서 이를 행하셨다 할 것이로다." 히브리어는 "여호와께서 이 백성을 만드셨기 때문에"라고 그것을 표현한다. 간단히 말해 여호와는 모든 백성 가운데 만물을 만드신 분이다. 그러나 우리 자신은 아무것도 영향을 미치지 못한다. 그래서 마리아는 누가복음 1:49에서 말씀한다. "능하신 이가 큰일을 내게 행하셨나이다." 이것은 그가 전능하다는 것을 의미한다. 그는 만물을 역사한다.

책의 '중요한 점'(히 10:7 = 시편 40:8)이란 말은 많은 주석가들에게 큰 어려움의 근원이었다. 이 말은 히브리어 본문을 참고하면 분명히 이해된다. 그 본문은 '두루마리 책'이라고 말한다. 이 본문은 여전히 더 중요한 것을 표현한다. 성경에 기록된 것은 그리스도에 대해 기록한 것이었고 그리스도 안에서 성취돼야 한다. 만약 누가 여러 번역을 조화시키는 율법의 가려진 것으로서 신비적 개념으로 '두루마리 책'(volumen)을 이해하지 않았다면 그는 70인역의 "그 두루마리 책의 주요한 점"[1]을 신비적 의미로 이해하려고 했을 것이다. 그리고 히브리어 본문의 '그 두루마리 책'을 외적이고 문자적 의미로 이해하려 했을 것이다. 그래서 이것은 문자적 의미를 율법의 꼬리 또는 율법의 배후(hinderparts)로 만들려고 했을 것이다. 왜냐하면 그러한 방식으로 주석가들은 일반적으로 다른 번역들을 조화시킨다. 출애굽기 4:4에서 예시된 것일 수 있다. 거기서 모세는 뱀으로 변한 지팡이의 꼬리를 잡으라고 명령을 받았다. 마찬가지로 창세기 47:31에서, 야곱은 지팡이 끝을 의지하여 기도하였다. 또 에스더 5:2에서 [거기서 홀의 끝을 만진다]. 지팡이가 율법을 의미하는 데는 의심의 여지가 없다. 그러므로 '율법의 머리', '율법의 끝'이라고 사도가 말한 것처럼 '율법의 정점'은 그리스도다. 그러면 실로 율법의 꼬리, 율법의 배후, 문자 자체는 모세를 나타낸다. 그래서 지혜서는 말한다. "당신은 두 번 질문을 받았을 때, 당신의 대답은 그 문제의 요점이 되게 하라." Ecclus 32:7-8[문자적이 아니다].

본문 "나를 위해 당신은 귀를 예비하였나이다"와 "나를 위해 한 몸을 예비하였나이다"가 어떻게 조화될 수 있는지가 문제로 남는다. 히브리어는 여러 가지 의미를 갖고 있다. '맞다'(to fit), '준비하다'(to make ready), '정돈하다'(set in order), 또는 '파다'(to dig out), '열다'(to open up), 또는 '얻다'(to gain), '얻다'(get)란 말의 의미를 가진다. 그래서 70인역은 첫 번째 의미를 따라 '귀' 대신에 '몸'이라고 말한다. (그것은 히브리어 본문에서 같은데, 거기서 '몸'이란 말은 나

---

1. 책 제목에서(In capite libri). 루터는 성서의 주요한 목적 또는 중심 개념을 의미하기 위하여 이 구절을 자주 사용한다. 그가 성서의 머리를 그리스도로 그리고 꼬리를 모세로 토론하기 위해 진행할 때, 이것은 그 의미인 것 같다.

타나지 않는다.) 그러므로 사도는 이 경우에 이 읽는 것을 따르고 '예비 된 몸'이 '그리스도의 몸'을 의미한다고 이해한다. 그리고 이 몸은 본문에서 발전된 대로 짐승들의 몸 대신에 죄를 위해 희생되어야 했다. 그는 그의 서신에서 이 주장을 발전시키고 '예비 된 몸'이란 말을 '그리스도의 몸'으로 받아들이게 된다. 그러나 히브리어 표현은 다른 어떤 것을 의미한다. 왜냐하면 '파다'(to dig out) 또는 '귀를 열다'(open up the ears)는 사람을 듣게 하는 것과 같은 것이다. 그것은 땅이 열리고 파질 때처럼 말이다. 마가복음 7:34 이하에서 같은 것을 말한다. '에바다!, 열려라!' 그것은 계속된다. "그리고 그의 귀가 열렸다." 그러나 '열다'란 이 말은 사람을 순종하게 만들고 믿게 하는 것을 의미한다. 왜냐하면 믿음은 순종이기 때문이다. 그것은 로마서 1:5에서 말씀하고 있다. "… 믿어 순종케 하나니." 그래서 신약에서 언제나 동물의 제사는 하나님을 기쁘게 하지 못하고 다만 순종으로 믿음의 제물만 하나님을 기쁘게 한다는 것을 의미한다. "여호와 주의 눈이 성실을 돌아보았나이다"(렘 5:3)라고 예레미야가 말씀한 것과 같다. 그러므로 성경의 전체 해석은 오직 하나의 결론으로 이끄는데, 우리가 하나님의 음성을 듣는 것이다. 다른 말로 하면 우리가 믿는다는 것이다. 왜냐하면 믿는 사람은 구원을 받을 것이다(막 16:16.)

그런데 "당신이 나를 위해 나의 귀를 여셨다"는 그 말씀은 능동태 또는 수동태로 이해될 수 있다. 이렇게 능동태로 "당신은 나를 위해 나의 귀를 여셨다"는 곧, 당신은 나를 당신에게 순종하게 하셨다. 이 개념은 오히려 강요된다. 이렇게 수동태로 "당신은 나를 위해 나의 귀를 여셨다"는 곧, 당신은 사람들이 나를 믿고, 나를 믿는 믿음을 가진 일을 해야만 했다. 결과로, 죄 용서와 구원은 나를 믿는 사람들에게 효과가 나타나며 나로 말미암아 되는 것이고 짐승으로 말미암아 되는 것이 아니다. 이것은 하나님을 기쁘게 하는, 곧 그리스도를 믿는 제사다. 마태복음 17:5에서 말씀한 것처럼, "이는 사랑하는 아들이요 내 기뻐하는 자니 너희는 저의 말을 들으라!" 창세기 49:10에서 본문은 "그는 민족이 희망을 가지는 그이다." 다르게 읽으면, "그에게 민족들이 듣고 그를 위해 그들이 스스로 모여야 하기 때문이다." 말하자면 그에게 민족들의 귀가 열릴 것이고 그들은 그를 믿게 될 것이다. 왜냐하면 아버지께서 그의 귀를 밝히지 않으면 곧 귀를 열지 않으면 아무도 그리스도를 들을 수 없기 때문이다. 이것이 바로 그리스도가 말씀하신 대로 "내 아버지께서 오게 하여 주지 아니하시면 누구든지 내게로 올 수 없다"(요 6:65)란 의미다. 그러므로 70인역이 그리스도의 실제의 몸에 대해 말한 것이며 이것은 다음과 같은 말씀으로 그리스도의 신비한 몸에 대해 히브리 본문이 말한 것이다. '귀를 여심'(교회의)이다. 그러므로 두 가지 모두 그 말은 같은 신비의 몸이며, 그것은 계속적으로 그리스도로 드려지는 것을 의미한다. 두 가지 해석들은 모두 같은 것을 의미한다. 히브리어의 세 가지 의미는 오직 한 가지 의미를 가질 수 있음이 분명해지고 다음의 방식에서 연결될 것이다. 당신은 준비하셨다. 또는 당신이 밝히셨고 또는 당신은 나를 위해 귀를 얻으셨다. 또는 선택적으로 "당신은 준비하셨고, 또는 당신은 밝히셨다. 또는 당신은 나의 신비한 몸을 얻었다. 그리고 이 신비한 몸은 준비되었고 밝혀주었고 그를 위해 준비되고 바쳐진 우리의 몸에 의해 얻게 되었다.

그러나 특이한 힘과 강조는 이 '귀'라는 말의 사용에 있다. 새 율법에서 단지 죄를 위한 경우인 그 모든 끝없는 의식적인 부담은 없어졌다. 하나님은 더 이상 발이나 손, 또는 다른 어떤 지체를 요구하지 않고 다만 귀만 요구한다. 이 범위에서 모든 것이 삶의 단순한 규칙으로 회복된다. 왜냐하면 당신이 그가 그리스도인의 이름에 합당하게 되는 행위가 무엇이냐고 그리스도인에게 물으면 그는 그것이 믿음인 하나님의 말씀을 듣는 것이란 대답밖에 다른 대답을 할 수 없을 것이다. 그래서 오직 귀만 그리스도인의 기관이다. 왜냐하면 다른 지체의 행위로 아니고 믿음으로 의롭게 되고 그리스도인으로 판단되기 때문이다.

Gl. 58:15. 그는 그의 서신을 끝마치게 되었고 믿음을 권고하고 기림으로 그의 주장을 완성했다. 그는 이제 선행에 대한 그의 교훈을 이것에 첨가한다. 이것이 사도의 익숙한 기술이다. 먼저, 그는 가르치고 난 후에 권고한다. 먼저 그는 사람을 믿음으로 데려가고 그 다음에 그들을 윤리로 향하게 한다.

10:19.

그러므로 형제들아 우리가 예수의 피를 힘입어 성소에 들어갈 담력을 얻었나니	그리스도의 피를 힘입어 믿음으로 말미암아 지성소에 들어가는 자유, 신뢰

10:20.

그 길은 (우리를 위하여)

(휘장 가운데로) **열어 놓으신**   성별된, 정확히 말해서 우리 앞에 십자가에 못 박힘
으로.

우리를 위하여

새롭고

'옛 길'은 죄의 길이다. 그리고 물론 그 범위에서는 죽음의 길이다. '새로운 길'은
의의 길이다. 그러므로 그 길에 생명의 길이 있다. 이를 테면, 로마서 5:17에서 "한 사
람의 범죄를 인하여 사망이 그 한 사람으로 말미암아 왕노릇 하였은즉 더욱 은혜와
의의 선물을 넘치게 받는 자들이 한 분 예수 그리스도로 말미암아 생명에서 왕노릇
하리로다."

산 길이요   생명과 구원의 길

로마서 6:4는 이점을 더 분명하게 설명한다. 그리스도께서 아버지의 영광으로 죽
은 자에서 살아났던 것처럼 같은 방법으로 우리는 새로운 삶을 살아가야 할 것이다.

휘장은 곧 저의 육체니라   간단히 말해서 그 자신은 육체의 경험을 통과하
셨다. 같은 육체를 통해서 우리를 위한 길을 열어
놓은.

10:21.

또 하나님의 집 다스리는

큰 대제사장이 계시매   그는 우리를 위해 그곳에서 대제사장으로 시작하
였다.

10:22.

가까이 나아가자   지성소에 들어갈 목적으로

참 마음과   그것은 진리를 의미한다. 왜냐하면 믿음과 하

	나님 말씀 없이 하나님께 나아가는 길은 없기 때문이다.
온전한 믿음으로	확신으로 왜냐하면 그 확신이 참 마음을 만든 믿음이기 때문이다.
우리가 마음에 뿌림을 받아 **몸을 맑은 물로 씻었으니**	우리의 몸과 옷이 아니고 세례를 받고 그리스도 안에서 믿음으로 성화되고

더욱이, 그는 옛 의식적인 깨끗함의 상징적 모형의 의미를 동시에 해석한다. 이 다소 어려운 본문으로(10:9 이하), 실제로 매우 풍부한 본문이고 풍부한 의미를 갖고 있다 해도 사도는 우리가 그리스도를 본받기를 원한다. 그리스도는 아버지의 영광을 위해 십자가에 못 박혀 죽으므로 고난당했다. 그가 골로새서 3:3에 말씀한 대로 같은 것을 의미한다. "이는 너희가 죽었고 너희 생명이 그리스도와 함께 하나님 안에 감취었음이니라." 사도가 이것을 이끌어낸 어떤 능력으로 그리고 어떠한 은혜스러운 말씀으로 주목되어야 한다. 먼저, 성전에 대한 잘 알려진 휘장은 사도가 여기서 솔직하게 보여준 대로 상징적으로 그리스도의 육체의 상징이었다. 그것을 통과한 제사장에 의해 휘장의 제거는 그리스도의 육체의 죽음을 의미한다. 그 죽음으로 그는 우리에게서 휘장을 취하였고 보이지 않는 지성소로 들어갔다. 이 유명한 길 또는 옛 사람의 방식을 따라 제사장의 들어감은 옛 것이었고 죽은 자였다. 그리고 그리스도가 따라갔던 길, 그리고 휘장을 통과해 들어가는 그의 방법은 "새롭고 산 길이다." 그래서 그리스도는 모형을 성취했고 그림자를 끝내었다. 사실 이 모든 말씀은 단번에 진리의 상징과 그것의 성취를 보여준다. 왜냐하면 그는 단번에 아름답게 두 가지 의미를 내포한다. 이중의 만남(*double entendre*)으로 같은 말로 두 가지 개념을 다룬다.

더욱이 그것은 그리스도를 본받음(*imitatio Christi*)의 성례전적 상징이다. 다른 말로 하면, 그가 받아들인 육은 우리 육체의 약함을 의미한다. 우리는 이 약함을 죄로 말미암아 입었다. 이것으로 우리는 육이 오래되고 죽은 길을 걷고 있다는 것이다. 곧 육체의 정욕을 따르는 것에서다. 그러므로 '새롭고 산 길'은 육체의 정욕을 파괴하기 위해 준비되어야만 했다. 이러한 개념으로, 그리스도의 육체의 수난, 그의 죽음과 존귀케 되는 것은 동일한 죽음을 우리가 죽어야 하는 신적 상징(*sacramentum*)이다. 이제 그리스도의 죽음을 통해 하늘로 들어가심은 또한 우리를 위한 '새롭고 산 길'에 대한 하나님의 상징이다. 다만 그 길로 우리는 하늘의 것을 사랑하고 추구하며 사실 우리 마음을 다해 하늘의 것으로 들어간다. 그래서 사도의 입장에서 우리는 "우리의 시민권이 하늘에 있다"(빌 3:20)고 우리 자신에 대해서 말할 수 있다. 그의 서신 거의 모든 곳에서 바울은 그리스도의 수난으로 가득하다. 그는 그리스도의 수난을 신비적이고 실제적인 방법으로 해석한다.(예를 들면, 롬 6:4; 8:10; 엡 4:22 이하; 골 3:3; 빌 3:10이다.) 그는 옛 사람의 죽임과 속사람의 갱신을 어디서나 가르친다.

그러므로 오직 육을 따라 그리스도가 한 것에 대한 단순한 표현은 우리를 위해 이중의 의미를 갖는다. 왜냐하면 그는 동시에 우리가 행한것 같은 방법으로 죄의 상태로부터 다른 길을 통과하지 않았고 그는 언제나 하늘에 있었고 요한복음 3:13에서 말씀한 대로 이제 그는 하늘에 있는 것이다. "하늘에서 내려온 자 곧 인자 외에는 하늘에 올라간 자가 없느니라." 아우구스티누스가 말씀한 것처럼 "왜냐하면 우리는 육체와 영에서 십자가에 못 박히기 때문이고, 그리스도는 다만 육체로 올라갔다.[1]" 그러므로 그는 우리 육체를 십자가에 못 박는 것의 예시다. 왜냐하면 우리는 그와 같이 될 것이다(요일 3:2). 다른 한편, 육체를 십자가에 못 박는 것은 성례의 종류로서 영에 대해 십자가에 못 박히는 것을 의미한다. 내가 그렇게 말할 수 있으면, 그 때문에 삶과 죽음의 여러 견해들이 일어났다. 우리가 지금 경험하는 삶과 죽음은 시련의 골짜기다. 그 골짜기에서 두 종류의 다른 삶과 두 종류의 죽음이 서로 싸우므로 만약에 사랑이 살고 정욕이 죽으면 이것은 하나님을 향해서는 사는 것이고 세상을 향해서는 죽은 것이다. 만약 정욕이 살고 사랑이 죽는다면 이것은 세상을 향해서는 사는 것이고 하나님을 향해서는 죽는 것이다. 왜냐하면 하나 또는 다른 것이 죽으면 나머지 다른 것은 살아 있다. 그리고 이 두 가지를 영과 육이라고 부른다. 왜냐하면 육체의 생명과 육체의 죽음에 더하여 두 가지 삶과 두 가지의 죽음이 있다. 육의 죽음과 영의 죽음이다. 육의 삶과 영의 삶이 그것이다. 그리고 사도는 자주 이것을 말한다.

사도는 이 새로운 삶으로 들어가도록 이중의 초대 같은 것으로 우리를 도전한다.

---

1. Augustine, *De Trin.*; Migne, 42,889–890.

왜냐하면 그것은 어려운 것이고 정말로 힘든 것이기 때문이다. 특별히 경험하지 못한 자에게는 그리스도를 위해서 모든 것을 바치고 생명 자체를 버리는 것이 어렵고 힘든 것이기 때문이다. 그러므로 사도는 먼저 앞서 가신 우리의 지도자, 그리스도의 본을 설명한다. 그 자신은 필요가 없지만 신뢰를 주기 위해 그는 모든 사람 중에 먼저 십자가에 못 박히고 절망적인 길을 평탄하게 만든다. 그는 우리에게 본을 줄 뿐만 아니라 또한 따르는 자들에게 그의 손을 뻗치신다. 그 때문에 그는 말한다. "우리가 들어갈 담력을 얻었다"(히 10:19). 왜냐하면 그 자신이 우리를 위해 그 길을 제일 먼저 가셨기 때문이다(히 10:20). 그리고 그분은 우리의 연약함을 아시는 대제사장이시기 때문이다(히 4:15). 그리고 시험받는 자들을 구할 수 있는 분이고(히 2:18), 그래서 누구를 위해 제지하는 핑계가 없다. 왜냐하면 이미 그가 하고 있는 것보다 우리를 위해서 더 하실 수 있기 때문이다.

물론 다른 사람들도 십자가에 못 박기를 가르치고 권고할 수 있다. 그러나 이 경우는 동반자뿐만 아니라 길을 인도하는 자이며, 인도자일 뿐만 아니라 돕는 자다. 아니 우리를 날라다 주시는 자다. 신명기 32:11의 말씀처럼, "마치 독수리가 그 보금자리를 어지럽게 하며 그 새끼 위에 너풀거리며 그 날개를 펴서 새끼를 받으며 그 날개 위에 그것을 업는 것 같다." 그래서 그리스도를 믿는 믿음으로 길러지는 사람은 그리스도의 어깨 위에 있는 것과 같다. 이러한 사람은 행복하게 다른 면을 십자가에 못 박을 것이다. 아가서 8:5에 신부에 대해 기록한 대로 "그 사랑하는 자를 의지하고 거친 들에서 올라오는 여자가 누구인고."

10:24. 서로 돌아보아 사랑과 선행을 격려하며
모이기를 폐하는 어떤 사람들의 습관과 같이 하지 말고…[1]

오늘날 교회는 세계 모든 곳에서 온 신자들로 이루어졌고 약하고, 무능하고, 불완전하고, 죄 많은 사람들이 섞여 있다. 요한복음 12:8에서 말씀한 대로 "가난한 자들은 항상 너희와 함께 있거니와 나는 항상 있지 아니하리라."

그러나 자연인은 훌륭하고 완전한 사람들을 불완전하고 어려운 자들보다 더 좋

---

1. 그 문장의 주절은 부족한 것 같다. Hirsch-Rueckert와 Vogelsang 모두는 이것을 암시한다. 그것이 초기 교회와 오늘날의 교회를 비교하여 설명하는 것이었다는 것이 전자였다.

아한다. 이 잘못은 결과로 따라온다. 더 약한 자들은 오만하고 정죄, 심판의 경우가 된다. 그리고 더 완전한 자의 손에 있는 경우가 된다. 다른 한편 더 약한 자들에게 더 완전한 자는 질투와 업신여김이다. 그러므로 사도들은 악과 맞서기 위해 그들의 모든 힘을 다해 연구하였다. 사도들은 교회 안에 분규와 이단들이 일어나지 않도록 하기 위해 그들의 모든 힘을 다해 연구하였다. 이런 것들은 그들이 서로를 위해 가졌던 사랑으로만 막을 수 있었다. 그 경우처럼 동등하고 더 훌륭한 것에 나타나는 사랑은 전혀 사랑이 아니다. 그리고 그것은 그리스도인의 사랑도 아니다. 그리스도가 마태복음 5:43에 표현한 것처럼 "또 이웃을 사랑하고 네 원수를 미워하라 하였다는 것을 너희가 들었으나 나는 너희에게 이르노니 너희 원수를 사랑하며 너희를 핍박하는 자를 위하여 기도하라. 너희가 너희를 사랑하는 자를 사랑하면 무슨 상이 있으리요 세리도 이같이 아니하느냐?" 그러므로 무가치하고 멸시받는 자들에게 나타나는 사랑은 오직 그리스도인의 사랑이다. 악한 자와 배신하는 자들에게 베푸는 친절은 오직 그리스도인의 친절이다. 그것이 그리스도와 하나님이 우리에게 보여준 사랑이기 때문이다. 그리고 그와 같은 방식으로 우리는 사랑할 것을 명령받고 있다. "그러므로 하늘에 계신 너희 아버지의 온전하심과 같이 너희도 온전하라"(마 5:48).

10:26. 우리가 진리를 아는 지식을 받은 후에 짐짓 죄를 범한즉 다시 속죄하는 제사가 없고 오직 무서운 마음으로 심판을 기다리는 것과 대적하는 자를 소멸할 맹렬한 불만 있으리라

크리소스토무스[1]가 여기서 노바티안[2]에게 대답하고 말한다. "여기서 우리는 두 번째 회개의 기회를 부정하는 자를 본다. 우리는 사도가 여기서 회개로 결과 되는 속죄나 회개도 제외하지 않고", "두 번째 세례를 배제한다는 것을 그들에게 말한다. 왜냐하면 그는 더 이상의 죄 용서가 없다고 말하지 않고 더 이상의 제사가 없다고 말했기 때문이다. 우리는 두 번째 십자가를 가질 수 없다.

그리고 크리소스토무스에 의해 행해진 이 논박은 지금 논하고 있는 본문에 의해 강화될 수 있다. 의심할 것 없이 회개도 죄 용서도 거기에 없다는 것을 제쳐 놓고 "우

---

1. Chrysostom, *loc.cit.*; Migne, 63.361. 문자적 인용이 아니다.
2. 노바티안들. 6:6에 대한 주석, p. 146의 주를 보라.

리가 함께 모이는 것을 버리는 것이 아니고" 거기서 교회를 버린 자를 말하는 것 같다. 그가 말씀한 대로 같은 것이 이 본문에서 더 발견된다. "너희가 깨달은 후에 오랜 시련의 시험을 통과한 것을 기억하라…"(26절). 여기서 그는 분명히 회개로 옮겨진 자들까지 부르고 있다. 그리고 이것은 이 사람들이 부인하는 것같이 보이는 바로 그것이다. 사실 그는 충분히 이미 평화와 선의의 사람들을 위해 말해 왔다. 성경의 다른 구절로부터 더 많은 본문이 다투기를 좋아하는 것들을 만족시키기 위해 인용해야만 할 것 같다. 그러나 그런 것을 제6장에서 적당하게 다루었다. 확실한 것은 모든 죽을 죄는 사도가 여기서 상기시키는 "하나님의 아들의 발에 밟히고 멸시당하는 것이다." 같은 것이 사무엘하 12:9에서 분명히 증명되었다. 거기서 그것은 다윗에게 말한다. "어찌하여 네가 여호와의 말씀을 업신여기고…"1. 왜냐하면 그는 믿음에 대해서는 죄를 짓지 않았고 5, 6계명에 대하여 죄를 지었기 때문이다.

[다음의 구절에서 MS는 손상을 받았고 읽는 말씀은 전혀 분명치 않다. 마지막 문장은 참으로 설명하는 풀어쓰기다.]

야고보서 마지막 장에서 말씀한 것과 같은 방식으로 이 말씀이 이해돼야 한다는 것을 아주 분명히 말할 수 있다. (거기서 아프고 고난당하는 자들을 그들이 섬기는 사역에서 회중을 권하는 말씀으로 "너희 중에 고난당하는 자가 있느냐 저는 기도할 것이요 즐거워하는 자가 있느냐 저는 찬송할지니라 너희 중에 병든 자가 있느냐 저는 교회의 장로들을 청할 것이요 그들은 주의 이름으로 기름을 바르며 위하여 기도할지니라 믿음의 기도는 병든 자를 구원하리니 주께서 저를 일으키시리라 혹시 죄를 범하였을지라도 사하심을 얻으리라.")

[또는 루터가 야고보서 5:19 이하를 언급하고 있을 수도 있다. 거기에 같은 개념이 발전된다. "내 형제들아 너희 중에 미혹하여 진리를 떠난 자를 누가 돌아서게 하면 너희가 알 것은 죄인을 미혹한 길에서 돌아서게 하는 자가 그 영혼을 사망에서 구원하며 허다한 죄를 덮을 것이니라."]

---

1. 루터가 여기서 하나님의 말씀과 하나님의 아들을 동일시하는 것을 주목하라.

또다시 그 말씀들은 사도가 고린도전서 13장에서 사랑에 대해 말하는 것과 같은 방식으로 받아들일 수 있다. "오래 참고, 모든 것을 견디며, 모든 것을 믿으며, 모든 것을 바라며, 모든 것을 견디느니라 사랑은 언제까지든지 떨어지지 아니한다." 사도 요한도 같다. "하나님께로서 난 자마다 죄를 짓지 아니하나니"(요일 3:9)와 같은 말씀이다. 그것은 그리스도를 제외하고 인간은 뉘우칠 수 없다고 잘못 표현될 수도 있다. 은혜 안에 있는 자가 그가 원하는 것을 무엇이든 할 수 있지만 죄를 지을 수 없고 은혜의 상태에 머무는 것과 마찬가지로 죄의 상태에 있는 사람은 은혜 상태에 머물 수 없다. 그는 그가 좋아하는 것은 무엇이든지 할 수 있지만 여전히 죄 가운데 머문다. 그리고 이러한 방식으로 두 조건이 표현된다.[죄 가운데 있는 상태와 은혜에 있는 상태]. 저자는 하나의 상태에서 다른 상태[곧, 회개]로 옮겨 가는 것을 언급하고 있지 않다.

10:37.

잠시 잠깐 후면　　　인내를 실천하기 위해 남아 있는

오실 이가　　　심판을 위해서 또는 육을 멸하기 위해서

그는 그를 언급하지 않고 하박국의 권위를 인용한다. 그 예언이 독자들에게 아주 친숙하다고 생각했기 때문이다. 그는 말을 바꾸지 않고 말의 순서를 바꾼다. 히에로니무스는 하박국을 이렇게 번역한다. "그는 지체하지만, 그를 기다려라. 왜냐하면 그는 가장 확실하게 오실 것이고 그는 지체하지 않을 것이다. 보라, 믿으려고 하지 않는 사람은 그 영혼이 모두 잘못될 것이다. 왜냐하면 의인은 믿음으로 살리라." 사도는 사실 70인역의 본문을 따른다.

오시리니

지체하지 아니하시리라　　　부정적 형태의 표현이 긍정적 형태의 표현보다 더 힘이 있다.

10:38.

오직 나의 의인은　　　하나님의 교훈을 성취한 자

산다(lives)　　　　　　　　살리라.

이 말씀은 고난당할 때 길가에 넘어진 자들에게 필요한 위로의 말씀들이다. 왜냐하면 내가 그리스도인의 삶을 의미하는 것으로서 믿음은 우리의 일보다는 하나님의 일이기 때문이다. 사실 그것은 우리의 가장 깊은 고난이다. 어떤 사람도 시련과 환난 없이 깨끗해지지 않는다. "사람이 더 많은 고난과 눌림을 당하면 당할수록 더 좋은 그리스도인이 된다.[1]" 그리스도인의 삶 전체는 믿음에 있다. 곧, 그리스도인의 삶은 십자가와 고난에 있다. 그리하여 … 율법의 [MS−Ed.에 차이(a gap)가 있다.]

믿음으로 말미암아	행위가 아니고 믿음으로 그는 하나님의 뜻을 이룬다.
또한 뒤로 물러가면	믿음이 없어지고 참을성이 없게 되면
내 마음이 저를 기뻐하지	
아니하리라	그 사람 안에 있는 영혼이 전적으로 잘못되었기 때문에

---

1. 루터는 독일어로 이 격언을 한다. *WA*는 두 개의 다른 독일어 격언 ad loc.을 인용한다. 그것은 다음과 같다. 더 훌륭한 그리스도인일수록 고통과 갈등은 더 크다. 그리고 또한 그리스도인이 경건하면 할수록 십자가는 더 무겁다.

<h2>제 11 장</h2>

Gl. 61:15. 사도는 그의 독자들을 믿음으로 고무시킨다. 지금까지 그는 그의 말씀으로 믿음을 가르쳤지만 이제는 족장들의 본보기로 믿음을 가르치기 시작한다. 왜냐하면 모든 종류의 교리 문제에서 가장 분명한 가르침은 저 유명한 Varro가 말한 것처럼 본보기를 제공하는 것이다. 그러나 어떤 학자들에게는 '믿음'이 믿음(faith)이라기보다는 자신(confidence)의 개념으로 이해되는 것 같다. 이것에 대해서 계속된다.

11:1. 믿음은 바라는 것들의 실상이요 보지 못하는 것들의 증거니 선진들이 이로써 증거를 얻었느니라.

현대 학자들[1]은 사도의 이 말씀을 여러 가지 방식으로 해석한다. 첫 번째 입장으로 어떤 학자들은 '실상'(substantia), '원인'(causa), 또는 '근거'(fundamentum)로 이해한다. 그리고 믿음은 우리가 그 위에 세워진다고 사도가 쓴 대로 사도들과 선지자들의 터 위에 세우심을 입은 자라(엡 2:20), 그리고 놓여 진 터(고전 3:11)다. 마태복음 16:18에 그리스도께서도 말씀한 대로다. "내가 이 반석 위에 내 교회를 세우리라" 곧, 믿음의 터 위에. 그러나 사실 실상(substantia)은 이 문맥에서 이렇게 이해될 수 있는지 다른 학자들에게 맡긴다. 그들은 또한 '증거' '확신'이라는 의미의 내포를 갖는 주장(argumentum)을 원한다. 그래서 그것은 변증법으로 '주장'(argument), '볼 수 없는 것들'에 대해 어떤 확실함을 일컫는 것을 의미할 수 있다. 나는 족장들의 것을 생각하고 다른 사람들은 거룩한 사람들이 가졌던 것으로 생각한다.

이제 이 견해는 나를 만족시킬 수 없다. 첫 번째 입장은 아담과 아벨이 믿음을 갖지 않았다는 것으로부터 결과할 수 있기 때문이다. 왜냐하면 그들은 그들 이전에 믿었던 다른 사람들로부터 믿음의 확신을 받을 수 없었다. 그 이유는 그들이 첫 번 신자들이었기 때문이다. 두 번째 입장은 그 자체에 모순을 포함하고 있다. 왜냐하면 이

---

1. '현대 학자'란 루터가 일반적 교주로부터 중세기의 학자들을 구별하기 위해 표현한 것을 의미한다. 특별히 그는 *Glossa Ordinaria*와 Lefevre를 언급하고 있다.

렇게 이해하면 믿음은 믿을 수 있음(credulity)의 문제 그 이상 그 이하도 아니다. 그것은 설득된 사람의 믿을 수 있음과 다른 사람의 믿을 수 있음에 의해 증거된 믿을 수 있음이다. 그리고 사도는 모든 사람의 믿음에 대해 쓰고 있지 않을 수 있고 오히려 설득의 문제에 대해, 또는 특별한 견해에 있는 어떤 사람에 대해 쓰고 있는 것이다. 그러면 믿음은 증거나 또는 증거하고 있는 것의 의미로 능동태로 생각되지 않고 수동태로 증거되거나 또는 용납된 어떤 의미로 생각된다. 확신의 개념으로 주장(argumentum)을 취하는 자들은 같은 종류의 견해를 주장한다. 본문 "너희 중에 누가 나를 죄로 책(arguere)잡겠느냐?"(요 8:46). 그들은 마치 믿음이 어떤 사람 자신의 또는 다른 사람의 것이든 불신을 확신시켜야만 하는 것처럼 받아들인다. 그러나 이 모든 것들은 믿음의 힘이나 믿음의 효과에 대해 더 적절히 말하게 된다. 사실 믿음은 믿음이 현존하는 곳 어디든지 죽임을 일으키고 불신자들을 확신하게 한다.

두 번째 입장으로, 크리소스토무스는 사실 실재(substantia, hypostasis), 본질(essentia)로도 이해한다. 문장의 대가(Master of Sentences)[1]는 크리소스토무스가 생각의 연결(conjunctio)로 이해한 확신(convictio)로 주장으로 이해한 것을 제외하고 그를 따른다. 물론 어떤 필사본이 잘못[2]됐을 수 있다. 왜냐하면 사도가 희랍어 본문에 있는 *elenchos*는 주장, 이해, 지시를 의미한다.

이 '바라는 것들'이란 말은 실재가 없는 것으로 상상하게 된다면 믿음이 그 바라는 것들에 실재를 제공한다. 더 좋게 말하면, 그 바라는 것들에 실재를 제공하지 않고 그것은 바로 그것들의 본질이다. 예를 들면, 우리의 부활은 일어나지 않았지만 부활이 실제로(*in substantia*)존재하지 않고 소망은 부활을 우리 영혼에 살아있게 하는 것이다. 이것이 그가 실상(*substantia*)을 의미하는 바다. 그리고 다시 "보이지 않는 것들의 증거(*convictio*)나 또는 주장'을 말할 때 그가 사용한 얼마나 놀라운 말인가." 왜냐하면 증거는 실제로 보이는 사실의 사물의 경우에만 증거이기 때문이다. 그러므로 믿음은 '보이지 않는 것들'이라고 사도가 부르는 것을 보는 것(*visio*)이다.

셋째, 우리는 이 실상(*substantia*)이라는 명사에서 일반적 사용을 따른다. 성경 앞장(히 10:34)에서 말씀한 것처럼 실상은 거의 곳곳에서 소유를 의미하고 더 적합하게는 가

---

1. Peter Lombard, *Sent.* III, dist., 23.
2. 오류는 *Mulianus Scholasticus*로 돌아간다. 크리소스토무스는 *elenchos*를 갖는다.

236

능성을 의미한다. 다시 요한일서 3:17에서 "누가 이 세상 재물을 가지고…"란 말을 사용하므로, 그리고 토의하고 있는 구절에서 그는 분명히 오직 다른 세상의 실재로부터, 이 세상의 실재가 아닌 실재로부터 '이 세상의 실재'를 구분하고 있다. 그러므로 믿음이 하나님의 말씀(롬 1:17에서 말씀한 것처럼)에 집착하는 것일 뿐이기 때문에 하나님의 말씀을 소유하는 것 곧, 영원한 재산, 동시에 모든 현재의 재산을 취하는 결과(적어도 마음이 말씀에 붙어 있는 한)가 된다. 그것은 시편 73:28에서 말씀한 대로다. "하나님께 가까이 함이 내게 복이라." 히브리인들은 그들의 실재를 이 세상의 재물에 근거시켰다. 아마도 이 세상의 재산은 물론이고 사람의 영혼에서 발견되고 있는 더 좋은 실재를 향해 사도는 아주 합당하게 그들에게 그의 주님의 현명하고 충성스러운 청지기로서 회상시킨다. 그는 이 일시적인 것을 사랑하는 것에서 그들을 자유하게 하면서 그들을 영원한 것들로 옮겨 가게 한다. 히에로니무스는 갈라디아서[1]를 주석하면서 실재(substantia)에 대해 이 해석을 따르고 있다.

11:3. 믿음으로 모든 세계가 하나님의 말씀으로 지어진 줄을 우리가 아나니 보이는 것은 나타난 것으로 말미암아 된 것이 아니니라

믿음으로	그것은 이성으로가 아니고 (에라스무스에 의하면) '믿음으로'를 의미한다
우리가 아나니	우리는 인정한다
세계가(말씀으로) **지어진 줄을**	완전하게
하나님의 말씀으로	하나님의 말씀을 통해서
나타난 것으로 말미암아 된 것이	
아니니라	하나님의 생각(divine ideas)에서부터. 왜냐하면 세계는 무에서 만들어졌기 때문이다
보이는 것은	

이 문맥에서 '보이지 않는 것'은 혼동이나 자연의 원시적 풍요를 의미하지 않는다.

---

1. 히에로니무스, 갈라디아서 주석 3권 5장, 갈 5:22에 대하여; migne 26.420.

주석자들은 이것에서 세계가 만들어졌다고 생각하는데, 오히려 로마서 1:20의 "… 하나님의 보이지 않는 것들은 그 만드신 만물에 분명히 보여 알게 되나니"와 같은 방식으로, 또한 사도는 고린도전서 2:9에서 이사야 64:4을 회상한다. "하나님이 자기를 사랑하는 자들을 위해 예비하신 모든 것은 눈으로 보지 못하고 귀로 듣지 못하고 사람의 마음으로도 생각지 못하였다." 그리고 고린도전서 2:10에서 같은 말씀을 한다. "… 성령은 모든 것 곧 하나님의 깊은 것이라도 통달하시느니라." 가장 큰 부분으로 하나님의 일치를 가장 단순하게 확인하는 것이 옳다고 해도 단순한 믿음을 소유하는 것이 훨씬 좋은 것이며 알고자 하는 사색의 상태에서 이 문제를 살펴보는 것 이상으로 이런 것들을 아는 지식을 갖지 않는 것이 훨씬 더 좋다. 사도가 전치사 *'ex'*가 물질적 원료를 의미하는 '보이지 않는 것들로부터'(*ex invisibilibus*)라는 말할 때 그것으로부터 창조가 이루어졌다는 인상을 주어서도 안 된다. 왜냐하면 이 문제에서 우리는 타는 숲에 접근하기 때문이고 모세처럼 "신발을 신에서 벗어야 하기 때문이다"(출 3:5). 지혜서 11:17 "무형의 물질로부터 세계를 만들어 내신 주님의 전능한 손"이 의미하는 것을 나는 다른 사람들에게 맡긴다. 지혜서의 저자는 플라톤 쪽(platonizing)으로 멀리 가버렸다. 필로(Philo)가 저자이며 그 경우 그것은 그리 많은 권위가 없다.

11:4.

믿음으로   행위로가 아니고 믿음으로(앞절)

아벨

그의 형제들은 별 문제로 하고 유대인과 많은 다른 사람들이 생각하는 것처럼 그에게 주어진 그의 선물의 가치가 아니었고 믿음이었다.

더 나은 제사를 하나님에게 드림으로   더 많은 제사로(에라스무스)

그것을 통해서   믿음으로

의로운 자라 하시는 증거를 얻었으니   앞장(히 10:38)에서 기록된 대로 믿음으로 말미암아 그가 하나님을 기쁘게 하였기 때문에

하나님이 그 예물에 대하여 증거하심이라

	그의 예물에 대하여 하나님이 열납할 때에 그리고 하나님이 그의 희생을 통해 믿는 자들에게 그가 보여 준 범위로 아벨을 따뜻하게 했다.
믿음으로써	
저가 죽었으나 (믿음으로써 오히려)	
말하느니라	그가 죽었지만 그의 제사 때문에 그는 여전히 성경에서 우리를 가르친다.

"나를 믿는 자는 죽어도 살겠고"(요 11:25).

사도는 여기서 분명히 행위의 가치와 중요성을 제사의 크기나 또는 희생 전체의 가치로 측정되는 것이 아니고 손에 있는 문제에서 믿음이 결정적인 것이라고 결정한다. 왜냐하면 하나님은 영을 판단하고 마음의 동기를 보시기 때문이다. 시편 7:9이 말씀하는 대로 "의로우신 하나님이 사람의 심장을 감찰하시나이다." 그리고 그는 사무엘상 16:7에서 말씀하고 있다. "사람은 외모를 보거니와 나 여호와는 중심을 보느니라." 그러므로 하나님은 마음을 제외하고 인간에게서 아무것도 요구하시지 않는다. 잠언 23:26은 말씀한다. 손이나 혀가 아니고 "내 아들아 네 마음을 내게 주라." 시편 18:20에서 말씀한 이유다. "여호와께서 내 손의 행위를 따라 갚으셨으니"하시고 그는 즉시 영적 진리를 보호하는 것을 더하였다. "여호와께서 그의 목전에 내 손의 깨끗한 대로 내게 갚으셨도다." 마음의 순수성 없이 행위의 순수성을 가르쳤다고 보이지 않도록 하기 위해서다. 왜냐하면 "하나님의 목전에서" 마음이 순수하지 않고는 손은 순수할 수 없기 때문이다. 그러므로 이사야 1:15에서 하나님은 많은 제사를 싫어하셨고 율법의 모든 외적 행위(그러한 행위가 그 자체로 선하다 해도)를 싫어하셨다. '왜냐하면' 그는 "너의 손이 피로 가득하기 때문이라고 말씀하셨기 때문이다." 그 때문에 시편에서는 믿음의 사람이 어떤 완곡법 또는 관용어 "마음이 정직한자"로 묘사되었다. 예를 들면 "마음이 정직한 자를 구원하시는" 하나님이다(시 7:10). 그리고 시편 11:2에서 "… 마음이 정직한 자를 어두운 데서 그들이 쏘려 하는도다." 왜냐하면 모든 사람, 얼굴 그리고 이름이 그가 제사장이든 평신도이든 주인이든 종이든 그렇게 속였다고 해도 마음의 정직은 속이지 않기 때문이다.

그러므로 사도의 이 말씀이 창세기 4:4의 말씀과 같은 의미를 가진다. "여호와께서 아벨을 열납하셨다."(여호와께서 그의 행위 때문이 아니라 본질적으로 그의 믿음 때문에 아벨을 열납하셨다. 그리고 그것은 말씀을 더하므로 증거되었다.) "… 그의 예물을 열납하셨다." 믿음과 행위를 구별하는 것으로 이 점은 길을 가르는 것이다. 여기서 진정으로 의로운 자와 위선자들이 친교를 끊게 된다. 왜냐하면 참으로 의로운 사람은 믿음과 은혜로 선행을 추구하지만 반대로 위선자는 그들의 도착된 열정으로 그들의 선행을 수단으로 하여 은혜를 추구하기 때문이다. 이것은 불가능한 것을 추구하는 것이다. 그러나 우리 시대에 인간적인 로마교황의 교서의 악명 높은 그리고 끝없는 전통, 명령, 법률 같은 것들이 많아졌고 무저갱의 연기 속에 있는 메뚜기와 같이(계 9:3) 우리를 행위로 몰아가는 위선자로 만들었다. 그리하여 우리는 믿음의 햇빛을 볼 수 없다. 그 결과, 시편 12편의 말씀대로 성령이 교회를 위해 다시 괴로워해야 한다. "여호와여 도우소서 경건한 자가 끊어지며 충실한 자가 인생 중에 없어지도소이다."

11:4. 그것을 통해 의로운 자라 하시는 증거를 얻었으니

경건한 히에로니무스(Jerome)[1]는 여기서 하나님이 아벨의 예물을 어떤 식으로 인정했는지 묻고 있다. 또한 그는 어떻게 "하나님이 그의 예물을 열납했다"는 것이 이해돼야 하는가를 묻고 있다. 그리고 Symmachus[2]의 번역이 그가 말하는 대로 이 점을 분명히 했다고 대답한다. "그리고 하나님은 아벨을 향해 그의 마음이 따뜻해(inflammare)졌다. 왜냐하면 사도는 하나님에 의해 증거가 인정되었다고 말할 때 그를 따랐던 것 같기 때문이다. 같은 방식으로 크리소스토무스 역시 이곳에서 말한다. "불이 내려와 그의 희생을 불태워버렸다고 말한다." "왜냐하면 시락(Syriac)은 '불을 놓았고' 그곳에서 우리가 하나님으로 하여금 그의 제사를 열납하게 했기 때문이다."

11:4. … 의로운 자라 하시는 증거를 얻었으니 하나님이 그 예물에 대하여 증거하심이라 저가 죽었으나 그 믿음으로써 오히려 말하느니라.

주목할 만한 본보기로 하나님은 그가 압제 받는 자를 돌본다고 증명한다. 아벨은

---

1. 창 4:4에 대하여; Migne, 23.944.
2. Hirsch-Rueckert는 이것이 루터의 부분에 대한 기억의 실수란 것을 지적한다. 그리고 Symmachus가 아니고 Theodotion으로 읽어야만 한다.

죽은 후에 그 자신이 그를 위하여 말한다. 이것으로 그는 영혼의 불멸성에 대해 그것이 오히려 모호할지라도 또한 영원한 삶에 대해 아주 분명히 제시한다. 왜냐하면 의로운 사람은 자신들을 위해 살고, 행동하고, 말하지 않고 하나님 안에서 하기 때문이다. 따라서 "그는 죽었지만 오히려 말하느니라"는 실제로 살아 있을 때 믿음과 본보기로 한 형제도 가르칠 수 없는 그가 이제는 죽었으나 온 세상을 가르친다는 것을 의미한다. 이것은 실제로 어느 때보다도 더욱 살아있음을 의미한다! 얼마나 위대한 믿음인가! 그것은 하나님 안에 있는 삶이다. 이 때문에 노래하기에 아주 합당하다. "의인은 영원한 기억 속에 있을 것이다.[1]" 크리소스토무스는 같은 것을 말한다. "어떻게 죽은 사람이 여전히 말하는가? 이것은 그가 살아 있다는 표징이다. 왜냐하면 그는 모든 사람의 입술에 있기 때문이다. 그가 살아 있을 때 천개의 혀를 가졌다 해도 그는 이제 죽은 자로서 그러한 높은 관심 속에서 결코 주장될 수 없을 것이다."

그러나 이러한 본보기로 우리 모두는 죽음을 두려워 할 뿐만 아니라 죽음을 바라도록 권고를 받고 있다. 왜냐하면 모든 의인에게 죽음이 그러한 것처럼 죽음은 아벨에게 문인데 그 문은 인성에서 신성으로, 세상에서 아버지께로, 비참에서 영광으로 옮겨가는 문이다. 왜냐하면 그렇게 하여 즉시 하나님은 세상의 처음부터 그리고 성경의 시작에 어떻게 작은 악이 그렇게 많은 선을 가져 올 수 있는가를 보여주었다. 왜냐하면 아벨은 살해되어야만 했기 때문에, 삶의 영광이 그의 죽음에서 보여주었고, 아벨에게서 발견된 삶의 위로가 아담에 의해 가져온 죽음의 혼동보다 더 클 것이다.

11:5. 믿음으로 에녹은 죽음을 보지 않고 옮기었으니 하나님이 저를 옮기심으로 다시 보이지 아니하니라 저는 옮기우기 전에 하나님을 기쁘시게 하는 자라 하는 증거를 받았느니라.

크리소스토무스는 쓰고 있다. "많은 사람들이 어떻게 에녹이 옮겨졌는지, 그는 엘리야도 아닌데 왜 옮겨졌고 죽지 않았는지를 묻는다. 그리고 그들이 아직도 살아 있다면 어떻게 살고 어떠한 상태에서 살고 있는지. 그러나 이러한 종류의 질문은 시간 낭비다. 사실 한 사람이 옮겨졌고 다른 사람이 취해졌다(창 5:24; 왕하 2:11). 그러나 그

---

1. 시 112:6. 주일의 만도(晚禱)에서 노래하게 되고 모든 영혼의 날(All Soul's Day)에 점차적으로 노래하게 되었다.

들이 있는 곳에서 그들은 더 이상 말하지 않았다. 왜냐하면 성경은 필요한 것 이상은 아무것도 말하지 않기 때문이다." 그러므로 성경 자체가 말하는 것 이상으로 그것들에 대해 말할 수 있는 것은 무엇이든지 알지 못하는 사람들의 의견이나 상상의 문제일 뿐이다. 어떤 목적 없이 헛된 호기심과 억지로 가득 채워진 것보다는 무지의 상태에 있는 것이 훨씬 더 좋다. 성경에서 하나님이 에녹의 옮김을 언급하신 것은 우리를 위한 것이었다. 그리고 이 때문에, 크리소스토무스가 말한 것처럼 "인간의 마음은 소망을 가질 수 있는 것"이며 "죽음은 멸망할 것이며 악마의 폭군은 전복될 것이다." 왜냐하면 이 모든 일이 행해졌기 때문에 미래에 선조의 믿음이 구주의 구속(救贖)을 지지하게 되었고 유지되었다. 그래서 인류는 그 자체를 정말로 버린 것으로 보지 않아야 하고 구속의 실망을 보지 않아야 한다. 왜냐하면 위로는 충성스러운 사람에게 결코 부족함 없이 주어지며 환난도 없다. 그래서 아벨에게서 죽음을 보았지만 동시에 더 좋은 삶을 보았다. 에녹에게서 그들은 죽음을 전혀 보지 않고 오직 삶만 보았다.

11:6. 믿음이 없이는 기쁘시게 못하나니 하나님께 나아가는 자는 반드시 그가 계신 것과 또한 그가 자기를 찾는 자들에게 상주시는 이심을 믿어야 할지니라.

[편집자 주: Hirsch-Rueckert, p. 268 이하에 대단히 가치 있는 주(註)가 있다. 거기에 믿음과 신념에 대한 문제에 스콜라 학파의 술어 몇 개를 설명하는 것이 있고 독자로 하여금 알게 하는 것이 있다. 편집자는 이 주(註)들에 크게 도움 받았다.

(*a*) 믿음(BELIEF) : Peter Lombard(*Sent. III, dist., 23, cat. 4.*) 아우구스티누스가 말한 것을 따른다.

1. Credere deo 하나님이 말씀한 것은 진리를 믿는 것이다. 다른 말로 하면 하나님의 말씀을 믿는 것이다.

2. Credere deum은 하나님의 존재를 믿는 것이다.

3. Credere deum은 믿음으로 하나님을 사랑하는 것이다. 그리고 믿음으로 하나님께 접근하는 것이다. 그리고 믿음 안에서 그에게 매달리는 것이며 그의 몸에 지체가 되는 것이다.

이 세 번째 개념은 말씀의 완전한 개념을 믿는 것이다. 그리고 루터가 하나님이 존재한다는 재한 된 개념을 믿는 것으로 credere in deum의 형태와 구별하는 것으로 credere deum이란 말을 사용할 때 그렇다.

(b) 신앙(FAITH) : 비엘(*Sent*. Ⅲ, dist., 23 qu., art 1. lit)은 자연인이 스스로 획득한 믿음과 인간 영혼에 하나님에 의해 창조된 믿음으로 fides acquisita와 fides infusa를 구별하여 사용한다. fides aquisita는 인간이 신적인 은혜의 역사 없이 얻는 것이 가능하다. 그리고 루터는 이것을 fides humana라고 불렀고 그 가치를 무시하였다.

(c) 주석하는 본문 히브리서 11:6 본문은 신앙에 대한 스콜라 학파의 논쟁에 자주 인용된다. 그리고 Biel은 여러 목적으로 본문을 사용한다. 본문의 처음 반을 강조하므로 그는 fides infusa의 중요성을 증명한다. 그러고 나서 두 번째 반으로부터 관사들이 명백하게 믿게 되는 것이라고 결론을 내린다. Hirsch-Rueckert는 오직 처음 것이 사실이라면 두 번째 사용이 의미를 갖는다고 지적하고 있다. 그리고 어떤 의미에서 중보자를 믿는 믿음이 생기는지 그리고 믿음의 이 관사가 분명하다(explicit) 또는 분명하지 않다(implicata)인지를 묻고 있다.

루터가 주장하는 요지는 전통적 논쟁을 뛰어 넘었다는 것이다. 그리고 믿음을 회심의 문제, 개인의 고유한 것으로 만든다. Hirsch-Rueckert는 실제로 형용사 'existential'을 신앙의 종류에 사용한다. 루터는 그가 자기의 생각을 전달하는 *fides de deum*(credere deum)과 *fides in deum*(credere in deum)의 문법적 의미를 여전히 사용하지만 스콜라 학파의 술어의 효용성을 부정한다.

위의 말들의 맥락은 아니지만 Quick은 믿음(belief)이란 말을 분명히 하기 위해 그의 *Doctrines of the Creed*란 책 첫 장에서 비슷한 주장을 사용한다. Ed.]

하나님이 있다는 것(*Credere deum*)을 믿는 것은 많은 사람들에게 쉬운 것이다. 그리고 로마서 1:20에서 사도가 긍정하는 것처럼 그들은 이 믿음을 시인과 철학자들에게 모두 돌린다. 하나님이 존재한다는 이 지식이 그들 자신의 생각으로 도달했다는 견해를 갖는 사람들까지도 있다.

그러나 사실 첫째, 그러한 믿음은 인간적이다. 다른 정신적 활동 곧, 예술이나 지혜의 개발, 꿈 해석 같은 범주에 속한다. 그러나 이 모든 것들은 유혹이 엄습하자마자 파멸로 전락하는 것이다. 그 시간에 이성도, 충고도, 인간적 믿음도 이길 수 없다. "저희가 이리 저리 구르며 취한 자같이 비틀거리며 지각이 혼돈하도다"(시 107:27). 바로 그 때문에 야고보 사도는 그러한 믿음을 '죽은 믿음'(2:20)이라고 하고 다른 사람들은 그러한 믿음을 '획득한 믿음'(fides acquisita)이라고 부른다. 실제로 인간 안에 있는 것은 허영이나 거짓이 아닌 어떤 것은 존재하지 않는다.

둘째, 그러한 믿음은 믿음 자체와 관계하여 아무것도 믿지 않고 다만 다른 사람에게만 적용될 뿐이다. 왜냐하면 그가 하나님이 계시고 그를 찾는 자들에게 상 주시는 분이라는 것을 믿어도 하나님이 자신을 위해 존재하거나 자신에게 상 주시는 하나님임을 믿지 않기 때문이다. 그러한 범주에서 계속 말하는 것은 하나님에 관해 믿는 것이지 하나님을 믿는 것이 아니다.

그러므로 믿음의 역사는 다른 것이다. 곧, 하나님은 우리 자신들이 그들 많은 사람을 위해 존재하시고 그들을 위해 그들에게 상 주시는 분임을 우리가 믿는 것이다.(Gl. 63:15 이하에서 사실 하나님이 인간에게 상 주시는 것은 오직 은혜이기 때문에 하나님이 은혜를 베푼다는 것을 믿는 것이 훨씬 더 중요하다.)

그러나 이 믿음은 자연에서부터 오는 것이 아니고 은혜에서부터 오는 것이다. 왜냐하면 자연은 하나님의 얼굴을 무서워하고 그 얼굴을 피하기 때문이다. 계시는 하나님을 믿는 것은 하나님이 아니고 폭군과 고문과 심판이다. 그것은 신명기 28:65 "여호와께서 너에게 너의 마음으로 떨고 눈으로 쇠하고 정신으로 슬프게 하시니 네 생명이 의심나는 곳에 달린 것 같아서…"에서 잘 말씀하고 있다. 그것은 마치 바람이 부는 곳에 노출된 촛불이 그 촛불의 광선만이 아니고 빛까지도 모두 잃게 되는 것과 같다. 그러나 해가 빛날 때는 촛불이든 그 촛불의 빛이든 바람의 방해가 문제 되지 않을 것이다. 이와 같은 환경에서 첫 번째 (인간적 믿음)믿음은 꺼질 것이지만 두 번째 믿음은 결코 꺼지지 않을 것이다.

11:7.

믿음으로 노아는

노아는 우리에게 놀라운 그의 믿음을 추천하고 있다. 그의 믿음은 어둡고 깊은 곳의 경험으로 생겨난 것이다. 이 말씀이 의미하는 바는 성경 말씀에서 노아의 유명한 믿음, 물론 도움과 교훈을 이끌어 내는 것을

	이해하는 것이 쉽다는 것이다.
경고하심을 받아	하나님의 말씀, 하나님의 명령을(창 6장)
일에	홍수와 육체의 멸망. 므두셀라는 홍수가 시작한 해에 죽었다.
아직 보지 못하는	이것은 믿음의 영광이다.
경외함으로	그가 홍수와 하나님의 형벌을 믿었기 때문에
방주를 예비하여	
그 집을 구원하였으니	그의 가족이 홍수로부터 보존될 수 있었다.
이로 말미암아 세상을 정죄하고	믿음으로 말미암아. 자기 세대의 불신을

크리소스토무스는 묻는다. "어떤 믿음으로? 그는 방주를 짓는 그의 믿음에서 회개하지 않으려는 그들이 마땅히 형벌을 받아야 했음을 보여주었다."

| (믿음을 좇는) **의의 후사가 되었느니라** | 그에게서 그 다음에 계속되는 세대가 그들의 유업으로 인간적으로 의심스러운 의가 아니고 참되고 거룩한 의를 받아야 했기 때문에 |

믿음을 좇는

성경 말씀은 가볍게 다루어서는 안 된다. 왜냐하면 그 말씀은 성령의 말씀이기 때문이다. 그 말씀은 마땅히 존엄과 권위를 가져야 한다. 그러므로 저자가 우리에게 족장들의 믿음을 추천할 때 우리는 이 믿음이 절대적으로 완전했다는 것을 믿어야만 한다. 그리고 그 믿음은 모든 유혹에서 증거되었고 전 교회를 위해 그러한 영광스러운 본이 설명될 가치가 있게 했다.

무엇보다도 노아의 믿음의 영광은 그가 믿었을 뿐만 아니라 백년을 기다린 믿음이었다. 그런가 하면 시편 106:13의 "그들은 그의 하신 일을 잊어버리고 그 가르침을 기다리지 아니하고"란 말씀에서처럼 한순간도 믿을 수 없는 사람도 있다는 것이다.

그것은 성경에 자주 되풀이 된다. "여호와를 바랄지어다…"(시 27:14와 기타). "… 더딜지라도 기다려라"(합 2:3). "너는 여호와를 바랄지어다 강하고 담대하며 여호와를 바랄지어다"(시 27:14).

둘째, 노아는 전심으로 이 믿음을 전파했지만 아무도 그에게 관심을 보이지 않았다는 점이다. 노아가 진지하게 설교했다는 것은 확실하다. 베드로후서 2:5에서 그는 의의 설교자라고 일컬어졌다. 사실 그가 시험받고 고난을 경험할수록 주의를 받는 것을 덜 느꼈다. 실제로 모든 사람이 홍수로 멸망했기 때문에 그가 귀를 기울이게 된 것이 아님이 증거되었다. 그들이 믿었다면 그들은 멸망하지 않았을 것이다. 그러므로 그들의 가장 큰 죄는 불신이었다. 그것은 마치 노아의 의가 그의 숭고한 믿음에 있었던 것과 같은 것이다. 그 때문에 사도는 이글거리는 말투로 그를 칭찬하고 있는데, 그가 단순히 방주를 지었기 때문이 아니라 오히려 그 일과 그 일에 관한 완전한 믿음에 돌리면서 "그가 믿음으로 방주를 지었기"때문이라는 것이다. 그러고 나서 그는 계속하여 믿음이 없는 세상을 정죄하면서 그를 칭찬하고 있다. 어떤 선행에서 실패했기 때문이 아니라 믿음이 없는 것이 문제였다. 그래서 그는 분명하게 말하고 있는데 그들이 멸망한 것은 어떤 특별한 죄 때문이 아니라 그들이 노아의 설교를 믿지 않았기 때문이라는 것이다. 그리스도는 요한복음 15:22에서 말씀하셨다. "내가 와서 저희에게 말하지 아니하였더면 죄가 없었으려니와." 왜냐하면 믿음이 있는 곳에는 죄(罪)도 죄(罪)가 아니기 때문이다. 다시 말하면 믿음이 없는 곳에는 의(義)도 의(義)가 아니다. 그것은 로마서 14:23에서 "믿음으로 좇아 하지 아니하는 모든 것이 죄니라"고 했기 때문이다.

셋째, 일반적으로 신실한 교사가 신실치 못한 자를 가르칠 때 조롱과 중상, 신성모독, 모욕과 치욕이 따라 온다. 특별히 그들을 위협하는 악이 연기됐을 때, 그것으로 인해 그들은 그것을 분명하고 명백한 증거로 삼아 설교자의 믿음을 공격한다. 노아는 한 사람이 아니라, 모든 사람에 의해서, 특별히 그가 조심스럽게 방주를 짓는 동안에, 그 자신의 판단을 신뢰하고 모든 사람의 견해에 반대 입장에 있는 동안에 얼마나 자주 어리석은 자로 비난받았으며 얼마나 자주 거짓말쟁이, 얼마나 자주 지극히 무의미한 수다쟁이였는가! 다른 모든 사람 앞에서 그만 유일하게 하나님의 말씀을 분별했다. 그는 하나님의 말씀을 늘 들었고, 하나님의 말씀을 시험하고, 언제나 계속해 다른 모든 것보다 하나님의 말씀을 중요하게 여겼다. 성 베드로 역시 노아 시대에 신실한 자들과 신실치 못한 자들과 함께 하나님의 오래 참는 고난을 절찬하고 있다. 노아 시대 사람들이 어떠한 사람들이었는지는 누가복음 17:26 이하에 잘 나타나 있다. "노아의 때에 된 것과 같이 인자의 때에도 그러하리라 노아가 방주에 들어가던 날까지 사람들이 먹고 마시고 장가들고 시집가더니 홍수가 나서 저희를 다 멸하였으며"라고 그리스도는 말씀하고 있다. 이와 같은 말씀으로 그는 한 사람의 믿음이 세상적인 삶의 유행에 반대하여 완강하게 싸웠다는 것을 보여 주었다. 왜냐하면 이 전쟁보다 더 큰 전쟁은 없기 때문이다. 그 이유는 모든 사람 가운데 홀로 자신을 아는 것이고 한 사람이 모든 사람을 반대하는 것으로서 어리석음의 극치로서 세상에 의해 판단받았기 때문이다. 그것이 노아의 믿음이 우리가 꿈꾸는 중요한 '영혼의 성질'이 아니고 마음에 속하는 내적 생명이 되는 까닭이다. 그것은 이방 나라들 한가운데 홀로 서 있는 예루살렘 같은 것이다. "가시나무 가운데 백합화 같구나"(아 2:2).

11:7. 믿음으로 노아는 … 경고하심을 받아

이것은 믿음이란 끊임없이 많은 환난으로 불을 통과하는 것처럼 시험받고 증거된다는 것을 의미한다. 그 때문에 사도는 노아가 볼 수 없는 것들에 대해 "두려움으로 나아갔다"고 말할 때 최고로 그의 마음의 순수성을 기리고 있다. 왜냐하면 사람이 볼 수 없는 것을 믿는 믿음을 갖는 것은 사람이 보는 모든 것에서 분리되고 확실하게 깨끗해진 마음을 갖는 것이기 때문이다. 마음의 순수성은 완전한 의다. 사도행전 15:9에 "믿음으로 저희 마음을 깨끗이 하사"라고 표현하고 있다.

11:8.

믿음으로 아브라함은 부르심을 받았을 때에	그가 믿었기 때문에
순종하여 장래	
기업으로 받을 땅에	그것은 가나안 땅이다
나아갈 새 갈 바를 알지	이것은 믿음이었다. 그것은 그가 볼 수 있는 어떤 것이 아니다.
못하고 나아갔으며	자기 고향을 떠나서

첫째, 아브라함이 자신의 출생지를 떠나는 것은 어려운 일이다. 왜냐하면 우리는

모두 자연스럽게 우리의 조국에 대한 사랑으로 영향을 받기 때문이다. 사실 조국애는 이방인에게는 최고의 덕성으로 생각된다. 그래서 친구들과 교우 관계를 떠나는 것은 어렵다. 그러나 가장 어려운 것은 자기의 일가친척과 아버지의 집을 떠나는 것이다. 이 본보기로 아브라함이 시편 45:10에서 가르침을 주고 있다. "딸이여 듣고 생각하고 귀를 기울일지어다 네 백성과 아비집을 잊어버릴지어다."

둘째, 그가 결코 보지 못한 것에 관하여 말씀한 하나님의 말씀을 제외하고는 따라갈 아무것도 없이 그는 갈 바를 알지 못하고 떠나갔다. 왜냐하면 에녹과 엘리야가 갔던 곳처럼 우리를 위해서 어두움, 안개와 하나님의 보이지 않는 것 가운데 무지에 위치하였다. 또한 이 장소는 아브라함이 아주 감추어진 것으로 불렸던 곳이다. 그러나 이것은 믿음의 영광이다. 단순히 모르고, 갈 바를 알지 못하고, 하고 있는 것을 알지 못하고, 당신이 받아야 하는 고난을 알지 못하고 감각, 지성, 덕성, 의지 등 모든 것이 하나님의 음성을 따르도록 되었고, 간다고 하기보다는 몰려가고 인도되어가도록 포로가 되었다. 그래서 아브라함이 신앙의 순종으로 복음적인 삶의 최고의 본보기를 보여 준 것은 분명하다. 왜냐하면 그는 다른 모든 것보다 하나님의 말씀을 사랑하고 더 좋아하면서 모든 것을 버리고 주를 따랐기 때문이다. 또 순례자로서 밤낮의 모든 순간 삶과 죽음의 위험에 순종함으로써 주를 따랐기 때문이다.

모든 의인이 그의 적으로 악마를 가졌던 것처럼 거기에 더해 그는 그를 비난하고 그의 믿음과 목적을 놓고 그를 정죄하는 많은 적들이 있었다. 그들은 그를 어리석다고 확신시키거나, 어떤 유해한 경건으로 아니면 다른 어떤 것으로 설득하려고 한다. 경우에 따라 그는 그에게 일어나고 있는 것이 하나님이 주신 경험이라고 믿는다. 왜냐하면 모든 유혹 중 큰 유혹은 신앙의 유혹이기 때문이다. 믿음에 반대해 악마는 그의 모든 힘을 다해 함정을 파고 사람들과 다른 모든 것을 이용한다. 그리하여 아브라함의 믿음은 '용광로의 금처럼' 시험받았다(지혜서 3:6). 살아서 질문하는 사람들에게 직면하여 그는 홀로 서 있었고 모든 사람들과 맞서 있었다. 하나님을 섬기기 위해 매우 결정적으로 이러한 삶의 방식을 맞서 싸울지라도 나그네로서 그의 오랜 삶 때문에 그는 모형에 반대되는 하나의 경우로 고려된다. 진실로 시편 73편 전체가 이러한 비틀거려 넘어지게 하는 방해의 힘을 반영하고 있다. "나는 거의 실족할 뻔하였고 내 걸음이 미끄러질 뻔하였으니 이는 내가 악인의 형통함을 보고 오만한 자를 질시하였음이로다"

(시 73:2 이하). 다시 시편 37:1에서 "행악자를 인하여 불평하지 말며 불의를 행하는 자를 투기하지 말지어다" 등 비슷하게 실족게 하는 것들과 관계되는 주장과 권고로 가득 차 있다. 예레미야 역시 같은 것을 붙잡는다. "악한 자의 길이 형통하며 패역한 자가 다 안락함은 무슨 연고이니까?"(렘 12:1). 더욱이 그들이 약속의 땅에 들어간 후에도 시험이 끝나지 않을 뿐만 아니라 더 증가되었고 새로운 종류의 믿음의 시련이 시작되었다. 왜냐하면 사도행전 7:5이 말씀하는 것처럼 하나님은 그에게 '발붙일 만큼'도 주지 않았다. 그러나 그 땅에서 그는 많은 악과 위험들을 끝까지 견뎌 냈다. 더욱이 그는 애굽으로 유랑하고 돌아오지 않을 수 없었다(창 12:15; 20:2). 그렇지만 그는 그의 씨 이삭에게서도 그의 손자 야곱에게서도 성취된 약속을 보지 못했다. 그리고 마침내 가장 큰 시련이 왔는데, 그것은 자기의 손으로 아들을 제물로 드리도록 명령을 받았다. 말할 것도 없이 그 아들은 그가 가장 사랑하는 아들이었고 다른 사람이 아닌 그 아들에게서 축복의 약속을 받았다. 이러한 이유로 그는 '열국의 아비'(창 17:4; 롬 4:17 이하)로 정확히 일컬어졌으며 '믿음의 조상'(롬 4:16)이 되었다. 그러므로 '아브라함의 품'(눅 16:22)은 의심할 것 없이 복음에 약속된 그 믿음인 것이다.

이와 같은 주장으로 우리는 무지한 사람들의 타락한 질문들과 반대를 논박해야 한다. 특별히 유대인들이 그렇다. 그들은 아브라함의 외적 행위만 보고 그의 믿음은 생각지도 못한다. 그들은 보았다. 아브라함이 계집종을 아내로 맞이했고(창 16:2 이하), 사라가 죽은 후에 다른 계집종을 아내로 맞이했다(창 25:1). 또다시 같은 일로 야곱이 두 자매를 그들의 하녀와 함께 아내로 맞이했다. 그들은 그렇게 강한 믿음을 가진 사람이 결혼을 제쳐놓기 위해 모든 것을 제쳐놓은 것이 쉬운 일일 수 있었다는 것을 이해하지 못하고 어디서도 일어나지 않는 이 문제들을 계속하여 토론하고 있다. 그리고 그들은 하나님께 순종하지도 못하고 숨겨진 미래를 위해서도 들어가지 못하였다. 그래서 욥기 41장에서 말씀한 대로 "하나님이 웃으시고 베헤못(Behemoth)을 비웃으신다." 이것은 곧 위선자들에 대한 말씀이다. 그러나 그는 또한 '그의 성도들에게 놀라고' 성도들의 외적 삶, 위선자들이 모두 저지른 것을 보여 준다. 그러나 그는 시편 31:20은 말씀한다. "주께서 저희를 주의 은밀한 곳에 숨기사 사람의 꾀에서 벗어나게 하시고." 이것은 "영의 사람은 모든 것을 판단하고 누구에게도 판단 받지 않는다"는 일이 어떻게 일어나는가 하는 것을 말해 준다. 그것이 이웃을 판단하는 성급함의 극치가 되는 이유다. 왜냐하면 하나님의 선택한 자도 숨겨지기 때문이고 모든 것을 말할 때 가장 명백한 죄들을 통해서 구원받게 되기 때문이다.

11:9.

믿음으로 저가 외방에 있는 것

같이 약속하신 땅에　　　　　　외국인으로 아직 약속을 보지 못하고

우거하여

그래서 스데반이 사도행전 7:5에서 말씀하였다. "하나님께서 아브라함에게 발붙일 만큼도 유업을 주지 아니하시었다." 그 결과 하나님이 약속한 것은 아무것도 나타나지 않는 것 같았다. 그러나 그의 믿음은 여전히 견고했다.

장막에　　　　　　　　　　　여행자들이 천막에 거하는 것처럼

　　　　　　　　　　　　　　　이삭과 야곱으로 더불어

아브라함은 175세를 살았다. 아브라함이 백세 때 이삭을 얻었다. 이삭은 육십 세에 야곱을 낳았다. 그래서 아브라함과 야곱은 15년 동안 같은 시대에 살았다.

함께 받은

약속　　　　　　　　　　　약속은 그의 씨에서 세상의 모든 나라가 복을

　　　　　　　　　　　　　　받을 것이라는 것이다.

11:10.

이는 … 터가 있는 성을　　　하늘의 예루살렘. 반석이라는 터. 지상의 성은

바랐음이니라　　　　　　　　견디는 터가 없다. 왜냐하면 시간이 기다려주

　　　　　　　　　　　　　　지 않기 때문이다.

하나님의 경영하시고 지으실

11:11.

믿음으로　　　　　　　　　行위가 아니고.

사라 자신도 (…) 단산하였으나   달리 거룩한 여성은 이전에 잉태했을 것이다. 크리소스토무스는 해석한다. "그녀의 자궁을 닫은 것은 두 가지다. 하나는 그녀가 늙었기 때문에 나이로 인한 것이고 다른 하나는 그녀가 임신하지 못하는 그녀의 상태 때문이다."

잉태하는 힘을 얻었으니	그녀의 상태나 그녀의 나이와는 반대로 그녀는 그 힘을 얻었고 보유하였다.
나이 늙어	90세이기 때문이다. "사라에게 여자의 생활양식을 따르는 것이 끝났기" 때문이다.
미쁘신 줄 앎이라	하나님. 그는 진실하시고 약속을 지키는 자이시다.
약속하신 이를	창세기 18:10 "기한이 이를 때에 내가 정녕 네게로 돌아오리니 네 아내 사라에게 아들이 있으리라"

11:12.

이러므로 (죽은 자와)	믿음의 장점(merit).
방불한 한 사람으로 말미암아…	아브라함
생육하였느니라	이스라엘의 많은 자손
죽은 자와	그 상태로 자식을 낳기에는 너무 약한. "그는 그때에 자기 몸이 죽은 것 같으나 믿음으로 그렇게 생각하지 않았다"(롬 4:19).
하늘에 허다한 별과 같이	
(많은) **자손**	창세기 15:5. "하늘을 우러러 뭇별을 셀 수 있나 보라 또 그에게 이르시되 네 자손이 이와 같으리라."

또 해변의 무수한 모래와 같이

이 직유는 정확하고도 한정된 수를 의도하는 경우에까지 성경에서 자주 인용된다. 사사기 7:12에 미디안 사람들이 수에서 메뚜기와 해변의 모래에 비교되었다. 그러나 8장에서는 백 명이 남고 2만 명의 군사가 쓰러졌다고 기록되어 있다.

11:13.

믿음을 따라　　　　　약속된 실제를 얻은 것이 아니고 오직 믿음으로만

이 사람들은 다　　　　아브라함, 이삭과 야곱

죽었다

이전의 족장 아벨과 에녹을 말하는 것이 아닌 것 같다. 왜냐하면 그들은 약속을 받지 못했기 때문이다. 다른 이유를 성경은 계속하여 말씀하는데, "저희가 나온바 본향을 생각하였더면…"(15절). 이 말씀은 물론 아브라함에게 적용된다. 다시 말씀하기를 "하나님이 저희 하나님이라 일컬음 받으심을 부끄러워 아니하시고…"(16절). 이것으로 왜 하나님이 아벨, 에녹의 하나님이 아니라 아브라함, 이삭, 야곱의 하나님이 되는지 분명해진다.

약속을 받지 못하였으며　　　그것은 가나안 땅이다.

그것들을 멀리서 보고　　　　그것은 그들 다음에 오는 그들의 후손을
　　　　　　　　　　　　　　　위한 믿음을 의미한다.

환영하며 … 증거하였으니　　인정하고 기뻐하는 것, 그러한 한도에서
　　　　　　　　　　　　　　　그들은 이것을 확신했다.

또 땅에서는 외국인과 나그네로라

시편 39:12의 예언자가 같은 것을 생각하였다. "여호와여 나의 기도를 들으시며 나의 부르짖음에 귀를 기울이소서 … 나는 주께 객이 되고 나그네 됨이 나의 모든 열조같으니이다."

11:14.

이같이 말하는 자들은　　　　그들이 나그네라는 것을 고백하는 것

본향 찾는 것을 나타냄이라　　그들은 고향이 없을 뿐만 아니라 고향을
　　　　　　　　　　　　　　　버렸다.

11:15.

저희가 … 생각하였더면　　　감정으로 그것을 느꼈다. 왜냐하면 그들은 그들이

그곳으로부터 온 것을 완전히 기억하기 때문이다.

본향을   시리아와 메소포타미아

성경에서 '생각하였더면'의 사용은 전적인 감정을 주장하는 것들과 관계되는 것을 의미한다. 마치 민수기 11:5에서 "우리가 애굽에 있을 때에는 값없이 생선과 외와 수박과 부추와 파와 마늘들을 먹은 것이 생각나거늘." 또 시편 87:4에서 "내가 라합과 바벨론을 나를 아는 자중에 있다 말하리라"와 같은 의미다.

나온바 (본향을 생각하였더면)

돌아갈 기회가 있었으려니와	아브라함이 그의 고향으로부터 95년 동안 나그네였고 한 번도 그곳으로 돌아가지 못하였기 때문에

11:16.

저희가 이제는 더 나은 **본향을 사모하니**	그들의 인내의 모양으로 증거된 것처럼
곧 하늘에 있는 것이라	땅에서는 그들이 나그네이고 순례자였는데 그들은 이제 성도와 함께 그리고 하나님의 권속으로 '동포 시민'이다.
그러므로 **하나님이 … 부끄러워 아니하시고**	위대한 믿음의 유익으로 말미암아 부끄러움을 느끼지 않는다. 그것이 그를 비하하지 않기 때문이다.
저희 하나님이라 일컬음 받으심을 **저희를 위하여 한 성을 예비하셨느니라**	아브라함, 이삭과 야곱 그 성에서 그들과 함께 살 것이고 그들의 하나님이 될 것이다.

11:17.

아브라함은 시험을 받을

때에 믿음으로 … 드렸으니 그는 드릴 준비가 되어 있었다. 사실 이미 그의 마음에서는 그를 드렸다고 말할 수 있다.

이삭 그의 아들

독생자를 그는 강조하기 위해 이 묘사를 첨가한다. 많은 아들 중에 한 아들을 드리는 믿음이 덜한 것이 아님을 말하는 것처럼 말이다.

저는 약속을 받은 자로되 그는 아직 의심하지 않았다. 따라서 약속에 분명한 모순이 있다.

11:18.

저에게 이미 말씀하시기를 그것은 아브라함에 관하여 이삭에게 말씀하시지 않고 이삭에 관하여 아브라함에게 말씀하신 것이다.

네 자손이라 칭할 자는 이삭으로 육신의 자녀가 하나님의 자녀가 아니라
말미암으리라 하였으니 오직 약속의 자녀가 씨로 여기심을 받느니라(롬 9:8).

11:19.

생각한지라 아는 것이다.

저가 하나님이 능히 죽은 자 이것은 그가 이삭이 미래 축복의 씨라는 사실
가운데서 다시 살리실 줄로 을 의심하지 않고 다만 그가 깨닫지 않았다는 것을 의미한다. 여기서 씨에 대한 약속이 축복의 약속만큼이나 꼭같이 성취되었다.

(사실) **비유컨대** 이것은 그가 그리스도의 모형이고 본보기다.

죽은 자 가운데서 도로 받은 것이니라

Gl. 66:20. 비유(숨겨진 개념)는 이삭이 희생제물로 바쳐지기 위해 갔지만 마침내 구

원받았고 가시에 걸린 숫양 한 마리가 그 대신에 희생되었다. 마찬가지로 하나님의 아들이 그는 죽을 그리고 불멸의 같은 한 사람으로 희생되었다. 그러나 곧 그의 인성인 그의 육체만 죽었다.

11:23. 믿음으로 모세가 났을 때에 그 부모가 아름다운 아이임을 보고 석 달 동안 숨겨 임금의 명령을 무서워 아니하였으며 믿음으로 모세는 장성하여 바로의 공주의 아들이라 칭함을 거절하고 도리어 하나님의 백성과 함께 고난 받기를 잠시 죄악의 낙을 누리는 것보다 더 좋아하고 그리스도를 위하여 받는 능욕을 애굽의 모든 보화보다 더 큰 재물로 여겼으니 이는 상 주심을 바라봄이라.

먼저 크리소스토무스는 모세의 믿음을 칭찬한다. 그의 불타는 믿음이 모세로 하여금 자기가 아들이고 주인이었던 왕궁을 업신여기게 했다. 그것은 화려하게 그리고 영광스럽게 궁정에서 자신의 삶을 보낼 수 있는 특권을 갖고 살 수 있는 권리를 그가 가졌다는 것을 말하는 것이다. 이것은 순교자 스데반이 모세가 애굽의 모든 지혜로 교육을 받았고 말에나 행위에 힘이 있었고 40살까지 거기에 있었다고 말한 이유다. 이것으로 그가 왕궁에서 중요한 사람이었으며 크게 보호받고 교육을 받은 것과 그가 모든 사람에게서 최고의 관심을 가졌다는 것이다. 그러나 이 모든 것으로 볼 때 왕궁의 모든 우아함과 함께 그는 그의 신앙 때문에 정말로 멸시받았다.

둘째, 그는 이 모든 것을 무가치한 것으로 여겼다. 그것은 그가 십자가와 십자가에 속한 경험을 가졌기 때문이다. 그러한 경험은 재난과 역경일 뿐이었다. 그 초기 단계에 그는 사도의 "세상의 약한 것들을 택하사 강한 것들을 부끄럽게 하려 하시며 없는 것들을 택하사 있는 것들을 폐하시려 하시나니"(고전 1:27 이하)란 유명한 말을 성취하였다. 모세는 지혜 또는 오히려 십자가의 어리석음을 택하였고 그가 물려받은 지혜를 거절하였다.

셋째, 무엇보다 가장 큰 것은 그들을 위해 이 모든 것들을 업신여기고 이 모든 위험을 경험한 자기 백성에 의해 그가 배척받은 것이다. 그들은 그에게 말한다. (사도행전 7장에서 말씀한 대로) "누가 너를 우리를 위한 재판관으로 삼았느냐?" 그리고 그 결과 그는 미디안으로 도망치지 않을 수 없었다.

[편집자 주: 이점에서 주석의 필사가 끝난다. 대부분의 학자들[1]은 이것은 12장과 13장에 대한 주석이 상실되었기 때문이 아니고 루터가 실제로 이 점에서 멈추었기 때문이라는 견해를 갖는다. 이 추정된 갑작스러운 끝남에 대한 설명에서 많은 추측이 제기된다. 이 점에 대한 Rupp의 토론[2]이 훌륭하다. 그는 그것을 신중한 결말이라고 생각하는 듯하다. 그리고 루터가 직면한 상황에서 적당한 끝맺음이고, 현재의 작가는 그가 '놀라운 출구선'이라고 한 대로 그 문제를 보고 있다.

그것은 루터가 직면했던 무서운 상황이었다. Rupp가 말한 대로, 그것은 쇠퇴한 스콜라 학파의 신학을 비판하는 유명한 젊은 신학자가 되는 일이었다. 그러나 그것은 이단에 대해 진행된 것들을 직면하게 하는 것이었다. 그리고 그 자체가 죽음이더라도 계속하여 일어나는 거의 확실한 멸시와 모욕이었다. 그들에게 행동하고 생각하는 법을 보여 주는 관료 기질을 기다리므로 찬양자들과 친구들이었던 모든 사람들이 불안하게 되었다.

마인츠의 대주교는 로마에서 이단에 대해 그를 반대하는 과정을 시작하였다. 도미닉 학파 사람들 또한 동일한 것을 하였고 그의 피에 대해 대담하게 외치고 있었다. 이 면에서 그는 파문의 악용을 반대해 공개적으로 말했다. 그리고 비텐베르크에서 그의 학생들은 테첼의 반대 논제의 *colporteur*를 거칠게 다루고 그의 글을 불태우므로 그에 대한 문제를 발전시키지 못했다. 그는 며칠간의 문제에서 하이델베르크에서 그의 명령에 대한 운명적인 장(chapter)을 참석하였다. 그리고 적의 영도를 통과해 도보로 여행해야만 하는 것과 결코 다시 보게 되지 못할 것을 잘 알았다.

Rupp는 역사를 통해서 웜스 의회의 극적인 시간에 루터의 위대한 순간을 이해하는 것이 도움이 된다는 것을 말한다. 그것은 그가 큰 시련으로 서 있었던 웜스의 의회에서가 아니고 현재의 시간이라는 것이다. 1518년 부활절로부터 1518년 10월에 아우그스브르그에서 카제탄을 그가 만나는 이때에 길은 그 앞에 놓여 있었고 그 길은 알려지지 않고 불안하고 소심하고 위협적이었다. 문제들은 분명하게 결합되지 않았다. 그는 그가 저항에 직면할 것을 알았고 그것이 십자가의 길이라는 것을 알았다. 그럼에도 그는 계속 가야 했다. 그가 이 중요한 11장에 이르렀을 때에 그리고 본문에서

---

1. Hirsch-Rueckert, *op. cit.*, p. 279 주(註)를 보라. Vogelsang, *op. cit.*, 176의 주를 보라. Rupp, *op. cit.*, 214 이하를 보라.
2. Rupp, *op. cit.*, 214 이하.

모든 새로운 사상과 모든 신선한 주교, 학생들이 느낄 수 있는 본문에서처럼 시작하는 '믿음'이란 효력이 있는 말을 주석할 때, 그리고 그들의 선생님이 아마도 다른 모세를 하나님이 보내고 있다고 알게 되었을 때에 약속의 땅의 다른 자유, 종의 집으로부터 다른 출발이 되는 것이 있었다. 루터의 역할이 모세의 역할과 얼마나 같은가! 그는 모세처럼 모든 힘을 가진 원수에 의해 위협받고 그의 친구에 의존할 수밖에 없는 것을 두려워하므로 약해지고 있었다. 모세처럼 그는 신앙으로 그의 원수들을 직면했고 믿음으로 그의 형제들의 비난을 감당했다. 그리고 믿음으로 그리스도가 당한 모욕을 기독교계의 모든 보화보다 더 큰 것으로 여겼다. 모세처럼 그는 오직 믿음으로만 전진하였다.

그것이 그럴 수 있는 것처럼 그러하라. "… 그는 미디안으로 도망칠 수밖에 없었다"란 말 다음에 아무것도 따라오지 않는다. 그러나 12장의 주석(glosses)은 더 길게 계속된다. 그리고 13장에 대한 주석도 마찬가지다. 토론 중에 있는 본문을 번역하고 주석(glossed)한 후에 그의 주석(scholia)을 하는 루터의 습관인 것 같다. 그러므로 루터가 사실 11장에서 멈추었다는 것은 있을 법한 것이다. 왜냐하면 그는 사실 서신의 절정과 마지막에 이르렀고 서신의 의미를 조금 더하였기 때문이다. 그러므로 편집자는 실제로 루터가 제공한 주석(glosses)을 번역하므로 주석(commentary)을 완성하였다. 모든 이전의 주석(glosses)을 편집자는 주석(scholia)을 더 주석하는 것(comment)으로 선택했고 본문에 삽입한 것이다. 계속되는 주석(glosses)은 오른 편에 있고 삽입된 것이 아니다. 주석(glosses)에 대한 각주는 삽입이다. Ed.]

11:27.

믿음으로 애굽을 떠나 　　　　　그는 미디안 제사장에게 도망쳤다(출 2).

임금의 노함을 무서워 아니하고 　　잔인, 공격

출애굽은 모세가 애굽 사람을 죽여 묻었다는 것을 바로가 들었을 때 바로가 모세를 죽이려고 했지만 그는 그를 피해 도망하여 미디안에 거했다는 것을 기록한다.

참았으며 　　　　　　　　　　그는 기다렸고, 그는 믿음으로 강해졌다

왜냐하면 이것은 위에서 말한 대로 신앙의 본성이기 때문이다. 곧 볼 수 없는 것

을 보는 것이다. 볼 수 있는 것을 보는 것이 아니다.

| 보이지 아니하는 자 | 하나님 |
| 를 보는 것같이 | 그가 볼 수 있는 것같이 |

11:28.

민음으로 그가…

정하였으니	그는 이스라엘 어디서나 그것들을 지키게 했다
유월절과 피 뿌리는 예를	그것으로 문인방과 좌우 설주에 피가 뿌려졌다
멸하는 자로	멸망케 하는 천사
장자를	애굽의 장자

저희를 건드리지 않게 하려한 것이며

왜냐하면 그렇게 출애굽기 12:23에 기록되어 있기 때문이다. "여호와께서 애굽 사람을 치러 두루 다니실 때에 문인방과 좌우 설주의 피를 보시면 그 문을 넘으시고 멸하는 자로 너희 집에 들어가서 너희를 치지 못하게 하실 것임이니라." 세 기둥은 인간의 본성, 몸, 영혼을 나타내는데, 왜냐하면 하나님이 스스로 모든 것을 깨끗게 하였기 때문이다.

11:29.

민음으로 저희가 홍해를
육지같이 건넜으나

그들의 힘으로도 노력으로도 아니다. 왜냐하면 민음으로 하는 모든 일은 자연인에게는 불가능하고 민음의 사람에게는 쉽기 때문이다. 민음의 일이 이루어졌을 때 우리를 통해 그것들이 이루어졌음을 우리는 경험한다. 왜냐하면 그렇게 하시는 분은 오직 하나님이시기 때문이다. 출애굽기 14:14에서 "여호와께서 너희를 위하여 싸우시리니 너희는 가만히 있을지니라"고 말씀한 것같이 말이다. 또다시 시편 37:7, 5에서 "여호와 앞에 잠잠하고 참아 기다리라", "여호와께 맡기라, 저가 이루시리라." 그리고 이사야 41:1에서 "섬들아 내 앞에 잠잠하라 민족들아 힘을 새롭게 하라"고 말씀하신다.

애굽 사람들은 이것을 시험하다가 빠져 죽었으며	그들이 건너는 것을 동일하게 시도했을 때 왜냐하면 그들은 은혜가 아니고 오직 본성만 가지고 있었기 때문에.

11:30.

믿음으로 칠 일 동안

여리고를 두루 다니매

성이 무너졌으며	성을 부수는 힘으로 한 것이 아니고 그 성을 일곱 번 도는 것으로(수 6장)

11:31.

믿음으로 기생 라합은 어떤 사람들은 그녀를 여관 주인으로 설명한다.

히브리서 본문에서 기생은 기생 역할을 하다란 뜻의 *ganah*란 단어에서 기인한 *gonah*란 말이다. 이것은 그들이 기생에게 들어갔기 때문에 정탐꾼의 수치를 언급하는 것이 아니다. 그들이 죽을 수 있는 위험에 처했다는 것은 피난처를 찾기 위해 그녀에게 그들을 몰고 들어가게 한 순전한 필요였지 정욕을 위한 것이 아니었다는 충분한 주장이 된다(수 6장).

정탐꾼을(평안히)**영접하였으므로**	다른 사람들이 죽이려고 하는 여호수아가 보낸 첩보들(수 2).
순종치 아니한 자와 함께	여리고의
멸망치 아니하였도다	
평안히	

11:32.

내가 무슨 말을 더 하리요?

사실 이 모든 일은 원수들을 대항하는 믿음의 일들이다. 그것들은 이 이스라엘 사람의 일로 모든 종류의 일이다. 그것으로 나는 홍해를 건너는 것을 의미한다. 성경 전체 어디서나 언급된 모든 일들이 믿음의 일들로 기록되어 있다는 것은 사실이다.

내가	
기드온,	사사기 6, 7, 8.
바락,	사사기 4, 5.
삼손,	사사기 13, 14, 15, 16.
입다,	사사기 12.
다윗,	열왕기상하
사무엘과 및 선지자들의 일을 말하려면	열왕기와 역대기들
내게 시간이 부족하리로다	

11:33.

저희가 믿음으로

나라를 이기기도 하며　　　다윗과 여호수아와 같이 무기의 힘이 이니라

그러므로 그때에 전쟁은 믿음으로 싸웠고 하나님이 싸워주셨다는 것이 분명하다. 그 때문에 그 전쟁들은 성경에서 '여호와의 전쟁들'이라고 일컬어졌다. 시편 60편이 시리아와 에돔을 이긴 승리에 바쳐진 것이란 것은 이 때문이다. "누가 나를 이끌어 견고한 성에 드리며 누가 나를 에돔에 인도할꼬 하나님이여 주께서 우리를 버리지 아니하셨나이까 하나님이여 주께서 우리 군대와 함께 나아가지 아니하시나이다 우리를 도와 대적을 치게 하소서 사람의 구원은 헛됨이니이다 우리가 하나님을 의지하고 용감히 행하리니 저는 우리의 대적을 밟으실 자심이로다"(시 60:9 이하).

의를 행하기도 하며　　　왜냐하면 의는 믿음 이외에 다른 어떤 것이 아니기 때문이다. 의인은 믿음으로 살 것이니라

(롬 1:17).

약속을 받기도 하며	여호수아와 다윗은 약속의 율법을 얻었고 그것을 펼쳤기 때문에
사자들의 입을 막기도 하며	다니엘, 다윗, 삼손처럼

11:34.

불의 세력을 멸하기도 하며	다니엘 3장
칼날을 피하기도 하며	다윗과 히스기야처럼
연약한 가운데서	
강하게 되기도 하며	그들의 완전한 힘으로 회복되었다. 어떤 사람들은 이것이 히스기야를 언급하는 것이라고 생각한다(사 37).

크리소스토무스는 그 언급이 바빌론 포로를 언급하는 것이라고 생각한다. 그리고 이것이 더 좋다고 여긴다. 왜냐하면 사도는 더 약했던 사람들이 믿음으로 그들의 압제자들보다 우세했다는 것을 의미하기 때문이다.

전쟁에 용맹되어	다윗의 30명의 강한 사람들과 같이(삼하 23:8 이하).
이방 사람들의 진을	
물리치기도 하며	

11:35.

여자들은 자기의 죽은 자를	어머니들
부활로 받기도 하며	엘리야를 통해 사렙다 과부처럼(왕상 17장), 그리고 엘리사를 통해 수넴 여인(왕하 4장).
어떤 이들은 악형을 받되	십자가에 못 박히거나 전쟁에 넘어지기도

믿음은 모든 것에 영향을 미칠 뿐만 아니라 모든 것을 견디기도 한다. 어느 경우에서도 그것은 눈으로 볼 수 없는 것이다. 희랍어 본문은 *etympanisthesan*이란 말로

읽는데 그 말은 다음과 같은 의미를 내포하고 있다. 즉, 뻗칠 뿐만 아니라 부수고 깨뜨리는 것을 의미한다. 다른 말로 하면 그 의미는 막대기나 곤봉으로 매를 맞고 죽게 될 정도로 쓰러져 있는 자를 의미하는 것이다. 시편 68:25에서는 "소고 치는 동녀 중에 가객은 앞서고 악사는 뒤따르나이다." 소고는 거룩한 순교자를 나타낸다. 그 순교자는 자신들을 북치는 사람에게 북처럼 바쳐지는 것을 의미한다. 이 때문에 또한 거룩한 조상들은 기드온과 이 다른 영웅들을 찬양할 만한 기구들로 묘사하고 그들이 고난당할 때에 교회에 빛을 주고 죄인들을 괴롭게 하는 비치는 등불로서 그들의 영혼을 묘사한다. [이 문장의 본문은 완성되지 않고 편집자가 그것을 완성하려고 시도했었다.]

구차히 면하지 아니하였으며	그들 앞서 간 자들이 한 것처럼 그들은 면하기를 원치 않았다
어떤 이들은 더 좋은 부활을 얻고자 하여	그것은 육체의 구원보다 더 좋은 것이 있을 것이란 것을

11:36.

또 어떤 이들은 희롱과 채찍질뿐
아니라 결박과 옥에 갇히는 시험도 받았으며

이것과 관계하여 예언자 예레미야는 아주 분명히 의미하였다. 모든 예언자들이 미움을 받거나 박해를 받는다는 그리스도의 말씀을 제외하고는 확실히 성경은 예언자들이 고통과 고문을 당할 것을 충분히 기억하게 하지 않는다. 스데반이 또한 그것을 언급한다. "너희 조상과 같이 너희도 하는도다 너희 조상들은 선지자 중에 누구를 핍박지 아니하였느냐 의인이 오시리라 예고한 자를 저희가 죽였고"(행 7:51 이하). 그리스도께서도 마태복음 23:37에서 같은 말씀을 하셨다. "예루살렘아 예루살렘아 선지자들을 죽이고 네게 파송된 자를 돌로 치는 자여…!"

11:37.

돌로 치는 것과

율법은 신성모독을 한 사람을 돌로 치라고 명령한다. 그러나 미쳐 있는 사람들이 거짓 선지자들에 의해 선동을 받게 되고, 진실한 선지자들이 신성모독을 대단히 고소하고 있다. 그러므로 많은 사람들이 돌에 맞아야 할 것 같다. 오늘날도 동일하게 이단들은 그들의 죄를 정죄 받지 않을 것이며 아주 악한 죄까지도 거짓 신학자들에 의해 정죄를 받지 않을 것이다.

톱으로 켜는 것과	이것은 이사야에 대해서 말하는 것이다. 그는 나무꾼의 톱으로 므낫세에 의해 톱으로 잘라졌다.
시험과	아브라함과 많은 다른 사람처럼
칼로 죽는 것을 당하고	유딧
유리하여	그들은 순례자처럼 정처 없이 유리했다.
양과 염소의 가죽을 입고	
궁핍과 환난과 학대를 받았으니	

11:38.

세상이 감당치 못하도다	세상에 죄인들이
그들이 광야에서 유리하였다	

이것은 엘리야와 관계하여 가장 잘 이해된다. 그리고 특별히 아합과 이세벨의 통치 시기에 예언자들의 아들들과 관계하여 잘 이해된다.

산중에 암혈과 토굴에	아합의 종 오바댜가 그들 중에 많은 사람들을 숨기고 몰래 먹였기 때문이다. 40명의 예언자들이 있었다.

11:39.

이 사람들이 다 믿음으로 말미암아 증거를 받았으나 약속을	믿음 있는 자로 발견되었다

받지 못하였으니

11:40.
이는 하나님이 우리를 위하여
더 좋은 것을 예비하셨은즉 우리가 아니면
저희로 온전함을 이루지 못하게 하려 하심이라   온전하게 되었다.

제 12 장

Gl. 73:16 이하. 바울은 교훈을 마치고 권고를 시작한다. 그는 믿음이란 터를 놓았고 이제 그 위에 집을 짓기 시작한다. 고린도전서 3:12의 말씀대로 금이나 은이나 보석으로 짓는다. 쉬운 말로 그는 이제 거룩한 삶에 바치는 헌신과 가장 훌륭한 덕성에 대해서 주입시키고 있다. 정경의 성경은 언제나 이 과정을 매우 조심스럽게 추구한다. 우리는 반대로 가능한 아주 나쁜 방법으로 성경을 잘못 이해한다. 보통 우리는 행위라는 터전을 먼저 놓기 시작하고 그 다음에 믿음을 찾기 시작한다.

12:1.

이러므로 우리에게 (구름같이) 둘러싼	우리 주위 그리고 모든 측면에서 우리를 둘러싼
구름같이	군대, 군중
허다한 증인들이	설교자들
모든 무거운 것과 얽매이기 쉬운	우리를 방해하는 경우들

크리소스토무스는 우리를 무겁게 하는 것들을 하나님의 말씀을 질식하게 하는 모든 인간적 관심과 염려라고 말한다. 이것은 그리스도께서 가시떨기 위에 떨어진 씨에 대해서 말씀하실 때 가르치신 바다(마 13:7). 크리소스토무스의 증거를 주의하라. 그리스도께서 재물을 가시에 비유한 것같이 그는 인생의 여러 일들과 사업을 '부담스러운 짐'으로 묘사한다(마 13:22). 사람들이 크게 바라는 것처럼 이 부담을 기뻐할지라도 그렇다.

죄를 벗어버리고	그렇게 우리에게 붙어 있는 죄의 습관

죄: 여기서 거룩한 사람들은 죄를 짓지 않는다고 믿는 사람들은 '둘러싸여'란 말씀에 영향을 받는 '죄를 짓게 하는 것'으로서 죄를 의미한다. 사실 저자는 이러한 경우를 '무거운 것'으로 부르기를 더 좋아한다. 그리고 크리소스토무스가 본성의 탐욕

과 실제의 연약함, 곧 쉽게 우리를 붙잡고, 쉽게 둘러싸고 붙잡는 연약함에 대해 받아들이는 저자는 아주 적합하게 죄를 받아들인다. 후자의 개념이 그를 만족시키지만 우리는 전자를 더 좋아한다. 왜냐하면 이것은 3:13에서 "죄의 유혹으로 강퍅케 됨을 면하라"는 뜻을 갖고 있기 때문이다. 그것은 마치 이 절에서 말씀하고 있는 증인들에 둘러 싸여 있는 것보다 적지 않게 죄의 유혹으로 사방에서 우리가 둘러 싸여 있다는 것을 의미하는 것이다. 결과적으로 두 가지 다른 것들이 한꺼번에 진행된다. 증인들은 우리에게 도움이 되고 죄는 우리를 방해하고 있다.

경주하며	우리의 모든 힘을 다해 달리자
인내로	그러므로 성경은 앞에서 "너희에게 인내가 필요함은…"(히 10:36)이라고 말씀한다.
우리 앞에 당한 경주를	

12:2.

바라보자	삶을 힘 있게 하기 위해
믿음의 주요 또 온전케	
하시는 이인 예수를	그가 시작이고 마지막이라고 말하는 것과 같은 것이다. 그는 우리 안에 이 삶을 시작한 분이다. 그리고 그는 이 삶을 완전으로 인도하실 분이다.
저는 그 앞에 있는 즐거움을 위하여	미래의 즐거움이다. 곧, 소망에 의해 지탱되는 즐거움이다.

시편 16:8에 기록된 대로 "내가 여호와를 항상 내 앞에 모심이여 그가 내 우편에 계시므로 내가 요동치 아니하리로다 이러므로 내 마음이 기쁘고…" 또 계속하여 "…주의 앞에 기쁨이 충만하고 주의 우편에는 영원한 즐거움이 있나이다"(시 16:11). 그리고 다른 시편에서 "주의 앞에서 기쁘고 즐겁게 하시나이다"(시 21:6).

십자가를 참으사	우리에게 본이 되게 경주를 하셨다

부끄러움을 개의치

아니하시더니　　　　　　　그의 죽음은 매우 부끄러운 것이었기 때문에. 그
　　　　　　　　　　　　　러므로 우리는 죽음을 당할 뿐만 아니라 또한 죽
　　　　　　　　　　　　　음을 개의치 않아야 한다.

하나님 보좌 우편에

앉으셨느니라　　　　　　　그는 모든 나라 위에 앉으셨다. 왜냐하면 그 나라
　　　　　　　　　　　　　들은 하나님께 속하기 때문이다(시 9:7 이하; 20:6).

12:3.

생각하라　　　　　　　　　그것에 대하여 생각하라. 그것을 명상하라

생각하라: 놋 뱀의 사건(민 21:8 이하)과 마라의 물에서(출 15:23 이하)에서 보여준 대로 그
리스도를 생각하는 것보다 죄와 유혹을 이기는 데 더 효과적인 것은 아무것도 없다.
그러므로 그리스도를 생각하는 것은 영혼에 갑옷을 입히는 것이란 점을 가르친 말씀
으로 "너희도 같은 마음으로 갑옷을 삼으라"(벧전 4:1)고 베드로는 용감하게 말씀한다.
시편 45:4에서 말씀한 대로 "당신의 입술은 은혜로운 말씀으로 넘치나이다. 당신의
모든 위엄과 아름다움에서 타소서." 그리고 아가서 8:6에서 "너는 나를 인같이 마음
에 품고 도장같이 팔에 두라." (마음이란 말은 생각 이상을 의미하고 팔이란 말은 행위 이상을 의미하는 것이다).
"사랑은 죽음보다 더 강한 것이기 때문이다."

거역한 일을 참으신 이를　　생각과 행위로나 말로나 여러분이 거역한 것보다
　　　　　　　　　　　　　더 크고 나쁜 것

죄인들의 이같이　　　　　　가치 있거나 의로운 사람으로부터가 아닌

자기에게 (거역한)　　　　　구경꾼의 역할이 아닌 다른 사람을 손상시키는
　　　　　　　　　　　　　역할로

창세기 3:15에서 말씀하고 있다. "여자의 후손은 네 머리를 상하게 할 것이요 너
는 그의 발꿈치를 상하게 할 것이니라." 그것은 '발꿈치'라고 말하고 그 말로 감각에
대한 감언(the blandishment of senses)을 의미한다. 그것은 '머리'를 말하지 않는다. 왜냐하면
그리스도는 머리이기 때문이다.

너희가 피곤하여

왜냐하면 너희가 그리스도를 인정하지 않으면 정말로 너희는 버림받고 너희 생각에 맡겨진 모든 것을 해야 하기 때문이다. 왜냐하면 그리스도는 우리의 용기요, 우리의 지혜요, 우리의 구원이기 때문이다. 그렇다. 그리스도는 모든 것이다.

낙심치 않기 위하여

강조는 '너희 마음에'란 말에 있다. 네가 유혹받을 때에 어떤 육체적 연약함도 너를 버리지 않도록 그리스도를 네 마음에 모신다는 것을 의미한다. 왜냐하면 그리스도를 그렇게 생각하는 마음에는 아무리 해도 힘든 것이 없기 때문이다.

12:4.

너희가 … 대항치 아니하고

피 흘리기까지는

피를 흘리는 것. 그러므로 그리스도나 성도들처럼은 아직 이르지 않았다.

너희가 싸우되

죄와 싸우는 것은 자신과 세상, 곧 악과 싸우는 것이다. 자신과 싸우는 것은 모든 싸움 중에 가장 어려운 싸움이다. 그렇다. 너희 안에 선행을 시작한 분이 그리스도의 날까지 그것을 행하게 할 것이다. 악한 것을 미워하고 선한 것을 사랑하는 것은 모든 악의 원인이다. 왜냐하면 우리는 악한 것을 끌어안아야 하고 선한 것으로 피해야만 하기 때문이다. 왜냐하면 능력은 약한 데서 온전해지기 때문이다. 죄와 죄를 짓게 하는 것들은 우리로 하여금 진정한 그리스도인의 삶을 살지 못하게 한다. ("죄를 짓게 하는 것들"이란 말이 의미하는 것은 위에서 말했다.) "선한 것을 하는 때에 너는 악한 것들을 생각해야 하고 악한 것들을 행하는 때에 너는 선한 것들을 생각해야 한다"(지혜서 11:25).*

죄와

'거역하여'(*against*)란 말은 모든 시련이 죄 때문에 우리를 거역하여(*against*) 싸우기 때

---

* 인용이 맞지 않음

문이다. 왜냐하면 죄는 자기편에 온 세상을 갖고 있기 때문이다. 그리고 더 나쁜 것
은 그 죄의 편에 우리 자신도 있기 때문이다. 이것에 대하여는 로마서 6:13에서 바울
이 "너희 지체를 불의의 병기로 죄에게 드리지 말고"라고 말씀하여 권고한다. 그리고
욥기 41장에서는 리바이어던의 힘에 대해서 말씀한다. 또한 누가복음 11:22 "… 저를
이길 때에는 저의 믿던 무장을 빼앗고"라고 말씀한다.

12:5.

너희에게 권면하신

말씀을 잊었도다 하나님의 위로의 말씀. 로마서 15:4에 말씀한
대로 "전에 무엇이든지 기록한 바는 우리의 교
훈을 위하여 기록한 것이니."

내 아들아 주의 징계하심을

경히 여기지 말며 꾸짖음과 교정을 거절하지 말라

그에게 꾸지람을 받을 때에

낙심하지 말라 고난과 시험으로 말미암아

12:6.

주께서 그 사랑하시는 자를

징계하시고 왜냐하면 그는 하나님의 능력으로 말미암아
완전하기 때문에

잠언 13:24에서는 다른 방식으로 말씀한다. "초달을 차마 못하는 자는 그 자식
을 미워함이라 자식을 사랑하는 자는 근실히 징계하느니라." 시편 73편은 이것에 대
한 완전한 본보기다. 계시록은 같은 것을 말씀한다. "무릇 내가 사랑하는 자를 책망
하여 징계하노니"(계 3:19). 또 베드로전서 4:17의 "하나님의 집에서 심판을 시작할 때가
되었나니"란 말씀은 에스겔 9:6에 "내 성소에서 시작할지니라"란 말씀을 인용한 말씀
이다. 예레미야 25:29은 말씀한다. "보라 내가 내 이름으로 일컬음을 받는 성에서부
터 재앙 내리기를 시작하였은즉 너희가 어찌 능히 형벌을 면할 수 있느냐 면치 못하
리니." 보라, 순교의 시대에 교회는 가장 훌륭한 시간을 가질 것이며 가장 사랑받을

것이다. 교회가 가장 철저히 여호와의 훈련으로 훈련받았기 때문이다. 그러나 오늘날 이사야의 말씀이 성취된다. "보옵소서 내게 큰 고통을 더하신 것은 내게 평안을 주려 하심이라"(사 38:17). 왜냐하면 하나님은 평안한 때에 아버지로서가 아니고 심판자로서 징계하시기 때문이다. 그것은 평안한 때에 하나님은 우리를 강하게 자라도록 하고 덕이 완성되도록 모든 부끄러운 것들을 허락하시는 것이다. 왜냐하면 그는 우리에게 노하시기도 하고 엄격하시기도 하기 때문이다. 이사야 5:6에서 그것이 이루어진다. "내가 포도원으로 황무케 하리니 다시는 가지를 자름이나 북을 돋우지 못하리라."

그의 받으시는 아들마다

채찍질하심이니라(잠 3:11)

'받으시는'이란 말은 '그가 훈계하는'이란 말로 해석된다. 우리의 본문은 잠언 3:12과 같은 의미다. "여호와께서 그 사랑하시는 자를 징계하시기를 마치 아비가 그 기뻐하는 아들을 징계함 같이 하시느니라."

12:7.

너희가 참음은

징계를 받기 위함이라

징계를 참으라

히스기야는 말했다. "주여 사람의 사는 것이 이에 있고 내 심령의 생명도 온전히 거기 있사오니 원컨대 나를 치료하시며 나를 살려주옵소서 보옵소서 내게 큰 고통을 더하신 것은 내게 평안을 주려 하심이라"(사 38:1 이하).

하나님이 아들과 같이

너희를 대우하시나니

그가 소개한 징계의 능력으로 가르침을 받은 아들처럼

어찌 아비가 징계하지 않는 아들이

있으리요

아이의 마음에는 미련한 것이 얽혔으나

징계하는 채찍이 이를 멀리 쫓아내리라

(잠 22:15).

12:8.

징계는 다 받는

것이거늘 너희에게

하나님에 대한 최고의 예배는 자원하여 자신을 버리는 것이고 자기의 이익을 버리는 것이다.

너희에게 없으면 사생자요	사생자이며 그러므로 이미 상속을 받지 못한다
참 아들이 아니니라	하나님의 아들

이것은 말하기 무서운 것이다. 시편 73:5에 같은 것을 말한다. "그들은 타인과 같은 고난이 없고 타인과 같은 재앙도 없나니." 어떻게 그렇게 되는가? 그들은 악마와 함께 있을 것이며 그 능력 가운데 있기 때문이다.

12:9.

또 우리의 육체의 아버지가	죽을 수 있는 생명으로 태어난 죽을 수 있는 존재
우리를 징계하여도 공경하였거든	
하물며 (더욱)	곧 그렇게 더욱 비교할 수 없이
모든 영의	그가 영원한 삶을 위해 우리를 교육하기 때문이다
아버지께 (더욱) **복종하여**	복종하다

온유한 협동과 매우 효과적인 주장으로 그는 하나님의 징계를 참도록 훈계한다.

살려 하지 않겠느냐	하나님에 의해 주어진 징계든 기쁨으로

12:10.

저희는 잠시 자기의
뜻대로 우리를 징계하였거니와

우리 육체의 아버지
반드시 우리의 유익을 위해서라고 말
한다면 그들의 훈계는 해로운 것을 넘
어 자주 유익이 없다.

그는 인간적 양육의 대부분의 불행한 결과를 부드럽게 언급한다. 왜냐하면 거의 누구도 벌 받는 것에 의해 잘 공경하도록 강요당할 때 좋지 않기 때문이다.

오직 하나님은
우리의 유익을 위하여

하나님의 교훈은 결코 유익이 없는 일
이 없기 때문에

그의 거룩하심에
참예케 하시느니라

그의 거룩하게 하는 은혜에

12:11.

무릇 징계가 당시에는
즐거워 보이지 않고 슬퍼 보이나

자연인에게 징계는 슬프지만 사실 징
계는 그렇지 않다. "우리의 시련 속에
영광이 있다."

성경에는 자주 두 가지의 서로 반대되는 개념이 있다. 예를 들면, 심판과 의, 진노와 은혜, 죽음과 삶, 악과 선 같은 개념이다. 이것은 "이것들이 여호와의 위대한 일이다"란 말에서 언급된 바다.

후에 … 의의 평강한 열매를 맺나니

시편에서처럼 "의와 화평이 서로 입맞
추었으며"(시 85:10).

그로 말미암아 연달한 자에게는

"그가 자기의 공을 이루기 위해 그에 의해 이상한 일이 벌어질 것이다"(사 28:21).[1]

---

1. 2:14에 대한 주석 p. 74를 참고하라.

“마음에는 원이로되 육신이 약하도다”(마 26:41; 막 14:38). 왜냐하면 시편 4:1에서 비슷하게 표현된 대로 그는 놀라운 방식으로 양심을 기쁘게 하기 때문이다. “당신은 곤난 중에 나를 너그럽게 하셨사오니”란 이 말씀은 당신이 나 이상으로 만들고 나를 발전시켰다는 의미다. 이제 이것은 은혜의 주입이 의미하는 바다. 로마서 5:4이 말씀하는 대로 “연단(경험)은 소망을 이루고 소망이 부끄럽지 아니하다.” 여기서 우리는 십자가 신학[1]을 만나게 된다. 사도가 표현한 대로 “십자가의 도가 유대인에게는 걸려 넘어지는 것이고 이방인에게는 어리석은 것이다”(고전 1:18, 23). 그 이유는 십자가의 도는 그들의 눈에 정말로 감추어져 있기 때문이다. 십자가의 도는 그들의 눈에서 물러나고 감추어짐 가운데서 가르쳐진다. 십자가의 도는 폭풍우 가운데서 나타나지 않지만 감추어져 있다는 것을 의미한다. 시편 80:8에서 말씀한 대로(벌게이트) “나는 숨겨진 폭풍우 속에서 너를 들었다.”* 시편 50:8에서(벌게이트) “당신은 당신의 진리에 대해 알려지지 않고 숨겨진 것들을 나에게 알게 해주었다.”**

12:12.

그러므로	왜냐하면 이 징계의 대부분은 구원의 성질에 속하는 것이다.
일으켜 세우고	강하게 하다
피곤한 손과	피곤해진
연약한 무릎을	피곤해진

12:13.

너희 발을 위하여	
곧은 길을 만들어	악한 일을 두려워하기 때문에 또는 선한 일을 사랑하기

---

1. 십자가 신학의 중요한 주제에 대하여 독자들은 1518년 하이델베르크 논쟁, *WA* 1, 362.21(p. 347을 보라)에서 더 발견할 것이다. ; *Resolutiones* 1518년, *WA*, 613.22; *WA* 또한 I, 33.18 이하; 52.18–19; 102.40–41; 141.11; 172.I을 암시한다. 리츨(Ritschl)의 교리사(*Dogmengeschichte*), II, 1, 48에 대하여 독자들을 언급한다. 그리고 폰 뢰베니히(von Loewenich, *Luther's Theologia Crucis*, 12 이하를 언급한다.

---

* 인용 말씀이 맞지 않음

** 인용 말씀이 맞지 않음

위해서 그들이 비켜 간다면 그 길은 굽어진 것이다.

저는 다리로 하여금

어그러지지 않고　　　　이것은 열왕기상 18:21 "너희가 어느 때까지 두 사이에
서 머뭇머뭇 하려느냐?"로부터 취한 것이다.

고침을 받게 하라

12:14.

화평함을 좇으라　　　　불안함을 비난하는 것이 너희 중에 나타나지
않도록

종교를 구실로 사람들이 세상의 권세에 저항하지 않는 것이 사도가 바라는 바다
(롬 13장). 이것은 또한 다른 곳에서, 베드로에 의해서도 아주 분명하게 가르쳤다.

모든 사람으로 더불어　　　믿음의 가정뿐만 아니라 모든 사람과 더불어
화평을 갖는 것이 당신 속에 있는 한 믿음이 없
는 가정과 더불어(갈 6:10, 롬 12:18).

그리고 거룩함을　　　　순결, 그 순결로 몸이 거룩해진다(살전 4:3, 4, 7).

이것이 없이는 아무도 주를　　예수

보지 못하리라　　　　"마음이 청결한 자는 복이 있나니 저희가 하나
님을 볼 것이다(마 5:8).

그는 마태복음 24:13이 무슨 의미인지 말하고자 한다. "끝까지 견디는 자는 구원
을 얻으리라."

12:15.

너희는 돌아보아　　　　서로를 위해 관심과 배려를 갖고서

고난 받는 삶은 구원에 이르는 진정한 길이고 똑바른 길이다. 행위에 속한 삶과
종교적인 활동은 당당하지만 그것은 에둘러 가는 길이다. 여호와는 이스라엘 자손들
이 전쟁을 당한 경우에 애굽으로 돌아가기를 원했을 때에 팔레스타인 땅을 통해 약
속의 땅으로 그들을 인도하는 것을 원치 않았다. 이제 연약함, 가난, 어떤 폭력으로

고난을 당한 사람들이 있는데, 그들이 하나님을 섬길 수 없다고 불평한다. 그러나 하나님은 여기서 의로움은 이러한 고난으로 말미암아 완전해진다고 말씀하신다.

이르지 못하는 자가 있는가	뒤에 있고 부족한
두려워하고	
하나님의 은혜에	오히려 끝까지 인내해야 한다.
또 쓴 뿌리가	분냄, 또는 시기, 또는 불화(롬 14:1 이하. 10절 이하, 15절 이하, 엡 4:25 이하.)
나서 괴롭게 하고	만약 어떤 일이 어떤 악으로 일어나기 시작했다면 그 일은 빨리 끝났을 것이고 자라나는 것이 허락되지 않았을 것이다. 물론 이것은 꼭 일어나야만 하는 것이었다. 괴로워하다(*impediat*)란 말의 강조적 성격을 주의하라. 왜냐하면 시기와 불화는 정말로 하나님의 은혜에 반대가 되기 때문이다.
많은 사람이 이로 말미암아	
더러움을 입을까 두려워하고	이것은 분열과 잘못된 신학에 빠지는 것을 의미한다.

이 본문은 인간적 의식과 인간적 의에 속하는 경건치 못함을 의미하는 것이 될 수 있다. 그것 때문에 사람들은 모든 예언자 가운데 '괴롭고 반역적인 집'이라고 불렀다. 이것은 "저희의 말은 암이 먹는 것처럼 먹을 것이다"(딤후 2:17) 그리고 다시 "그들은 집들을 온통 엎드러치는도다"(딛 1:11). 왜냐하면 종교의 거짓된 이념 또는 거룩함의 외적 나타남보다 더 기만적이고 악독한 것은 없다.

더 적합하게 '쓴'이란 말이 질투로 이해된다. 그것은 시편 10:7과 14:1 이하에서 "그 입에는 저주와 궤휼과 포학이 충만하였다"란 의미다.

12:16.
음행하는 자와…

망령된 자가 있을까 두려워하라 거룩한 것을 무시하고 인생에서 시시한 것을 원하는 사람

에서와 같이 창세기 25장

혹 한 그릇 식물을 위하여 그러므로 그는 가장 거룩한 것을 가치 없는 것으로 버리고 포기할 것으로 생각하였다.

장자의 명분을 판

12:17.

너희의 아는 바와 같이 장자 상속법으로

저가 그 후에 축복을

기업으로 받으려고 상속을 받는 것인데, 그것은 가족의 장과 복을 갖는다.

버린바가 되어 아버지에 의해서 그가 선택되었지만 하나님의 지혜에서

회개할 기회를 얻지 못하였느니라

그가 죄를 지었기 때문이 아니라 정죄를 받았기 때문이다. 진정한 회개는 자기 자신의 정죄가 아니고 오히려 하나님의 정죄로 말미암는 슬픔이다. (이것은 하나님이 자기의 원수가 되었다는 것을 의미한다). 사도는 이 말로 회개를 거절하지 않는다. 그는 성례전적 고해를 논의하지도 않는다. 사실, 성경이 회개에 대해 말할 때마다 결코 성례전적 고해를 의미하지 않는다.

눈물을 흘리며 구하되 마지막에

왜냐하면 그것은 하나님에 의해 그렇게 결정되었기 때문이다. 왜냐하면 "하나님은 인생이 아니시니 식언치 않으시고 인자가 아니시니 후회가 없으시기 때문이다"(민 23:19). "그는 거짓이나 변개함이 없으시니 그는 사람이 아니시므로 결코 변개치 않으심이니이다"(삼상 15:29). 왜냐하면 에서는 참된 이성이나 종교적 이성으로도 회개하지 않고 그 자신의 이익을 추구하였기 때문이다.

12:18.

왜냐하면 (For) (역주: 우리말 성경에는 나타나지 않는 말)

그는 우리 앞에 두 언약 사이의 차이를 놓고 확대시킨다. 우리가 구약이라고 부르는 첫째 언약은 두려움에 근거해 있다. 우리가 신약이라고 부르는 둘째 언약은 사랑에 근거해 있다.

너희의 이른 곳은 만질 만한	만져서 알 수 있는 산, 그 산에 대해서 말하고 있다. "산을 범하는 자는 정녕 죽임을 당하리라"(출 19:12).
만질 만한 불붙는 산이 아니라	불을 붙일 수 있는 것, 그것은 불꽃처럼 탔었고 번개처럼 보였다.
폭풍도 아니고	바람
흑운도 아니다	아주 **빽빽**한 구름
폭풍우도 아니다	

12:19.

나팔 소리가 아니라	나팔소리는 차츰 커지기 때문에
말하는 소리가 아니라	말하는 소리로 10계명을 말씀하셨다.
그 소리를 듣는 자들은…	
구하였으니	왜냐하면 그들은 그것을 참을 수 없었으며 그들의 양심이 죄를 느꼈기 때문이다.
더 말씀하지 아니하시기를	그 말씀이 더 이상 말해지지 않았으면

12:20.

명을 저희가	희랍어로 그것은 '구별된 것'(diastello)이며 결정되고 분명히 말하고 또는 명령하는 것이다. Ed.
견디지 못함이라	참을 수 없었다
이는 짐승이라도	그것을 참을 수 없는 자들뿐만 아니라 그것은 짐승까

지도 적용되었다.

산에 이르거든

돌로 침을 당하리라   또는 살에 쐬어 죽임을 당하리니(출 19:13)

12:21.

그 보이는 바가

이렇듯이 무섭기로   나타나는 어떤 종류의 것들

모세도 이르되 내가 심히 두렵고

떨린다 하였으나

이 말은 출애굽에서 실제 사건으로 일어나지 않는다. 이 사실은 서신의 저자가 바울임을 부인하는 사람들에 의해 주장되었다. 아마도 저자는 모세가 가시덤불 앞에 엎드려 감히 하나님을 쳐다보지 못했을 때(출 3장)의 비슷한 상황으로 무서워했음을 우리가 읽기 때문에 여기서 그것을 언급하는 것 같다. 또는 홍해가 갈라질 때 그는 하나님이 너는 어찌하여 내게 부르짖느뇨(출 14:15)란 말씀을 들었다. 이것으로부터 역시 이 경우에 그가 무서워했음이 나타날 수 있을 것이다. 그러나 제사장을 위해서는 기록되지 않는다. 그 경우 그것은 율법 부여자가 율법을 무서워했다고 말해야 하는 것이 된다.

12:22.

그러나 너희가

이른 곳은 시온산과   교회는 시온 산에서 태어났다. 그것은 시편 110:2에서 말씀하는 대로 "여호와께서는 시온에서부터 주의 권능의 홀을 내어 보내시리니." 마치 시내 산에서 약한 홀을 그가 보냈다는 의미를 내포하는 것을 뜻하는 것처럼

살아계신 하나님의 도성인   그 도성은 무형이고 볼 수 없는 것이다(사 66:1)

하늘의 예루살렘과   볼 수 없는 예루살렘

실제 이 모든 것들은 우리가 사랑할 만한 것이지만 이제 볼 수 없는 것을 말하는

것이다. 그것은 다른 모든 것들이 볼 수 있고 무서워할 만한 것이 되는 것과 같다. 이것들은 믿음으로 그리고 영으로 접근해야 한다. 후자가 실제 발로 접근하고 육체로 접근하는 것처럼 말이다. 그리고 믿음으로 우리에게 일어나는 것이 있다는 것은 너무나 기쁜 일이다. 아니 그것은 실제 우리의 것이 된다. 곧 하나님, 그리스도, 교회, 천사들, 성도들 그리고 그 밖의 여러 가지가 있다.

천만 천사와　　　함께 모여, 무수히

12:23.

장자들의 총회와 교회와　　　부름 받은 족장들
하늘에 기록한 이름들과
만민의 심판자이신 하나님과　　　그것은 그의 원수를 복수하는 자이고 우리를
　　　지켜주는 자를 의미한다.

온전케 된 의인의 영들과　　　믿는 사람들의 의로운 영들

12:24.

새 언약의 중보이신 예수와…

그의 뿌린 피니라　　　뿌린 피, 율법에 따라 피 뿌림으로
　　　옛날에 미리 보여준 대로 그 뿌린 피로
　　　우리는 세례로 피 뿌림을 받는다.

아벨의 피보다 더 낫게 말하는

아벨의 피는 복수를 위해 "땅에서 소리를 지르기" 때문이다(창 4:10). 그러나 그리스도의 피는 우리의 마음에 뿌려졌기 때문에 이 피(그것은 그리스도를 믿는 믿음이다)는 '아바', '아버지'라고 부른다(롬 8:15; 갈 4:6).

12:25.

너희는 삼가 말하신

자를 거역하지 말라　　　　　그가 그리스도의 피를 통해서 말씀

하든지 또는 믿음으로 말씀하든지 간에

피하지 못하였거든	복수, "광야에서 엎드려졌다"(히 3:17).
땅에서 경고하신 자를	모세
거역한 저희가	그는 하나님의 명령과 하나님의 말씀을 제시하고 있었다.
하물며 … 우리일까 보냐	복수를 피하지 못할 것이다.
하늘로 좇아 경고하신 자를 배반하는	그리스도

12:26.

그때에는 그 소리가 땅을	시내 산에서
진동하였거니와	그 소리는 산과 땅 위에 있는 그 사람 자신들을
이제는 약속하여 가라사대	학개 2:7. 그것은 신약이다.
내가 또 한 번	
땅만 아니라	

이것은 해석자들에 의해 땅의 움직임으로 이해된다. 그리고 그것은 땅 위에 있는 사람들을 의미한다. 이것은 사람들이 자신들을 아우구스투스 케자르가 내린 칙령의 결과로 그들 자신을 등록할 때 유대를 언급하는 것이다(눅 2:3).

하늘도 진동하리라	이것은 천사들이 목자들에게 나타나 "지극히 높은 곳에서는 하나님께 영광"이라고 노래할 때 천사들을 의미한다.

'지극히 높은 곳'이란 언급은 우주를 진동하는 것을 언급하는 것으로 이해될 수 있다. 그리고 그것은 우주에 있는 모든 백성들을 의미한다. 이것은 시편과 예언서에 자주 언급되는 것을 본다. 예를 들면, "여호와께서 통치하시니 … 세계도 견고히 서서 요동치 아니하도다"(시 93:1), "… 온 땅이여 여호와께 노래할지어다"(시 96:1), "여호와께서 통치하시나니 땅은 즐거워하며…"(시 97:1), "하늘은 기뻐하고 땅은 즐거워하며…"(시 96:11). 하늘이 마찬가지로 언급된다. 이것은 세계에 있는 사도와 그리스도인 성도들을

의미한다. [루터는 첫 본문과 '여타'만 제공하고 편집자들은 여타의 장소에서 *WA*로부터 마지막 3개의 본보기를 제공하였다. Ed.]

12:27.

이 또 한 번이라 하심은…

이것은 진동될 것들의	일시적인 것들 : 모형들
변동을 의미한다	폐지, 중지

곧, 진동할 것들 곧 만든	사람에 의해 만들어진
것들	이런 것들은 믿음에 속한 것들이다. 왜냐하면 그것들은 영원하기 때문이다.

영존케 하기 위하여

12:28.

그러므로 우리가 진동치 못할 나라를	영원한 믿음의 나라
받았은즉	상속받자 **은혜를 받자**
이로 말미암아 경건함과 두려움으로	
하나님을 기쁘시게 섬길지니	예배로, 또는 우리가 보통 말하는 대로 헌신으로

12:29.

우리가 하나님은 소멸하는	
불이심이니라	신명기 4:24.

제 13 장

사도는 그의 서신의 마지막에 이르고 있다. 그리고 그의 다른 편지들 끝에 일반적인 실천이 있는 것처럼 몇 가지 간단한 교훈으로 삶의 건전한 양식과 그리스도인의 마땅한 덕성을 수립하였다.

13:1.

형제 사랑하기를　　모든 사도들은 사랑스러운 표현으로 '형제 사랑'을 호소하므로 서로 사랑하기를 사람들에게 권고한다.

계속하고

그것은 적당한 우정뿐만 아니라 형제 사랑이 그리스도인들 가운데 있다는 것을 주목하라. 그리스도께서 말씀한 대로 "너희 아버지는 하나이시니 곧 하늘에 계신 자시니라", "그리고 너희는 다 형제니라"(마 23:9, 8). 주기도에 이것을 충분히 추천하고 있다. "나의 아버지가 아니고 우리의 아버지다."

13:2.

손님 대접하기를 잊지 말라
이로써 부지중에 천사들을 대접한
이들이 있었느니라　　아브라함(창 18:3)과 롯(창 19:2)의 경우에서처럼 그들이 알지 못하는 중에 손님으로 천사들을 대접하였다.

'부지중에', "그들은 몰래 감추어져 있었다." 천사들이 겉으로 손님의 모습으로 숨겨져 있었다. 번역은 희랍어 관용구의 완전한 의미를 전해주지 못한다. 크리소스토무스는 이 말을 그렇게 해석한다.[1] "그들은 숨겨져 있었다. 이 말은 무슨 의미인가? 그

---

1. *Loc. cit.,* ; Migne, 63,443.

것은 이런 의미다. 그것을 모르고 그들은 천사들을 손님으로 대접하였다. 상이 큰 것은 이 때문이다. 그러나 그들의 손님이 천사였다는 것을 그들이 알았을 때 그들이 한 것에 놀랄 만한 것은 아무것도 없을 것이다.” 그것은 이렇다. 분명히 그들은 그들이 천사였기 때문에 그들의 손님을 대접한 것이 아니고 그들이 나그네였기 때문에 다른 나그네들에게 한 것과 꼭같이 한 것이다. 이렇게 사도는 궤변을 하고 있다.

13:3.

갇힌 자를 생각하고	연민으로.
	하여튼 그들과 함께 느끼고 그들을 위해 기도함으로
자기도 함께 갇힌 것같이	좋은 일이나 나쁜 일이나 형제들과 함께 하라. 특별히 그리스도인 형제들에게 하라
학대 받는 자를 생각하라	박해자와 압제자의 손에
자기도 몸을 가졌은즉	그 범위에서 이와 같은 고난에 노출되어 있었다.

13:4.

모든 사람은 혼인을

귀하게 여기고　　　혼인하려고 하는 사람과 결혼한 사람에 의해서

귀히 여기라는 그가 혼인한 모든 사람에게 명령하기 때문이 아니고 그가 아무나 호색하는 사람이 되지 않기를 원하기 때문이다. 그것은 정확히 고린도전서 7:9이 말씀하는 의미대로다. “만일 절제할 수 없거든 혼인하라.” 다른 말로 하면 혼인은 부끄러운 제도가 아니고 존귀한 제도다. 그리고 어떤 소수의 사람에 의해서가 아니고 너희 모두에 의해서 존경받은 것이다.

침소를 더럽히지 않게 하라	성교는 절제되고 억제되어야 할 것이다. 왜냐하면 그것이 이방인처럼 정욕의 열정으로 더럽혀져서는 안될 것이기 때문이다.
음행하는 자들과	“모든 사람이 혼인을 귀하게 여겨야 한다”는 이

유가 여기에 있다. 왜냐하면 "하나님은 음행하
는 자를 심판할 것이기 때문이다."

**간음하는 자들을 하나님이
심판하시리라**

그것은 지상 권세의 중재를 통해서(롬 13장) 또는
하나님의 영원한 심판의 개입을 통해서다.

구약에서 율법 아래 간음은 사형을 받았다. 그러나 교회에서는 다른 어떤 죄도
사형에 처하지 않는다. 그 때문에 그는 말한다. "음행하는 자를 심판하실 분은 하나
님이시다."

13:5.

돈을 사랑치 말고

친절로 성격이 되게 하라. 그것은 서로에게
주는 것을 의미하고 한 사람이 다른 사람에
게 의무를 다하는 것을 의미한다.

있는 바를 족한 줄로 알라

현재 있는 대로 또는 너희가 가진 대로

**그가 친히 말씀하시기를 내가
과연 너희를 버리지 아니하고
과연 너희를 떠나지 아니하리라**(수 1:5)

비록 우리가 여호수아처럼 할 수는 없지만 하나님은 그를 결코 버리지 않았고 정
확히 그와 같은 상황에 있지는 않지만 확실히 우리는 같은 믿음과 신뢰 가운데 서 있
다. 믿음은 수행해야 할 다른 과제들을 갖고 있을 수 있지만 그 일들은 같은 영으로
이루어진다. 바울이 표현한 대로다. "우리가 같은 믿음을 가졌노라"(고후 4:13). 그러므로
처음 경우에 오직 여호수아만 말했다고 해도 이 말씀의 진리는 우리 모든 사람에게
옳게 적용된다.

13:6.

**그러므로 우리가 담대히
가로되 주는 나를 돕는 자시니
내가 무서워 아니하겠노라**

사람이 내게 어찌하리요

13:7.

하나님의 말씀을 너희에게 이르고　　왜냐하면 이것은 너희를 인도한 합당한
　　　　　　　　　　　　　　　　　　직무이기 때문

너희를 인도하던 자들을　　　　　감독과 장로들
생각하며 저희　　　　　　　　　생각하라
행실의 종말을 주의하여 보고

그들은 두 가지 목적으로 너희를 인도했다. 말씀을 가르치고 본을 보여 준 것이다.

저희 믿음을 본받으라.

13:8.

예수 그리스도는 어제나
오늘이나 영원토록 동일하시니라.　　왜냐하면 그는 영원하시기 때문이다.

그러므로 앞서 간 자들을 옹호하는 것처럼 그는 지금 살아 있는 자를 버리지 않을 것이며 여전히 올 자도 버리지 않을 것이다.

13:9.

여러 가지 교훈에
끌리지 말라　　　　　　의식(종교)에 관한 것들로 어떤 근거에 대한 교리

이 서신과 마찬가지로 다른 서신에서처럼 저자는 분명히 그러한 것들은 인간을 진리로부터 길 잃게 인도한다는 것을 선언하면서 인간적 의의 전통과 행위의 교리와 싸운다.

다른 교훈에　　　　쇄신(innovations)

이것은 디도가 언급한 것이다. "… 진리를 배반하는 사람들의 명령"(딛 1:14).

아름답고	네가 좋은 것을 따르면 그것은 참된 교리라고 하는 것이다.
마음은	양심
은혜로써 굳게 함이	믿음으로
식물로써 할 것이 아니니	어떤 음식을 먹거나 다른 외적인 것들로 달성된 의가 아니고
유익을 얻지 못하였느니라	마음을 강하게 하는 데로 인도되지 않고
식물로 말미암아 행한 자는	식물에 그들의 소망을 두는 자는

자기 자신의 행위에서 참된 실망의 시작은 믿음과 성실함의 시작이다.

13:10.

우리에게 제단이 있는데	그리스도 그러므로 우리는 해를 받지 않고 고기를 먹으므로 의롭게 되지 않는다.
그 위에 있는 제물은	그 제물에는 믿음이 없기 때문에
장막에서 섬기는 자들이	그것은 영원한 의의 그림자, 율법에 속한 종교 의식의 문제

이 제단에서 먹을 권이 없나니

믿음을 제쳐놓고 그리스도로 자라나는 것은 불가능하다.

13:11.

이는 죄를 위한 짐승의

피는 대제사장이 가지고 성소에

들어가고 그 육체는 영문 밖에서

불사름이니라

민수기 19장에서처럼 그리고 다른 곳에서 붉은 암소에 관하여

13:12.

그러므로 예수도 자기　　　그가 모형을 성취시키도록

피로써 백성을 거룩게 하려고　　짐승의 피가 아니고 바로 자기의 피로써

성문 밖에서 고난을 받으셨느니라

13:13.

그런즉 … 영문 밖으로 그

에게 나가자　　　외부적인 육체의 것들과 종교의식들과 관계없이

　　　믿음으로 그를 따르자

왜냐하면 지금 이런 것들을 위해서 들어가는 것은 시간 낭비이기 때문이다. 더 훌륭한 문이 우리 앞에 열려 있었기 때문이다.

우리는 그 능욕을 지고　　　그것은 믿음으로 말미암는 것을 의미한다. 그리고

　　　또한 그에게 드리는 우리의 헌신을 의미한다.

그것은 우리가 그의 능욕을 고백하는 것을 부끄러워해서는 안 된다는 것을 의미한다. 우리는 그의 본을 따라야 하고 그가 당한 같은 고난을 당해야만 한다.

13:14.

우리가 여기는 영구한

도성이 없고 오직 장차 올 것을

찾나니　　　미래의 삶

　　　옛 예루살렘과 율법에 속하는 그림자가 되는

　　　성인 유물 숭배는 이미 족하지 않다.

13:15.

이러므로 우리가

예수로 말미암아　　　중보자와 제사장

우리는 우리 자신의 공로로 그 앞에 서기에 합당치 못하기 때문에 우리는 중보자

와 제사장이 필요하다. 왜냐하면 그 자신이 만물을 만드셨고 그만이 만물의 주이시기 때문에 그만이 영광과 예배를 받아야 하는 것이다. 그러므로 이방인은 그들이 예배드릴 때에 진리를 옳게 분별하지 못한다. 그 때문에 그들이 하나님께 어떤 가치 없는 하찮은 것을(루터는 분명히 그 당시의 무수한 작은 외적인 것들을 암시하고 있다) 드리기 때문에 그들은 그들의 의에서 기인하는 칭찬과 신뢰를 그들 자신에게 사칭한다. 그것에 대해 시편 9:6에서 말한다. "저희 이름을 영영히 도말하셨사오니." 그러므로 우리는 아무것도 아니고 아무것도 갖지 못하므로 어떤 종류의 칭찬이나 신뢰, 어떤 것으로도 우리 자신을 부풀려서는 안 되고 반대로 우리 자신을 모든 치욕으로 비난해야 하고 그의 보는 데서 우리 자신을 아무것도 아닌 것으로 만들어야 한다.

항상 찬미의 제사를
하나님께 드리자　　　송아지로도, 어떤 외적인 것으로도 아닌
입술의 열매니라　　　우리가 받아들인 그의 은혜와 자비의 모든 유익이므로
그 이름을 증거하는

왜냐하면 "주께서 말씀하실 때에 의로우시다"(시 51:4)란 말씀은 그가 우리 마음을 의롭게 한다는 것을 의미한다. 이것은 단순히 하나님의 말씀이 우리 마음에 있다는 것을 의미한다. 그러나 하나님이 우리 마음으로 찬양을 받는다는 것은 하나님께는 영광을 돌리는 것이고 우리 자신에게는 죄의 수치를 돌리는 것이다. 간단히 말해, 의로운 분이 우리 안에 계신다는 결과가 되고 그 자신 안에서 외적으로 의로운 분으로 우리는 그를 고백한다.

13:16.

오직 선을 행함과 서로　　서로 선을 행하라
나눠주기를 잊지 말라　　모든 좋은 것으로 교통하라(갈 6:6).
이 같은 제사는　　　　이것들은 참 제사라고 말하는 것을 그가 의미하
　　　　　　　　　　　는 것처럼
하나님이 기뻐하시느니라.　그러나 그는 염소의 피와 기타의 것을 기뻐하지
　　　　　　　　　　　않는다. "율법의 완성은 사랑이다"(롬 13:1).

13:17.

너희를 인도하는 자들에게
순종하고 복종하라   경외함으로
저희는 너희
영혼을 위하여   영혼들이 그들의 직무에 합당하다면
경성하기를   에스겔 3:18에 "내가 피 값을 네 손에서 찾을 것
                              이요"라고 분명히 기록한다.

자기가 회계할 자인 것으로   너희 영혼을 위해 경성하고 수고한다
같이 하느니라
저희로 하여금 즐거움으로   너희 순종과 겸손으로 감동받은
이것을 하게하고 근심으로
하게 말라 그렇지 않으면
너희에게 유익이 없느니라   사실 그것은 너희의 저주를 얻는다.

13:18.

우리를 위하여 기도하라
… 확신하노니   우리가 확실한 것을 알지 못하기 때문에.
                              결정하시는 분은 하나님이시니: 우리의 역
                              할은 믿는 것이다(고전 4:4).

우리에게 선한 양심이 있는 줄을
우리가 모든 일에 선하게 행하려
하므로

13:19.

내가 더 속히 너희에게
돌아가기를 위하여 너희 기도함을   우리를 위해 기도하라
더욱 원하노라

이것은 이 서신을 바울이 썼다고 주장하게 한다. 왜냐하면 이 말은 포로나 수감된 것같이 들리기 때문이다.

13:20.

양의 큰 목자이신 우리 주
예수를 … 죽은 자   대제사장
가운데서 이끌어 내신 평강의 하나님이
영원한 언약의 피로   언약은 언약이 이루어지는 문제다
                                          그의 피 흘림으로 이루어진 영원한
                                          의의 언약이다.

13:21.

모든 선한 일에 너희를 온전케 하사   너희에게 완전한 능력을 인정하다
자기의 뜻을 행하게 하시고   너희 자신의 뜻도 아니고, 육체의
                                          뜻도 아니고, 세상의 뜻도 아니다.

그 앞에 즐거운 것을…

우리 속에 이루시기를 원하노라   너희를 통해서 또는 너희를 인하여

왜냐하면 이것은 하나님을 기쁘시게 하는 것은 우리를 기쁘게 하지 않는다는 것이 너무나 자주 증거된 원칙이기 때문이다. 두 가지의 의지가 있다. 하나님의 의지와 우리의 의지다. 그리고 그 둘은 서로 반대가 된다.

그러므로 하나님의 뜻이 나타나는 것은 우리의 의지가 파괴되는 것과 다름없다. 이렇게 하여 점점 더 하나님의 뜻이 확인된다. 이것은 옛사람이 그리스도와 함께 십자가에 못 박혔다고(롬 6:6) 바울이 말씀할 때 바울이 의미하는 바다.

예수 그리스도로 말미암아…
영광이 그에게 세세 무궁토록
있을지어다. 아멘

13:22.

형제들아 내가 너희를 권하노니
권면의 말을 용납하라   너희에게 꾸짖는 말씀인 것으로 보일
                                        수 있을지라도. 그러나 너희가 옳게
                                        참으면 위로의 말씀으로 바뀌게 될
                                        것이다.

내가 간단히 너희에게 썼느니라   나는 나의 직무 때문에 너희에게 많
                                        은 것을 빚지고 있다. 그리고 그 필요
                                        로 말미암아 너희가 필요하다.

13:23.

… 너희가 알라   사랑으로 그를 영접하라
우리 형제 디모데가 놓인 것을…
그가 속히 오면 내가 저와 함께 가서   내게
너희를 보리라

13:24.

너희를 인도하는 자와 및
모든 성도에게 문안하느니라   그리스도인들
이달리야에서 온 자들도 너희에게
문안하느니라

13:25.

은혜가 너희 모든 사람에게
있을지어다

PART II
DISPUTATION AGAINST
SCHOLASTIC THEOLOGY
MARTIN LUTHER

제2부

1517년 스콜라 신학에 반대하는 논쟁

마르틴 루터

서문

스콜라주의가 인문주의자들과 종교 개혁자들 앞에서 붕괴했다는 것은 사실이다. 그러나 13세기에 위대한 스콜라 철학자들이 일어났을 때 그들이 기독교의 구세주들로 판명되었다는 것을 기억하는 것은 옳은 일이다. 기독교가 직면한 몇 가지 어려움을 언급한다면, 마니교, 묵시적 공산주의, 아랍의 철학과 과학, 유대인들, 새로운 것을 위해 낡은 것을 포기하는 것을 두려워하는 현대주의자들, 신비주의, 아우구스티누스주의 등이 있었다. 아우구스티누스주의는 기독교에 그렇게 위협적이지는 않다. 그러나 이때 아우구스티누스주의는 새로운 사상과 당시 비판에 부딪친 책임에 대해 보호될 수 있는 장치가 되었던 전통주의와 보수주의의 형식을 취했다. 더욱이 기독교 신학은 플라톤주의자였고 그러한 철학의 근거는 새로운 현대 과학적 사고를 포용하기에 별로 적합하지 않다.

스콜라 철학자들은 아리스토텔레스를 재발견하므로 새로운 상황을 만날 수 있었다. 그러나 평정함 대신 권위로 스콜라 철학자들이 스콜라 신학을 만들었을 때 그 당시 사람들에게서 에라스무스가 받게 된 모든 미움을 이 사람들이 받았다는 것을 우리가 기억하는 것은 스콜라 학자들에게는 온당할 뿐이다. (루터처럼) 에라스무스는 한편

294

으로는 성급한 사람들과 직면했고 다른 한편으로는 끝까지 저항하는 사람들과 직면했다. 또한 교회의 생각을 강화시키고 교회를 위한 새로운 학습을 원하는 사람들은 별로 없었다. 스콜라 철학자들은 비슷한 인간적 상황에 직면했다. 그리고 그들은 헤일즈(Hales), 알베르트(Albertus)와 아퀴나스(Aquinas)같은 사람들의 수고로 승리했다. 이 사람들은 인간 활동의 모든 분야에서 중요한 원리로서 기독교 신앙을 세우기 위해 끊임없이 시도하는 일에 힘썼다. 그들은 인간들이 그들의 지식을 분류하고 그들의 사상을 훈련하도록 가르쳤다.

그들은 권위에 대한 그들의 생각으로 어느 정도 방해를 받았다. 신학은 '학문의 여왕'으로서 그들의 학문을 지배하였다. 그들이 모든 지식을 종합하려는 것은 정당하다. 그러나 모든 사실이 과학적 빛으로 계시가 해석되지 않는다면 그의 계시를 바르게 이해할 수도 없고 하나님이 준 우주에 대한 만족한 설명도 결코 있을 수 없다고 그들은 생각하였다. 그들은 성서의 축자 영감을 믿을 뿐만 아니라 교부들의 권위를 믿었다. 아리스토텔레스는 그들에게 무오한 것이 되었다. 그리고 그들은 아우구스티누스를 실제로 비판하는 것을 매우 주저했다. 그러나 그들의 권위들이 우리의 관점으로부터 그들을 방해했다면 그들은 그들의 관점으로부터는 도움을 받았다. 스콜라 학자는 그의 지적 사슬에서 불구가 되었다고 생각되어서는 안 된다. 그 자신의 전제로 그는 용감한 합리주의자였다. 인문주의자들과 종교 개혁자들이 어떤 해답을 하지 못하는 스콜라철학을 바라보기 전에 우리는 하나님이 그것을 태어나게 한 물을 필요가 없는 믿음과 대담한 지성주의를 기억하는 것이 필요하다. 사람이 하나의 단순한 실패를 암시했다면 그 실패는 그 실패가 갖는 중요한 가치가 될 것이다. 후에 사람들은 접근이라기보다는 권위로서 그 실패의 체계를 사용했다. 그리고 시련의 때에 그것은 실패했다. 그러나 우리는 종교 개혁의 상속자들이 종교 개혁자들과 함께 동일한 것을 하였고 그들의 조상들이 억지로 파괴하려고 했던 만큼 경직된 것으로 다른 스콜라주의를 우리에게 주었다.

계속되는 스콜라주의에 대한 간단한 요약은 루타가 관심을 가졌고 어느 의미로도 완전하지 않다고 주장한 문제를 본질적으로 선택적인 취급이다. 이 분석에서 11-12세기의 영광스러운 스콜라주의보다는 더 못하고 타락의 시대에 더 다루기 어려운 스콜라주의보다는 더 영광스러운 것이 있다. 이러한 균형의 부족은 이 책의 성격으로부터 생긴다. 우리는 여기서 젊은 루터가 관련된 문제의 선례를 분류하는 것에 관심이 있지만, 수세기에 걸친 스콜라주의를 완전하게 설명하는 것에는 관심이 없다.

독자들은 이 분야에서 어떤 포괄적인 개관이 그들의 목적이 되는 일련의 다른 책들을 기억하게 된다. 첫째로 X권 *A Scholastic Miscellancy*이다. E.R. Fairweather에 의해 편집된 *Anselm to Ockham*은 Scotus(p. 428 이하)와 Ockham(p. 437 이하)의 간단한 발췌로 끝나는 현재의 책의 주제를 다룬다. 그의 책(p. 17 이하)에 대한 Fairweather의 서론과 말할 것도 없이 그의 훌륭한 일반적인 도서목록(p. 33 이하)은 밀접한 관계가 있다고 해도 그리고 Richard St. Victor(p. 319 이하)로부터 선택된 것들과 Bonaventure(p. 379 이하)와 관계된다. A. M. Fairweather에 의해 *Summa Theologica*로부터 구성된 *Nature and Grace*에 대한 XI권은 신학의 자연에 대한, 그의 신론, 죄, 윤리는 물론이고 예정론과 은혜에 대한 토마스의 생각을 보여 준다. Petry에 의해 편집된 *Late Medieval Mysticism*에 대한 XIII권은 현재의 책을 위해 선택된 시기인 젊은 루터보다 후기 루터에게 더 중요한 문제를 제기한다. 14세기 후반의 Theologia Germanica(p. 321 이하)에 대한 XI장과 Bonaventure(p. 126 이하)에 대한 IV장, Victorines(p. 79 이하)에 대한 II장, Bernard of Claivaux(p. 47 이하)에 대한 1장은 하나님께 가치 없는 접근으로서 훨씬 더 왕성함으로 후에 루터가 공격한 신학의 신비주의 학파의 유익한 기록들을 제공한다. 루터가 관련했던 스콜라주의를 이해하는 것에 대한 견해로 스콜라주의 성격에 관하여 간단하게 역사적 질문을 해 보자. 우리는 아주 편리하게 토마스 아퀴나스[*Thomas Aquinas*(1226-74)]로 시작할 수 있다. 토마스는 이성과 믿음 사이에 분명한 구별을 하였다. 그는 분명히 믿음과 지식, 자연 종교와 계시 종교 사이에 진정한 조화가 이루어질 수 있다는 것을 믿었다. 자연적 사실에서 출발하는 철학이 이성으로 진리에 도달하는 것처럼 계시에서 출발하는 신학은 믿음의 빛으로 하나님을 아는 지식으로 나아간다. 철학은 다른 활동 영역은 물론이고 신학과 다른 출발점을 갖고 있지만 철학과 신학 모두가 동일한 방법과 동일한 목표를 가진다. 철학자로서 토마스는 아리스텔레스의 실재론자였고 그리고 신학자로서 그는 죄와 예정론과 은혜에 대한 강조를 하는 아우구스티누스주의의 복음주의를 갖고 있었다.

플라토는 아리스토텔레스보다 물질 이상의 존재하는 것으로서 영적인 것과 창조적인 것으로서 물질적 우주로 간주하며 기독교 믿음에 대한 배경을 제공해주는 철학자다. 그러나 이것은 그의 장점이지만 또한 위험이기도 하다. 왜냐하면 그러한 견해는 모든 종류의 신비주의적 사색에 대해 문을 열었기 때문이다. 그것이 바로 아리스토텔레스의 한계였다. 아리스토텔레스의 철학은 도움이 되지 않는 인간 이성이 달성할 수 있는 최고의 위치에 서 있었다. 이 진리가 희랍 사람들에게 알려지지 않은 것과 자연적 이성에 의해서 발견하지 못한 것을 보여주므로 계시의 진리를 강조하는 데 도움이 되었다. 더욱이 그것은 미래의 경험적 과학이 그 위에 세워질 유일한 철학적 근거였다. 현대적 과학은 좀처럼 플라톤의 요람에서 자양분을 먹고 자라날 수 없었다. 기독교 사상이 철학적으로 형성되는 데 아리스토텔레스의 영향이 중요했지만 스콜라 철학자들을 완고한 아리스토텔레스 철학자들로 생각해선 안 된다. 토마스의 존재에 대한 철학은 아주 근원적이었다. 그리고 자주 분명하게 아우구스티누스주의자다. 보나벤투르는 사실의 설명에 관심을 가진 아리스토텔레스 철학자였다. 그러나 그의 신학은 상당히 아우구스티누스주의였고 플라톤주의에 물들어 있었다. 스코투스나 오캄도 철저한 아리스토텔레스 철학자들로 설명될 수 없고 그리고 스코투스는 토마스에 기울여졌던 것보다 플라토와 아우구스티누스를 향해 확실하게 더 기울여져 있다.

토마스는 아우구스티누스주의에 대한 기독교 아리스토텔레스주의의 대체를 의미한 두 가지의 결정적 단계를 취했다. 첫째, 이성으로부터 믿음을 분리시키고 둘째, 감각들을 모든 인간 지식의 근원으로 만든 것이었다. 인간은 창조와 계시라는 정보의 두 가지 근원을 갖고 있었다. 창조는 탐구될 수 있고, 계시는 이성적인 것을 보여주고 마침내는 비유로 다른 지식과 관계되는 것으로 받아들여졌다. 이성은 인간 최고의 선물이었다. 이성은 그로 하여금 하나님의 생각을 새롭게 생각하게 할 수 있었다. 그는 이성적 종교를 믿었다. 그는 안셀름의 존재론적 증거를 거절했다. 그렇지만 감각 경험으로부터 다시 제일 원인을 논쟁하게 한 그의 출발점에서 그는 안셀름의 논쟁의 타당성을 받아들였다. 모든 학문들을 그는 위엄의 위계에 관계시켰다. 그리고 그는 그 학문의 완전한 설명을 하나님에게서 찾았다. 만약에 그가 모든 면에 침투하는 하나님의 힘을 확신하였다면 그는 동일하게 인간 의지의 자유를 확신할 수 있었다. 인간이 자유롭지 못하다면 그때 인간은 덕을 가질 수도 없었고 하나님도 의로울 수 없었다. 그는 악을 부정적인 것으로 생각했고 죄를 반역하는 의지가 아닌 정욕으로 생각했다. 사회의 보존을 위해서는 물론 그 자신의 행복을 위해서 타당한 *lex naturalis*

아래 있는 인간을 그는 생각했다. 그러나 은혜의 도움으로만 자기의 의무를 성취할 수 있는 초자연적 질서 아래 있는 인간을 생각했다. 그는 은혜를 성육신의 열매로 제한시키지 않았다. 그리고 종교 개혁자들과는 달리 멸망의 덩어리로 인간성을 볼 수밖에 없는 것으로 느끼지 않았다. 그리고 공로를 위한 응보의 개념을 부인하지만 언제나 은혜를 선물로 생각했다. 윤리를 가르칠 때는 은혜를 통해서 받아들인 믿음, 소망, 사랑에 속하는 신학적 덕성으로 시작했다. 기본적인 덕성들은 *lex naturalis*에 속했다. 이 상황 안에서 그는 아리스토텔레스의 윤리에 병합시킨다.

토마스가 주지주의자였고 이성을 옹호하는 자였다면 보나벤투르(1221-1274)는 신비주의자였으며 믿음을 옹호하는 자였다.[1] 토마스는 진리를 탐구하는 것을 인생의 목적으로 간주했고 보나벤투르는 사랑을 그런 것으로 간주했다. 토마스는 자기의 사고 구조에 아우구스티누스를 병합한 아리스토텔레스 학파의 사람이었고, 보나벤투르는 조심스레 아리스토텔레스를 다룬 아우구스티누스 학파의 사람이었다. 그리고 보나벤투르는 아리스토텔레스에 대해 아주 제한된 동정을 갖고 있었다. 그는 어리석음을 제외하고 하나님이 신실한 그리스도인에게 비춰준 신비의 조명으로 비교되었을 때 인간적인 모든 지식을 생각했다.

그가 가장 광범위하게 영향을 미친 작품은 피터 롬바드의 문장들을 주석한 것이었다. 그의 지식에 대한 이론을 이 총서의 XIII권 126페이지의 번역 *Itinerarium mentis ad Deum*에서 그는 제출하였다. 신학의 편람인 그의 *Breviloquium*에서 그는 하나님 그리고 삼위일체, 죄로 인한 부패, 성육신, 성령, 성례전들과 마지막 네 가지로 시작한다. 그의 *Itinerarium*에서 그는 그 과정을 거꾸로 돌리고 루터가 그렇게 강력하게 부인했던 그 여행의 타당성인 하나님께 영혼의 승천을 묘사한다. 보나벤투르는 죄인이 된 인간이 다만 회개 기도하는 것으로 출발할 수 있다는 가정으로 시작했다. 첫째, 그는 그 주위 세계에서 하나님의 흔적을 발견한다. 둘째, 명상으로 그는 자기 영혼 안에서 하나님의 형상을 찾고 발견한다. 셋째, 그는 하나님을 직접 아는 지식에 이르고 신성에 참여하는 자가 된다.

그는 믿음의 확신은 이성보다 앞서고 뛰어나다는 것을 가르친다. 거기에서 보나

---

1. 이 시리즈에서 Vol. X(p. 379 이하); Vol. XIII(p. 126 이하)을 보라.

벤투르는 직관으로 논쟁하고 토마스는 유비로 논쟁한다. 그는 인간이 이해할 수 있기 전에 믿어야 한다고 생각한다. 그는 이성의 가치를 떨어뜨리고 있지 않다. 왜냐하면 그는 믿는 바를 이해하는 영혼의 큰 기쁨을 말하고 있기 때문이다. 그는 인간은 하나님이 어떤 분인지 알 수 없고 하나님이 존재한다는 것을 먼저 알아야 한다는 것을 알았다. 하나님을 아는 지식은 이것의 결과다. 그는 안셀름의 존재론적 주장을 받아들였다. 그는 모든 물음과 지식이 하나님에 대한 물음으로 출발하고 출발해야만 한다는 것을 가르쳤다.

창조에 대한 그의 태도는 토마스와 다르다. 그는 *materia prima*가 잠재력이라는 것을 믿지 않고 오히려 *rationes seminales*를 포함한다고 믿는다. 창조에 대한 견해에서 토마스와 보나벤투르 사이에 심각한 차이가 나타난다. 보나벤투르는 창조의 목적보다 창조의 아름다움을 더 생각한다. 토마스는 어떤 목적들에 적응된 놀라운 기계로서 세계를 보았다. 그런가 하면 보나벤투르(성 프란시스의 진정한 아들)는 그 아름다움 가운데 있는 세계가 자기에게 하나님에 대해 말하기 때문에 크나 큰 기쁨으로 경배하였다.

보나벤투르는 토마스와 달리 인간의 본성을 이해했다. 그는 신체와 영혼이 똑같이 질료(matter)와 형상(form)으로 부여되었다고 믿었다. 그리고 죽음 후에 영혼이 살아 있음을 설명하는 데 토마스의 어려움을 피했다. 동시에 그는 배에 대한 선원으로서 영혼이 몸에 관계된다는 플라톤화한 이론도 거절했다. 왜냐하면 신체는 영혼의 기구 그 이상이기 때문이다. 그는 인간을 합성이지만 참된 실체로서 보았다. 그리고 이 신념은 토마스와는 달리 보나벤투르가 질료들의 복수성(plurality)의 가능성을 인정하기 때문에 가능했다. 보나벤투르에게 신체는 말씀이 육신이 되었기 때문에 거룩하다. 예수의 인간적 삶은 보나벤투르의 모든 저작에 숨 쉬게 되었다.

성례전에 대한 그의 견해는 토마스의 견해와 약간 다르다. 그는 성례전이 실제의 물질적 은혜의 원인이라는 토마스의 견해에 동의하지 않았다. 그는 기회원인론(Occasionalism)이라고 알려진 교리를 공식화했다. 그리고 그것은 다시 종교개혁 시대에 보여준다. 이것은 성례전의 정해진 사용을 제쳐놓으면 성례전은 아무 쓸모가 없다는 견해였다. 클레르보의 베르나르[Bernard of Clairvaux(1090-1153)]를 위해서 독자들은 이 총서의 XIII권 47페이지 서론의 기술을 참고하기를 권고한다. 그리고 물론 그 책의 편집자가 선택한 그의 저술의 24페이지도 참고할 것을 권고한다.

베르나르는 젊은 루터에게 영향을 미쳤다고 알려져 있다. 그는 신학적 문제들을 분명히 파악하는 성자와 수도사 같은 인물이었다. 그는 웅변의 설교자였고 성서본문의 대가였으며, 순수한 신비주의의 숭고한 믿음을 소유하였다. 그는 신실하고 충성스러운 목사이며 깊이 있게 기도하는 사람이었다.

그는 그가 하나님이시고 거기에 계시기 때문에 하나님은 순수하고 단순하게 사랑을 받아야만 한다는 견해를 갖고 있었다. (그의 글 "On Loving God", Volume XIII, p.54) 강력한 아우구스티누스 학파인 그의 생각은 한편으로는 하나님의 사랑과 은혜, 다른 한편으로는 결과적으로 발생하는 인간의 자유 책임을 갖는 두 개의 축에 중심이 모아졌다. 루터는 신부로서 이 모든 것을 통과했고 베르나르의 영향을 별로 받지 않고 아주 다른 관점을 가지고 있다.

토마스에 대한 위대한 상대 학파는 스코티즘이었다. 스코티즘은 프란시스칸 *Duns Scotus*(1246-1308)에 의해 세워진 것이었다. 스코티즘은 결코 권위를 즐기지는 않았지만 토미즘은 여전히 즐긴다. 루터 시대에 토마스의 복음주의적인 신학은 대체로 무시당한 것 같고 스코티즘이 학파들을 지배했다. 스코티즘의 차이는 스코투스가 토마스 철학을 비판한 데서 일어났다. 아리스토테레스주의보다는 플라토님즘에 기울어졌지만 역시 스코투스는 실재론자였다. 그는 신학을 사색적 학문으로 생각하지 않았고 실천적 학문으로 생각했다. 믿음은 이성에 의존하지 않고 권위에 의존하였다. 지성은 의지의 원리를 움직이기 보다는 오히려 지성을 움직이는 힘이다. 이 차이들에 대해 더 깊이 있는 문제들이 더해졌다. 스코디스트들은 펠라기우스주의화하는 경향으로 토미스트들의 아우구스티누스주의를 반대했다. 토마스가 예정론으로 칼빈에 접근하면 스코투스는 자유주의로 펠라기우스에 접근한다. 지식과 이성에 대해 사랑과 의지를 강조하므로 그는 믿음과 이성 사이의 간격을 숙명적으로 넓혔다. 그 결과 철학을 논리학자의 운동장으로 만들어 실제 경험의 세계로부터 방어하게 되었다. 그는 그의 후계자들이 어떤 추상적인 말을 현실적으로 상정(想定)하도록 길을 열었다.

스코투스의 우주에 대한 견해는 그에게 특수한 것과 개별적인 것의 의미에 관심을 갖게 했다. 그 의미는 차례로 그에게 의지의 자유에 대한 강조를, 그리고 궁극적으로 *meritum de congruo*를 위해 성질을 제공해 주고 공로를 얻을 수 있는 그 의지의 자유를 제공해 주었다. 그것은 그의 신학에서 의지(will)에 대한 강조로 나타났다. 그 신학은 제도들과 신념들의 오래된 계류에서부터 인간을 자유롭게 끊고 혁명을 위한 길을 마련해 주는 데 도움이 되었다.

성육신에 대한 관심으로 스코투스와 토마스의 생각은 다른 노선을 달렸다. 스코투스는 성육신을 하나님의 근원적 의도로 보았다. 그리고 이것은 그로 하여금 인간의 죄 때문에 결정된 것으로 십자가를 생각하게 하였다. 다른 한편 토마스는 성육신을 인간의 죄의 결과로 보았다.

스코투스는 미사의 제사를 부정하는 데까지 왔다. 그리고 그의 사고의 무게 중심은 수동적으로 우리 주님과 함께 교회의 활동보다는 미사를 생각하는 쪽으로 옮겨온 것 같았다. 이 생각은 두 가지의 결과로 나타날 수 있을 것이다. 첫째, 부분적인 희생으로써 미사에 대한 로마 교회의 견해에 대한 개혁자들의 비판을 위한 근거를 마련해 주었다. 둘째, 미사의 증가로 이끌었으며, 미사를 만족하게 하는 것을 무섭게 악용하는 것으로 인도했다.

그의 고유한 비판 능력은 믿음과 이성 사이에 간격을 넓힘으로 중세 신학을 붕괴시켰다. 그는 비판적 능력을 깨우쳤지만 역설적으로 '권위'로서 교회에 맹목적이고 무조건적인 의존을 고무시켰다. 그는 아리스토텔레스를 물리학에 허락했지만 영의 영역에서 성서만 (교회와 교황에 의해 해석된)이 궁극적인 진리로 확실히 인도하는 것이었다.

루터에게 영향을 미친 스콜라 철학자들 중 오캄(1300–1349)이 으뜸이었다. Bede와 영국 선교사들 시대 이후 영국 신학은 스코투스나 오캄(Hales에도 불구하고)의 시대에 가졌던 대륙에 영향과 존경을 결코 갖지 못했다. 그것은 위클리프가 어떤 인정을 받아들였지만 그때 이후 확실하게 즐기지 못하였다.

루터가 대학에 입학했을 때 이미 고대 기관인 독일의 가장 유명한 에어프르트 대학의 신학은 현대주의자의 스콜라 신학이었다. 그 신학은 스코티스트를 의미했고 철학은 유명론자다. 나중에 수녀원에서 그는 가브리엘 비엘(Gabriel Biel)(pp. 305–306)과 Peter d'Ailly(p. 305)에 의해 중개된 것으로 오캄의 신학의 영향 아래 있게 되었다. 사실 독일에서 오캄주의를 격려하는 세속적 압력이 있었다. 이 점에서 그의 인기는 교황 정치에 대한 그의 태도에 기인한다. 그는 그리스도가 일시적인 권력을 남긴 것이 아니고 영적인 권력을 남겼다고 주장하므로 교황 정치의 일시적 권력과 부를 공공연히 비난했다. 루터가 공감하고 독일 영주들의 일치된 견해로 그는 황제의 완전한 권력을 인정하였다.

오캄은 스코티스트의 추상을 싫어했다. 실체들의 증가에 반대해 그의 논리는 '면도날'을 가졌다. 그의 '면도'는 "증가된 실체들은 실체들이 아니다"(*entia non sunt multiplicanda*)라는 원칙이었다.

오캄이 관심 가졌던 것은 자기의 정당한 요구로서 존재하는 것으로 추상적이거나 또는 독립적인 보편과 관련된 실재였다. 그는 '동인(Cause)' 개념은 인간의 생각 밖에서 어떤 실재를 갖는다는 것을 부인하였다. 그에게는 오직 개별적이고 실제적인 것이 실재적인 것이다. 그것은 어떤 선입관 없이 관찰되고, 분석되고, 시험을 받아야 한다. 오캄은 현대 과학적 전망의 예언자였다.

오캄은 수정된 유명론의 입장을 소개했다. 그 입장은 더 날카롭게 명사주의로 정의 되었다. 그에게 우주는 아주 확실하고 구체적 지각에서 실재적이었다. 그는 그가 의미한 바를 알았고 다른 사람들이 '인간'이란 말을 의미한 바를 알았다. 법률, 동기, 목적 등 이러한 개념들은 생각의 편리한 제작들이었다. 그가 인정한 것으로 그러한 보편적 말들은 그 말로 생각하고 논쟁할 수 있는 실재적 말들이었다. 그가 부인하는 것은 독립적이거나 추상적인 보편의 개념이었다. 그는 확실히 어떤 방식으로 신학과 철학을 분리시키려 했다. 그 이유는 그가 자연적 사건들과 혼합된 최종적인 동인들을 가지려 하지 않았기 때문이고 자연을 하나님의 뜻에 우발적인 것으로 이해했기 때문이다. 이렇게 그는 자연을 살펴봄으로만 자연을 알 수 있다는 것을 깨닫기 시작한 현대 세계를 분명히 예시하였다. 마지막에 그는 우발적 사건들은 그 사건들과 관련된 필요 요소를 통해서만 오직 알 수 있다고 주장했다. 그러나 그는 일련의 경험적 사건에서 질서를 생각하고 살피는 것을 통해 자연에서 사건과 결과들의 관계와 연결인 질서를 추구했다. 합리론자들에게 이것은 자연의 실체를 부인하는 것처럼 보였다. 그러나 그것은 그들의 아는 것을 위해 자연적이고 우발적 사건들에 의해 요구된 합리성의 형식에 실제로 이성의 적용이었다. 토마스의 질서 있는 우주에 오캄의 관점은 최종적 동인들과 함께 자연의 충만함을 통해 우주가 엄격한 합리론자들의 방식으로 질서가 있게 돼 있지 않고 다른 방식으로 이성적이고 질서 있게 되었다. 이성적이라는 것은 논리적인 것을 의미할 수 있다. 그런 의미에서 자연은 이성적이지 않다. 오캄은 후자가 논리적 학문들을 언급하는 곳에서 *scientia realis*와 *scientia rationalis*를 구별하였다. 그리하여 오캄은 하나님과 창조의 정적인 관점에서 더 역동적인 전망으로 변화를 나타낸다. 그는 아리스토텔리안의 형이상학과 강한 결속력을 갖고 그 시대의 형이하학을 비판했다. 그리고 이 생각은 새로운 사고와 참된 운동의 길을 열었다. 아리스토텔레스의 형이하학의 존재론적 사상의 계류(moorings)를 느슨하게 함으로써 간접적으로 신선한 사고와 변화를 일으켰다. 그러나 이것은 일찍이 1277년에 아리스토텔레스가 형이상학과 형이하학에서 마지막 말을 했던 아라비안 견해를 교회가 정죄했을 때 가능했다. 오캄은 보편적으로 수용된 아리스토텔리안의 논리가 아리스토텔리안 형이하학과 밀접한 관계가 있고, 한때 형이하학이 공격 아래 있었을 때 논리적 문제들은 모두에게 열려 있었고 논리적 방법이 자연이나 우발적 사건에 적용되지 않았음이 분명해졌다.

그러한 사고는 하나님의 존재를 논쟁하는 것이 불가능하다는 것을 분명히 의미했다. 다만 관찰된 사실이 실제였고 *ex supposito*의 필요의 모든 주장이었다. 이것은 인간이 계시를 제쳐두고는 하나님에 대해서 아무것도 알 수 없다는 것을 의미했다. 오캄 다음에 토마스의 질서가 이루어진 우주는 문제가 되었고 유비에서부터 논쟁은 그 논쟁의 수긍을 상실하였고 자연신학의 전 구조는 수정되었다. 오캄은 종교의 모든 항목들을 믿음의 영역으로 옮겼고 종교와 과학, 이성과 믿음을 분리시키는 데 영향을 미쳤다. 만약에 그 말이 허락될 수 있다면 오캄의 '불가지론'은 후기 중세의 한결같음(restlessness)과 신학적 비관주의에 적지 않게 기여했다.

역설적으로, 그의 일반적 불가지론은 강력한 권위주의를 만들었다. 그는 계시의 무오성의 타당성을 주장했으며, 그 계시로 성경과 교회의 생각을 의미했다. 사실 그는 교황, 공회, 교부들, 박사들이 오류가 있다는 것을 믿었다. 그러나 그는 권위와 무오성의 일반적 후광을 전체의 몫에 돌렸다. 그는 신조들, 화체설, 무흠수태, 기적들, 성자숭배를 받아들였다. 그가 생각했던 이것들은 이성으로 증거될 수 없다면 이성으로부터 연역할 수 있었다. 토마스에 반대하여 그의 논쟁은 이론적인 것에 대해 실천적인 것의 종속은 물론이고 주지주의였다. 그는 신학을 사색적인 것에서 더 실천적인 것으로 만들었다.

이러한 성질은 그의 역동적 신앙을 덜 순수한 지성의 문제, 그리고 의지의 문제로 만드는 경향이 있었다. 인간은 자신의 통회(contritio)를 성취함으로 하나님이 인간의

*meritum de condigno*를 인정할 수 있는 *meritum de cogruo*를 얻으므로 하나님의 은혜의 길을 마련할 수 있었다. 만약 인간이 자기의 역할을 한다면 그리스도는 그의 역할을 하신다. 루터가 가장 괴로워했던 것이 이 점이다. 그는 그가 해야만 하는 모든 것을 했는지 확신할 수 없었다. 그리고 그리스도 안에 있는 하나님의 완전한 자비를 결코 알 수 없었다. 루터가 이 문제를 해결했을 때 복음주의 신학은 다시 태어났다.

오캄이 공로를 강조하고 펠라기우스주의로 인도한 인간과 하나님 안에서 의지의 교리를 가르쳤다면 그것은 또한 신자의 공동체로서 교회를 위해 길을 열었다. 이 견해의 위험은 그것이 나중에 루터교나 칼빈주의에서 계속되지 않았고 자유주의 목사들에 의해 독립주의로 이끌었다는 것이다.

루터에게 미친 오캄의 영향은 다양하게 평가된다. 성만찬의 공재설(consubstantialist)을 루터가 오캄에게서 물려받았다는 것을 암시할 수 있었다. '경건한 영주'라는 그의 개념이 오캄을 따랐다고 주장할 수 있을 것이다. 그리고 그것과 함께 교회는 세속의 일에 어떤 권위도 갖고 있지 않았다는 결과가 따랐다고 주장할 수 있다. 루터가 강조한 것은 진정한 신학은 사색으로 태어나는 것이 아니고 올바르게 방향이 정해진 의지로 태어난다. 루터에게 영향을 끼쳤다고 주장할 수 있는 오캄의 다른 강조는 세속적인 학습에서 종교를 분리시키고 믿음과 이성 사이의 이율배반을 만드는 것이었다. 오캄에게 믿음은 추론의 연속이 아니고 그 근원을 성경과 교회에서 가져왔다. 공로에 대한 오캄의 교훈은 루터에서 생각의 신선한 분야를 대조함으로 고무되었다. 오캄의 비판적 생각과 일반적 불가지론은 확실히 루터의 비판을 위한 근거가 되었다. 그런가 하면 의지와 자유의지에 대한 강조는 루터의 노예의지를 강력하게 불러들였다. 선입관을 별개로 그 자체로 어떤 일을 바라보는 그의 고집과 오캄의 특징이었던 문제에 대한 학문적 공격은 확실히 루터가 접근하는 목표였다. 이런 영향의 어떤 것은 문제가 될 수 있고 학자들 사이에서도 일치하지 않는다. 어떻든, 오캄은 몇 가지 점에서 중세 이성주의를 열어 놓으므로 루터를 확실히 도왔다. 그 결과 더 역동적 사고방식을 가능하게 하므로 또 믿음을 계시(그것은 성서를 의미했다)에 다시 던지는 아리스토텔레스의 전제들을 비판하므로 확실하게 루터를 도왔다. 그리고 최종적 동인들을 자연에 혼합하는 것에 도전했다.

우리가 번역하고 있는 스콜라 신학에 대한 반박에서 루터에 의해 비판된 다른 스콜라 신학자들에 대해서는 별로 말할 것이 없다. 첫째, 피에르 다이이[Pierre d'Ally(1350-1420)]가 있다. 그는 불란서 추기경이었고 오캄의 입장에 선 신학자였다. 그는 서방의 분열을 치료한 그의 저술로 기억될 것이고 교회 개혁에 대한 그의 소논문이 1416년에 발간되고 나중에 트렌트 회의 때 사용했던 것으로 기억될 것이다. 목사의 권위가 교황에게서 나오는 것이 아니고 그리스도에게서 나온다는 그의 견해는 종교 개혁자들에게 영향을 미쳤다. 또 교황도 공의회도 무오하지 않다는 견해를 주장하므로 종교 개혁자들에게 영향을 미쳤다. (신학 외의 분야에서도 그의 연구는 주목할 만하다. 지리 연구에서 서쪽으로 계속 나아가면 인도 제국(諸國)에 도달한다는 것을 주장했고 콜럼부스가 알게 된 연구들이었다.)

둘째, 가브리엘 비엘[Gabriel Biel(c 1420-1495)]이 있다. 위대한 스콜라 학자 중 마지막 한 사람이었다. 그리고 후에 에어프르트 대학에서 교육받은 루터가 있다. 그는 튀빙겐 대학 설립자 중 한 사람이었고 그 대학 신학과 학장이었다. 그는 미사에 대한 과장된 견해로 주로 기억된다. 그리고 제한적이긴 해도 고해성사의 가치를 인정했고 신학을 상업적 삶(우리의 검증으로 적은 이익이지만)과 연관시켰다.

우리의 목적으로 볼 때 그의 신학은 오캄주의를 따르고 있다. 그리고 신학적 결과에 대해 스콜라주의 붕괴의 주된 요인이 이성의 영역으로부터 믿음에 대한 거의 모든 자료를 거부한 것이었다고 한 것을 비엘이 개발한 것은 오캄의 이 신학이었다. 이 논박에서 루터가 비엘을 비판한 것은 동일하게 그의 선생인 오캄을 반대한 것과 연결된다. 그리고 우리는 그 당시 살아있는 문제로 루터가 선택한 종교적이고 신학적인 문제들을 계속되는 지면에서 볼 수 있을 것이다.

루터가 이 논박에서 그를 직접적으로 언급하지는 않는다 해도 독일인 추기경이고 철학자인 쿠에스의 니콜라우스[Nicholas of Cusa(1400-1464)]가 이 개관(槪觀)에 한 자리를 차지한다. 니콜라우스는 르네상스의 선구자였다. 그는 논리나 삼단논법 모두를 불신했다. 그리고 세계를 설명한 모든 체계를 불신했다. 그는 그가 아는 것보다 모르는 것에 대해 더 잘 알고 있었다. 그는 하나님에 대한 인간의 올바른 태도는 놀라운 것이라고 가르쳤다. 인간은 이성으로 하나님을 발견하지 않았고 직관으로 발견했다. 그 직관은 겸손하고 참을성 있는 사람에게 주었다. 그는 진리를 무한하고, 알 수 없고, 절대적이고, 하나인 어떤 것으로 생각했다. 인간의 지식은 상대적이고, 다중적이고, 복합적이고, 근사한 것이다. 그는 이성은 모순에 너그러울 수 없다는 것을 알았다. 그럼에도 지식이 이 모순 속에 풍성하다는 것을 이해했다. 그는 이들 서로 반대되는 것들이 궁극적으로 하나님 안에서 조정될 수 있다는 것을 알았다. 그는 무한히 위대한 것이지만 무한히 작은 것으로, 최대한이지만 최소한으로, 세계의 중심이지만 세계를 둘러싼 것으로, 어디나 계시지만 어디에도 안 계시는, 하나도 아니고 셋도 아니고 삼위일체인 분으로 하나님을 생각했다.

많은 스콜라 학자들이 그랬던 것처럼 그는 만능의 사람이었다. 그는 천문학자였을 뿐만 아니라 수학자였다. 그는 지구가 회전한다고 보았고 지구는 우주의 중심이 아니고 천체의 궤도는 순환적인 것이 아니라고 보았다. (코페르니쿠스는 그가 죽은 지 약 9년 후에 태어났다). Isidore의 거짓 교황교서(the False Decretals of Isidore)와 콘스탄티누스의 위조 증여(the Forged Donation of Constantine)를 가짜로 밝히는 상당한 재능을 보여주었다. 그는 수평적으로 신 이교주의의 위험을 보았고 그리스도에 대한 새로운 학습을 얻으려고 노력했다. 그는 퇴보한 스코티스트들과 토미스트들이 새로운 학자들과 시인들에게 감동을 주지 못했고 신플라토니즘과 디오니시우스(Dionysius)에서 새로운 종합을 기대했다. 그는 그의 과업에서 실패했다. 왜냐하면 인문주의자들은 형이상학보다는 세계에 더 깊은 관심을 가졌었다.

스콜라 학파의 방법이 한탄할 정도로 타락한 것을 인정하는 것은 쉽지 않다. 그것은 끝없는 질문을 할 만큼 타락했다. 그 질문들은 현대 과학자들이 계속해 그의 가설에 제기하는 것이 아니고 하찮은 것들과 모순적인 것들에서 또 쓸데없는 호기심과 다툼으로 더 많은 질문들을 다시 하게 하고 또다시 열매 없는 질문들을 제기하고 있다. 오캄이 모순들을 드러내기 위해 그 논리의 유익을 취했지만 스코티스트의 논리에 대한 강조는 이 경향을 강조했다. 에라스무스와 인문주의자들은 이 가치 없고 유해한 지성적 훈련을 풍자한다. 루터는 상식과 가톨릭 전통, 성경에 근거한 참된 신학을 위해 그들을 공격했다. 위대한 스콜라 학자들이 13세기에 너무나도 성공했기 때문에 나중의 스콜라 학자들은 그들의 위대한 선배들에게 예속됐고 마지막에 사상의 모든 자유와 함께 희생되었기 때문에 그들은 자신들 가운데서 논쟁했고 세계는 그들을 무시했다. 도미니칸들은 토마스를 따랐고 프란시스칸들은 스코투스를 따랐다. 이 분파주의는 재난이었으며 그들은 진리보다 그들의 선생을 따랐다. 그리고 후기 스콜라 학자들은 은둔해 살았다. 그리고 평신도들의 관심에는 관심을 두지 않고 난해한 문제들만 숙고했다. 토마스 모어는 스콜라 학자들이 독서를 하는 것은 숫염소가 거르는 체 속에서 밀크를 얻으려 하는 것과 같다고 말했다. 그들의 관심은 빈약한 논리로 거짓말하는 것 같았다. 그들은 불합리한 것들을 논쟁하기를 좋아했고 보통사람은 그들이 어느 것도 얻지 못한다는 것을 알았다.

루터가 젊었을 때에 세계는 고전에 전율을 느끼고 있었다. 그들은 스코투스의 미묘함보다 키케로의 철학을 더 잘 찾았다. 그들은 그들의 전제로 시작하지 않았고 스콜라 학자들의 능력의 연역적 추론을 발견하였다. 스콜라 학자들은 그 시대의 지성적 요구에 부응할 수 없었기 때문에 실패하였다.

자연과학이 태어났고 형이상학은 죽었다. 그리고 옛 학문은 조롱받았고 인문주의에 의해 뒤집혔다. 논리와 이성의 시대는 끝났다. 사람들은 논리의 기술이 아니고 사실에 대한 문제에 대해 종교개혁의 논쟁을 하였다. 스콜라 신학자들은 개혁자들을 저항할 수 없었다. 그들은 백성들의 말을 들을 수 있는 귀를 상실한 공론가들이었다. 그리고 그들은 르네상스의 불경한 학자들을 위해 Aunt Sallies가 되었다.

스콜라 신학에 반대해 그의 논박과 토론을 위해 루터가 선택한 요점들을 공부하는 것은 흥미롭다. 그는 부정적이고 흠을 찾는 데 힘쓰지 않고 긍정적 진리를 찾는 사명에 힘썼다. 우리가 이 문서를 공부할 때 사실 혼란스럽고 괴로운 세월에 속하는 다른 문서를 공부하면 할수록 우리는 끊임없이 반역이 아무것도 없는 우리 자신을 생각할 필요가 있다. 그는 혁명과 반란, 열정과 흥분을 미워했다. 그는 이러한 것에서 하나님의 손가락이 아닌 사탄의 발굽을 추적했다. 루터는 진정한 가톨릭 교리를 주장했고 가르쳤던 그의 모든 삶과 그가 진정한 가톨릭교회에 속했고 참된 가톨릭 신조들을 주장했던 그의 모든 삶을 요구했다. 그 시대에 로마 교회에 대한 그의 비판은 인간의 이론들과 전통들과 곡해들을 흩뜨리도록 그 비판 자체를 수세기에 걸쳐 허락했다는 것이다. 그리고 그것은 순수한 기독교를 위해 오직 그가 반대했던 것들이다. 그는 교황에게 호소했다. 그는 모든 기독교계의 총회 대표에게 간청했다. 그는 귀족은 인도돼야 하고 농부는 조심해야 한다는 것을 평신도에게 호소했다. 순수한 복음을 위해 언제나 그래야 한다고 호소했다. 교황과 황제가 그를 반대했고 그들과 함께 엄청나게 많은 그리스도인들을 취했다는 것은 마르틴을 깜짝 놀라게 했지만 그를 단념시키지는 못했다. 복음의 완전한 진리가 포함됐다. 마르틴은 하나님에게서 듣고 믿음으로 나아간 사람들을 역사가 언제나 기억할 모든 앞서간 선조들과 아브라함 같았다. 우리가 볼 때 마르틴은 믿음에 대한 잘못된 개념에 반대해 참된 믿음을 위해 믿음에 대한 곡해에 관심을 가졌다. 참으로 이 곡해들은 기독교를 이해할 수 있게 만들고 발달된 세계에 용납될 수 있도록 만든 진정한 노력에 의해 출발했다고 말할 수 있다. 그러나 똑같이 그들은 사실 기독교보다 훨씬 더 오래된 이교주의에 충분히 수용될 수 있도록 낮은 말로 그것을 너무 자주 감소시키는 것을 시도하였다.

루터는 이론적이고 지성주의적인 각도보다는 목회적이고 영적인 것에서 서구 기독교계의 광범위하고 다루기 어려운 영적 문제에 접근했다. 예레미야의 괴로운 관심과 주저함 외에 격렬함은 없다. 그는 영혼을 잃은 것으로 보았으며, 인간이 지적 어두움과 불확실성 속에 있는 것으로 보았다. 그는 그리스도를 믿음의 중심에서 돌격하는 분으로 보았다. 이때 루터는 깊은 관심을 가졌으며, 그가 면죄부 추문에 대해 공격한 것은 예수 그리스도 안에 하나님의 자비로 그들이 하나님을 알게 되는 인간을 위한 관심으로서 중요하게 보아야만 했다. 그는 결국 이 문제 때문에 95개 조항의 논제를 쓰게 된 것이었다. 왜냐하면 아리스토텔레스에 근거한 스콜라주의는 행위의 의의 형식인 구원론에 헌신하도록 했기 때문이다. 그러므로 참된 기독교 신학을 위해 알려진 대로 아리스토텔레스의 스콜라주의는 퇴위돼야만 했다. 역사적으로 이 문제는 면죄부 문제에서 으뜸이 되었다. 그러나 그것은 펠라기우스주의, 노예의지, 믿음과 행위에 대한 논박에서 언급하는 으뜸이 될 수밖에 없었다. 참된 문제는 모든 완전함과 신선함, 열정, 사도의 믿음과 함께 그리스도론을 발견하는 것이었다. 루터 시대의 그리스도론은 인간의 어리석은 생각과 인간의 영이 갖는 약점 때문에 너무 오래 가려져 있었다.

중세 신학은 인간의 구원이 궁극적으로 하나님의 선행 은총에 의존한다는 것을 이론상으로 언제나 인정했고 이 문제에 대해 결코 아우구스티누스를 부인하지 못했다. 그러나 그것을 존중하므로 인간의 자유의지의 행위를 위한 장소를 발견해야만 했다. 스코투스는 칭의의 과정이 하나님을 사랑하고 인간을 사랑하는 사랑에 대한 의지의 습관을 만드는 하나님의 은혜의 주입이었다고 가르쳤다. 이것은 공로적인 의지의 행위에 돌려졌다. 그리고 이러한 행위들은 그를 이 과정에 들어가게 하므로 죄인을 의인으로 변화시킨다. 은혜를 얻는 분명한 방법은 은혜를 주입시키는 성례의 수단에 의해서다. 은혜는 세례로 주입되고 성찬으로 점점 더 주입된다. 그것이 과정이다. 그러나 그것은 방해 받지 않는 것이 아니다. 칭의의 생명을 주는 과정을 패배케 하는 죄와 대항하여 싸우게 된다. 그것이 인간적인 곤경이다. 그래서 고해는 이 분석으로 볼 때 모든 것들이 그것을 중심으로 돌아가는 기본적인 교리의 위치를 차지하게 된다. 루터는 이 체계가 세례와 성만찬이란 성례의 완전한 의미를 사람에게서 저해하는 효과(의도적이지는 않지만)가 있다고 보았다. 거기서 이 고해 교리와 함께 attrio와 contrio 사이의 구별에 대한 모든 교훈이 관련됐다. 면죄부를 경감시키는 모든 획책과 함께 성직 계급제도로 부과된 사죄하는 그리고 냄새 나는 금전상의 모든 거래 체계는 너무나 자주 관계됐다. 공로의 보고, 일치하고 벌이 마땅한 공로, 연옥, 징계와 처벌이 그런 것들이다. 루터는 중세교회가 명령한 종교적 전 영역을 통해 인간이 미치지만 용서, 죄, 회개, 용서와 은혜가 그리스도에 의해 그리고 그리스도 안에서 참으로 의미하는 바가 무엇인지 결코 알지 못했다는 것을 스스로 보았고 알았다. 그 전 체계는 마음으로 준 펠라기우스주의였고 인간의 자기 의와 행위에 기초하고 있었다. 이로써 교회는 아우구스티누스의 은총의 교리를 상실했다. 교회는 믿음과 내적 의에 대한 최고의 가치를 가르치는 것을 망각했다. 전체 체계는 인간으로 하여금 그들의 죄의 결과를 피하도록 가르쳤다. 그런가 하면 기독교는 진정한 목적으로 하나님의 은혜와 자비를 알고 받아들이고 회개하도록 하기 위해 죄의 심각성에 인간이 마음을 열도록 추구하였다. 다른 말로 하면 그때의 로마 교회의 구원에 대한 개념은 인간에게서 그리스도 중심성과 복음의 자비를 빼앗았다.

그러나 그것이 전부가 아니었다. 루터는 전 스콜라 신학을 '궤변'이라는 모욕적인 이름으로 불렀고 그 신학의 대표적 인물들을 '궤변가'라고 불렀다. 그가 단언한 스콜라 신학은 해로운 영향을 미쳤고 참된 신학에 위해했다. 그 신학은 삶이 인간이 원하는 어떤 대답도 갖지 못하고 주지도 못한다는 문제를 일으켰다. 커다란 지적 구조는 다만 사이비 구조였다. 왜냐하면 그 하나님은 희랍과 이교도, 터키와 유대인, 철학자들, 인문주의자들의 우상의 하나님이었고 분명히 우리 주 예수 그리스도의 하나님과 아버지가 아니기 때문이다. 스콜라주의에 대한 루터의 도전은 기독교를 하나님이 의도했던 것보다 아주 다른 어떤 것으로 변화시키는 데 도움되는 것이었다. 그리고 기독교의 경향은 기독교의 그리스도론을 상실하고 인간론으로 향한 것이었다. 스콜라 학자들은 교부들에 의해 성경에서 추출한 진리들의 총화로서 믿음을 생각하므로 믿음과 이성을 조화시키려고 했다. 그리고 믿음과 이성을 조화시킬 수 있는 인간 이성으로서 이성(플라토와 아리스토텔레스에게서 그 최고의 형태로 주어진)을 생각했다. 그 결과, 그리스도교 계시를 이 사상에 맞추기 위해 기독교는 점차 전체적인 성경의 실재론과 역동성을 거의 상실했다. 절대자이고 제일 원인으로서 하나님의 개념으로 시작한 아퀴나스까지 아덴에서 예루살렘에 이를 수 없었고 확실히 그의 아리스토텔레스적인 자유 의지는 어떤 형태 또는 다른 형태로 행위의 의로 인도할 수밖에 없었다.

세계가 중세의 모든 궤변술에서 자유했던 고대의 그리스도인들과 나란히 서 있기를 원했다. 그가 유일하게 가치 있다고 생각한 것은 그리스도론이었다. 그것은 그리스도의 사역과 그 사역을 우리가 알고 경험하는 것이다. 우리는 오직 그리스도 안에서만 하나님을 알 수 있다. 다른 어떤 것, 그 이상이나 그 이하의 어떤 것도 우상일 뿐이다. 루터에게 그리스도는 하나님의 전 영역을 채우는 것이다. 그리스도는 우리가 가진 유일한 계시자다. 예수는 자신 안에서 우리로 하여금 하나님을 보게 한다 – 하나님의 전모를 보게 한다. 루터에게 모든 신학은 그리스도론이었다. 아리스토텔리안 스콜라주의에 대한 그의 공격은 그리스도가 하신 일이 합당한 일이 되도록 진정한 그리스도론을 위해서였다.

면죄부 추태에 대항하여 항의한 그의 논제를 걸기 약 두 달 전에, 본질적으로 성서적인 것과 실제로 복음적인 그리스도론을 위해 스콜라 신학에 반대해 계속되는 논제들의 형성에서 루터는 반란의 표준을 제기하였다.

명칭들은 물론이고 논제들의 세분은 내가 한 것이고 루터의 것은 아니다. 나는 경우에 따라 그것들을 거기에 기록하였다. 그 이유는 현대인들이 더 쉽게 그 논제들을 이해하도록 하기 위해서다.

PART II
DISPUTATION
AGAINST
SCHOLASTIC
THEOLOGY
MARTIN LUTHER

본문

Master Francis Gunther of Nordhausen은 대부인 마르틴 루터 목사 학장 지도하의 성서학의 학사학위를 위해 아래의 논제들에 대답할 것이다.

아우구스티누스 파의 비텐베르크 신학과 교수.

정해지는 사제장

장소와

시간

1. 아우구스티누스와 의지의 노예에 대하여

1. 이단에 대해 그렇게 길게 아우구스티누스가 썼다는 것을 말하는 것은 아우구스티누스가 쓴 거의 모든 것이 거짓말이라는 것이다(이 논제는 아우구스티누스의 일반적 견해에 반대

하는 것이다).

2. 이것은 펠라기우스주의자들과 모든 이단들에게 유익을 주는 것과 정확히 같은 것이다. 그들에게 승리를 준다는 사실에서

3. 그것은 또한 아무 영향이 없는 교회의 모든 교사(박사)들의 원위를 세워주는 것과 정확히 동일한 것이다.

4. 그 결과 진리는 인간이 '썩은 나무'로 창조됐다는 것이고 원하는 것을 아무것도 하지 못하고 악만 할 수 있다는 것이다.

5. 욕망이 자유롭고 다른 것은 물론이고 어떤 것을 선택할 수 있다는 것은 진리가 아니다. 실제 사실에서 노예가 되는 것을 제외하고는 전혀 자유롭지 못하다(이것은 일반적으로 주장된 견해와 반대로 말하는 것이다.)

6. 그것이 옳다는 것을 확인하기 위해 그것이 원하는 대로 의지가 할 수 있다고 하는 것은 진리가 아니다(스코투스와 가브리엘 비엘에 반대해 말하는 것이다.)

7. 반대로, 하나님의 은혜가 아니고는 의지는 반드시 악하고 나쁜 행위만 하게 될 것이다.

8. 그러므로 자연히 의지가 악하다는 결과는 성립되지 않는다. 다른 말로 하면 마니교도들이 표현한 대로 의지가 악의 성질을 갖고 있다는 결과는 성립되지 않는다.

9. 그러나 인간의 성품은 악하고 자연스럽고 불가피하게 더럽혀진 것이다.

10. 의지에 대해 분명하게 된 선한 것을 이성의 빛으로 추구하기 위해 의지가 자유롭지 않다는 것이 시인된다(스코투스와 가브리엘 비엘에 반대해 말하는 것이다.)

11. 분명한 것은 무엇이나 원하거나 원하지 않는 것은 자기의 능력으로 되는 것이 아니다.

12. 이것을 말하는 것은 다음을 말할 경우 아우구스티누스를 반대해서 말하는 것이 아니다. "그러므로 아무것도 의지 자체보다 더 의지의 힘이 되는 것은 없다.

2. 하나님을 사랑하는 것, 피조물을 사랑하는 것, 자신을 사랑하는 것에 대하여

13. 죄인이 다른 어떤 것보다 더 피조물을 사랑할 수 있기 때문에 그가 하나님을 사랑할 수 있다고 주장하는 것은 모순이다(스코투스와 가브리엘 비엘에 반대하여).

14. 그가 옳은 계명에 자신을 따르게 하지 못하고 옳지 않은 계명에 자신을 따르게 할 수 있다는 것을 놀랄 일이 아니다.

15. 사실 인간의 진정한 본성은 옳은 것을 따르지 않고 오직 잘못된 것을 따르는 것이다.

16. 이 주장에 대한 결론은 다음과 같다. 죄인인 인간은 피조물을 사랑하기 때문에 하나님을 사랑하는 것이 불가능하다.

17. 자연인은 하나님이 하나님 되는 것을 원하지 않는다. 오히려 그는 하나님이 하나님 되는 것을 원치 않고 자신이 하나님이 되는 것을 원한다.

18. 자연인이 다른 무엇보다 하나님을 더 사랑하는 것은 꾸며진 가공의 일이다. 그것은 다만 환상이다(거의 모든 수용된 견해에 반대하여).

19. 참된 실무가는 자신보다 공공의 복리를 더 사랑한다는 스코투스의 견해는 타당하지 않다.

20. 사랑의 행위는 인간에게 자연스럽게 되는 것은 아니다. 그것은 선행하는 은혜의 결과다(가브리엘 비엘에 반대하여).

21. 하나님이 그것을 찾을 때 자연인에게는 욕망을 제외하고는 아무것도 없다.

22. 욕망의 모든 행위는 하나님 보시기에 악하다. 그것은 영의 음탕함이다.

23. 욕망의 행위가 희망으로 옳게 방향이 정해질 수 있다는 것은 진리가 아니다.

24. 소망은 사랑의 반대가 아니므로 소망만이 하나님의 일을 추구하고 몹시 탐낸다.

25. 소망은 공로를 얻는 데서 오는 것이 아니라 고난에서 온다. 고난은 공로를 무의미하게 만든다(일반적으로 수용된 견해에 반대하여).

3. 은혜, 예정과 전적인 부패에 대하여

26. 사랑의 행위는 '자기 안에 있는 것'을 행하는 최선의 길이 아니다. 그러한 행위는 하나님의 은혜를 준비하는 것도 하나님께 가까이 나아오고 회개하게 하는 방법도 아니다.

27. 그러나 그것은 이미 일어났고 완전한 회개의 결과로서의 행위도 아니다. 그것은 적절한 때와 적당한 방법과 은혜의 결과로 온다.

28. 성경 본문에, "너희는 내게로 돌아오라. 그리하면 내가 너희에게로 돌아가리라"(슥 1:3). 또는 "찾으라 그러면 찾을 것이다"(마 7:7). "너희가 나를 찾으면 … 내가 너희에게 만나지겠고"(렘 29:13 이하). 이와 같은 말씀들이 행위의 처음 절반은 인간의 공헌이고 나머지 절반은 은혜에 속한다는 의미로 해석된다면 그 주장은 다만 펠라기우스주의자들이 말한 대로다.

29. 유일하게 타당한 태도로, 은혜에 대한 오류 없는 준비는 하나님의 영원한 선택과 예정이다.

30. 인간이 하는 유일한 공헌은 그 은혜를 거부하는 것이다. 실제로 은혜에 대한 반역은 그 은혜를 받아들이는 것보다 앞서 간다.

31. 그것은 말할 수 있는 가장 무가치한 날조다. 예정된 사람은 분리된 개념으로 (*in sensu diviso*) 정죄될 수 있다(그것은 예정의 개념이 정죄의 개념과 분리된다는 조건에서다). 그러나 함께 이루어진 개념으로(*in sensu composito*)는 정죄될 수 없다(예정과 정죄가 함께 이루어진 개념이라는 조건에서다).

[토마스주의자들은 sensus compositus와 sensus divisus를 구별하므로 유효한 은혜에 대한 그들의 이론을 지지하려고 노력했다. 오히려 단순하고 비 철학적인 설명을 택하라. 장님은 볼 수 없다. 처음 개념으로 sensus compositus를 택한다면 잘못된 설명이다. 곧 눈멀었다는 것을 보는 것과 함께(compositus) 택한다면 그렇다. 그러나 두 번째 개념으로 sensus dividus를 택한다면 그것은 옳은 설명이 될 수 있다. 곧 눈이 멀었다는 개념을 그의 보는 것과 별개(dividus)로 택한다면 옳은 설명이 될 수 있다.

다른 말로 하면 인간이 언젠가는 눈이 멀었는데 지금은 본다는 것이다. 두 번째 개념인 눈이 멀었다는 것은 보는 것에서 분리(dividus) 된다.

이 단순한 구별을 토론하고 있는 개념에 적용시키면 곧 예정된 사람이 정죄받을 수 있다. 그러나 다른 의미로는 정죄받지 않을 것이다. 주장하는 바는 방금 든 실례로 눈먼 것이 보는 것과 분리된 것처럼 예정이 정죄와 분리된다면 예정된 사람이 정죄받을 수 있다는 것이다. 이것은 분명 모순이다. 루터는 성서신학을 위해 그러한 비교화주의자(非敎化主義者)의 궤변에 도전하고 있다. 그는 인간이 그가 정죄를 받게 될 것이라고 한다면 예정된 것으로 합당하게 기술할 수 없다고 주장하고 있다. Ed.]

32. 더욱이 그것은 우리로 하여금 더 이상 주장할 수 없게 한다. 예정은 논리적 결과들(consequentia)을 위해 필요하나 동기적 결과(consequens)를 위해서는 필요치 않다.

[그 구별은 논리적 관련 또는 연결의 개념으로 결과와 논리적 관계 또는 연결 때문에 결과하는 전제의 개념으로 결과의 구별이다. 곧, 그 결론은 추론의 한 부분이다. 궤변가들은 그것에 두 가지 방식을 가지려고 한다. 곧 예정은 하나님의 명령의 논리적 결과이지만 아직 선택 자체는 반드시 일어난 것이 아니라고 말한다. 이것은 논제 31에서 도전한 모순과 같은 종류다. 루터는 그것을 설명하기보다는 예정과 선택에 대한 성서 신학을 설명하는 궤변가들을 다시 비판하고 있다. Ed.]

33. 그리고 그것 역시 잘못된 말이다. 그것은 '자기 안에 있는 모든 것'을 행하는 것은 은혜에 대해 장애를 제거하는 것이라고 주장하는 것이다(어떤 교사들에 반대하여).

34. 간단히 말해서, 자연인은 건전한 이성과 선한 의지도 소유하지 못한다.

4. 도덕성과 아리스토텔레스주의에 대하여

35. 무적(無敵)의 무지(ignorantia invincibilis)는 모든 것을 변명한다는 주장은 진리가 아니다(스콜라 신학자들에 반대하여).

36. 자연이 하나님을 알지 못하기 때문에, 그 자신에 대하여, 그리고 선행에 대하

여 언제나 정복할 수 없는(*invincibilis*) 것이다.

37. 모든 겉으로 나타나는 것들과 실제 선행까지도 자연인은 마음속으로 비밀스럽게 그 선행을 영예롭게 생각하고 그것을 자랑한다.

38. 죄가 없는 도덕성이 되는 자랑이나 고통 없는 도덕성은 없다.

39. 처음부터 마지막까지 우리는 우리 행위의 주인이 아니라 노예다.

40. 우리가 의로운 행위를 행하는 것으로 의롭게 되지 않는다. 그러나 우리가 의롭게 됐을 때 그 결과 우리는 의로운 행위를 한다(철학자들에 반대하여).

41. 모든 아리스토텔리안의 윤리는 은혜의 가장 고약한 적이다(스콜라 신학자에 대하여).

42. 최고선(행복, *de felicitate*)에 대한 아리스토텔레스의 교훈이 보편적 교리에 반대되는 것이 아니라고 주장하는 것은 잘못된 것이다(도덕 철학자들에 반대하여).

43. 한 사람이 아리스토텔레스 없이는 신학자가 될 수 없다고 말하는 것은 잘못된 일이다(일반적으로 용납된 견해에 반대하여).

44. 진리는 아리스토텔레스 없이 한 인간이 되지 않는다면 한 인간이 신학자가 될 수 없다는 것이다.

45. 논리가가 아닌 신학자가 괴상한 이단이라고 말하는 것은 그것이 차례로 돌아와 괴상한, 이단적인 설명을 하는 것이다(일반적으로 용납된 견해에 반대하여).

46. 믿음의 논리를 완성하는 것은 시간 낭비다. 중간적인 실체는 그 술어나 범주들을 넘어 있는 것이다(현대 변증가들에 반대하여).

47. 어떤 삼단논법적 형식은 하나님을 추론하는 데 유효하지 않다(Peter d'Ailly에 반대하여).

48. 그것은 삼위일체적 공식이 삼단 논법적 형식에 반한다는 것이 반드시 따라오지 않는다(어떤 학자들과 또 Peter d'Ailly에 반대하여).

49. 삼단논법적 형식이 신학적 사고에 유효하다면, 삼위일체적 공식은 지식의 문제지 믿음의 문제가 아닐 것이다.

50. 간단히 말해, 신학 연구에 비교한다면 아리스토텔레스 전체는 빛에 어두움과 같다(스콜라 신학자들에 반대하여).

51. 아리스토텔레스 라틴어 학자들 가운데 바르게 이해될 수 있는지 의심하는 것은 대단히 공개적이다.

52. Porphyry와 그의 보편적 실재들(universals)이 신학적 세계에 태어나지 않았다면 그것은 교회를 위해 훌륭했을 것이다.

[Porphyry, c. 232-303, 신 플라톤 철학자로 아리스토텔레스의 범주에 대한 그의 서론은 중세 학교에 표준적인 저작이 되었다. Ed.]

53. 아리스토텔레스의 유명한 정의들은 질문을 요구한다.

5. 은혜의 종교와 율법의 종교

54. 공로적인 행위를 위해 은혜가 공존하는 것은 충분하다. 그렇지 않으면 공존은 무의미하다(가브리엘 비엘에 반대하여).

55. 하나님의 은혜는 쓸모없게 결코 공존하지 않는다. 은혜는 살아 있고, 움직이고 활동적인 영이다. 거기에 하나님의 사랑의 행위가 있고 하나님의 은혜가 존재하기 때문이 아니므로 그것은 하나님의 절대적인 능력을 통해 일어날 수 없다(가브리엘 비엘에 반대하여).

56. 하나님의 은혜가 그를 의롭게 하지 않는다면 인간을 용납할 수 없다 (오캄에 반대하여).

57. 율법이 존재한다는 것은 그 율법에 순종할 수 있다는 것을 의미하는 것이 있다는 것을 믿는 것은 위험하다. 왜냐하면 율법은 하나님의 은혜로 성취되기 때문이다 (Peter d'Ailly와 가브리엘 비엘에 반대하여).

58. 하나님의 은혜를 갖는다는 것은 율법 밖에 이미 새로운 요구다.

59. 그것은 더욱 율법의 행위들이 하나님의 은혜 없이 이루어질 수 있다는 견해에서 결과한다.

60. 하나님의 은혜가 율법보다 더 쓸모없게 됐다는 것이 같은 방식으로 결과한다.

61. 그것은 율법이 하나님의 은혜 안에서 지켜지고 성취됐어야 한다는 결과가 오

지 않는다(가브리엘 비엘에 반대하여).

62. 그러므로 하나님의 은혜 밖에 있는 사람은 끊임없이 죄를 짓는다. 그의 죄는 살인이나 간음 또는 도적질을 범하는 실제의 행위가 아니다.

63. 그것은 율법의 영적 의미로 율법을 성취하지 못하는 데서 그가 죄를 짓는 결과가 된다.

64. 율법의 영적 목적은 간음하거나 도적질하거나 살인하지 않은 사람이 화도 안 내고 욕심도 갖지 않는 사람이다.

65. 그것은 율법을 완전히 지키는 것을 가능하게 하는 은혜의 충분한 상태에 있는 것처럼 욕심도 갖지 않고 화도 안 내는 것은 불가능하다.

66. 그것은 명백한 행위로 살인, 간음과 여타의 행위들을 범하지 않는 의 그리고 행위의 의를 주장하는 위선자의 의다.

67. 욕심을 갖지 않고 화를 내지 않는 것은 하나님의 은혜 때문이다.

68. 그러므로 하나님의 은혜 없이 율법을 성취한다는 것은 불가능하다.

69. 실제 율법은 하나님의 은혜 없이 사는 자연인에 의해 자주 범하게 된다.

70. 율법은 그 자체로 선한 것이지만 자연인의 의지에는 부득이 나쁜 것이 된다.

71. 율법과 의지는 하나가 다른 것에 반한다. 그리고 하나님의 은혜 없이는 화해할 수 없다.

72. 사랑과 두려움에서 그것을 억지로 원하는 것이 아니고는 율법이 원하는 것을 의지는 결코 원하지 않는다.

73. 율법은 의지에 대해 폭군이다. 율법은 "우리를 위해 태어난 한 아이"(사 9:6)가 아니면 결코 정복되지 않는다.

74. 율법은 죄를 더하게 한다. 왜냐하면 율법은 의지를 격동케 하고 율법의 행함에서 의지를 제거하기 때문이다.

75. 다른 한편 하나님의 은혜는 예수 그리스도를 통해서 의를 풍성하게 만든다. 왜냐하면 하나님의 은혜는 율법을 기쁜 것으로 만들기 때문이다.

76. 하나님의 은혜 없이 이루어진 율법의 모든 행위는 겉으로는 좋게 나타나지만 안으로는 죄다(스콜라 학자들에 반대하여).

77. 하나님의 율법에 관계하여 의지는 언제나 사악하고 그 손은 하나님의 은혜가

없다면 반대가 된다.

78. 하나님의 은혜 없이 율법에 호의적이 될 때는 그것은 그 율법 자체의 관심에 부합한다.

79. 율법의 행위를 행하는 모든 사람은 저주 받은 자다.

80. 하나님의 은혜의 행위를 행하는 모든 사람은 복을 받은 자다.

81. *Cap. False de pe. dis.* V는 은혜와 별개로 행해진 행위는 좋은 행위가 아니다. 만약 그 구절이 잘못 이해되지 않는다면.

82. 의식법은 좋은 법이 아닐 뿐만 아니라 아무도 그 법에서 삶을 찾지 못하는 교훈이라는 것이다.

83. 물론 십계명까지도 그리고 그 십계명에서 가르칠 수 있는 모든 것, 또는 그것에 대해 말한 것은 문자적 의미나 영적 의미 어느 것도 생명을 줄 수 없다.

84. 그것이 선하고 그것으로 인간이 사는 율법은 우리 마음에 완전하게 부어진 사랑이다.

85. 그것이 가능했다면 모든 사람의 의지는 율법이 전혀 없고 그 율법이 절대적으로 외부 긴장에서 자유로운 일들의 상태를 더 좋아했을 것이다.

86. 모든 사람의 의지는 율법의 불이익에 부과된 율법을 미워한다. 또는 선택적으로 자기를 사랑하는 것으로부터 율법의 유익에 부과된 율법을 원한다.

87. 율법이 선하므로 의지는 선할 수 없다. 왜냐하면 의지는 율법에 반대이기 때문이다.

89. 은혜는 중재자로서 필요하다. 왜냐하면 은혜는 율법을 의지에 일치시키기 때문이다.

90. 하나님의 은혜는 의지를 바로 잡기 위해 주어졌다. 그 의지가 하나님을 사랑하는 데서고 잘못하지 않도록 하기 위하여(가브리엘 비엘).

91. 은혜는 사랑의 행위를 더 자주 더 쉽게 끌어내도록 하기 위해 주어진 것이 아니다. 은혜 없이는 어떤 사랑의 행위도 끌어낼 수 없기 때문에 주어진 것이다(가브리엘 비엘에 반대하여).

6. 하나님을 사랑하는 것과 자기를 사랑하는 것

92. 자연인이 사랑의 행위를 행할 수 있다면 사랑은 넘쳐나게 된다는 주장에 어떤 대답도 없다(가브리엘 비엘에 반대하여).

93. 다만 살짝 가리어 동일한 행위가 목적 자체(fruitio)와 그 목적에 수단(usus) 모두가 될 수 있다는 주장은 악하다.

[아우구스티누스는 하늘과 연관시켜 frui란 말을 사용한 것 같고, 땅과 관련해 uti란 말을 사용한 것 같다. 또는 더욱 더 정확히 땅 위에서 우리가 신학화하는 것에 대하여 사용한 것 같다. 루터는 같은 사랑의 행위가 목적 자체를 즐기는 것은 말할 것도 없이 목적에 대하여 수단이 될 수 없다고 말하고 있다. Ed.]

94. 마치 그 사랑이 강렬할지라도 하나님의 사랑이 피조 세계를 사랑하는 것과 나란히 존재한다고 주장하는 것도 악한 것이다.

95. 하나님을 사랑하는 것은 자신을 미워하는 것이다. 그리고 하나님을 제외하고는 아무것도 아는 것이 아니다.

96. 우리의 의지를 전적으로 하나님의 의지에 맞추려 한다면 우리는 잘못으로 유죄가 증명되는 것에 서 있다(Peter d'Ailly에 반대하여).

97. 우리의 의지가 다만 하나님이 원하는 것같이 우리가 원하는 정도로 원해서는 안 된다.

이 논제들에서 우리는 우리가 어떤 것을 말한 것을 우리가 믿는 것도 아니고 어떤 것을 말하려고 하지 않는다. 그것은 보편 교회와 교회의 고대 박사들과 일치하지 않는다.

제 3 부

1518년 하이델베르크 논쟁

마르틴 루터

PART III
DISPUTATION HELD AT
HEIDELBERG
MARTIN LUTHER

서문

면죄부 논쟁은 루터의 스콜라 신학에 대한 공격(p. 251, *WA.*, I, 221–228)에 바로 이어서 계속되었다. 그리고 그때에 그는 히브리서 11장을(p. 256) 강의하고 있었다. 그때에 루터는 자신의 신학을 설명하기 위해 하이델베르크에 소환되었다.

이제 관료(officialdom)는 그 손을 보여주었다(had shown its hand). 마인쯔의 알베르트(Albert of Mainz)는 루터가 활동하지 못하도록 요청하는 면죄부 논쟁의 문서를 로마에 발송하였다. 1518년 2월에 이 명령은 루터의 선배 스타우피츠에게 전해졌다. 이 공식적인 움직임에 더하여 매우 적대감을 보이던 도미닉 학파 사람들의 활동이 점증되었다. 1518년 1월 그들의 삭손(Saxon) 성직자단에서 Wimpina와 Tetzel은 일련의 반대 논제를 제출했고 로마에 제출된 이단에 대한 의심 문제에 대해 루터를 정식으로 비난했다.

그러나 하이델베르크에서는 루터가 예상했던 것보다 모든 상황이 좋았다. 그는 거기서 사람들이 매우 동정적으로 그의 말을 들어주는 것을 경험했다. 그 결과와 발전을 무서워하는 것을 제외하고는 이 새로운 신학적 운동의 강렬한 잠재력을 보고서 어떤 나이 많은 사람들이 어떤 유보를 나타냈어도, 그는 나중에 종교개혁자라는 명성을 얻게 된 Bucer, Brenz와 Pellican 같은 젊은 사람들 가운데서 많은 개종자들을 얻었다. 그 모임은 어렵고 고독한 운동을 벌이는 루터를 어느 정도 안심시켰다. 하이델베르크에서 면죄부 논쟁은 거절되었고 루터는 신학자들 가운데 한 사람으로 그의 형제들 앞에 서게 되었다. 그는 다른 일을 하면서 로마서, 갈라디아서, 히브리서에 대한 그의 긴요한 저술을 포함한 열정적인 신학 연구에 10년을 꼬박 바쳤다. 그는 논쟁에서 사회를 보았다. 그리고 힘 있고 간결하게 자신의 새로운 신학적 의미를 나타냈다.

40개의 논제 중에 28개 논제는 스콜라 학파의 구원론에 반대하는 것이었고 12논제는 스콜라 학파의 철학에 반대하는 것이었다. 28개의 신학적 논제는 그 논제들의 의미에 대해 어떤 해설이 따라 왔지만 12개의 철학적 논제에는 그러한 해설이 따라 오지 않았다. 루터의 새로운 신학의 완전함이 발전된 것은 첫 28개의 논제가 따라 오는 설명에서다. 그리고 그 문서의 중요성이 포함되어 있는 것은 이들 설명에서다. 이 모든 것에 더해 토론을 위해 미리 준비된 적절하고 긴 설명(explicatio)이 있다. 그러나 그것은 부록의 성격으로 논쟁에 첨부된다.

나는 바이마르 판이 채택한 자료에서 구성된 것을 따랐다. 그것은 루터가 개별적으로 첫 28개 논제에 대하여 한 주석들의 흩어짐 없이 일치하여 구성된 것이 이 논제들의 계속되는 전체이다. 논제들을 주석과 분리시키는 것은 비교나 귀결의 힘을 더는 데 도움이 되도록 한 쌍으로 또는 그러한 밀접한 귀결로 또는 역설적으로 논제들의 대부분이 진행되기 때문에 이것은 필요하다. 이 다음에 루터의 주석들은 그가 '증거'(proofs)라고 부르는 형태로 주어졌다. 그것들은 그가 증거하고 있는 특별한 논제들과 함께 각 경우에 자연스럽게 앞에 있게 되었다. 이 논제들에 이어서 증거된 논제들은 앞의 문단에서 언급한 설명(explicatio)이다.

그러한 종류의 논제들은 현대인이 읽고 사려 깊게 명상하고 해석하는 종류의 연구가 어렵다. 여기에 루터의 위대한 하나님의 의와 인간의 의, 율법과 복음, 죄, 행위로 칭의, 그리스도 안에서 칭의, 의지의 노예 됨, 그리스도와 불가분리로 연합된 믿음에 대한 주제들이 있다. 여기에서 영광의 신학과 구별되는 루터의 중요한 십자가 신학이 발전된다. 여기에 또한 스콜라 신학(p. 251, WA, I, 221-228)에 대한 이전의 문서에서 더 완전하게 제기된 아리스토텔레스에 대한 그의 공격이 있다.

본문

성 신학 석사(S. T. D.) 마르틴 루터님께서 사회를 보시고, 예술 및 철학 석사 레오나드 바이에르(Leonard Beier)님이 대답할 것이다.

아우구스티누스 학파 사람들 앞에서

이 유명한 하이델베르크 도시의 보통 장소에서

1518년 4월 26일

신학의 주(州)에서부터 온 논제들

무엇이든 우리 자신을 신뢰하지 않고, 잠언 3:5 "너는 마음을 다하여 여호와를 의뢰하고 네 명철을 의지하지 말라"는 말씀의 정신으로 우리는 겸손하게 관심 갖는 모든 사람들의 판단에 이 신학적 역설을 제출한다. 이 논제들이 그리스도가 선택한 도구들과 기구들 가운데 비길 데 없고 고르고 고른 도구인 바울로부터 적법하게 해설되었는지 아닌지를 분명하게 수립되도록 이것을 행한다. 그리고 또한 그것들이 바울의 충실한 해석자인 아우구스티누스에게 일치하고 있는지 이해하기 위하여.

1. 인생의 가장 완전한 가르침인 하나님의 율법은 인간을 의롭게 할 수 없다. 그때 율법은 도움이라기보다 방해다.

2. 자연인의 명령으로 부추기고 매번 다시 인간의 행위들이 행해지지만 인간의 행위는 참으로 인간을 의롭게 할 수 없다.

3. 인간의 행위가 언제나 훌륭하게 보이고 대단히 좋은 모습을 갖고 있지만 그것은 모든 가능성에서 죽을 수밖에 없는 죄들이다.

4. 하나님의 행위는 언제나 악하게 보이고 대단히 나쁜 모습을 갖고 있어도 그것은 실제로 영원한 공로의 행위다.

5. 인간의 행위는 그 행위들이 죄라고 부를 수 있을 정도로 그렇게 용서받을 수 없는 것이 아니다(우리는 인간의 선행을 우리에게 좋게 나타나는 것으로 언급하고 있다).

6. 하나님의 행위는 그 행위가 죄라고 부를 수 없을 정도로 그렇게 공로에 속하지 않는다(우리는 인간이 하는 그런 행위에 대해 말한다).

7. 만약 그 행위들이 하나님을 공경하는 경외 없이 행해진다면 또 그들의 행위가 죽을 수밖에 없는 죄들이라는 것을 두려워하지 않는다면 의로운 행위도 죽을 수밖에 없는 죄가 될 수 있을 것이다.

8. 심지어 하나님을 경외하지 않고 또 단순히 자기의 유익에만 관심을 갖는 정신으로 인간의 행위들이 행해진다면 인간의 행위는 정말로 더 죽을 수밖에 없는 죄다.

9. 그리스도를 제쳐놓은 행위는 죽은 것이지만 죽을 수밖에 없는 죄가 아니라고 말하는 것은 하나님을 경외하는 데 아주 위험한 느슨함으로 보인다.

10. 하나의 행위가 어떻게 죽은 행위가 될 수 있고 해롭지 않고 또 죽을 수밖에 없는 죄가 아닌지를 이해하는 것은 대단히 어렵다.

11. 심판과 정죄의 두려움이 모든 선행을 주의하지 않는다면 교만은 면할 수 없고 실제의 희망도 존재할 수 없다.

12. 인간들이 그들의 죄가 죽을 수밖에 없는 것이라는 것을 두려워할 때에 그들은 하나님 앞에서 용서될 수 있다.

13. 타락 후에 자유 의지는 이름으로만 존재한다. 그리고 인간이 '자기 안에 있는 것'을 행하는 동안 그는 죽을 수밖에 없는 죄를 짓고 있는 것이다.

14. 타락 후에 자유 의지는 그 의지가 순종하는 상태에 있을 때에만 선을 행할 능력(곧, 그 능력이 더 위대한 힘- *potentia subjectiva*- 에 복종하는 능력일 경우)을 갖고 있지만 실제 사실에서 그 능력은 언제나 악한 동기에 능동적이다.

15. 그리고 죄 없는 순결한 상태에서 인간은 선을 행할 능력(*potentia activa*)이 없고 다만 그를(*potentia subjectiva*) 통해서만 행해질 수 있을 뿐이고, 그는 개선할 능력을 훨씬 덜 가졌었다.

16. 사람이 '자기 안에 있는 것'을 행하므로 은혜의 상태에 이르게 될 것이라고 생각한다면 그는 단지 하나의 죄를 다른 죄에 쌓고 배나 죄가 많아지게 된다.

17. 그리고 이렇게 말하는 것은 실망하게 하는 원인을 제공하는 것이 아니고, 반대로 겸손하게 하고 그리스도의 은혜를 원하도록 자극하는 원인을 제공하는 것이다.

18. 인간이 전적으로 자신에게서 실망해야 하고 그 결과 인간은 그리스도의 은혜에 적합해질 수 있게 된다는 것은 확실하다.

19. 창조된 만물에 근거하여 '하나님의 보이지 않는 것'을 해석하려고 추구하는 사람은 신학자라고 불릴 수 없다.

20. 그러나 십자가와 고난을 의미하는 하나님의 배후의 부분들과 보이는 것을 이해하려고 하는 사람은 신학자라고 불릴 만하다.

21. 영광의 신학자는 나쁜 것을 좋다고 말하고 좋은 것을 나쁘다고 말한다. 십자가 신학자는 실제로 진리인 것을 말한다(곧, 그것들의 적당한 이름으로 그것들을 일컫는다).

22. 선행을 하는 것에서부터 알려진 대로 하나님의 보이지 않는 것들을 이해하는 지혜의 종류는 인간을 우쭐하게 만들고 인간을 눈멀게 그리고 강퍅하게 만든다.

23. 율법은 진노를 낳는다. 율법은 그리스도 안에 있지 않은 모든 사람을 죽이고, 저주하고, 죄책을 느끼게 하고, 심판하고, 정죄한다.

24. 그러나 이 지혜가 악하다는 것도 아니고 또 우리가 율법에서 도망쳐야 된다는 것도 아니다. 십자가 신학을 알지 못한 사람은 가장 훌륭한 것들을 그들의 가장 악한 것들에 사용할 수 있다는 것이다.

25. 의로운 사람은 선행의 방식으로 아주 많은 것을 행하는 사람이 아니고 어떤

행위를 떠나 대단히 많은 것이 그리스도 안에 있다는 것을 믿는 사람이다.

26. 율법은 말한다. "이것을 행하라." 그러나 그것은 결코 이루어지지 않는다. 은혜는 말한다. "그를 믿으라." 그러면 모든 것은 이미 이루어진 것이다.

27. 그리스도의 행위는 그 행위가 선행을 하게 하는 효과가 있고 효력을 미친 우리의 선행으로 옳게 묘사될 수 있다.

28. 하나님의 사랑은 그 사랑의 대상을 찾지 않고 만들어 낸다. 반면에 인간의 사랑은 그 사랑의 대상에 의해 만들어진다.

철학의 주(州)에서부터 온 논제들

[스콜라 철학의 영역에서부터 12개의 비슷한 논제들이 이제 계속된다. 편집자는 루터의 간결한 반증들의 적절성을 독자들이 평가할 수 있도록 관련된 간단한 설명을 붙인 철학의 주에서 온 이 논제들에 머리말을 쓴다. 편집자가 거기서 필요한 것은 간단한 의역을 덧붙였고 특별히 어려운 점들에 어떤 설명을 덧붙였다.

아리스토텔레스의 가능성(Potentiality)과 현실성(Actuality)은 철학에서 중요한 역할을 하였고 이 말들은 루터에 의해 여기서 토론되고 있다. 아리스토텔레스의 가르침은 "어떻게 사물들이 그 사물로 존재하게 되는가?"의 질문에 대답하기 위한 하나의 시도다. 이 문제를 해결하기 위해 그는 사람의 사고를 성장의 과정으로 향한다. 예를 들면, 그는 상수리나무가 현실에 있지 않지만 가능성 있는 것으로 도토리를 본다. 이 생각을 철학적 용어법에 적용하기 위해 그것은 이와 같이 표현될 것이다. 그 사물의 적당한 형태에 도달한 하나의 사물은 확정되지 않은 물체(Matter)가 가능성을 지닌 그 물체의 현실성이다. 가능성은 그 과정이나 목적이 완성됐거나 의도했던 목적에 도달한다면 마지막에 현실성이 된다.

그 과정은 계속되고 있는 과정이 아니라는 점을 이해할 수 있다. 그 과정은 목적(a telos, an end)을 갖는다. 창조된 사물은 목적을 이룬 것을 의미한다. 사실, 사물들이 발전해가는 목적은 성취의 과정에서 어떤 끌어당김을 행사하는 개념으로서 또는 목적으로서 선재하는 것으로 고려된다. 이것은 변화와 시간이란 주제에 대해 인간의 사고에 매우 중요한 공헌이다. 그리고 이것은 적지 않은 영향을 미쳤다.

이 주제에 대한 아리스토텔레스의 교훈은 그의 네 가지 동인(the Four Causes)의 교리에 포함되어 있다. 이것은 "어떻게 세계 질서가 그 질서 그대로 있게 되었는가?"란 질문에 답하기 위한 하나의 시도다.

전체 진리를 파악하는 데 필수적인 각각의 몇 가지 부분을 유지하는 그의 대답은 네 부분으로 이루어진다. 첫째, 하나의 물건의 질료적(material) 동인이 있다. 다른 말로 하면 물체(Matter)다. 둘째, 그것에 의해 그 물건이 발전하는 형태적(formal) 동인이 있다. 다른 말로 하면 형태(Form)다. 셋째, 효력이 있는 동인이 있다. 곧 처음으로 전 과정을 시작하게 하는 작인자(作因者)가 있다는 것이다. 넷째, 그 과정의 결과가 되는 최종의 동인이 있다. 이 마지막 동인은 현실성으로서 우리가 이해하는 최종 결과가 그 과정의 마지막 표현에 이른 과정의 가능성이라고 말하므로 가능성과 현실성에 관계해 표현될 수 있다.

독자는 인간의 실지 경험적인 경험에서 이 4가지의 동인이 유착하기 쉽다는 것을 인지하게 될 것이다. 마지막 분석으로 질료적 동인, 곧 거기서 발전이 진행되는 바로 그 물질인 질료적 동인과 발전하는 것의 성취를 추구하는 목적이 되는 최종적 동인과의 기본적 구별이 있다.

이 설명은 아리스토텔리안의 견해를 대충 묘사하는 부적당한 분석이다. 그리고 한편으로는 다만 12개의 계속되는 논제에 관련된 용어법을 밝히기 위해 주어진 것이고, 다른 한편으로는 어떻게 루터의 복음적 통찰이 날카로운 반 아리스토텔레스의 견해에 문제가 될 수밖에 없었는가를 보여주기 위해 주어진 것이다. 루터의 관심은 스콜라 아리스토텔레스주의가 기계적인 자기 결정론에 관련돼야만 하는 가다. 이 기계적인 자기 결정론은 사실 아리스토텔레스가 그의 윤리(Ethics)에서 발전시킨 것이다. 여기서 아리스토텔레스는 인간이 자연적 힘들이나 외부 환경으로 결정되는 것이 아니고 오히려 자기 내부에 역사하는 경향에 의해서 결정된다고 가르친다. 그러나 그가 선행을 행하는 본성을 가진 사람이 아니면 그는 선한 행위를 할 수 없다. 선한 행위가 솟아 나오는 선한 성품을 가진 사람이 아니라면 그는 선한 행위를 할 수 없다. 그것이 자기 내부로부터 촉진되는 사람이다. 그리고 자기 밖이나 자기 위에서부터 나온 다기보다 자기 아래에서 촉진되는 사람이다. (현대 정신분석은 다른 개념의 틀 내부를 통해서 매우 뚜렷이 전자의 견해를 보증한다.)

스콜라주의가 그것으로 이루어진, 또는 더 정확하게, 아리스토텔레스의 견해는 그 견해가 나가는 한에서 말할 것도 없이 그 견해에 어떤 진리를 갖고 있다. 그러나 그것은 인간의 상황을 바라보는 견해인 반면에 루터는 초인간적 수준에서 문제를 제기하고, 하나님이 인간인 우리를 위해, 그리고 우리의 구원을 위해 행하셨고 행하시는 것에 대한 확실성의 빛에서 행동하고 생각한다. 아리스토텔레스의 교리는 복음이 제공하는 인간의 구속 교리를 위한 적합한 근거를 마련해주지 않고 오히려 행위 의 (works-righteousness)의 교리를 위한 여지를 제공한다. 곧 인간의 노력, 인간의 애씀과 인간의 의와 연관하여 생각되는 견해다. 루터는 실제로 펠라기우스주의와 갈등하고 있었다. 루터는 매우 초기 단계에 문제를 깨달았다. 그리고 그의 생각은 너무나 빨리 모든 것을 혼란케 한 그 교리 논쟁의 괴로운 물결 때문에 오히려 날카롭게 결정(結晶)되었다. 루터 당시에 아리스토텔레스의 스콜라주의에 대한 적대감에 대한 설명과 통찰력은 (자유로운 표현과 방해받지 않는 영향을 얻게 되는) 우리의 구원을 위해 그리고 인간인 우리를 위해 그리스도 안에서 하나님의 역사가 허락되기 위해 선택되고 구원받은 인간의 진력하는 욕망이라는 적극적 개념으로, 그리고 어떤 인간적 노력으로 구원을 얻는다는 속임수를 뿌리 뽑는다는 루터가 한 교리 논쟁을 생각하는 데까지 이를 수 있을 것이다. 그는 그리스도를 사랑하기 때문에 아리스토텔레스를 미워했다. 그의 본질적인 가치를 위해 아리스토텔레스는 인간의 눈을 그리스도로부터 인본주의의 윤리와 인본주의의 구원으로 돌렸다. 그 해석학이 그들을 땅으로 내려와 연구하고 해석하게 도와준 대로 아리스토텔레스의 해석학은 인문주의자들을 위해 매우 많은 것을 하였다. 그러나 근본적으로 아리스토텔레스에 의해 중개된 희랍의 정신은 그리스도 중심이라기보다 인간 중심이었던 구속의 교리와 그 영감이 복음보다도 오히려 인문주의였던 윤리를 개발하는 데 더 유용했다. Ed.]

29. 자기 영혼에 위험 없이 아리스토텔레스의 철학에 자신을 적용하려고 생각하는 사람은 먼저 정말로 그리스도 안에서 어리석어야 한다.

30. 결혼한 사람을 제외하고는 아무도 육에 대한 열정을 육의 자연적이고 적당한 사용에 맡길 수 없는 것처럼 아무도 그리스도 안에서 어리석은 사람, 곧 그리스도인이 되지 않고는 자기의 생각을 철학에 맡길 수 없다.

31. 인간이 인간의 영혼이 죽을 수 있다고 생각하는 한 세계는 영원하였다는 것을 아리스토텔레스가 주장하는 것은 쉬운 일이다.

32. 창조된 만물이 있는 것과 마찬가지로 많은 독립적인 실재들이나 형태가 있다는 것을 수용한 후에 물체의 많은 질료적 본질이 있다는 것은 반드시 수용되어야 한다.

33. 이미 세상에 있는 어떤 것으로부터 한 사물이 창조되었다는 것을 믿는 것은 필수적이지 않다. 그러나 자연스럽게 창조된 것은 무엇이든 어쨌든 물체에서부터 창조되었다.

34. 아리스토텔레스가 하나님의 절대적 힘을 알았다면, 그 범위에서 그는 막연한 물체[또는 질료적 경우 -앞의 279p를 보라 Ed.] 가 순수하고 단순하게 존재한다는 것은 불가능하다는 것을 주장할 수 있을 것이다.

35. 현실적으로 아무것도 영원하지 못하다. 그러나 가능성 그리고 물체(matter; 물질)는 아리스토텔레스에 의하면 창조된 사물들로 존재한다.

[곧, 그것들은 그것들에게 모양을 준 형태와 별개로 존재할 수 없다. Ed.]

36. 아리스토텔레스가 그 자신의 철학보다 더 훌륭한 철학인 플라톤의 관념들(ideas)에 대한 철학을 비웃고 비난하였다면 아리스토텔레스는 잘못하고 있었다.

[루터의 지적은 플라톤주의가 아리스토텔레스주의가 마련해주지 못한 신론을 위한 가능한 철학적 근거를 마련해 준다는 점이다. Ed.]

37. 피타고라스는 교묘하게 인생에서 숫자의 의미를 유지했다. 그러나 플라톤은 더욱 교묘하게 창조된 만물에 관념들(Ideas)을 관계시키는 것을 확립하였다.

38. 진기한 새인 파르메니데스와 아리스토텔레스의 논쟁은 바로 단독 연습과 같았다. (내가 그것을 그리스도인 청중에게 반감 없이 말할 수 있다면).

[파르메니데스는 주전 500년에 희랍의 수학자였다. 그는 우주가 동종의 전체였다고 주장하였고 그 우주의 어떤 부분이나 요소가 변할 수 없다고 주장했다. 우주에 어떤 특별한 경질과 관계하여 성장도 감소도 있을 수 없다. 그러므로 존재하게 되는 것

이나 중단하게 되는 것은 단순한 이름들이다. 그는 유명한 결론 무에서 아무것도 존재하지 않는다(ex nihilo nihil fit)에 도달하였다. 그 주장은 스피노자의 일원론을 현대 독자들에게 상기시켰다. Ed.]

39. 마찬가지로 아낙사고라스가 무한한 것이 형태라고 가르쳤다면 아리스토텔레스를 포함하여 철학자 중에 가장 훌륭한 철학자였다.

40. 아리스토텔레스에게서 결핍, 질료와 형태(Matter snd Form), 연속성과 비연속성, 현실성과 가능성, 그리고 그 외 나머지들은 동일한 것이 된다.

결론의 증거
하이델베르크 성직자 단에서 논의된,
우리의 구원의 해에,
1518년 5월에

결론 I

가장 온전한 삶의 교리인 하나님의 율법은 사람을 의롭게 할 수 없다. 그것은 도움이 기보다는 방해다.

이것은 로마서에서 바울 사도로부터 분명하다. "이제는 율법 외에 하나님의 한 의가 나타났으니"(롬 3:21). 아우구스티누스는 그의 책 *On the Spirit and the Letter*에서 같은 것을 밝혔다. "율법 외에 라는 말은 율법으로부터 어떤 도움도 없다는 말이다[1]." 그리고 로마서 5:20 "율법이 가입한 것은 범죄를 더하게 하려 함이라"와 로마서 7:9의 "계명이 이르매 죄는 살아나고"라고 하였다. 그것이 그가 율법을 부르는 이유가 되는

---

1. *de spir. et litt.*, c.9; Migne, 44.209.

데, '죄와 사망의 법'(롬 8:2)이라고 하였다. 사실 고린도후서 3:6에서 그는 실제로 말씀한다. "… 의문(letter)은 죽이는 것이다." 아우구스티누스가 그의 책 *On the Spirit and the Letter* 전체에 하나님의 율법이 거룩할 수 있는 것같이 거룩하다고[1] 언급하므로 이것을 이해한다.

II.

자연인의 명령에 의해 부추겨지고 도움을 받고 여러 번 행해지지만 인간의 행위는 정말로 인간을 의롭게 할 수 없다.

그 이유는 하나님의 율법은 거룩하고 순수하고 진실하고 의롭기 때문에, 그리고 자연인의 능력을 돕기 위해 하나님이 주신 것이고, 인간의 길을 비춰주고 인간이 선을 행하도록 강요하는데, 그러나 그 반대가 일어났다. 그리고 인간은 더 악해졌다. 그러면 인간이 어떻게 자기의 힘으로 그러한 도움 없이 선을 행할 수 있는가? 어떤 사람의 도움을 받을 때에 선을 행하지 못하는 사람이 자기 자신만을 의지한다면 더 선을 행하지 못해야만 한다. 이것이 사도가 로마서 3:10에서 말씀한 이유다. "모든 사람이 부패하였고 선을 행하는 자는 없나니 하나도 없도다. 하나님을 아는 자도 없고 하나님을 찾는 자도 없고 다 치우쳐 길을 잃었느니라."

---

1. *Ibid.,* c.14; *Migne,* 44.215.

III.

인간의 행위가 아주 훌륭한 모양을 가지고 언제나 아름답게 보여도 인간의 행위는 모든 가능성에서 죽을 수밖에 없는 죄들이다.

인간의 행위는 아름답게 나타나지만 내적으로 그 행위들은 그리스도가 바리새인과 관련하여 말씀한 대로 혐오스럽다. "화있을진저 외식하는 서기관들과 바리새인들이여 회칠한 무덤 같으니 겉으로는 아름답게 보이나 그 안에는 죽은 사람의 뼈와 모든 더러운 것이 가득하도다"(마 23:27). 왜냐하면 그들의 행위는 그들 자신과 다른 사람 모두에게 선하고 아름답게 보이기 때문이다. 그러나 하나님은 겉 모양에 따라 심판하시지 않는다. 하나님은 인간의 마음을 보시고 그의 가장 깊은 곳을 보신다. 그리고 사도행전 15:9에서 말씀한 것처럼 은혜와 믿음 없이는 깨끗한 마음을 갖는 것이 불가능하다. 거기서 베드로는 믿음으로 이방인의 마음을 깨끗하게 하는 하나님을 언급한다.

그러므로 논쟁은 다음의 방식으로 증거된다. 첫째, 의로운 인간의 행위가 7번째 결론이 확인하는 대로 죄라면 아직도 의롭지 못한 사람의 행위는 참으로 더 죄가 된다. 이제 의로운 사람들은 그들의 행위에 대해 말한다. "주의 종에게 심판을 행치마소서 주의 목전에는 의로운 인생이 하나도 없나이다"(시 143:2). 사도는 동일한 것을 말씀한다. "무릇 율법의 행위에 속한 자들은 저주 아래 있나니"(갈 3:10). 둘째, 율법의 행위는 인간의 행위다. 그리고 저주는 단순히 용서될 수 있는 죄가 아니다. 그러므로 율법의 행위는 죽을 수밖에 없는 죄다. 셋째, 바울은 말씀한다. "그러면 다른 사람을 가르치는 네가 네 자신을 가르치지 아니하느냐 도적질 말라 반포하는 네가 도적질 하느냐"(롬 2:21). 이것을 아우구스티누스는 다음과 같이 해석한다. 모든 모양으로 그들이 다른 사람들을 도적들이라고 판단하고 가르치는 자들이라도 의지에 관한 한 그들은 도적들이다.[1]

---

1. 인용이 명확하지 않음.

IV.

하나님의 행위는 항상 악하게 보이고 대단히 나쁜 모양을 가져도 그러나 사실은 영원한 공로의 행위다.

이사야 53:2과 사무엘상 2:6에서부터 하나님의 행위는 부끄러운 것이 분명하다. "그는 고운 모양도 풍채도 없다." 그리고 "여호와는 죽이기도 하시고 살리기도 하시며 음부에 내리게도 하시고 살리기도 하시는도다." 이것은 곧 여호와는 우리를 낮추시고 율법으로 정말로 무섭게 하시어 그 결과 우리 죄의 전망은 다른 사람뿐만 아니라 우리가 보기에도 어리석은 사람과 악한 사람처럼 아무것도 아닌 것처럼 보인다. 그 문제의 진리는 바로 실제로 우리가 어떤 사람인지다. 이제 우리가 우리에 대해 아무것도 아름답거나 당당한 것이 없고 숨겨진 하나님 (곧 순수하고 순전한 신뢰로 그의 자비를 신뢰하는) 안에 산다고 시인하고 고백할 때, 우리는 우리 자신 안에서 죄, 어리석음, 죽음과 지옥에 대한 해답을 얻는다. 고린도후서 6:10과 9에서 사도의 말씀은 같은 것을 의미한다. "근심하는 자 같으나 항상 기뻐하고 죽은 자 같으나 보라 우리가 살고." 그리고 이것은 이사야가 말한 바와 같다. "그 일이 비상할 것이며 자기 공을 이루시리니"(사 28:21). (그것은 그가 우리를 우리 보기에 겸손하게 할 것이고 우리 자신을 실망하게 하므로 결국 하나님의 자비로 우리를 그가 들어 올릴 것이며, 우리를 희망의 사람으로 만드는 것을 의미한다). 하박국 3:2이 말씀하는 것처럼 "… 진노 중에라도 긍휼을 잊지 마옵소서." 그러므로 그러한 사람은 자신의 모든 일에 관하여 자기 자신에게 불만하게 되었다. 그는 그 자신에게서 아름다운 것은 아무것도 보지 못하고 자기 자신의 극악만 본다. 사실 그는 어리석게 보이고 다른 사람에게 무섭게 보이는 바로 그런 일을 하는 것을 계속한다.

이제 우리 자신의 추함에 대한 이 생각은 하나님이 우리를 혹평하거나 우리가 우리 자신을 비난하든지 간에 우리 안에서 생겨난다. 이것이 고린도전서 11:31이 말씀하는 것이다. "우리가 우리를 살폈으면 여호와의 판단을 받지 아니하였을 것이다." 신명기 32:36이 같은 것을 의미한다. "여호와께서 자기 백성을 판단하시고 그 종들을 인하여 후회하시리니 곧 그들의 무력함과…" 그러므로 하나님이 우리 안에서 역사하는 겸손과 불안 곧 이렇게 부끄러운 일은 정말로 영원하다. 왜냐하면 겸손과 하나님을 두려워하는 것은 영원한 공로를 만들기 때문이다.

V

이러한 동일한 행위를 범죄라고 부를 수 있는 개념으로 보면 인간의 행위(선행이 우리에게 좋게 나타나는 것처럼 우리가 그의 선행을 언급하고 있다)는 그렇게 치명적이지 않다.

범죄들은 간음, 도적, 살인, 중상 등 같은 사람 앞에서 벌 받을 수 있는 그러한 죄를 말하는 것이다. 그럼에도 인간의 행위는 죽을 수밖에 없는 죄다. 왜냐하면 그러한 행위들은 선한 모양을 갖기 때문이다. 그러나 아직 밑바닥에 그러한 행위는 악한 뿌리를 가지고 있고 나쁜 나무의 열매들이다.

아우구스티누스는 그의 제4권 *"Against Julian"*[1]에서 이것을 보여주고 있다.

VI

하나님의 행위는 그렇게 공로(우리 인간이 행하는 그러한 행위를 말한다)가 되지 않는다. 그러므로 이 같은 행위는 죄라고 할 수 없다.

---

1. Augustine, *c. Jul.*, lib. IV, c.22; *Migne*, 44.749.

"선을 행하고 죄를 범치 아니하는 의인은 세상에 아주 없느니라"(전 7:20). 그러나 다른 사람들은 이것은 의로운 사람이 선을 행하고 있는 때를 제외하고 죄를 짓는다는 것을 의미한다고 말한다. 그것에 대해 나는 대답한다. 이러한 권위가 이것을 말하기를 원했다면 왜 그는 그러한 과도한 말을 사용했는가? 성령은 무용한 말로 격발하는 것을 기뻐하는가? 그들이 하기 원하는 해석을 위해 이러한 말로 적당하게 표현할 수 있었을 것이다. 죄를 짓지 않는 의인은 없다. 그렇다면 그는 왜 '선을 행하고'란 제한을 '의인'이란 말에 첨가하였는가? 그것은 마치 악을 행한 의로운 다른 사람이 있는 것처럼 말이다. 왜냐하면 아무도 그가 의롭지 아니하면 선을 행하지 못하기 때문이다. 그러나 선한 행위는 별개로 하고 주제가 죄라면 그것은 이렇게 표현된다. "의인은 하루에 일곱 번 넘어진다"(잠 24:16). 그는 여기서 다음과 같이 말하지 않는다. "하루에 일곱 번 의인은 선을 행하고 있는 때에도 넘어진다." 그것은 마치 어떤 사람이 녹슬고 고르지 않은 도끼로 나무를 자르고 있는 것과 같고 또 그가 아무리 훌륭한 장인이라도 거칠고 고르지 않은 절단으로 자르는 것은 큰 어려움이 있을 뿐이다.

이것이 하나님이 우리 안에서 어떻게 역사하시고 있는가다.

VII

하나님을 경외함 없이 행위들이 행해지고, 또 그들의 행위가 죽을 수밖에 없는 죄라는 것을 두려워하지 않는다면 비록 의인의 행위도 죽을 수밖에 없는 죄다.

누가 두려워해야 하는 행위를 신뢰하는 것은 자신에게 영광을 돌리는 것이고 모든 행위에서 그 두려움을 돌려야 하는 하나님의 영광을 빼앗는 것은 4번째 결론에서 분명하다. 이것은 정말로 나쁜 것이다. 그것은 자신을 기쁘게 하는 것을 의미하고 자신의 행위로 자신을 즐기고 자신을 우상으로 섬기는 것을 의미한다. 그것은 하나님을 경외하지 않고 안전하다고 느끼는 모든 사람의 삶이다. 다른 한편으로 한 사람이 자기가 안전하지 않다고 두려워한다면 그는 그 때문에 자신을 기쁘게 하지 않고 하나님 안에서 자기의 기쁨을 발견한다.

둘째, 그것은 앞에서 인용한 시편에서 말씀한 것과 같다. "주의 종에게 심판을 행치 마소서 주의 목전에는 의로운 인생이 하나도 없나이다"(시 143:2). 그리고 시편 32:2에서 "내가 이르기를 내 허물을 여호와께 자복하리라 하고 주께 내 죄를 아뢰었더니 곧 주께서 내 죄의 악을 사하셨나이다." 그러나 그들이 용서받을 수 있는 죄일 때에는 고백과 참회가 필요한 것이 아니라고 말하므로 이 죄들은 용서받을 수 있는 죄가 아니다. 그러므로 그 죄들이 죽을 수밖에 없는 죄이고 모든 성도들이 시편 기자가 "경건한 자는 주를 만날 기회를 타서 주께 기도할지라 진실로 홍수가 범람할지라도 저에게 재앙이 미치지 못하리이다"라고 기도하는 것같이 하면 그때 성도의 행위는 죽을 수밖에 없는 죄로 판명된다. 그러나 성도의 행위는 선행이다. 그 선행들이 경건한 경외와 겸손한 회개의 영으로 행해지지 않으면 그 선행은 성도들에게 공로가 되지 않는다.

셋째, 주기도의 증거다. "우리의 죄를 사하여 주옵소서," 이것은 성도의 기도다. 그러므로 그들의 선행은 그들이 그것에 대해 기도하는 죄들이다. 더 나아가 그것들이 죽을 수밖에 없는 죄라는 것이 다음과 같은 말로 분명해진다. "너희가 그들의 죄를 사람들에게 용서하지 않는다면 하늘에 계신 너희 아버지도 너희에게 너희 죄를 용서하지 않을 것이다." 보라, 그러한 죄들이 용서받지 못하는 것으로 정죄 받는 그러한 죄들이 죽을 수밖에 없는 죄일 때는 그들은 참으로 이 기도를 드리지 못하고 그들은 다름 사람들의 죄를 용서하지 못한다.

넷째, 요한계시록 21:27에서 말씀한다. "무엇이든지 더러운 것은 하나님 나라에 들어오지 못한다." 그러나 하나님 나라에 들어오지 못하게 하는 것은 죽을 수밖에 없는 죄다. (그렇지 않으면 죽을 수밖에 없는 죄는 다르게 정의될 것이다). 그러나 용서받을 수 있는 죄는 하나님 나라에 들어가는 것을 막는다. 왜냐하면 그것은 영혼을 부패하게 만들고 하나님 나라에는 없기 때문이다. 그러므로…

[루터의 결론은 도출되지 않는다. 그는 약속을 말한 후에 말하지 않은 채 자주 그의 결론을 남겨둔다. 여기서 그의 결론은 모든 죄는 죽을 수밖에 없는 죄다. 루터는 죽을 수밖에 없는 죄와 용서받을 수 있는 죄의 구별을 폐지한다. 더 나아가 인간이 짓는 죄보다 원죄를 더 생각한다.]

VIII

하나님을 경외하지 않고 단순한 자기의 관심의 영으로 그 행위들이 행해진다면 인간의 행위는 참으로 죽을 수밖에 없는 죄다.

이것이 앞의 논제로부터 필수적으로 따라오는 것은 분명하다. 왜냐하면 거기에는 하나님을 경외하는 것과 겸손이 없기 때문이다. 겸손이 없는 곳에는 교만이 있고 하나님의 진노와 심판이 있다. 왜냐하면 하나님은 교만한 자를 물리치시기 때문이다. 사실, 교만이 그치면 거기에는 전혀 죄가 없을 것이다.

IX

그리스도를 떠난 행위는 실제로 죽은 것이지만 죽을 수밖에 없는 죄는 아니라고 말하는 것은 하나님을 경외하는 것과 관련하여 볼 때 매우 위험한 것으로 보인다.

그 이유는 이 주장을 하는 사람들은 안전한 것을 느끼기 쉽고 그들의 안전한 느낌으로 교만을 느끼기 쉽기 때문에 여기에 큰 위험이 있다는 것이다. 왜냐하면 하나님이 받아야 하는 영광을 계속 하나님으로부터 자기 자신에게로 옮겨가고 그러면 가능한 빨리 그의 것인 영광을 하나님께 되돌려 주도록 모든 신경을 써야 하기 때문이다. 이 점에 대해 성경은 가르쳐 주고 있다. "주께 돌아가는 것을 지체하지 말라"(전도서 5:7)(역주: 인용이 잘못됨). 왜냐하면 만약에 하나님의 영광을 빼앗아가는 사람이 잘못한다고 하면, 영광을 빼앗아 자기의 안전을 추구하는 사람은 그 잘못이 얼마나 더 하겠는가? 그리고 이미 주목한 대로 그리스도 안에 있지 않은 사람, 그리스도로부터 떠나 그리스도의 영광을 빼앗고 그 영광을 그 자신이 취하는 그런 사람 말이다.

X

하나의 행위가 죽은 행위이고 그러나 해롭지는 않고 죽을 수밖에 없는 죄가 어떻게 아닐 수 있는지를 이해하는 것은 매우 어렵다.

여기서 내가 이 말을 증명하는 것은 성경이 죽은 행위에 대해 그렇게 말하지 않기 때문이다. 곧, 성경은 어떤 특별한 행위 또는 다른 행위는 죽을 수밖에 없는 죄가 아니고 죽은 행위라고 말하기 때문이다. 분명히 '죽은' 이란 말이 '죽을 수밖에 없는' 이란 말 '보다 더'라고 말하는 것은 훌륭한 문법이 아니다. 왜냐하면 그 행위가 사람을 죽일 때 죽을 수밖에 없는 죄라고 말하지만 죽은 행위는 사람을 죽이지는 않지만 단순히 살아 있지 않는 사람이란 것을 말하기 때문이다. 잠언에 기록되어 있는 대로 살아 있지 않은 것은 하나님을 기쁘시게 하지 못한다. "악인의 제사는 여호와께서 미워하시느니라"(잠 15:8).

둘째, 의지는 어떤 방법 또는 다른 방법으로 죽은 행위와 관련돼야 한다. 아니면 의지는 그것을 사랑하든지 하는 것을 미워해야만 한다. 의지 자체가 악하기 때문에 의지는 의지를 미워할 수밖에 없다. 그러므로 의지는 의지를 사랑해야 한다. 이것은 의지가 죽은 행위를 사랑한다는 것을 의미한다. 그리고 모든 일에서 모두 의지가 영광을 돌리고 사랑해야 하는 하나님에 반대하는 신학이 의지의 악한 행위를 끌어내는 결과가 된다.

XI

심판과 정죄의 두려움이 모든 선행에 있지 않다면 교만은 피할 수 없고 또 어떠한 소망도 존재할 수 없다.

이것은 결론 IV에서 분명하다. 왜냐하면 인간이 모든 피조물로부터 실망하지 않는다면, 그리고 하나님 외에 아무것도 인간에게 유익이 될 수 없다는 것을 인간이 알지 못하면 하나님을 소망하기란 불가능하다. 그리고 우리가 앞서 말한 대로 피조물을 신뢰하지 않는 사람과 이 순수한 소망을 가진 사람은 아무도 존재하지 않는다. 그리고 우리 자신의 불결 때문에 우리는 만물 가운데 하나님의 심판을 두려워해야 한다. 그리하여 교만은 피할 수 없고 의지 자체에서는 피하게 된다. 다시 말해 우리는 우리가 믿고 신뢰하는 이 세상 사물에서 만족할 수 없다.

XII

인간이 그들의 죄로 인해 죽을 수밖에 없다는 사실을 알고 무서워할 때 그때 그 죄들은 하나님 앞에서 용서받을 수 있게 된다.

그것은 우리가 우리 자신을 책망할수록 더욱 하나님이 우리를 변명한다고 말하는 것으로 충분하다. 말씀은 계속된다. "당신이 용서받을 수 있는 당신의 죄를 말하라." 그리고 다시 "여호와여 내 입 앞에 파수꾼을 세우시고 내 입술의 문을 지키소서. 내 마음이 변명으로 죄를 가리는 악한 말에 기울지 않게 하소서"(시 141:3-4).

XIII

타락 후에는 자유 의지라는 이름만 존재한다. 그리고 인간이 "자기 안에 있는 것을 행하는" 한 그는 죽을 수밖에 없는 죄를 범하고 있다.

이 말의 첫 절반은 아주 분명하다. 의지는 노예이고 죄의 노예다. 자유의지가 아무것도 아니라는 것이 아니고 다만 그 자유의지는 악을 행하는 것 외에는 자유롭지 않다는 것이다. "죄를 짓는 자마다 죄의 종이니라"(요 8:34). "아들이 너희를 자유케 하면 너희가 참으로 자유하리라"(요 8:36). 그러므로 아우구스티누스는 그의 책 *"On the Spirit and the Letter"*에서 말하고 있다. "은혜 없는 자유의지는 죄 외에 아무것에도 유익하지 않다."[1] 그리고 그의 책 *"Against Julian"*이란 책에서 "당신은 당신의 의지가 자유롭다고 말할 수 있다. 그렇지만 그것은 구속되어 있다[2]…"라고 말하고 있다. 그리고 수많은 다른 곳에서 똑같이 말하고 있다.

두 번째 절반은 위에서 말한 것과 호세아 13:9에서 말씀한 것으로 분명하다. "너의 파멸은 너 자신에게서 온다. 이스라엘아 너의 도움은 오직 나에게서 올 뿐이다."

XVI

타락 후에 자유의지는 그 의지가 순종의 상태에 있을 때만 선을 행하는 능력을 갖는다. (곧, 더 높은 능력 – potentia subjectiva – 에 복종하고 있을 때 능력이다.) 그러나 실제 그 의지는 언제나 악한 동기에 활동적이다.

---

1. Augustine, *De sp.et lit.*, c. 3; *Migne*, 44.203.

2. Augustine, *Con, Julianum* II, 23; *Migne*, 44.689.

그 때문에, 영적인 생명이 없는 사람(homo mortuus)이 순종하게 될 때(subjective) 만이 영적 생명에 들어갈 수 있는 것처럼, 실제로 그는 그가 살아 있는 동안에 그 자신을 위해 죽음을 선택한다. 정말로 그렇다. 자유 의지는 죽은 것이다. 죽은 자들로부터 여호와께서 살리신 그러한 죽은 자들은 거룩한 교사들이 자세히 이야기한 것처럼 이것에 대한 비유가 된다. 무엇보다 아우구스티누스가 펠라기우스주의자들을 반대하여 그의 저술에서 여러 번 되풀이해 같은 결론을 끌어냈다.

XV

그리고 무죄의 상태에서 인간은 선을 행할 능력(potentia activa)을 갖지 않았고 다만 자기를 통해서만 선이 행해질 수 있다는 것(potentia subjectiva)이다. 다소간에 인간은 그 능력을 발전시켜야만 했다.

문장의 대가(Master of the Sentences)[1]가 말한 대로 마지막에 아우구스티누스를 인용한다. 이 증거들로 인간이 창조 때에 선한 의지와 정직성을 받았고 더욱이 그것으로 꾸준히 남아 있을 수 있는 도움을 받았다는 것을 분명히 보여준다. 그렇지 않으면 그가 타락한 것이 그의 잘못이 아닌 것처럼 보이게 될 것이다. 그는 선을 행할 능력(potentia activa)에 대해 말하고 있다. 그것은 아우구스티누스가 그의 저작 *Concerning Grace and the Fall*[2]에서 말한 깨끗한 능력이다. 그가 그 의지를 가졌었다면 인간은 선을 행할 능력을 받았을 것이지만 그는 그 의지를 갖지 못했다. 선을 행하는 능력(the posse)으로 우리는 인간(his potentia subjectiva)을 통해서 이루어진 선한 존재의 능력을 이해하고 '그에게 힘을 주는 의지'로 우리는 실제적 실천(his potentia activa)에서 그것을 완성하는 힘을 이해한다.

---

1. Peter Lombard, *Sent.* II, dist., 24c., I, 12–13.

2. Augustine, *De corr .et gratia.* XI, 32; *Migne.* 44.935–936.

그러나 인간이 선한 것에서 발전할 수 없다는 논제의 두 번째 부분은 선을 행할 수 있는 능력(potentia activa)과 그 사람 안에서 이루어진 선한 존재의 능력(potentia subjectiva) 사이의 동일한 구별로 대가는 충분히 명확하게 저술하고 있다.

XVI

인간이 '자기 안에 있는 것'을 행하므로 은혜의 상태에 이를 것이라고 생각한다면 그는 단지 하나의 죄를 다른 죄에 쌓고 배나 죄가 있게 된다.

그 입장이 이것이라고 말한 것으로부터 그것이 분명하기 때문이다. 인간이 '자기 안에 있는 것'을 행하는 한 그는 죄를 짓고 있고 모든 일에서 자신의 이익을 추구하고 있다. 그리고 그가 은혜에 합당할 수 있고 은혜를 위해 합당할 수 있다는 것을 죄로 생각한다면 그는 죄는 죄가 아니고 악이 이제 모든 것 중에 훨씬 더 큰 죄가 되는 악이 아니라고 생각하므로 거만한 전제를 더하고 있다. 그리하여 예레미야가 말한다. "내 백성이 두 가지 악을 행하였나니 곧 영생의 근원 되는 나를 버린 것과 스스로 웅덩이를 판 것인데 그것은 물을 저축치 못할 터진 웅덩이니라"(렘 2:13). 그것은 그들의 죄 때문에 그들이 하나님에게서 멀리 있고 더욱이 그들 스스로 선을 행한다고 자처하는 것을 의미한다.

그러므로 당신은 말한다. 그것에 대해 우리가 어떻게 할 수 있는가? 우리가 할 수 있는 모든 것이 죄이기 때문에 우리는 게으른 사람으로 살아가야 할 것인가? 나는 대답한다. 아니오! 당신이 이 말들을 들으면 낙심하게 되고 은혜를 위해 기도하고 당신의 소망이 그분 안에 우리의 구원과 생명, 부활이 있는 그리스도에게로 옮겨지게 된다. 그러므로 그 범위에서 우리는 이것을 배우고 율법은 죄를 알게 한다. 그 결과 죄가 인정될 때에는 은혜가 추구되고 획득된다.[1] 이렇게 겸손한 사람들에게 하나님은 은혜를 주신다. 그리고 겸손해진 그는 존귀하게 된다. 율법은 우리를 낮추고 은혜는 우리를 존귀하게 한다. 율법은 무서움과 진노를 일으키고 은혜는 소망과 자비를 일으킨다. 율법을 통해서는 죄를 알게 된다. 죄를 아는 것을 통해서 겸손이 오고 겸손을 통해서 은혜를 얻게 된다. 이렇게 하나님은 죄인인 인간을 의롭게 하실 수 있다. 하나님이 그의 이상한 일로 소개하므로 그는 마지막에는 그의 적합한 일을 소개한다.

XVII

이렇게 말하는 것은 실망에 대한 이유를 말하는 것이 아니고, 그리스도의 은혜를 위한 욕망을 자극하게 하고 겸손하게 하는 이유를 말하는 것이다.

복음에 의하면 하나님 나라는 어린아이와 겸손한 자에게 주어지고 그리스도는 이들을 사랑한다고 말씀한다. 그러나 겸손한 사람들은 그들이 죄인들이고 지긋지긋하다고 이해하지 못한 자들이 아닐 수 없다. 그러나 죄는 율법을 통하지 않고는 알 수 없다. 우리가 죄인이라고 율법이 전파할 때 절망이 아니라 오히려 소망이 전파된다. 왜냐하면 죄에 대한 설교는 은혜를 위한 준비다. 오히려 그것은 죄와 믿음을 인정하게 한다.[2] 왜냐하면 은혜에 대한 욕망이 죄를 아는 지식이 생겨나는 순간을 불러일으키기 때문이다. 병자가 그의 병의 심각성을 깨닫는 순간 치료 방법을 찾게 된다. 그러므로 그의 병의 위험이 실망이나 죽음의 동기를 그에게 주려는 것이 아니고 오히려 치료를 추구하도록 환기시키기 위함을 말하는 것과 같다. 그 결과 '우리 안에 있는 것'

---

1. *WA*와 Clemen은 다음의 언저리의 주(註)를 제공한다. 그리고 그 둘은 그것이 1545년에 첨가되었다고 생각한다. 이것은 정말 그 자체로 완전한 실망이 되는 진정한 겸손이다. 그리고 그리스도에게 다시 완전한 신뢰를 촉구한다. 이것은 구원하는 믿음이다. 이것은 모든 공로를 포용하고 모든 공로보다 앞서간다. 이 믿음은 그 자신의 이성과 그 자신의 능력에 등을 돌리는 겸손이다.
2. *WA* 편집자들은 이 구절의 나머지가 1545년에 삽입되었다는 것을 주목한다.

을 우리가 할 때 계속 죄를 짓고 우리가 아무것도 아니라는 것을 말하는 것은 인간을 실망하게 하는 것이 아니고 (그들이 바보가 아니라면) 그들로 하여금 우리 주 예수 그리스도의 은혜를 위해 염려하게 하는 것이다.

XVIII

인간이 그리스도의 은혜를 받기에 적합하게 될 수 있도록 정말로 자기 자신에게 실망해야만 한다.

율법의 목적은 사도가 로마서 2장과 3장에서 말한 대로 인간은 인간의 모든 행위에서 죄인이란 것을 인간에게 보여주므로 율법이 인간을 지옥으로 인도하고 인간을 겸손하게 인도하는 것처럼 인간이 자신에게 실망해야만 한다는 것이다. "우리는 다 죄 아래 있다고 우리가 이미 선언하였노라"(롬 3:9). 그러나 '자기 안에 있는 것'을 행하고 그가 어떤 선한 일을 하고 있다고 믿는 자는 그 자신을 아무것도 아닌 것으로 여기지 않고 또 자신의 능력에 실망하지도 않는 사람이다. 반대로 그 안에서 그는 그 자신의 능력으로 은혜를 추구하고 있다고 자처하고 있다.

XIX

피조 된 만물을 근거로 하나님의 보이지 않는 것을 해석하려고 노력하는 자는 신학자라고 일컫기 어렵다.

이것은 사도에 의하면 로마서 1:22에서 실제로 어리석은 사람이라고 묘사된 사람이 그러한 신학자들이라고 한 자들로부터 분명해진다. "스스로 지혜 있다 하나 우준하게 되어"(롬 1:22). 더욱이 하나님의 보이지 않는 것들은 그의 힘, 그의 신성, 지혜, 의로움, 선함 같은 것이다. 이 모든 것을 아는 것이 인간을 합당하고 지혜롭게 만들지 못한다.

XX

그러나 하나님의 보이는 것과 배후가 십자가와 고난을 의미한다고 이해하는 자는 신학자라고 일컬을 만하다.

보이는 그리고 하나님의 배후는 보이는 것들에 반대하여 놓여 있다. 이 보이지 않는 부분들은 하나님의 겸손, 그의 약함, 그의 어리석음을 의미한다. 바울은 이것들을 "하나님의 약함과 어리석음"(고전 1:25)이라고 한다. 왜냐하면 반대로 하나님이 고난을 통해 알게 하시기를 결정한 하나님에 대한 지식을 그의 피조물로부터 그들이 얻은 하나님에 대한 지식으로 잘못 사용하기 때문이다. 보이는 것들로부터 지혜에 근거한 보이지 않는 것들을 아는 지식을 그가 정죄하려고 하기 때문이다. 그 결과 이렇게 그의 피조물에서 알려진 대로 하나님을 예배하지 않는 자들은 그의 고난의 배후에 숨겨진 그를 예배할 수 있을 것이다. 왜냐하면 그는 고린도전서 1:21에서 그렇게 말하기 때문이다. "하나님의 지혜에 있어서는 이 세상이 자기 지혜로 하나님을 알지 못하는 고로 하나님께서 전도의 미련한 것으로 믿는 자들을 구원하시기를 기뻐하셨도다." 그 결과 이제부터 그것은 인간에게 결코 충분하지 못하고 그가 십자가의 겸손과 부끄러움에서 그를 알지 않는다면 그의 영광과 존엄에서 하나님을 아는 것은 그에게 유익할 수도 없다. 이렇게 그는 지혜로운 자의 지혜를 파괴하고 분별력 있는 사람의 이해를 무효로 만들었다. 이사야가 말한 대로 "진실로 주는 스스로 숨어 계시는 하나님이

시니이다"(사 45:15). 요한복음 14장에서 빌립이 영광의 신학의 영으로 "아버지를 우리에게 보여주소서" 하였을 때 그리스도는 즉시 그를 날카롭게 제지했다. 다른 어떤 곳에서 하나님을 찾는 그의 야심적인 생각으로 그는 그를 취했고 빌립을 자신에게 다시 옳게 인도하여 "나를 본 자는 아버지를 보았거늘"이라고 말씀하였다. 그러므로 십자가에 못 박힌 그리스도 안에 진정한 신학이 있고 하나님을 아는 지식이 있다. 그는 다른 곳에서 또한 말씀하셨다. "나로 말미암지 않고는 아무도 아버지에게 올 자가 없다"(요 14:6). 그리고 다시 "나는 문이다. 나로 말미암아 누가 들어가면 그는 구원을 받을 것이다"(요 10:9).

XXI

영광의 신학자는 악한 것을 선하다고 말하고 선한 것을 악하다고 말한다. 십자가의 신학자는 그것들을 적당한 이름으로 부른다.

이것은 아주 분명하다. 왜냐하면 인간이 그리스도를 알지 못하는 한 고난 가운데 숨겨진 하나님을 알지 못하기 때문이다. 그러므로 그러한 사람은 고난보다 행위를, 십자가보다 영광을 더 좋아한다. 그는 약함보다 권세를, 어리석음보다 지혜를, 그리고 언제나 악을 위해 선을 더 좋아한다. 이러한 사람들은 사도가 그리스도의 십자가의 원수라고 부르는 사람들이다. 확실히 그들이 고난과 십자가를 미워하기 때문에 그들은 분명히 행위를 좋아하고 그 행위에서 오는 영광을 좋아한다. 그래서 그들은 십자가의 선을 악하다고 말하고 또 행위의 악함을 선하다고 말한다. 그러나 이미 말한 대로 하나님은 고난과 십자가를 제외하고는 발견되지 않는다. 그러므로 십자가의 친구들은 십자가는 선하고 행위는 악하다고 말한다. 왜냐하면 십자가를 통해서 행위는 파괴되고 선행에 의해 더 강해지는 경향을 갖는 옛 아담은 십자가에 못 박힌다. 왜냐하면 고난과 악에 대한 경험, 인간에게서 모든 영을 미리 취하고 그 자신을 파괴하지 않는다면 그리고 그가 아무것도 아니라는 것을 가르치지 않고, 그의 행위가 그 자신의 것이 아니고 하나님의 것이라고 하지 않으면 인간은 그 자신의 행위로 우쭐해지지 않기란 불가능하게 된다.

XXII

알려진 선행으로 하나님의 보이지 않는 것을 이해하는 지혜는 다만 인간을 우쭐하게 하고 눈멀게 하고 강퍅하게 한다.

이것은 이미 말했다. 왜냐하면 그들은 십자가에 대해서 아무것도 알지 못하고 심지어 십자가를 미워하기까지 한다. 필요한 경우 그들은 반대되는 것 곧, 지혜, 영광, 권력 등을 사랑한다. 그러한 사랑으로 그들은 점점 더 맹목적이 되고 강퍅해진다. 왜냐하면 탐욕으로 그런 것들을 얻었을 때 탐욕이 바란 대로 만족하는 것은 불가능하기 때문이다. 왜냐하면 돈을 사랑하는 것이 재산이 증식되는 것만큼 빨리 자라는 것과 마찬가지로 영혼의 기갈도 마찬가지다. 마시면 마실수록 그 영혼은 더 갈증을 느끼게 된다. 시인이 말한 대로 "물을 마시면 마실수록 그들은 더 목마르게 된다." 전도서도 같은 것을 말씀한다. "눈은 보아도 족함이 없고 귀는 들어도 차지 아니하는 도다"(전 1:8). 모든 동경과 욕망에서 동일하다.

동일한 이유로 역시 알기를 원하는 호기심은 지혜가 얻어졌을 때 지혜로 만족되지 않고 호기심이 점점 일어나게 된다. 영광에 대한 욕망도 그것이 성취되었을 때 그 영광으로 만족되지 않는다. 정복한 욕망도 얻어진 힘과 권능으로 만족되지 않는다. 찬양을 위한 욕망도 주어진 찬양으로 만족되지 않는다. 그리고 그렇게 우리는 계속된다. 그리스도는 또한 동일한 표현을 하셨다. "이 물을 마시는 자마다 다시 목마를 것이다"(요 4:13).

그 구제책은 동일하다. 그것은 그것에서 만족하므로 치료되지 않고 파괴하므로 치료된다. 곧, 지혜롭게 되기를 원하는 사람은 지혜를 향해 전진해서는 안 되고 지혜를 추구해서는 안 되고 어리석은 자가 되어 어리석음으로 되돌아가야 하며 어리석음을 추구해야 한다. 마찬가지로 권세 있고 유명해지기를 원하는 자, 그리고 좋은 시간을 누리고 삶의 모든 것들을 즐기려고 하는 사람은 권세, 명성, 즐김과 모든 것을 만족하는 것에서 도망쳐야 하고 그런 것들을 추구하지 않도록 하라. 이것이 우리가 말하고 있는 지혜다. 세상에 대하여 어리석음이 되는 지혜다.

XXIII

율법은 진노를 이루게 한다. 율법은 그리스도 안에 있지 않는 모든 사람을 죽이고 저주하고 죄를 느끼게 하고 정죄한다.

그래서 갈라디아서 3:13에서 "그리스도는 율법의 저주에서 우리를 자유하게 하셨다."고 했고, 갈라디아서 3:10에서 비슷하게 "율법 행위에 속한 자들은 저주 아래 있나니"라고 말씀하였고, 로마서 4:15에서 또한 "율법은 진노를 이루게 하노니." 그리고 로마서 7:10에서 "생명에 이르게 할 그 계명이 내게 대하여 도리어 사망에 이르게 하는 것이 되었도다"라고 하셨고, 로마서 2:12에서는 "율법이 있고 범죄 한 자는 율법으로 말미암아 심판을 받으리라." 그러므로 현명한 자로서 율법에서 영광을 받고 그 자신의 부끄러움에 영광을 알게 된 사람은 누구나 저주 받는 것을 자랑하고 있고 하나님의 진노로 자랑하고 있고, 죽음으로 자랑하고 있다. 그는 바울이 로마서 2:23에서 언급한 자들과 같다. "율법을 자랑하는 네가 율법을 범하므로 하나님을 욕되게 하느냐?"

XXIV

이 지혜가 악하다는 것이 아니고 우리가 율법에서 도망해야 하는 것도 아니고 십자가의 신학을 배우지 못한 사람은 가장 훌륭한 것을 가장 나쁘게 사용하게 된다.

왜냐하면 율법은 거룩하고(롬 7:2) 하나님의 모든 선물은 선하기 때문이다(딤전 4:4). 모든 지으신 것이 완전히 좋았다(창 1:31). 일찍이 말한 대로 고난과 십자가를 통해서 깨어지지 않고 무용지물이 되지 않은 사람은 행위를 자신에게 돌리고 좋은 생각을 그 자신의 지혜로운 생각에 돌린다. 그러나 이 행위들은 하나님이 원하는 행위도 아니고 그 지혜는 하나님의 것도 아니다. 이러한 사람은 하나님의 선물을 악용하고 그 선물을 싫은 것으로 바꾼다.

그 진리는 고난에 의해서 무효가 된 사람은 누구나 선한 행위를 하지 못한다는 것이다. 반대로 그는 하나님이 자기 안에서 일하고 모든 것에 영향력을 미친다는 것을 단순히 알 뿐이다. 그러므로 그가 선행을 하고 있든지 그렇지 않든지 그것은 전적으로 같은 것이다. 그는 선행을 한다고 해서 자랑하지도 못하고 하나님이 그에게서 어떤 것을 역사하지 않는다고 해서 부끄러워하지 않는다. 그리하여 그는 십자가를 통해서 깨어지고 고난을 받는다면, 아니 오히려 전적으로 무용지물이 된 그것으로 충분하다는 것을 안다. 이것은 정확하게 요한복음 3:7이 말씀하는 바다. "너는 거듭나야 한다." 우리가 거듭나면 우리는 먼저 죽고 인자와 함께 존귀케 되어야 한다. 나는 말했다. "죽어라." 그러면 그것은 모든 경험에서 언제나 현존하는 죽음을 발견하는 것을 뜻한다.

XXV

의인은 선행으로 많은 일을 하는 사람이 아니라 어떤 행위를 떠나서 그리스도를 믿는 사람이다.

하나님의 의는 자주 반복하는 대로 아리스토텔레스가 가르친 대로 행위에 의해 얻게 되는 것이 아니라 믿음으로 주입된다. 왜냐하면 의인은 믿음으로 살기 때문이다 (롬 1:17). 그리고 로마서 10:10에서 "사람이 마음으로 믿어 의에 이르고"라고 말씀한 대로다. 그러므로 나는 "행위에 있지 않고"란 구절이 다음과 같이 이해되기를 원한다. 곧, 의인이 어떤 선행을 하지 않는다는 것이 아니라 오히려 그가 행하는 선행이 그의 의를 만들어 내지 못한다는 의미로 이해되기를 원한다. 다시 말해서 그의 의는 선행에 영향을 미치고 있다. 왜냐하면 우리의 어떤 행위 없이도 은혜와 의는 주입되고 은혜와 의가 주입될 때 즉시로 행위는 따라 오기 때문이다. 그래서 성경은 로마서 3:20에서 말씀하고 있다. "그러므로 율법의 행위로 그의 앞에 의롭다하심을 얻을 육체가 없나니." 그리고 로마서 3:28에 "그러므로 사람이 의롭다 하심을 얻는 것은 율법의 행위에 있지 않고 믿음으로 되는 줄 우리가 인정하노라"한다. 아주 단순히 그것은 행위가 구원에 대해 절대적으로 아무 영향도 미칠 수 없다는 것을 의미한다. 그가 하고 있는 선행이 믿음의 결과이고 전혀 자신의 것이 아니라 하나님의 것이라는 것을 알기 때문에 그는 이런 것들로 의롭게 되거나 영광을 받기를 추구하는 대신 그는 하나님을 추구한다. 그리스도 안에 있는 믿음으로부터 오는 의가 그에게 충분하다. 고린도전서 1:30이 말씀하는 대로 그리스도는 그의 지혜이고, 그의 의이고 전부다. 의롭게 된 사람은 분명히 그리스도의 일꾼이요 도구다.

XXVI

율법은 "이를 행하라"고 말한다. 그러나 그것은 결코 이루어지지 않는다. 은혜는 "그를 믿어라"하고 말한다. 그러면 모든 것이 벌써 이루어진다.

처음 진술은 사도에게서 그리고 그의 해석자인 아우구스티누스의 많은 참조에서 분명하다. 더욱이 율법은 오히려 진노를 이루고 모든 사람을 저주 아래 있게 한다는 것은 앞의 논쟁(논제 XXIII)에서 분명히 확립되었다.

둘째 진술 역시 동일한 권위인 바울과 아우구스티누스가 분명히 밝혔다. 왜냐하면 의롭게 하는 것은 믿음이기 때문이다. 아우구스티누스가 말한 대로 "율법은 믿음이 성취하는 것을 명령한다." 그러한 방식으로 그리스도는 믿음으로 우리 안에 계신다. 아니 우리 안에 있다기보다 우리와 하나가 된다. 이제 그리스도는 의롭고 하나님의 모든 계명을 이룬다. 그러므로 믿음으로 말미암아 그가 우리의 것이 될 때 우리도 역시 그로 말미암아 모든 것을 이룬다.

XXVII

그리스도의 일은 그 일이 선행에 영향을 미치고, 그 영향이 우리의 것이 될 때 효과적으로 묘사될 수 있을 것이다. 그리고 우리로 말미암아 영향을 미친 선행이 실제 선행에 영향을 미치고 계시는 그리스도의 사역의 은혜로 하나님을 기쁘시게 한다고 말할 수 있을 것이다.

왜냐하면 믿음으로 그리스도가 우리 안에 거하실 때에 그분의 행위로 살아있는 믿음에 의해서 선행을 하도록 그는 우리를 움직이신다. 왜냐하면 그분이 하시는 행위들은 믿음으로 우리에게 주어진 하나님의 계명을 이루는 것들이기 때문이다. 우리가 그 행위들을 바라볼 때 우리는 그 행위들을 본받게 된다. 그 때문에 사도는 말한다. "그러므로 사랑을 입은 자녀같이 너희는 하나님을 본받는 자가 되라"(엡 5:1). 그러므로 자비의 행위들은 그가 한 행위들에 의해서 용기를 불러일으키고 그 행위로 그는 우리를 구원하셨다. 그레고리(Gregory)가 말한 대로, "그리스도가 한 모든 것은 우리의 교훈을 위한 것이고, 아니 오히려 우리를 감동시키기 위한 것이다." 그가 우리 안에서 능동적일 때 그는 믿음으로 말미암아 살아 있다. 그는 가장 강력하게 그 자신에게로 우리를 이끄신다. 아가서에서 이와 같은 것을 말씀한다. "너는 나를 인도하라 우리가 너를 따라(당신의 방향(芳香)의 향기를 따라) 달려가리라"(아 1:4). '당신의 방향'은 이런 관계에서 '당신의 행위들'을 의미한다.

XXVIII

하나님의 사랑은 그 사랑의 대상을 찾지 않고 만들어 낸다. 그런가 하면 인간의 사랑은 그 사랑의 대상에 의해서 만들어진다.

두 번째 절반의 말은 모든 철학자와 신학자에게 분명하고도 공통적이다. 왜냐하면 아리스토텔레스에 이어[1] 사랑의 대상은 사랑의 동기라고 그들이 주장했기 때문이다. 그리고 그들이 주장하기를 영혼의 모든 능력은 수동적이고 그것은 물체의 범주에 속한다. 그리고 그것은 그것이 수용하는 행위자(agent)라는 점에서 사물들에 영향을 미친다고 주장했기 때문이다. 그리고 그 결과 그는 실제로 그의 철학이 신학과 교차 목적에 있다고 증거하고 그 목적에서 철학은 철학의 목적 자체를 모든 사물에서 추구

---

1. *Eth. Nic.*, VIII, 2, (1155), b, 18.

하고 선을 주기보다는 오히려 받아들인다고 입증한다.

첫째 절반의 진술 역시 분명하다. 인간에게서 살아 있는 하나님의 사랑은 죄인들, 악한 사람, 어리석은 사람, 약한 사람들을 사랑하고 있기 때문에, 그 결과 하나님의 사랑은 그들을 의롭고 선하고 지혜롭고 강하게 만든다. 이렇게 그 사랑은 오히려 흘러넘치고 선을 준다. 그리하여 그들이 사랑을 받았기 때문에 죄인들은 사랑스럽다. 그들이 사랑스럽기 때문에 사랑을 받는 것이 아니다. 그것이 인간적 사랑이 죄인들과 악한 사람들을 기피하는 이유다. 그리스도께서 말씀한 대로 "내가 의인을 부르러 온 것이 아니요 죄인을 부르러 왔노라"(마 9:13). 이것이 십자가의 사랑이 의미하는 바다. 그 사랑이 십자가에서 생겨난 사랑이고 그 사랑은 즐길 만한 어떤 좋은 것을 어디에서 찾을 수 있는가가 아니고 어디에서 그 사랑이 악한 자들과 곤궁한 자들에게 좋은 것을 줄 수 있는지 그 사랑 자체에 호소하는 것이다. 왜냐하면 "주는 것이 받는 것보다 더 복이 있다"(행 20:35)라고 사도가 말씀했기 때문이다. 시편 41:1에서 "가난하고 곤궁한 자를 생각하는 자는 복이 있도다"라고 했다. 그러나 인간의 생각이 이해하는 대상으로서 자연스럽게 그 대상을 갖거나 아무것도 아닌 어떤 것을 사랑할 수 없고 (나는 그것으로 가난하고 곤궁한 자를 의미한다) 다만 선하고 진실하게 된 것과 선하고 진실한 것을 가질 수 있다. 그러므로 그것은 외적인 모습에 따라 판단한다. 그것은 사람들의 인격에서 보이고 다만 외부적인 것에 의해 판단한다.

여섯 번째 결론에 대한 설명(*WA* I, 365-74.)

인간의 의지가 은혜 아래 있지 않을 때에 그 의지가 자유로운지 아니면 노예로 사로잡혀있는지

결론[곧, 질문에 대한 토론. Ed.]
인간의 의지가 모든 강제에서 자유롭다고 인정을 받더라도 은혜 아래 있지 않는

때의 인간의 의지는 그럼에도 자유로운 동인(動因)이 아니고 필연적으로 노예가 되었고 사로잡혔다. 의지의 행위들이 서로 반대가 되거나 모순이든 간에 이것은 진리다(모순이란 말은 다음 문단에서 설명되는 말이다).

이 결론의 증거를 위해 서로 반대되는(actus contrarii) 의지의 행위들이 원하는 것(velle) 그리고 원하지 않는 것(nolle)으로 하나의 적극적인 활동들이라는 것을 먼저 설명해야 한다. 서로 모순적인(actus contradictorii) 의지의 행위들은 원하는 것(velle)과 원하지 않는 것(non velle), 또는 동일한 것이 되는 곧, 원하지 않고 있는 것(nolle)과 원하지 않고 있는 것이 아닌(non nolle) 것들이다. 그것은 때때로 의지가 원하나 때때로 원하지도 않고 원하지 않는 것을 의미한다. 그렇지만 범하지 않은 채 있고 이것도 저것도 하지 않는 것으로 있는 것이다.

주목해야 할 두 번째 것은 우리가 의지의 자유를 논할 때 우리는 공로가 되든지 공로가 아닌 것이 되든지 그 주장과 관계해서만 우리는 의지의 자유를 의미한다. 그 문제에 덜 관심을 갖는 한 나는 그것이 자유롭다는 것을 부인하지 않는다. 적어도 그것에 관심을 갖는 한 때때로 서로 반대되고 서로 모순적인 것 모두에 자유로운 것으로 보인다.

만약 이 진술들이 확립된 것이면 나는 이제 내 논문의 첫째 부분 곧 의지는 서로 '모순적인' 문제에서 자유롭지 않다는 증거에 관심을 돌린다. 그리하여 의지(velle)는 그 의지의 유익을 추구하지 않을 정도로 선택하는 것이 자유롭다면 그때 그 의지는 미래에 모든 죄를 피할 수 있을 만큼 자유로울 수 있을 것이라는 결과가 된다. 그러나 이 것은 분명히 거짓이다! 사실 그것은 이단적인 것이고 그레고리(Gregory)가 말한 것과 모순이다. "회개로 씻어지지 않은 죄는 그 죄의 아주 적은 비중으로 인해 곧 더 큰 죄로 죄인을 끌고 가게 된다."[1] 그러나 의지가 자유롭다면 그 의지가 더 큰 죄로 끌고 가는 것을 거부할 수 있을 것이다. 그 의지가 끌어가는 것을 저항할 수 없다면 그때 그 의지는 자유롭지 못한 것이다. 은혜가 아니고는 의지는 죽을 수밖에 없는 죄를 견딜 수 없다는 일반적 진술로부터 나는 이것을 입증한다. 그러므로 그 의지는 노예가 된 자유 없이 오래 견딜 수 없다.

---

1. *Moral*, 25, 9, 22; *Migne*, 76.334. 아퀴나스, 신학대전 I, II, qu.109 a, 8.

마지막으로, 사도가 말한 것으로 그것을 입증한다. "저희로 깨어 마귀의 올무에서 벗어나 하나님께 사로잡힌바 되어 그 뜻을 좇게 하실까 함이라"(딤후 2:26). 그런데 마귀의 의지는 그들이 원해야만 하고 악을 행해야만 하는 것이다.

결론의 두 번째 부분

"인간 마음의 모든 생각과 상상이 언제나 악을 향해 기울어져 있다."는 창세기 8:21에서부터 서로 '모순적인' 것이라는 문제에서 의지가 자유롭다는 진술을 나는 입증한다. 만약 의지가 계속 악으로 기울어지는 경향이라면 악에 반대되는 말인 선을 향해 그 의지가 결코 기울어지지 않는다는 결과가 된다. 이것이 자유롭고 필연적으로 일어나는 것을 나는 다음의 방법으로 입증한다. 자연적인 의지는 다른 피조물이 자기 결정능력을 갖고 있는 것같이 그리고 다른 어떤 것보다도 그 행동할 수 있는 자유를 더 이상 빼앗기지 않은 것처럼 원하거나 원치 않는 그 의지의 능력을 갖고 있다. 그러나 원하는 것(velle) 강제되어야만 한다는 것과 자유롭지 않아야 한다는 것은 불가능하다. 그러므로 필연적으로 그것은 자유롭고 자유롭게 의지가 원하는 대로 하는 것이다.

그러므로 결과 되는 두 가지 전제는 사실이다.

(a) 타락한 인간이 그를 구원하는 그 자신의 능력을 의지한다면 타락밖에 아무것도 할 수 없다.

(b) 타락한 인간이 그를 구원하는 외적인 능력을 의지한다면 그의 타락을 막을 수 있다.

동일한 증거로 은혜 없는 의지는 자유롭지 않다. 우리의 비유의 말로 그것을 표현하면 타락한 상태에 있는 것처럼 그것은 그렇게 창조되었다. 그리고 그 자신의 능력을 의지한다면 타락밖에 아무것도 할 수 없다. 그것은 그 의지 자체에 맡겨진 악을 원한다. 그러나 하나님의 은혜로 의지는 타락하지 않게 된다. 어쨌든 타락을 멈출 수 있다. 그리하여 이 몇 마디 말로 나는 결론을 남긴다.

당연한 결과(Corollary)

나는 이러한 당연한 결과를 도출한다. 선을 행하면서 죄를 짓지 않는 의인은 세상에 없기 때문에 의로운 사람이 선을 행하는 동안에도 참으로 많은 죄를 짓는다.

성경의 권위로 입증된 것

먼저 이사야 64:6의 본문으로 "대저 우리는 부정한 자 같아서 우리의 의는 다 더러운 옷 같으며 (월경하는 여자의 월경대 같으며)." 우리의 의가 부정하다면 우리의 의는 어떻게 될 것인가? 전도서 7:20도 말씀하고 있다. "선을 행하고 죄를 범치 아니하는 의인은 세상에 아주 없느니라." 또한 야고보서 3:2도 "우리가 다 실수가 많으니." 로마서 7:22에서는 "내 속사람으로는 하나님의 법을 즐거워하되 내 지체 속에서 한 다른 법이 내 마음의 법과 싸워 내 지체 속에 있는 죄의 법 아래로 나를 사로잡아 오는 것을 보는도다." 그리고 시편 32:2에서 "여호와께 정죄를 당치 않는 자는 복이 있도다."

당연한 결과(Corollary)

의인이 선을 행하는 동안에도 죄를 짓는 것은 분명하다.

첫째, 나는 전도서 7:20 본문에서부터 이것을 입증한다. "선을 행하고 죄를 범치 아니하는 의인은 세상에 아주 없느니라." 이제 어떤 사람은 이 본문이 모든 의로운 사람은 확실히 죄인이지만 그는 그가 선을 행하는 때에 죄를 짓지 않는다는 것을 의미한다고 말한다. 그것에 대한 해답은 왜 그렇게 많은 단어들을 낭비하는지를 이 권위가 말하기를 원했는지다. 성령은 말 많음과 어리석음을 기뻐하는가? 왜냐하면 그 의미는 이것을 단순하게 말하므로 아주 분명하게 될 수 있었기 때문이다. "죄를 범치 아니하는 의인은 세상에 아주 없느니라." 그러면 왜 수식하는 구절 "… 선을 행하고"(선을 행하는 자)가 첨가되는가? 악을 행하는 다른 의인이 있는가다. 왜냐하면 그가 의롭지 않으면 선을 행하는 자는 아무도 없기 때문이다. 더욱이, 권위가 죄를 논할 때 그리고 선한 행위의 맥락에서 논의할 때 그는 자신을 이러한 말로 표현한다. "의인이 하루에 일곱 번 넘어진다"(잠 24:16). 이 맥락에서 그는 "그가 선을 행하고 있을 때 하루에 일곱 번 의인이 넘어진다"라고 말하지는 않는다. 그것은 녹슬고 무딘 도끼로 나무를 찍는 사람과 같다. 그는 좋은 일꾼이지만 그가 거칠게 자르고 고르지 않게 자르는 것이 큰 어려움일 뿐이다. 하나님은 우리를 통해 같은 방식으로 역사한다.

둘째, 나는 로마서 7:19 본문에서부터 그것을 입증한다. "내가 원하는 바 선은 하지 아니하고 도리어 원치 아니하는바 악은 행하는 도다." 더 나아가 "내 속 사람으로는 하나님의 법을 즐거워하되 내 지체 속에 한 다른 법이 내 마음의 법과 싸워 내 지체 속에 있는 죄의 법 아래로 나를 사로잡아 오는 것을 보는도다." 이제 보라! 같은 시간에 그는 하나님의 법을 즐거워하지만 또 하나님의 법을 기뻐하지 않는다. 같은 시간에 그는 영에 따라 선을 행하기를 원하고 그러나 이것을 행하지 않고 반대되는 것을 행한다. 그러나 이 반대되는 것은 분명히 원하지 않는 것이다. 그것은 원하는 것이 있을 때 언제나 거기에 있다. 후자로 그는 좋은 것을 행하고 전자로는 나쁜 것을 행한다. 원하는 것을 하지 않는 상태(the nolle)는 육에 속한 것이고 원하는 상태(the velle)는 영에 속하는 것이다. 원하지 않는 것, 어려움, 강제, 저항, 죄는 거기에 있고, 원함, 일치됨, 자유, 기쁨이 있는 한 거기에는 덕이 있다. 이 두 가지는 우리의 전체 삶 속에 섞여 있고 모든 것에서 우리는 행하고 있다. 원하지 않음이 전적이고 완전하게 되면 그때에 죽을 수밖에 없는 죄가 이미 거기에 있고 또한 하나님으로부터 돌아서는 것이 있다. 그러나 이생에서 의지는 완전히 그리고 온전하게 존재하지 않는다. 때때로 덜 짓는 것을 인정하면 우리는 사실 선을 행하는데도 언제나 죄를 짓고 있다. 이것이 선을 행하고 죄를 범치 아니하는 의인이 세상에 아주 없는 이유다. 그러한 의인은 하늘에만 있다. 사악함 없이 존재하는 사람이 없는 것처럼 그가 하고 있는 것은 무엇이든지 간에 사악함이 없는 사람은 아무도 없다. 그리고 이 때문에 사람은 결코 죄 없이 존재하지 못한다. 사람이 죄 없이 살 수도 없고 존재할 수도 없다면 그러면 어떻게 그는 선행을 할 수 있고 죄로부터 자유로울 수 있는가? 그렇기 때문에 성경은 말씀한다. "내가 내 마음을 정하게 하였다 내 죄를 깨끗하게 하였다 할 자가 누구뇨"(잠 20:9). 다시 갈라디아서 5:17에서 "육체의 소욕은 성령을 거스리고 성령의 소욕은 육체를 거스리나니 이 둘이 서로 대적함으로 너희의 원하는 것을 하지 못하게 하려함이니라."

셋째, 나는 시편 143:2로 그것을 입증한다. "주의 종에게 심판을 행치 마소서 주의 목전에는 의로운 인생이 하나도 없나이다." 여기서 나는 나 자신에게 묻는다. 만약에 그 의로운 사람(논쟁을 위해 우리가 상상한 사람)이 실제로 영광스러운 공로를 세운 자라면 그 역시 '인생'의 숫자에 들어갈 수 있는가다. 만약 그가 이 일반적인 인생의 범위에서 제외되지 않는다면 그때 그는 의롭지 않다. 만약에 그가 공로를 세우고 행위에서 의롭고 죄를 짓지 않는다면 이것이 어떻게 가능할 수 있는가?

나는 이제 논쟁과 이성으로 입증한다.

마땅히 해야 하는 것보다 못한 것이 죄다. 그러나 그가 선을 행하고 있는 동안에도 모든 의인은 그가 해야 하는 것보다 못한다. 그러므로 모든 의인은 죄인이다.

나는 이제 소극적(minor)인 전제를 입증한다. 선을 행하지만 하나님의 완전하고 충만한 사랑으로부터 하지 않는 사람은 누구나 그가 마땅히 해야 하는 것보다 못한다. 모든 의인은 그러한 사람이다. (그러므로 선을 행하고 있는 동안에도 모든 의인은 그가 마땅히 해야 하는 것보다 못한다.)

나는 그 교훈으로 적극적(major)인 전제를 입증한다. "너는 마음을 다하고 성품을 다하고 힘을 다하여 네 하나님 여호와를 사랑하라"(신 6:5). 이 명령에 대해 우리 주님은 말씀하셨다. "천지가 없어지기 전에는 율법의 일점일획이라도 반드시 없어지지 아니하고 다 이루리라"(마 5:18). 그러므로 우리는 우리의 모든 힘을 다해 하나님을 사랑해야 한다. 그렇지 않으면 우리는 죄를 짓는다. 그러나 우리의 모든 힘으로 우리가 사랑하지 않는 소극적인 전제는 위에서 입증했다. 우리의 육과 지체 가운데 있는 의지의 도착(perversity)은 이 전체성을 방해한다. 그 결과 우리는 우리의 모든 지체와 우리의 모든 힘으로 하나님을 사랑하지 못한다. 우리 의지의 도착은 하나님을 사랑하는 내적 의지를 저항한다.

그러나 어떤 사람들은 말한다. "하나님은 우리에 의해서 완전히 순종되는 그의 명령을 기대하지 않는다." 그때에 나는 묻는다. "그러면 누구에게 그 명령이 요구되는가?" "돌과 나무? 또는 죄인들?" 이것은 오류다. 로마서 3:19에서 말씀한다. "우리가 알거니와 무릇 율법이 말하는 바는 율법 아래 있는 자들에게 말하는 것이니." 그러므로 율법은 우리에게 명령되고 그 율법은 우리로부터 요구된다. 이러한 말의 틀린 해석 때문에 "하나님은 완전을 요구하지 않는다"란 말은 하나님이 그러한 완전한 표준을 요구하지 않기 때문에 완전한 사랑이 못 되는 것을 행하는 것은 무엇이나 죄가 아니라고 사람들이 말하는 형세의 결과가 되었다. 그것이 허락되었기 때문에 그것이 죄가 아닌 것이 아니다. 그것은 용서되었기에 더 이상 죄로 여겨지지 않는다.

나는 이제 그 반대의 논쟁을 시작한다.

첫째 요한은 그의 서신에서 말씀한다. "하나님께로서 난 자마다 죄를 짓지 아니하나니"(요일 3:9). 다시 창세기 20:6에 "하나님이 아비멜렉에게 그가 그의 온전한 마음으로 행하고 또 죄를 짓지 않도록 증거를 주었다." 그리고 또한 시편 86:2에서 "나는 경건하오니 내 영혼을 보존하소서." 마찬가지로 다른 모든 것을 인용할 수 있다.

내 대답은 이것이다. 아마도 바울이 하나님에게서 나지 않았다(롬 7장)고 말하지 않는다면, 그리고 사도 요한이 "우리가 죄 없다고 말한다면 우리는 거짓말쟁이"(요일 1:8)라고 말할 때 사도 요한이 거짓말하지 않는다면 "하나님에게서 난 자마다 죄를 짓지 않는다"와 "하나님에게서 난 자마다 죄 짓는다"는 두 가지 모두 다 옳다. 하나님에게서 난 자도 육신의 의지 때문에 선한 행위를 하고 있는 동안에도 사실은 죄를 짓는다. 그리고 그는 영(靈)의 도착된 의지 때문에 죄 짓지 않는다.

그러면 당신은 물을 것이다. 그러면 우리는 어떻게 하나님의 율법을 성취할 수 있는가?

나는 대답한다. 우리는 율법을 성취하지 못한다. 왜냐하면 우리가 죄인이고 하나님께 불순종하기 때문이다. 이것은 가벼운 죄가 아니다. 왜냐하면 사악한 것은 아무 것도 하나님 나라에 들어갈 수 없기 때문이다(계 21:27). 그 때문에 모든 죄에 대해 정죄가 요구된다. 왜냐하면 그리스도는 율법의 일점일획이라도 반드시 없어지지 않으리라고 말씀했기 때문이다. 아우구스티누스는 그의 *Tractates*의 I권 19에서 정확히 말하고 있다. 모든 거룩한 명령은 용서가 결과보다 앞서 갈 때 성취한다. 그러므로 하나님의 명령은 의로운 사람이 선행을 하는 때보다는 자비의 하나님이 용서하는 때에 성취된다. 하나님의 자비는 사람의 의(義)보다 더 위대하다.

다른 사람들이 말하고 있는 것은 이것이다. 곧 하나님이 용서한다고 말해야 하는 때에 하나님은 완전을 요구하지 않는다는 것이다. 그는 누구를 용서하는가? 완전한 사람인가? 그들이 죄를 느끼지 않는 자들이라고 생각하는 자인가? 아니다! 그것은 우리 죄를 용서하소서 라고 말하는 자들이다. 그들의 마음이 옳기 때문에 죄를 미워하고 그들의 죄를 아는 사람들이다. 에스겔 20:43에서 말씀하는 대로 "너희가 범한 모든 악을 너희가 봄으로 너희는 너희 자신을 미워한다."

이것은 시편 32:6이 말씀하는 대로다. "이로 인하여 무릇 경건한 자는 주를 만날 기회를 타서 주께 기도할지라.” 사람이 거룩하다면 자기의 죄 용서를 받은 것에서 용서받은 것을 제외하고는 어떤 부정도 하지 않는다. 그렇다면 그는 무엇을 위해 기도하는가? 그는 물론 용서받은 죄를 위해서가 아니고 용서받아야 하는 죄를 위해 기도한다. 왜냐하면 용서 받은 죄의 경우에는 용서를 빌기보다 감사하는 것이 더 합당하기 때문이다. 그 경우에 그는 말하지 않을 것이다. 과거의 죄를 말하기 원했다면 “거룩한 모든 사람은 이것을 위해 기도할 것이다.” 그러나 “모든 죄인은 이것을 위해 기도할 것이다.” 왜냐하면 그가 자기의 죄를 용서받았다면 거룩한 사람이기 때문이다. 그런데 거룩한 사람이 죄 용서를 위해 기도한다. 이것은 놀라운 문장이다. 그것은 거룩한 사람이 과거 죄 용서에 대해 기도하고 있다는 어리석고 인간적인 그들의 해석으로 논박할 수 없다. 예언자는 그 자신에 대해 말하고 있지 않고 그가 거룩하다고 보고 그들의 죄가 용서받았다고 하는 성도들에 대해 말하고 있기 때문이다. 그는 그들이 죄 용서를 위해 기도한다고 말한다. 아마도 예언자가 그들의 죄를 용서 받지 않은 자들을 성도로 부르거나 아첨하거나 거짓말하는 것이 아니라면. 그러나 그때 그는 ‘그들이 죄 용서받도록’ 또는 ‘죄 용서를 위하여’ 그들이 기도하고 있다고 말해야만 한다.

그러므로

그가 우리를 완전하게 하고 완성할 때까지는 그들은 완전히 거절받을 만하지만 우리의 삶과 행위를 받아들이고 우리를 죄 가운데서 붙드시므로 상상의 죄인이 아니라 실제 죄인인 우리를 그가 구원하신 것은 놀라운 하나님의 자비다. 그런가 하면 우리는 그의 날개 그늘에서 보호를 받으면서 산다. 우리는 그의 정죄를 피한다. 그것은 그의 자비 때문이지 우리의 의 때문이 아니다.

그들은 천박하고 비현실적인 주장을 쌓아 올리려고 한다. 동일한 행위가 하나님에게 용납되고 거절될 수 없다. 왜냐하면 그것은 동시에 좋고 좋지 않은 것이 되기 때문이다. 나는 대답한다. 한 사람이 동시에 심판을 두려워하고 자비를 소망할 수 있다는 것을 생각할 수 없지 않는가? 그러므로 나는 모든 선한 행위는 용납 받을 수도 있고 용납 받지 못할 수도 있다고 말한다. 그 반대도 진리다. 모든 선한 행위는 모두 용납될 수 없지만 용납될 수도 있다. 그것이 용서받았기 때문에 용납된다. 그리고 하나님에 의해 용납된다. 그의 자비로 그는 받아들이기에 못 마땅한 것을 용서한다. 그러나 같은 것이 용납되지 않는다. 곧, 그것이 육의 포악한 것으로부터 온 행위인 한 그 것은 죄다. 장래에 그들이 그러한 수준에 이르는 순간에 그가 요구하는 수준이 높지만 하나님은 현재 이 죄를 용서한다. 왜냐하면 우리가 무엇을 하여 사실 그대로 하나님이 단순하게 용납하는 것은 아무것도 없기 때문이다. (이 생각은 인간의 두뇌에 의해 바로 환상을 불러일으킨다.) 우리가 하는 모든 단순한 것을 그는 용서하고 참는다. 그들의 두뇌로부터 이 생각들을 자아내는 사람들은 그가 용서가 필요 없이 용납하는 어떤 사람이 있다고 생각하지만 이것은 진리가 아니다. 그러므로 하나님이 용서할 때 하나님은 받아들이지도 않고 거절하지도 않고 다만 용서하며 우리의 행위에서 그의 자비를 받아들이고 있는 것이다. 그를 위로하는 자들을 위하여 하나님이 용납할 수 있다고 보신 그들의 아름다움이 욥의 경우다(욥 42:8). 이것은 우리를 위한 그리스도의 의가 하나님께 용납될 수 있다는 것을 의미한다. 이것은 하나님의 속죄다. 이것은 하나님이 우리의 행위를 용서하고 그러므로써 우리는 우리의 부족을 그의 충만함으로 채우는 것이다. 왜냐하면 그 자신은 우리가 그와 똑같이 일치될 때 비로소 우리의 유일한 의이기 때문이다.

추가로 하는 증거

1. "내 속 곧 내 육신에 선한 것이 아무것도 없다"(롬 7:18). 혈과 육에 지나지 않는 사람에게는 어떤 선한 것이 있지 못할 것이다. 왜냐하면 사도는 자신과 모든 의로운 사람들에 대해 말하고 있기 때문이다. 그러므로 은혜 아래 역사하고 그들을 초월하는 데 있어서 의로운 사람들은 여전히 그들이 힘 있게 수고하지만 그들이 해야 하는 것을 하지 않을 수 있다. 아무리 그들과 비교하여 힘 있게 수고하지 않고 은혜 아래 있지 않는 자들에 대해서 진리이지만 그들은 '그들 안에 있는 것'을 행하므로 그들이 행해야만 하는 것을 그들이 하지 않을 수 있다. 그러나 여기서 다시 그들은 부족하지만 이러한 부족은 죄가 아니라고 말하는 것이 진리라고 한다. 나는 대답한다. 죄는 죄의 본성에서 오는 것이지 하나님이 깨어진 마음에 죄를 돌리지 않는다.

2. 갈라디아서 6:5의 본문을 통하여 (그리고 창 8:21) "사람의 마음의 계획하는 바가 어려서부터 악함이라" 이 구절에서 '계획'이라하지 않고 '모든 계획'이라고 말한다. 사람이 생각하는 것은 무엇이든지 악하다. 왜냐하면 사람은 그 자신의 일을 추구하기 때

문이고 하나님의 은혜가 없이는 달리 할 수 없기 때문이다.

3. 그 자신의 일을 추구하지 않는다고 하는 것은 다만 사랑뿐이다(고전 13:5). 사랑 없이 사도는 "저희가 다 자기 일을 구하고 그리스도 예수의 일을 구하지 아니 한다"고 선언하였다. 그러나 자기의 일을 추구하는 것은 죽을 수밖에 없는 죄다.

4. 호세아 13:9에서 "이스라엘아 네가 패망하였나니 이는 너를 도와주는 나를 대적함이라"하였다. 그는 "너의 의가 너 자신 안에 있다"라고 말하지 않고 "너의 멸망이 너 자신 안에 있다"고 말한다. 너 자신으로부터 너는 멸망밖에 이루지 못한다.

5. "나쁜 나무는 좋은 열매를 맺을 수 없다"(마 7:18).

6. "나와 함께 아니하는 자는 나를 반대하는 자다"(눅 11:23). 그리스도를 반대하는 것은 죽을 수밖에 없는 죄다. 그리고 그와 함께 하지 않는 것은 은혜 밖에 있는 것이다.

7. "사람이 내 안에 거하지 아니하면 가지처럼 밖에 버리어 말라지나니 사람들이 이것을 모아다가 불에 던져 사르나라"(요 15:6). 보라 그리스도 밖에 있다는 것은 불에 던져진다는 것이고 계속 시든다는 것이다. 물론 행할 수 있는 것을 무엇이나 행한다는 것이 가벼운 죄로 언급되는 것으로 이해될 수 없다.

8. 어리석은 처녀들은 거부되었다. 그들이 섬기지 않아서가 아니고 그들이 기름 없이 섬겼기 때문이 아닌가(마 25:1). 그들은 그들 자신의 자원으로 선을 행했고 은혜의 덕으로 행하지 않았다. 그들은 그들 자신의 영광을 추구했고 사람이 이러한 잘못이 없이 존재한다는 것은 불가능하다.

9. 하나님은 비를 의로운 자와 불의한 자에게 내리우심이니라(마 5:45). 감사치 않는 사람은 하나님으로부터 받은 하나님의 선물을 되돌려 주지 않는 사람이다. 그리고 이 것은 죽을 수밖에 없는 죄다. 그래서 필연적으로 그의 행위는 은혜 밖에서 행해진다.

10. 죄를 짓는 자는 죄의 종이니라(요 8:34). 악마의 종이고 죄의 종인 사람이 어떻게 죄가 아닌 다른 어떤 것을 행할 수 있는가? 그가 누구의 종인가? 어둠에 있는 자가 어떻게 빛의 일을 할 수 있는가? 병든 자가 어떻게 건강한 자의 일을 할 수 있는가? 이러한 더 많은 본보기는 주어질 수 있다. 그러므로 그가 하는 모든 행위는 악마의 행위고, 죄의 행위고, 어두움의 행위고, 어리석은 자의 행위다.

11. 만약 그것이 어두움의 세력 아래 있는 자에게 속하는 것이라면 그때는 말할

것도 없이 그의 행위에 속하지 않는가? 그 나무가 악마의 지배 아래 있는데 그들은 그 나무의 열매가 같은 세력 아래 있는 것을 부인한다.

12. 사도가 인용한 본문으로 "여호와께서 사람의 생각이 허무한 것을 아시느니라"(시 94:11). 그리고 "여호와께서 이방 나라들의 도모를 폐하시며 민족들의 사상을 무효케 하시며 군왕들의 도모를 정죄하신다"(시 33:10). 여기서 나는 묻는다. 사람의 생각이 그 자신의 도모로 이루는 생각이라는 것을 당신은 이해하는가? 그렇다면 그러한 생각들이 하나님의 보시기에 기쁘지 않으므로 단순히 죽은 것이 아니고 정죄 받는 것이라고 당신은 들었다. 그러나 사람이 자신으로부터 만들어 내지 않고 악에서 나온 생각이 있다면 사람들은 그것들을 사람의 생각들이라고 불러서는 안 된다. 인간이 인간의 생각과 도모로서 이해하는 것이 자연적인 이성이 명령하는 것으로 사람이 인도된 사상이라는 것은 확실하다. 그렇지 않으면 그는 그것들을 인간의 어리석음으로 부를 수 있다. 이제 보라! 하나님은 인간의 지혜를 정죄한다. 인간의 어리석음은 더욱 더 정죄를 받는다.

13. 잠언 "너는 네 명철을 의지하지 말라"(잠 3:5). 이 말씀은 보편적 적용 또는 특수한 적용의 말씀으로 이해될 수 있다. 보편적이라면 거절되거나 정죄되지 않는 사람의 자연적 이성에서 나오는 어떤 견해도 없다. 특수한 것이라면 많은 사람이 생각하는 것처럼 사람이 자신의 지혜와 자신에게 의지하는 자신을 허락하는 때마다 사람은 이 본문에 명백히 반대로 행동한다.

14. 만약 사람이 죄를 짓지 않고 자기의 힘으로 선한 일을 행할 수 있다면 그 때는 그는 그에 의해 행해진 선의 정도에 대해 적당히 자랑을 그 자신에게 돌릴 수 있다. 그러므로 그는 선하고, 지혜롭고, 강하다는 것을 말하게 하라. 그리고 "자랑하는 자는 주 안에서 자랑하라"(고전 1:31)고 명백하게 말한 사도에 반대하여 하나님 앞에서 자랑하는 사람처럼 그로 하여금 자랑하게 하라.

15. "내가 그들의 마음의 욕망대로 하게 버려두었다"(시 81:12). 보라 형벌은 죄에 속한다. 나는 사람을 그 자신의 마음의 생각에 맡겨 두었다. 그러므로 나는 죽을 수밖에 없는 죄에 그를 맡겨 두었다. 그리고 인간의 마음은 세상이 끝날 때까지 자기의 뜻과 항상 동일하다. 그 마음은 은혜 아래 있지 않다. 그렇지 않으면 그는 말할 것이다. "나는 그들을 그들의 원수가 원하는 대로 버려두었다. 그리고 그들은 그들 자신의 생

각이 아니고 그들의 원수의 욕망에 복종할 것이다.

16. "믿음으로 하지 않는 모든 것이 죄다"(롬 14:23). 아우구스티누스는 '믿음으로 하는'이란 말을 '그리스도의'란 말로 이해한다. 분명히 어떤 사람들은 이것을 양심으로 해석한다. 그러나 또한 베드로가 말씀한 대로 그리스도를 믿는 믿음은 선한 양심이다. "하나님 앞에서 행해진 선행이 죽을 수밖에 없는 죄가 아니라면 바울이 여기서 가벼운 죄를 언급하고 있다는 결과가 될 것이다. 이것은 오류다. 왜냐하면 어떤 인생도 가벼운 죄가 없는 사람은 없기 때문이다. 그러므로 믿음으로 하지 않는 것은 죽을 수밖에 없는 죄이고 정죄 받는다. 왜냐하면 그것은 또한 양심에 반대되는 것이기 때문이다. 내가 나의 말을 평가하건대, 하나님을 향한 선한 양심은 그 신뢰가 행위에 있지 않기 때문에 그리스도를 믿는 믿음의 의식(意識)을 의미한다. 그러한 믿음은 공로를 얻는 것이 하나님을 기쁘게 하지 못하고 토론하고 있는 종류의 나쁜 양심과 믿음 없음으로 인도하지 않는다는 것을 믿지 않는다.

17. 죄인의 신분은 의인의 신분보다 더 좋을 것이다. 왜냐하면 의인은 선행을 하는 동안에도 가볍게 죄를 짓지만 의인은 죄를 전혀 짓지 않기 때문이다. 다시 의인은 그들 자신의 행위를 두려워한다. 그러나 의인의 행위들이 얼마나 더 두려워해야만 하는가? 다른 방식으로 표현하면 의인의 신분은 의인보다 더 좋다. 왜냐하면 전자는 두려워하지만 후자는 자신이 안전하다고 믿기 때문이다.

18. 은혜가 '자기 안에 있는 것'을 행하는 사람에게 주어진다면 그때 사람은 그가 은혜 안에 있다는 것을 알 수 있다. 그것은 이렇게 증거된다. 사람은 '자기 안에 있는 것'을 자신이 하고 있다는 것을 알거나 알지 못한다. 그가 알지 못하면 그때 이러한 종류의 교훈은 어떤 목적에도 도움이 되지 않고 모든 위로를 상실한다. 왜냐하면 아무리 선행을 했다고 해도 그는 여전히 '자기 안에 있는 것'을 행했는지 알지 못한다. 그러므로 그는 계속적인 의심의 상태에 있다.

19. '자기 안에 있는 것'을 할 때 어떤 사람이 한 것이 어떠한 선행인지 묻게 된다. 아무것도 답이 주어질 수 없다면 왜 무엇인지도 모르는 것을 그가 해야 된다고 가르쳐야 하는가? 이러한 선행이 존재한다면 그것이 설명이 되도록 하라. 이제 그것은 무엇보다도 하나님을 사랑하는 일로서 어떤 사람들에 의해 주어지게 된다.

내가 이 점에서 이탈하는 것을 허락할 수 있다면, 첫째 나는 하나님의 은혜 가운데 있는 숙련자들이 영적인 영예 가운데 그들이 어떤 사람을 장식하게 하는 것을 제외하고 우리의 행위에 아무것도 돌려주지 못한다고 말할 수 있을 것이다. 은혜는 영적으로 아픈 자들을 고치기 위해 주어진 것이 아니고 영적인 영웅들을 장식해 주기 위해 주어진 것이다. 매일 평범한 선행을 우리는 할 수 있다. 그러나 어떤 특별한 것을 할 수 없다! 그렇다면 은혜는 모든 것 중에 가장 업신여기게 되는 것이다. 그것은 우리에게 절대적인 필요의 선물로서 간주되지 않게 되었고 그들이 말하는 대로 보충적인 요구로서 율법 수여자의 자의적인 의지로부터 일어나는 것이다! 그리고 어떤 그리스도인이 이 위반을 참으려고 하는가? 그것은 우리를 위해 죽으신 그리스도의 죽음이 무의미한 것을 의미한다. 그의 고난은 하나님이 그것을 원했기 때문이다. 그것은 우리의 필요의 문제가 아니고 율법 수여자의 자의적인 의지다.[1] 그것은 우리의 자원으로 우리가 율법을 성취할 수 있는 것과 같다. 그러나 하나님은 우리가 행한 것에 전혀 만족하지 않았고 그의 은혜의 요구에 그리고 율법의 요구에 아주 정확하시다.[2] 그리고 그것은 되돌아간 사람인 펠라기우스도 그렇지 않았고 펠라기우스보다 더 나쁜 하나님 모독자다. 그리하여 우리는 그들이 그들의 자연적 능력으로 다른 무엇보다 더 하나님을 사랑한다고 말하는 것을 발견한다. 그리고 그들은 "어떤 것보다 또는 다른 무엇보다도 더"라고 말하는 것을 부끄러워하지 않는다. 그러나 결국 나의 대답은 내가 하나님을 사랑하는 것을 성취하는 것에 왕관을 씌우는 것이 '자기 안에 있는 것'을 행해야만 한다는 것이라면 그 위치는 언제나 그랬던 것같이 그대로 있을 것이다. 곧, 사람은 그가 하나님을 사랑하고 있는지를 알지 못할 것이다. 그리고 이 때문에 '자기 안에 있는 것'을 행하고 있는지를 알지 못할 것이다. 거기에는 두 가지 선택이 있다. 하나는 그가 어떻게 하고 있는지 또는 무엇을 하고 있는지 알 수 없어서 그는 '자기 안에 있는 것'을 행할 수 있다. 다른 하나는 그가 은혜를 확신할 것이다. — 그들은 모두가 부인하는 것이다.

만약 당신이 인간은 '자기 안에 있는 것'을 행하고 시도해야만 한다고 말한다면 그

---

1. 루터는 자의적 의지로서 하나님을 생각한 오캄주의자의 견해를 공격하고 있다. 그리고 인간의 도덕성은 하나님의 인정을 넘어서 어떤 정당성을 갖지 못했다.

2. 요구된 것보다 약간 더 인간이 행하게 하는 것으로 은혜에 대한 견해를 루터는 *Contra Latomum*(*WA*, 8,54.1 이하)에서 매우 길게 다루고 있다. 이 책 p. 370을 보라.

때 나의 대답은 이것이다. 나는 다시 묻는다. 그가 시도하고 있는 때를 그는 아는가? 그가 어떻게 시도해야 하는지를 그는 아는가? 그가 시도하기 위해 그가 해야만 하는 것을 그는 아는가? 만약 그가 안다면 한편으로 그는 확실하다. 만약 그가 모른다면 다른 한편으로 거기에는 아무것도 없다. 사실 이렇게 시도하는 것은 자기 안에 있는 것을 하는 것과 같다. 그리고 같은 질문이 나타난다. 거기에다 더 말할 것이 있다. 그 것은 사람이 '자기 안에 있는 것'을 행함이 아니라 자기 안에 있는 같은 것을 행하는 것을 시도하는 것은 그 안에 있는 것을 하고 있는 것이다. 그러므로 자기 안에 있는 것을 행함으로 그는 아직 '자기 안에 있는 것'을 행하고 있지 않다.

20. 농담을 멈추라. 그리고 우리가 경험한 대로 삶을 바라보라! 그가 화를 낼 때 자기 안에 있는 것을 행하게 하라. 격노했을 때 또는 시험을 받을 때 자기 안에 있는 것을 행하게 하라. 여전히 더 좋은 것은 그의 어두운 무지를 깨우치는 데 큰 뜻을 갖게 하라. 그리고 얼마나 더 그가 얻는가를 보도록 하라. 그것으로 나아가게 하고 하늘을 위해 출발하게 하라. 그리하면 우리는 그가 행한 것과 그것이 모두 이루어진 것을 보게 될 것이다.

21. 사람이 '자기 안에 있는 것'을 행하므로 은혜를 얻으면 적어도 인류의 더 큰 부분에서 모두가 구원을 받을 수 없다는 결론을 피하는 것은 불가능해 보인다. 그러므로 나는 이 질문을 한다. 인간이 거만할 때, 죄를 지을 때, 어떤 잘못을 저지를 때 인간 자신은 그러한 행위나 다른 행위를 하는 것이 아닌가? 물론 자신. 자신으로부터 그리고 그 자신의 자원, 또는 다른 외부의 자원으로부터? 그러므로 인간이 죄를 지을 때 그는 '자기 안에 있는 것'을 행하고 있는 것이다. 그러므로 반대로 그가 '자기 안에 있는 것'을 할 때 그는 죄를 짓는다.

그러나 하나의 반대가 나타난다. "나는 자연적으로 선하고 그들이 악용할 때 그들이 그런 것처럼 아닌 것으로서 그의 덕과 사람에 대하여 말하고 있다. 그것에 나는 대답한다. 자연적 덕은 그 덕이 부패했기 때문에 언제나 악용되고 있다. 왜냐하면 창조는 선하지만 부패했기 때문이다. 창조는 창조의 활동을 창조의 병과 별도로 수행하지도 못하지만 창조는 병에 의해 영향을 받은 창조의 일에 착수한다. 그러므로 그것은 그것이 선할치라도 병든 것으로 제외하고 수행될 수 없다. 그것은 오히려 도끼를 녹슬게 하는 것과 같다. 그것은 철이지만, 지금까지 좋은 철이지만 그것은 다만 녹슨 도끼로서 기능한다.

22. 그렇다면 왜 우리는 정욕이 정복될 수 없다는 것을 시인하는가? 당신 안에 있는 것을 행하라. 그러면 당신은 정욕을 행하지 않을 것이다. 그러나 당신은 할 수 없다! 그러므로 자연인은 율법을 성취하지 못한다. 당신이 이 계명을 성취하지 못한다면 어떻게 사랑하라는 계명을 당신이 성취할 수 있단 말인가? 똑같은 주장이 모든 계명의 문제에 주장된다. 예를 들면 당신 안에 있는 것을 행하라 그러면 당신을 때리는 자에게 화를 내지 않을 것이다. 그러나 당신은 할 수 없다! 당신 안에 있는 것을 행하라 그러면 두려움을 무서워하지 않을 것이다. 그러나 당신은 할 수 없다!

23. 당신 안에 있는 것을 행하라 그러면 당신은 죽음을 두려워하지 않을 것이다. 나는 질문한다. 죽음을 두려워하지 않는 사람이 어디에 있는가? 그러나 하나님이 죽음의 문을 통과하는 것을 우리에게 원하는 사실에서 하나님의 뜻보다 우리는 우리 자신의 뜻을 더 사랑한다는 것이 죽음의 자연적인 공포에서 분명하다. 왜냐하면 우리가 우리의 의지보다 하나님의 의지를 더 사랑했다면 우리는 기쁨으로 죽음을 받아들일 것이다. 사실 우리는 그것을 유익한 것으로 생각할 수 있다. 그리고 우리의 의지가 표현될 때 우리가 생각하는 것처럼 우리의 유익으로 생각할 수 있을 것이다. 이런 것들은 우리가 말하는 사소한 것들이다. 죽음(그것이 하나님의 뜻이다)을 미워하거나, 어쨌든 죽음을 사랑하지 않는 자가 자신보다 오랫동안 하나님을 덜 사랑한다. 사실 그는 하나님을 미워한다. 그리고 우리는 이 문제에 모두 똑같다. 이제 무엇보다도 하나님의 사랑이 어디에 있는가? 진리는 하나님을 사랑하는 것이지만 우리의 삶보다, 그리고 우리 자신의 방법보다 더 사랑하지 않는다는 것이다. 그렇다면 나는 지옥에 대해 어떻게 말할 수 있는가? 누가 이것을 미워하지 않는가?

24. 주님의 기도는 우리가 삶의 모든 부분에서 죄를 짓는 자들임을 넉넉히 증거해 준다. '자기 안에 있는 것'을 행하는 사람을 즉시 상상해 보라. "당신의 이름이 거룩하기"를 또 "당신의 뜻이 이루어지이다" 또는 오히려 "당신의 이름이 거룩하게 되었습니다. 당신의 뜻이 이루어졌습니다"라고 그가 기도해야 하는가? 그의 이름이 거룩해진다면 그때 그는 그가 죄를 많이 지은 것을 인정하고 있다. 그의 뜻이 이루어진 것이라면 그때 그는 그가 불순종했다는 것을 인정하고 있다. 이것이 아들들과 성도들의 경우에서 일어난다면 불신자의 경우는 얼마나 더 하겠는가!

제4부

라토무스에게 대답

마르틴 루터

PART IV
ANSWER TO LATOMUS
MARTIN LUTHER

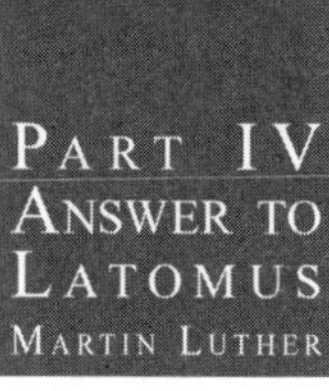

서문

1520년 3월 초에 루터는 쾰른(Cologne)과 루뱅(Louvain)의 대학에서 루터의 신학에 대해 합동으로 공격해 온 것에 대답하였다(WA, 6,170ff). 루뱅은 공격을 계속했다. 그들은 루터의 저술 배후에 에라스무스가 있다고 의심했다. 그리고 그들을 도와 루터를 공격하는 최선의 방법을 고안하거나, 최소한 그들이 고안한 공격에 그가 서명하도록 하는 데 노심초사했다. 그러나 에라스무스는 어떤 방식으로든 책임지려 하지 않고 오히려 하나의 견해를 갖고 루터의 신학에 학술적 논박을 시작하도록 루뱅 파(Louvainan) 신학자들을 격려했다. 이미 그들 가운데 하나인 라토무스는 존 에크(WA, 2,388 이하)와 라이프치히 논쟁에 대한 루터의 결심에 대답하는 것으로써 공격할 태세를 갖추었다. 1519년 11월 7일에 라토무스는 Mosellen과 에라스무스를 공격한 후에 스콜라 신학을 방어하기 위해 루터를 반대하는 세 번째 책을 계획하고 있었다. Turenholtius라고 하는 라토무스의 다른 동료는 루터의 신학을 반대하는 일련의 논쟁에 종사하게 되었다. 에라스무스는 이 두 주창자를 알고 있었지만 그들의 사상을 발표하는 데 그들이 확신을 갖지 않은 것에 대해 그 둘을 비난했다. 결국 라토무스는 그렇게 했고 1521년 5월 8일에 그의 저작을 발행했다.

루터는 웜스(Worms)로 여행하기 이전에 라토무스가 하는 공격의 절대적인 위협을 알고 있었다. 그리고 그것에 대답해야 할 달갑지 않은 필요를 알았을 때, 1521년 5월 8일에 문서의 사본을 받았다. 루터는 어떤 종류의 도서관도 사용할 수 없는 가운데 바르트부르크(Wartburg)에서 감옥에 갇히는 불리함에 처해 있었다. 그럼에도 그의 저작에 그렇게 오류가 없다는 것은 주목할 만하다. 그는 약 4만 단어의 라틴어로 된 저술을 한 달 이내인 1521년 6월 20일에 그의 대답을 완성했다.

몇 가지 경우에 그 저작은 약간 장황하게 되고 때때로 약간 개인적이고 논쟁적인 것으로 인해 현대 독자들에게 어려움이 된다. 나는 자유롭게 이 책에 도움도 안 되고 또 현대 독자들의 흥미를 불러일으키지도 않는 이 구절들을 빼버리기로 했다.(때때로 다른 그리고 유명한 번역자들이 그것들을 이용하였다.)

내가 이렇게 할 때마다 나는 그것을 지적했다. 거기에서 몇몇 점들을 생략하는 것은 간단하다. 거기에는 몇 개의 요약된 문장들을 더 길게 연결하는 것이 필요하다. 이것들을 생략한다고 해도 신학적으로 어떤 종류의 손실도 가져오지 않는다. 그들은 다만 전부해서 몇 페이지를 더할 뿐이었다. 번역의 각 문단은 8권 바이마르(Weimar) 본문의 페이지와 행으로 숫자를 붙였다.

그 저작은 세 개의 부분들로 만들어진다. 첫 부분은 4개의 논문 형태로 라토무스가 비난한 전제들을 루터가 방어하는 것이 포함된다. 첫째, 하나님이 불가능한 것을 명령한다는 것이다. 둘째, 죄가 세례 후에 그대로 남아 있다는 것이다. 셋째, 모든 죽을 수밖에 없는 죄가 사제에게 고백될 필요가 없다는 것이다. 그리고 넷째, 성도의 모든 선행 역시 죄다. 둘째 부분은 죄의 본성에 대해 두 개의 논문 형태로 라토무스가 공격하는 교리에 대한 논문이 된다. 첫째, 모든 선행이 죄라는 것이다. 둘째, 세상에 선을 행하고 죄를 짓지 않는 의인은 없다는 것이다. 세 번째 부분은 율법과 복음에 관계되는 성경과 전통의 권위를 토론한다.

그 저작은 루터의 생애에 편리한 정지 지점을 표한다. 그 저작은 사실 일종의 분수령을 만든다. 루터는 몇몇 두려워하는, 그러나 많은 사람이 희망으로 기다리는 사회를 위한 위대한 대학 교수와 교회 개혁가로 발전하였다. 교황은 그를 파문하였고 황제는 그를 법률로 보호받지 못하게 했다. 그는 이제 평신도를 보호하는 후견인으로 바르트부르크(Wartburg)에 서 있었다. 그리고 이 순간 이 책에 수집된 가장 중요한 저작이 되고 마지막의 저작이 되는 것을 그가 썼다. 이 네 가지 저작에 걸린 4년 동안 우리는 그가 무명 대학 강사에서부터 위대한 개혁자로 자라나는 것을 바라보았다. 그는 하나님의 보호 아래 있었고 그리고 교황이 성경과 전통과 이성에 호소하는 (교회법, 신학자들과 법률가들, 스콜라 신학과 철학에 의해 지지 받는) 교황의 권위에 루터는 자신의 동기로 성공적으로 도전하였다. 그리고 다른 한편으로 (이 동일한 교회의 권위를 지지하는) 황제는 이제 어느 정도 책임 있는 평신도 의견에 의해 강화되었다고 해도 그는 동일한 호소에 근거해 그 자신을 깨우쳤다.

그리고 불길하고 뜻 깊은 1521년의 Thuringian 여름의 침묵 가운데 우리는 마르틴에게 유배의 일과 기다림을 남겨 놓는다.

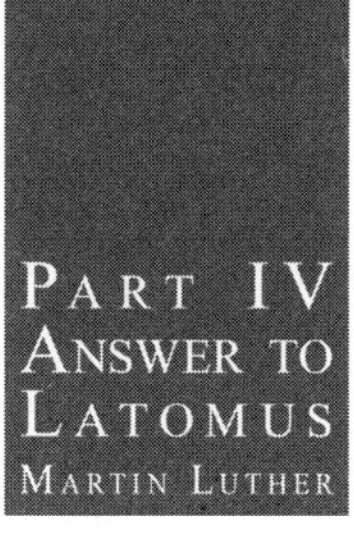

본문

정말로 존경할 만한 Justus Jonas에게, 비텐베르크에 성직자단의 단장, 주 안에서 그의 선배인, 마르틴 루터가 주 안에서 문안 인사를 한다.

비텐베르크 대학의 교회법 교수이고 복음주의의 동기와 웜스에서 루터의 동료인 Justus Jonas에게 짧은 서문으로 시작한 후에 "나의 유배의 장소에서, 1521년 6월 8일에"라는 말로 끝맺으면서 루터는 라토무스의 서문에 자신을 언급한다.

45.16. 라토무스의 서문에 대하여

루터는 라토무스가 중용, 기도와 인내를 충고한 것을 기록하고 있다. 그러나 이것이 실제로 교황의 관용과 그의 비위를 맞추는 것을 의미한다는 것을 루터는 반대한다.

루터는 신앙이 있는 이야기로 이것을 잊는다. 그리고 루터는 그와 관련된 가혹함은 실제 아무도 해를 끼치지 못했고 아무도 속이지 못했다고 주장한다. 그는 복음을 분명히 이해하는 것을 요구하고 이것의 보증으로 자유의 삶을 요구한다. 그것이 사람을 교황과 반대되는 것으로 향하게 하는 것을 의미해도 하나님의 말씀에 반대하는 것은 결코 옳지 않다. 그가 주장한 교직 계급은 성서가 가르치지도 않고 기독교교리도 주장하지 않는다. 그리고 교황을 반대하는 것으로 자신을 비난하기는커녕 지금까지 교황과 그의 주교들에 의해 파괴된 수많은 영혼을 그가 생각할 때에 교황에게 자신을 너무 아끼는 것을 비난한다. 라토무스가 선동을 반대할 때 루터는 그것이 그리스도를 반대하는 것을 제기한 같은 문제라고 역습한다. 그리고 아무것도 영혼의 영원한 구원의 우선권을 취할 수 없다. 말씀이 어려움을 가져 올 것이란 것이 아니고 믿음 없음이 이미 그렇게 만들었다는 것이다.

라토무스는 또한 루터의 접근이 참된 학문적 전통에 있지 않다고 반대한다. 학문적 토론을 구실로 라토무스는 루터가 이단을 숨긴다고 단언한다. 그리고 루터가 진리를 이끌어 내는 것에 관심 갖지 않고 교회를 공격한다고 단언한다. 루터는 그리스도가 논쟁에 그리고 회답에 관계했는지 묻는다. 루터는 라토무스가 Louvian 대학의 견해들이 진리에 일치한다고 주장하고 그 신학자들을 두 가지 계산에서 실수하지 않고 즉시 선생들과 재판관들이라고 생각한다고 주장한다. 그러나 루터는 라토무스의 지위 그 자체가 바로 논쟁적인 것이고 대담한 거만을 가리킨다고 했다. 교부들이 자기 편에 있다는 라토무스의 주장은 모래 위에 세워진다. 루터의 시대까지 정통주의는 별로 관심이 없었고 교부에 대한 전통을 약간 아는 것을 보여 줄 뿐만 아니라 그들이 쉽게 인간적이고 오류가 있는 것으로 보여줄 수 있기 때문에 오류가 없는 것으로 그들을 취급하는 것은 잘못이다.

라토무스는 루터의 설명 중 어떤 것이 신앙에 대한 중요한 조항에 반대된다고 주장한다. 그러므로 루터는 그의 비난 받는 전제를 방어하면서 그의 논박을 시작한다.

제 1 부

그가 공격하는 나의 첫째 논제는 하나님은 할 수 없는 것을 명령한다는 것이다.

(68 조항, 스콜라 신학에 반대하여, p. 251을 보라.)

8.53.11. 이 정직하고 곧은 사람은 나의 숨결을 빼앗아 갈 정도로 이 논제를 끌어내고 있다. 그는 심지어 '우리를 위해' 그리고 '하나님의 은혜 없이'란 수식을 무시한다. 그가 부인하지 않은 그런 수식들은 나의 저술에 있다. 하나님의 명령이 우리에게 불가능하지 않다고 말씀하는 것, 곧 하나님의 은혜는 차치하고 우리 자신의 능력으로 이 신앙의 견고하고 불변하는 역할이라는 것을 우리는 알기 원한다. 바울이 그렇게 말하는가? 또는 그리스도가 그렇게 말하는가? 또는 모세가 그것을 주장했는가? 아니 그것은 바로 인간적 교황의 교서다. 히에로니무스에서부터 취한 것으로 다음과 같이 쓰고 있다. "하나님이 불가능한 것을 명령한다고 말하는 사람은 누구나 그에게 저주가 있게 하라." 이 단순한 사람의 모호하고 불분명한 말이 그들의 생각들을 완전히 막아버릴 정도로 그리고 당신이 그들의 생각으로부터 그들로 하여금 그들 자신의 허락에 대하여 생각할 수 있도록 그들을 오직 저주! 저주! 저주! 라고 외칠 정도로 궤변자들에 의해 너무나 자랑스러운 것이다. 아무리 많고 분명하고 확실한 성경 구절들이 설명하는 주석의 한 절만큼 그렇게 부드러운 교황의 교서가 허락하는 경우에 이것에 반대가 되더라도 사람은 아무것도 말해서는 안 되고 순수하게 인간적인 판단에 양보해서는 안 된다. 그런데 동시에 그것은 너무도 명백하기 때문에 크게 분명하게 울리고, 자랑스럽고, 모든 사람의 귀에 소음을 일으켰고 그들의 목을 하나님의 은혜를 아는 지식과 신앙의 엄청난 위험에 밀어 넣었다. 그것은 인간에 의해 반포된 법령이기보다 어떤 다른 이유를 위한 모든 것이 아니고 우리의 신학적 대가들이 그것이 무오하다고 생각하는 습관 가운데 있기 때문이다. 이것이 의지의 자유에 대한 개념이 이 교황의 교서로부터 약간의 능력을 얻었다는 이유가 되는 설명이다.

8.53. 29. 이 신앙의 규칙은 야심차고 안하무인의 로물루스(Romulus)와 같다. 그는

그의 쌍둥이 형제 레무스(Remus)가 자기와 함께 통치하는 것을 허락하지 않으려 했다. 왜냐하면 다른 법령이 있는데, 그것은 이 명예롭지 못한 것을 동반하여 충분히 거룩하게 세워진 것이기 때문이다. 그것은 그렇게 쓰고 있다. "하나님의 은혜를 차치하고 우리가 하나님의 명령을 이룰 수 있다고 말하는 사람은 누구나 그에게 저주가 있게 하라."(Synod of Orange 529). 이 불행한 법령은 그것에 대하여 아무도 자랑하거나, 격찬하거나, 가르쳐 주입시키거나, 주장하게 하지 않고 그의 형제에게 왕국을 양보하도록 강요했었다. 이 설명은 신앙의 중요 조항이 아니다. 우리의 신학적 대가들은 그것으로 아무것도 판단하거나 정죄하지 않는다. 왜 그런가? 그것이 너무나 경건한 법령이기 때문이고 거의 모든 우리 대가들의 저술이 그것과는 반대로 주장되기 때문이다.

8.54.1. 더욱이, 우리의 대가(大家)들이 얼마나 공정한지 보라. 법령을 숨기는 것으로 충분하지 않고 그것에 어떤 것을 더해야만 한다. 결과적으로, 그들은 그것을 무력하게 만들고 이 바보 같은 주석과 함께 그 전체의 영향을 빼앗아 간다. "하나님의 계명은 두 가지로 성취될 수 있을 것이다. 한 가지는 행위의 실제에 의해서고 다른 한 가지는 명령하는 자의 의도에 의해서다." 어떻게 아름답게 이 피하는 길을 밝힘으로 그들은 진리를 속였다. 이것에서 그들은 은혜가 하나님의 계명들을 성취하는 데 필요하지 않고 계명들 밖에 요구된 하나님의 의도를 이루는 것이 필요하다고 연역하였다. 이렇게 그들은 계명들이 은혜 가운데서 이루어진다고 하지 않고 하나님을 그의 명령이 이루어질 때 만족하지 않는 사악한 감독자로 만든다. 결과적으로, 은혜는 더 이상 은혜가 아니다. 그것은 어떤 종류의 요구다. 이것은 자유 의지는 하나님의 법에 만족했지만 하나님은 이것으로 만족해하지 않는다! 이것은 그 모든 견해들 가운데 가장 신앙이 없고 신성모독적인 견해다! 그러나 내가 일찍이 말한 대로 이것은 이 법령이 무시될 때에 일어난 것이다.

8.54.12. 이제 하나의 결과로 열심히 연구한 결과로서 사람에게 '불가능한'이란 말이 두 가지로 이해될 수 있다는 효과에 하나님이 불가능한 것을 명령하는 이 첫 번째 법령을 수정하려고 한다면 곧, 은혜의 상태건 아니건 즉시 그들은 반기를 든다. 그들은 이빨과 못, 불과 칼로 싸운다. 그들은 그것과 전혀 접촉하지 못하게 할 것이다. 당신은 사실대로 그것을 정확히 공언하지 않으면, 그들은 "이단! 이단! 이단! 하고 외치고 그는 교부들의 명령을 부인하고 거룩한 교회를 믿지 않고 신앙의 중요한 조항을

주장하지 않는다. 그리고 나는 이 독사의 세대에게 '죽지 않는 불'을 준비하게 하는 것을 제외하고 당신이 할 수 있는 것을 묻는다. 이러한 종류의 괴상한 궤변이 사탄의 회당이라는 것을 당신은 더 이상 의심할 수 없는가? 어떻게 이 과장된 라토무스가 뻔뻔스럽게 나를 반대해 한 종류의 교황 교서를 사용하는지 보라. 그리고 어떻게 고압적이고 무지하게 그가 다른 사람에 대해 조용한지를 보라. 의심할 것 없이 그는 세상의 귀를 유혹하려고 했다. 그 결과 그들은 어떻게 믿음 없이 루비안들(Louvainians)이 행동했는지를 결코 발견하지 못했을 것이다.

8.54. 22. 여전히 더 나쁜 것, 그들의 신앙 없는 그리고 신성모독적인 주석(gloss)에 그들이 집착한 것을 보라. 그들은 그 선행들이 인간의 모든 능력으로 행한 것이라면 하나님이 반드시 실패하지 않고 은혜를 그들에게 전해 준다는 실제로 행한 선행에 의해 너무 많은 것이 영향 받을 수 있다는 것을 가르친다. 이것은 인간이 '자기 안에 있는 것을 행하는 것'을 의미하는 것이다. (논제 26, 스콜라 신학에 반대하여, p. 268). 그러나 바울과 그 후에 아우구스티누스가 인간은 은혜 없이 율법을 통해서 단지 점점 나빠질 것을 끊임없이 위협하였다. 왜냐하면 율법은 진노를 이룬다(롬 4:15). 그리고 율법은 인간이 죄를 알도록 소개되었다(롬 5:20; 갈 3:19). 그리고 이 신성 모독적 신학의 결과는 그들이 신약의 모든 내용을 비워버렸다는 것이다. 그리고 우리가 이름만 그리스도인으로서 우리를 불운한 사람으로 이끌었다는 것이다. 우리는 그리스도가 우리에게 윤리를 제공하는 것 외에 전혀 어떤 목적에 도움을 주지 못하는 단계에 이르렀다.

8.54. 30. 이제 그들이 지식이 있는 신앙, 일반적 신앙 그리고 특수한 신앙에 대해 이와 관련하여 무의미를 말할 때 또는 그들의 신앙의 중요 조항들에 대한 문제를 되풀이하는 것이 필요한가? 그것은 그가 그것들을 의도한 것처럼 은혜 없이 하나님의 명령을 성취하는 것은 불가능하다 해도, 그것은 너의 능력 안에 있고 아주 쉬운 말로 행해진 선행에서부터 은혜를 얻는다는 것이다. 그 결과 자유의지는 선행을 행하는 문제뿐만 아니라 율법 수여자의 의도를 성취하는 것까지 궁극적인 통제 가운데 있다. 이것을 쉬운 말로 설명하면 바로 하나님의 은혜는 자유의지에 종속한다. 왜냐하면 은혜가 주어지거나 우리의 손안에 나머지가 철회되든지 하기 때문이다. 이것으로부터 그들은 도덕적인 선한 일들, 중립에 있는 선한 일들을 수행한다. 그리고 어떻게 달리 말할 수 있는가? 이 동료들은 교수들의 견해와 교황의 명령, 의회의 법령, 교부

들의 말 등 많은 신앙의 조항들을 주장한다. 결과적으로 당신은 신앙 문제에 대해 세계가 이 교리의 홍수로 멸망했다는 것을 이해한다. 그렇다면 당신이 생각하는 것은 결과가 될 것이고 그 끝은 어디인가? 이 교훈이 누구도 부인할 수 없는 것처럼 현대주의자(스코투스, 비엘)의 신학을 일곱 번 저주 받은 것이라 하더라도 그러나 이 루뱅의 사람은 모든 사람 앞에서 그의 뻔뻔하고 신앙 없는 얼굴을 감히 내밀고 있다. 그리고 그는 고대 교부들과 꼭 같은 교리들을 이 현대주의자들이 가르치고 있는 효과에 그의 자장가를 부른다. 그는 서로의 교리들과 말들 사이를 여전히 조화시키려 한다. 그 결과 그는 그리스도와 벨리알(Belial)이 같다고 주장하고 빛과 어두움을 혼동한다.

8.55.7. 얼마나 많은 성경 구절들이 이 불명예스러운 교리에 자리를 내어주었는지 이해하자.

그때 루터는 다음의 예의 상실을 토론한다. "율법이 육신으로 말미암아 연약하여 할 수 없는 그것을 하나님은 하시나니 곧 죄를 인하여 자기 아들을 죄 있는 육신의 모양으로 보내어 육신에 죄를 정하사 육신을 좇지 않고 영을 좇아 행하는 우리에게 율법의 요구를 이루어지게 하려 하심이니라"(롬 8:3 이하) "… 이 사람을 힘입어 죄 사함을 너희에게 전하는 이 것이며 또 모세의 율법으로 너희가 의롭다하심을 얻지 못하던 모든 일에도 이 사람을 힘입어 믿는 자마다 의롭다 하심을 얻는 이것이라"(행 13:38 이하). 사도는 희랍어로 말하는 충분한 기술이 있지 않는가? "그것들을 얻는 것이 어려웠다"고 말하는데 그것은 그가 그것이 불가능하였다고 말해야만 했다. 베드로도 같은 것을 말했다. "이것은 우리 조상과 우리도 능히 메지 못하던 멍에이다"(행 15:10). 그러나 라토무스는 여기서 "베드로는 그 장의 시작에서 분명히 할례에 대해 말하고 있다"고 말하기를 시도한다. 그들이 질 수 없었던 것이 할례였는가? 사실 베드로는 모세의 율법에 대해 말하고 있다. 왜냐하면 조금 전에 그것은 기록되어 있다. "바리새파 중에 믿는 어떤 사람들이 일어났다. 그들은 그들에게 할례 받게 하고 그들이 또한 모세의 율법을 지키라 명하는 것이 마땅하냐고 말했다"(행 15:5). 그것이 베드로가 불가능하다고 말한 멍에다. 그는 결국 그것을 어떻게 정의하는가? "우리가 저희와 똑같이 우리의 주 예수 그리스도의 은혜로 구원을 받는 줄 믿노라"(행 15:11). 나는 이와 관련된 불가능성에 관해 히브리서의 참고 구절을 생략한다. 그리고 그런 구절은 바로 한 곳에 있지 않다.

그리스도는 또한 "부자가 하늘나라에 들어가는 것보다 약대가 바늘귀를 통과하는 것이 더 쉽다"고 말씀하셨다(마 19:24). 그의 제자들은 어리석게도 구원이 불가능하다고 말했다. "그러면 누가 구원을 받을 수 있겠는가?" 그는 이 신앙의 가장 중요한 조항을 알지 못했다. 그는 구원의 불가능성을 부인하지 않았고 오히려 그것을 긍정했다. 그는 그것을 어려운 것으로 바꾸지 않았고 실제로 말했다. "사람으로 할 수 없으되 하나님으로서는 다 할 수 있느니라." 이제 그는 이것을 부의 문제로 그렇게 말씀하지 않았고 "누가 구원받을 수 있느냐?"라는 특별한 질문에 대한 대답으로 말씀하였다.

8.56.6. 그러므로 신약에 성령의 사역이 우세해야만 하므로 그리고 이것은 사도에 의해 은혜를 전하는 것을 의미하므로(고후 3:6) 사람은 히에로니무스가 그가 한 것을 결코 말하지 않았든지 그것이 망각 가운데 남아 있기를 원할 수 있었다. 왜냐하면 그리스도인은 오직 하나님의 영광만 전해야 하기 때문이다. 즉, 그리스도가 말씀한 것처럼 우리에게는 모든 것이 할 수 없는 것이 되고 하나님께는 모든 것이 할 수 있는 것임을 고백하는 것이다(마 19:24-6). 모든 불명예스러운 것들, 그 중에 이 교서가 가장 나쁜 것이다. 그것은 자유의지를 믿게 고무하는 효과나 또는 그 의지를 부풀리게 하는 의지의 자유를 믿게 하는 효과를 갖는 것은 완전히 폐지돼야 한다. 그 결과 하나님의 순수한 은혜에 대한 지식과 우리 자신의 비참한 곤경은 보존돼야 할 것이다.

8.56.15. 내가 은혜의 상태에서도 하나님의 모든 계명은 죽을 수밖에 없는 삶에서 합당하게 성취될 수 없다는 것을 말할 때 그것은 라토무스를 괴롭혔다. 그러나 그것은 내 견해가 아니라 *Retractions*[1]의 XIX장에서의 아우구스티누스의 견해다. 우리는 이것을 더 볼 것이다. 이제 이것이 일어나지 않는다고 말할 때 나는 그것이 일어날 수 없다는 것을 의미하는 것이 아니었다. 궤변가의 이 자랑군은 "일어나지 않는다" 란 것이 하나이고 "일어날 수 없다"는 것이 다른 하나인 것을 알 만큼 그 자신의 논리의 게임을 배우지 못했다. 나는 "일어나지 않는다"고 말했지만 그는 내가 "일어날 수 없다"고 말한 것으로 추론한다. 그러나 하나님이 율법을 완전히 성취하도록(그가 마리아의 경우에서 했던 것을 우리가 느낀 것처럼) 누구에게 은혜를 충분히 줄 수 있음을 의심하는 사람은 모

---

1. Migne, 32.615.

든 사람을 위해 그가 그것을 하지 않는다는 것을 인정받았는가? 교황의 교서가 이르는 곳에 이것이 반대를 받을 만하면 그때 그 교서는 화염과 저주가 되도록 하라.

8.56.23. 라토무스는 궤변자들이 결코 자유롭지 않은 다른 장애 가운데 일한다. 그리고 그것은 질문을 요구하는 첫째의 요구(petitio principii)다. 이것은 논쟁의 가장 치명적인 형태다. 그리고 그의 모든 책은 이 궤변에 떨어지게 된다. 궤변가들의 영구적인 어리석음은 제일 먼저 진리하고 판명돼야 하고 증거 돼야 하는 그 요점을 신앙의 오류 없는 원칙으로서 그들이 붙잡고 전제한다는 것이다. 이것은 여기에 그 경우다. 첫째 번 실례로 라토무스는 "하나님의 명령을 완전히 성취하는 것"이 "하나님의 명령을 자세하게 만족시킴"으로 용서할 필요가 전혀 없는 것과 동일한 것을 의미한다고 증명해야만 했다. 이것은 성경은 말할 것도 없고 내가 바라고 아우구스티누스가 바란 바다. 그러나 그는 마치 어떤 증거도 필요 없는 신앙의 조항을 소유한 것처럼 멈추지 않고 계속 달려 나아간다. 그는 칼과 성령으로 원수를 집어 삼키고 있다고 생각한다. 이에 반해 그는 그 자신의 견해의 '건초와 그루터기'로 우리 앞에서 비웃고 놀리고 있다. 그의 견해를 지지하는 이 교서까지도 아니다. 왜냐하면 하나님의 계명은 그 계명들을 우리가 완전히 행하므로 성취되는 것이 아니고 하나님의 용서하는 풍성한 은혜로 성취된다고 말하기 때문이다. 우리의 주장은 할 수 없는 어떤 것의 문제가 아니고 오히려 모든 것이 성취됨의 문제다. 그래서 나는 하나님의 자비와 용서함 없이 다만 우리의 선행으로 모든 계명이 성취될 수 있다고 주장하는 것보다 훨씬 더 좋은 것을 말하고 있다. 내가 말한 대로, 그는 '그의 할 수 없는' 이란 말이 그가 생각하는 것을 의미한다고 증명해야만 했다. 그러나 이 사람들은 은혜가 이생에서 결코 완전히 주어지지 않고 언제나 자라나고 있다는 것을 인정한다. 그렇다면 은혜는 하나님의 계명을 성취하는 것을 제외하고는 주어지지 않는다. 그렇다면 은혜는 그 범위까지는 계명이 성취되지 않는다는 결과가 되고 그렇다면 그 범위까지는 은혜는 불완전하다. 그러나 우리의 사랑하는 친구 때문에 루우베니안(Louvainia) 대가들은 그렇게 말하고, 그것 때문에 비난받지는 않는다. 루터가 그렇게 말했다면, 그것은 전적으로 잘못이었을 것이다.

8.57.3. 두 번째 논제: 죄는 세례 이후에도 그대로 있다.

이 제의를 라토무스는 그레고리(Gregory)[1]의 권위로 정죄하지만 나는 바울의 권위 (롬.7)[2]로 그것을 증명했다. 라토무스는 공공연히 그 질문을 요구하고 이 구절에서 죄는 죄가 아니고 약함이라고 말한다. 그는 그 구절에서 바울이 사용한 말을 몰랐고 내가 바울의 말을 적절히 사용하지 못한 것처럼 그렇게 그 구절이 해석돼야만 했다는 것을 마치 그의 지적을 성공적으로 한 것처럼 말한다.

8.57.8. 그레고리의 증거를 보자. 그는 말하고 있다. 그리스도는 다음과 같이 말씀한다. "그리스도는 목욕한 자는 깨끗하나 다는 아니니라. 그러므로 그를 구속했다고 하는 자는 그에게 전적으로 죄가 없다고 선언하므로 인간의 죄의 더러움은 전혀 남아 있지 않다."고 말씀하셨다는 것이다. 나는 그가 생각하지 않고 자기의 증거를 존중하는 라토무스의 어리석음을 간과한다. 그러나 이것은 궤변가의 기교로 그가 말하고 있음을 의미한다. 그리고 그가 그것들을 생각하지 않고 계산해 보기를 원했음을 의미한다. 나는 그레고리를 받아들인다. 그레고리여, 어디에서 그리스도가 당신이 말한 것을 말씀했는지 나에게 말해주십시오. 당신이 그리스도의 말씀을 문자적으로 인용해서 되겠습니까? 당신은 말합니다. 목욕한 자는 아주 깨끗하다. 그러나 실제로 그리스도는 이렇게 말씀하셨다. "이미 목욕한 자는 발밖에 씻을 필요가 없느니라 온몸이 깨끗하니라 너희가 깨끗하나 다는 아니니라." 목욕한 후에 발에 흙이 묻음은 어찌 된 것인가? 도대체 발은 씻을 필요가 있다는 식으로 그는 완전히 깨끗한 것을 주장하지 않는가? 바울이 로마서 7:18에서 말한 것처럼 세례로 완전히 죄를 용서받았지만 여전히 남아 있다는 것을 제외하고 다른 무엇을 의미할 수 있는가? 아주 깨끗해진 사람의 경우에도 전 생애를 통해서 발은 깨끗하게 씻어야 한다. 그리스도가 말씀한 대로다. "너희는 서로 발을 씻어주어야만 한다."

8.57.20. 이제 이 본문은 나를 지지하여 말하는 것이 아니고 라토무스를 반대해 말하는 것이다. 모든 죄는 씻어 없어지지만 여전히 씻을 필요가 있는 것이다. 그 의미는 분명하다. 은혜로 모든 죄가 제거되거나 용서 받지 않았다면 어떻게 모든 죄가 씻어질 수 있겠는가? 사실 실제로 죄가 남아 있지 않았다면 어떻게 깨끗함이 여전히 필

---

1. Epistle, 9, 45; Migne, 77,1162.

2. Cf. *Leipzig Debate* 1519, Thesis 2; *WA*, 2, 410 이하.

요한가? 우리는 후자에 대해 더 말해야 할 것이다. 잠시 동안 이 친구 라토무스의 자신 있음은 첫째, 교부들이 인간이라는 것으로 그는 흔들려야 한다. 둘째, 논쟁의 잘못된 방법을 인정하므로 그 자신 있음은 흔들려야 한다. 내가 말한 대로 그것은 첫째 요구(petitio principii)다. 그는 "깨끗하나 다는 아니니라"는 말씀이 "세례 받은 후에 어떤 죄도 남아 있지 않다"는 것과 같은 것을 의미하는지 증명해야 했다. 그레고리의 말은 이 해석을 강요하지 않는다. 또는 그 말이 그렇게 한다면 그 말은 부인되어야만 한다. 그리고 이제 교부들의 말에 그들의 견해를 슬쩍 삽입한 우리의 대적들은 사자의 가죽에 당나귀같이 뛰어나온다. 이들 교활한 친구들이 교부들의 견해에서 끌어내지 않고 교부의 말에 그들이 슬쩍 삽입한 자신들의 견해로 우리를 위해 중요한 신앙조항을 만들려고 한다.

8.57.32. 세 번째 논제: 모든 죽을 수밖에 없는 죄는 신부에게 고백될 필요가 없다.

라토무스는 이 논제가 총회에 의해 정죄됐다고 말하고 결국 정죄받았다는 것은 단순히 하나의 견해다. 이 빛에 의해 라토무스는 이것을 필요한 추론으로 주장한다. 그러나 어떤 성경이 이 회의를 지지하는가? 이 회의의 법령이 성경의 지지 없이 권위가 있다면 그때 얼마의 추기경의 모자들과 수도사의 삭발을 함께 모으는 것이 단순히 충분하다. 교회들이 어떤 목상들과 석상들을 왜 함께 모으지 않는가? 그리고 왜 주교관과 추기경들이 모자를 그들의 머리에 쓰는가? 그리고 이제 우리는 왜 하나의 총회를 가졌다고 말하는가? 하나님의 말씀을 제쳐두고 회의가 결단에 부응하고 이르는 것이 가장 파괴적인 일이 아닌가? 사실 나는 독일어[1]로 쓴 나의 책에 내가 기록한 것을 이제 더 정확하게 말한다. 내가 시간을 갖게 되면 그 책을 나는 라틴어로 출간할 것이다. 나는 고백이 요구된다는 것을 전적으로 부정한다. 인간의 전통은 교회에서 사라져야만 한다. 라토무스는 그의 책 대화(Dialogue)에서 인간에 의해 그 전통이 폐지될 수 있다는 데 동의한다. 고백의 무서운 규칙은 다만 성경의 지지 없이 교황들의 폭군적 강요일 뿐이다.

---

1. *on Confession*, 1521. *WA*, 8.129–85. 루터는 그것을 라틴어로 옮길 시간을 찾지 못했다.

8.58.7. 네 번째 논제: 이 세상에서 순례를 행하는 동안 성도들의 모든 선행은 죄다.[1]

아하! 얼마나 모순적으로 이 논제를 보여주는가! 사실, 이 위대한 사람의 견해에서 아다나시우스 신조 "선한 뜻을 행한 사람들은 영생으로 들어간다"는 진술은 직접적인 모순으로 보인다. 여기서 그는 참된 진지함으로 승리한 것이다. 그 결과 너무나 많이 그의 비중을 이러한 종류의 문제로 그들에게서 증거를 얻으려고 하는 것은 부끄러운 것이 될 수 있다는 주장이다. 한마디로 이 맹렬한 사람은 어떤 사람이 나에게 일반적인 동기를 갖게 하는 경우에 위협적인 태도까지 취한다. 이것은 정확히 유대인이 빌라도 앞에서 행한 것이다. "이 사람이 악을 행한 자가 아니었으면 우리가 당신에게 넘기지 아니하였을 것이다"(요 18:30). 우리의 사랑하는 루베니안(Louvainian) 신학자들의 단순한 동의를 믿지 않는 것은 얼마나 어리석고 충격적인 사람들인가! 그들이 잘못을 저지를 수 있는 사람들이며 또는 잘못을 원할 수 있는 다른 사람들과 같을 수 있다는 것을 상상해 보라! 특별히 그들의 행위가 교서(Bulls)의 주교들에 의해 인정됐기 때문에. 교서(Bulls)? 더 좋은 거품들! [루터는 라틴어로 거품(bulla)으로 농락한다. 그것의 의미는 황소(bull)와 거품이다. Ed.]

8.58.16. 그 사람의 지극히 무가치함을 주목하라. 내 입장에서 나는 어떤 선행에 죄가 있다고 주장한다. 그러나 그는 '정죄 받을 만한 것'이라고 그들이 부르는 것으로서 죄를 항상 해석한다. 그는 "선을 행한 사람이 영생에 들어가게 될 것이다"라는 신조의 진술에 반대로 증명된 죄의 유일한 종류를 그 근거로 그렇게 표현한다. 이제 그들은 가벼운 죄가 그 안에 있을 수 있는 선행이 신조에 반대되는 것을 인정한다. 그들은 게르손(Gerson)이 말한 대로 "어떤 가벼운 죄도 본질상 가벼운 죄가 아니다. 그리고 하나님의 은혜는 주어진 것보다는 더 많이 사라지게 된다. 그래서 어떤 죄가 가벼운 죄[2]가 되는 것은 다만 하나님의 은혜에 의해서만 된다. 당신을 놀라게 하는 것은 라토무스가 모든 선행에서 가벼운 죄(이를 테면 태만 같은)의 가능성을 즉시 인정하려 하지 않는다는 것이다. 그리고 추론의 결과로서 그들이 선행에 들어 있는 죄를 허용했는지 아니면 그 결과가 신조에 반대 되지 않을 수 있는지는 모순이 되지 않을 수 있을 것이

---

1. 하이델베르크 논쟁. 논제 6과 7, pp. 335-337을 참고하라.

2. Gerson, *Opera Omnia*, ed. Du Pin (Antwerp 1706), III, 10.

다. 그것을 말한 사람이 내가 아니고 그들이었다는 것 이상 다른 이유는 없다!

8.58.26. 그러나 더욱 더 그 논쟁에서 그 선행이 아무리 착하다 해도 나는 어떤 사람의 어떤 선행은 죄가 없는지 확실하지 않다는 것을 인정하도록 그들에게 강요하기도 한다. 기회는 그의 이 선행을 아무도 인정하지 않도록 그들이 강요하지 않기 때문에 그들이 동의할 경향이 있을 수 있다. 불확실한 것은 확실한 환경에서 얻게 된다는 것을 주목하라. 그리고 이것은 그들의 견해일 수도 있다. 그러나 이것이 다른 누구에 의해 표현된다면 그것은 모순적이고 신조에 반대가 된다. 그리고 결과로서 그들은 아무것도 더 이상 모순적인 것이 없는 것이 언급될 수 있다고 생각하기를 원한다. 그러나 이 불확실성은 그들로 하여금 반대를 주장하지 못하게 한다. 그리고 그것은 왜 나의 논제가 부정되지도 않고 정죄되지도 않는지 이유다. 모든 인용에서 그는 모든 경우에서 그가 교부들에게서 질문하게 한다. 그는 그의 인용들이 문제가 된 그 문제에 적절한지 증거하지 않는다. 그것은 선행에 어떤 죄가 없다는 것이다. 아무리 많은 교부들이 그들의 선행이 선하고 말해도 그들은 나의 논제를 정죄하지 않는다.

제 2 부

A. 1 조항
라토무스에 의해 공격받은 제 1조항은 다음과 같다. 모든 선행은 죄다.[1]

8.59.3. 첫째, 라토무스는 그의 전제들에서부터 결과가 되지 않는 영향을 미친다. 둘째, 그는 반대 견해를 세운다. 셋째, 그는 나의 기본적 전제들을 논박한다. 이것이 그가 그의 일을 나누는 방식이다. 내가 관심을 갖는 한 나는 이 센나헤립(Sennacherib)을 그의 고향으로 돌아가게 할 것이다. 나는 그의 세 번째 구분에서 시작할

---

1. Cf. Thesis 58. *WA*, I, 605. Conclusion 2 in *Leipzig Debate*, *WA*, 2, 410.

것이고 먼저 나의 견해를 방어할 것이다.

8.59.6. 이사야 64:6에 있는 가장 놀라운 구절 "대저 우리는 부정한 자 같아서 우리의 의는 다 더러운 옷 같으며"를 내게서 빼앗기 위해 그는 그를 구원할 수도 없고 나를 구원할 수도 없다는 방식으로 이끈다. 그 구절을 이해해야만 사람이 누구인지를 불확실하게 하므로 그는 그렇게 한다. 그는 그 구절이 앗수르의 포로로 어떤 사람을 언급하고 바벨론 포로로 다른 사람을, 로마의 점령으로 다른 사람을 언급하는 것을 그는 인용한다. 그 자신은 히에로니무스와 리라(Lyra)를 따라 마지막 견해를 취한다. 그러나 마지막 넷째 결과로서 그것이 신실한 사람을 언급하는 것을 인정하더라도 그는 성경에서 말하는 보통 비유인 제유법(提喩法)으로 피한다. 그리고 그는 이 비유로 '어떤 의'로서 같은 것을 의미하는 '우리의 모든 의'를 원한다. 그는 확실한 것으로 아무것도 인정하지 않고 또한 히에로니무스의 권위가 충분치 않다는 것을 인정한다. 왜냐하면 그가 아우구스티누스에게 쓸 때 그의 주석에서 다른 사람의 견해를 단순히 인용하는 것이 그의 습관이므로 우리는 모두 허공에 매달려 있다.

8.59.16. 이제 이 견해에서부터 그가 추론하거나 수립하거나 세운 모든 신념에 대답하는 첫 번째 것이 되게 하라. 당신은 확실성들과 싸워야 한다. 그러므로 이 권위가 라토무스의 견해에서 불확실하면 나를 반대해 그것을 사용하는 것은 무익한 일이다. 나의 과제가 계속되는 한 나는 그를 반대해 확실하고 효과적인 권위를 발견해야만 한다.

8.59.19. 무엇보다도 나는 이 본문이 유대인의 포로를 언급하는 데 동의하고 나중에 증거할 것이다. 그리고 포로에 대해 말하게 될 것이다. 그것은 그때 예루살렘 시가 파괴되지도 않았고 유다 지파가 포로가 되지도 않았기에 앗수르의 포로를 언급하지 않는다. 그러나 예언자가 슬퍼하고 있는 것은 정확히 이 상황이다. 이제 내가 로마의 점령으로 이해돼선 안 된다는 것을 보여줄 수 있다면 나는 바벨론 포로를 반드시 언급해야 함을 보여주었을 것이다. 그러나 무엇보다도 그 본문(사 64:5-12)을 검토하자.

8.59.24. "당신은 의를 기뻐하며 행하는 자를 만나려고 나오신다. 그들은 당신의 길에서 당신을 기억할 것이다. 보라 당신은 우리가 죄를 지었기 때문에 우리에게 화를 내신다. 우리는 언제나 이러한 죄를 지었으나 우리는 구원받을 것이다. 우리가 그렇게 지어졌기 때문에 우리는 모두 부정하나이다. 그리고 우리의 모든 의는 더러운 여자의

옷 같나이다. 우리는 가을의 잎사귀처럼 떨어지고 우리의 죄의 바람을 따라 사라지나이다. 당신의 이름을 부르는 사람은 남아 있지 않고 자신을 분발시켜 당신을 붙잡는 자가 없나이다. 당신은 당신의 얼굴을 우리에게서 감추시었고 우리 자신의 사악한 세력 속으로 우리를 넘겨주었나이다. 그러나 여호와 당신은 여전히 우리의 아버지시나이다. 우리는 진흙이요 당신은 우리를 만든 토기장이니이다. 우리는 다 주의 손으로 지으신 것이니이다. 우리가 당할 만큼 우리에게 진노하지 마소서. 그리고 우리의 죄를 영원히 기억하지 마소서. 보소서! 우리를 불쌍히 보소서. 우리는 다 주의 백성이니이다. 당신이 선택한 종의 도시가 황폐해졌나이다. 시론이 사막이 되었나이다. 예루살렘이 황폐해졌나이다. 우리 열조가 당신을 찬송하던 우리의 거룩하고 아름다운 전이 불에 타서 파괴되었으며 우리의 즐거워하던 곳이 다 폐허가 되었나이다. 여호와여 일이 이렇게 되었나이다. 오! 주여 당신은 재난으로 우리를 압도하려고 하시나이까?"

8.60.3. 별 같은 행동자 라토무스는 자기의 해석의 길에 서 있는 장애를 날아가듯이 뛰어 넘는다. 그가 뛰어 넘는 장애는 "… 그리고 우리는 구원받을 것이다"라는 말이다. 이 말들은 버림받은 유대인을 말할 수 없고 의심의 그림자도 없이 선택되고 충성스러운 자를 말한 것이다. 이제 그 말들과 관계하여 "당신은 기뻐하는 자를 만나려고 나오시며, 그는 여호와께서 만나려고 나오신 그 사람 의를 기뻐하고 행하는 이 사람은 누구인가? 묻는다. 그러나 그는 대답하지 않는다. 그는 씹을 수 있는 것보다는 더 물어뜯었다. 하나의 결과로 당신은 그가 묻고 있는 것이 무엇인지 알지 못한다. 아마도 그는 형편없는 해석자가 되는 것을 두려워한다. 그러나 나는 어느 때든지 어떤 신자에게나 그것이 이해되기를 원한다.

그래서 루터는 이 성경구절이 바벨론 포로를 언급하는 경우를 주장한다. 그러나 하나님이 오늘날 이 말씀으로 말씀하신다는 것을 주장한다. 왜냐하면 그 말씀들은 그때의 믿음 없는 유대인을 말하는 것이 아니고 그리스도 안에서 창조하려고 했던 하나님의 사람들을 말하는 것이다. 그는 어떻게 라토무스가 쉽고 충분한 성경의 의미를 취하려 하지 않고 확실한 구절들을 다만 비유적인 의미를 갖게 하고 자의적으로 선택한 것이 되게 한다. 그때에 루터는 자신의 주장을 바꾼다. 그는 첫째로 은유가 증거되지 않은 아우구스티누스의 말을 더욱 인용하면서 보통 상식의 단순한 권위에 근거된 비유의 말로부터 모든 주장을 물리친다.

8.64.17. 그러므로 토론되고 있는 경우에 나의 친애하는 친구 라토무스가 "이것은 상징적으로 이해될 수 있다"고 말하는 것은 정말로 충분치 않다. 그리고 '어떤'(some)이란 말을 '모두'(all)란 말로 취하는 것도 마찬가지다. 나는 상징적 해석을 받아들이는 것을 거부한다. 그 해석이 불합리한 어떤 것을 가르치지 않는 한, 또는 필수적으로 상상을 하지 않는 한 허락할 만하다. 아니! "우리의 모든 의는 부정하다"는 말씀의 의미를 그 말씀의 단순하고, 참되고, 기본적인 의미로 이해해야 함을 그에게 부탁한다. 내가 말하는 대로 그는 이렇게 해야 한다. 왜냐하면 이 본문에서 성경에 반대되는 어떤 것도 있지 않기 때문이다. 그리하여 이 본문의 권위는 여전히 훌륭하게 유지되고 라토무스의 노력과 그의 너무 서두르는 자랑을 비웃는다. 우리의 모든 의는 불결하고 모든 선행은 죄라는 것을 입증한다. 나를 놀라게 하는 것은 그가 모든 경우에 사용하는 그 교묘히 빠져나가는 술책을 그가 잊었다는 것이다. 그는 이 경우에 불결이란 불완전과는 다른 것이 아니고 똑같다고 말할 수 있을 것이다. 그것은 그가 마치 이 신학자들이 그 말에 아주 적합한 의미와 사물에 대한 이름을 정상적으로 표현한 것에서 '잘못'과 '죄'의 경우에서 하는 것과 같다. 그러나 우리의 위대한 영웅은 그에게 남아 있는 도피의 유일한 방법에 의해서 실제 획득한 것보다 훨씬 더 볼 만한 어떤 승리로 유명해지기를 바라고 있었다.

8.64.30. 이 상황에서 상징적 해석이 옳은 위치에 있지 않은 이유가 더 있다. 일반적 규칙으로서, 보편적 말씀이 수식 없이 그리고 분명히 이루어질 때, 말하자면 전체를 위한 부분적 지지를 하지 않거나 또는 보편적 진리를 위한 특별한 진리를 지지하지 않을 때 성경은 단순히 보편적으로 긍정적 말씀을 주장하는 것에 만족하지 않고 보편적으로 부정하는 형태로 표현된 동일한 말씀을 그것에 첨가한다.

그때 루터는 로마서 3:11-12; 시편 14:3; 로마서 4:7-8; 시편 32:1-2; 애가 2:2; 시편 28:5을 실례로 든다. 그리고 토론되고 있는 본문인 이사야 64:6 이하는 그 본문의 의미가 어떤 의심도 남아 있지 않도록 부정에 의하여 긍정된 긍정과의 결합이다.

성경에서 보편적 표현이 특별한 표현을 지지하는 곳이 그에게 알려진 경우가 없다는 것을 루터는 계속하여 주장한다. 루터는 이사야 1:5-6을 예로 든다. "… 온 머리는 병들었고 온 마음은 피곤하였으며 발바닥에서 머리까지 성한 곳이 없이…," 그리고 제유법(提喩法)이 이 경우에 적용될 수 없다는 것을 지적한다. 그 이유는 첫째 그것이 보편적 긍정을 표현하고 둘째 부정적 형태로 표현되기 때문이다.

8.66.24. 이 말씀이 어떻게 신실한 사람들에게 언급되는가의 문제가 여전히 남아 있다. 나는 이 포로들이 신실하고 신앙이 있는 자들이었다고 증거하는 것이 필요하다고 생각하지 않는다. 왜냐하면 예레미야의 부르짖음에서 그리고 하나님께 순종함에서 어떤 사람들을 자발적으로 그리고 어떤 사람들은 강제적으로 포로로 붙잡혀감에 항복하였다. 그리스도와 사도들의 육신이 어느 날 그들로부터 나오게 되므로, 다만 이 사실 때문에 우리는 그들이 경건하고 신실하다고 말할 수 있었다. 그 이유는 육신에 따라 그리스도의 후손의 계통이 마리아(the Virgin Mother)까지 내려오는 거룩하고 선택된 씨로서 추적될 수 있다고 믿을 수 있기 때문이다. 그러므로 나는 먼저는 요약하는 식으로, 나중에는 본문에 대해 말할 것이다.

8.66.31. 나는 시편 143:2의 "주의 종에게 심판을 행치 마소서 주의 목전에는 의로운 인생이 하나도 없나이다"에 따라 우리의 선행이 하나님의 심판을 견딜 수 없다는 것을 가르쳤다.[1] 이제 그의 심판이 의롭고 진실하시기 때문에 그는 완전히 비난받지 않는 행위들을 정죄하지 않는다. 왜냐하면 그는 아무에게도 잘못을 저지르지 않기 때문이다. "하나님께서 각 사람에게 그 행한 대로 보응하신다"(롬 2:6)고 기록된 대로 하나님의 자비가 우리를 지배하지 않거나 용서해주지 않으면 우리의 선행은 선하지 않다는 결과가 된다. 그리고 또한 그의 심판이 우리 머리 위에 놓여 있다면 우리의 행위는 실제로 악하다는 결과가 된다. 왜냐하면 하나님은 각 사람의 행한 대로 보응하시기 때문이다. 이것이 하나님을 경외하는 것과 하나님 안에서 소망을 갖는 것을 가르치는 길이다. 그러나 이 경건한 지혜를 나를 중상하는 자들이 비난한다. 그리고 선행에 대한 그들 자신의 생각을 호언장담으로 가르친다. 그들은 사람들에게서 하나님을 경외하는 것과 하나님을 바라는 것을 빼앗는다. 그리고 그들은 그들이 가르치는 전염 잘되는 교리로 그들을 교만하게 만든다. 그들은 찬양하고 보상하고 명예를 돌리는 선행에 대한 그들 자신의 생각을 형성했다. 그리고 그들은 바로 라토무스같이 허튼 말을 하고 있다.

8.67.4. 내가 이해할 수 있는 범위에서 정당하게 토론된 이사야 말씀에서 나는 이

---

1. *Leipzig Debate*, Thesis II; *WA*, 2, 410.

교훈을 확립했다. 사실 이 교리는 이전에 라토무스가 웃음거리처럼 자신을 세운 것보다 나를 위해 더 확고하게 수립됐다. 이사야는 하나님이 그의 백성에게 진노하셨고 그들을 포로가 되게 했고 완전히 망하게 했다. 곧, 하나님은 자비로 그들을 다루지 않고 심판으로 다루었다. 아니 심판이 아니라 진노로 다루었다. 만약 경건하고 의로운 사람들이 있다면 자비의 규칙에 따라 순수한 것으로 그들의 의(심판과 달리)가 설명될 수 있다면, 그들 역시 같은 정죄 아래 있었을 것이다. 그러한 환경에서 그들의 의는 그들이 죄인들의 극단적이고 불결한 것같이 별로 유익이 되지 않는다. 진노가 일어날 때 하나님은 그들을 자신의 것으로 인정하지 않고 의롭거나 불의하거나 똑같이 다룬다. 하나님은 자신을 억제하시지 않는다. 그들이 의롭지 않은 것처럼 의로운 자들을 붙잡는 것 외에 그는 다른 무엇을 하고 있는가? 그는 그들을 붙잡고 나타나게 한다. 그러나 그의 심판이 의롭고 진실하기 때문에 이 사람들이 의롭지만 동시에 부정하다는 것을 반드시 의미해야 한다. 그래서 그는 아무도 자기 의에 의존해서는 안 되고 오직 하나님의 자비에만 의지해야 한다는 것을 보여 준다.

8.67.16. 이것은 또한 욥기 9:22의 의미다. "나는 한 가지를 말한다. 하나님은 죄 없는 자나 사악한 자를 똑같이 멸망시키신다." 그는 죄 없다고 생각하는 어떤 사람에 대해서 말하지 않고, 그는 결국 부당하지 않게 하나님에 의해 멸망하게 된다. 동일하게 이사야도 참으로 의롭고 순수한 사람들을 이 구절에서 이해한다. 왜냐하면 성령은 경건한 자들이 가설적인 의로운 사람에 대해 말하지도 않고 의로운 사람들의 가설적인 개념에 대해서도 말하고 있지 않다. 그것이 정말로 참된 것으로 그들의 의는 경건하지 않은 자들이 당한 모든 것들을 그들이 당하기 때문에 부정하다. 그러나 그들이 인간의 심판과 우리 양심의 심판에서 무죄하게 고통당할지라도 그들은 의로운 하나님의 손에서 무죄하게 고통당할 수 없다.

8.67.23. 이것은 물론 시편 44:17 이하의 의미다. 그 말씀에서 많은 악을 당한 자들에 대해 말하고 있다. "이 모든 일이 우리에게 임하였으나 우리가 주를 잊지 아니하며 주의 언약을 어기지 아니하였다. 우리 마음이 움츠려 뒤로 물러나지 아니하고 우리 걸음도 주의 길을 떠나지 아니하였다." 이것은 예레미야 49:12에서 말씀한 것과 같다. "보라 이 잔을 마시지 않을 자도 마시지 아니치 못하겠거늘 네가 형벌을 온전히 면하겠느냐 면하지 못하고 반드시 마시리라." 어떻게 그들이 정죄 아래 있지 않았어야

하고 또 어떻게 그 잔을 마셔야만 했는가? 그것은 주께서 같은 방식으로 무죄한 자로 증거한 욥의 경우처럼, 그리고 같은 사람은 9장에서는 아주 다르게 말한 것처럼 그들의 양심과 심판에서 정죄 받지 않았기 때문이다. 그와 달리 의로우신 하나님은 그들을 괴롭힐 수 없었다.

다시 그는 예레미야 30:11에서 "그러나 내가 공도로 너를 징책할 것이요 결코 무죄한 자로 여기지 아니하리라"라고 말씀한다. 그러므로 하나님이 보시기에 우리 모두 죄인이라고 심판하실 때 그리고 그가 진노하실 때 우리 모두는 멸망한다. 그러나 그의 자비가 우리 안에 역사하고 있다면 우리의 동료의 판단에서는 물론이고 하나님 보시기에도 우리는 무죄하기도 하고 경건하다. 이것이 여기서 이사야가 의미하는 바다.

8.67.35. "의를 역사하는 그분"(사 64:6)을 언급하는 이 말씀은 우리가 "의를 행하는 그이"라고 읽는 시편 15:2에서 말씀하는 대로 의롭게 행하시는 자를 의미하지 않는다. 본문에서 이사야는 이 두 번째 종류의 모든 의를 부정하다고 부르고 의를 행하는 자로 그를 언급하고 있다. 그 분은 의(義)의 주인이다. 그 의는 그의 시대에 우세할 것이다. 예레미야 23:5에서 말씀한 대로 "그가 왕이 되어 지혜롭게 행사하며 세상에서 공평과 정의를 행할 것이다." 시편 119:121에서, "나는 내가 공과 의를 행하였다." 반드시 의를 행하는 자들이 있을 때에는 번영하고 기쁠 것이다. 이와 같은 진노의 시대에 선하고 의로운 사람이 있다 해도 그들은 하나님의 진노를 달랠 수 있고 억제할 수 있는 의를 그들이 일으킬 수 없다는 사실을 성경 전체 구절은 슬퍼한다. 그들은 경건하지 않은 사람들과 함께 또한 멸망될 것이고, 그들의 의(義)는 하나님의 진노가 그에게 어떤 요구를 그들에게 허락할 수 없기 때문에 아무것도 아닌 것처럼 여겼다. 당신은 이제 이러한 계통으로 더 길게 이 구절을 해설할 수 있다. 나는 모험할 준비를 하게 되었다.

8.68.7. "주께서 기쁘게 의를 행하는 자를 선대하신다"(사 64:5). 시대가 행복하고 주님의 은혜의 법칙인 의가 번영할 때, 당신은 또한 호의를 나타내시고 사람들에게로 달려 나오시고 두 팔로 그들을 영접하신다. 그들은 당신의 이름을 부르고 당신은 그들의 부르짖음을 들으시고 그들은 일어나 당신을 찾으며, 그들은 당신에게 매달리고 당신은 광야에서 모세의 시대와 같이 모든 것을 돌보신다. 그때에 당신이 인도하는 길을 가는 것과 기억과 찬양이 있고 당신이 그들에게 나타낸 은혜에 대해 당신에

게 감사했다. 그러나 이제 당신이 노여워하시고 시대가 슬픈 때에 우리는 다만 죄인이다. 당신은 우리를 맞이하려고 나오시지 않는다. 당신은 우리를 찾지 않으시고, 당신의 팔에 안지 않으신다. 그리고 어떤 선하고 의로운 사람들이 있다면 일어서서 당신을 붙잡으려고 하는 자들 중에 단 한 사람도 없다. 또는 우리를 위해 당신의 이름을 부르는 사람도 없다. 왜냐하면 그는 감히 하지 못하기 때문이다. 이러한 상황에서 당신의 은혜에 대해 당신에게 어떤 찬양도 없고 다만 우리의 비참함에 너무 슬픔이 있다. 의가 꽃필 때처럼 다른 사람의 죄도 눈처럼 희어지게 되었고 당신은 그들을 벌하지 않는다. 사실 당신은 그들을 죄가 없는 것으로 여기고 마찬가지로 모든 면에서 의가 무너지고 있는 진노의 날에 당신은 우리의 모든 의도 부정하다고 여긴다. 그리고 다른 사람의 죄와 함께 우리의 의를 벌하신다. 당신은 우리의 죄악의 권세에 반대하여 우리에게 부딪혀 오는 악으로 그들을 압도한다. 그리고 우리 각자가 부정한 것처럼 우리의 죄가 공로가 되는 것을 우리에게 허락하므로 그들을 압도한다. 그리하여 하나님의 자비가 우리의 죄를 가져간다면 바람처럼 가져간다. 그리고 그 면전에서 우리의 모든 의는 아무 가치가 없다. 이 본문이 기도처럼 제공될 수 있는 시간이 있었다면 그것은 많은 경건한 사람이 있다 해도 적그리스도 교황이 우세하므로 그는 선택된 자를 고해라는 악으로 가져갈 뿐만 아니라 물론 오류로 끌어갈 것이다. 그리고 그의 지면에 일어나 설 사람은 없고 비참한 사람인 우리를 위해 하나님의 이름을 부를 것이다. 그러므로 그녀의? 격노와 엄격함에서 심판은 동시에 의로운 사람과 불의한 사람을 똑같이 파괴한다. 그리고 자비만 구원받은 자들을 구원한다. 원칙은 확고하다. 은혜의 가리어진 구름이 제거되면 선행은 그 자체로 부정하다는 것을 나는 되풀이한다. 다만 하나님의 자비가 있다면 그것은 순수하고, 찬양과 영예에 합당한 것으로 고려될 수 있다.

8.69.7. 그러므로 이 본문은 나의 주장을 지지할 뿐만 아니라 그것이 가르치는 교리의 한 예를 동시에 제공한다. 왜냐하면 용서하는 자비는 별개로 하고 하나님은 이사야가 슬퍼하는 방식으로 선행을 다룬다. 그리고 그들이 실제로 순수하고 악하지 않았다면 의로운 심판은 그들을 취급하지 않을 것이다. 이것에서 우리는 우리를 향한 하나님의 은혜가 얼마나 풍부한지 알게 된다. 그가 어떻게 그의 돌봄이 합당하지 않은 자들을 돌보는지 우리는 알게 된다. 그래서 우리는 우리의 마음속 깊이 감사할 수

있고 하나님의 영광과 하나님의 은혜의 이 놀라운 부요함을 사랑하고 찬양할 수 있을 것이다. 하나님을 예배하는 것과 진리를 아는 지식을 이들 궤변가들은 그들의 이론과 자격으로 파괴하기에 서두른다. 왜냐하면 그들만이 유일한 성경 해석자들이라고 주장하기 때문이다. 그러나 그들은 그것을 작은 단편으로 찢는 것을 제외하고는 아무것도 하지 않는다. 그리고 그들을 모호하게 하고 불명료한 것으로 만든다.

8.69.16. 동시에 이 비평은 라토무스의 건방진 비웃음에 대한 대답이다. 첫 번 경우에 그것이 유대인을 언급하는 것을 완전히 내가 잘 알지 못해도 이 구절은 유대인에게 적용됐을 뿐만 아니라 모든 시대의 성도들에게 적용한 말에 대해 매우 강한 언어로 그는 루터를 비웃는다. 이사야가 그의 시대와 세대에 그가 시험받은 시간에 소유했던 같은 영은 또한 욥에게서도 같았다. 그 영은 아브라함 안에 있었고 아담 안에 있었다. 그 영은 창세에서부터 말세까지, 지금까지 그리스도의 전체 몸의 모든 지체 안에 있다. 그 영은 우리 각자와 모든 사람과 함께 우리의 시대와 세대에 있고 우리가 모든 시험을 받을 때 언제나 있다. 그러므로 바울이 "우리도 믿는 고로 우리가 또한 말하노라"(고후 4:13)라고 말해서는 안 된다고 말하기를 당신이 원하지 않는다면 그 근거로 그는 같은 기쁨을 다윗과 같은 시대에서처럼 경험하지 못했다. 시대가 변하고 사정도 변하고 마찬가지로 우리의 몸도 그렇게 변한다. 마찬가지로 환난도 변한다. 그러나 같은 영, 사물의 같은 의미, 같은 음식이 모든 것을 통해서 모든 것 안에 있다. 이것이 받아들여지지 않는다면 루베니안(Louvainian) 방화범들[1]이 다윗의 시편을 불지르고 로이클린과 루터를 이긴 것을 축하하기 위해 새로운 시편을 모은다. 왜냐하면 그 오래 된 것은 유대인의 행위를 축하하고 이런 것들은 현대인 우리에게 맞지 않는다. 우리는 오랜 눈먼 두더지다! 그래서 당신은 표면적으로 성경을 상고하고 행위에 따라 판단하고 영에 따라 판단하지 않는다. 당신들은 광야에 서 하나님의 회막 문에 서 있는 유대인들과 같으며 그리고 그들이 여호와의 회막에 장막 속으로 하나님이 들어갈 때 모세는 하나님의 등 외에 아무것도 보지 못했다(출 33:8).

8.69.34. 이제 남아 있는 문제로 향하자.

---

1. '방화범'이란 말은 단순히 말의 오용이 아니다. 교황이 루터의 교서 *Exsurge, Domine*로 루터를 파문하려고 위협할 때 그는 루터의 책을 불사를 것을 발표한 사실을 언급한다. 루베니안(Louvainian) 신학자들은 루터의 저술을 승낙하고 불살랐다. 그리고 그렇게 그는 그들을 방화범이 된 것으로 빈정댄다.

[루터는 다만 이사야와 동시대의 유대인들의 합법적 의를 언급하지 않고 모든 시대에 어디에서나 모든 사람의 의를 언급한다.]

8.70.9. 율법의 의가 그 자체로 나쁜 것이 아니고, 비난받을 만한 것으로 그것을 이용하는 것을 정죄한다는 것을 내가 말할 때, 라토무스는 다시 어떻게 그가 성서에 있는지 알게 된 것을 보여주었다. 그는 고린도후서 3:10에서 그 구절을 인용했다. "영광되었던 것이 더 큰 영광을 인하여 이에 영광될 것이 없다." 그래서 그는 내가 에스겔 20:25에서 "내가 그들에게 선치 못한 율례를 주었다"고 한 것을 주목하지 못했다고 믿는다. 그가 이것을 내 얼굴을 향해 말하고 있고 그것에 대해 훌륭했다면 나는 그가 농담하고 있다고 말했을 것이다. 또는 그가 그것을 무서워했다면 그는 농담하고 있는 것이었다. 그러나 다른 사람들을 위해 우리는 몇 마디 말을 할 것이다. 많은 사람들이 이 구절에서 바울이 이제 폐지된 의식적(儀式的)인 의(義)를 토론하고 있다고 믿게 된다. 그러나 사실은 바울이 전체로 율법을 말하고 있다는 것이다. 그리고 율법과 율법을 비교하는 것이 아니고 율법과 은혜를 구별하고 있다. 그들이 율법의 가르침으로 복음을 생각하기 때문에 오류가 슬며시 기어들어온다.

8.70.18. 그 입장을 간단히 설명하자. 설교의 두 가지 직분이 있다. 문자가 하나이고 영이 다른 하나다. 문자는 율법의 설교다. 영은 은혜의 설교다. 전자는 구약에 해당된다. 후자는 신약에 해당된다. 율법의 뛰어난 특징은 죄를 알게 하는 것이다. 영의 뛰어난 특징은 은혜의 계시이고 또 은혜를 아는 것이다. 그것이 믿음이다. 그러므로 율법은 의롭게 할 수 없다. 사실, 인간적인 약함이 율법을 감당할 수 없기 때문에 이러한 조건에서 은혜는 지금까지 다볼산(Mount Tabor)에서 가려졌었다. 왜냐하면 그가 은혜로 보호받지 못한다면 어느 누구도 율법의 권능을 저항하지 못하기 때문이다. 이것이 모세가 그의 얼굴을 덮을 수밖에 없었던 까닭이다. 유대인이 오늘날까지 율법을 이해하지 못하는 것은 이것 때문이다. 그들은 그들 자신의 의를 세우려고 한다. 그리고 그들은 하나님의 의에 그들을 복종시키게 하는 방편으로 죄가 되도록 그들 자신의 의를 원하지 않는다. 이제 이것이 율법의 영광이다. 율법은 모든 사람이 죄를 깨닫도록 주어졌다. 로마서 3:9에서 "율법은 모든 사람이 죄 아래 있다."고 말씀하고 있다. 그러므로 율법은 죄의 권능이고 진노와 죽음을 이룬다. 그런가 하면 영은 살린다. 그러므로 에스겔이 "나는 좋지 않은 교훈을 그들에게 주었고 또 그 율례를 지켜서 그들

이 살 수 없는 율례를 주었다"고 말씀할 때, 그 말씀은 의식법과 같은 것이 아니고 전체로서 율법에 적용된다. 동일한 것이 바울의 말씀에서도 진리다. "이 점에서 한때 빛났던 것은 더 이상 영광이 되지 않는다." 이 말씀은 전체로서 이해된 동일한 율법에 해당된다. 왜냐하면 전체의 율법은 거룩하고, 의롭고 선하다. 그것은 바울이 로마서 7:12에서 말씀한 대로다. 그러나 그 율법이 우리에게 역사하는 한 그 선한 것이 우리에게 선할 수 없으며 우리에게 생명도 줄 수 없다. 그 이유는 우리의 죄 때문이다. 율법은 우리를 죽인다. 왜냐하면 하나님 자신 그리고 하나님이 최고로 선하신 데도 부정한 자에게는 선하시지 않고 그들이 무서워하고 떠는 가장 큰 원인이기 때문이다. 호세아 5:12에서 "나는 에브라임에게는 좀 같으며 유다 족속에게는 썩이는 것 같도다." 그리고 나는 에브라임에게 사자 같고 유다 족속에게는 젊은 사자가 될 것이다.

8.71.1. 그러므로 우리의 루베니안 신학자들에게 문제는 성경에 대해 아무것도 모른다는 것이다. 그리고 그들은 율법이 무엇인지 그리고 은혜가 무엇인지 또 의식의 문제가 무엇인지 율법의 문제가 무엇인지 모른다. 그러므로 그들의 생각은 그들이 이 것을 따라야만 할 때 그들은 저것을 따르는 이 문제에 너무나 혼동되어 있다. 그러므로 나는 십계명이 지켜진다면 십계명의 율법이 선한 것과 마찬가지로 당신이 믿음을 갖는다면 그 믿음은 율법의 성취이고 율법의 의(義)다. 그러므로 반대로 율법은 죽음이고 진노이며 당신이 그 율법을 지키지 못하면 그 율법은 당신에게 선한 것이 되지 않는다. 다른 말로 당신이 믿음을 갖지 않는다면, 아무리 많은 율법의 행위를 행했다 해도 문제가 되지 않는다. (왜냐하면 율법의 의. 십계명의 의까지도 부정(不淨)하기 때문이고 그 의는 그리스도를 통해서 행해졌기 때문이고 의식(儀式)의 의(義)는 말할 것도 없이 그리스도를 통해서 행해졌기 때문이다. 이제 이 율법의 의(義)는 믿음의 영광이 없게 한 모세 얼굴을 덮었던 것이다.) 그러므로 만약에 당신이 행위의 영으로가 아니고 믿음의 영으로 의식법(儀式法)을 지킨다면 그 의식법의 어떤 것도 선하다. 다시 말해 당신이 의롭게 되는 것이 이 의식법을 지켜서가 아니고 믿음으로 된다는 사실을 아는 만큼 그 방법으로 의식법을 지킨다면 말이다. 율법은 선한 것이 아니고 믿음 없이 율법을 당신이 지킨다면 그 율법은 죽음이요 진노다. 그것은 지키지 않을 때도 꼭 같은 것이다. 그러므로 전체 율법은 죽이는 문자임이 분명하다. 그러나 그리스도 안에서 믿음으로 말미암는 은혜는 생명을 주는 영이다.

8.71.13. 그러므로 하나님은 모세의 손에 의해 문자의 율법은 주었지만 믿음의 법

은 준 일이 없기 때문에 그는 정확하게(겔 20:25) 그가 선하지도 않고 생명을 주지 못하는 법령을 주었다고 말씀한다. 왜냐하면 이 법령은 사람을 선하게 만들 수도 없고 사람들에게 생명을 줄 수도 없기 때문이다. 그러나 은혜는 사람을 선하게 바꾸는 생명의 법이다. 이 생명의 법은 사람들에게 생명을 주고 사람들을 의롭게 만든다. 그러므로 바울은 신약의 섬기는 자들(ministers)을 율법의 섬기는 자들이 아닌 은혜의 섬기는 자들이 되기를 원한다. 왜냐하면 신약의 섬기는 자들의 직무는 모세에 속한 직무(왜냐하면 모세의 사역은 이미 다 행해졌기 때문이다)가 아니고 그리스도께 속한 직무이기 때문이다. 그리스도께 속한 직무는 은혜의 영광을 전파하는 것이다. 더욱이 나는 루베니안 전문가들에게서 바로 어떻게 에스겔(겔 20:25)과 바울(고후 3:6 이하)이 의식법에 대해 말하고 있는지를 배우기 원한다. 그들은 그들의 입장도 다른 사람들의 입장도 지키지 못하는 것이 아닌가? 이것이 이들의 방법이다. 그들은 더러운 돼지가 달려드는 것처럼 성경에 덤빈다. 그들은 어떤 지각도 없이 성경구절에만 매달린다. 그리고 그 구절에서 자신들이 원하는 것만 찾고 있다. 그들은 그 무기들이 쓸 만한 것인지 그렇지 못한 것인지도 생각하지 않고 감히 신앙의 문제에 덤벼들어 싸우려고 한다.

8.71.25. 사실 내가 "우리의 모든 행위들"이란 말과 "우리는 다 부정하다"는 말씀에서 '우리가 다'라고 '우리의 모든'이라고 그 말씀이 말하므로 이 의미가 보편적이라고 이사야 성경이 주장한다고 다루면, 바로 이 영악한 말쟁이들은 그 주장을 돌려서 말하기를 "이것은 이성으로 가는 길이다. 예언자는 '모두'를 말하지 않고 '우리 모두'를 말씀한다. 또 '모든 의'라고도 말하지 않고 경건하지 않은 유대인에게 적용되는 이 말씀이 필요한 '우리의 모든 의'라고 말한다는 것이며, 또 신실한 자에게도 그리고 보편적으로 그가 말하지 않는 다는 것이다." 그러나 이것은 정말로 이미 논박되었다. 왜냐하면 라토무스의 변덕스러운 견해에 그것이 근거하고 있기 때문이다. 그러나 이 본문이 신실한 그들 자신에 적용된 것이고 특별히 그들 가운데 아주 훌륭한 자에게 적용됐음을 나는 증명했다.

8.71.32. 그러나 놀랍도록 기략이 풍부한 이 신학자는 다른 출구를 갖는다. 그는 예언자가 아주 단순하게 '모든 의'와 '모두가 부정하다'고 말한 것을 인정하면서 주장한다. 그러나 그것은 전체가 아니고 부분에 제한된다. 곧, 유대인에게 그러나 모든 유대인에게 제한돼야 한다. 그는 다시 그의 후원자를 그의 구조자로 성 과장법(St.

Hyperbole), 또는 성 제유법(St. Synedoche)!으로 성자(saint)라고 부른다. "이것이 말의 비유이며 그것이 부분으로 제한돼야 하고 전체에 제한돼선 안 된다는 것을 당신은 어떻게 입증하는가?"고 이제 당신이 그에게 묻고 있다면, 그는 대답할 것이다. "성경의 다른 곳에서 (위에서 본대로) 이런 방식이 발견된다. 예를 들면, 머리 전부가 병들었다." 여기서 다시 당신은 라토무스가 주인이라고 한다면 다른 사람은 그가 좋아하는 만큼 성경으로 은유하고 역할 하는 것에서 자유로운 것을 이해한다. 그리고 이것은 루뱅에서 신학자들에 의해, 권위 있는 가르침과 이단에 대한 유쾌한 승리에 의해서 성경의 증거를 존중하는 것이라고 부른 것이다! … [루터는 이 추론으로 본문이 한 유대인에게 적용하기 위해 성립될 수 있다는 것을 주장한다. 그러므로 전체로서 유대인들에 적용하는 것이 아니다. 그리고 이것은 본문을 무의미하게 한다.]

8.72.14. 그러므로 궤변가들의 연구 방법을 조심스럽게 주목하라. 그리고 그들의 사고방식을 주목하라. 이 기술에 의해 그들이 한 모든 것은 신뢰할 수 없게 하고 변덕스러운 문제로 만든다. 그들은 경건하지 않은 해석의 한 음절도 허용되지 않은 문자적 의미에서 그러한 융통성 없는 결정과 함께 그들의 중요하지 않은 교황의 교서("하나님의 계명이 불가능하다는 것을 말하는 자에게 저주가 있으라.")로 명령한다. 그들은 그것에 대해 불평하기만 하면 온 세상을 이단으로 선언한다. 왜 그들은 이와 같은 일을 계속 하는가? 교서가 그들 자신들에 의해서 반포됐기 때문이고, 그 교서가 인간의 생각에서 나온 것이며, 하나의 단순한 인간의 관념이기 때문이다. 그런데 당신이 그들을 반대하여 하나님의 성경을 이용하면 그때 그들은 수많은 핑계로 파괴하기 시작한다. 그러고서는 그들이 생각해낸 모든 것은 즉시 권위 있는 신앙 조항이 된다. 그리고 그들은 단순하고 변화하지 않는 어떤 것이나 모든 사람에게 동일한 것은 결코 생각하지 않는다. 그리스도인이 되기 위해 어떤 견해들, 유사한 것들 그리고 변화에 대해 내가 노력해야만 한다는 것을 의미한다면 나는 그리스도인이 되는 것을 원할 수 없을 것이다. 그러한 폭풍과 홍수 속에서 진리의 반석을 찾는다는 것을 내가 어떻게 기대할 수 있는가? 그렇다면 남은 것은 무엇인가? 의심의 여지없이, 라토무스가 이 구절이 상징적으로 해석됐음을 증거할 수 없기 때문에 그는 상징적인 말을 제쳐놓는 것을 강요할 것이다. 그리고 그는 적당하고 단순한 해석의 권위를 받아들일 것이다. 솔직한 말로 하나님의 자비를 제쳐놓고 인간의 모든 의는 죄로 가득하고 모든 인간은 정결하지 못하다.

B. 제 2 조항(Article Two)

다른 본문, 전도서 7:20

선을 행하고 죄를 범치 아니하는 의인은 세상에 아주 없느니라.

[루터는 아주 간단하게 주장하고 있다. 자기의 행위에서 영광을 구하는 것은 이사야와 예레미야가 이스라엘에게 늘 경고하고 있는 것처럼 정확히 우상 숭배다(사 2:8; 렘 9:23).]

8.73.30. "선을 행하고 죄를 범치 아니하는 의인은 세상에 아주 없느니라"는 말씀과 같은 말씀으로 "죄를 범치 아니하는 사람은 없다"(왕상 8:46)는 것을 말하는 것은 아주 쉬운 일이다. 그러나 라토무스(Latomus)가 '사람'과 '의로운 사람'을 그리고 '선을 행하는 것'과 '죄를 짓지 않는 것'을 동일하게 보는 점에서 그는 어려움에서 도망친다. 왜냐하면 열왕기서에서는 아주 단순하게 '사람'과 '죄를 짓지 않다'는 말을 하기 때문이다. 그는 본문의 결과와 또 그 본문의 상황에서 도망친다. 그것은 무엇보다도 공부하여 고백한 바로 그 문제들이었다. 다른 한편, 나는 이 점에 주의하고 그 결과에 따른다. 그리고 '사람'이란 말이 '의로운 사람'과 같은 의미를 갖는다고 내가 주장하거나 "죄를 짓고 선을 행하다"라는 말이 "죄를 짓지 않다"와 같은 것도 아니라는 것을 내가 주장하지 않는다는 것을 알고 있다는 것이다. 그러나 나는 자유롭게 라토무스가 나의 견해를 옹호했다는 것을 인정하고 또 내 앞에서 이 주절을 제시하고 성경에서 인간이 거의 언제나 죄인으로 나쁜 생각을 갖는다는 것을 주장하였고 그는 나를 갑갑한 구석에 몰아넣으려고 했다는 것을 인정한다. 예를 들면 "나의 신이 영원히 사람과 함께 하지 아니하리니 이는 그들이 육체가 됨이라"(창 6:3), "사람의 마음의 계획하는 바가 어려서부터 악함이라."(창 8:21); 그리고 바울은 "너희는 사람이 아니냐?" 또는 "나는 사람과 같이 말한다"(롬 3:5). 또 "너희가 사람이 아니리요"(고전 3:4), 또 시편 82:7에서 "너희는 사람같이 죽을 것이다." 그리고 다른 말씀들이다.

8.74.7. 라토무스가 인용한 이 본문(왕상 8:46)은 그 본문이 이 의미를 증거하고 있지 않다는 것을 입증한 성경의 확실한 근거로 논박돼야 한다. 또는 그 본문은 다른 대부분의 구절과 같이 동일한 의미를 증거하는 한에 인정돼야 한다. 오직 하나의 증거가

있다. 그러나 그 증거가 두세 증인에 의해 지지를 받으면 더 확실해진다. 그것이 히브리어로 '선을 행하고 있는 자'(faciens bonum)로 옮겨진 구절은 실제로 행해진 선행에 대해 책임을 지는 자를 의미한다. 그것은 개인적 의(義)라기보다는 오히려 다른 사람의 유익이 되도록 효과적으로 행해진 선이다. 그리고 그것은 죄를 짓는 사람에 대해 말하고 있다. 그것은 선행을 하는 자를 얼마나 더 죄인으로 만드는가? 그러나 히브리어가 신뢰를 받을 수 있다면 나는 이것이 기본적 히브리어 의미인 것을 주장하고 싶다. 왜냐하면 "선을 행하고 죄를 범치 않는 의인은 세상에 아주 없느니라."

8.75.2. 나는 비드(Bede)가 말하는 것이나 어떤 사람이 말하는 것을 나 스스로 묻지 않는다. 나는 그들이 말해야 하는 것을 묻는다. 사람들은 오직 하나님의 성경만을 바라봐야 한다. 그리고 그것은 단순히 무엇을 말하느냐가 아니고 누가 그것을 말하는가다. 그는 단순히 본문들을 병렬로 생각할 수 없고 그는 그의 경우를 논해야 한다. 내가 병행적이거나 비슷한 구절이 아니라 반대되는 구절을 설명한 것처럼, 얼마나 자주 그가 병행구절로 생각지 않고 반대의 구절로 생각한다는 것을 설명했는지 나는 묻는다. 이것은 가장 머리가 둔한 궤변이고 자연스러운 상식과 세상의 좋은 판단에 불안하다.

[루터는 라토무스가 그의 논리와 변증, 문법에 흔들리고 있다고 주장한다. 그는 그가 먼저 확립해야 하는 전치사에서부터 주장하고 그가 본질적인 서술과 우연한 서술 사이를 구별할 수 없다는 것을 주장하고 비슷한 것으로 논쟁한다. 성도들의 삶에서 증거는 설명될 수 있으나 결론지을 수 없다. 우리가 참여하는 싸움은 하나님의 권위를 갖는 증거들의 지지를 우리가 필요로 하는 싸움이다. 그리고 거기서 인간의 증거는 분명하고도 한 치의 의심도 없다.]

8.80.9. "주의 종에게 심판을 행치 마소서 주의 목전에는 의로운 인생이 하나도 없나이다"(시 143:2). '어떤 인생도'란 말이 '많은' 또는 '어떤'이란 말을 지지하는 제유법을 갖고 있는가? 그러나 바울은 계속 말한다. "나는 나를 자책할 아무것도 깨닫지 못하나"(선행에 대하여 어떤 것) "그러나 이를 인하여 의롭다 함을 얻지 못하노라"(고전 4:4). 분명히, 당신은 당신의 모든 힘을 다해 복음을 전파했다. 당신은 (라토무스가 언급한 것처럼)아리스토텔레스의 덕목에 대해 모든 해당되는 덕으로 수집한 것을 조직하였다. 분명히 당신은 이것이 선행이라는 것을 부인할 수 있는가? 아마도 당신은 죄인이 아니고 당신이

말한 것에서 의롭지 않다. 아마도 당신은 당신이 의롭게 되지 않았는데 당신 자신을 의롭다고 거짓말을 하는가?

8.80.29. 그러나 당신은 예레미야 17:16 "나는 목자의 직분에서 물러가지 아니하고 주를 좇았으며 재앙의 날도 내가 원치 아니하였음을 주께서 아시는 바라 내 입술에서 나온 것이 주의 목전에 있나이다"를 언급한다. 그리고 또한 열왕기하 20:3에서 히스기야는 말한다. "여호와여 구하오니 내가 진실과 전심으로 주 앞에 행하며 주의 보시기에 선하게 행한 것을 기억하옵소서." 그것에 대한 나의 대답은 이것이다. 그는 그가 언급한 일을 하므로 죄를 지었다는 것을 전혀 말하지 않는다. 그는 사실 사도와 똑 같은 것을 말하고 있다. "나는 나를 책망할 어떤 것을 알지 못한다. 나는 당신을 기쁘게 하는 일들을 행했고 무엇이든지 명령한 것은 행했는데 나는 그런 것으로 의롭다 함을 얻지 못했다." 그는 다만 그가 아는 것을 말한다. 마지막으로, 시편과 다른 여러 곳에서 성도들이 그들의 대적과 마주쳐 성도들의 동기로 하나님의 심판을 기원한다. 그러나 인간의 심판과 그들 자신의 심판에서 흠 없는 자들이 이 때문에 하나님 앞에서 의롭다함을 얻지 못하고 다른 어떤 사람에 의하여 의롭다함을 얻는다. 바로 그 어떤 사람이 그리스도다. 그러므로 사도가 자신을 꾸짖을 만한 어떤 것을 알지 못한다고 용감하게 선언하고, 그러나 그 때문에 의롭다함을 얻지 못한다고 선언한다면 에스겔과 예레미야는 그들이 재평가한 것들에 의해 얼마나 더 의롭다함을 얻지 못하였겠는가? 왜냐하면 진리를 따라 살고 하나님을 기쁘게 했다고 주장하면서 자기 자신을 책망할 만한 아무것도 알지 못한다고 하는 것은 정말로 더 위대하고 완전한 영성이기 때문이다. 왜냐하면 이런 것들은 라토모스도 히에로니무스가 증거한 대로 그들 자신을 책망하는 어떤 것을 잘 알고 있을 수 있고 동시에 이런 것들을 말할 수 있기 때문이다.

8.82.3. 이 때문에 하나님은 놀랍게 우리에게 관심을 갖는다. 그는 우리에게 두 가지 사실을 확신시킨다. 첫째, 그는 선행을 이해하기 쉽다는 것을 우리에게 가르친다. "성령의 열매는 사랑, 기쁨, 평화, 오래 참음, 온유, 양선"(갈 5:22). 그리고 "그들의 열매로 너희는 그들을 알게 될 것이다"(마 7:20). 둘째, 그는 그 선행을 신뢰하는 때에 이 선행이 죄의 오염이 없다는 것을 완전히 확신하게 한다. 그래서 우리는 선행을 의심하지 않고 모든 선행에서 우리가 죄인이고 자비가 필요한 사람이라고 말하는 것이

잘못이 될 수 있다. 더욱이 우리가 결코 실패하지 않는 평화를 우리가 누리도록 확신시키기 위해 그는 우리가 신뢰할 수 있고 모든 악에서 구해질 수 있는 그의 말씀을 그리스도 안에서 우리에게 주셨다. 지옥 문까지도 그리고 그 안의 모든 죄도 결코 하나님의 말씀을 대항하여 이길 수 없을 것이다. 이것이 야곱처럼 우리가 하나님과 씨름할 수 있는 우리의 피난처인 반석이고, 그리고 내가 그렇게 말할 수 있다면 나는 그에게 감히 그의 약속, 그의 진리 그리고 그 자신의 말씀을 촉구한다. 누가 하나님을 판단할 것인가? 누가 하나님의 말씀을 판단할 것인가? 그러므로 이 사람들과 우리 모든 라토무스의 무리들(Latomuses)이여, 하나님의 영광을 불명예스럽게 하는 것을 멈추게 하라! 그들로 하여금 그들의 신성 모독적 지껄임을 조심하게 하라. 그리고 우리 자신의 부정하고 믿음 없는 행위를 우리에게 우상이 되도록 하지 말라(롬 1:23). 그리고 하나님의 영광을 또 풀이나 먹는 송아지 같은 것으로 바꾸지 않도록 하라.

8.82.19. 마침내 그는 루베니안들(Louvainians)이 성경 사용에 의해 죄가 무엇인지 이해하지 못한다고 비난받기 때문에 분개한다. 보자. 그는 죄가 성경에서 무엇이라고 하는지 말하고 있고 성경은 4가지 방법으로 죄를 다룬다. 첫째, 죄의 경우로서 둘째, 죄의 결과 또는 형벌로서 셋째, 죄를 위한 희생으로서 넷째, 영혼이 고소를 당하게 하는 죄책으로서다. 나는 더욱이 그들이 다섯 번째 의미를 수용하지 않았다는 것에 놀란다. 곧, 죄의 보상 그러고 나서 그 결과로 우리는 아리스토텔레스의 전체적 강타의 몫을 갖게 될 수 있으므로 이들 풍부한 상상력을 가진 사람들은 본질적인 죄(peccatum per se)와 우연적인 죄(peccatum per accidens)의 차이를 구별할 수 있었을 것이다. 내가 이 죄의 출처가 라토무스에 의해 주목된 것이 성경이라는 경우를 물으면 그는 "오리겐과 암브로시우스는 악마가 죄라고 불렀다고 대답한다. 또한 아우구스티누스에 의하면[1] 정욕이 세례 후에 남아 있고 또는 정욕의 정욕이 남아 있다." 이 비평에서 나는 오리겐, 암브로시우스와 아우구스티누스가 성경(holy writ)이라고 결론 내린다. 따라서 그들이 선행을 믿는 것으로 그들의 신(神)들이 많아질 뿐만 아니라, 죄에 대한 그들의 교훈에 의해 그들의 신(神)들의 성경도 많아진다. 그들이 성경을 우리에게 주지 않는다면 우리는 어디서 신들을 갖는가? 라토무스는 추가해 말한다. 곧, 어떤 죄를 가

---

1. *Against two letters of Pelagians*, I.13; Migne, 44.562.

진 사람이 둘째로 묘사하는 것을 말하는데 그것이 정욕이며 또는 세례 후에 정욕의 경향이며, 죄인이라고 부르는 것은 아니다.

그러나 이 엄청난 허구들을 지나 요점에 이르자. 현명한 독자여, 이 경우 나는 당신에게 자유로운 그리스도인이 되기를 간청한다. 다른 사람의 말에 충성을 맹세하지 말라. 성경말씀에 충성스럽게 서 있으라. 성경이 어떤 것을 죄라고 하면 당신이 그것을 표현하기 위해 죄 자체를 더 잘 부인하는 어떤 사람들의 말에 의해 설득되지 않도록 크게 조심하라. 한때 그들은 죄를 불완전이라고 부르기를 원했다. 다른 때에는 죄를 형벌이라고 부르고, 다른 때에는 잘못이라고 부르기를 원했다. 이렇게 그들은 성경에 물을 타고 성경에서 발견되는 한 단어로 하나님의 말씀을 갖고 장난한다. 당신은 성경이 그의 말에서 이들 문제를 표현할 수 없다는 것을 인정할 것이다. 그들이 로마서 6-8장을 읽을 때 이들 궤변가들이 어떻게 걱정하게 해야만 하는지 믿음을 넘어서다. 왜냐하면 세례 후에 남아 있는 정욕을 그는 단순한 죄라고 부르고 형벌이라고 부르지 않기 때문이다. 그들은 이 말을 그들에게서 제거하는 데 최상의 값을 지불하기를 원했지만 그들은 지불할 수 없었다.

8.83.14. 성경 구절에서 죄가 형벌이라고 그들이 가르칠 수 없다는 것이 유일한 것이 아니다. 저것(형벌)보다 그것(죄)에 더 많은 것이 있다. 루베니안의 신학화하는 기술까지도 이 구절이 죄가 형벌과 같은 것이라는 것을 의미하게 할 수 없다. 그 구절이 죄가 그들의 형벌이라는 개념과 같은 것이라는 성경에서 단 한 번의 경우를 만들어 내는 어떤 것을 할 수 없다. 이와 같은 정확한 의미로 죄를 언급하는 것으로 이 구절을 그 본문이 강제로 취하게 하지 못할지라도 여전히 좋게 주장한다. 그러나 이 모든 문제가 중요하고, 라토무스의 아주 무식한 자가 완전한 혼돈을 가져온 것이기 때문이고 죄에 대한 교리에 그의 거만한 행동과 모호한 말들이기 때문에 우리는 우리의 원수가 어떤 경우에도 우리를 장난해서는 안 되는 방식으로 진리를 주장할 만큼 우리의 일을 진보시켜야 할 것이다. 그러나 우리가 이러한 종류의 모호한 말과 차별이 성경에서 죄가 되지 않는다는 것을 증거할 수 없다면 웃음은 우리에게 있을 것이다. 실제로 그들과 마찬가지로 그들은 우리 자신들을 증거할 수 없다. 어떤 이유로 우리는 그 말의 단순하고 끊임없는 의미에서 확고하게 서야만 한다. 그리고 분명한 권위가 우리의 위치에서 우리를 강제적으로 움직이게 할 때까지 그것에서 결코 떠나지 말라. 우리가

앞에서 말한 것들이 그렇게 다시 지나가야만 한다.

8.83.26. 첫째, 성경에서 죄가 여러 가지 의미를 갖는 것이 아니고 바로 단순히 한 가지 의미를 갖는다는 문제에 어떤 의심도 갖지 말라. 그리고 당신은 이들 말 많은 궤변가들에 의해 이것이 왜곡되도록 허용해서는 안 된다. 사실 죄는 하나님의 뜻과 일치하지 못하는 것일 뿐이다. 로마서 7:7의 의미는 논쟁이 되지 않는다. "율법으로는 죄를 깨달음이니라"(그리고 롬 3:20). 그것은 다른 한편으로는 죄로 말미암아 율법을 알지 못하는 것과 꼭같다. 왜냐하면 죄는 어두움이기 때문이다. 그 어두움은 율법이 비취고 계시하므로 율법이 죄로 인식되게 할 수 있다. 이제 우리는 성경이 말의 언어학적인 비유를 사용한다는 것을 즐겁게 그리고 자유롭게 인정한다. 예를 들면 제유법, 생략법, 은유법, 과장법 같은 것들이다. 그리고 사실 다른 어떤 문학에서 말에 대한 비유는 자주 있다.

8.86.29. [여기서는 빠졌지만] 이들 예들은 성경이 말의 비유들로 가득 차있다는 것을 보여주었다. 우리로 하여금 비유가 많은 만큼 많은 의미들과 기술적 말들을 만들도록 하는 것이 아니고 달리 어떤 점을 위해 말의 비유가 사용되는 것인가? 그래서 토론의 요점에 이르게 하자. 그리스도가 우리를 위해 드려졌을 때 그는 은유적으로 죄가 되었다. 왜냐하면 그는 모든 점에서 죄인과 같이 되었기 때문이다. 다만 그가 죄 때문에 책임질 수 있다는 점과 그가 죄를 짊어지고 있다는 것을 제외하고는 그는 정죄되었고, 버림 받았고, 수치를 당하므로 어떤 점에서도 실제 죄인과 다른 점이 없었다. 이제 개념들의 이 교환에서 은유는 말뿐 아니라 실제 실체에 관해서다. 왜냐하면 실제 사실에서 우리 죄는 우리에게서 옮겨졌고 자기에게 담당시켰기 때문이다. 결과적으로 이것을 믿는 모든 사람은 실제 어떤 죄도 갖지 않는다. 왜냐하면 그 죄는 옮겨졌기 때문이고 그리스도에게 담당되었고 그 안에서 삼켜졌고 더 이상 그를 정죄하지 않기 때문이다. 그때 비유적인 언어가 쉽고 솔직한 이야기보다 더 달콤하고 더 효과적인 것과 같은 것이다. 실제의 죄는 우리에게 슬프고 참기 어려운 것이다. 그러나 우리에게서 가져간 죄는 (은유적으로 말한다면) 복된 죄이고 우리의 구원의 문제가 된다.

8.87.13. 그러므로 고린도전서 10:4처럼 그리스도는 실제로 '반석'이라고 불렸다. 거기서 사도가 말씀하기를 "그 반석은 그리스도다." 마찬가지로 그리스도는 실제로 '죄'라고 불린다. 마찬가지로 그리스도는 놋 뱀이고, 유월절 양이며 그에 대해 여러 가

지로 말했다. 그러나 우리는 놋 뱀이 두 가지 명칭을 갖고 있다고 말하지 않는다. 또 그 문제에서 반석도 그렇게 불리지 않는다. 지금까지 누구도 유월절 양을 한때는 양을 의미하고 다른 때는 그리스도를 의미한다고 말한 사람은 없다. 지금까지 누구도 다윗이 한때는 이새의 아들이고 다른 때는 그리스도라고 말한 사람은 없다. 또는 솔로몬이 한때는 다윗의 아들이고 그러나 다른 때는 그리스도다. 그러나 우리는 아주 진실하게 다윗은 그리스도의 모형이라고 말한다. 마찬가지로 솔로몬, 아론 그리고 구약의 다른 모든 인물이 그렇다고 말한다. 더욱이 죄가 된 이 그리스도 때문에 그는 유비로 '죄'라고 불리기도 한다. 그것은 구약의 희생이다. 결과적으로, 그것은 차이가 아니고 죄를 이렇게 취급함이 좋게 여겨지는 비슷함이다. 그리고 그것은 은유의 경우를 제공하는 닮음이다. 그리고 그 모든 것들에 그 의미에 공통적인 표현을 제공한다. 그러나 루베니안들은 이 죄의 네 가지 종류가 마치 하늘과 땅처럼 다른 것처럼 '죄'라는 말을 다룬다. 비슷하지 못함 때문에 생각은 무뎌지고 혼은 혼동되고 은혜에 대한 모든 생각은 말뿐 아니라 실체에서 파괴됐다. 바울이 이렇게 죄를 논할 때 죄의 문제에서 그는 죄를 정죄하였다(롬 8:3)고 말했다. 바울은 그리스도가 우리의 죄를 가져가셨고 우리의 죄를 정죄할 때에 그리스도가 죄가 된 그 죄를 언급하고 있다. 이제 이것을 바라보자.

8.87. 31. 그러므로 우리는 궤변가들이 성경에서 그 말이 쓰인 대로 죄가 무슨 의미인지 참으로 알고 있지 못한다고 말한다. 그들이 죄를 '형벌'이라고 말할 때 그들은 죄와 전혀 다른 어떤 것을 꿈꾸고 있다. 성경은 그렇지 않다. 내가 말한 대로 그리스도가 죄를 짓지 않았다는 것을 제외하고는 모든 점에서 죄와 같았기 때문이다. 왜냐하면 죄의 행위 다음에 우리에게 오는 모든 단순한 악, 이를테면 죽음과 지옥의 공포를 그리스도가 느꼈고 지녔기 때문이다. 그러나 이 궤변가들은 그들의 죄책에 대한 교훈과 형벌의 부과가 실제로 의미하는 개념의 영을 갖지 못한다.

왜냐하면 그리스도는 죄의 전가를 느꼈고 물론 죄책은 제외되지만 그에게 죄가 전가된 사람과 같기 때문이다. 진리의 이름으로 당신은 어떤 전가를 경험하지 않는가? 그것은 절대로 의미 없다! 그것은 말로 토론되고 정의되기보다는 경험된 사실이다. 궤변가들이 죄의 본질이 무엇인지 어떤 생각을 가지고 있다고 말할 정도까지 나아가기를 원하고 싶다. (그것이 하나님을 반대하는 것이고 율법의 위반이다.) 그러나 그들은 양, 질, 관계, 행위와 열정의 '범주'에서 그것이 어떤 성격인지 전혀 모른다. 그러므로 나는 라토무스가 만들어 낸 모든 주장에 단번에 대답할 수 있는 방법으로 이제 이것을 다룰 것이다. 독자는 아껴져야 한다. 그렇지 않고서는 그 경우를 요점에 따라 내가 논쟁했다면 그 책은 무절제한 길이로 늘어났을 것이다.

8.88.25. 물론 내가 말한 대로 궤변가들은 죄의 본질에 대한 이해가 없다. 그러나 세례 후에 그리고 하나님의 능력이 주입된 후에 죄가 존재하는 것이 끝났다고 사람들이 좀처럼 말할 수 없다. 그러나 죄는 그렇게 무너져서 죄가 한때 할 수 있었던 것을 더 이상 할 수 없게 되었다. 그런데 죄가 한때 이 능력을 가졌다는 것은 무엇인가? 그 능력은 우리로 하여금 하나님 앞에서 죄책을 느끼게 하곤 한다. 그리고 그 죄는 폭군처럼 우리 양심을 괴롭히곤 한다. 그리고 죄는 매일 하나의 악마에서 더 나쁜 악마에게로 우리를 끌어가곤 한다. 죄는 양, 질 그리고 활동에서 최고가 되려 한다. 죄는 시간과 공간에서 우위를 가지려고 한다. 왜냐하면 우리의 모든 능력과 모든 시간들에서 언제 어디서든 우세하기 때문이다. 고통의 범위는 적용되지 않았다. 왜냐하면 죄는 율법이 그 죄를 고소하는 것을 허락하지 않기 때문이다. 또 죄에 의해 죄 자체가 영향 받는 것을 허락하지도 않는다. 그때에 죄는 마음속에 죄의 자리를 세우게 된다. 그 죄의 얼굴을 아래로 향하는 길로 향하게 하고 지옥의 내리막으로 달려가게 한다. 그 이상의 것은 가장 나빴던 모든 것을 되돌리게 됐다. 왜냐하면 죄는 은혜에 맞서는 것이었고 하나님의 진노와 분노에 복종하기 때문이다. 그래서 죄는 통치하곤 하여 우리 자신들은 그 죄를 늘 섬기게 된다.

8.88.37. 이제 하나님의 왕국이 나타날 때 이 죄의 왕국은 나뉘고 이 세상 임금은 축출되었다. 뱀의 머리는 상하도록 밟혔다. 그리고 그 남은 것을 마지막에 파괴하는 것이 우리의 책임이다. 그것은 이스라엘 자손들이 가나안 땅에 들어갈 때와 같다. 그들은 모든 왕들을 죽였다. 그리고 그들의 힘이 파괴됐을 때 여전히 거기에는 여부스족, 가나안족과 아모리족 얼마가 남아 있었다(삿 1:27에 기록된 대로). 이 민족들은 참되고 실제의 멸망한 사람들의 일부다. 그러나 그들은 통치를 행사하지 못했고 그들은 이스라엘 자녀와 동등했지만 다윗이 왕국을 세울 때 결국 그들을 파괴할 때까지 노예와 종들로 남아 있었다. 우리는 같은 처지에 있다. 우리는 세례의 은혜로 믿음의 왕국에 들어갔었다. 그리고 죄를 지배했다. 왜냐하면 모든 힘은 깨졌다. 오직 남은 자들은 멸

망당한 자들의 유형과 성격으로 되돌아가는 구성원들이다. 우리 자신의 능력으로 이 잔여를 파괴해야 하지만 이것은 우리의 다윗이 그의 왕국을 세우고 위엄의 보좌에 앉게 될 때에 일어나게 될 것이다. 그 죄의 잔여가 실제 죄, 아니면 죄가 아닌 것으로 생각되든지 간에 궤변가들과 나 사이에 문제가 되는 것은 이 죄의 잔여의 문제다.

언급한 대로 이제 그들은 그것이 사도에 의해 죄라고 불린 것을 부인할 수 없다. (그들이 부인하고 싶지만) 그래서 그들은 교부들의 구별과 해석으로 도피한다. 그들은 세계 어디에서나 바울이 침묵하고 있는 범위에 우세했다. 그리고 바울이 그것을 이름하여 부른 죄라고 부르는 사람은 아무도 남아 있지 않다. 그들은 하나의 불합리하고 위험한 견해를 형성하기를 원한다. 마치 성령이 충분히 멀리 보지 못하는 것처럼 또는 그 자신의 관심에서 사용된 옳은 – 물론 우리에게 말하도록 가르치는 – 말들을 알지 못하는 것처럼! 그러므로 바울의 말의 사용을 되돌리기 위해 우리는 여기서 단번에 교부들이나 다른 어떤 사람이 지금까지 이 잔여를 정욕, 연약함, 형벌, 불완전, 악 또는 그들이 그것을 묘사하기 원하는 다른 무엇이든 말했던 모든 것을 거절한다. 우리는 그것들에 반대하여 바울을 세운다. 우리 자신의 사도인 바울은 곧 이방인의 사도도 되고 가장 충분한 확실함이다. 그는 한 장소에서 뿐만 아니라 모든 시간에 그것을 죄라고 부른다. 결코 형벌이나 결코 불완전이나 결코 연약함이 아니다. 그가 교부들 중에 가장 위대한 교부지만 아우구스티누스도 바울의 표현을 바꾸는 데 자신에게 그리고 다른 표현을 찾는 것을 허락하지 않았다.

8.89.29. 나는 교부들이 필요와 강제로 몰리기 때문에 교부들의 혐의를 벗길 수 있다. 그들은 단순히 은혜를 부인하는 자들과 싸우고 있기 때문에 세례 후에 죄가 남아 있다는 것을 강하게 부인했다. 그러므로 은혜를 가치 있게 기리기 위해 그들은 모든 죄가 사라졌다고 주장했다. 더욱이 그들의 말은 그들이 말한 죄의 통치가 없어지지 않았다고 하는 것에 대해 그들의 대적들이 논쟁했던 종속적인 문제에 적합했다. 그러나 이것은 충격적이다! 왜냐하면 진리는 모든 죄가 파괴됐기 때문에 더 이상 최고의 통치를 하지 못한다는 것이기 때문이다. 그러나 아우구스티누스 자신은 여러 곳에서 죄의 잔여를 아주 솔직하게 잘못과 죄라고 부른다. 예를 들면 히에로니무스에게

보내는 편지에서[1] 그는 이생에서 누구도 더할 필요가 없는 그러한 사랑을 가진 사람은 없다고 말한다. 그는 말한다. "그 사랑에서 그것이 잘못이라고 하는 것은 적합하지 않다." 그는 계속 말한다. "이 잘못 때문에 만약 우리가 죄가 없다고 말한다면 우리는 우리 자신을 속이고 진리가 우리 안에 있지 않다. 이 잘못 때문에 선을 행하고 죄를 짓지 않는 의인은 없다." 아우구스티누스도 그렇다. 아직도 충분히 완전하게 자라나지 않은 사랑으로 그가 행하고 있기 때문에 한 사람이 선을 행하면서도 죄를 짓는다는 방식으로 이 본문을 아우구스티누스 또한 이해했다는 것을 여기서 당신은 이해한다. 사랑이 완전하지 않다는 것을 제외하고 행위에서 아무것도 부족한 것이 없다는 것을 설명하므로 그는 이것을 잘못이라고 부른다. 그것으로 충분하지 않은가? 나는 당신들에게 묻는다. 사랑하는 독자여, 이들 궤변가들의 장난을 내가 하는 것을 의아하게 생각하는 자들로서 나의 분개가 그러한 들어보지 못한 만용과 그러한 뻔뻔한 아첨에서 타당하게 되지 않는다. 우리가 마치 우리 자신의 언어를 이해하지 못한 것처럼 하나님의 성경, 교부들의 말과 솔직한 이성적인 증거를 조롱하는 것으로 만족하지 않을 뿐만 아니라 거기다가 모든 사람을 계속 속이고 있고 야수같이 우리를 취급하는 자들에게 내가 과시하지 않을 수 있는가?

8.91.1. 그러므로 우리는 이 매춘부 같은 무례를 비난하고 우리는 아우구스티누스와 바울을 함께 모셔 온다. 바울이 죄(peccatum)라고 부르는 것을 아우구스티누스는 '잘못'(vitium)이라고 부른다. 그러나 우리는 잘못은 그 잘못에 부가되어 죄와 비난을 갖고 있는 어떤 것이며 육적인 것들에 속하는 문제에서도 책망 받아야 하는 것이란 것을 알게 된다. 이것이 라틴어의 보편적 용법이다. 그러므로 바울이 로마서 8:3-4에서 말씀하는 것을 들어보자. "율법이 육신으로 말미암아 연약하여 할 수 없는 그것을 하나님은 하시나니 곧 죄를 인하여 자기 아들을 죄 있는 육신의 모양으로 보내어 육신에 죄를 정하셨다." "죄로 인하여 죄가 정죄 받는 것" 이것은 무엇을 의미하는가? 고린도후서 5:21에서 말씀한 대로 그리스도가 우리를 위해 죄가 되셨다고 우리는 말했다. "하나님이 죄를 알지도 못하신 자로 우리를 대신하여 죄를 삼으신 것은 우리로 하여금 저의 안에서 하나님의 의가 되게 하려 하심이니라." 여기서 그는 두 곳에서 죄라

---

1. *Ad Hieronym*; Migne, 33.739.

는 단어를 사용한다. 그 말이 은유적으로 또는 풍자적으로 사용됐건 간에 그 말은 여전히 우리의 실제 죄 때문에 그가 정죄 받은 죄로서 그리스도다. 왜냐하면 그리스도가 우리를 위해 죄가 되지 않았다면 달리 어떻게 우리의 죄를 용서받을 수 있겠는가? 그것은 확실히 우리의 덕이나 공로로 용서 받을 수 없고 하나님의 죄로 인해 죄는 용서받게 되었다. 곧 하나님이 그에게 죄를 삼으신 것이다. 이 사람들에게 하고 싶은 질문은 이것이다. 왜 바울이 "그는 죄를 없앴다"고 말하지 않고 아주 조심스럽게 "죄를 삼으신 것"이라고 말하는가다. 우리는 바울을 실망케 한 루베니안 궤변가들의 견해에 동참하지 않는다. 바울은 적당하게 정선된 말로 말하도록 미리 정해진 선택된 그릇이다. 그런데 "죄로 삼다"란 말은 무엇을 의미하는가? 그는 계속 "죄로 삼다"란 말에 '육신으로는'이란 말을 부가하므로 육신이 죄가 되어 죄가 육신에 있다는 것을 분명히 말하고 있다. 인간이 도둑질이나 다른 어떤 범죄를 저지르지 않을 뿐만 아니라 다만 붙잡히거나 가두어질 뿐만 아니라 선고가 내려지고 형이 내려지고 집행으로 인도할 때 그가 이미 가져가지 않았다면 우리 가운데서 취해지는 것을 제외하고 인간에게 아무것도 일어날 수 없다. 그러면 이 나쁜 상태에서 도둑의 힘은 어디에 있는가?

8.91.24. 같은 방식으로 우리 안에 있는 죄는 세례를 통해 이해되고 정죄되고 전적으로 무능하게 되어 죄는 전혀 더 힘을 갖지 못한다. 죄는 전적인 폐지를 예정한다. 정죄 받은 것을 협력하는 사람은 요한복음 16:8에서 언급된 정죄를 초래한다. "성령이 심판에 대하여라 함은 이 세상 임금이 심판을 받았음이니라." 우리는 죄가 정죄돼야 한다는 것을 믿어야 하고 심판이 의롭다는 것을 믿어야 하며 우리는 그 의를 수행해야 함을 믿어야 한다.

8.91.28. 그런데 이러한 종류의 포로의 사슬은 무엇인가? 이사야 11:5는 말씀하고 있다. "공의로 허리띠를 삼으며 성실로 몸의 띠를 삼으리라." 또한 시편 68:18에서 "주께서 높은 곳으로 오르시며 사로잡은 자를 끌고 선물을 인간에게서 받으시니." 도둑이 잡혔을 때 도둑은 대체로 더 이상 도둑이 아니라는 것을 이제 누가 모르겠는가? 그러나 그의 훔치는 능력이 파괴됐으므로 아무도 죽음에 직면한 그 사람보다 약한 자가 될 수 없다. 왜냐하면 그가 원하는 도둑이 되는 것까지도 할 수 없기 때문이다. 그러므로 그는 동정을 받는다. 그러나 그는 여전히 도둑이며 만약 그를 가게 했다면 그는 도둑으로 행동할 것이다. 비유하면 세례 후에 우리 안에 죄는 참으로 죄를 말하고

있다. 그러나 그것은 양과 질 그리고 행위의 범주에서가 아니고 본질적으로 죄다. 죄는 고통에서 완전해진다. 왜냐하면 진노나 정욕의 증진은 그것이 경건하지 않은 사람에게서처럼 경건한 사람에게서 동일하기 때문이다. 은혜 전후에 그것이 육신과 동일한 것처럼 은혜 후에 그런 것처럼 은혜 전에도 동일하다. 그러나 은혜의 상태에서 그것은 아무 힘도 갖지 못한다. 은혜를 떠나서는 그것은 우세하다. 이것이 로마서 8:2에서 말할 때 바울이 말하는 것이다. "이는 그리스도 예수 안에 있는 생명의 성령의 법이 죄와 사망의 법에서 너를 해방하였음이라." "… 죄와 죽음으로부터 나를 해방하였다"라고 그는 말하지 않았는가? 그리스도가 단번에 죄와 죽음에서 우리를 해방하지 않았는가? 그러나 바울은 그리스도가 성취한 바를 행하는 성령의 법의 합당한 역사를 말하고 있다. 실제에서 그리스도는 단번에 우리를 위해 생명의 성령의 법을 성취하였을 때 죄와 죽음에서 모든 사람을 용서하였고 자유하게 하였다. 그때 생명의 성령은 어떤 효과를 갖는가? 그는 죽음에서 우리를 아직 자유하게 못하였고 아직 죄에서 자유하게 못했지만 마지막에는 우리를 자유하게 할 것이다. 왜냐하면 우리는 죄 가운데서 여전히 수고할 것이고 여전히 죽을 것이다. 그러나 그는 우리를 죄와 사망의 법에서 자유하게 하였다. 곧 죄와 사망의 통치와 폭군에게서 자유하게 했다. 그 결과 죄는 확실히 현재적이지만 죄는 폭군처럼 군림하는 죄의 능력을 상실했고 아무것도 할수 없다. 물론 죽음은 우리를 직면한다. 그러나 죽음의 쏘는 것이 어디 있으며 죽음이 해치거나 무섭게 할 수 없다. 여기서 두 가지 경우가 있는데 바울은 거기서 세례 후에 남은 악을 '죄'라고 한다.

8.92.12. 이 때문에 바울은 로마서 8:13과 골로새서 3:5에서 우리의 지체의 죽음에 맡기기를 명령한다. 그것은 지상에서 진노, 정욕, 탐심과 매우 쉬운 언어를 사용하는 것과 같다. 그러나 이 단어들은 우리의 새로운 언어적 권위가 우리를 설득할 수있는 죄나 잘못의 이름들이 아니다. 왜냐하면 사실 사도는 성도들과 신자들에게 쓰고 있다. 그러므로 그들은 자신들을 다음과 같이 설득한다. 이러한 맥락에서 열정은 악이 아니고 죄의 형벌이며 불완전이다. 이것은 하나님의 법에 반대되는 것이다. 세례 전에 죄에 대한 형벌은 없었는가? 그렇다면 그것이 왜 죄였는가? 그것이 그리스도에게 전가된 단순한 사실이 죄의 성격과 죄의 실체를 변화시켰는가? 그렇다면 그들이 바울의 원어들에서 취해야만 하는 필요를 원하는가? 그러므로 로마서 6:12는 말

씀한다. "너희는 죄로 너희 죽을 몸에 왕 노릇 하지 못하게 하여 몸의 사욕을 순종치 말고." 어떤 것이 더 분명하게 말할 수 있었는가? 죄가 몸 안에 그리고 또한 몸의 정욕에 있지만 그 죄가 왕 노릇 하지 못하게 관심을 가져야 한다. 그것이 당신을 위한 세 번째 본문이다. 여기에 네 번째가 있다. "죄가 너희를 주관치 못하리니 이는 너희가 법 아래 있지 아니하고 은혜 아래 있음이니라"(롬 6:14).

그가 은혜 가운데 살고 있는 자들에게 쓰고 있다는 것을 주목하고 그는 그들에게 죄가 그들을 지배하지 않도록 하라고 말한다. 이것은 다른 사람에게 적용시키는 것이 아니고 우리 자신에게 적용시키는 것으로 이해돼야 한다. 왜냐하면 누가 다른 사람의 죄를 저항할 수 있으며 다른 사람이 죄를 짓는 것을 막을 수 있는가? 여기에 동일한 것을 말하는 다섯 번째 본문이 있다. "우리 옛사람이 예수와 함께 십자가에 못 박힌 것은 죄의 몸이 파멸되기 위해서다"(롬 6:6). 십자가에 못 박혔다고 그가 말하는 것은 우리의 옛사람이다. 그리고 그들과 같은 우리 안에 죄의 몸이 파멸된 우리의 옛사람이다. 잠시도 그는 결코 불완전의 몸, 또는 형벌의 몸이 파멸되기 위해서라고 말하지 않는다. 이제 보자. 우리는 바울이 잘못이라고 하는 특별한 묘사를 사용하지 않은 곳을 우리가 주목하지 않은 사람들은 별도로 하고 바울이 죄를 묘사한 다섯의 분명한 구절들을 갖고 있다. 그러나 이 중요하지 않은 장사꾼들[1]은 그들 자신의 머리에서 고안된 가치없는 적은 해석과 성경의 단 한 구절로도 확인되지 않은 그 해석을 위해 하늘에서 그들에게 길을 열어주기 위해 이 모든 우레 같은 선언을 강요한다. 나중에 이것을 논박하는데 이 모든 것에 해당되는 로마서 7장을 우리는 살펴볼 것이다.

8.92.38. 그러면 무엇이냐? 우리가 죄인인가? 아니다 오히려 우리는 은혜로 의롭다함을 얻었다. 의는 양적 형태로 있지 않고 하나님의 자비에 있다. 사실 믿는 자들에게서 당신이 자비를 가져간다면 그들은 죄인들이다. 그리고 정말로 진정한 죄를 그들은 갖게 된다. 그러나 그 가운데서 그들은 믿고 자비의 지배 아래 산다. 그리고 죄는 그들 안에서 정죄 받게 된다. 그리고 계속적으로 그들 안에서 죽음에 처하게 된다. 그러한 근거로 그 죄는 그들에게 전가되지 않는다. 그것이 세례로 말미암아 오는 가장 영광스러운 용서의 성격이다. 사실 당신이 그 문제를 자세히 살펴보면 철저하게 순결

---

1. p. 392 주(註)를 보라.

한 자보다 지금까지 죄로 물든 사람을 의롭다고 하는 것은 아주 중요한 일이다. 그러므로 세례가 모든 죄를 제거하지 않는다고 말해서는 안 된다. 실제로 세례는 모든 죄를 용서한다. 그러나 죄의 본질(substantia)은 아니다. 세례는 죄의 권능은 물론이고 대부분의 죄의 본질(substantia)을 용서한다. 그리고 동시에 세례는 점진적으로 매일매일 본질(substantia)을 용서해 결국 완전히 용서하게 된다. 나는 사도시대 이후에 이것을 말한 처음 사람이 아니다. 아우구스티누스의 말은 다음과 같다. "모든 죄는 세례에서 용서받는다. 그 죄가 더 이상 존재하지 않는다는 것이 아니고 그 죄가 더 이상 전가되지 않는다는 것이다.¹" 당신은 정말로 이것을 듣는가? 용서 후에도 죄가 있다. 그러나 죄가 전가되지는 않는다. 당신을 모든 죄에서 완전히 의롭게 한 형언할 수 없는 하나님의 의가 여전히 당신을 만족시키지 못하는가? 죄가 없는 것과 같이 당신을 영접한 자비는 그렇게 풍성하므로 당신은 계속 그가 당신을 이미 정죄했고 마지막 시간까지 가져 것을 죽게 한다. 이것은 라토무스의 주장이 불합리한 것을 드러낸다. 그리고 결과적으로 그는 실제의 죄를 언급하는 것으로 사도가 바르게 말하는 것을 분명히 이해하지 못했다고 촉구한다. 당신은 전가되지 않은 것이 그러한 환경에서 죄가 아니라는 것을 여전히 말하는가? 그러나 이것은 정확히 내가 바라는 것이다. 곧 그것이 선행에 돌려지지 않고 그것을 전가하지 않는 분의 자비에 돌리는 것이다. 그러나 라토무스는 한쪽에 자비와 용서를 위치하고 자연적인 것으로 거기에 있는 죄를 원하지 않는다. 그러나 이것은 하나님의 역할을 훔치는 것이다.

8.93.17. 앞에서 한 논쟁에서 나는 나의 논제가 이제 변호됐다고 생각한다. 무슨 말이냐 하면 모든 선행은 하나님의 자비로 용서되지 않는다면 죄다. 루베니안스도 열매가 나무와 관계가 없다고 말할 수 없다. 다른 말로 하면 비록 죄가 정죄됐고 용서됐다 해도 이제 나무가 열매 없이 존재하지 않는다는 것을 보여 주었다. 이점에 대하여 아우구스티누스 한 사람이 아니고(하나님의 계명이 이생에서 성취될 수 있는지 그가 토론하는 곳에서), "하나님의 모든 계명들은 행해지지 않은 것은 무엇이라도 용서될 경우에 성취된다."² 하나님의 계명들은 선행이 행해질 때가 아니고 하나님의 자비가 용서할 때 성취된다고 여기서 분명히 그는 말하지 않는가? 죄가 아니면 무엇이 용서되는가?…

---

1. *Retractions*, 1, 19; Migne, 32.614.

2. *Retractions*, 1, 19; Migne, 32.614.

8.93.35. 우리가 죄의 주제에 관계하고 있는 동안에 나는 독자에게 경고하고 싶고 또 라토무스에 의해 제기된 논쟁에 상세한 대답을 위해 자료를 독자에게 제공하고 싶다. 무엇보다도 이것을 주의하라. 라토무스는 마치 내가 주장한 죄가 아무것도 아닌 것처럼, 그리고 오랫동안 극복된 것처럼, 싸움 전에 승리를 축하하는 것이 궤변가들의 습관인 것처럼, 그리고 잔인하게 질문을 요구하는 것처럼 그의 모든 논쟁을 진행한다. 그러므로 말을 못하게 하는 것은 무엇이나 그리고 성경의 부분들과 교부들에게서 온 것들은 무엇이나 그는 그것이 신실한 자는 죄를 짓지 않는다고 말하는 곳에서 집중시킬 수 있고 그는 나를 논박하는 이 논쟁에 관련된 것으로 믿는다. 이와 같은 논쟁에 반대하여 당신이 해야 하는 모든 것은 바울의 본문 로마서 6:12를 사용한 것이다. "너희는 죄로 너희 죽을 몸에 왕 노릇하지 못하게 하라." 그래서 당신은 "죄가 왕 노릇 한다"는 하나이고 "죄가 지배된다"란 다른 것이라고 말할 수 있다. 이제 당신은 이해할 수 있는가?

8.96.8. 이제 우리는 모든 죄의 용서가 이루어졌다고 믿고 우리는 그 모든 것에 어떤 의심도 없다. 그러나 우리는 모든 죄의 폐지와 모든 방식에서 죄에서부터 자유를 기대하므로 우리의 매일의 과제에 진력한다. 그리고 그것은 선행을 하는 믿음에서 역사하는 자들이다. 당신이 아다시피, 그것이 보편적 믿음이기 때문에 이것이 나의 믿음이다. 사실, 이 견해들을 공격하는 궤변가들은 우리의 믿음을 하나의 행위로 만들 만큼 심판에서 그의 행위보다 하나님의 자비를 못한 것으로 만든다. 시편 10:5에서 그 문제에 대해 말씀하고 있다. "주의 심판은 높아서 악한 사람의 안력이 미치지 못 한다." 그래서 그들은 하나님을 경외하는 것과 우리의•믿음 두 가지 모두를 손상시킨다. 이것은 별개로 하고 우리는 하나님이 준 우리의 유업을 황폐케 하며 우리 구원의 누벽을 파괴하도록 그들이 위협하지 않았다면 그리고 그들이 사소한 것들로 장난처럼 심판에 대한 모든 의식을 잃지 않으려고 했다면 그들을 견딜 수 있었을 것이다.

8.96.27. 내가 관심하는 한 나는 내가 논쟁한 대로 세례 후에 남아 있는 것을 '죄'(그들 스스로 그것을 '가벼운 죄'라고 부른 것처럼)라고 이름 하는 것을 허용하는 것 외에 다른 것은 아무것도 묻지 않는다. 그러므로 본질상 악하고 나쁜 것은 물론이고 하나님의 자비가 필요한 것에서다. 만약 당신이 이 논쟁에 동의한다면 당신은 죄가 왕 노릇 하게 되었고, 당신은 죄의 종이 되었다. 그리고 죽을 죄를 짓게 된다. 이것을 지지하여 나는 로

마서 6장을 충분히 회상했다. 그리고 나 자신을 이러한 입장이 이끌어 가는 것을 허용하지 않으려고 한다. 나는 그들이 세례, 죄, 죄를 짓게 하는 정욕을 살아있게 하는 두 가지 악이 있다는 것을 부인할 수 없음을 말한다. 바울의 말씀은 충분히 쉬운 것이다. 죄, 바로 부싯깃이 자연적 악이고 정욕은 그것의 충동이다. 그는 후자가 순종돼선 안 된다고 말하고 전자가 곧 "죄의 몸이 멸망될 수 있도록"(롬 6:6) 파멸돼야 한다고 말한다. 그들로 하여금 이것들을 그들이 좋아하는 것이라고 부르게 하라. 그들은 이런 것들이 바울이 말한 사실을 제거할 수 없다.

8.97.10. 그가 바울의 말을 받아들이지 않는다면 나의 말을 누가 확신하겠는가? 교부들이 그들의 견해를 지지하는 것에서 말한 것 같다고 해도 더욱더 우리는 그들보다는 바울에게 집착해야 한다. 왜냐하면 참된 것을 그들이 말했다 해도 그들은 바울보다 훨씬 더 모호하고 비효과적으로 쓰고 있기 때문이다. 바울의 말씀은 어떤 해석이 필요하기에는 너무 명료하다. 실제로 그들은 해석할 때 모호하게 하는 경향이 있다. 비록 내가 말한 대로 교부들이 때때로 세례 후에 남아 있는 것을 '죄'와 '잘못'이라고 부른다 해도 그들은 너무나 자주 왕 노릇하는 죄를 말한다. 라토므스에 대한 루터의 논쟁의 총화는 이것이 된다. 내가 인용한 사도 바울의 그러한 구절들에서 죄가 말의 참되고 적합한 의미에서 죄가 아니라는 것을 입증할 수 없다면 그때 루터는 거꾸로 떨어져 망하게 된다. 이것이 입증될 수 없다면 그때 라토무스가 거꾸로 떨어져 망하게 된다.

8.98.27. 이제 당신은 "그러면 당신은 교부들이 말한 것을 믿지 않는가?"고 말할 것이다. 내 대답은 "내가 믿어야 하는가?다. 그 신앙 조항에 관계해 하나님의 명령은 어디에 있는가? 왜 그들 자신은 그들의 교부들을 믿지 않는가? 특별히 모든 인간의 저술[1]에서 모든 사람이 자유하기를 명령하고 자유롭게 되기를 원하는 아우구스티누스. 우리가 감히 아리스토텔레스(그를 저주하라!)를 반대하지 못하고 그에게 복종하도록 우리를 강요하며 우리의 자유를 빼앗은 이 궤변가들이 우리를 이 폭군으로 강요했기 때문이다. 우리는 영원히 이 속박에서 속박될 수 있는가? 그리고 우리는 다시 영원히 그리스도인의 자유 가운데서 결코 숨도 못 쉴 것인가? 이 바빌론에서 우리는 성경을 위

---

1. *Letter to Vincent* ; Migne, 33.338 이하.

해 탄식해서는 안 되는가? 그리고 다시 고향으로 돌아올 권리를 위해 탄식해서는 안 되는가?" '그러나' "그들은 거룩한 사람들이고 성경을 밝혔다"고 당신은 말한다. 그러나 성경이 그들에 의해서 밝혀졌다고 누가 증거했는가? 그들이 성경을 불명료하게 했다고 생각지는 않는가? 나는 그들의 공상을 믿으라고 명령하지 않고 하나님의 말씀을 믿으라고 명령한다. 한 분은 우리의 주님, 그리스도이고 교부들은 성경을 밝힌 사람 그리고 성경을 모호하게 한 사람으로 거룩한 성경의 빛에서 평가받는 자들이다. "그러나 모호한 성경은 명료함이 필요하지 않은가? 모호한 쪽을 제쳐두고 명료한 곳에서 그것을 꼭 붙잡으라. 교부들이 모호하지 않다는 것을 누가 증거했는가? 우리는 "내가 보기에는…" 형식으로 당신의 견해를 갖는 입장으로 돌아가려고 하고 있다. 또는 "교부들이 말씀한다…" 형식으로 그들의 견해를 갖는 입장으로 돌아가려고 하고 있다. 그러나 인간에게 성경의 단순하고 분명한 증거를 하고 성경의 그러한 증거를 찾아내려고 하는 것을 제외하고 교부들이 도대체 무엇을 했는가? 오 가엾은 그리스도인이여 그들의 성경과 믿음은 여전히 인간의 해석에 의존하고 그들의 밝힘을 기다리는가! 이것들은 무가치하고 신성 모독적이다. 성경은 우리 모두에게 공통이다. 성경은 구원을 위해 필요한 모든 것에서 충분히 분명하다. 그리고 동시에 알고 싶어 하는 마음을 위해서 충분히 어렵다. 모든 사람은 그 가장 풍성하고 보편적인 하나님의 말씀에서 자신의 몫을 위해 노력하도록 하라. 사람의 말을 거절하고 조심해서 그것을 읽도록 하자.

8.99.25. 제3부

[루터는 라토무스가 바울의 의미에 직면해야 한다고 주장한다. 기독교 신학은 라토무스와 바울을 공유할 수 없다. 라토무스가 바울을 죽이든지 바울이 라토무스를 죽인다. 죽을 수밖에 없는 죄와 가벼운 죄의 구별은 성경적이지 않고 인간적 권위를 주장하고 성경적 권위를 주장하지 않는 입장을 지지하도록 요구한다. 루터와 라토무스의 차이는 루터가 라토무스와 교부들이 아닌 성경을 따른다는 것이다.]

8.101.33. 그래서 우리는 죄라는 말의 의미에 이른다. 바울은 세례 후에 남아 있는 것을 죄라고 한다. 교부들은 그것을 죄라고 부르지 않고 약함과 불완전이라고 부

른다. 여기서 우리는 두 갈래 길에 서 있다. 나는 바울을 따른다. 당신은 교부들을 따른다. 나는 아우구스티누스를 제외한다. 그가 거의 언제나 그것을 아주 정확하게 악이나 부정(*vitium or iniquitas*)이라고 부르기 때문이다.

8.101.38. 우리는 차이의 핵심에 도달한다. 그것은 오직 용서하는 하나님의 자비인가 또는 그것은 곧 이 죄(당신이 그것을 부르기를 원하는 대로 약점)는 하나님의 뜻에 반대되는 죄의 성질인가? 이것은 우리의 토론의 전체적 요약이 아닌가?

8.103.16. 나로 관심 갖게 하는 두 가지가 있다. 첫째, 나는 그들의 모든 영광에서 순수하고 참된 성경을 갖기를 원한다. 성도들은 물론이고 어떤 사람들에 의해서도 더럽혀지지 않고 세상적인 가미로 엉망이 되지 않기를 원한다. 그러나 당신이 세속적이고 헛된 말들을 피하지 못한(딤전 6:20에서 바울의 말을 사용하면) 바로 그 사람들이다. 그리고 인간적인 해석들로 거룩하고 신적인 복잡성을 감당하기를 원했다. 그리고 세상적인 양념으로 그들에게 힘을 돋운다. 에스겔(겔 4:12)처럼 나의 혼은 인간의 배설물로 구운 빵을 먹어야만 하는 것에 구역질나게 한다. 당신은 이것이 무엇을 의미하는지 아는가?

8.103.23. 둘째, 나는 당신이 은혜의 완전한 지배와 죄를 순수하게 지배하는 것을 더 이상 다룰 수 없다는 것에 관심 갖게 된다. 결과적으로 당신은 그것을 이해할 수 없다. 결국 당신은 그것을 사랑할 수 없다. 그리하여 당신은 하나님을 사랑하고 찬양하는 데서 냉담하고, 창백하고, 서글프고, 느슨해졌다. 하나님의 말씀에 인간의 말이 첨가되면 인간의 말은 순수한 진리에 베일로서 작용한다. 아니, 내가 말한 대로 에스겔에서 주님이 상징적으로 표현한 대로 구운 빵은 인간의 똥으로 구운 것이다. 하나님의 말씀은 하나님이 황금 항아리에 보존되고 인간의 손으로 굴리고 흔들지 않기를 원했던 만나다.

8.103.35. 거룩한 성경은 우리의 죄를 두 가지로 취급한다. 하나는 율법으로 그리고 다른 하나는 하나님의 복음이다. 이것들은 우리가 죄에서 자유할 수 있도록 우리의 구원을 위해 정해진 하나님의 두 개의 약속(testaments)이다. 율법은 죄를 드러내는 것 외에 죄를 다루지 않는다. 그것은 바울이 로마서 3:20에서 "율법으로는 죄를 깨달음이라"고 말씀한 대로다. 이 지식은 우리에게 두 가지를 가르친다. 곧 우리의 본성의 부패와 하나님의 진노다. 로마서 7:7은 전자를 말한다. "'율법이 탐내지 말라' 하지 아

니하였더면 내가 탐심이 죄이란 것을 알지 못하였을 것이다." 왜냐하면 본성은 이 음탕한 욕을 죄라 부르지 않았고 오히려 이 욕 또는 음탕함이 방탕, 간음, 사통 같은 것을 어떤 사람의 몸에 악하게 사용했다. 비슷하게, 그것은 진노나 탐욕을 죄로 묘사하지 않고 도둑, 사기, 중상, 살인으로 묘사했다. 그것은 물론 죄의 동일한 표현이다. 우리는 죄라고 하는 행위들에 대해 성경에서 죄를 이해하는 것을 나는 믿지 않는다. 그것은 악한 행위와 말로 열매를 맺는 깊숙한 발효로서 죄에 대해 거의 말하는 것 같다. 그것은 알려지지 않고 존재하지 않은 개념인 율법이 있기 전에 율법이 무엇인지를 실제로 계시한 것이 율법이다(롬 5:13과 7:8에서 말씀하는 대로). 그리고 올바르게 죄를 말하고 있다. 그리고 그것은 매우 활동적이고 위선자들의 빛나는 선행들에서 숨겨진 것이다. 그러나 바울은 성경이 바로 이 죄의 개념 아래 모든 인간을 가두었다고 말한다(갈 3:22). 그러나 죄는 우리 모든 사람에게서 하나의 방법 또는 다른 방법으로 죄의 열매를 맺지 않는 범위에서 숨겨진 채로 결코 남아 있을 수 없다. 그러나 당신은 모든 사람이 가두어질 수 있는 죄 아래 단순한 악한 행위를 할 수 없다. 이 다른 어떤 때에는 더 하더라도 당신이 죄라는 단순한 범주 아래 그들을 가둘 수 있는 대로다.

8.104.12. 두 번째에 관해 율법은 가르친다. "누구든지 율법 책에 기록된 대로 온갖 일을 항상 행하지 아니하는 자는 저주 아래 있는 자라 하였음이라"(갈 3:10)라고 말씀하기 때문에 로마서 4:15는 그것을 "율법은 진노를 이룬다"고 한다. 또한 로마서 5:12는 "죄로 말미암는 죽음"을 언급한다. 그리고 로마서 6:23은 "죄의 값은 사망이라"고 한다. 그렇다면 율법의 빛은 우리를 가르친다. 우리가 부패와 진노 아래 있다는 것을 가르치고 모든 사람이 거짓말쟁이고 진노의 자녀라고 결론을 내린다. 아마도 우리는 우리가 부패했다는 것을 무시할 수 있었을 것이다. 그리고 우리의 악한 상태에서 우리 자신이 기뻐했을 수도 있고 두 번째 악인 진노를 미친 것에 빠져 거절하지 못했을 것이다. 그리고 죽음과 지옥의 두려움과 위협으로 그것을 거절했으므로 우리는 전자인 악한 처지에서 귀한 평화를 갖지 못할 수 있었다. 더 확실하게 진노는 부패보다 더 나쁜 악한 것이다. 왜냐하면 우리는 죄를 아는 것보다 더 형벌의 경험을 미워하기 때문이다.

8.104.22. 이 경우, 율법은 두 가지 악을 계시한다. 내부적 것과 외부적인 것이다. 우리는 내적인 악을 각각에게 부과한다. 그것은 죄이고 또는 본성의 부패다. 외

부적인 악은 하나님이 정하신 것이며 그것은 진노, 죽음과 저주다. 만약에 당신이 이 두 가지 악을 죄책과 형벌이라고 부르기를 원한다면 그것은 내게서 옳다. 그러나 우리는 오랫동안 이 두 가지 죄책과 형벌의 개념을 그 개념으로부터 모든 몸과 불을 취할 만큼의 방식으로 다루는 습관에 있어 왔다. 그리고 모든 종류의 낯선 사상과 개념을 발견했다. 우리가 관심을 갖는 한에 있어 우리는 성경의 쉬운 개념을 따르는 보편적 본성의 부패를 죄라고 부른다. 부패는 우리의 모든 부분에서 발견된다. 악이며 우리의 어린 시절부터 악으로 기울어지는 경향이 있는 악이다(창 6:5와 8:21에 기록된 대로). 이 진노는 너무나 크다. 좋게 보이는 그런 것들 예를 들면 예술, 재능들, 신중함, 불굴의 정신, 순결과 그 외의 자연적, 도덕적 그리고 보기 훌륭한 예의 같은 것들이 우리에게 아무것도 유익하게 하지 못한다. 모든 사람의 공동적인 개념은 이들 가운데서 어떤 해가 볼 수 없다. 그러므로 오늘, 우리의 신학자들이 생의 좋은 것들 가운데 그것들을 수로 헤아린다. 그들은 그들에게 악한 것은 아무것도 돌리지 않는다. 왜냐하면 비록 은혜를 별개로 한다고 해도 선한 행위로는 하늘나라를 받을 만하지 못하기 때문이다. 그러나 다른 한편 그 선행들은 지옥이나 형벌에 합당하지 못하다. 그들은 이 선한 행위들이 하늘을 받을 수 있다고 공개적으로 주장할 준비를 할 것이다. 그러나 은혜의 필요에 대해 어떤 것을 그들이 들었다 사실을 위해서 주장할 준비를 하게 될 것이다. 그들은 이것들이 율법이 요구하는 것에 아무것도 부족하지 않다고 생각한다. 그러나 오직 은혜가 요구하는 것뿐이다. 그들은 율법의 요구가 복음의 요구가 아닌 것만 부응했다고 가르친다. 그들은 계속 나아가고 이 선행들이 너무나 선하기 때문에 그 선행들과 확실하게 일치되는 은혜(congruent grace)[1]를 얻을 만하고 그 선행들의 공로 때문에 전적으로 선하게 된다. 그것은 하나님 자신이 이런 것들이 선하지 않다고 말하지 않는 이 사람들을 용인해야 한다. 그것은 실제로 부정될 수 없고 그는 그 선행들을 보상한다. 그리고 능력, 부, 영광, 명성, 위엄, 영예, 행복과 같은 일시적 은택으로 그 선행들을 꾸민다. 결국 그 구실은 그 자체로 아름다울 뿐 아니라 하나님의

---

1. 루터는 인간의 노력으로 의합적(宜合的) 공로(meritum de congruo)를 얻을 수 있다는 스콜라 학파의 교훈을 언급한다. 공로의 이 상태를 하나님은 취하고 보수적(報酬的) 공로(meritum de condigno)로 만든다. 실제로 인간을 하나님 앞에 용납될 수 있게 하는 하나님이 허락한 보수적 공로(meritum de condigno)만을 스콜라 학파가 가르쳤다는 것이 사실이다. 그러나 루터는 인간이 보수적 공로(meritum de condigno)를 위한 후보자가 되는 것으로서 하나님께 용납될 수 있는 공로의 상태에 이르기 위해 완전히 자기의 노력에 의존하고 있다고 본다. 그것은 단순히 행위로 구원받는 것이라고 결정짓는다.

보상으로 뚜렷한 구실이 자연적 맹목을 일으킨다. 이 맹목은 참으로 선한 것을 알지 못하므로 반대로 신뢰와 고집으로 주장한다. 이 문제에서 예언은 힘써 노력했고 모든 예언자들은 이 선한 것들을 공격하고 정말로 선한 것들을 요구했기 때문에 죽임을 당했다. 왜냐하면 예언은 율법을 마무리하는 다른 어떤 것이 아니기 때문이다. 그리고 내가 그렇게 말할 수 있다면 그것은 율법의 실천과 적용이다. 또는 논리적으로 '가 정(subsumption)'이라고 묘사하는 것처럼 그 묘사는 특별한 종류의 선행이 참으로 선한 것인지 거짓인지 선언한다. 그러므로 우리는 우리가 읽은 많은 것이 옛 책에서 정죄됐다는 것에 놀란다. 이것이 그들의 이해를 따르지 말고 그의 음성을 들으라고 경고한 이유다. 그러므로 그는 언제나 참으로 선한 이것들의 문제에서 율법을 효력을 내는 예언자들을 그들에게 마련했다. 그래서 나는 그것을 그렇게 표현할 수 있다면 그들은 율법이 실제로 율법이 되는 본보기에 의해 증거될 수 있었다.

8.105.13. 그러므로 이런 것들이 나쁘다는 것을 보여주는 것은 오직 율법이다. 그런 것들이 하나님의 선물이기 때문에 물론 율법 자체가 아니고 그것들이 잘못 사용되고 이해됐기 때문이다. 그들은 인간을 이러한 선행을 신뢰하게 하는 깊이 자리 잡은 과격한 죄, 그 행위에 대해 그들을 기쁘게 하기 때문에 그리고 그들이 눈 먼 악을 기뻐하기 때문에 이 잘못된 목표를 돕는다. 이제 율법은 이것을 가장 깊고 나쁜 죄가 되게 한다. 왜냐하면 인간은 하나님 안에서만 믿음을 가져야 하기 때문이고 예레미야 9:23에서 말씀하는 것처럼 하나님만 기뻐하고 하나님께만 영광을 돌려야 하기 때문이다. "지혜로운 자는 그 지혜를 자랑치 말라 용사는 그 용맹을 자랑치 말라 부자는 그 부함을 자랑치 말라." 이제 이 모든 것들이 선하지만 그런 것들이 선한 자보다 더 자주 악한 자에게 자유롭게 돌아간다. 그렇게 시편 73:2 이하는 의인이 바로 이것 때문에 위험에 처한다고 불평한다. 그는 "그의 걸음이 거의 실족하였을 뻔하였다"고 다음과 같이 표현한다. 그러나 내가 말한 것처럼 모든 것은 진노와 저주 아래 결론이 내려졌고 어떤 사람의 구원에도 도움이 안 된다. 그러므로 그들은 인간이 은혜를 받는 것을 위해 준비하는 일치하는 공로를 받을 수 없고 인간이 오히려 은혜를 원해야 하는 경우에 인간의 마음을 살찌게 하는 데 도움이 된다. 또는 시편 119:70에서 그 필요를 느낀다. "저희 마음은 우유가 응고한 것 같다." 히브리어 본문은 그것을 더 잘 표현한다. "그들의 마음은 지방 같이 살쪄 있다." 이 사람들은 아주 적당히 성경에

서 경건하지 못함과 불신, 목이 곧은 것을 비난 받는다. 왜냐하면 그들은 허울 좋은 선을 향해 그들의 지배할 수 없는 경향을 지배할 수 없기 때문이다. 그들은 율법의 중요성이나 그들 자신의 죄의 사실도 인정할 수 없다. 그들은 언제나 선행 때문에 그들이 다른 사람들보다 심지어는 참으로 의로운 사람들보다 하나님께 순종하는 문제에 있어서 낫다고 생각한다. 당신은 그들에게 쓸데없이 설교한다. 그들은 피에 목마르고 속이는 인간들이다(시 5:6). 요약하면, 율법은 이러한 사람들에 의해 성취됐다. 그리고 그들은 내가 말한 대로 하나님에게서 어떤 특별한 요구나 다른 요구를 성취하는 것을 제외하고 은혜가 필요 없다. 그들을 위해 모세가 수건을 가렸다. 그들은 그의 뿔이 난 얼굴을 견딜 수 없다. 그것은 그들이 악해지려고 하는 욕망이 아니고 그러한 위대한 지혜, 선, 의 그리고 종교에 흥미를 가졌다. 그들은 그들이 하나님의 말씀을 듣지 않기 때문에 그들이 악하다는 것을 알 수 없다. 그러므로 당신은 얼마나 비길 수 없이 율법이 자연적 이성을 넘어 서고 율법이 지식을 주는 그 죄가 얼마나 깊은지 이해할 수 있다. 그러므로 이 모든 사람들은 진노 아래에 있다. 왜냐하면 그들은 모두 죄 가운데 있기 때문이다. 그런가 하면 복음은 죄를 제거하도록 죄를 다루고 그 결과 가장 적합하게 율법을 따른다.

8.105.37. 이제 율법은 우리를 죄로 안내한다. 그리고 죄의 실체를 인정하도록 우리를 압도한다. 그 결과 우리는 죄에서 자유하기를 추구하게 되고 은혜를 사모하게 될 것이다. 이제 율법과 같이 복음은 두 가지 진리를 전파한다. 그리고 의와 하나님의 은혜를 가르친다. 하나님의 은혜로 말미암아 복음은 인간본성의 부패를 치유한다. 물론 이 의는 하나님의 선물이다. "이제는 율법 외에 하나님의 한 의가 나타났으니"라고 로마서 3:21이 말씀하는 것과 같이 그것은 그리스도를 믿는 믿음이다. 그리고 또 로마서 5:1에서 "그러므로 우리가 믿음으로 의롭다 하심을 얻었은즉 우리 주 예수 그리스도로 말미암아 하나님으로 더불어 화평을 누리자." 그리고 또다시 로마서 3:28에서 "그러므로 사람이 의롭다 하심을 얻는 것은 율법의 행위에 있지 않고 믿음으로 되는 줄 우리가 인정하노라." 더 나아가 성경에서 거의 언제나 죄와 반대로 대치되는 이 의(義)는 그 열매가 선행이 되는 깊은 뿌리의 성격으로 이해되는 것이다. 이 믿음과 의 (義)와 함께 따라오는 것은 은혜 또는 자비다. 곧 우리를 향한 하나님의 호의적인 태도다. 그 호의적인 태도는 죄와 함께 따라오는 진노와는 반대 되는 것이다. 그 결과 그

리스도를 믿는 모든 사람은 하나님이 자비로우신 분임을 안다. 의가 있다면 선물이고 의가 우리를 위해 하나님의 은혜를 얻어주지 못했다면 그 의가 선하다 해도 우리는 하나님의 이 선물을 충분하게 찬양하고 싶지 않을 것이고 우리는 이 의(義)를 만족하지 못할 것이고 행복하지 못할 것이다. 여기서 나는 그 경우와 같이 그리고 현대주의자들이 가르친 대로[1] 혼(魂)의 성질로서가 아니고 우리를 향한 하나님의 호의적인 성질로서 은혜를 참되게 이해한다. 이 은혜는 결국 마음에 참된 평화를 갖게 해 인간이 자기의 병을 고치게 되고 거기다가 인간이 은혜의 하나님을 소유하고 있음을 안다. 이것이 뼈 속의 골수다. 이것은 기쁨과 안정을 알게 하는 양심을 되찾고 두려움 없이 굳게 서게 한다. 은혜가 감히 하려고 하지 않는 것은 아무것도 없고 그 은혜가 할 수 없는 것은 아무것도 없다. 그리고 하나님의 은혜를 믿는 그러한 신뢰는 죽음까지도 비웃게 된다. 그 결과 진노가 죄의 부패보다 더 큰 악인 것처럼 은혜는 의가 가져다주는 건강보다 더 큰 선이다. 지금까지 우리가 말한 의는 믿음에서 온다. 왜냐하면 (그러한 것이 가능했다면) 아무도 하나님의 은혜가 없는 것보다 의가 가져다주는 건강이 없다는 것을 더 좋아하지 않았을 것이기 때문이다. 왜냐하면 죄 용서와 마음의 평화는 하나님의 은혜로 주어지는 것이지만 부패를 고치는 것은 믿음으로 주어지기 때문이다. 믿음은 선물이고 죄와 반대되는 내적 선이며 죄를 깨끗게 하기 때문이다. 그것은 가루 서말에 철저히 감추어진 복음서들의 누룩이다(마 13:33). 그러나 한편으로 하나님의 은혜는 하나의 외적인 선이다. 그것은 진노의 반대가 되는 우리를 향한 하나님의 호의다. 이 두 가지는 로마서 5:17에서 이렇게 구별된다. "왜냐하면 한 사람의 범죄를 인하여 많은 사람이 죽었고 더욱 하나님의 은혜와 한 분 예수 그리스도의 은혜로 말미암아 넘칠 것이다." 그는 그리스도 안에 있는 믿음을 한 사람의 은혜 안에 있는 선물이라고 한다(더 자주 그것을 선물이라고 부른다). 왜냐하면 그것은 그리스도의 은혜로 말미암아 우리에게 주어진 선물이기 때문이다. 그것은 많은 사람들 중에 그만이 하나님을 기쁘게 하고 하나님에게 용납될 수 있기 때문에 그는 은혜롭고 자비스러운 하나님을 가진 자다. 그리고 결과적으로 이 선물과 거기다가 이 은혜를 공로로 얻는다.

　8.106.29. 요한은 복음서 첫 장에서 그것을 이렇게 표현한다. "율법은 모세로 말

---

1. Aquinas, *Summa theologia*, II, I, qu. 112, art.2.

미암아 주신 것이요 은혜와 진리는 예수 그리스도로 말미암아 온 것이라”(요 1:17). 나아가서 “… 은혜와 진리가 충만하더라”(요 1:14). 그리스도로부터 우리 안으로 흘러들어오는 것은 믿음이다. 그리고 은혜는 그리스도의 은혜로 말미암아 믿음을 동반한다. 동일한 저자가 먼저 지적한 대로 “… 그의 충만한 데서 받으니 은혜 위에 은혜더라”(요 1:16). ‘은혜 위에 은혜’란 구절로 그가 의미하는 것은 무엇인가? 어떤 은혜 ‘위에’ 어떤 은혜란 말인가? 첫 번째 은혜는 하나님이 우리에게 호의를 베푸는 방식에서 우리의 은혜다. 두 번째 ‘위에’ 또는 그리스도의 은혜를 ‘위하여’는 하나님이 그리스도에게 호의를 베푸는 은혜다. ‘때문에’ 그것은 말한다. “율법은 모세로 말미암아 주신 것이요 은혜와 진리는 예수 그리스도로 말미암아 온 것이라” 그러므로 우리는 율법의 두 가지 악에 반대되는 복음의 두 가지 선을 갖는다. 죄에 반대되는 선물과 진노에 대한 은혜다.

8.106.37. 이 두 가지 실체, 진노와 은혜가 인간의 전체에서 그 사람에게 그것들이 쏟아진 것을 이루어지게 된다. 결과적으로 진노 아래 있는 사람은 진노의 전적인 지배 아래 그 사람 전체를 소유한다. 그리고 은혜 아래 있는 사람은 은혜의 전적인 지배 아래 그 사람 전체를 소유한다. 왜냐하면 은혜와 진노는 사람들에 관계되기 때문이다. 하나님이 은혜 가운데서 사람을 받아들일 때 인간의 전체를 받아들인다. 하나님이 인간에게 호의를 보여주는 때 하나님은 하나님이 그의 호의를 인간 전체에게 보여주신다. 그리고 같은 방식으로 하나님이 인간에게 그의 분노를 나타낼 때 하나님이 화를 내는 것은 전체 인간을 향한 것이다. 왜냐하면 그는 그가 선물을 나누어주는 것과 같이 그는 이 은혜를 나누어주지 않기 때문이다. 그는 머리는 사랑하지 않고 발은 미워한다. 혼(魂)에는 호의를 갖지 않고 몸은 미워한다. 그러나 그는 그가 몸에 주지 않은 것을 혼에는 준다. 그는 발에 주지 않은 것을 머리에는 준다. 로마서 5:2가 말씀하는 것처럼 하나님의 은혜 아래 어디에나 서 있는 전체 교회에 동일하다. “그로 말미암아 우리가 믿음으로 서 있는 이 은혜에 들어감을 얻었다.” 그의 선물을 그는 여러 가지 방식으로 그리고 여러 가지 다른 형태로 나누어 준다. 그리고 반대되는 방식으로 그것을 표현하기 위해 그는 그가 호의를 갖지 못하는 때 그 사람 전체에 호의를 갖지 않지만 사람 전체를 벌하지 않는다. 사실, 그것을 더 길게 표현하면 하나님이 그의 호의를 그에게 보여주지 않는 그 사람은 한 사람(아담)의 죄로 인해 전적으로 진노 아래

거한다. 그러나 그의 호의를 그에게 보여주는 그 사람은 하나의 행위(그리스도)의 선물로 인해 전적으로 은혜 아래 거한다. 내가 말한 대로, 은혜는 사람의 다른 은사에서 분리해야 한다. 왜냐하면 은혜만이 영생이고 오직 진노는 영원한 죽음이기 때문이다(롬 6:23).

8.107.13. 우리는 이제 논쟁의 요점에 이른다. 의롭고 신실한 사람은 의심 없이 은혜와 은사를 갖는가다. 은혜는 온전한 사람을 기쁘게 만들므로 한 인간으로서 그는 전적으로 받을 만하고 그에게 진노는 더 이상 있을 자리가 없다. 은사는 죄에서 그리고 영혼과 몸의 전적인 부패에서 인간을 고친다. 그러므로 세례 받은 사람이 죄 가운데 여전히 있고 또는 그의 모든 죄가 충분히 용서되지 않았다고 말하는 것은 대단히 비 신앙적이다. 하나님이 그 그의 은총을 보여주는 그 사람 안에 죄가 있다는 것은 그 사람 안에서 그가 어떤 죄를 알기를 원하지 않고 어디에서 그가 전인(whole person)을 온전히 수용하고 거룩하게 하는지가 문제이기 때문이다. 그러나 이것은 당신이 이해하는 대로 우리의 순결성에 돌려져서는 안 되고 다만 그의 호의를 보여주는 하나님의 은혜다. 모든 것은 은혜로 용서됐다. 그러나 모든 것은 은사로 아직 온전해지지는 않았다. 은사는 주입됐다. 누룩은 더해졌다. 이미 그 사람이 용서받은 죄를 깨끗이 하고 그를 위해 쫓아내도록 되어 있고 이미 주어진 사악한 침입자를 몰아낸다. 이런 일이 계속되는 동안에 실제로 그것이 그러한 것으로서 그것은 여전히 죄라고 불린다. 그러나 이제 그것은 진노가 없고 율법이 없는 죄다. 그것은 죽은 죄다. 그것은 당신이 은혜 가운데서 그리고 그의 은사에서 보존되는 한 해(害) 없는 죄다. 그 죄의 실제의 본성에 관한 한 은혜 이전의 죄와 은혜 이후의 죄 사이에 어떤 차이가 없다. 차이는 그것을 취급하는 방식에 있다. 이제 그것은 전과는 다르게 취급된다. 전에 취급된 것이 어떻게 사용되는가? 자기의 정당한 요구로 존재하는 것으로서, 그렇게 인정받는 것으로서, 그리고 우리를 압도하는 것으로서. 그러나 이제 마치 그것이 존재하지 않는 것처럼 그리고 그것이 쫓겨난 것처럼 그것은 다루어진다. 그러나 그것은 실제 죄며 배은망덕하고 하나님의 은혜에 대해 그리고 실제의 죄가 아니라고 말하므로 그의 은사에 해를 끼치는 것이다. 확실히, 은혜가 있을 때 거기에는 어떤 죄도 없다. 왜냐하면 전인(whole person)이 기뻐하기 때문이다. 그러나 은사가 있는 거기에는 죄가 있다. 왜냐하면 은사는 죄를 깨끗하게 하고 죄를 몰아내기 때문이다. 그러나 한 사람이

그의 죄를 깨끗이 하는 은사를 말미암지 않고는 은혜도 갖지 못하고 하나님을 기쁘게도 하지 못한다. 하나님은 상상(想像)의 죄인들을 구원하지 않고 실제의 죄인들을 구원한다.

8.107.37. 이제 죄와 은혜를 취급하는 것에서 나는 그것들을 이해하고 그것들을 말하는 단순한 바울의 방식을 보존하기를 원하고 추구하고 있다는 것을 주목하라. 이 가르침은 전혀 어려움이 없이 이해된다. 그것은 훌륭한 구별이 필요하지 않다. 그것은 놀랍게도 매력적이고 분명하다. 그것은 성경의 전체를 열어준다. 이 경우 바울에게서 죄를 연약함이라고 했다는 것을 말할 필요가 없다. 아니 오히려 죄는 실제의 죄로 취급돼야 한다. 그 결과 하나님의 은혜와 은사는 진실로 그리고 순수하게 찬양 받을 수 있다. 그리고 누가 이것이 실제의 죄가 아니라고 말한다면 이 사람은 하나님의 은사를 모독하는 것이고 하나님께 감사치 않는 것이다. 내가 그렇게 선언한 대로 이것은 또한 나의 교훈이다. 그래서 모든 사람은 그가 행한 모든 선행에서 자기에게 쫓아내지 못한 많은 죄가 있다는 것을 알아야만 한다. 그 나무대로 그 열매를 맺는다. 나는 하나님의 은혜와 은사에서 영광보다는 자기 안에 있는 순수함을 하나님에게 자랑하지 않도록 가르친다. 그는 자기를 향해 은혜롭게 느끼는 하나님, 그의 죄를 전가하지 않는 하나님을 알아야 하고 더욱더 죄가 깨끗이 할 수 있는 그 은사를 그에게 주어야만 한 것을 알아야 한다. 그러므로 그 사람이 은혜를 별도로 하고 그의 행위의 본질에 따라 판단 받으면 그는 그의 얼굴 앞에 설 수 없을 것이라는 것을 인정하는 사람은 진리를 고백한다. 이제 그가 은혜에 의존하면 그를 고소할 수 있는 것은 아무것도 없다. 죄와 은혜에 대한 교훈으로 가득하게 채워진 궤변가들의 거대한 책들만큼 이 진리들이 어려운가? 궤변가들의 죄와 은혜의 교훈들이 바울의 말, 믿음의 의무와 우리로 하여금 죄에 대해 형벌 받도록 하는 것과 같이 보이게 한 논쟁을 완전하게 조화하여 일치되지 않는가? 죄가 율법에 따라 또는 복음에 따라 취급돼야 하는 것을 말하는 것보다 무엇이 더 쉬운가? 만약 당신이 율법에만 관계해서 취급한다면 그것은 죽음이고 진노다. 그러나 복음에만 관계해 취급한다면 그것은 은혜와 생명이다. 어떤 방식으로 취급돼도 그것은 진실로 여전히 죄다. 의로운 사람에게 어떤 죄도 없다는 것을 말하는 교부들의 모든 인용은 율법이나 죄의 본성이 아니고 은혜와 관계해 이해돼야 한다. 왜냐하면 그리스도는 우리를 자유하게 했기 때문이고 그 결과

우리는 더 이상 율법 아래 있지 않고 은혜 아래 있기 때문이다.

8.109.11. 성경이 어떻게 이 해석과 일치하는지 이제 살펴보자. 그리스도는 회개와 죄 용서가 그의 이름으로 전파될 것을 누가복음 마지막 장(눅 24:47)에서 말씀한다. 왜 단순히 죄 용서를 말하는 것이 충분하지 않았는가? 다음의 진술은 어려움에 부응하지 않는가? 회개는 부패하지 않음으로 부패의 교체이고 하나님의 선물인 믿음이 역사하는 죄로부터 계속적인 갱신이다. 죄 용서는 은혜의 선물이고 그 결과 이러한 환경에서 죄와 진노는 더 이상 작용되지 않는가? 왜냐하면 그리스도는 바로 이 순간에 여전히 전해진 궤변가들의 허구적인 회개를 우리에게 가르치지 않기 때문이다. 회개와 갱신은 전파돼야만 한다. 그리고 어떤 사람이 살아 있는 한 그 결과 죄를 몰아낼 수 있다는 것이다. 당신은 이 두 단어 회개와 죄 용서를 연약함과 형벌과 동일한 것으로 결코 만들 수 없지 않는가? 누가 연약함을 위해 고해성사를 하려고 하겠는가? 누가 형벌로 말미암아 그 자신을 새롭게 하려고 하겠는가? 세례 요한의 말은 동일한 것을 말하고 그리스도에 의해서 되풀이 됐다. "회개하라 천국이 가까웠느니라"(마 3:2, 4:17). 자기의 삶을 변화시키지 못한다면 이것은 무엇을 의미하는가? 이것은 우리의 죄를 깨끗이 할 때 믿음이 하는 것이다. 하나님의 지배 아래 있지 않다면 이것은 무엇을 의미하는가? 이것은 죄를 용서할 때 은혜가 하는 것이다. 예를 들면 요한은 죄가 깨끗이 되고 외적인 행위들이 가장되지 않을 때 이런 것들을 "회개의 합당한 열매들"(마 3:8)이라고 부른다. 가루 서 말 속에 숨겨진 누룩의 비유(마 13:33)는 당신이 죄를 '연약함'과 '형벌'이라 부른다면 정말로 적합하다. 사실 당신은 그 비유를 보지도 이해할 수도 없다는 이 말을 사용하므로 이미 그러한 어두움을 퍼뜨렸다. 거반 죽은 상태로 남아 있고 사마리아인(눅 10:30 이하)에 의해 돌봄을 받은 사람의 비유는 처음의 의도처럼 철저히 이 점에 속한다. 이 사람은 치료되지 않았을 뿐만 아니라 그는 동시에 태어나서 돌봄을 받았다. 그런가 하면 레위인과 제사장과 율법사들은 그를 보았지만 그를 돕지 않았다. 내가 말한 것을 회상하면, 율법은 죄를 알게 했지만 그리스도는 믿음을 통해 치유하고 하나님의 은혜로 인간을 회복시킨다. 요한복음 13:10의 본문은 이 견해를 지지한다. "목욕한 자는 온몸이 깨끗하느니라." 그리고 그것은 은혜로 말미암는다는 것을 의미한다. 그러나 그가 발을 씻었다. 그것은 발을 씻은 그 사람 안에서 역사하는 믿음으로 그 사람 안에 여전히 남아있는 죄다. 또 다른 비유로 우리는

포도나무인 그리스도 안에서 가지들이다. 그것은 우리가 철저히 정지(整枝)되었다면 우리는 열매를 맺기 때문이다. 그러나 하늘의 농부는 우리가 더 많은 열매를 맺도록 가지치기를 한다(요 15:2). 당신은 이 구절 가운데 한 구절도 '형벌들' 또는 '연약함들' 같은 개념에 적합하게 할 수 없다. 왜냐하면 당신은 단번에 깨끗하게 하는 것과 청결하게 하는 것과 치유의 전체적 개념을 잃어버리기 때문이다. 당신은 경죄(輕罪)에 대한 모호한 말로 끌려가야만 할 것이다. 그러나 그것은 피상적인 의미일 것이다. 그것은 뿌리를 뽑는 대신에 잎사귀를 따는 것과 같다. 라토무스의 비유를 사용하면 이러한 치유 방법은 머리카락이 반드시 다시 자라게 될 것인데 머리카락을 면도하는 것과 같다. 하나님의 선물은 그렇지 않다! 하나님의 선물은 행위를 깨끗하게 하는 것이 아니고 행위를 행하는 사람을 깨끗하게 하므로 뿌리를 죽일 때 역사하는 것과 같다. 결과로, 이 가벼운 실수들은 그치게 되고 적어도 뚜렷이 억제된다. 당신이 죄에 불을 일으키는 죄의 부싯돌의 기를 꺾지 않으면 이 가벼운 죄에 저항하는 것은 시간 낭비다. 죄는 언제나 욕심이다. 그러나 당신이 목을 조이는 것처럼 죄 자체에 신속히 저항하지 않는다면 당신은 그 죄의 세력을 저항한다. 이것은 바울이 그것을 표현한 것처럼 죄의 옛 사람을 죽이고 십자가에 못 박는 그리고 여러 가지 고난으로 그의 기를 꺾는 믿음의 선물로 일어난다.

8.110.13. 어떤 결론에 그 모든 것을 적용하면. 바울은 로마서 6장에서 "우리 죽을 몸에 있는 죄"(6절)를 말하고 있다. 그리고 그는 "너희를 지배하지 못하는 죄"(12절과 14절)에 대하여 말하고 있다. 그리고 "멸망 받아야 하는 죄 안에 있는 몸"(6절), 그리고 로마서 8장에서 "죄와 사망의 법에서 자유하게 된 것"(2절)에 대해 말하고 있다. 그리고 로마서 7장에서 "죽음을 역사하는 죄"(13절)와 "우리 마음의 법과 싸우는 죄"와 "우리를 포로로 삼고 죄의 율법을 강제로 섬기게 하는 죄"(23절)에 대해 말하고 있다. 그리고 고린도전서 7:5에서 '무절제'에 대해, 그리고 고린도전서 5장에서 "괴악하고 악독한 묵은 누룩"(8절)에 대해, 에베소서 4장에서 "썩어져 가는 구습을 쫓는 옛사람을 벗어버리라"(22절), 그리고 골로새서 3장에서 "땅에 있는 지체를 죽이고 우리의 분노, 우리의 정욕, 우리의 탐욕을 벗으라."(5, 8절), 그리고 히브리서 12:1에서 "얽매이기 쉬운 죄를 벗어버리고"라고 말하고 있다. 간단히 말해 바울은 결코 그것을 다른 어떤 것으로 부르지 않고 죄와 악으로 부른다. 단 한 번만이라도 그가 그것을 죄라고 했다면 나는

그것을 다른 이름으로 부르려고 한 하늘의 천사에게 항복하지 않을 것이다. 그러나 너무나 많은 곳에서 그가 되풀이해 그것을 주장하기 때문에 이 사람들은 나에게 바울의 말을 지우고 그들의 입장으로 본문에 주석을 달도록 강요한 사람들이 아닌가? 나는 그들의 견해에 아무 관계가 없기를 바란다. 우리가 이 세상에 있는 동안에는 믿음과 함께 우리의 행위에 그리고 우리 안에 죄가 있다고 말한다.

8.110.23. 그러므로 나의 루베니안 친구들이 일찍이 내 말을 듣고 인간의 견해보다는 자신들을 하나님의 말씀에 더 적용했다면 그들은 더 분명하게 진리를 확실히 알 수 있었을 것이다. 그리고 진리는 그러한 심한 신성모독과 불경과 범죄와 분노에서 그들을 구원했을 것이다. 그리고 아주 확실하게 그들은 하나님의 말씀을 그렇게 빨리 불태우지 않았을 것이다. 그러나 나는 여전히 그들에게 회개의 기회와 그들의 과오를 시인하는, 그리고 하나님께 영광을 돌리고 단 한 가지 이유로 그들이 지지할 수 없는 그들의 어리석은 방법을 고백할 기회를 준다. 만약 그들이 이 모든 것들을 하려 한다면 그들은 용서받을 것이다. 가장 즐겁게 나는 그들과 함께 연합할 것이다. 하나님이 나의 죄를 생각하지 않기를 내가 희망하는 것처럼 나는 결코 그들의 죄를 생각하지 않을 것이다. 그러나 내가 미워하는 것을 그들이 고집한다면 나는 가장 확실하게 그들을 저주받은 자로 생각할 것이다. 하나님은 나의 파문이 서투르고, 피에 굶주리고, 신성모독적인 황소의 결과이며 교황의 전형적인 결과이며 로마의 결과 이상도 이하도 아니라는 것을 아실 것이다.

8.110.33. 이들 진술로 의해 나의 원래의 결심 가운데서 교리와 관련해 내가 인용하고 라토무스가 공격한 모든 것들을 이제 합당하게 진술하고, 방어하고, 강화한 것이 나의 신념이다. 그리고 라토무스가 제출한 모든 논쟁들은 다만 성경에 대하여 무지함, 단순한 추정 그리고 최초의 요구(petitio principii)가 된다.

8.110.37. 나는 한 가지 더 고려해야 할 것이다. 나는 단순히 궤변가들이 그들이 죄에 대해 말하는 개념으로까지 "이것은 죄 없다"라고 단순한 그의 행위를 말할 수 있는 어떤 사람이 있다는 것을 감히 시인하는지 묻는다. 나는 그들이나 다른 어떤 사람이 그의 선행에 대해 말하는 뻔뻔함을 가진다는 것을 믿을 수 없다.

8.111.24. 그러나 "선행은 죄가 없다"는 이생에서 규칙에 대한 단순한 경우가 없다는 것을 이해하는 것은 쉽다. 우리가 말한 대로 바울은 그 자신의 행위들 중 이 행

위를 감히 주장하지 못했다. 그가 그것을 표현한 대로 "내가 자책할 아무것도 깨닫지 못하나 그러나 이를 인하여 의롭다함을 얻지 못하노라"(고전 4:4). 그러나 우리는 확신해야만 한다. 그래서 하나님이 그의 은혜 가운데서 우리 자신의 선행을 신뢰하는 것이 아니고 우리가 신뢰해야 하는 한 사람 을 마련해 주었다. 믿음의 선물로 그가 우리를 의롭다고 해도, 그리고 그가 그의 은혜로 말미암아 우리에게 그 자신을 은혜로운 것을 보여주었다 해도, 그러나 우리 자신 안에서 우리가 불안해지지 않고 그의 은사에 대하여 불확실해지지 않도록 우리가 그리스도를 신뢰하는 것은 그의 뜻이다. 그것이 만약 그리스도에게 집착하고 그로부터 흘러나오는 의가 아니면 우리가 그리스도를 신뢰하고 그 신뢰한 결과로 우리 안에 시작한 의가 부적당하다고 생각될 수 있을 것이다. 이것은 필요한 모든 것을 그가 행한 선물을 한때 그가 수용했다고 생각할 만큼 한 사람이 어리석은 경우다. 그리고 그는 자신이 안정하다고 느낀다. 그러나 매일매일 더욱 더 우리가 그리스도께 잡히는 것이 그의 뜻이다. 그리고 여전히 우리가 수용한 진리 가운데 서 있는 것이 아니고 오히려 완전히 그리스도로 변화하게 된다. 그의 의는 확실하고 그 의는 영원하다. 어떤 변화도 없고 어떤 부족도 없다. 왜냐하면 그는 그 자신이 모든 것의 주시기 때문이다. 그러므로 그리스도 안에서 믿음을 전파하는 어느 때든지 그는 의가 그를 통해서도 그로부터도 아니고 오히려 그 안에 있는 놀라운 돌봄을 분명히 할 만큼 그 믿음을 전한다. 우리를 그에게로 되돌려 인도하기 위해, 우리를 변화시키기 위해 그는 이것을 행한다. 그리고 진노가 우리를 지나갈 때까지 숨겨진 것처럼 우리를 위해서 이것을 행한다. 그래서 로마서 5:1이 그렇다. "우리가 믿음으로 의롭다 하심을 얻었은즉 우리 주 예수 그리스도로 말미암아 하나님으로 더불어 화평을 누리자." 믿음은 그 자체로 충분치 않다는 데 주목하라. 그는 그리스도의 날개 아래 그리고 그의 의 가운데 영광 아래 그 자체를 숨겨진 믿음을 생각하고 있다. 또한 "그로 말미암아 우리가 믿음으로 서 있는 이 은혜에 들어감을 얻었으며"(롬 5:2) 그리스도의 날개 아래 그것을 남겨 놓는 방법으로 그가 믿음을 가르치는 또 하나의 예다. 골로새서 1:20 역시 "그가 그로 말미암아 그 안에서 만물이 화목하게 되기를 기뻐하심이라." '그로 말미암아'와 '그 안에서'란 말에 주목하라. 또 "그로 말미암아 십자가의 피로 화평을 이루다"란 같은 구절이다. 궤변가들의 불확실한 이 믿음, 곧 한때 은사가 단순히 그것을 수용한 것이 그 자체로 행해진 것이 충분하지 않다는 것을 생각하는 믿음을 제외하고 이러한 말로 사도는 무엇을 의미하는가? 그러나 믿음은 바로 정확히 당신과 그리스도와의 관계는 마치 병아리가 어미 닭과의 관계와 같다. 그러므로 당신은 그의 날개 아래에서 희망을 가질 수 있을 것이다. 왜냐하면 말라기는 그의 날개 아래 있는 구원에 대해 말한다(말 4:2). 그래서 당신이 그러한 믿음을 위해 수용한 믿음에 의존하지 않으려고 하는 것은 부정(不淨)이다. 그러한 상상의 목적은 당신이 그에게 집착하고 또 그가 당신의 거룩함이 되며 당신의 의이기 때문에 당신에게 그를 취할 때 당신이 믿음을 아는 것이다. 보라! 이 믿음은 하나님의 은사다. 그리고 이 믿음은 우리를 위해 하나님의 은혜를 얻는다. 그리고 이 믿음은 우리의 죄를 깨끗이 한다. 그 믿음은 우리를 구원하게 한다. 그리고 우리의 구원을 확실하게 한다. 그것은 우리의 선행 때문이 아니고 그리스도의 행위 때문이다. 결과적으로 우리는 확고히 서 있을 수 있고 영원히 거할 수 있다. 그것이 기록한 대로 "그의 의는 영원히 있으리라"(시 112:3).

8.114.16. 이제 하나님이 가장 강력하고 그리고 안전한 지지를 마련해주므로 우리 안에 있는 죄는 우리를 정죄로 인도해서는 안 된다. 첫 번째는 이것이다. 그것은 우리의 화목이신 그리스도가 아닌 다른 분이 아니다(롬 3:25). 하나의 결과로서 우리는 이 은혜 안에서 안전하다. 이것은 우리가 믿기 때문이 아니고 또는 우리가 은사를 소유하기 때문이 아니고 우리가 그리스도의 은혜 가운데서 이런 것들을 갖기 때문이다. 어떤 사람의 믿음도 그가 그리스도의 의를 의존하지 않고 그의 보호 아래 보존되지 않는다면 견딜 수 없을 것이다. 왜냐하면 내가 이미 말한 대로 그들이 그것을 밝힌 것처럼 절대적인 영혼의 어떤 성질이 아니고 이것은 진정한 믿음이다. 이 믿음은 그리스도의 은혜에서 분리되도록 그 믿음 자체를 허락하지 않을 것이다. 그리고 하나님의 은혜 안에서 그 믿음이 알고 서 있는 자를 오직 의존한다. 그리스도는 결코 정죄될 수 없다. 또 그에게 그 자신을 정말로 던지는 어떤 사람이 될 수 없다. 이제 이것은 정말로 남아있는 죄가 그러한 중대한 문제라는 것을 의미한다. 그리고 죄가 없다고 알고 있는 그분에게 당신이 당신을 위해 탄원하지 않으면 하나님의 심판은 참을 수 없다. 그리고 당신은 결코 확고히 설 수 없을 것이다. 이것은 정확히 참된 믿음이 어떤 것인가다.

8.114.28. 다른 지지는 그들이 은사를 받아들이지 않았을 때 그들이 육을 따라

걷지 않고 또 죄에 그들이 순종하지 않는 것이다. 그러나 첫 번 지지는 더 강한 것은 물론이고 가장 중요한 것이다. 물론, 두 번째 지지는 그 위치다. 그러나 그것은 첫 번째 덕택으로 있을 뿐이다. 왜냐하면 하나님은 이와 같이 그리스도 안에 있는 그들과 언약을 맺으셨기 때문이다. 그래서 그들이 그들 자신과 그들의 죄와 싸우면 거기에는 그들에 대한 어떤 정죄도 없게 될 것이다. 이제 정죄함이 없다는 것은 그들이 죄를 짓지 않기 때문이 아니고 선행에 죄가 없기 때문도 아니다. 라토무스가 이것을 말할 때 그는 아주 잘못된 방침에 놓여 있다. 이 지껄임은 궤변가가 그의 머리에서 알아낸 것이다. 그것은 바울의 쉬운 본문에 반대가 되고 아주 다른 것이다. 정죄가 없다는 것을 사도는 그들이 그리스도 안에 있기 때문이고 참으로 죽을 수밖에 없는 죄, 육신을 따라 살지 않기 때문이다. 궤변가의 유일한 관심은 그 죄를 위해 그 아들을 주시는 목적으로 극대화하는 것에 하나님은 그렇게 관심을 가지는 그 죄를 극소화하는 것이다. 사실, 그가 소모적으로 정죄하는 것 때문에 그는 모든 사람을 그리스도에게 강제적으로 나오도록 촉구하고 떨리고, 질식하는 극도의 실망으로 그들을 그에게 나오도록 강요하게 된다. 그들은 그들 자신을 그의 날개 그늘로 오라고 호소할 수 있다. 이제 이 나머지의 죄가 어떤 죄가 아니라고 말하는 그러한 신학자들은 사람들을 태만하게 만들고 그들이 은사를 받아들였다고 해서 그들을 안전하게 느끼게 만든다. 그렇게 하므로 그들은 그리스도의 은혜를 싸구려로 만들고 또 하나님의 자비를 가치 없는 것으로 만든다. 불가피하게 그 결과는 냉담한 사랑이고 느린 찬양과 미적지근한 감사다. 이 사람들은 그리스도에 대해 정확히 아무것도 모른다. 당신을 위해 당신은 이 엄청난 역병(疫病)의 신학자들을 바라봐야 한다. 그리고 하나님의 행위가 위대하고, 놀랍고 영광스럽다. 그러므로 당신에 관한한 당신이 이 죄를 아주 심각하게 할 수 없다는 것을 알아라. 왜냐하면 어떤 사람도 그의 사악함을 지금까지 발견할 수도 없고 또 이해할 수도 없다. 왜냐하면 그것은 끝도 한계도 없기 때문이다. 그 결과 당신은 당신의 차례로 그리스도 안에서 당신을 위해 하나님이 행한 행위들과 또 하나님이 그리스도 안에서 당신을 위해 그렇게 효과 있는 은혜를 예정했는지 헤아릴 수 있는지 알 수 있을 것이다. 이 은혜는 당신의 죄만큼 그렇게 심각한 악으로 당신이 압도되도록 고통당하게 하지 않을 것이다. 당신이 이 악에 마땅하다고 해도 이 한 사람의 은혜로 인해 당신은 망하지도 않고 망할 수도 없을 뿐만 아니라 결국 해방될 것이다. 은혜의 영광은 찬양돼야 한다. 그 영광을 충분하게 찬양하는 것은 가능하지 않다. 그것이 바울이 외친 이유다. "말할 수 없는 그의 은사를 인하여 하나님께 감사하노라"(고후 9:15). 그러므로 죄가 없다고 하는 선행, 곧 믿음과 자유의지가 얻어진 주입된 믿음에 대해 그들이 불분명한 소리로 말하는 궤변가들의 냉담하고 마음이 내키지 않는 지껄임에 관심을 갖지 말라. 그것은 바로 잠꼬대고 무의미한 소리다. 어떤 연극 같은 것이 대단히 심각한 문제다. 당신은 그리스도에게만 붙잡혀야 한다. 이사야 2:10에서 말씀하는 것처럼 "너희는 바위틈에 들어가며 진토에 숨어 여호와의 위엄과 그 광대하심의 영광을 피하라." 또한 아가서에서 "바위틈 낭떠러지 은밀한 곳에 있는 나의 비둘기야"(아 2:14). 실수하지 말라. 보호의 위대함은 죄가 얼마나 심각한지 충분히 가리킨다. 당신이 그리스도를 어떤 나무로 만든 우상 같은 것으로 생각하지 않는 한 보호하심의 위대함은 얼마나 죄가 심각한지 충분하게 가리킨다. 모든 성도들이 이 심판 아래 떤다. 그리고 그들이 피난처로서 그리스도를 갖지 않는다면 그들은 망할 것이다. 그러나 우리는 여전히 선행 안에 죄가 있는지 계속 장난과 논쟁할 것이다! 그것을 우리가 토의하고 있을 때 어떤 사람 또는 다른 사람을 토의하는 것처럼, 내가 아는 것과 같이 당신이 알다시피 이것이 우리가 무섭고 두려운 하나님의 위엄을 이해하는 길이다.

[루터는 루베니안들이 성경의 쉬운 의미에 신기한 말들과 개념들을 소개하는 이 논쟁에서 이미 한 것처럼 이제 논쟁한다. 그는 니케아 교부들이 *homoousios*(아버지와 동일 본질의)로 비 성경적인 말을 소개하는 것을 인정한다. 그러나 성경해석에서 그들의 개념과 공상들을 번식시키는 중세의 경향을 위한 구실로서 이 선례인 라토무스를 부인한다. 루터는 비성경적 니케아 말 *homoousios*에 그가 찬성하는 것을 거절할 수 있었다고 주장한다. 그리고 그 때문에 성경에 근거하여 니케아 교부들이 정의를 내리고 보존하려고 했던 신학적 진리를 그가 주장했다면 이단적이지 않다.]

8.118.12. 그들이 적합하다고 생각하는 것을 교부들로 말하게 하라. 나는 그 말씀이 그 원래의 맥락(롬 6–8장)에서 의미하는 바를 바울이 정확히 의미하는 이 사람의 말을 원한다. 죄(*reatus*)와 책임(*debitum*)에 대하여 궤변가들의 허구와 모든 종류의 어리석은 이야기는 그 허구를 돕기보다는 오히려 정신을 어둡게 한다. 사도의 말씀은 이해

하기 쉽고 이해할 수 있는 모든 것을 위해 열려 있고 의존될 수 있을 것이다. 그 말씀들은 인간에 의해서 말끔하게 정돈될 필요가 없다. 가장 밝은 태양처럼 그들의 권리에서 빛나고 타고 있다. 이런 것들은 너무나 분명하고 쉬워서 그것을 아주 쉽게 그가 이해할 수 없을 정도로 너무 둔한 것은 아무것도 없다는 것이 아닌가? 현재 우리는 죄, 책임, 성질, 형태, 질료, 결핍, 습관, 행위, 제명, 주입, 형식, 주제, 본질적이고 비본질적인 선, 본질적이고 비본질적인 악, 일치하는 공로, 다른 종류의 선, 신앙, 비 신앙에 대한 스콜라의 교활함을 참아야 한다. 누가 이 유해하게 만들어 낸 이 모든 술어(문자적으로 개구리들과 파리들)를 다소간에 재평가해 명명할 수 있는가? 그들 자신까지 누가 권위 있는 교사들인지에 동의하지 않았다. 그가 철학의 찌끼(최근에 거대하게 증가된!)를 통째로 삼켜야 하는 죄와 은혜에 대한 진정한 지식을 그것들로부터 전에 길거리에서 비참한 사람들이 얻을 수 있다는 것이 일어났다. 궤변가들의 불합리하고, 싫은 견해들이 우리 가운데서 사라졌다.

[마침내, 루터는 이제 로마서 7:14-25를 살펴보기로 한다.]

8.119.8. 참으로, 그러므로 바울은 "나는 육신에 속하여"(롬 7:14)라고 말한다. 그는 "내가 육신에 속하여 죄 아래 팔렸다"고 말하지 않는다. 그렇다면 이제 '육'에 속한다는 것이 형벌들과 연약함들에 종속을 의미한다는 것을 증거하라. 그는 매우 진실하게 완전히 육적이기 때문은 아닌데 그 자신을 육적이라고 부른다. 왜냐하면 그는 마음에 관한 한 영적이고 육신에 관한 한 육적이기 때문이다. 같은 방식으로 한 인간이 그의 마음의 죄에서 자유하고 육신에 관하여는 죄 아래 팔렸다. 그것은 그가 말한 대로다. "나는 마음으로는 하나님의 법을, 육신으로는 죄의 법을 섬기노라"(25절). 라토무스가 두 의지를 가정하므로 이 문제에서 당신을 속이는 것을 허용하지 말라. 바울은 그가 두 가지 지배 아래 산 것을 고백한 오직 한 사람이다. 은혜 아래서는 영적이지만 율법 아래서는 육신적이다. 그런데 두 경우에 똑같이 바울이다. 은사의 결과는 한 인간 예수 그리스도의 은혜 아래서 그가 영적인 사람이 되는 것이다. 죄의 결과는 그가 진노 아래 있지 않아도 육신적이다. 왜냐하면 은혜와 진노는 동일한 시간에 현재가 될 수 없기 때문이다. 그것들은 서로 싸우지도 않고 은사와 죄의 관계처럼 하나가 다른 것을 지배하지도 않는다. 그리고 또 "육신적인 사람으로 내가 하는 것을 나는 이해하지 못하지만"(15절) 마찬가지로 나는 영적인 사람으로서 이해한다. 그렇지 않으면

어떻게 그가 하고 있는 것을 그가 이해하지 못했다고 자신에 대해 말할 수 있겠는가? 그는 또 그가 악을 행한다고 말한다. 그러므로 그는 악으로서 그가 하는 것을 이해하고 있다. 그러나 영적으로 그가 이해하는 것을 육신은 이해하지 못한다. 그의 육신에서 맹위를 떨치는 죄가 그가 원하는 선이라고 생각하는 것은 진리다. 그리고 그것이 악이라고 이해하지 못하는 사람에게 그것이 그렇게 나타난다. "내가 원하는 바 선은 하지 아니하고 도리어 원치 아니하는 바 악은 행하는도다"(롬 7:19). 당신은 그가 선과 악을 이해하지 못한다고 이해한다. 그러나 그렇게 이해하고, 원하고, 미워하는 사람은 영적인 바울이다. 사실 육신적 인간은 선을 이해하지 못하지만 선 대신 악을 범한다. 그리고 그 악을 사랑한다.

8.120.31. 그러므로 바울을 따르자. "만일 내가 원치 아니하는 그것을 하면 내가 이로 율법의 선한 것을 시인하노니"(롬 7:16). 이것은 주목할 만한 결합이다. 그는 율법이 선하다는 데 동의한다. 그러나 그의 전적 존재로 하지는 않는다. 왜냐하면 인간으로서 그가 원하지 않는 것을 전체 인간으로서 행치 않기 때문이다. 이 문제에서 그것이 원하지 않는 자신을 보여주고 행동하고 동의하는 전체 인간이 아니다. 그러나 율법이 선한 것을 동의하고 원하지 않는 것을 행하는 자는 같은 사람이다. 이 행위는 그가 선하다고 알고 있고 또한 그것을 원하는 율법에 반대가 된다. 그는 계속 말한다. "그렇다면 이것을 행하는 자가 내가 아니요"(롬 7:17). 그것이 행하는 것을 말한 바를 이제 행하지 않는 나는 누구인가? 당신은 알아야 한다. 이 '내'가 영적인 '나'라는 것이다. 왜냐하면 이 '나'는 이제 은혜의 상태로 여겨지기 때문이다. 그것은 나를 죄와 일치시키지 않는다. 또 내가 육신에 있다고 여기지 않기 때문이다. 모든 죄가 씻어졌다. 그리고 죄에 일치하여 전적으로 육적인 것으로서 내가 여겨졌던 때 은혜가 주어지기 전 사람으로부터 지금 다른 또 하나의 '나'가 있다. "이것을 행하는 자가 내가 아니요 내 속에 거하는 죄니라." 이것을 하는 것이 당신이 아니고 당신 안에 있는 것이 그것을 행한다는 뜻인가? 당신의 손이 나를 때린다. 그러나 그것은 나를 때리는 당신이 아니란 말인가? 그렇다. 왜냐하면 그러한 환경에서 손은 나의 의지에 반하여 행하기 때문이다. 그리고 그것은 나와 일치한다. 그렇지만 나는 나의 한부분이 그것을 하기 때문에 내가 참으로 그것을 행한다. 그러나 이제 나는 이제 나의 그 부분과 일치하는 것으로 여기지 않는다. 나의 손은 악을 행하고 내 영혼이 무죄하지 않으면

그것이 내게 전가된다. 그러나 그것은 손이 악을 행하지 않는 것 때문이 아니고 그것이 전가되지 않기 때문이다. 그것은 영혼이 무죄하기 때문에 전가되지 않는다. 죄는 죄다. 그러나 은사와 은혜가 내 안에 있기 때문에 그것은 전가되지 않는다. 그것이 해롭지 않다고 그것이 문제가 되지 않는 것이 아니고 은혜와 은사가 내 안에서 다스리기 때문이다.

8.121.9. "내 속 곧 내 육신에 선한 것이 거하지 아니하는 줄을 아노니"(롬 7:18). 그것은 다른 어떤 사람이 아니고 나의 육신이다. 그러므로 그 육신 안에 거하는 것이 내 안에 거하는 것이라고 말하는 것이다. 그러므로 죄는 육신에 거한다. 그리고 동등하게 그것은 죄다. 그러므로 육신에 선한 것이 아무것도 없다. 전혀 선한 것이 없다. 그것은 형벌이 아니고 죄다. "원함은 내게 있으나 선을 행하는 것은 없노라"(롬 7:18). 바울은 자신이 죄를 짓는 데서 영적인 사람은 악을 행하지 않고 오히려 선을 원한다는 것을 더욱더 분명히 설명한다. 그러나 육신 안에 거하는 죄 때문에 그가 원하는 것을 이룩할 수 없다. 그러나 선을 행하는 이 의지는 그가 그것을 수행하지 않기 때문에 평가 절하되지는 않는다. 같은 방식으로 그 반대도 진리다. 육신 안에 거하는 악은 그것을 행하는 자가 나 자신이 아니고 오히려 죄라 하더라도 평가 절하되지 않는다. 나는 반대가 되는 두 가지 일을 말하고 있다. 악은 일어나고 일어나지 않는다. 그것은 죄가 그것을 행할 때 일어난다. 죄의 활동 때문에 의지가 성공하지 못해도 마음은 그것을 행하지도 않고 그것을 하기를 원하지 않는 것에서 그것은 일어나지 않는다. 그것이 형벌과 영 사이에 투쟁이라면 바울이 그렇게 세심하게 힘 있는 투쟁을 묘사하기를 원했는지 나는 당신에게 묻는다. 여기에 다시 궤변가들과 모순되는 다른 경우가 있다. 그들의 본문은 물론 주석, 어휘와 주제의 문제가 성경 전체의 사용과 경건한 사람들의 판단에는 낯설다. 결과적으로 그들의 주석에 따라다니는 모순은 본문에서 그들이 피하려고 하는 하나의 모순에 불과하다. 결코 증명되지도 않고 어디서도 당신이 발견할 수 없는 것을 유지시키려는 것은 가장 큰 모순이다. 그러나 더 나쁜 것은 많은 모순을 당신이 억지로 듣고 있는 것이다.

8.122.1. "내가 원하는 바 선은 하지 아니하고 도리어 원치 아니하는바 악은 행하는 도다. 만일 내가 원치 아니하는 그것을 하면 이를 행하는 자가 내가 아니요 내 속에 거하는 죄니라"(롬 7:19-20). 아무도 영적인 사람을 언급하지 않고는 이 본문을 이해

하지 못한다. 또 그들은 악한 행위를 하는 자들을 언급하는 것이라 할 수도 없다. 이 구절에서 바울은 하나가 다른 것에 의해서 방해 받는다고 말한다. 그러한 방법으로 영이 우세해 그가 영향을 미치지도 못하고 악을 원하지도 않는 영에 그것은 돌려진다. 이제 그는 다음과 같이 말하려고 그 문장을 바꾸지 않는다. "내가 행하는 것이 내가 원하는 악이 아니고 내가 하는 것을 내가 원하지 않는 선이다. 이제 내가 원하지 않는 선을 내가 행하면 그것을 행하는 것은 더 이상 내가 아니고 내 안에 거하는 은혜다." 이것은 성령에 반역하는 영을 지배하였다면 육신이 말하려고 하는 방법이다. 이제 그것이 이제 육을 고발하고 불평하는 영이기 때문에 그것이 주인이고 상전이 되는 육이 아닌 것은 분명하다. 육은 통치자인 영에 성가신 것이고 반역이다. 아무것도 육신의 관심에서 말하지 않고 오히려 육신에 반대해 말한다. 하나님의 은혜 밖에서 이루어진 육적인 사람은 이것을 하지 않는다. 그러므로 하나님의 은혜는 사람에게 전가된 죄의 이 일을 허용하지 않는다. 왜냐하면 실제로 그는 그것을 하지 않는다. 그러나 그것은 그 사람 안에 있다. 그리고 실제 이미 적당하게 언급되었을 때 그는 그것을 교섭하는 자다.

8.122.22. "그러므로 내가 선을 하려고 하는 때 나에게 악이 함께 있다는 것을 내가 안다"(롬 7:21). 그것은 선을 행하려는 자가 아니고 악이 가까이 있는 다른 사람이다. 영적인 사람은 전 인격으로 선을 행하기를 원하지만 육적인 사람은 악이 가까이 있고 악한 자다. 그리고 전 인격이 못된다. "내 속사람으로는 하나님의 법을 즐거워하되 내 지체 속에서 한 다른 법이 내 마음의 법과 싸워 내 지체 속에 있는 죄의 법 아래로 나를 사로잡아 오는 것을 보는도다"(롬 7:22 이하). 여기서 바울은 자신을 분명히 설명한다. 왜냐하면 하나님의 법을 즐거워하는 것은 오직 경건하고 의로운 사람의 본성이기 때문이다. 의로운 사람이 아닌 사람은 그의 지체에서 율법을 거역하지 않는다. 그리고 어느 것도 원하지 않는다. 이제 바울은 마음의 법을 스콜라학자들이 하는 것처럼 '자연법'이라고 부르지 않는다. 그는 마음의 법을 지체 안에서 율법의 반대에 둔다. 그러므로 그는 마음의 법을 하나님의 법을 즐거워하는 성령의 뜻으로 이름한다. 그리고 죄의 법을 즐거워하는 지체에서 율법에 그것을 반대하는 성령의 뜻이다. 결과적으로 지체 안에서 율법은 동시에 성령의 의지에 반대로 역사하는 의지다. 바울의 실제적 말은 '싸우는' 그리고 그는 확실히 형벌이 아니고 죄책을 의미한다. 왜냐하면 그것

은 하나님의 법에 반대해 싸우는 것은 악한 것이기 때문이다. 이제 그는 '순종하지 않을'뿐만 아니라 '싸운다'고 말한다. 이것은 훨씬 더 영향력이 있다. 그는 세례 받은 후 아주 가볍게 죄가 남아 있다고 생각하는 것을 방어하기 위해 이 말을 사용한다. 하나님의 율법과 싸우지 않고 율법을 기뻐하는 영을 위해 이 죄는 생각할 수 있는 것이지만 동시에 하나님의 은사로 생각할 수 있는 것 그리고 은혜로 생각할 수 있는 것이 제거된다. 그리고 그 이상 마지막 구절인 "종으로 삼는다"란 말이 매우 혼동스럽다. 나는 당신이 우리의 대적자가 경감시키고 제거하는 죄가 무엇인지 강조하기 위해 그가 쌓아놓은 더 강한 단어들의 인상 깊은 수를 아주 조심스럽게 보기를 요청한다. 그것은 존재하고, 살아 있고, 그 자체의 의지를 갖고 있고, 활동적이고 역사하는 것일 뿐만이 아니고, 대적하고, 사나운 힘이고 노예로 만든다. 나는 당신에게 이런 말들이 가벼운 말들인지를 묻는다. 그리고 누가 이것을 자신의 경험이라고 느끼지 않는가? 그가 아무리 원하지 않는다 해도 누가 노한 생각과 폭발, 정욕의 맹렬한 맹공격을 경험하지 않겠는가? 그 맹렬함은 길들여지지 않는다. 실제의 사실로서 오히려 놀라운 것이며, 그것은 그것의 맹공격을 그들이 저항하지 않기 때문에 경건하지 않은 사람들에게서 이렇게 맹위를 떨치지 않는다. 그들은 그것에 길을 마련해주고 그것에 순종한다. 그러므로 얼마나 많은 투쟁과 불안이 죄를 저항하고 죄를 지배하기 위해 필요한지를 결코 경험하지 않는다. 그러한 맹공격은 정력적인 전투를 요구한다. 그러므로 그리스도는 '만군의 여호와'라고 불리고 '전쟁에 능하신 왕'(시 24:10, 8)이라고 불린다. 왜냐하면 한 사람이 이러한 심한 맹공격을 견딜 뿐만 아니라 그것을 정복하는 것은 그의 은사로 말미암기 때문이다.

8.123.7. 경건한 자를 악마가 힘 있게 정죄하지 못하는 것은 하나님의 은혜와 은사의 위대함임을 이해하라. 악한 생각은 경건하지 않은 사람들보다 경건한 자들에게서 더 강하다. 그러나 경건한 자의 악한 생각은 그들을 부패하게 하거나 정죄하지는 않는다. 그런가 하면 비록 그 생각이 덜 악하다 해도 경건한 자의 악한 생각은 그들을 부패하게 하고 정죄한다. 왜그런가? 그 경우 둘 다 동일한 죄가 아닌가? 물론 그것은 동일한 죄다. 그러나 경건한 자는 교정 수단을 가진다. 그런가 하면 경건하지 않은 자는 아무것도 갖지 않는다. 이 때문에 경건한 사람은 상대적으로 더 큰 죄의 맹공격 아래에서도 죄를 짓지 않는다. 그러나 경건치 못한 사람은 상대적으로 더 약한 맹공

격 아래서 죄를 짓는다. 그 두 경우 그것이 죄가 아닌 것은 아니다. 승리는 악한 본성 때문이 아니고 하나님의 은혜 때문이다. 은혜가 선물로 주어지지 않으면 죄는 정말로 정죄한다. 그러나 이제 은혜는 죄가 유죄 선고를 하지 않도록 죄의 악한 본성을 억제한다. 그러므로 우리는 말한다. "여호와여 영광을 우리에게 돌리지 마시고 주의 이름에 돌리소서"(시 115:1). 궤변가들은 이 문제에서 굽은 밭고랑을 갈고 있다. 그들이 주장한 대로 하나님의 율법에는 격노는 죄다. 형벌도 아니고 연약함도 아닌 시편 기자가 말한 대로 큰 죄다. "나는 바로 그 큰 죄에서 완전히 깨끗해질 것이다"(시 19:13). 우리의 무죄로 우리에게 영광을 돌리는 것을 완전하게 추방시켜라. 그러나 바울은 '포로가 된' 것을 말한다. 영적인 사람은 포로가 아니고 죄의 측면에서 영적인 사람이 붙잡힐 수 있는 것은 아무것도 없기 때문이다. 같은 표현이 갈라디아서 1:13에 나타난다. 거기서 바울은 "내가 하나님의 교회를 잔해하였다." 하나님의 교회를 잔해하는 것은 불가능하다. 그러나 그는 교회를 파괴하기 위해 그가 할 수 있는 모든 것을 했다. 그 때문에 그는 "싸움이 되고 나는 붙잡혔다"고 말하지 않고 "그것이 포로로 만든다"고 말한다. 그러나 나는 붙잡히지 않는다. 그가 붙잡혔다고 말했을지라도 그 의미는 육신에 관한 한 우리로 하여금 그것을 강제로 취하게 될 것이다. 그가 팔렸다고 말했던 것처럼, 그리고 육체에 따라 육적이었던 것처럼 이 상황에서 그는 육신의 노예라는 것을 의미한다. 이것이 가장 단순하고 가장 받아들일 만한 의미다.

8.123.28. "오호라 나는 곤고한 사람이로다 이 사망의 몸에서 누가 나를 건져내랴?"(롬 7:24). 여기서 그것을 상징적으로 가장 악한 가능한 해라는 말을 사용하면서 그는 죄를 사망이라고 부른다. 그는 바로가 메뚜기가 떠나가기를 청했을 때와 똑같이 했다. "청컨대 나의 죄를 이번만 용서하고 너희 하나님 여호와께 구하여 이 죽음만을 내게서 떠나게 하라"(출 10:17). 바로가 메뚜기를 언급했던 것처럼 바울은 결코 길들여지지도 않고 그치지도 않고 쉬지 않고 괴롭히는 광포 때문에 이름 중에 가장 미운 이름을 죄라고 부른다. 이 죄의 광포 때문에 우리는 이생에서 어떤 평화도 가질 수 없고 계속해서 전열에 어쩔 수 없이 서게 된다. 바울은 이 상황에서 라토무스가 언급한[1] 지배적이고 조용한 경향의 무서움을 표현하지 않는다. 아우구스티누스도 라토무스가

---

1. 라토무스(Latomus)는 실제 사실보다 성질과 경향에서 정욕을 언급한다. (in habitu rather than in actu).

그에게[1] 탓을 돌리는 것을 의미하지 않는다.

8.124.17. "우리 주 예수 그리스도로 말미암아 하나님께 감사하리로다!"(롬 7:25). 바울은 자기의 의가 아닌 하나님의 자비와 우리 주 예수 그리스도로 말미암아 감사한다. 왜냐하면 그것은 언제나 그가 하나님에게 소개하는 자기다. 그것은 그가 숨는 날개 아래다. 그리고 하나님의 은혜와 하나님의 선물로 기뻐하고 영광을 돌릴 때 그는 그의 은혜 가운데 한껏 즐긴다. 그는 무서운 몸에서 자유하기를 그리워한다. 왜냐하면 그는 "누가 이 몸의 죽음에서 나를 건지랴?"라고 말하지 않고 "누가 이 사망의 몸에서 건지랴?"라고 말하기 때문이다(롬 7:24). 이생에서 루베니안(Louvainian) 성도의 순결은 가능하지 않다는 것을 그가 이해하고 여전히 순결해지기를 원한다. 그가 죽기를 원하는 것이 그 때문이다. 그러한 감정을 경건하지 못한 사람은 결코 표현하지 못한다. 혹은 그가 표현하더라도 같은 이유로 그것을 말하지 않는다. 바울은 외치지 않고 이렇게 형벌 때문에 죽음을 호소하지 않고 죄가 그를 대단히 괴롭히기 때문이다. 당신은 이 구절이 가장 거룩한 사람들에게 적용되고 그들은 빗나가고 난폭한 죄로 고통당한다는 것을 이해한다. 이것이 우리의 도움에 그리고 그것들이 죄가 아니라고 말하는 것에 인간적인 허식을 요구하므로 우리의 죄를 비추어보는 데서 하나님의 은혜를 줄이는 것을 배우지 않도록 하는 것이다. 반대로 우리는 우리가 할 수 있는 만큼 죄를 강조하고 확대한다. 그래서 여전히 우리가 우리 자신 안에 죄를 가지고 있는 것 같더라도(실제로 죄들을 가지는) 죄의 고백과 강조는 성도들 가운데서 하나님의 놀라운 사역이고 그들에게 그의 전적인 의지를 행하시는 하나님의 사역이다. 우리를 위한 그의 의지는 우리 안에 있는 죄가 아니고 바로 그 죄에서의 성화다. 그러므로 바울은 이 세상에서 경건한 사람의 상태에 대해 결론내리며 말한다. "우리 주 예수 그리스도로 말미암아 하나님께 감사하리로다. 그런즉 내 자신이 마음으로는 하나님의 법을 육신으로는 죄의 법을 섬기노라"(롬 7:25). '내 자신'은 같은 사람을 의미한다. 이 말들은 궤변가들의 속임수와 관계해 너무나 분명하다. 그는 다른 어떤 자가 아니라 '나 자신'을 말한다. 그리고 나서 그는 "나는 섬기노라"고 말한다. 그는 "내가 죄를 가졌다"고 말하지 않고 오히려 "나는 죄를 섬기노라"고 말한다. 또는 동일하게 나의 육신은 그것을

---

1. 라토무스는 *Contra Julianum*, VI, 8; Migne, 44. 666.을 인용한다.

섬긴다고 말한다. "죄를 섬긴다"는 것은 무슨 의미인가? 죄의 의지를 행하는 것을 의미하지 않는가? 하나님의 율법에 반대로 행하는 것을 의미하지 않는가? 그러나 육신이 노예로 있는 한, 육신이 싸우고 있는 한 이것을 한다. 왜냐하면 이러한 방법으로 육신은 죄를 섬기고 있다. 그러나 영은 죄를 인정하지도 않고 그것의 포악으로 정복되지도 않는다. 죄를 섬기는 것은 유익하지 않고 그 모든 노력은 좌절된다. 그러나 그러한 종이 되는 것이 아무것도 아니라는 것을 반드시 의미하지 않고 또 육신이 그 육신의 악한 속박 아래 죄를 짓지 않는다는 것도 의미하지 않는다. 육신이 육신의 주인을 헛되이 섬기고 그의 주인 죄가 우세하지 않다고 해도 그러나 이 때문에 육신은 십자가에 못 박히고 죽어야만 하는데 이렇게 섬기는 것을 멈출 수 있기 위해서다. "그러므로 이제 그리스도 예수 안에 있는 자에게는 결코 정죄함이 없나니 그리고 그는 육신을 따라 살지 않는다"(롬 8:1). 물론 정죄도 없고 죄도 없다. 그런데 분명히 죄는 거기에 있다. 오직 라토무스가 상상하는 그러한 죄를 그리고 은혜를 떠나서 영으로 죄를 섬기는 그러한 죄를 그는 알지 못하고 한 사람(One Man)의 은혜와 선물이 우세하지 않았다면 그러한 죄가 있을 수 없는 죄를 그는 안다. 물론 죄의 본질은 여전히 그들 가운데 있다. 그러나 그것은 한때 그것이 할 수 있는 것을 하는 위치에 있지 않다.

8.125.27. 그 말들이 기록된 것과 같이 이해된다면 우리는 "죄를 섬기노라"는 말이나 죄의 율법이 "죄를 짓는다"란 말과 같은 것을 우리는 확립하였다. 그것은 누가 말한 것이든 어디에서 말하든 문제가 되지 않는다. 그리스도가 말씀하셨다. "죄를 짓는 자마다 죄의 종이니라"(요 8:34). 그리고 베드로도 말씀한다. "누구든지 진 자는 이긴 자의 종이 됨이니라"(벧후 2:19). 그리고 바울도 역시 말한다. "너희가 죄의 종이더니 이제 너희는 죄에서 자유하게 되었고 의의 종이 되었다"(롬 6:17). 토론하고 있는 구절에서 바울 자신이 그렇게 죄의 종이다. 그러나 그가 '육신으로는'이란 말을 더하므로 그는 죄를 순수히 그리고 단순하게 섬기는 것(라토무스가 원하고 믿고 이해하는 모든 것)과 육신으로 죄를 섬기는 것의 차이를 분명히 구분한다. 라토무스가 가르치는 것, 한 사람이 죄를 섬기지 않는 경우가 있다는 것은 단순히 진리가 아니다. 순수하고 단순하게 죄를 섬기는 상태가 진리가 아니고 육신으로는 죄를 섬기는 상태에서도 아니다. 한 사람이 죄의 종이라면 그때 그가 하는 모든 것은 죄다. 왜냐하면 그는 죄에 넘겨졌기 때문이다. 노예가 되는 것은 행위보다는 상태를 묘사한다. 그리고 전체 삶의 행동을 포함한

다. 반대로 순수하고 단순하게 하나님을 섬기는 것이 하나이고 그러나 전혀 다른 것
은 육신적으로 그를 섬기는 것이다. 의인은 하나님을 순수하고 단순하게 섬긴다. 왜
냐하면 그러한 섬김은 인격에 관심갖고 위선자들은 오직 행위로 섬기고 참된 믿음으
로 섬기지 않고 육신으로 그를 섬기기 때문이다. 후자가 정죄 받을 수 있는 위선자일
때에 만약에 내가 그 표현을 변명할 수 있을 것 같으면 전자는 참으로 구원받은 위선
자들이다. 그들은 육신으로 죄를 섬기고 악의 모든 모양을 가졌더라도 진리로 선한
사람이기 때문에 구원 받은 위선자들이다. 위선자의 외적 행위들은 실제로 그들이
하나님의 유익한 피조물이기 때문에 유익하고 선하다. 같은 방법으로 의인의 죄도 실
제로 악하고 해롭다. 왜냐하면 그 죄는 죄의 행위이기 때문이다. 그리고 그들의 선한
행위도 위선자들을 선하게 하지 못하는 것과 같이 마찬가지로 그들의 죄는 의인을 해
치지 않는다.

　　[이제 루터는 적당히 논쟁됐다고 말하므로 그의 논박을 가져 온다. 그 오류들이
그를 공격할 때 그는 라토무스의 오류들을 요약한다. 참으로 논쟁이 필요한 하나의
전제로 언제나 출발하므로 그는 라토무스를 비난한다. 라토무스는 계속하여 그 말의
쉬운 문법적이고 영적인 개념으로 '죄'라는 말을 취하기를 거부한다. 그리고 그는 언
제나 스콜라주의의 개념으로 그것을 해석하기를 주장한다. 그는 은혜와 죄, 율법과
복음, 그리스도와 인간이 무엇인지를 인정하지 않을 것이다. 그는 성경의 쉬운 의미
를 따르기를 기절한다. 그는 루터의 저작은 물론이고 교부들의 승거를 왜곡한다. 그
리고 인간의 견해와 저술에 근거해 하나님의 진리를 논쟁한다. 루터는 대학들이 성서
연구로 스콜라 신학 연구를 대체할 것을 탄원한다. 그리고 투쟁하도록 그의 비텐베
르크 동료들을 초대한다. 왜냐하면 그는 성서를 제외하고는 자기의 책 없이 유배됐기
때문이다.] 그는 다음의 말로 끝낸다.

나의 파토모스로부터 작별. 1521년 6월 20일

참고 문헌Bibliography

Sources

All references to the Luther text are made to the Weimar text, volume, page, line, and where
significant to the title and date of the work cited.

All references to Patristic texts are made to Migne's *Patrology.*

References to the text of the Bible are madt to the Vulgate, but where Luther quotes, it is his
quotation that is translated not the Vulgate text (where possible, chapter and verse
references are to the A. V.).

1. Scholastic and fre-Reformation Background

Consult the full bibliographies in the companion volumes in this series.

Especially:

Vol. X   p.33-43

          p.232-237

          p.375-378

Vol. XI   p.369-374

Vol. XIV p.380-382

Carré, M. H., *Realists and Nominalists,* 1946.

Curtis, S. J., *Short History of Western Philosophy int the Middle Ages,* 1950.

Hägglund, B., *Theologie und Philosophie bei Luther in der Occamistischen Tradition,* Lund, 1955.

Jetter, Werner, *Die Taufe beim jungen Luther,* Tübingen, 1954.

Leff, Gordon, *Medieval Thought,* Pelican, 1958.

Lohse, Bernard, *Ratio et Fides,* Göttingen, 1958.

Lohse, Bernard, Art. in *SJT,* Dec., 1960.

McKeon, R., *Selections from Medieval Philosphers,* 1931.

Mellone, S. H., *Western Christian Thought in the Middle Ages,* 1935.

Meyer, Hans, *Philosophy of Thomas Aquinas,* Bonn, 1938. English trans., 1944.

Smith, H. Maynard, *Pre-Reformation England*, 1938 (excellent bibliography).

Walker, G.S.M., *Church History A.D. 600-A.D. 1300*, 1961 (useful bibliography).

2. LUTHER

A. *editions*

Werke, *Weimarer Ausgabe*, 1883 (90 vols.). Cited *WA*, vol., page, line.

Clemen, *Clemen's Edition*, Berlin 1950 (8 vols.). Cited Clemen, vol., page, line.

(This text is in many instances superior to the definitive Weimar edition.)

B. *tranlations*

Luther's Works, Philadelphia and St. Louis, 1955–(55 vols.). General Editors: Pelikan and
   Lehmann. Cited *LW.* vol., page, line.

Works, Works of Martin Luther, Philadelphia (6 vols.). 1932 ff. Cited *WML.* vol., page.

Reformation Writings, Lee Woolf (vols. 1, 2), Lutterworth 1952, 1956.

Watson, P., *Epistle to Galatians*, Edin., 1953.

Packer and Johnston, *Bondage of the Will*, 1957.

Kerr, *Compendium of Luther's Theology*, 1943.

C. *secondary works*

Aland, Kurt, *Hilfsbuch zum Lutherstudium*, 1956.

Bainton, R., *Here I stand*, 1950.

Beard, Charles, *The Reformation of the Sixteenth Century*, 1883, 1927.

Boehmer, Heinrich, *Luther and Reformation*, 1930.

Boehmer, Heinrich, *Martin Luther*, 1946.

Bouyer, Louis, *The Spirit and Forms of Protestantism*, 1956.

Carlsen, E. M., *Re-interpretation of Luther*, 1948 (Philadelphia 1948).

Denifle, Heinrich, *Luther und Luthertum*, Mainz, 1904.

Grisar, Hartmann, *Luther* (Six volumes) 1913–17.

Holl, Karl, *Gesammelte Aufästze*, I, Tübingen 1932.

Harnack, Theodosius, *Luther's Theologie*, Munich, 1926–1927.

Koestlin, Julius, *Luthers Theology*, Eng. trans. 1883.

Koestlin, Julius, *Life of Luther*, 1883.

Lindsay, T. M., *History of the Reformation*, Edin., 1906.

MacKinnon, James, *Luther and the Reformation* (4 vols.), London, 1925 ff.

Rupp, Gordon, *Luther Studies*, 1953.

Rupp, Gordon, *Luther's Progress to the Diet of Worms*, 1951.

Schaff, L., *History of the Church* (2 vols.), 1888.

Smith Preserved, *Life and Letters of Luther*, 1911.

Watson, Philip, *Let God be God*, 1947.

Whitney, J. P., *History of the Reformation*, 1940.

색인 INDEXES